gandhi e churchill

arthur herman

gandhi e churchill

**a rivalidade épica
que destruiu um império
e forjou nossa era**

Tradução
Renato Prelorentzou

1ª edição

EDITORA RECORD
RIO DE JANEIRO • SÃO PAULO
2023

CIP-BRASIL. CATALOGAÇÃO NA PUBLICAÇÃO
SINDICATO NACIONAL DOS EDITORES DE LIVROS, RJ

H473g   Herman, Arthur, 1956-
       Gandhi e Churchill : a rivalidade épica que destruiu um império e forjou nossa
era / Arthur Herman ; tradução Renato Prelorentzou. - 1. ed. - Rio de Janeiro :
Record, 2023.

       Tradução de: Gandhi and Churchill : the epic rivalry that destroyed an empire
and forged our age
       Inclui bibliografia e índice
       ISBN 978-85-01-08308-1

       1. Churchill, Winston, 1874-1965. 2. Gandhi, Mahatma, 1869-1948.
3. Grã-Bretanha - Relações internacionais - Índia. 4. Índia - Relações internacionais
- Grã-Bretanha. 5. Grã-Bretanha - Colônias - História - Séc. XX . I. Prelorentzou, Renato.
II. Título.

                        CDD: 325.341094109054
23-82866   CDU: 327(410:540)

Meri Gleice Rodrigues de Souza - Bibliotecária - CRB-7/6439

Título em inglês:
Gandhi and Churchill: the epic rivalry that destroyed an empire and forged our age

Adaptação de mapas: Celina Faria

Texto revisado segundo o Acordo Ortográfico da Língua Portuguesa de 1990.

Direitos exclusivos de publicação em língua portuguesa somente para o Brasil
adquiridos pela
EDITORA RECORD LTDA.
Rua Argentina, 171 – Rio de Janeiro, RJ – 20921-380 – Tel.: (21) 2585-2000,
que se reserva a propriedade literária desta tradução.

Impresso no Brasil

ISBN 978-85-01-08308-1

Seja um leitor preferencial Record.
Cadastre-se no site www.record.com.br
e receba informações sobre nossos
lançamentos e nossas promoções.

Atendimento e venda direta ao leitor:
sac@record.com.br

EDITORA AFILIADA

*Para Beth, com todo o meu amor,
por sua ajuda e seu apoio infalíveis.*

SUMÁRIO

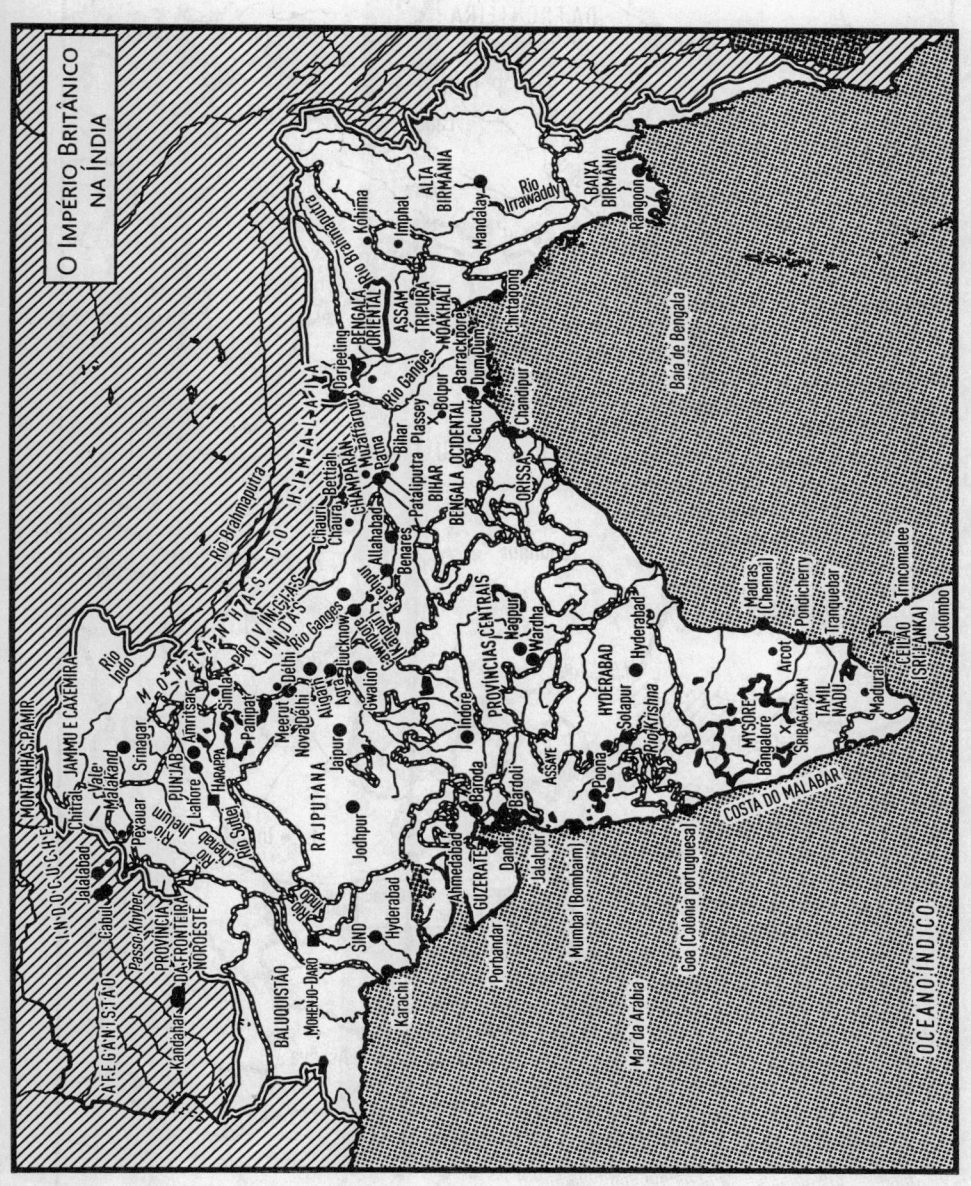

O Império Britânico na Índia

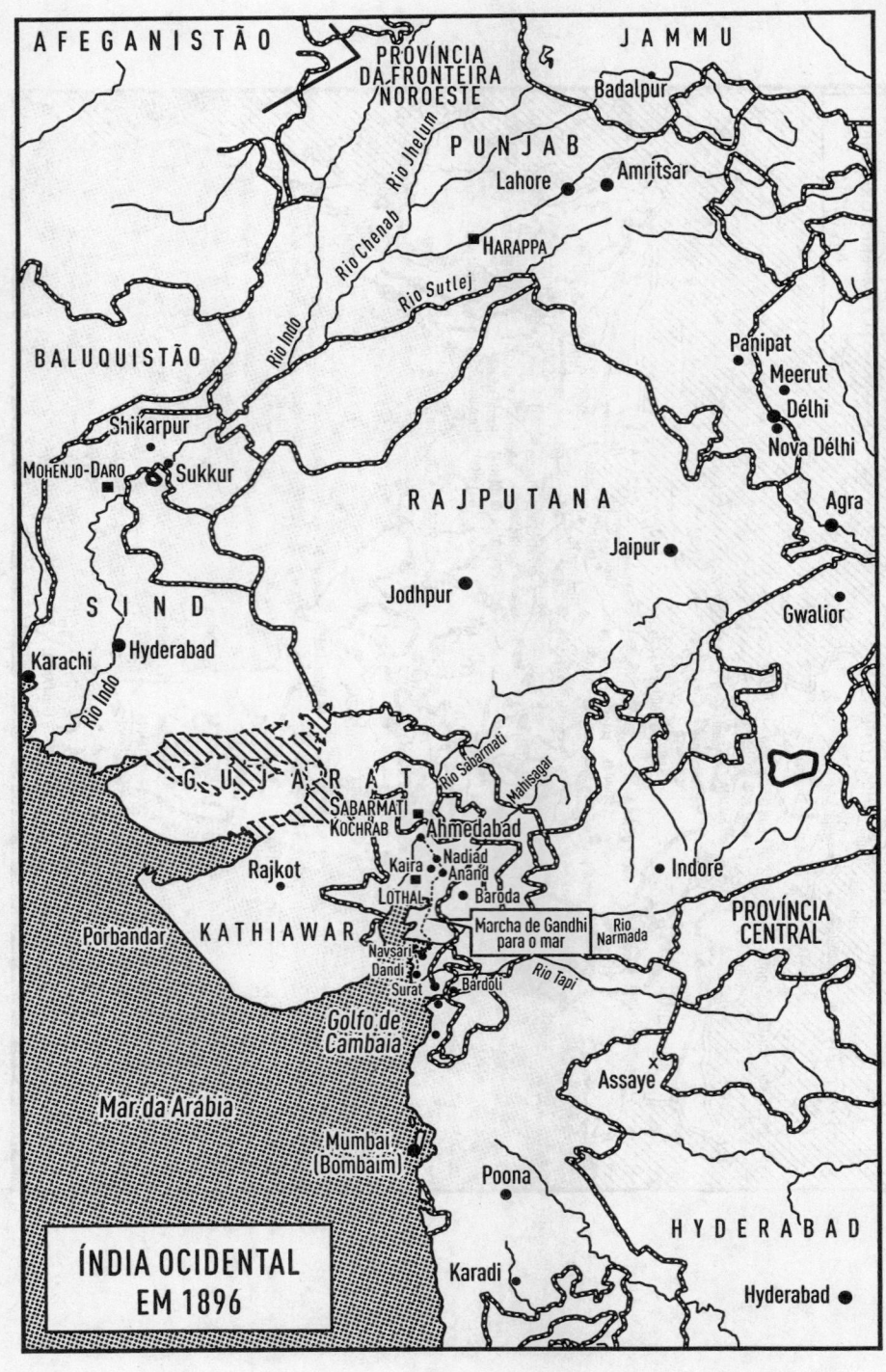

ÍNDIA OCIDENTAL
EM 1896

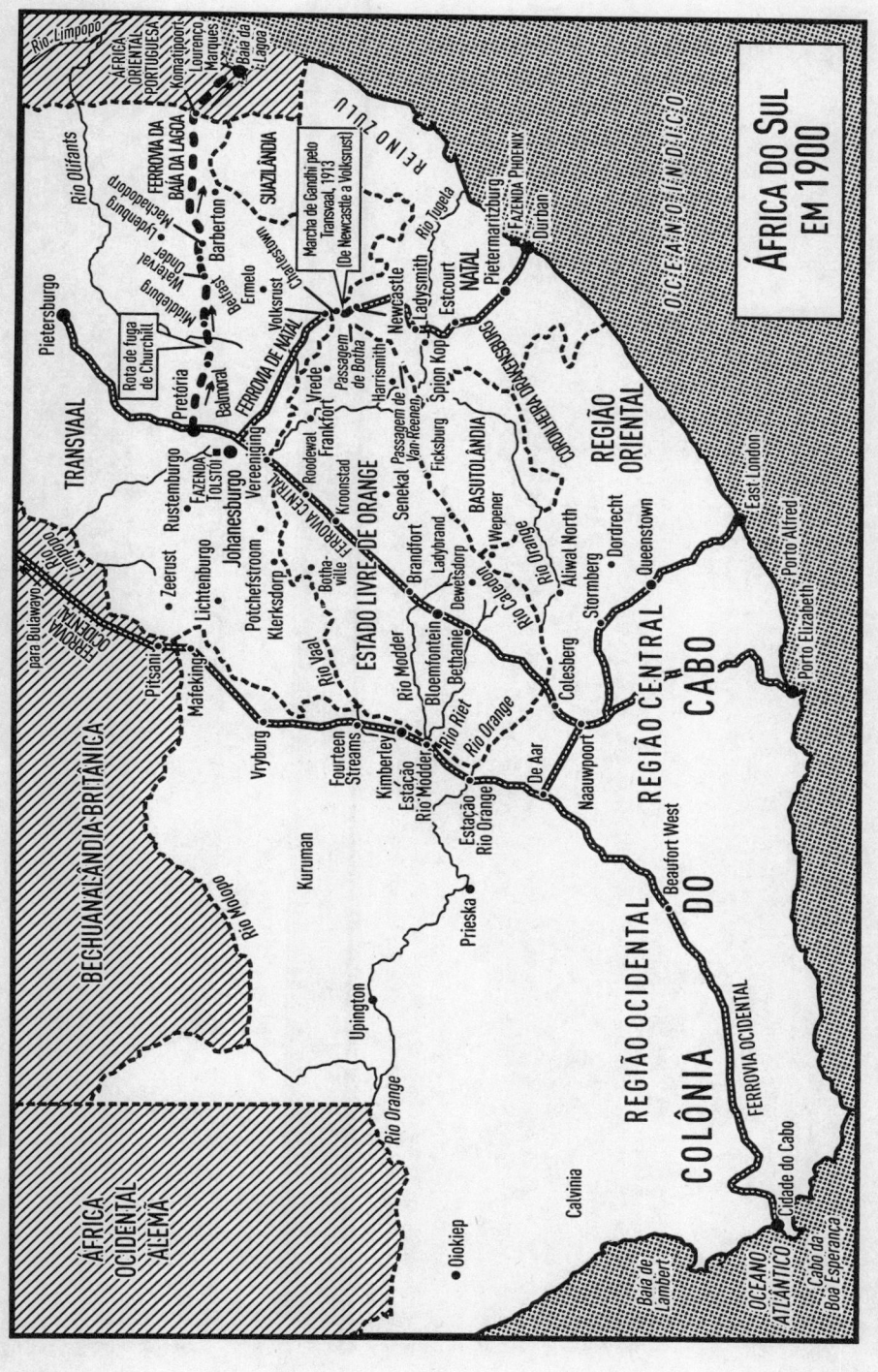

ÁFRICA DO SUL EM 1900

OCEANO ÍNDICO

REINO ZULU

Rio Limpopo
ÁFRICA ORIENTAL PORTUGUESA
Komatipoort
Lourenço Marques
Baía da Lagoa
Rio Olifants
FERROVIA DA BAÍA DA LAGOA
Lydenburg
Machadodorp
Barberton
Waterval Onde
SUAZILÂNDIA
Middelburg
Waterval
Belfast
Ermelo
Rio Tugela
Charlestown
Marcha de Gandhi pelo Transvaal, 1913 (De Newcastle a Volksrust)
FAZENDA PHOENIX
Pietersburg
Rota de fuga de Churchill
Pretória
Balmoral
FERROVIA DE NATAL
Newcastle
Ladysmith
Estcourt
Pietermaritzburg
Durban
NATAL
TRANSVAAL
Rustemburgo
FAZENDA TOLSTÓI
Vereeniging
Volksrust
Vrede
Harrismith
Passagem de Botha
Spion Kop
CORDILHEIRA DRAKENSBERG
REGIÃO ORIENTAL
Zeerust
Lichtenburgo
Johannesburgo
Potcherfstroom
Klerksdorp
Roodewal
Frankfort
Kroonstad
Passagem de Van-Reenen
Ficksburg
Wepener
BASUTOLÂNDIA
East London
FERROVIA CENTRAL
FERROVIA OCIDENTAL para Bulawayo
Rio Limpopo
BECHUANALÂNDIA-BRITÂNICA
Rio Molopo
Pitsani
Mafeking
Vryburg
Botha-ville
Brandfort
Ladybrand
Senekal
Rio Orange
Dewetsdorp
Bethanie
Aliwal North
Dordrecht
Queenstown
Stormberg
Colesberg
Porto Alfred
Porto Elizabeth
Rio Vaal
ESTADO LIVRE DE ORANGE
Rio Modder
Bloemfontein
Rio Caledon
REGIÃO CENTRAL DO CABO
Fourteen Streams
Kimberley
Estação Rio Modder
Rio Riet
Rio Orange
De Aar
Naauwpoort
Kuruman
Priska
Estação Rio Orange
Beaufort West
REGIÃO OCIDENTAL DO CABO
FERROVIA OCIDENTAL
Upington
Rio Orange
Calvinia
Oiokiep
Baía de Lambert
COLÔNIA
ÁFRICA OCIDENTAL ALEMÃ
OCEANO ATLÂNTICO
Cabo da Boa Esperança
Cidade do Cabo

PRÓLOGO

Não vejo nenhum ser que viva em um mundo sem violência.
MAHABHARATA

Rebelião. Como um vento de monção, as notícias se espalhavam pelas ruas quentes e empoeiradas de Cawnpore e seus bairros europeus. Os cipaios da guarnição militar de Meerut, próximo a Délhi, haviam matado oficiais britânicos e marchavam para a antiga capital do Império Mogol. Outros cipaios, pelo que se dizia, apressavam-se para integrar o levante. As famílias inglesas de Cawnpore, abrigadas em seus aconchegantes bangalôs e cercadas por empregados nativos, sentiam-se desconfortáveis. Ao longo dos 2 mil quilômetros que separavam Calcutá, ao sudeste, de Pexauar, ao norte, havia apenas um batalhão britânico, com setecentos homens. Repentinamente, após uns poucos dias de maio de 1857, o domínio britânico sobre a Índia, que parecera tão firme e estável durante os últimos cinquenta anos, via-se à beira do abismo.

Uma pergunta atormentava a mente de todos: os regimentos cipaios de Cawnpore permaneceriam leais ou se uniriam aos rebeldes? William Shepherd era um dos que se questionavam. Ele servia no setor de provisões do regimento e acabara de levar sua irmã viúva e a família para morar em Cawnpore. Como muitos outros que trabalhavam para os britânicos na Índia, Shepherd era mestiço, metade indiano e metade inglês. "Todo mundo na base parecia pensar que algo terrível estava para acontecer."[1] Ele sabia que a pequena guarnição fixada às margens do Ganges estava fraca e isolada e que as tropas nativas em Cawnpore superavam os batalhões de brancos em razão de dez para um. Caso se rebelassem, o reforço mais próximo estaria a 80 quilômetros, em Lucknow — presumindo-se que as tropas de *lá* se mantivessem leais. Shepherd, ao mesmo tempo, compreendeu que, se os cipaios de Cawnpore também se rebelassem, ele, outros mestiços ou qualquer colaborador dos britânicos estariam ameaçados de morte.

Mas será que se rebelariam? Shepherd certamente pensava que sim. Em um momento de descuido, alguns deles já haviam revelado a profundidade de seu ressentimento para com os britânicos — e também sua paranoia. "Veja que grave conspiração está sendo tramada contra nós", diziam a ele os cipaios de Cawnpore. Eles haviam recusado os novos cartuchos para os rifles Enfield, enviados pelo arsenal de Dum Dum, pois rumores diziam que a munição era untada em gordura de porco, para que os soldados muçulmanos fossem conspurcados e os hindus violassem suas castas. O temor a esses mesmos cartuchos encetara a rebelião de Meerut. Agora o boato era que os oficiais britânicos estavam misturando ossos de porcos e vacas às provisões de farinha, com o mesmo propósito: tornar os indianos *badhurrum*, excomungados.

Shepherd sabia que não era verdade, mas não se atrevia a contradizê-lo; foi, porém, capaz de perguntar aos cipaios suas razões para atacar civis e pessoas como ele, que nunca lhes haviam feito mal. De modo ameaçador, eles o cercaram, gritando: *Suffun suffa! Suffun suffa!* "Já basta!" Era o momento de recomeçar tudo. Hora de tirar os britânicos da Índia.

Um cipaio veterano, de bigode eriçado e olhos penetrantes, quase atacou Shepherd.

"Ah, vocês são todos iguais, todos da mesma estirpe", gritou. "São serpentes, nenhum de vocês será poupado!" Naquela noite, Shepherd tirou sua família de casa e a levou para a única fortificação de Cawnpore, o antigo hospital militar, a oeste da cidade.[2]

Chegando lá, percebeu que a tensão virara histeria. Europeus e eurasianos apressavam-se em passar suas famílias para dentro da área cercada, intimidados pelos rumores de iminente levante e sob os olhares furiosos dos habitantes locais. Baús, valises, malas, pacotes e caixas eram empilhados em profusão. Crianças corriam por todos os lados; oficiais, exaustos, tentavam manter a ordem; suas esposas e irmãs sentadas, extenuadas pelo calor; serviçais nativos e *ayahs* amedrontados e encolhidos nos cantos. O hospital transbordava de "pessoas [...] de todas as cores, seitas e profissões", como um oficial mais tarde relembrou, "todas apavoradas com um inimigo imaginário".[3]

O major-general Hugh Wheeler, comandante do regimento, entretanto, ainda estava confiante. Wheeler tinha 67 anos. Nascera e fora criado na Índia;

até mesmo sua esposa era indiana. Ele pensava que conhecia seus cipaios melhor que ninguém, e, como quase todos os oficiais britânicos de antiga formação, falava hindustâni com fluência. Naquele 18 de maio, enquanto brancos, em pânico, inundavam o hospital e trabalhadores construíam um muro de 1,5 metro de terra em torno do edifício, Wheeler escrevia para oficiais em Calcutá: "Tudo bem em Cawnpore."[4]

Além do mais, se algum levante de fato estourasse, Wheeler sabia que podia contar com o apoio do rajá de Bithur. O rajá, mais conhecido como Nana Sahib, era um entre as — literalmente — centenas de príncipes indianos que ainda se mantinham independentes da Companhia Britânica das Índias Orientais e governavam mais da metade da Índia. Nana Sahib não era um príncipe poderoso como o *nizam* de Hyderabad ou o marajá de Mysore, que dominavam um território maior que a soma da França com a Alemanha; mas era próspero, cortês e, aos 35 anos, estava na flor da idade. Ele e Wheeler jantavam, jogavam bilhar e caçavam tigres juntos. A esposa de Wheeler pertencia à mesma casta hindu que Nana Sahib. Wheeler confiava nele como em nenhum outro indiano. Então, quando o rajá apareceu, ao final de maio, para selar aliança com os britânicos, com quinhentas tropas e cavalaria vestida em armaduras reluzentes, elmos e túnicas esvoaçantes, Wheeler ficou tão grato que entregou ao príncipe o erário do regimento.

Foi um erro fatal. Depois da morte do pai de Nana Sahib, em 1851, o governo de Calcutá, em sua infinita sabedoria, decidira cortar a pensão do rajá. Nana Sahib apelou junto aos diretores da Companhia das Índias Orientais, na Leadenhall Street, em Londres; eles se recusaram a interferir. Em 1857, Nana Sahib estava diante da ruína total.[5] Por trás de seus modos polidos, odiava os britânicos e já estava tramando para se tornar líder dos cipaios.

Na noite quente de 4 de junho, Shepherd e sua família dormiam nas varandas do hospital quando um alvoroço o despertou. Alguns brancos, inquietos, discutiam. Shepherd perguntou o que havia.

Alguém sussurrou pedindo silêncio, "Escutem!", e apontou em direção às barracas da 2ª Cavalaria Leve, formada por nativos. Na penumbra que antecedia a aurora, Shepherd pôde ouvir o ruído de homens selando cavalos. Havia berros e gritos. E, então, uma súbita chama desfez a escuridão.

As tropas nativas atearam fogo à sede do Regimento de Cavalaria e atacaram o comandante nativo, ou *rissaldar-major*, que se negara a apoiar os rebelados. Na manhã seguinte, ele foi levado ao enclave do hospital, ainda vivo, com o corpo repleto de ferimentos à espada. Morreu em agonia alguns dias depois. Até lá, outro cadáver seria descoberto: o do sr. Murphy, da Companhia Ferroviária da Índia Oriental, com três balas na cabeça. Em 6 de junho, sob a liderança de Nana Sahib, rebeldes distribuíram canhões em torno do enclave, enquanto outros assaltaram a cidade, matando todos os europeus ou nativos cristãos que encontraram. O cerco a Cawnpore havia começado.[6]

E iria durar 18 terríveis dias. Mais de novecentas pessoas, entre homens, mulheres e crianças, europeus e indianos, estavam confinados nos dois prédios de alvenaria do hospital, um dos quais coberto somente com palha. Não havia como chegar à guarnição militar de Lucknow, que, aliás, também estava quase cercada. Quem se ofereceu para escapar e procurar ajuda (inclusive, no final, Willian Shepherd) foi morto ou capturado. O "regimento" de Cawnpore — na verdade, menos de um terço eram soldados — estava criticamente desprovido de água, comida e munição, e protegido apenas por uma trincheira rasa e um pequeno muro de terra em torno do edifício principal. Tiros de canhão esmagavam o indefeso agrupamento, noite e dia.

O filho de Wheeler, tenente Godfrey Wheeler, foi um dos primeiros a morrer, decapitado por uma bala de canhão no momento que sua irmã tratava um ferimento seu. Outro tiro matou um soldado enquanto ele tentava consolar sua esposa e seus filhos gêmeos; a bala passou pelo braço da mulher e mutilou um dos bebês. Um terceiro ataque levou a filha caçula de Shepherd em 18 de junho. Ele e sua mulher tiveram de vê-la agonizar por quase 36 horas, "morrendo aos poucos, até que se assemelhasse ao botão murcho de uma flor delicada". Shepherd então envolveu seu diminuto corpo em algumas roupas velhas e a enterrou em uma vala que cavou com uma faca. Era seu sétimo aniversário de casamento.[7]*

Com temperaturas acima dos 38°C, sujeira e tensão, as pessoas estavam desesperadas por água. Havia apenas um poço dentro da área protegida, sob a mira de franco-atiradores. Um a um, os voluntários para buscar água eram mortos. Depois que uma bala de canhão destruiu a casa e a manivela do poço, os soldados tinham de rastejar sob o tiroteio para descer o balde, com as próprias mãos, até uma profundidade de 20 metros.

---

* Pouco depois, Shepherd ofereceu-se para levar uma mensagem à guarnição de Lucknow. Foi capturado e preso pelos homens de Nana Sahib, até que tropas europeias o libertaram. Sua esposa, sua irmã e o restante de sua família, entretanto, morreram no cerco.

Enquanto isso, os quase duzentos soldados britânicos, um punhado de cipaios leais e todo homem que pudesse segurar um mosquete conseguiam repelir as sucessivas investidas. Rodeados por cadáveres que apodreciam com o calor, vivendo com uma mísera ração diária de farinha, eles assistiram a seus entes queridos morrerem sem esperanças de socorro ou salvação. Um temor extremo os arrebatava: o que aconteceria se eles e suas famílias fossem capturados pelos rebeldes? Dizia-se que, em Délhi, militares e civis haviam sido executados e esquartejados, inclusive mulheres e crianças. Em Jhansi, no dia 8 de junho, os rebeldes juntaram todos os europeus, homens, mulheres e crianças, e os assassinaram.

Por fim, foi Nana Sahib, e não o regimento de Cawnpore, quem propôs uma negociação. Ele e seus homens estavam impacientes, queriam encerrar logo o cerco a Cawnpore e seguir adiante. Em 24 de junho, ele enviou uma mensagem apresentando seus termos: aqueles que não fizessem parte da administração de Calcutá e que estivessem dispostos a depor armas teriam passagem garantida para Allahabad, onde os britânicos ainda mantinham uma guarnição militar.

Wheeler rejeitou qualquer acordo com aquele homem, cujas palavras, notoriamente, não tinham valor. Entretanto, seus oficiais convenceram-no de que, quando a estação das chuvas começasse (o que já era para ter acontecido), os muros e trincheiras que ainda lhes restavam seriam levados pelas monções. Além do mais, o que eles poderiam fazer, diziam, "com tal mistura de gente, na qual havia uma mulher e uma criança para cada homem?".[8] Eles teriam de confiar em Nana Sahib e esperar que tudo corresse bem.

Rodeado por enfermos e moribundos, Wheeler também estava doente. Enfim, cedeu. Concordou com o trato, que permitia ao regimento marchar, rendido, até o Ganges, adentrar as embarcações e navegar rio abaixo para Allahabad e a segurança.

"Um espetáculo verdadeiramente estranho" recebeu a aurora em 27 de junho naquelas trincheiras, relembraria o tenente Mowbray Thomson, quando uma exausta e abatida multidão de homens, mulheres e crianças surgiu das ruínas do hospital. Alguns estavam descalços; a maioria vestia trapos. As bandagens para os feridos haviam sido improvisadas com as camisas dos soldados e os vestidos das mulheres. Muitos tremiam de febre. Conforme Thomson, "seguramente, jamais houve outro bando de seres humanos mais esqueléticos e fantasmagóricos que nós" — europeus esqueléticos e fantasmais, na Índia, certamente não.[9] Vacilantes, puseram as bagagens em carroças, liteiras e dezesseis elefantes cedidos por Nana Sahib e começaram uma triste e lenta procissão pela cidade. Uma enorme caravana seguia-os até o rio; muitos cipaios zombavam, embora alguns outros chorassem de vergonha e se oferecessem para carregar os últimos pertences das famílias de seus antigos chefes.

Finalmente, a procissão chegou às margens do rio. Homens e mulheres desceram cuidadosamente o barranco, cheio de arbustos e figos-da-índia, até a praia, onde uma dúzia de precárias barcaças com tetos de palha estava ancorada na lama. A multidão de nativos os empurrava. Thomson e outros soldados largaram seus mosquetes e entraram no rio; com a água pela cintura, ajudavam a embarcar mulheres e crianças, quando um súbito toque de corneta os fez olhar para trás.

Acima deles, as margens do rio estavam repletas de cipaios armados, todos apontando seus mosquetes contra a multidão indefesa. A salva de tiros fez um tremendo baque; nas casas da vizinhança, canhões escondidos abriram fogo. Em um grito, os soldados da 2ª Cavalaria Leve desceram o barranco com espadas em punho.

A esposa de um soldado viu um cavaleiro imolar o general Wheeler com um golpe de sabre no pescoço. "Meu filho foi morto perto de mim", lembraria mais tarde. "Alguns foram apunhalados por baionetas; outros, golpeados por espadas. Crianças foram baionetadas e jogadas no rio." Ela ouviu a filha mais nova do coronel Williams (que morrera no cerco) dizer a um soldado que lhe apontava a baioneta: "'Meu pai sempre foi gentil com os cipaios.' Ele se virou e foi embora, [mas] no mesmo instante, um aldeão a golpeou na cabeça com um bastão, e ela caiu na água."[10]

Tochas foram arremessadas sobre os barcos, que logo se tornaram piras flamejantes. "No ar, ressoavam gritos agudos de mulheres e crianças", relembraria outra testemunha, "e agonizantes pedidos de clemência a Deus. A água estava vermelha de sangue. Minha pobre irmã [...] só chorava: 'Oh, Amy, não me deixe!' Alguns metros adiante, vi incendiando-se lentamente o barco que levava minha pobre mãe, e me agachei no convés, arrasada pelo sofrimento".[11]

O tenente Thomson e alguns outros homens conseguiram subir em uma das barcaças. Os remos haviam sumido e o leme fora danificado. A embarcação era lentamente arrastada pela correnteza, enquanto os projéteis zuniam e estilhaçavam seu casco. "Os mortos e feridos se amontoavam no fundo do barco", relembrou Thomson. Enquanto flutuavam rio abaixo, os homens, furiosos e impotentes, assistiam ao que se passava na praia.

Os disparos de mosquetes e canhões e a fuligem dos barcos incendiados formaram uma espessa nuvem de fumaça sobre as margens do rio. Quando o tiroteio cessou, todos os homens sobreviventes foram arrastados e mortos. As mulheres e as crianças, cerca de 125 no total, foram puxadas barranco acima. Sete garotas — quatro britânicas e três eurasianas, inclusive a filha mais nova de Wheeler — foram levadas pelos cipaios da 2ª Cavalaria.* Todas as outras seguiram em comboio de volta à cidade, para esperar o destino que Nana Sahib e os rebeldes lhes haviam reservado.

Enquanto isso, em Allahabad, o general Henry Havelock tentava reunir seu pequeno Exército para libertar Cawnpore. Não havia muitos soldados que agrupar. Quando a rebelião estourou, 12 dos 29 batalhões estavam bem distantes, a oeste, em Punjab, e outros três se encontravam a leste, na Birmânia — razão pela qual o levante se espalhou tão rapidamente. As forças improvisadas de Havelock somavam mil homens de quatro diferentes batalhões britânicos; 150 da leal infantaria sikh; um pequeno destacamento de nativos; e vinte e poucos cavalarianos voluntários. Grande parte destes últimos eram desertores dos regimentos cipaios rebelados ou secretários e trabalhadores da Companhia das Índias Orientais. Muitos se haviam alistado para vingar a morte de amigos e familiares — entes queridos assassinados justamente por aqueles em quem pensavam poder confiar, os mesmos nativos que haviam dominado por mais de um século.[12]

Se a vingança pessoal movia alguns dos homens de Havelock, a raiva e a sede de retaliação motivavam o resto. Um deles era o coronel James Neill, do 1º Regimento de Fuzileiros de Madras. Escocês corpulento e obstinado, de bigode ferino e cerradas sobrancelhas — "o mais belo homem que já vi", como disse um de seus contemporâneos —, Neill comandava uma das poucas tropas europeias da Companhia das Índias Orientais. Quando solda-

---

* As quatro britânicas foram, por fim, devolvidas e morreram com as demais. Duas das eurasianas, porém, casaram-se com seus raptores cipaios, para escapar dos constantes abusos. A primeira, Amelia Horne, tempos depois, fugiu. A srta. Wheeler, entretanto, converteu-se ao islã e morreu muito idosa, em Cawnpore, após relatar a um sacerdote católico, já em seu leito de morte, sua extraordinária história.

dos nativos de Allahabad assassinaram seus oficiais e ameaçaram unir-se à rebelião, Neill, com truculência, restaurou a ordem. Seus brutos fuzileiros e os sikhs cavalgaram sobre as ruas de Allahabad, enforcando sumariamente todos aqueles que encontraram em uniforme cipaio, rebeldes ou não.

Um oficial inglês escreveu para a mãe: "Todos os dias, nove ou dez pretos são enforcados." Pelos três meses seguintes, carroças faziam a ronda e recolhiam os corpos suspensos nas forcas, árvores e postes dos bazares de Allahabad e os atiravam no Ganges.[13]

"Deus queira que eu tenha agido com justiça", escreveu Neill em 17 de junho. "Sei que agi com severidade." Cristão devoto, ele acreditava piamente que "a palavra de Deus não permite a delicadeza da vida moderna".[14] Assim, restaurou o controle britânico, primeiro em Benares e depois em Allahabad.

Durante as últimas três semanas, Neill andara desesperado para salvar a guarnição militar de Cawnpore. Finalmente, em 17 de julho, Havelock marchava para o resgate. No dia 12, suas tropas derrotaram forças cipaias próximo ao palácio mogol de Fatehpur, pilhando e incendiando antigas mesquitas. Em marcha, sob um sol escaldante que matava os homens de insolação e, mais tarde, sob o aguaceiro das monções que varriam as planícies, Havelock e seus homens ferozmente abriram passagem até a periferia de Cawnpore, enforcando todos os "rebeldes" encontrados pelo caminho.

Por esse momento, todos já conheciam a história da traição de Nana Sahib e das mulheres tomadas como refém. "Com a ajuda de Deus", dizia Havelock a seus homens cansados e famintos (toda a comida estragara com o calor e agora só lhes restavam biscoitos secos), "nós as salvaremos, ou morreremos tentando."[15]

Os rebeldes armaram a última defensiva nos arredores da cidade; tombaram diante do derradeiro ataque, liderado pelo filho de Havelock. Nana Sahib, em pânico, fugiu a cavalo, enquanto seu desmoralizado Exército debandava. À tarde, os soldados britânicos adentraram Cawnpore e deram início à busca pela casa onde, segundo se dizia, as mulheres e crianças estavam presas.

As ruas e os bazares estavam desertos. Os moradores de Cawnpore procuraram se esconder, apavorados com o que os britânicos fariam quando soubessem a verdade. Sob um silêncio perturbador, aqueles homens enfurecidos, por fim, encontraram a ruela onde ficava a casa, chamada Bibighar — ironicamente, a morada que um oficial britânico construíra para sua amante indiana.[16] Os soldados vasculharam-na freneticamente, quarto por quarto, mas não acharam nada além de um enorme despejo de roupas femininas e infantis, anáguas, chapéus de palha, sandálias, brinquedos, páginas de Bíblias rasgadas e um fortuito daguerreótipo dentro de um estojo rachado. Tudo ensopado de sangue.

Finalmente, trilharam o horrendo rastro até o pátio dos fundos e, daí, até um poço no canto do jardim. Com o auxílio de alguns espectadores relutantes, conseguiram reconstituir o que havia acontecido. Com as tropas de Havelock aproximando-se da cidade, Nana Sahib decidiu que mulheres e crianças inglesas e eurasianas — espremidas na pequena casa e morrendo dia após dia de calor, disenteria e cólera — seriam testemunhas inconvenientes. Em 16 de julho, ele ou um de seus homens de confiança ordenara que todas elas, até a última mulher e criança, fossem executadas.

Mesmo os cipaios que haviam participado do ataque no rio recusavam--se a cometer essa sanguinária chacina. Por fim, cinco homens — dois açougueiros muçulmanos do local, dois camponeses hindus miseráveis e um membro da guarda pessoal de Nana Sahib — foram escolhidos para entrar em Bibighar armados com *tulwars* (um tipo de cimitarra) e fazer o serviço. Durante todo o dia, gritos e súplicas reverberaram pelas ruas de Cawnpore. Ao anoitecer, depois que os assassinos deixaram a casa, os terríveis sons continuaram.[17]

Na manhã seguinte, uma multidão formou-se junto ao muro do jardim para ver os serventes de castas inferiores recolherem os cadáveres. "Os corpos eram arrastados, a maioria pelos cabelos", um espectador declarou mais tarde. "Aqueles que tinham roupas boas eram despidos. Algumas mulheres estavam vivas. Não sei dizer quantas." Também estavam vivos três meninos. Eles corriam por todos os lados e gritavam histericamente, enquanto os corpos mutilados eram arrastados e lançados no poço.[18]

Por fim, os três garotos também foram mortos e jogados no poço: um deles teve a cabeça esmerilhada contra uma árvore. Os soldados britânicos ainda podiam ver "um olho vidrado escorrendo [...] esmagado no áspero tronco".

Atônitos de cansaço, sede e horror, alguns soldados estavam em prantos. Outros vomitavam diante da cena. O comandante, major Bingham, por uns minutos encarou o fundo do poço, onde cadáveres nus, pedaços de corpos e crânios emergiam da água ensanguentada. "Pobres criaturas infelizes!", exclamava e chorava compulsivamente.[19]

Era inconcebível. A deliberada carnificina de mulheres e crianças inocentes deixou expostos os nervos mais profundos da sensibilidade vitoriana.[20] O que era uma vontade de retaliação tornou-se derramamento de sangue.

O capitão Neill deu o tom. Chegara em 20 de julho e imediatamente ordenou que todo prisioneiro cipaio fosse levado a Bibighar antes de ser executado. Lá, teria de ajoelhar e lamber o sangue do chão. A ordem expressa era para que "a tarefa seja o mais repugnante possível para todos esses infames", pois se sabia muito bem que tocar sangue era profundamente abominável para as castas hindus superiores.[21] Alguns prisioneiros tinham de ser açoitados por dez minutos para que realizassem o ato repulsivo. Neill permanecia impassível: "Nenhuma testemunha dessas cenas de assassinato, mutilação e massacre jamais poderá ouvir a palavra 'piedade' destinada a esses demônios."

Outros ingleses tiveram sua própria vingança informal. Os homens de Bingham haviam capturado um dos oficiais de Nana Sahib quando adentraram a cidade. "Nós o fizemos violar sua casta", escreveria Bingham mais tarde. "Enfiamos pela garganta dele carne de porco, de vaca e qualquer outra coisa que pudesse desonrar sua casta." Depois que os soldados terminaram, Bingham ficou surpreso que o homem ainda estivesse vivo quando foi arrastado e enforcado, "cena que tive o prazer de testemunhar". Uma única árvore logo ficou adornada com mais de 150 cadáveres de nativos espancados. "Sem dúvida, é uma lei atípica", dizia Neill à época, "mas se aplica perfeitamente à ocasião."[22]

Quase todos os brancos na Índia concordavam. À medida que a história do massacre de Bibighar era contada, os fatos assumiam uma dimensão ainda mais grotesca. Circulavam histórias de que as mulheres haviam sido sistematicamente estupradas e obrigadas a cometer o que os vitorianos se limitavam a denominar "atos indizíveis" antes de morrer. Devido à repressão sexual da sociedade do Raj Britânico e ao temor histérico que a rebelião desencadeara, sempre havia quem acreditasse em qualquer história terrível de atrocidades.

Havia histórias sobre matronas inglesas arrematadas pelos mais altos lances em bazares indianos; sobre crianças torradas vivas; sobre a mulher de um oficial de Meerut que foi despida e teve os seios extirpados. Mas não eram apenas os homens britânicos que ficavam sedentos de sangue ao ouvir os rumores. Na distante e pacífica Mumbai (anteriormente chamada de

Bombaim), a sra. Fanny Duberly, esposa de um oficial hussardo, escreveu em seu diário: "Mal posso esperar pelo dia da vingança, quando nossas mãos serão banhadas com o sangue de nossos inimigos e as línguas de nossos cães também ficarão ensanguentadas."[23]

Quando os soldados britânicos deixaram Cawnpore, juraram que, para cada mulher e criança chacinada, matariam cem inimigos. Por "inimigo" entendia-se agora qualquer um que não fosse branco. Um aterrorizante rastro de corpos foi deixado pela marcha de Havelock para Lucknow. A matança intensificou-se quando o Exército britânico retornou de Punjab e começou a ofensiva sobre Délhi; e atingiu o auge em setembro, quando a capital mogol foi retomada.

Em 11 de setembro de 1857, canhões e obuses abriram fogo sobre a cidade. Três dias depois, tropas britânicas, sikhs, pathans e gurkhas estouraram o Portão Caxemira. Bárbaras lutas corpo a corpo detinham os agressores por muralhas, passagens estreitas e ruas sinuosas de Délhi, e dentro de quase todas as casas. Soldados britânicos arrebentaram as celas onde estavam presos mercadores que vendiam cervejas e licores europeus e logo ficaram bêbados de vinho do porto e conhaque.

"O demônio da destruição parecia celebrar o mais perfeito júbilo", comentou um dos comandantes do assalto a Délhi. Muralhas e edifícios destruídos, corpos baionetados e peças de artilharia abandonadas obstruíam todas as avenidas, e a matança continuava.[24] Homens, jovens e velhos, cipaios ou não, eram dilacerados sem remorso. Mulheres e crianças indianas eram, geralmente, poupadas. Entretanto, um oficial encontrou um antigo colega de escola na rua, um civil que havia sido voluntário no serviço civil de Bengala e cuja irmã fora morta pelos rebeldes. Ele lhe disse que "havia matado todos que encontrara pelo caminho, inclusive mulheres e crianças". A julgar por sua feição transtornada e pelo sangue que cobria suas roupas, acrescentou o oficial, "confio que me contava a verdade".[25]

Depois do sétimo dia de confronto, em 21 de setembro, a bandeira da Grã-Bretanha tremulava sobre a cidadela real, o famoso Forte Vermelho. Seis entre dez homens das forças britânicas foram mortos ou feridos. Os mortos rebeldes e civis eram incontáveis. Levas de refugiados deixavam a cidade; entre eles, o homem em nome do qual a rebelião estourara, Bahadur Shah II, de 70 anos, o rei de Délhi e último monarca mogol. O capitão William Hodson — da Cavalaria Hodson — e cinquenta de seus cavaleiros sikhs perseguiram-no. Estes eram homens esguios, cujos rostos pareciam de falcões e que nunca haviam feito a barba ou cortado os cabelos. Mas os sikhs eram conhecidos em toda a Índia por sua bravura em combate, por sua destreza com a espada e o mosquete e por suas roupas leves e cáqui, ou *khaki*, pelas quais um número cada vez maior de soldados britânicos estava substituindo seus tradicionais casacos escarlates.* Hodson e seus homens alcançaram o pretenso imperador e seu séquito a 10 quilômetros ao sul da cidade, próximo ao grande mausoléu do imperador Humayun.

Hodson garantiu proteção ao velho, caso se rendesse. A segurança de seus três filhos era outra coisa. O boato era que eles haviam ordenado a morte de todas as inglesas em Délhi, forçando-as a beber o sangue de suas próprias crianças antes da execução.

Bahadur Shah enviou uma mensagem perguntando se as vidas dos príncipes seriam poupadas após sua rendição. "Rendição incondicional" foi a única resposta de Hodson. Por fim, os príncipes capitularam e foram levados em uma carroça de volta a Délhi. Quando estavam a pouco mais de 1 quilômetro do Forte Vermelho, Hodson tirou-os da carroça e ordenou que se despissem. Então disparou contra a cabeça de cada um com a carabina que tomara emprestada de um de seus homens.

Os ferozes sikhs "gritaram de alegria". Seu maior líder, guru Teg Bahadur, havia sido morto pelo imperador de Délhi, em 1675, e uma profecia rezava que um homem branco os guiaria até a antiga capital para vingar o assassínio.[26] Hodson atirou os cadáveres dos príncipes no exato lugar onde a cabeça do líder sikh fora exposta em 1675 — e onde o sangue das inglesas mortas no levante de maio ainda manchava o solo.

Hodson foi dormir àquela noite "muito cansado, mas muito satisfeito com o dia de trabalho". De todas as partes, escreveu, chegaram congratulações "por meu êxito em destruir os inimigos de nossa raça".[27] Os herdeiros do último imperador mogol, descendentes diretos do grande Tamurlaine, estavam mortos. O domínio britânico sobre a Índia estava assegurado. Pouco a pouco, a ordem era restabelecida. A última resistência rebelde, em Gwalior,

---

* Durante o cerco a Délhi, os soldados britânicos notaram que o tecido *khaki* não era apenas mais leve e fresco, mas também menos visível no campo de batalha. Essa descoberta foi feita pelo resto do Exército britânico durante a Guerra dos Bôeres, depois das muitas baixas devidas a franco-atiradores inimigos; tal uniforme foi amplamente adotado a partir de então.

caiu em 19 de junho de 1858. Em março, Bahadur Shah foi julgado por uma corte militar e culpado de todas as acusações. A condenação foi o exílio perpétuo na distante Rangoon, na Birmânia, onde morreu e foi sepultado quatro anos depois, em novembro de 1862.

Um líder rebelde, no entanto, escapou. Após a queda de Cawnpore, Nana Sahib fingiu suicídio, na tentativa de enganar os perseguidores britânicos. Seu assistente e general, Tania Tope, foi preso e executado em abril de 1859; mas Nana Sahib nunca mais foi visto. Hodson dissera que teria sido "um imenso prazer" enforcá-lo. Alguns rumores recorrentes diziam que Nana enfim morrera de febre no Nepal, mas nunca foram confirmados. Por décadas, oficiais dos longínquos postos militares das montanhas a norte e a oeste da Índia mandariam informes sobre qualquer sinal do rajá de Bithur. O último seria enviado em 1895.

Como um Osama bin Laden vitoriano, a lembrança do homem que Havelock chamou de "diabo reencarnado" assombraria o Raj Britânico até seus últimos momentos. A retaliação pelo que Nana Sahib fizera marcaria a Índia para sempre. Hoje, Cawnpore foi rebatizada como Kanpur e o anjo de mármore que uma vez selou o poço de Bibighar já não existe. A igreja neogótica de tijolos vermelhos, construída em memória das vítimas europeias, no entanto, ainda permanece.

Ela serve como uma advertência, lembrando que, durante uns poucos e terríveis meses de 1857, a selvageria havia sido combatida com bestialidade, e então as sementes da violência futura foram lançadas. O Império Britânico na Índia, que parecia mais forte que nunca nos anos seguintes à Grande Rebelião,* colheria a tempestade.

Enquanto isso, na costa oeste da Índia, em Porbandar, um antigo porto sobre o mar da Arábia, os acontecimentos da Rebelião pareciam tão distantes como a lua. Soldados e oficiais britânicos passavam despercebidos pela cidade. Porbandar era uma das muitas partes da Índia intocadas pelo levante. Ao contrário, seus prósperos mercadores hindus e muçulmanos eram

---

* No original, *Great Mutiny* ou, por vezes, apenas *Mutiny*. Tenta-se respeitar, aqui, por meio da tradução literal, a escolha do autor por um termo mais geral e abstrato, embora não haja dúvidas de que se trate do evento também traduzido por Revolta dos Cipaios ou mesmo Revolta dos Cipais, expressões que, de resto, encontram em correspondente mais direto *Sepoy Revolt*. (*N. do T.*)

ainda governados, como sempre haviam sido, pelo príncipe local, o *rana*
de Porbandar. Naquele mesmo ano, enquanto as ruas de Cawnpore e Délhi
transbordavam de sangue, o *diwan*, ou conselheiro do *rana*, Karamchand
Gandhi, levava sua noiva pelas ruas alegremente agitadas de Porbandar,
rumo à casa de sua família.

Karamchand tinha 40 anos, era alto e distinto; sua noiva mal passara
dos 12. Este era o quarto casamento de Karamchand Gandhi. Suas duas
primeiras esposas morreram antes de lhe dar um herdeiro homem; a terceira
ainda padecia de uma doença terminal quando ele firmou o tradicional
contrato de matrimônio hindu com a família de sua mais recente noiva,
Putlibai. Para a família dela, era um bom acordo. Os Gandhi pertenciam
a uma *jati*, ou subcasta, mais elevada, e Karamchand era um respeitável
homem de negócios, bastante rico e devoto. Sua casa ficava próxima ao
centro da cidade, ao lado de um templo dedicado a Krishna e cercada por
elegantes edifícios feitos de luminosas pedras calcárias — os quais deram a
Porbandar a alcunha de Cidade Branca. No fim da tarde, Karamchand e os
outros moradores, como parte de um ritual religioso, acendiam pequenas
lâmpadas nas portas das casas, banhando as fachadas de calcário com um
suave brilho ambarino.[28]

A casa de Karamchand Gandhi era agradável e tinha três andares; seu
avô a comprara de uma mulher brâmane oitenta anos antes. (O documento
original, escrito no dialeto guzerate e firmado com o carimbo e a suástica*
do próprio *rana*, ainda existe.) No piso superior, iluminado pelo sol e are-
jado pelas brisas marítimas, o pai de Karamchand realizava diariamente
suas preces matinais, por duas horas. Todos os Gandhi eram membros da
casta *bania*, devotos hindus e vaishnavas, ou praticantes do culto a Vishnu
e Krishna, cujo templo vizinho frequentavam duas vezes por dia.

No andar mais baixo da casa ficava um cômodo com pouco menos que 6
metros de comprimento e quatro de largura, onde a noiva de Karamchand
passaria a vida inteira. Era escuro — tão escuro que até mesmo durante o
dia era preciso acender uma lâmpada a óleo — e sufocante no calor do verão.
Mesmo assim, era o centro do lar e da vida das mulheres da família Gandhi.
Ali, ela acordava todas as manhãs antes que qualquer um despertasse e se

---

* O antigo disco solar indiano e tradicional sinal de boa sorte que os nazistas mais tarde
transformaram em símbolo da purificação da raça ariana.

recolhia só depois que todos estivessem dormindo em suas camas.[29] Em um lado, havia uma pequena cozinha, onde ela preparava as refeições da família; do outro, um quarto ainda menor, onde viviam sua mãe e sua irmã. Foi nesse quarto que Putlibai, em 2 de outubro de 1869, se isolou para dar à luz seu quinto e último filho.

Em um lar vaishnava, como o dos Gandhi, tudo que se referisse ao nascimento de uma criança era considerado repugnante. Ninguém podia entrar no recinto, exceto uma parteira da mais baixa casta: depois do parto, o ambiente passava por muitos dias de rituais de purificação e limpeza. À mãe de Karamchand, porém, era permitido falar com Putlibai através da porta. Ela é quem iria informar às esposas de seus outros filhos e aos netos que Putlibai dera à luz um menino. Todos ficariam com inveja: certamente Putlibai era favorecida pelos deuses, já que apenas uma dentre suas quatro crianças era menina.[30]

Nos dez dias seguintes, Putlibai e seu novo bebê ficariam deitados naquela alcova sufocante, iluminados somente por uma única lâmpada a óleo. O bebê, porém, era forte e saudável. Outra filha teria sido um problema: por 3 mil anos, o Brâmana Aitareya proclamara aos hindus que "ter uma filha é desgraça"; o infanticídio feminino, oficialmente proibido pelos britânicos, não era raro na região.[31] Mas aquele era um menino, de cabeça e mãos grandes; um sacerdote astrólogo foi imediatamente trazido para fazer seu horóscopo. Era favorável; e com as letras recomendadas como mais auspiciosas, seus pais formaram um nome: Mohandas.

Ele seria o filho predileto de Putlibai, o mimado caçula de um grande, devoto e agitado lar. Sua mãe rezava todos os dias para que Krishna fizesse de seu Mohandas o herói dos heróis. Contudo, enquanto a vida na casa dos Gandhi voltava ao normal e as pequeninas lâmpadas eram penduradas nas portas das casas para o ofício vespertino, nem mesmo ela poderia imaginar que tipo de herói ele viria a ser, nem como.

1. Os Churchill e o Raj

E a Torre de Blenheim triunfará sobre Whitehall.
(Panfleto anônimo, 1705)

Em 30 de novembro de 1874, outro menino nasceu no outro lado do mundo. Ele também abriu os olhos na casa de seu pai, mas em uma escala bem maior — na verdade, na maior residência da Grã-Bretanha.

Rodeado por 12 km² de "verdes campos e águas cristalinas, alamedas de loureiros e samambaias, bosques de cedro e carvalho, fontes e ilhas", o palácio de Blenheim ostentava 187 aposentos.[1] Foi em um frio quarto do primeiro andar que Jennie Jerome Churchill deu à luz seu primeiro filho. "Olhos e cabelos escuros", descreveu-o o marido, Randolph Churchill, de 25 anos, para a mãe de Jennie, "e todos dizem que maravilhosamente lindo."[2]

O nome de batismo da criança seria Winston Leonard Spencer Churchill. Se os Gandhi eram desconhecidos fora de sua pequena província, o nome dos Churchill impregnava a história. John Churchill, o primeiro duque de Marlborough, havia sido o mais aclamado general da Europa e o homem mais poderoso de seu país. Suas consecutivas vitórias sobre a França, na primeira década do século XVIII, fizeram da Grã-Bretanha uma potência mundial. A rainha Anne, agradecida, doou-lhe terras da realeza em Woodstock, para que fosse construído um palácio, ao qual ele depois deu o nome de sua vitória mais famosa. Para Winston Churchill, o palácio de Blenheim iria sempre simbolizar uma herança de glória e uma família destinada à magnitude.

O primeiro duque de Marlborough, porém, foi sucedido por gerações de homens desimportantes. Se o poder e a riqueza da Inglaterra expandiriam até níveis inimagináveis pelo século seguinte, os Churchill iriam declinar fortemente.

A vasta fortuna acumulada pelo primeiro duque na época da rainha Anne foi gasta por seus sucessores. Quando o pai de Randolph herdou o título, em 1857, mesmo ano em que a Grande Rebelião assolou a Índia, ele possuía, como seu pai e, antes dele, seu avô, dívidas de proporções himalaicas e parcos recursos para enfrentá-las. O avô de Randolph já havia transformado Blenheim em um museu público, cobrando um xelim de cada visitante. Para angariar fundos, o pai de Randolph teria de vender obras de valor inestimável (inclusive um Rafael e um esplêndido retrato equestre do rei Carlos I feito por Van Dyck, ainda hoje a maior pintura da National Gallery), a fabulosa coleção Marlborough de pedras preciosas e os 18 mil volumes da Biblioteca Sunderland.[3]

No aperto financeiro que começava a afetar quase toda a aristocracia vitoriana, os Spencer Churchill, mais do que a maioria, sentiram a fisgada. Para Randolph Churchill, o legado de Marlborough era uma herança falida. Na verdade, não havia herança alguma. Seu irmão mais velho, lorde Blandford, tomaria posse do título de duque, do palácio de Blenheim e dos bens restantes. O que sobraria para ele e seus herdeiros seria relativamente escasso (embora muito mais que o patrimônio de grande parte dos britânicos): 4.200 libras esterlinas ao ano e o aluguel de uma casa em Mayfair.[4]

Portanto, Randolph, o jovem pai de 25 anos, teria de conquistar seu próprio espaço no mundo, assim como seu filho também teria de fazê-lo anos mais tarde. E ambos escolheriam o mesmo caminho: a política.

Randolph era o rebelde da família, contestador e descontente nato. Sob seus olhos salientes, seu grosso bigode requintado e sua arrogante fleuma aristocrática, estava a alma de um obstinado macho alfa. Como disse a seu amigo, lorde Rosebery: "Eu gosto de ser o chefe."[5] O jovem lorde Randolph estava determinado a construir para si um nome como membro do Parlamento. Tudo o que precisava era de uma contenda.

Em 1874, uma contenda não era algo fácil de ser encontrado. No período em que Winston Churchill nasceu, a política britânica gozava de um consenso que o país não vivera nos últimos cem anos — e que logo não viveria nunca mais.[6] A última grande batalha doméstica fora lutada durante a Segunda Reforma, quando multidões de Londres confrontaram-se com a polícia e destroçaram as cercas do Hyde Park. A aprovação da lei de 1867 abriu a porta para os primeiros votantes da classe operária britânica. Mas, apenas uma década depois, nem os conservadores nem os liberais estavam dispostos a permitir uma abertura ainda maior.

Ambos os partidos aceitavam que o livre-comércio era pedra angular da economia britânica, que se mantinha como a mais produtiva do mundo. Ambos admitiam a importância de se sustentar o padrão-ouro. E, além disso, concordavam que o melhor era deixar as reformas sociais em mãos particulares e locais, embora o Parlamento ocasionalmente aprovasse algumas medidas para saneamento de bairros pobres ou uma abrangente lei sobre saúde. Uma jornada média de doze horas para homens e de dez horas e meia para mulheres e crianças acima dos 13 anos fazia sentido econômica e moralmente. Dar aos trabalhadores uma aposentadoria ou um seguro-desemprego, não.[7]

Tories e liberais concordavam ainda em manter um império que não tinha opositores e em defendê-lo com uma Marinha sem igual. Em 1874, aquele Império não era apenas o mais extenso, mas também o mais coeso do planeta.[8] Abarcava a própria Bretanha, com Inglaterra, País de Gales, Escócia e Irlanda, todos unidos sob um mesmo governo e uma mesma coroa. Do outro lado do Atlântico, havia as ilhas das Índias Ocidentais e o Canadá, o primeiro autogoverno dos "domínios britânicos" — termo que teria grande importância nas posteriores disputas entre Churchill e Gandhi.

Havia também as prósperas e estáveis colônias de brancos da Nova Zelândia e Austrália, que, embora a mais de 16 mil quilômetros de distância, possuíam um forte laço de lealdade para com a Coroa britânica. A Bretanha também conduzia o destino de duas colônias ao sul da África, Colônia do Cabo e Natal, além de Lagos, na Nigéria. Hong Kong, Cingapura e algumas possessões espalhadas pela Ásia e pelo Mediterrâneo completavam a coleção.

A peça central do Império, no entanto, era a Índia, onde os britânicos eram os senhores incontestes de 250 milhões de pessoas. Em 1874, dois de cada três súditos britânicos eram indianos. Desde a rebelião, ambos os partidos políticos haviam se alinhado quando o tema era o controle da Índia. A força do sistema de governo britânico — ou Raj, como ficou conhecido após a Rebelião — tornou-se mais palpável e eficiente. A abertura do canal de Suez, em 1869, fez com que a viagem ao antigo subcontinente ficasse muito mais fácil do que era nos dias anteriores à Grande Rebelião.

A maior parte dos bretões ainda não sabia quase nada sobre o subcontinente ou seus povos. Entretanto, o fato de possuírem a Índia e a governarem, na prática, como um império separado dava a eles um status de superpoder que nenhum outro povo ou país podia igualar. O sentimento foi expresso nove anos depois, no poema "Ave Imperatrix", de Rudyard Kipling:

E todos são criados para seu dever cumprir
Por terra e mar — onde quer que tremule
A Bandeira, para lutar e seguir,
E zelar pelos destinos do Império.

Em meio a essa triunfante marcha para o futuro, o único vestígio de problema era a Irlanda. A questão sobre a possibilidade de os irlandeses católicos assumirem algum grau de autonomia acendera uma viva contenda na política irlandesa. Em 1875, Charles Stewart Parnell chegou ao Parlamento, mas, apesar disso, o nacionalismo irlandês quase não foi abordado em Westminster, assim como qualquer outro assunto.*

Parecia não haver nenhuma questão polêmica a dividir a opinião pública, nenhum feroz confronto de interesses, nenhuma iminente ameaça no horizonte da qual um desconhecido e ambicioso político pudesse tirar vantagem. Por volta de 1880, Randolph percebeu que só havia um único meio para chamar a atenção no Parlamento: ser um provocador e causar transtornos.

O assunto do qual o pai de Winston tirou vantagem foi o Caso Bradlaugh. Charles Bradlaugh era um liberal e ateu radical que, naquele ano, quando eleito para o Parlamento, recusara-se a fazer o juramento de lealdade, necessário para assumir seu cargo junto à Câmara dos Comuns, porque continha as palavras "que Deus me ajude". A querela sobre permissão a Bradlaugh tomar seu assento, mesmo sem jurar lealdade, agitou os corações de muitos membros do Partido Conservador, e o amigo de Randolph, Sir Henry Drummond Wolff, pediu sua ajuda para confrontar Bradlaugh.

Randolph logo descobriu que Bradlaugh seria um alvo fácil.[9] Ele não era apenas um livre-pensador, mas um socialista, um defensor do controle de natalidade e até mesmo um crítico do Império. Também era um republicano radical que, em tom enfurecido, denunciara a monarquia e aristocratas como Randolph.** Assim, quando Randolph discursou, em 24 de maio de 1880,

---

* O assunto seria abordado antes do que se podia imaginar. Ironicamente, o triunfante poema de Kipling foi composto em 1882, após a revelação de um plano irlandês para assassinar a rainha Vitória, com o intuito de tranquilizar o público britânico. A mais antiga recordação da infância de Winston Churchill era a do passeio pelo Phoenix Park de Dublin e da visita ao local onde o vice-rei britânico fora assassinado, apenas alguns anos antes.
** Ele também seria um dos primeiros campeões do nacionalismo indiano. Em 1891, quando morreu e foi sepultado no cemitério Brookwood, em Londres, entre os 3 mil enlutados que acompanharam o funeral estaria o jovem Mohandas Gandhi.

condenando Bradlaugh por seu ateísmo, também leu em voz alta um dos panfletos do opositor, que chamava a família real de "pequenos e dissimulados vagabundos germânicos, cujo único mérito é o apaixonado ódio que sentem uns pelos outros". Então, atirou o panfleto ao chão e sapateou sobre ele.

A Casa ficou extática. "Todos estavam entusiasmados com a cena", escreveu Jennie, que assistira ao discurso nas galerias, "e se apressaram em me congratular de tal modo que me senti como se tivesse feito aquilo."[10] A carreira de lorde Randolph Churchill foi lançada como uma sensacional — e até mesmo escandalosa — manchete criminal. Junto com Wolff e outro amigo, Sir Henry Gorst, ele formou o que viria a ser conhecido como Quarto Partido,* uma junta de dissidentes *tories* que criticavam severamente seus próprios líderes partidários sempre que estes apoiavam o governo — para o deleite dos jornalistas e dos leitores.

Subitamente, graças a Randolph Churchill, a política voltava a ser divertida. Quando Bradlaugh foi reeleito, apesar de lhe ter sido negado o assento, Randolph atacou-o de novo, em uma cuidadosa atuação feita para suscitar gargalhadas e atrair a atenção das galerias e da imprensa. Quando os votantes de Northampton insistiram em reeleger Bradlaugh, Randolph fez a mesma coisa. E novamente, pela quarta e pela quinta vez, até o ponto em que Bradlaugh teve de ser escoltado pela polícia para fora da Câmara e trancado na torre do Big Ben. Algumas pessoas começaram a fazer piadas, dizendo que Randolph deveria estar subornando os eleitores de Northampton para que votassem em Bradlaugh, já que isso também o mantinha nas manchetes.[11]

Lorde Randolph teve o bom senso de perceber que, se o Caso Bradlaugh lançara sua ascensão política, ele agora precisava de assuntos mais substanciais para sustentá-la. Por um período, tentou a Irlanda, assumindo a causa dos protestantes nortistas de Ulster e açoitando os nacionalistas irlandeses do sul. Depois, testou um novo lema, "Democracia Tory", exortando os conservadores a ganhar votos e fazer aliados entre a recém-emancipada classe operária britânica — mas o lema tinha mais apelo midiático que substância. Ele tentou até o Egito, furiosamente denunciando o apoio dos liberais a seu governante corrupto. Por fim, no verão de 1884, o homem a quem os jornalistas norte-americanos chamavam de "sensação política da Inglaterra" mirou a Índia.

Por mais crucial que fosse para a Grã-Bretanha, poucos de seus políticos tinham conhecimentos sobre o maior domínio do Império. Em novembro

---

* Depois dos liberais, dos *tories* e dos nacionalistas irlandeses.

de 1884, Churchill planejou uma grande excursão pela Índia. Seu amigo, Wilfred Blunt, que já viajara por toda a região, forneceu as instruções mais importantes. Ele profetizou "um grande futuro para qualquer estadista que pregar a Democracia Tory na Índia".[12] Lorde Randolph partiu em dezembro e não retornou a Londres antes de abril de 1885, depois de percorrer mais de 36 mil quilômetros. De volta à Inglaterra, proferiu uma série de exaltados discursos denunciando as políticas do governo Gladstone para a colônia, desde a negligência diante das ameaças russas ao fracasso em aumentar a participação dos nativos no Raj. Os discursos estabeleceram-no como o "principal porta-voz dos conservadores sobre a Índia".[13] Então, quando os *tories* retomaram o poder, em junho daquele ano, ele era o candidato óbvio para ser o ministro de Estado daquela colônia.

Em termos de influência direta sobre a vida das pessoas, este era o mais poderoso cargo do Gabinete, dotado inclusive de mais poderes que o posto de primeiro-ministro. Aos 36 anos de idade, Randolph Churchill administraria um domínio imperial que era, como ele descobrira em suas viagens e leituras, único na história britânica — e talvez único na história da humanidade.

O relato que descreve como os britânicos construíram um império na Índia, conquistando uma das mais antigas e poderosas civilizações do mundo, é um épico de heroísmo, sacrifício, brutalidade e cobiça. Mas é, além disso, uma narrativa sobre um crescente senso de missão, e mesmo de destino: sobre a crescente convicção de que os britânicos deveriam governar a Índia não apenas por seus próprios interesses, mas também para o benefício dos indianos. Essa crença modelaria decisivamente o caráter do Império Britânico na Índia e o do filho de Randolph, Winston Churchill — o homem em cujas mãos recairia o destino do Raj.

Ironicamente, os fundadores desse Império, os mercadores tementes a Deus que viviam na Londres de Shakespeare e que criaram a Honorável Companhia das Índias Orientais, jamais ambicionaram ir à Índia — tampouco o desejava a rainha Elizabeth I quando, no último dia de 1600, lhes concedeu o alvará real. Seu objetivo era chegar às Ilhas Molucas (na atual Indonésia), onde mercadores e aventureiros espanhóis, portugueses e holandeses disputavam fortunas em noz-moscada e cravo-da-índia. A parada inicial da Companhia das Índias Orientais, em Surat, na costa oeste da Índia, seria apenas um entreposto para aventuras mais a leste.

Em 1623, porém, quando os holandeses torturaram e mataram dez de seus mercadores na ilha de Amboyne e expulsaram os ingleses do arquipélago, a companhia baseada em Londres não tinha outro lugar para ir.[14] Em 1650, ano em que John Churchill nasceu, em Devon, a Companhia das Índias Orientais encontrava-se precariamente assentada em um pequeno povoado próximo a Surat, chamado Fort St. George, fazendo negócios sob os desígnios dos governantes do lugar, os imperadores mogóis — provavelmente os seres humanos mais ricos do mundo na época. Em 1674, a companhia adquiriu um posto similar em Mumbai, que o rei Carlos II recebera como presente de casamento do rei de Portugal. Em 1690, construiu-se outro posto, Kalikat, em Bengala, o qual os ingleses pronunciavam Calcutá.

Os ingleses eram apenas um entre os vários povos europeus que faziam negócios na região. Os portugueses tinham um próspero povoado em Goa, onde rezavam, junto com indianos cristãos, em uma catedral que guardava os restos mortais de São Francisco Xavier. Os holandeses dominavam o Ceilão; os dinamarqueses estavam estabelecidos em Tranquebar. A Companhia das Índias Orientais francesa possuía "fábricas" e armazéns com carregamentos de anil, açúcar e pimenta em Pondicherry e Chandernagar. Sob um calor infernal e uma umidade sufocante, cercados por moscas e doenças, todos concentravam suas energias em ganhar dinheiro e ficar ao lado do imperador mogol.

Então, em 1712, o imperador Bahadur Shah I morreu em seu palácio de Lahore, rodeado por sua corte, seus generais e suas concubinas — ao mesmo tempo que os trabalhadores do duque de Marlborough erguiam as majestosas torres do palácio Blenheim, a 6 mil quilômetros dali. Embora ninguém pudesse saber, Bahadur seria o último grande governante da Índia. Depois de sua morte, o magnífico Império Mogol esfacelou-se com uma velocidade alarmante.

A morte de Bahadur deixou o Império partido ao meio, dividido pela disputa das capitais mogóis Délhi, ao norte, e Hyderabad, ao sul. Inimigos externos, como os afegãos e os persas, e internos, como os clãs de guerreiros sikhs, maratas e rajputs, começaram a se articular. Quando o velho *nizam* de Hyderabad morreu, em 1748, as comunidades de mercadores franceses e britânicos na Índia foram obrigadas, quase contra sua vontade,[15] a escolher um lado na luta pelo controle da metade sul do Império, antes que este se despedaçasse em meio ao caos.

O francês Joseph François Dupleix foi o primeiro a perceber que, se colocasse o poder de sua Compagnie de l'Indie Ouest em favor de algum

candidato ao trono de *nizam*, poderia influir decisivamente nos acontecimentos. Foi, porém, seu rival, Robert Clive, quem fez essa percepção
funcionar como uma fórmula para construir um império.

Em 1751, Clive era apenas mais um funcionário mal pago da Companhia
das Índias Orientais em Madras, atormentado pela febre, pelo calor irritante
e pelos surtos de depressão maníaca. Por duas vezes, tentara o suicídio; e,
em ambas as vezes, sua pistola falhara. Quando seus superiores subitamente
decidiram encarregá-lo da conquista do forte do *nizam*, em Arcot, ele não
tinha nenhuma experiência militar.

Clive, entretanto, era quem entendia melhor que o poder na Índia baseava-se, literalmente, nos canos das armas. A Índia estava caindo na anarquia.
A fim de proteger seus interesses contra os franceses e os saqueadores da
região, a Companhia das Índias Orientais criara seu próprio Exército, com
regimentos de soldados (ou cipaios) e cavaleiros (ou *sowars*) nativos servindo
sob o comando de oficiais britânicos e lutando com mosquetes modernos
e disciplina europeia.[16] Recrutados principalmente no norte da Índia e
nos vilarejos hindus e muçulmanos entre Bihar e Agra, esses contingentes
treinados por britânicos eram muito superiores às tropas que qualquer governante local poderia recrutar. Assim, com poucas centenas de cipaios e
alguns batalhões europeus de apoio, Clive pôde conquistar Arcot, defendê-la
contra todas as investidas e firmar uma aliança com o líder marata para
expulsar os franceses do sul da Índia — além de fazer fortuna.

De Hyderabad, Clive foi para Bengala, a mais rica província do Império
Mogol, onde ele e seus cipaios descalços fizeram o mesmo. Na época em
que Clive derrotou os aliados dos franceses, na Batalha de Plassey, em 1758,
ele já havia transformado o Exército mercenário da Companhia das Índias
Orientais em uma imbatível máquina de conquista. O imperador de Délhi
foi obrigado a nomeá-lo para o governo de Bengala, incluindo, como parte
do acordo, o controle britânico sobre Bihar e Orissa.

Os contornos do futuro estavam traçados. Com a crescente onda de
conflito e caos no subcontinente, nenhum príncipe indiano podia prescindir da ajuda britânica. E quanto mais um príncipe dependia desse apoio,
mais enfraquecia sua própria capacidade de controlar eventos e de manter a
ordem, o que ocasionava mais conflitos. Sob essas instáveis circunstâncias,
a única certeza era a Companhia das Índias Orientais e sua invencível armada. Os soldados, cavalos e canhões da companhia eram custeados pelos

rendimentos obtidos na conquista dos territórios, os quais passavam a ser controlados e administrados pelos príncipes locais que ela mesma colocava no poder. Apenas oito anos depois de Clive aparecer em cena, a Companhia das Índias Orientais tornou-se um poder e uma lei em si própria.

Era um quadro que levava inevitavelmente à corrupção. Clive deu o exemplo com o saque a Bengala. Segundo os dizeres de um futuro empregado da Companhia das Índias Orientais, Clive "andava entre pilhas de ouro e prata, coroado por rubis e diamantes, e a tudo se permitia". Foram necessários duzentos barcos para transportar o primeiro carregamento do butim até Calcutá. Estima-se que, apenas em 1757, Clive e seus companheiros extorquiram mais de 1,2 milhão de libras esterlinas do governante de Bengala, o que seria suficiente para construir uma réplica do palácio de Blenheim. Para 1871, os valores subiram para quase 5 milhões de libras.[17] Ainda assim, a riqueza remanescente de Bengala fazia até mesmo essa elevada quantia de libras esterlinas parecer insignificante. "Meu Deus", exclamou Clive quando inquirido na Câmara dos Comuns, "nesse momento estou impressionado com minha moderação."

Clive comprou uma fabulosa propriedade em Shropshire (onde finalmente teve êxito em tirar a própria vida). Outro general da companhia, Eyre Coote, conseguiu o suficiente para comprar fazendas na Irlanda, propriedades em Hampshire e Wiltshire e uma confortável casa em Londres. A idade de ouro dos nababos chegara: os funcionários valiam-se do monopólio comercial para avultar suas fortunas pessoais.[18] Enquanto isso, a população de Bengala morria de fome e a Companhia trepidava rumo à falência.

A situação chegou a tal ponto que, para ajustar as coisas, Londres enviou Warren Hastings como governador-geral, dando-lhe poderes executivos sobre as possessões da Companhia das Índias Orientais em Mumbai e Madras. As reformas de Hastings, juntamente com a Lei de Regulamentação (Regulating Act) de 1773 e a Lei da Índia (India Act) de 1783, por fim regularizaram o domínio britânico na região. Estabeleceram-se um Conselho de governo em Calcutá, comandado pelo governador-geral, e uma comissão de controle em Londres; a Companhia das Índias Orientais e todos os seus funcionários civis e militares foram colocados para fora do governo britânico.

Foi um momento decisivo. Com o imperador mogol ainda em Délhi, a maior parte do país permanecia, evidentemente, em mãos indianas. Nem Whitehall, nem Leadenhall Street, nem o Conselho de Calcutá queriam mudar essa situação. Mas a recusa em assumir a responsabilidade pelo destino do resto do Império Mogol não autorizava os britânicos a ignorar os problemas por que passava. Forças predatórias externas, príncipes locais agressivos e armados, nababos indianos independentes, vice-reis com suas próprias bases de poder e guerreiros livres como os maratas e os sikhs, todos estavam prontos para concorrer pela hegemonia do subcontinente.

A manutenção da lei e da ordem era um desafio milenar na Índia. "Mesmo superior em poder, deverá travar a guerra", escreveu o autor de *Arthashastra* ou *Treatise on State-Craft*, obra de 1.500 anos, "mesmo ascendente em poder, deverá quebrar o acordo de paz." Em trinta séculos de história, nenhum governante indiano jamais conseguira derrotar todos os oponentes ou defender-se de todos os saqueadores. Ainda assim, os ingleses, com sua arrogância e ignorância, estavam dispostos a tentar.

Então, um a um, os príncipes independentes e seus exércitos de seguidores caíram diante das forças britânicas, formadas por cipaios e *sowars*, e resguardadas por tropas de europeus brancos. O *nizam* que governava Hyderabad entregou suas últimas esperanças de independência em 1798. Em seguida, os governantes de Mysore e os Exércitos da Confederação Marata foram derrotados em uma série de campanhas que confirmaram a reputação de Sir Arthur Wellesley como o mais brilhante soldado britânico desde o duque de Marlborough.*

Então foi a vez dos saqueadores pindaris; o *peshwa* de Poona, último grande príncipe marata, foi sobrepujado em 1818. Logo após, foram os rajputs; e, depois, o emir de Sind, seguido pelos sikhs. Com a anexação de parte da Birmânia, em 1826, de Punjab, em 1849, e do reino de Oudh, em 1854, o mapa da Índia britânica que o aluno Winston Churchill estudaria em Harrow estava quase completo.

No processo de conquista e governança, a Companhia das Índias Orientais era cada vez menos importante. Seu monopólio comercial fora abolido em 1833. Restou apenas uma estrutura militar, judicial e administrativa que dominava as vidas de 10 milhões de indianos e afetava alguns outros milhões. O governo da Índia vinha sendo reformado desde Warren Hastings, mas permanecia relativamente simples: mantinha a ordem, recolhia impostos e deixava os locais viverem por seus próprios meios, para o bem, ou — quando havia fome e epidemia — para o mal. O governador-geral William Bentinck estabeleceu o precedente de tomar severas medidas re-

---

* Em 1815, como duque de Wellington, ele derrotaria Napoleão Bonaparte em Waterloo.

pressoras contra algumas práticas hindus que pareciam demasiadamente rudes aos olhos ocidentais, como o *suttee*, ato de queimar as viúvas até a morte nas piras fúnebres de seus maridos; e o *thugee*, assassinatos ritualísticos cometidos por fanáticos seguidores da deusa Kali.

Entretanto, de modo geral, embora jamais duvidassem de sua ascendência sobre os indianos, os administradores britânicos cuidadosamente evitavam qualquer conflito direto com a cultura local. Quando Henry Lawrence tomou o comando de Punjab, em 1850, suas únicas instruções aos jovens subordinados, alguns dos quais estavam assumindo distritos maiores que a Inglaterra, foram: "Colonizem a terra; façam o povo feliz; e cuidem para que não haja nenhum tumulto."[19]

Foi precisamente a tentativa de o governador-geral, lorde Dalhousie, superar esses mínimos preceitos que fez o ressentimento indiano para com o domínio dos britânicos explodir na Grande Rebelião de 1857. Sob todos os aspectos, o moderno programa de Dalhousie foi bem executado: levou à região os primeiros telégrafos e ferrovias; criou um serviço postal nacional; baixou leis que baniam o casamento de crianças e o infanticídio feminino; e fundou a primeira escola para meninas da Índia.[20] Em seus oito anos de governo, de janeiro de 1848 a fevereiro de 1856, Dalhousie instaurou na Índia mais mudanças do que o país experimentara nos séculos precedentes — mais, de fato, do que os indianos poderiam suportar. A revolta dos cipaios contra os rumores que falavam sobre munições untadas em gordura animal era apenas um pretexto. (Foi também Dalhousie quem cortou a pensão de Nana Sahib.) Na verdade, hindus ofendidos e muçulmanos ultrajados em todo o centro e o norte da Índia rebelaram-se em uma feroz tentativa de fazer o tempo retroceder e de expulsar os britânicos.

Falharam. Os britânicos aproveitaram a vitória de 1858 para acabar com qualquer alternativa à sua autoridade, fosse militar, política ou — igualmente importante — moral. Os últimos vestígios da Companhia das Índias Orientais desapareceram; os regimentos de nativos ficaram sem suas peças de artilharia e o número de soldados britânicos na Índia aumentou de pouco menos de 35 mil para 65 mil.[21] O último imperador mogol perdeu seu trono, e todos os outros príncipes deixaram de usufruir suas autonomias, inclusive de contar com exércitos particulares. Os britânicos emergiram da Grande Rebelião mais fortes do que nunca, senhores incontestes de mais de 250 milhões de pessoas. O Raj havia começado.

Os britânicos, no entanto, exerciam essa soberania cuidadosamente. Em 1º de novembro de 1858, a rainha Vitória proclamou uma nova ordem na Índia. Daquele dia em diante, brancos e mestiços, ricos e pobres, hindus e muçulmanos, sikhs e cristãos, todos "gozariam da proteção igual e imparcial da lei", ela assegurou. Qualquer interferência ou intromissão nas crenças religiosas acarretaria "nosso mais profundo desagrado". Todos seriam "livre e imparcialmente admitidos como funcionários em nossos serviços". A proclamação terminava com uma promessa e uma prece, que Vitória escreveu de próprio punho:

> Em sua prosperidade teremos nossa força, em seu contentamento, nossa segurança, e em sua gratidão, nossa melhor recompensa [...]. E que Deus todo-poderoso conceda a nós, e àqueles sob nossa autoridade, força para cumprir esses nossos anseios, para o bem de nosso povo.[22]

A Proclamação da Rainha seria o documento fundador do Raj Britânico. Por trás das queimas de fogos de artifício e das comemorações — que ocorreram desde cidades como Calcutá até os mais remotos postos de montanhas, como Massoorie —, disseminou-se a esperança de um futuro melhor após a violência e a animosidade da Rebelião. Anos depois, Mohandas Gandhi relembraria a Proclamação da Rainha como um modelo de benevolente poder maternal.

A própria rainha Vitória começou a aprender híndi. Para tanto, contava com dois criados indianos, um dos quais se tornou seu secretário de confiança. Enquanto isso, os britânicos liberavam suas energias criativas para recriar a Índia conforme seu próprio modelo e, assim — segundo acreditavam —, melhorá-la. Construíram pontes, estradas e ferrovias (em 1860, estavam abertos mais de 8 mil quilômetros), fábricas de aço e tecido.[23] Montaram ambiciosos sistemas de irrigação para alimentar as multidões e tomaram medidas de saúde pública para reduzir as doenças.

Instituíram escolas e até universidades para educar a juventude indiana, formando uma elite de hindus e muçulmanos educados pelos padrões ocidentais que lia e editava jornais em inglês, escrevia romances, estudava Direito e Engenharia, e citava Shakespeare e Keats. Em 1861, os britânicos introduziram um código legal mais progressista e equânime que o que estava em vigor na Inglaterra. (O código indiano, por exemplo, assegurava às mulheres casadas o direito à propriedade.)[24] Mantinham uma eficiente força policial e um corpo de juízes e administradores em cada província e distrito, o que faria do Serviço Civil indiano um modelo de governo paternal para o resto do mundo.

Os britânicos também garantiam a ordem ao longo da instável fronteira noroeste, onde as tribos das montanhas continuavam suas lutas centenárias. Essa fronteira servia de porta de entrada para invasores estrangeiros desde os tempos de Alexandre, o Grande. Durante o século XVIII, a maior ameaça vinha da Pérsia. Sob o domínio britânico, ainda antes da Grande Rebelião, o principal inimigo parecia ser a Rússia, que se ocupava em construir seu próprio império oriental desde Tashkent e Khokand até as montanhas Pamir — o Bam-y-Dunya ou Teto do Mundo —, as quais se situavam a poucos quilômetros da fronteira indiana.[25]

A necessidade de resposta à presença russa deu início ao chamado Grande Jogo, que logo se transformou em estratégia imperial e posição geopolítica. Para alguns membros do Serviço Civil indiano, imortalizados pela obra de Rudyard Kipling, converteu-se quase em uma missão. O Grande Jogo demandou que gerações de comissários políticos trabalhassem para conservar as confusas alianças com diversas tribos das montanhas e para garantir as constantes patrulhas de regimentos armados na pedregosa paisagem lunar daquelas áreas. Isso significava manter o Afeganistão como um divisor neutro e ficar alerta aos movimentos russos na Pérsia e na Ásia Central.

O Grande Jogo justificava a manutenção de um vasto e ativo serviço secreto na Índia (também imortalizado por Rudyard Kipling, em seu romance *Kim*), com a finalidade de averiguar qualquer sinal de subversão incitada pelos russos ou de agitação contra o governo britânico (e, mais tarde, qualquer sentimento nacionalista). Essa estratégia imperial também justificava o permanente recrutamento de um enorme exército de nativos: 153 mil homens em 1887, todos custeados pelos contribuintes indianos,[26] supostamente para protegê-los da ameaça russa, mas, de fato, incumbidos de afiançar a autoridade do Raj e também de guarnecer os entrepostos tropicais do Império, desde o Egito e a Somália até Hong Kong e Cingapura.

Durante as duas décadas e meia seguintes à Grande Rebelião, o Raj cumpriu a promessa da rainha, ou pelo menos era o que parecia. A população da Índia cresceu; a expectativa de vida saltou de 21 para 32 anos; e até mesmo a renda *per capita* dos indianos apresentou evolução (embora ainda fosse irrisória diante dos padrões da Inglaterra).[27] O Serviço Civil indiano era famoso por sua incorruptibilidade, diligência e dedicação, simbolizadas por *Binks of Hezabad*, de Kipling:

> *"Por que a mortalidade é baixa em meu distrito?"*
> *Disse Binks de Hezabad.*
> *"Poços, ralos e esgotos são*
> *As minhas manias."*

Mas, se a Grã-Bretanha havia transformado a Índia, também a Índia transformava a Grã-Bretanha.

Os britânicos desfrutavam, por exemplo, de uma ampla quantidade de produtos indianos, comercializados via pacto colonial. Entre eles, estava o chá, que a Companhia das Índias Orientais exportara da China desde o século XVII, até que um cientista escocês descobrisse como cultivá-lo na Índia. Na época em que Winston Churchill nasceu, em 1874, a produção de Darjeeling alcançava a marca de 1,8 mil toneladas anuais, e o chá indiano se estabelecia como o principal item da dieta britânica.

Também havia juta, tecidos, cordame e sacos resistentes para produtos industriais e agrícolas. A indústria da juta tornou-se um dos mais promissores e lucrativos negócios, tanto na Índia quanto na Grã-Bretanha; praticamente colocou a industrial cidade de Dundee no mapa. Depois, foi a vez do algodão: quando a guerra civil norte-americana interrompeu as vitais importações britânicas do algodão colhido nos estados do sul, o substituto indiano manteve os engenhos de Lancashire girando e os lucros crescendo. Pela mesma razão, a Índia comprava a maior parte de suas roupas de algodão na Inglaterra, firmando-se, dessa maneira, como um importante mercado consumidor dos produtos da Revolução Industrial.[28]

Havia, por fim, o ópio, que, por décadas, a Companhia das Índias Orientais contrabandeara dos campos de papoula da Índia para a China, até que a Convenção de Pequim de 1861 legalizasse sua comercialização, fatalmente enfraquecendo o Império Chinês e ocasionando o estabelecimento da colônia britânica de Hong Kong. Paralelamente, um empregado da Companhia, Thomas Raffles, fundou Cingapura, em 1819; e um outro, James Brooke, consolidou a presença britânica em Sarawak. Em suma, o Império Britânico na Índia encorajou importantes desdobramentos e filiais e deles necessitava, desde a Ásia até Suez e também no Chifre da África (as duas últimas áreas vitais para fazer a ligação marítima com a Índia).

Novas palavras expandiram e enriqueceram o vocabulário inglês: *palanquin* (liteira), *coolie* (operário, peão), *bungalow* (bangalô), *jungle* (selva, do híndi *jangal*), *cash* (dinheiro, do tâmil *kasu*), *loot* (roubo, despojo), *tycoon* (magnata), *pundit* (culto), *dinghy* (dinga, pequeno barco), *dungaree* (tipo de tecido), *nabob* (nababo), *memsahib* (senhor, mestre), *thug* (bruto, criminoso, dos thugees, sanguinários adoradores de Kali) e *juggernaut* (rolo compressor, da cidade de Jugarnath, onde os festivais religiosos apresentavam uma grande carruagem sob cujas rodas os adoradores por vezes se jogavam). Do mesmo modo, *khaki* (cáqui, do híndi *khokho*, significando "empoeirado"), *puggarees* (faixa de tecido sobre o chapéu), *gymkhanas* (gincanas), *cots* (cabana, beliche), *bangalores* (tipo de mina) e *dum dum bullets* (projéteis feitos na fábrica de munições indianas em Dum Dum) tornaram-se constantes na vida militar britânica, não apenas na Índia, mas em todo o Império.

A Índia afetou profundamente as relações da Grã-Bretanha com os outros países. Nos séculos XVIII e XIX, a necessidade de proteger os interesses britânicos na região alimentou a rivalidade com a França (a conquista napoleônica do Egito, em 1798, foi entendida apenas como um passo para a restauração do domínio francês sobre a Índia) e com a Rússia. Também estimulou fortes laços com os governantes do Egito (terra do canal de Suez) e da Turquia, cujos sultões eram os líderes espirituais de milhões de indianos muçulmanos. Em 1884, a proteção da Índia era o ponto essencial da política externa britânica. Na prática, todos os acordos diplomáticos com forças não ocidentais, desde o Egito e a Abissínia até a China e o Japão, precisavam ser apreciados pelos escritórios de Calcutá e Barrackpore, ou mesmo ser conduzidos diretamente pelos emissários pessoais do vice-rei.

A Índia, por fim, ensinou aos ingleses os hábitos do Império; serviu como um campo de treinamento para gerações de soldados, como Wellington e lorde Wavell, e de administradores, desde Elihu Yale (ex-governador de Madras que fundou a Universidade de Yale, na América) a Thomas Raffles e o visconde Halifax (o homem que quase substituiu Winston Churchill como primeiro-ministro durante a Segunda Guerra Mundial). Experiências indianas inspiraram escritores como Thomas Macaulay,

Kipling, E. M. Forster e George Orwell,* e os filósofos James Fitzjames Stephen e James Mill.

O Serviço Civil indiano, por sua vez, ajudou a manter as escolas públicas britânicas em funcionamento. Eton, Harrow e todas as outras formavam centenas de jovens, treinados em latim e grego, que eram inúteis para as profissões da sociedade moderna, mas que tinham anseio de ir para as remotas bases da fronteira noroeste ou de servir como comissários do distrito nas selvas a leste de Bengala, por 300 libras esterlinas ao ano. A famosa anotação de John Bright (erroneamente atribuída a John Stuart Mill) que caracterizava o Império Britânico como um "vasto sistema de segurança social para as classes privilegiadas" aplicava-se à Índia mais do que a qualquer outro lugar.[29]

Mas a Índia também ensinou aos britânicos os hábitos do preconceito racial. O Raj desenvolveu um quadro de atitudes culturais e raciais que, de tão horrendo, acabou por encobrir os protestos britânicos em favor da condição dos indianos, o que comprometeu sua base moral.

Esse preconceito era fundamentalmente resultante da Grande Rebelião. Nos dias de Clive ou até de Dalhousie, a raça não era de muita importância; a classe social e a religião, ao contrário, eram.[30] Anglo-indianos mestiços, como William Shepherd de Cawnpore, embora evitados pela comunidade hindu, eram agentes cruciais para a construção do Raj. Eyre Coote, vitorioso em Wandiwash, seria um deles; outro seria James Skinner, criador do — discutivelmente — melhor regimento do Exército indiano, a 1ª Cavalaria Bengalesa; o mais notável soldado britânico, o marechal de campo Sir Frederick Roberts, era neto de uma princesa rajput. Um anglo-indiano até chegou ao posto de primeiro-ministro da Inglaterra. Lorde Liverpool, que previu a derrota final de Napoleão em Waterloo, era neto de uma mulher de Calcutá que se casara com um dos companheiros de Clive.[31]

Liverpool havia sido uma figura assaz controversa, e até odiada; mas, naquele momento, nenhum de seus adversários do partido Whig julgava adequado mencionar seus ancestrais. Cinquenta anos depois, qualquer político com a linhagem de Liverpool seria instantaneamente denunciado como "meia-casta" ou mesmo "negro". Uma das razões para essa mudança eram as novas teorias sobre raça e cultura provindas do continente e ratifi-

---

* Orwell serviu na Birmânia de 1922 a 1927, período em que a administração birmanesa ainda estava sob responsabilidade do governo indiano.

cadas por Charles Darwin.[32] Em seu âmago estava, no entanto, a experiência da Grande Rebelião. Os eventos de 1857-1858 deixaram uma permanente mancha de temor racial na Inglaterra, ao passo que a derrota do levante reforçou a lição de que os britânicos haviam nascido para mandar, e os indianos, para obedecer.

Depois de 1858, os britânicos na Índia sentiam-se uma comunidade sitiada. "Estamos entre os nativos", disse um deles, "como um barco no vasto e insondável oceano, à mercê dos ventos, das ondas e das rochas escondidas."[33] A incerteza e a angústia faziam da Índia uma sociedade cada vez mais segregacionista. Diferente das leis da África do Sul ou do sul da América, o código indiano era ostensivamente — e até ostentosamente — cego às raças. As novas ferrovias, porém, reservavam vagões de primeira classe para os brancos. Sanitários públicos eram assinalados com as palavras "europeu" e "nativo". Em algumas igrejas anglicanas, aos cristãos indianos não era permitido sentar-se nos lugares mais frescos ou próximo aos ventiladores.[34]

Assim, de modo paradoxal, mesmo que os britânicos estivessem chegando à Índia em número recorde e se envolvessem cada vez mais na organização da vida indiana, eles estavam ficando cada vez mais distantes. Os únicos nativos com quem a maioria dos britânicos mantinha contato eram os serviçais e outros subordinados aos regulamentos. Depois do trabalho, os brancos regressavam a seus bangalôs ou seus clubes privados, que excluíam nativos e até mestiços. A atitude básica foi expressa em um dos ditos de Kipling: "Deixe o branco ir para o branco e o negro para o negro." Essa prática parecia ser não apenas o melhor jeito de prevenir a discórdia racial, ou até mesmo outra rebelião; era também a afirmação de que os brancos, e apenas os brancos, detinham o poder.

Em 1884, a sociedade britânica na Índia havia se tornado um conjunto de círculos cerrados, cada um mais estreito e exclusivo que o anterior. Classe social, educação e até mesmo distinções étnicas (por exemplo, irlandeses contra escoceses, ingleses contra judeus) incisivamente compartimentalizavam a sociedade branca, desde a corte do vice-reinado em Calcutá até as remotas bases militares nas montanhas. Essas barreiras sancionaram uma distinção mais grave: aquela que separava os europeus dos nativos — inclusive dos mais ricos e bem-nascidos indianos. A distância física e social reforçava estereótipos culturais e raciais que persistiriam até os dias de Winston Churchill.

Hindus, por exemplo, eram tidos como fracos e supersticiosos, mas também "intrigantes e astutos [...] Falsidade e dissimulação, os mais desprezíveis e degradantes vícios de que um ser humano pode ser culpado, são os vícios nacionais dos hindus".[35] Muçulmanos, por sua vez, eram considerados fisicamente fortes, mas estúpidos. Sikhs eram leais, mas instáveis, "a mais belicosa e turbulenta raça da Índia".[36]

Esse sistema de estereótipos raciais nasceu no Exército indiano. Durante décadas, os comandantes britânicos preferiram recrutar seus soldados no enorme estoque de camponeses do noroeste da Índia ou nas tribos gurkhas e garhwalis dos contrafortes do Himalaia a os escolher entre as classes favorecidas hindus, que haviam dominado o Exército antes de 1857 e eram suspeitas de ter fomentado a Grande Rebelião. O que começara como uma estratégia para evitar um segundo levante nacional tornou-se uma rude e eficaz classificação de indianos entre aqueles que eram inteligentes e educados, mas também fracos e covardes, e aqueles que eram fortes e corajosos, mas lerdos e limitados, as chamadas "raças marciais". "Apenas os cavalheiros britânicos combinavam tanto a inteligência quanto a coragem" necessárias para comandar as tropas ou para governar um subcontinente como a Índia.[37]

De modo geral, os brancos na Índia acreditavam que um nativo típico seria um bom serviçal ou um soldado confiável. Em alguns casos, um membro das altas castas rajput ou bengalesas podia assimilar a educação ocidental e estudar os sonetos de Shakespeare e a gramática latina no Elphinstone College de Mumbai ou no Muslim Anglo-Oriental College em Aligarh. Em raríssimos casos, poderia ingressar no Serviço Civil indiano (Satyendranath foi o primeiro a fazê-lo, em 1863).

Para os britânicos, porém, os nativos ainda eram todos "pretos", incapazes de cumprir qualquer tarefa sem ajuda. O preconceito racial permitia que um empregado irlandês sem formação de Mumbai tratasse Tagore ou seu irmão Rabindranath, poeta laureado pelo prêmio Nobel, como burocratas "babus" (nome ofensivo pelo qual eram designados os indianos que possuíam algum conhecimento da língua ou da cultura inglesas). Em pleno ano de 1922, um colono britânico atribuiria o sucesso de Gandhi a seu apoio entre as chamadas classes não violentas, "educadas, descontentes, covardemente agitadoras" que rapidamente recuariam se o Raj afirmasse sua força — ponto de vista partilhado por Winston Churchill uma década depois.[38]

E, como em todas as sociedades segregadas, imiscuído ao desprezo estava o temor — especialmente pelas mulheres brancas. Os horrores do jardim de Bibighar lançaram um enorme e pavoroso espectro sobre os costumes britânicos durante as décadas seguintes, o que se agravou à medida que a quantidade de mulheres brancas na Índia crescia. Em um mundo onde o número de brancos era superado em razão de 10 mil para um — proporção ainda pior para mulheres —, leis não oficiais sobre sexo e segregação racial eram rigorosamente aplicadas.

Mulheres brancas desacompanhadas jamais viajavam ou se encontravam com um homem indiano. Homens indianos jamais falavam com uma mulher europeia, exceto quando requisitados, e jamais as encaravam ou tocavam. Aqueles que se atreviam a transgredir essas regras, homens ou mulheres, eram alvo de escândalos e até violência física. Tais incidentes tornaram-se assuntos de ficções sensacionais de Kipling e outros autores, como E. M. Forster e seu romance *Uma passagem para a Índia*. Bizarras como eram, as regras duraram quase tanto quanto o Raj. Até 1925, um jornalista indiano recordaria que não lhe era permitido passear próximo à praia reservada às mulheres brancas, para que um nativo não visse uma senhora inglesa em trajes de banho.[39]

O Raj ensinava que os indianos eram incapazes de autocontrole, autodisciplina, e, muito menos, de autoauxílio. J. F. Stephen, conselheiro jurídico do vice-rei no início dos anos 1870, rematou a questão de forma clara e sucinta. Séculos, ou mesmo milênios, de conflitos e desordem haviam deixado a Índia "exaurida até os ossos". O mando dos brancos, a autoridade absoluta do Raj, trouxe "paz, ordem, a supremacia da lei, a prevenção de crimes [e] obras públicas de infraestrutura" para o subcontinente. Um governo nativo significaria o retorno ao caos. A missão dos ingleses na Índia era impor os "princípios europeus" de lei, progresso e paz àquele povo que jamais conhecera tais conceitos. Era uma paz justa, Stephen concluiu, mas, ultimamente, uma "paz imposta pela força".[40]

Então, quando Vitória foi declarada imperatriz da Índia em 1877 (aceitando, em cerimônia formal, o manto dos mogóis), ela estava, a despeito de todo o seu maternal interesse nos súditos indianos, trancando a porta para qualquer mudança na condição servil deles. A única esperança dos indianos, de acordo com Sir John Strachey, um proeminente oficial do Serviço Civil após a Grande Rebelião, era "a continuidade do benevolente e severo governo dos ingleses" — gostassem os indianos ou não.[41] Ainda durante as comemorações oficiais do novo título de Vitória, em 1877, para as quais o vice-rei, lorde Lytton, convidou quase 70 mil pessoas e 77 rajás e príncipes trajados em suas túnicas adornadas por joias vistosas, a fome assolava a Índia. As monções haviam falhado naquele ano. A carência logo se espalhou por Mumbai, Madras e Hyderabad, atingindo quase 30 milhões de habitantes e durando até a metade de 1878.[42]

Lytton, filho do romancista Edward Bulwer-Lytton e amigo do primeiro-ministro Benjamin Disraeli, era, como a maior parte dos vice-reis, consciente e trabalhador. Ele iniciou um programa de controle da fome que, com uma única exceção, preveniria outra crise nos setenta anos seguintes.* Mesmo assim, sua atitude perante a Índia e os indianos era típica. Acreditava que a maior parte deles era uma "massa inerte", incapaz de articular esforços ou de cuidar de si, enquanto a elite formada no Ocidente era composta por ineficientes "babus a quem temos de ensinar para que escrevam artigos semissediciosos na imprensa". O melhor que os britânicos podiam esperar, insistia Lytton, era o bom relacionamento com os príncipes e donos de terras, que mantinham a população na linha. "Nós certamente não podemos dar a eles nenhum poder político independente do nosso."[43]

Em 1881, seu sucessor, George Frederick Robinson, lorde Ripon, filho de um primeiro-ministro liberal (ele inclusive nascera no número 10 da Downing Street), assumiu o polo oposto ao do conservador Lytton. Na realidade, Lytton e Ripon iniciaram um debate sobre o que fazer com a Índia que perduraria até o fim do Raj — e moldaria as vidas e atitudes tanto de Gandhi quanto de Winston Churchill.

Assim como Lytton, Ripon confiava firmemente na missão imperial britânica na Índia. Mas também acreditava que os próprios indianos tinham um papel a cumprir. Seu ideal era criar uma nação de pessoas que seriam, como Thomas Macaulay expressou em seu famoso *Minute on Indian Education*, de 1835, "indianos no sangue e na cor, mas ingleses no gosto, nas opiniões, na moral e no intelecto". Ripon considerava que o estabelecimento de um laço de confiança e cooperação com os indianos educados era crucial para criar o tipo de sociedade livre de preconceitos raciais encarnada na Proclamação da Rainha e para assegurar o futuro do Raj. "Devemos [fazer

---

* Os dados se encerram em 1943, quando Winston Churchill era primeiro-ministro.

os nativos] perceberem que a Inglaterra quer governar a Índia não apenas *para* a Índia, mas *com* a Índia."[44]

Era um sonho nobre, mas os esforços de Ripon para implementá-lo encetariam uma tempestade, posteriormente chamada Rebelião Branca, que comprometeria a fachada moral do jugo britânico e suas justificativas.

Em pauta estavam os juízes nativos no serviço público. Quando Ripon descobriu que eles não eram autorizados a julgar réus brancos, mas apenas nativos, ele e seu conselheiro jurídico liberal e consciencioso, Courtenay Ilbert, introduziram uma lei para corrigir essa anomalia, em 1883. A Lei Ilbert afetou apenas um punhado de juízes antigos, menos de vinte em toda a Índia. A reação da comunidade britânica, contudo, foi furiosa e histérica.

Em fevereiro de 1883, manifestações massivas ocorreram em Mumbai, Calcutá e Madras, contra a lei, contra Ripon e contra os nativos, "babus bengaleses" que pareciam intencionados a promover a igualdade com os brancos. "Sempre foi consenso", disse um distinto membro da Câmara Comercial de Madras, "que o europeu — o homem branco —, onde quer que esteja, representa a raça governante", e que qualquer exame sobre sua conduta deve ser feito apenas por uma pessoa "da mesma classe", notadamente, outro europeu. Aos indianos faltava caráter para atuar como juízes nas causas que envolviam brancos. Mesmo os mais bem-formados indianos, declarou o juiz C. D. Field, da Suprema Corte de Calcutá, "não têm como hábito falar a verdade".[45]

Milhares compareceram à manifestação na prefeitura de Calcutá, onde os discursos esconjuravam imagens de indianos de pele escura decidindo o destino de indefesos britânicos brancos — e até de suas esposas e filhas. "Não podemos governar os nativos colocando-os lado a lado conosco", disse um manifestante. "Ou governamos, ou nos entregamos." O protesto encerrou-se com um ardente coro de "God Save the Queen", enquanto a *Bombay Gazette* reportava que "o abuso dos nativos fez com que a multidão se deleitasse".[46]

O ódio racial abalou Ripon. "Não tinha ideia do número de ingleses animados por esse sentimento na Índia", escreveu. "A notícia me dá um sentimento parecido com o desespero sobre o futuro desse país." A reação estendeu-se até Londres, onde um comitê para representar os britânicos da Índia foi formado, e suas petições, enviadas para o Parlamento. O próprio *Times* assumiu a causa.

Enquanto isso, na Índia, os britânicos escreviam cartas indignadas para os jornais, acusando Ripon e Ilbert de trair os interesses de sua raça e até as mulheres britânicas. "Será que já não temos muito com o que lidar na Índia, isoladas como sempre estamos?", escreveu uma senhora para o *Englishman*. "Será que lorde Ripon não tem estima pelas mulheres de seu país, a ponto de expor centenas delas a uma angústia tão real?"[47] Ilbert foi alvo de duras críticas. Alguns preferiam rebelar-se a permitir que suas esposas fossem "arrancadas de nossos lares [...] por nativos seminus"; havia até um plano para sequestrar o vice-rei.

Atacado pela oposição tanto na Inglaterra quanto na Índia, Ripon teve de recuar. Ele e Ilbert apresentaram uma versão mais amena da lei, que foi aprovada, mas não satisfez ninguém. A comunidade britânica na Índia agora estava alerta, determinada a *jamais* abdicar de seus poderes e privilégios — ao passo que os indianos apenas observavam, ouviam e aprendiam.

Foi a pior crise indiana desde 1857, e os conservadores logo culparam Ripon e sua "intromissão" liberal pela Rebelião Branca. Quando os *tories* voltaram ao poder, em junho de 1885, seria o novo ministro de Estado da Índia, lorde Randolph Churchill, quem teria de juntar os cacos.

2. LORDE RANDOLPH ASSUME O CONTROLE

Sem a Índia, a Inglaterra deixaria de ser uma nação.
(RANDOLPH CHURCHILL, MAIO DE 1885)

Randolph Churchill partiu de Londres em dezembro de 1884, chegou a Mumbai na noite de Ano-Novo e não voltou para casa até abril de 1885. Não foi uma viagem turística. A expedição pela Índia era parte de sua campanha para se tornar o especialista em política indiana do Partido Conservador, fato que o levaria, segundo acreditava, ao número 10 da Downing Street e ao cargo de primeiro-ministro. As cartas nas quais descreveu a jornada foram cuidadosamente guardadas e depois publicadas por seu filho, Winston.[1] Elas fornecem um revelador olhar sobre os dias de apogeu do Raj e constituem a base não apenas para que Randolph exercesse o cargo de ministro de Estado da Índia, mas também para que contendas contrapusessem seu filho a Mohandas Gandhi.

Em 12 de dezembro, o SS Rohilla, navio que levava Randolph, atravessou o canal de Suez. Esse estreito, principal passagem para a Índia, abreviou em mais de dois meses o tempo do antigo percurso, pelo cabo da Boa Esperança. Embora fosse relativamente novo, o canal já havia feito do Egito uma possessão quase tão crucial quanto a própria Índia. Randolph encontrou "bem o que eu esperava", escreveu a Jennie, "um canal sujo e sem nada digno de nota, a não ser as multidões de flamingos, pelicanos e aves selvagens nos lagos pelos quais passamos".[2] Mas Suez permitiu que o Rohilla chegasse a Mumbai na véspera de Ano-Novo.

Controlada, no passado, pelos portugueses, Mumbai era a Veneza da Índia, um centro comercial cosmopolita onde mercadores de três continentes e de

todas as raças andavam por ruas e bazares. Randolph achou aquilo encanta-
doramente exótico. Contou a Jennie: "A completa novidade e originalidade
de tudo é notável, é impossível ficar cansado de observar e admirar."[3]

A cidade também era residência do governador-geral da província de
Mumbai e um próspero centro da elite indiana educada no Ocidente, a qual
ainda sofria com o retrocesso racial da Rebelião Branca. Essa elite agora
ansiava que o progenitor da Democracia Tory lhe trouxesse um pouco de tal
política. Muitos estavam preparados para receber Randolph Churchill como
uma reencarnação de lorde Ripon — e ele não fez nada para desencorajá-los.
B. M. Malabari, editor do *Indian Spectator*, maior jornal nativo da Índia,
organizou um encontro do novo ministro de Estado com intelectuais indianos, que "expuseram com grande desenvoltura suas diversas reivindicações".
Churchill recomendou que eles "informassem o público britânico [...] sobre
seus desejos e aspirações" referentes à vontade de participar do governo de
seu país. Mais tarde, escreveu entusiasmadamente ao amigo T. H. S. Escott:
"Não tenho dúvidas de que a moderação e o cuidado dos indianos são iguais
a sua inteligência e seu conhecimento." E acrescentou: "Nunca deixei de me
regozijar com o fato de que eu seria capaz de me dar bem aqui."[4]

Malabari era um pársi. Em Mumbai, lorde Randolph encontrou líderes
das mais importantes minorias religiosas da cidade e visitou as famosas
Torres do Silêncio. Emigrantes da Pérsia desde o século VIII, os pársis eram
adeptos do zoroastrismo e ainda preparavam seus funerais à maneira antiga,
deixando os corpos ser consumidos pelos abutres. Randolph caminhou por
entre os primorosos jardins, enquanto nuvens de enormes pássaros pretos
sobrevoavam sua cabeça. No alto das torres, jaziam expostos os corpos de
homens, mulheres e crianças; dali, os ossos podiam ser recolhidos, limpos
e branqueados pelo sol e pelo vento, e, por fim, varridos para uma cova no
centro de cada torre.

Os pársis não eram apenas mais um entre os exóticos grupos religiosos
da região. Eram os mais letrados de todos os indianos (em 1872, 40% deles
eram capazes de ler e escrever, em comparação com os 15% de alfabetização entre os hindus e a porcentagem ainda menor entre os muçulmanos)
e os empresários pársis estavam transformando a Índia. Eles haviam sido
construtores navais no século XVIII e estavam se tornando engenheiros e
proprietários de tecelagens, produtores de aço e ferro, e donos de minas. Em
1865, a província de Mumbai possuía apenas 13 algodoarias; em 1877, eram

51, incluindo três em Cawnpore. A maior de todas era a J. N. Tata's Empress Mill, em Nagpur, dotada de um maquinário igual ao de qualquer fábrica de Liverpool ou Manchester.[5] Graças aos pársi, como Tata, uma nova Índia estava nascendo no seio da antiga, uma Índia com a qual tanto britânicos quanto indianos, inclusive Mohandas Gandhi, teriam de ajustar as contas.

De Mumbai, Randolph viajou rumo ao nordeste, para Gwalior — onde, no passado, aguerridos chefes maratas reinavam em seus fortes de areia branca, palco da última resistência da Grande Rebelião —, e depois seguiu para outro antigo Estado marata, Indore. Ambas as regiões pertenciam a dois dos quase seiscentos príncipes indianos independentes, cujas possessões ainda cobriam mais de um terço da Índia. Os ingleses gostavam de pensar que os príncipes indianos eram déspotas mimados — até mesmo ligeiramente loucos — e incapazes de governar sem sua supervisão. É verdade que nenhum deles podia fazer ameaças ou se defender por si próprio; muitos eram excêntricos; alguns poucos, perdulários; e outros, ainda, ébrios. O rajá de Kapurthala certa vez contou ao vice-rei Curzon que só era realmente feliz quando estava bebendo champanhe, em Paris.[6]

Entretanto, Randolph achou o rajá de Indore, o *holkar* Tukoji Rao, e seu filho "muito graciosos e inteligentes". Depois do jantar, houve "fogos de artifício, teatro hindu, *nautch*,* ilusionistas etc.". Pela manhã, o *holkar* arranjou uma festiva caçada, na qual um guepardo perseguiria um antílope, mas o felino "estava mal-humorado" e se recusou a caçar. Então, Randolph e seu amigo, o coronel Thomas, entocaram-se nas moitas com seus rifles e acertaram cinco cervos.[7]

Tudo isso despertava a curiosidade do filho de 10 anos de Randolph, Winston. Winston Churchill crescia como uma criança esquecida, transferida de um internato a outro e raramente notada pelos pais. As obsessões de sua mãe eram flertar com jovens elegantes e caçar raposas. A mais vívida imagem materna que Winston guardaria de sua infância seria a de seus culotes, "servindo-lhe como uma pele e maravilhosamente manchados de lama".[8] Winston estava agora na escola de Brighton, negligenciado e sozinho; suas cartas tinham um tom triste, melancólico. "Acha que o papai ainda ficará por muito tempo na Índia?", escreveu à mãe em 28 de janeiro. "A senhora tem recebido notícias dele ultimamente?"

---

* Tradicional dança apresentada por jovens mulheres ou *garotas nautch*, que Winston Churchill consideraria tão charmosas quanto o fizera seu pai.

Em 13 de fevereiro, Winston escreveu uma carta para Randolph. "Espero que esteja aproveitando a viagem à Índia", disse. "Soube que o senhor andou caçando [...] e abateu alguns animais. Quando voltará para casa? Espero que não demore!" E então perguntou se Randolph estava planejando caçar tigres, acrescentando: "Os indianos são engraçados?" E finalmente: "Quero muito encontrar o senhor em breve."[9]

De fato, Randolph caçara tigres duas semanas antes, em Dudna, nos contrafortes do Himalaia, mas relatou o evento a sua mãe, não a seu filho. Narrou como eles haviam passado "todo o dia galopando em elefantes após a caçada" e como achou os elefantes "o melhor meio de transporte que conheci [...] nada os faz parar; se [há] uma árvore no caminho, eles a põem a baixo; nunca quebram ou caem e nunca fogem". Ele também descreveu como matou o tigre, um espécime de 1,5 metro: "Céus! Como rosnava e quão raivoso estava!" A pele do tigre "ficará, penso eu, belíssima em Grosvenor Square", a casa de sua mãe em Londres, onde ele e Jennie agora moravam. Caça ao tigre, sentenciou Randolph, era "o máximo do esporte".[10]

Nessa viagem, Randolph tinha como guia e acompanhante Sir Lepel Griffin, agente do governo da Índia Central e personificação da linha-dura desde a Rebelião Branca. Quando os britânicos da Índia estavam preparando a amistosa visita com os políticos nativos de Mumbai, Griffin viu uma chance de se aproximar de Randolph. Juntos, os dois viajaram para Agra — e viram o Taj Mahal sob a luz da lua, "uma visão inigualável" — e Lucknow, no dia 21. Ambas as cidades haviam sido sitiadas durante a Grande Rebelião. Depois, estiveram em Cawnpore; visitaram o poço de Bibighar, com seu memorial e seu anjo de mármore, a igreja-memorial de tijolos vermelhos. Tudo ali era uma lembrança daquilo que a linha-dura advertia que viria a ocorrer se o domínio britânico sobre a Índia fraquejasse.

A seguir, em 7 de fevereiro, Randolph e Griffin chegaram a Calcutá, residência do vice-rei, lorde Dufferin, e capital do Raj. Ali, um único homem branco e seu Conselho executivo dirigiam a vida de 250 milhões de pessoas, com poderes que em muito ultrapassavam os de qualquer líder europeu. O vice-rei construía e administrava as ferrovias da Índia; controlava o comércio de ópio e sal; supervisionava a manufatura de todos os suprimentos e munições do Exército indiano e, em conjunto com o chefe do Estado-Maior, decidia onde e quando haveria guerra. Os vultosos números dos serviços públicos do Raj faziam dele o maior empregador da Índia. Comparado ao primeiro-ministro do *laissez-faire* britânico, geria uma "economia mista" em larga escala.

O vice-rei cercava-se da pompa e do esplendor condizentes com seus poderes imperiais, não sem um certo eco dos ritos mogóis. Quando passeava pela cidade em sua carruagem, era acompanhado por 18 pajens e guardas. Cada serviçal indiano vestia uniformes escarlates com o monograma do vice-rei bordado em ouro. Quando atendia a algum jantar com mais de 24 convidados, a banda deveria tocar "God Save the Queen", e a todas as senhoras era requisitado que fizessem reverência quando ele entrasse na sala. Em algumas cerimônias, as senhoras viram-se obrigadas a reverenciá-lo 18 vezes.

Randolph conheceu lorde Dufferin em sua casa de campo, em Barrackpore, ao norte da cidade. Achou o vice-rei "muito gentil e receptivo". Os filhos de Dufferin tiveram uma festa de aniversário, com direito a uma banda, mágicos e corridas de elefante.[11] Elefantes à parte, a vida em Barrackpore — e na casa de veraneio do vice-rei em Simla, onde Dufferin estava construindo um magnífico pavilhão vice-real, com um salão de festas para oitocentas pessoas — parecia, ao olhar dos visitantes, muito próxima àquela dos condados ingleses. Críquete no gramado, chá da tarde, igrejas góticas ao lado de casas de madeira no estilo Tudor: tudo deve ter parecido a Randolph como se fosse um sonho na Inglaterra.

Porém, na cidade de Calcutá propriamente dita, Randolph não pôde escapar do lado mais obscuro do jugo britânico. A polícia local estava recrutando os carregadores de água da cidade para mandá-los para o Sudão, onde o Exército britânico estava organizando uma expedição para libertar Gordon, em Khartoum. Para aqueles pobres hindus de baixa casta, isso significava a separação das famílias e a certeza da morte no deserto. Randolph contou à mãe que um dos miseráveis os viu por perto e se atirou aos pés do lorde inglês, implorando para não ser levado; até que a polícia chegou e o arrastou para longe dali.

Todo o incidente chocou lorde Randolph e o deixou "muito irritado". Ele confessou que aquilo "explica muito bem por que nossa popularidade não progride entre o povo. A arrogância, ou melhor, a autocomplacência dos oficiais indianos está além de qualquer noção". Ele estava "estatelado" com o "gigantesco abismo entre o governo e os nativos" e disse que "o governo não sabe nada sobre a mente nativa [...] e se recusa a permitir que, por um

instante, alguém de fora de seu círculo saiba alguma coisa". Ao mesmo
tempo, elogiou os intelectuais bengaleses que conheceu, "iguais a qualquer
europeu em informação, profundidade de leitura e espírito público". Certamente esses eram homens com quem os britânicos poderiam formar algum
tipo de parceria para o futuro da Índia.[12]

Em 22 de fevereiro, Randolph chegou a Benares, a mais sagrada cidade
indiana. Ele desceu o Ganges de barco e pôde observar o outro abismo que
havia entre o Raj e as massas da Índia: a religião. Ao longo das margens do
rio, escreveu, milhares de pessoas banhavam-se, "como parte de um ritual",
do mesmo modo que era feito desde tempos imemoriais. "A água é muito
suja, mas eles a apreciam em grandes quantidades, como se fosse muito 'sagrada'." Viu, ao longo de todo o trajeto, os *ghats*, piras funerais flamejantes
onde os hindus eram cremados, e as chamas pretas mandando aos céus
grossas nuvens de fumaça, enquanto os parentes dos mortos choravam e
rezavam. "Havia cinco corpos sendo queimados, cada um em sua pilha",
contou à mãe; "toda a cena era muito curiosa; voltarei mais uma vez esta
manhã para dar outra olhada."[13]

De modo geral, Randolph considerou sua experiência na Índia instigante.
No caminho de volta a Mumbai, escreveu uma melancólica carta ao general
Frederick Roberts, o qual conhecera em Hyderabad. "Depois de quase um
século de domínio, convencemos tão poucos (não a grande parte do povo,
mas apenas seus líderes) de nossa excelência e nossos méritos", advertiu,
"que qualquer reação dos russos nos deixaria impotentes".[14] Menos de uma
semana depois, em 20 de março de 1885, ele estava em um navio a vapor
regressando a Londres.

Àquela altura, ele sabia que uma crescente crise política se instalava na
Inglaterra. Fenianos irlandeses haviam explodido uma bomba na Câmara
dos Comuns em 24 de janeiro; Khartoum caíra diante dos Exércitos de
Madhi, e Gordon fora assassinado em 21 de fevereiro. A bordo do navio,
Randolph teve tempo de refletir sobre tudo que vira e ouvira. Pensava
em "quão inacreditavelmente forte e, ao mesmo tempo, inacreditavelmente fraca é nossa posição na Índia". Um poderoso governo isolado do
povo o qual governava; uma elite educada nos padrões ocidentais que
se sentia menosprezada e traída; uma comunidade britânica eriçada
de medo e preconceito; e, acima de tudo, um país que, após um século de
jugo britânico, ainda era um mundo à parte, com seus antigos rituais

religiosos e suas escuras piras fúnebres apagando-se na noite. No final, ele deve ter concordado com as reflexões que H. G. Wells publicou alguns anos mais tarde.

"Estamos lá como um homem que caiu de uma escada nas costas de um elefante", escreveu Wells. "[Ele] não sabe o que fazer ou como descer. Até que algo aconteça, permanecerá ali."[15] Randolph, aos poucos, perceberia que seu trabalho era zelar para que nada acontecesse, assim evitando, tanto quanto possível, o embaraço e o perigo de apear. Quando finalmente assumiu o posto no Ministério da Índia, em 11 de junho de 1885, Randolph começou a trilhar o caminho que o levaria de pretenso reformista a reacionário linha-dura.

O Ministério da Índia ficava na King Charles Street, no centro de Whitehall. Construído em 1867 — com uma fachada feita por Gilbert Scott e três andares de um maravilhoso pátio interno de neoclássicas colunas de mármore e painéis trabalhados em alto-relevo —, administrava, em Londres, aquilo que Winston Churchill chamaria "a magnífica organização do governo da Índia", desde o Exército indiano aos impostos e os programas contra a fome, tudo em estreita coordenação com o vice-reinado.[16] Era mantido pelos contribuintes indianos, já que todo salário, toda despesa, toda viagem oficial e toda aposentadoria provinham dos rendimentos pagos pelos súditos do Raj.

No andar de cima ficava a Câmara do Conselho, adornada em mogno e revestida por folhas de ouro; sua esplendorosa lareira de mármore mostrava a Bretanha recebendo os ricos do leste. Em sua sala, reunia-se, sob determinação real, o Conselho da Índia, formado por funcionários civis e militares aposentados após uma vida de serviço ao Raj, os quais aprovavam qualquer resolução do ministro de Estado. Quase todos os homens eram idosos. Na primeira vez que se sentou com eles, Randolph, aos 36 anos, comparou-se a um "garoto de Eton presidindo uma reunião de mestres".[17] Ele aprendeu a tratá-los com respeito, mas estava decidido a comandar o Ministério da Índia como ele — e apenas ele — julgasse conveniente.

E isso era algo relativamente fácil. A Índia era distinta das outras partes do Império. Como ministro, Randolph devia responder ao primeiro-ministro, não ao Parlamento. Nenhuma comissão parlamentar supervisionava seu trabalho ou seus acordos com o vice-rei de Calcutá.[18] Isso lhe convinha. Desde o início, reagia mal a qualquer interferência perceptível, mesmo que fosse da realeza.* Em geral, ele estava livre para fazer o que bem entendesse; sob a influência de homens como Lepel Griffin, "o martelo dos babus", e o general Frederick Roberts, suas recentes dúvidas sobre o Raj eram descartadas ou, pelo menos, varridas para debaixo do tapete. Sob Randolph Churchill, a posição do Ministério da Índia tornou-se mais forte e clara. Os britânicos comandariam e os indianos obedeceriam, e as coisas deveriam permanecer assim — não apenas porque os britânicos eram muito bons em mandar, mas porque os indianos eram muito ruins em tudo.

Roberts deu o tom. Ele nascera em Cawnpore, em 1832, e, como jovem recruta, ajudara a derrubar a Grande Rebelião. Seu livro de memórias, *Forty-one Years in India: from Subaltern to Commander-in-Chief*, delineava a imagem de um país primitivo, onde a grande maioria da população era iletrada, 99 entre cada 100 pessoas não tinham senso cívico e "as diversas raças e seitas religiosas não possuíam qualquer laço de união nacional". Sob essas condições, disse Roberts, impor reformas constitucionais de padrão britânico "a uma comunidade que não está preparada para elas, não as quer, e não as pode entender" só poderia levá-la ao caos ou mesmo a uma repetição da Grande Rebelião.

"O melhor governo para a Índia será o benévolo e inteligente despotismo que nesse momento controla o país", concluiu Roberts. A melhor coisa que os políticos de Londres poderiam fazer era ignorar "as declarações de autoproclamados agitadores que posam de porta-vozes da população oprimida" e ouvir os oficiais locais, que tinham "visão mais aprofundada e maior empatia com os anseios e sofrimentos dos asiáticos".

Foi o que Randolph fez. Aprendeu a dispensar os indianos cultos como "uma herança nefasta" dos atrapalhados reformistas do passado, que "não conseguiam ser mais que oposicionistas em tempos tranquilos e rebeldes em tempos problemáticos".[19] Ao assumir o Ministério, ele prometeu insta-

---

* A rainha pediu ao primeiro-ministro Salisbury que perguntasse a opinião do vice-rei, lorde Dufferin, sobre a indicação do príncipe, duque de Connaught, para o comando do Estado-Maior da província de Mumbai. Quando Randolph descobriu, indignou-se. Passando por cima dele, a rainha desafiara diretamente sua autoridade sobre todas as deliberações e ele reclamou; sua autoridade havia sido "completamente demolida". Chegou a sinalizar que renunciaria. Por fim, alcançou-se um acordo e os ânimos se acalmaram. Porém, intimamente, Salisbury e outros políticos passaram a questionar as mudanças de humor e o temperamento crescentemente instável de Randolph — embora ninguém, exceto sua esposa, soubesse as verdadeiras razões de tal comportamento.

lar uma comissão parlamentar de inquérito no governo indiano, mas não havia a menor chance de os indianos participarem dela — ou de a comissão influenciar o predominante ponto de vista de Calcutá. Acuado por dificuldades financeiras, Randolph não hesitou em elevar os impostos sobre os indianos; desviou recursos do Fundo de Proteção contra a Fome para pagar despesas ordinárias; e vetou qualquer plano que facilitasse o ingresso de nativos no Serviço Civil indiano. Em suma, o "benévolo despotismo" da administração Churchill marcou o fim de qualquer esperança de reforma na Índia por quase duas décadas.

Randolph pode ter rejeitado as reformas, mas foi atraído por um outro, e mais glamoroso, aspecto do Raj: o Grande Jogo. Esse jogo inflou suas energias até a euforia. O ministro de Estado discursou sobre a necessidade de impedir o avanço das "incontáveis hostes da Rússia sobre a fronteira noroeste da Índia" e expandiu o Exército indiano em 30 mil homens — mais uma desculpa para aumentar impostos. Ele atormentou o vice-rei para que considerasse uma marcha sobre Kandahar, e o lorde Salisbury, para trabalhar com os germânicos em uma estratégia anti-Rússia na Pérsia, já que os engenheiros germânicos estavam planejando construir uma ferrovia entre Bagdá e Constantinopla. Ele chegou a propor que o Ministério da Índia assumisse todas as negociações diplomáticas com a Pérsia e a China e vislumbrou que Calcutá, sob seu governo, seria o "centro da política asiática", um grande polo de atração da influência britânica espalhada por todo o hemisfério oriental.[20] Salisbury logo se cansou dos projetos megalomaníacos de Randolph, e tudo deu em nada. Exceto a Birmânia.

Aquele reino do leste já estava fortemente ligado à Índia. A Baixa Birmânia — uma exuberante combinação de florestas e arrozais ao redor do estuário do rio Irrawaddy que se encerrava em uma faixa litorânea da costa leste da baía de Bengala — fora anexada em 1826 e era dirigida por Calcutá. A Alta Birmânia, porém, permanecera independente. Mercadores britânicos de algodão e teca do local temiam que seu rei pudesse firmar um acordo de exclusividade com os franceses, que pressionavam em direção ao oeste, a partir da Indochina. De fato, em janeiro de 1883, o rei Theebaw assinou um tratado de comércio com a França. Os mercadores britânicos presumiram que o próximo passo seria a quebra de seus privilégios.

Então, a Câmara Comercial de Rangoon e seus lobistas no Parlamento aumentaram a força, pressionando pela anexação da Alta Birmânia. Gladstone e o vice-rei, lorde Ripon, haviam-nos ignorado, mas, quando os *tories* ascenderam, o novo ministro de Estado da Índia lhes deu mais atenção. Churchill logo se pôs vigilante quanto às ambições francesas no Oriente, quanto aos sombrios (e frequentemente falsos) relatos sobre Theebaw — o "reizinho estúpido, arrogante e bêbado" e seu séquito de bajuladores gananciosos e selvagens — e quanto aos perigos da iminente ameaça russa sobre a Índia, caso os britânicos "perdessem" a Birmânia.[21]

Lorde Randolph Churchill depressa compreendeu as vantagens políticas de se impetrar uma guerra preventiva na região e, em conversa com o vice-rei Dufferin, concluiu: "Um governo nunca falha em se beneficiar de uma operação militar vitoriosa." O próprio Randolph sairia favorecido, como o "homem que anexou a Birmânia ao Império Britânico".

E assim, embora nem o primeiro-ministro nem o vice-rei tivessem qualquer plano ou desejo de invadir a Birmânia, Randolph tomou para si a tarefa. Seu ultimato ao rei Theebaw, exigindo a anulação do tratado com os franceses, chegou à capital birmanesa, Mandalay, em 30 de outubro de 1885. Randolph, porém, havia declarado guerra na semana anterior, em um discurso em Birmingham, e tropas britânicas e indianas já estavam a caminho de Rangoon. Em 1º de dezembro, entraram em Mandalay. Naquele ano, como de costume, lorde Randolph celebrou o Ano-Novo na casa dos Fitzpatrick, em Dublin. Quando os ponteiros marcaram meia-noite, Randolph ergueu a taça e anunciou aos convidados que a Birmânia estava oficialmente incorporada à Coroa britânica: "Um presente de Ano-Novo para a imperatriz e todos os seus súditos."[22]

Mas era muito tarde para salvar Randolph ou seu governo. Os eleitores haviam ido às urnas havia mais de um mês, em 24 e 25 de novembro de 1885, e deram a Salisbury e aos *tories* uma derrota resoluta. Os liberais estavam de volta e o curto, porém frenético, mandato de Randolph Churchill como ministro de Estado da Índia estava terminado. Seu retorno ao governo seria como conselheiro do erário público. Nunca mais pisaria nos salões do Ministério da Índia ou se preocuparia com política indiana novamente.

Em seus breves cinco meses de mando, Randolph deixou nos assuntos indianos uma marca que duraria mais de uma vida. Seus vetos a qualquer reforma relevante no governo da Índia haviam ofendido grande parte da elite ilustrada do país. Em vez de resultar na rápida e aguda vitória que fora prevista, a guerra na Birmânia transformou-se em uma úlcera incurável. Os birmaneses eram um dos mais valentes guerreiros do mundo; eles começaram uma insurreição contra os britânicos que se estenderia por três anos, ocuparia 35 mil soldados indianos e britânicos e custaria dez vezes mais que o orçamento original da guerra, para a fúria dos contribuintes da Índia. Os indianos cultos já vinham se sentindo traídos pelo homem a quem haviam promovido como "liberal em tudo, menos no nome" durante sua visita. A guerra contra a Birmânia foi a gota d'água.

Assim, no final de dezembro de 1885, enquanto a guerrilha explodia nas selvas da Birmânia, um grupo de bem-intencionados homens de negócio de Mumbai e de proprietários de terra de Bengala uniu-se para formar uma nova organização, o Congresso Nacional Indiano. Quase todos haviam estudado no Ocidente, em especial os pársis e hindus brâmanes de alta casta. Embora uns poucos ostentassem turbantes, a maioria usava ternos e gravatas. Alguns eram até mesmo brancos, inclusive o idealizador do Congresso, Allan Octavian Hume, um distinto ex-funcionário civil e veterano da Grande Rebelião. Os princípios do Congresso eram, ao menos inicialmente, lealdade e respeito; nas palavras de um historiador, os congressistas "eram homens cautelosos e moderados que confiavam na suprema sinceridade do povo britânico".[23] O vice-rei Dufferin chegou a receber o Congresso como uma útil válvula de escape para animosidades e ressentimentos.

Entretanto, sua fundação inaugurou uma nova era na Índia e um novo tipo de movimento político no subcontinente. Durante as três décadas seguintes, ele seria formado apenas por uma pequena elite apartada da sociedade — chamada de bando de "babus bengaleses" por Randolph Churchill — até que um homem magro, de óculos e usando roupas de camponês surgiu para revelar a surpreendente força do Congresso Nacional Indiano.

Derrotado e fora do governo, Randolph Churchill respondia àqueles que lhe indagavam sobre o que faria no futuro: "Liderarei a oposição por cinco anos. Depois, serei primeiro-ministro por cinco anos. Depois, morrerei."[24]

Apenas a última predição tornar-se-ia realidade. Lorde Randolph já podia sentir as mãos da terrível doença que vinha escondendo de sua família lentamente exaurirem sua força física e mental — e até sua sanidade. Médicos, na época e tempos depois, diagnosticaram-na como sífilis (embora autoridades médicas modernas apontem-na como tumor cerebral). Quando deixou o Ministério da Índia, sua enfermidade estava atingindo os últimos e mais horríveis estágios.

A primeira grave crise que sofreu, em 1881, deixou-o parcialmente paralisado e quase incapaz de falar; mas ele se recuperou, restabeleceu-se e parecia bem. Jennie, por sua vez, temeu o pior. Eles não dormiam mais juntos. O segundo filho do casal, Jack, nasceu em fevereiro de 1880. Rumores diziam ser quase certeza que Randolph não era seu pai.[25]

No Ministério da Índia, os acessos de instabilidade mental agravavam-se. Eles inclusive podem ter afetado as decisões do ministro de Estado sobre a guerra na Birmânia e as reformas indianas. Quando os *tories* retornaram ao poder, em junho de 1886, lorde Randolph teve condições de assumir como conselheiro do erário público e líder do partido na Câmara dos Comuns. Suas querelas com lorde Salisbury, entretanto, chegaram a tal ponto que em 20 de dezembro, de passagem pelo Castelo de Windsor, Randolph impulsivamente entregou sua carta de renúncia.

Para sua surpresa, Salisbury a aceitou. Também ele sentia que algo não estava certo com seu impertinente colega e ficou aliviado ao vê-lo partir. Mesmo que Randolph conversasse com outros políticos sobre seu retorno ao governo, talvez como primeiro-ministro, sua carreira estava terminada. Agora cabia à família lidar com a ruína física e mental que era lorde Randolph Churchill e com seus ataques de delírio e raiva, especialmente contra seu filho mais velho.

Winston tornou-se o foco principal da fúria doentia do pai. Anos mais tarde, em um raríssimo momento de candura, contou a amigos: "Ele me tratava como se eu fosse um tolo; gritava comigo sempre que me dirigia a ele [...]. Não me ouvia nem considerava o que eu falava [...]. Era tão autocentrado que, para ele, ninguém mais existia."[26]

Em outubro de 1885, quando tinha 11 anos e estava em Brighton, Winston soube que seu pai estivera na cidade, mas não se preocupara em visitá-lo. "Querido papai", escreveu, "não consigo imaginar por que o senhor não me veio ver quando esteve em Brighton. Fiquei muito triste, mas suponho que estivesse muito ocupado para vir." Em março do ano seguinte, quando Winston teve pneumonia e quase morreu, Randolph praticamente não interrompeu seus afazeres londrinos para ir a Brighton. Assim que o menino se recuperou, ele foi embora quase que imediatamente.[27]

Tudo isso cobrou seu preço à personalidade de Winston. Aos 12 anos de idade, ele já carregava a reputação de exaltado garoto-problema (ironicamente, assim como a carregara seu pai). "O garotinho mais desobediente do mundo", relembrou um de seus professores de Brighton. Um colega de escola, Maurice Baring, disse: "Suas traquinagens parecem não ter limite. Ele foi castigado por roubar açúcar da despensa e, longe de ficar arrependido, pegou o sagrado chapéu de palha do diretor do cabide atrás da porta e o picotou. Sua estadia na escola tem sido um longo conflito contra a autoridade."[28]

E um longo conflito contra o pai. Exasperado com o garoto, Randolph transferiu-o para a escola Harrow. Lá, Winston passou de aluno mais desobediente a mais solitário, evitado pelos colegas e ignorado pelos pais. Jennie acabara de conquistar seu mais novo amante, o húngaro conde Kinsky — e a lista crescia firmemente à medida que a doença do marido avançava. Com uma mãe indisponível e um pai sucumbindo à loucura, o jovem Winston era um volátil acúmulo de agressão verbal e fúria reprimida. Um colega com quem brigou se lembraria dele como um baixinho, mas "durão". Anos depois, em uma caçada na Índia, o homem encurralou um javali com "os mesmos pequeninos e radiantes olhos de ameaça", e teve um "flash mental" de Winston Churchill em Harrow.[29]

Leopold Amery era outro colega. Mais de meio século depois, Amery seria o ministro de Estado da Índia de Churchill, mas, em 1889, ele era o primeiro da classe, enquanto Winston sentava-se no fundo da sala. Um dia, Winston, agindo como valentão da escola, empurrou Amery na piscina, enquanto ele estava de costas. Depois Winston pediu desculpas, dizendo que confundira Amery com um menino mais novo porque "você é muito pequeno". E então acrescentou, com patético orgulho: "Meu pai também é muito pequeno, mas é um grande homem."

Na realidade, Randolph estava agora totalmente fora de controle. Quando fez uma de suas raras visitas à Câmara dos Comuns, espectadores constrangidos descreveram o discurso daquele que havia sido um talentoso orador como "vazio e incoerente". Ele começou a viajar para o exterior, como que para escapar de sua terrível doença, às vezes levando Jennie consigo, às vezes, não.

Um velho amigo que o viu em seus últimos dias ficou horrorizado com sua aparência, com sua feição pálida e raivosa, "os cabelos brancos e muito escassos [...] a enorme olheira sob seus olhos deprimidos, a mão trêmula", mas também com o "brilho de ódio, cólera e medo em seus olhos, o apavorante temor daqueles que aprenderam quão próxima está a loucura".[30]

Sob essas condições, é fácil imaginar a reação de Randolph quando recebia os informes de Harrow sobre Winston. "Você tem irrefutavelmente demonstrado negligência, descuido na forma de conduzir seus estudos", enfurecia-se o pai, "sempre atrasado, nunca avançando com a turma, constantes reclamações e total falta de aplicação." Se Winston insistisse nesse comportamento, concluiu o pai, "minha responsabilidade sobre você terá fim".

Randolph, no entanto, em um instante de lucidez, tomou uma decisão que mudaria a infeliz vida de seu filho para sempre, e para melhor: permitiu que ele fizesse o exame de admissão para cadetes em Sandhurst.

Foi uma decisão que nasceu no quarto de Winston, em Portman Square, quando ele tinha 14 anos. Randolph entrou e viu os soldados de brinquedo do filho no chão, alinhados em uma magnífica formação de combate, todos os 1.500. O pai examinou as formações por quase vinte minutos e então perguntou a Winston se ele pensava em se alistar. Winston, enlevado pela rara e inesperada atenção, imediatamente disse sim — pensando, como ele mesmo recordou anos mais tarde, que seu pai havia identificado, em sua guerra de brinquedo, as táticas de um gênio militar. "Mas depois fiquei sabendo que ele apenas concluíra que eu não era esperto o suficiente para a advocacia", e a única opção que restava para seu filho impertinente e voluntarioso era a Real Academia Militar de Sandhurst.

Winston prestou duas vezes o exame para Sandhurst e fracassou. A fúria de seu pai era quase insuportável. Por fim, na terceira tentativa, depois de tremendo preparo e concentração, ele foi oficialmente aprovado no exame preliminar, em janeiro de 1893, e ingressou em Sandhurst em setembro, na 92ª colocação das 102 vagas para cadetes.

Ele escreveu ao pai: "Tentarei mudar sua opinião sobre mim por meio de meu trabalho e minha conduta em Sandhurst [...]. Minha baixa classificação no exame não terá efeito sobre minhas ações." De fato, ele encontrou, pela primeira vez, uma vida escolar na qual se enquadrava. Treinamento militar, aulas de leitura de mapas, equitação, ginástica, topografia e táticas lhe eram muito mais adequadas que o latim, o francês e a matemática dos sombrios anos de Brighton e Harrow.[31]

A única querela com o pai agora era sobre a qual braço das Forças Armadas ele deveria servir. Randolph insistia na infantaria, mas o coração de Winston estava convicto pela cavalaria, mesmo que isso significasse o pagamento extra de 200 libras esterlinas por ano para o cuidado e a alimentação de seu cavalo. No final, Winston venceu. Como jovem cadete da cavalaria, Winston Churchill finalmente encontrou um lugar seguro e uma identidade que o fazia se sentir útil e feliz.

Mesmo assim, ele já estava pensando adiante. Em janeiro de 1891, quando tinha 16 anos e acabara de falhar no primeiro exame de Sandhurst, perguntou a um médico londrino, um renomado especialista, o que fazer sobre seu irritante ceceio. O médico respondeu que seu problema era mínimo e certamente não atrapalharia sua carreira militar. De pronto, Winston explicou que seu objetivo não era construir uma grande carreira nas Forças Armadas, mas usar a experiência militar para entrar no campo de seu pai: a política.

É claro que ele iria concluir os estudos na Real Academia Militar, disse ao médico, e que, em seguida, serviria em um regimento hussardo, por um ano ou dois, na Índia (o que, de fato, fez). Mas, depois desse período, anunciou o jovem Winston, ele pretendia se tornar um grande estadista, assim como o pai; por isso, certamente não intencionava ser obstruído por sua incapacidade de pronunciar o "s" apropriadamente. Depois que o paciente saiu, o médico, impressionado, disse à esposa: "Acabei de atender o jovem mais extraordinário que conheci."[32]

A aprovação do pai significava tudo para Winston e ele não permitia que absolutamente ninguém o impedisse de consegui-la. Como presente pelo ingresso na Real Academia, seu pai lhe deu um relógio de ouro, alertando-o para que não o perdesse. Já no final do segundo ano de Academia, Winston estava caminhando à beira do riacho de Sandhurst quando o relógio escapuliu de seu bolso e foi parar sob quase 2 metros de água, "a única parte funda em quilômetros". Winston instantaneamente se jogou atrás do relógio, mas, depois de sucessivos mergulhos, não conseguiu achá-lo.

No dia seguinte, ele escavou o poço; também sem resultado. Então, obteve permissão de Sandhurst para requisitar 23 soldados, que, sob suas ordens, cavaram um novo curso para o riacho e o desviaram. Depois, com uma grande bomba do posto de bombeiros local, drenaram-no — e acharam o relógio.[33]

Infelizmente, Randolph já não podia dar a seu filho aprovação ou qualquer outra coisa. Sua doença alcançara o derradeiro e mais terrível estágio. Esquelético, incoerente e confuso, ele planejou uma última viagem ao redor do mundo com a esposa. Um dos destinos que escolheu foi aquele que visitara uma década antes e que ainda representava os únicos êxitos permanentes de sua carreira: Índia. Não são claras as razões que o fizeram retornar. Talvez ele quisesse ver mais uma vez os abutres sobre-voando as Torres do Silêncio, ou o Taj Mahal sob o luar, ou o esfumaçado fulgor das piras fúnebres ao longo do Ganges, com os milhares de pessoas banhando-se nas águas sagradas — ver seres humanos em paz consigo e com seus deuses.

De qualquer maneira, o casal saiu de Cingapura em novembro de 1893. Quando chegaram a Madras, porém, um médico, com um só olhar, aconse-lhou-o a retornar imediatamente a Londres. Randolph conseguiu regressar à casa de sua mãe, em Grosvenor Square, nos últimos dias de dezembro de 1894. Ele não sairia de lá vivo.

Deprimido, Winston passou os últimos dias da vida de Randolph na casa de amigos: seu pai já não o reconhecia. Lorde Randolph Spencer Churchill sobreviveu às três primeiras semanas de janeiro, raramente saindo do quarto; a morfina com que tentavam aplacar sua dor era progressivamente ineficaz; seus gritos reverberavam pela casa.

Por fim, em 22 de janeiro, depois de dois terríveis ataques de mania, ele entrou em coma, falecendo dois dias mais tarde. Winston ficou devastado. "Todos os meus sonhos sobre nosso companheirismo, sobre entrar no Par-lamento a seu lado e com seu apoio estavam acabados", escreveu depois. "Restava-me apenas perseguir seus objetivos e vindicar sua memória."[34]

E, por muito tempo, sua carreira política seria uma tentativa de ressuscitar um pai que jamais conhecera e receber uma aprovação paternal que jamais encontrara. Uma década depois, um velho amigo de Randolph, Wilfred Blunt, notaria o quanto o jovem Winston lembrava o pai, "uma estranha réplica" do falecido Randolph, "com todo o ímpeto e a segurança do pai, e, devo dizer, maior capacidade". Até mesmo o distinto modo de falar de Winston Churchill, que ficaria tão famoso, foi diretamente modelado por Randolph.

Acima de tudo, Blunt achou "tocante" o fato de Winston ter abraçado todas as antigas causas — e até as inimizades — do pai.[35] Oposição à auto-nomia dos países que constituíam a Grã-Bretanha (em inglês, *home rule*) e ódio aos russos; apoio ao livre-comércio e o conservadorismo populista embebido no lema "Democracia Tory" — o político Winston Churchill defenderia tudo isso.

Especialmente em um tema, ele permaneceria firme e fiel aos princípios do pai até o fim: a Índia e seu papel no Império Britânico. Winston partiria para lá em menos de um ano, uma experiência que transformaria sua vida. Seu pai ensinara-lhe duas lições sobre o lugar para onde estava indo.

A primeira dizia que os britânicos eram essenciais para a sobrevivência e a felicidade do subcontinente. Ele gostava de citar um dos discursos de Randolph, no qual o pai falara aos ouvintes que "seu governo na Índia é, como foi, uma fina camada de óleo espargida sobre a superfície que mantém calmo, quieto e imperturbado pelas tempestades um imenso e profundo oceano de humanidade". A missão britânica era usar "seu conhecimento, suas leis e sua civilização superior" para atar os 250 milhões de pessoas da Índia "em um povo grande e unido", disse Randolph. "Esta é a sua tarefa na Índia. Esta é a sua razão de ser na Índia. Este é o seu dever para com a Índia" — e Winston Churchill nunca se esqueceu disso.[36]

Mas ele também se lembrou da outra lição vital de seu pai. Se a Grã-Bretanha era essencial para a Índia, a Índia também era essencial para a Grã-Bretanha. Randolph constantemente salientava que o vasto comércio de importação indiano mantinha as manufaturas britânicas em alta, e que esse mercado era inclusive mais importante que a Europa ou a América. "Índia", diria ele, "é o único mercado livre estrangeiro que temos." Randolph calculara que mais de 2,5 milhões de britânicos dependiam dessa relação, incluindo 50 a 60 mil marinheiros e os 100 mil assalariados da Índia e suas famílias.[37] A perda da Índia não seria apenas um crasso erro estratégico e um devastador golpe no prestígio britânico; seria também um caos econômico. Como o próprio Winston Churchill disse alguns anos depois, perder a Índia seria "final e fatal para nós".

Em 1885, o pai avisara: "Sem a Índia, a Inglaterra deixaria de ser uma nação."[38] Em 1931, o filho avisou que, sem a Índia, o Império Britânico "passaria, de súbito, da vida para a história". Winston Churchill dedicaria sua vida a prevenir que isso acontecesse, enquanto outro homem dedicaria sua vida a tornar isso realidade.

3. Ilusões de poder
Os Gandhi, a Índia e o jugo britânico

Desde o irreal, leve-me ao real!
(Brihadaranyaka Upanishad, século VIII a.C.)

Winston Churchill criou-se no centro do Império. Mohandas Gandhi, por outro lado, cresceu em uma pequena, ainda que próspera, cidade com menos de 15 mil habitantes de um pequeno principado da província de Guzerate, no oeste da Índia.[1] Via o mundo desde um mínimo pedaço de um vasto subcontinente, distante das fortes marés agitadas pelo Raj. Gandhi nunca vira um inglês antes de a família mudar-se para Rajkot, quando ele tinha 7 anos.

Enquanto Churchill era uma criança sozinha e negligenciada, Gandhi tinha a atenção constante de sua grande e amorosa família.[2] "Mohan" era o filho querido da mãe, um garoto travesso, de cabeça e orelhas enormes e pernas finas e tortas. Desaparecia da casa sem aviso, e sua babá tinha de encontrá-lo subindo nas árvores ou escondido no templo. Um serviçal levava-o para um passeio de carroça pelos vilarejos de Porbandar. "Como eu era o filho do *diwan*", relembrou Gandhi décadas mais tarde, "no caminho, as pessoas me alimentavam com *juwar roti* [bolo de painço] e me davam moedas de anna".[3]*

Essa vida tranquila e despreocupada era protegida por seu sério e distinto pai, figura honrada na mente do filho e na comunidade. Karamchand era *diwan*, ou conselheiro, do *rana* local, posto que ocupava desde 1847 e que seu pai ocupara antes.[4] "Meu pai amava sua gente", Gandhi conta-nos em sua

---

* Anna, moeda indiana cujo valor equivale a um dezessete avos da rupia. (*N. do T.*)

autobiografia, "era sincero, audaz e generoso, mas irritadiço".[5] Karamchand Gandhi era um importante agente da política local, o clássico peixe grande em lago pequeno.* Todas as manhãs, grupos de pessoas juntavam-se em sua varanda para pedir algum favor ou relatar alguma queixa ou reclamação. Todas as noites, vinte ou trinta homens apareciam para jantar e discutir os eventos mais recentes; "Kaba" (apelido familiar de Karamchand) presidia a reunião enquanto solenemente descascava vegetais.[6]

O pai de Gandhi era um homem religioso, membro da casta hindu bania. Os banias eram uma casta comercial; por um tempo, os Gandhi foram agiotas (o nome exato significava "vendedores de perfumes"). Porém, ainda mais importantes para o lar dos Gandhi eram os coloridos ritos e rituais da seita vaishnava, cuja *bhakti* — ou devoção — a Krishna fazia parte da rotina. O templo vaishnava, vizinho à casa dos Gandhi, emanava músicas e cantos, com homens e mulheres distribuindo refeições cerimoniais e montes de flores vermelhas, rosas, azuis e amarelas. Uma das mais antigas recordações de Gandhi seria o penetrante aroma de bolor das flores decompostas que sentia quando visitava o templo diariamente, com sua mãe.[7]

Putlibai participava dos ritos e orações vaishnava dos Gandhi, mas pertencia a outra seita hindu local, a pranamis; visitava, todos os dias, seu templo, a 200 metros dali. Os pranamis eram abstêmios, vegetarianos e pregavam a moderação em todos os atos. Suas festividades continham uma formidável mistura de práticas hindus e muçulmanas (quase um quinto da população de Guzerate era islâmico). No altar do templo pranami, havia até mesmo uma cópia do Alcorão. Pelo menos um biógrafo reconheceu a influência dos princípios pranamis sobre a futura religiosidade de Gandhi, sobretudo em seu respeito pelo islamismo.[8]

O próprio Gandhi conta-nos que suas primeiras e mais valiosas lições sobre religiosidade vieram de sua ama-seca. Quando tinha pouco mais de 4 ou 5 anos, ela o ensinou a recitar o *Ramanama*, repetindo continuamente o nome do deus Rama como uma forma de espantar seu medo de fantasmas e

---

* Pequeno não significava necessariamente tedioso. Quando o avô de Mohandas, Uttamchand, protegeu um empregado da ira da viúva do *rana*, ela ordenou que canhões descessem as ruas de Porbandar e abrissem fogo contra a casa dos Gandhi. As fendas que os canhões fizeram nas paredes são visíveis até hoje. Uttamchand escapou para um principado muçulmano vizinho até que as coisas se acalmassem. Esse princípio de desafio à autoridade se tornaria, mais tarde, parte do legado dos Gandhi para Mohandas.

espíritos malignos da escuridão. Rama era o divino herói do épico nacional; havia um santuário de Rama no escritório de Karamchand. Assim, recitar o *Ramanama* tornou-se o porto seguro da fé de Gandhi, seu "remédio infalível" em momentos de crise ou doença.

"*Ramanama* purifica enquanto cura", gostava de dizer, "e, então, eleva". Gandhi creditaria àquela simples reza a cura da lepra de um dos amigos de seu pai. Tempos depois, diria às mulheres cujos maridos haviam sido massacrados pelos muçulmanos para recitar o *Ramanama*, como consolo. A prece estaria nos lábios de Gandhi no dia de sua morte.[9]

Intelectuais hindus tomariam tudo isso como parte da visão provinciana de Gandhi. De fato, as altas castas brâmanes consideravam os exuberantes rituais vaishnavas vulgares e inapropriados.[10] Tempos depois, quando Gandhi viesse a explorar a fundo a filosofia hindu, ele também acharia que o hinduísmo popular não era mais que um interminável conjunto de festividades turbulentas — e até repugnantes — e santuários decorados com desagradável mau gosto. O odor das putrefatas flores dos templos dava-lhe nojo; quando ele testemunhou os sacrifícios à deusa Kali, no templo de Calcutá, em 1901, com rios de sangue descendo pelas pedras, ficou horrorizado.

Ao mesmo tempo, ter passado a infância na provincial Porbandar — e não em uma cidade ocidentalizada, como Calcutá, ou cosmopolita, como Mumbai — deu a Gandhi uma base religiosa simples e forte, a qual ele podia compartilhar com milhões de pobres de todas as regiões da Índia, pessoas cujas vidas permaneciam intocadas por homens como Clive, Ripon e Randolph Churchill. Esse seria o principal laço entre eles. E ajudaria a explicar por que, durante toda a vida de Gandhi, pessoas caminhariam quilômetros até uma remota estação ferroviária onde ele supostamente pararia ou esperariam por horas, às vezes dias, na esperança de vê-lo de relance, tocar seus pés ou recitar, com ele, o *Ramanama*.

Essa ligação com os humildes é crucial não apenas para entender Gandhi, mas, sobretudo, para colocar todo o Raj Britânico em perspectiva. Para os britânicos, a vivência na Índia era cheia de dramas, mudanças e progressos. Ter encontrado "um grande povo imerso na mais profunda servidão e superstição", entusiasmava-se um deles, Thomas Macaulay, e depois resgatar a Índia "para o império de nossas artes e nossa moral, nossa literatura e nossas leis [...] é o maior orgulho da história inglesa".[11]

Mas, para a imensa maioria dos indianos, espalhados por um continente do tamanho da Europa (sem a Rússia), não havia mudança alguma. E as poucas mudanças, eles haviam aprendido a entendê-las como ilusão. Indianos viram muitas coisas ao longo de 4 mil anos, mas o que mais lhes interessava nesse vasto e lento processo eram precisamente as forças que resistiam à história: sua terra, sua religião e a natureza íntima da própria sociedade indiana.

As raízes da sociedade eram inacreditavelmente profundas e tão remotas quanto as mais antigas civilizações do planeta. E ainda o são. O *Rig Veda* é, por certo, o mais antigo hino religioso usado hoje em dia. Ritos de 4 mil anos de idade associados à adoração de Shiva são ainda praticados, fazendo deste o mais perene culto religioso do mundo. Camponeses ainda oram em santuários dedicados a deuses e deusas que têm origem na Idade da Pedra.[12] Comparado a essa força de inigualável duração, o Raj Britânico parecia muito transitório — assim como todos os outros mandos e conquistas na história indiana. Gandhi esclareceu seu ponto de vista em 1909, em *Hind Swaraj*. "A história é um registro de todas as interrupções ao pleno e equilibrado funcionamento do amor ou da alma", escreveu, "um registro da interrupção ao curso da natureza". Em suma, desde a perspectiva de Gandhi, a história era irrelevante: talvez nenhuma outra opinião o separasse tanto de um homem como Winston Churchill. Aqui, Gandhi expressava a imensa experiência cultural indiana, na qual tudo o que acontecia era apenas mais um giro "no supremo círculo do império da Verdade". Para os indianos, até mesmo o domínio britânico parecia apenas um fio na imensa trama da civilização da Índia.[13]

Essa civilização originou-se não muito longe de Guzerate, no vale do rio Indo, em Mohenjo-Daro e Harappa, cidades do atual Paquistão. Lothal, o movimentado porto da civilização de Harappa, ficava a menos de 200 quilômetros de Rajkot. Ali, trinta séculos antes do nascimento de Gandhi, grandes mercadores e reis-sacerdotes conduziam o comércio de todo o oceano Índico com seus pares do Crescente Fértil, em Akkad e Sumer. Por volta de 2200 a.C., quinhentos anos antes de Hammurabi estabelecer seu código na Babilônia, a civilização do vale do Indo era um próspero mundo urbano, com pequenas casas de tijolos e ruas estreitas e tortuosas, limpo, eficiente e uniforme, governado por teocratas todo-poderosos, cujos templos eram as próprias cidades.[14]

Com o tempo, todos os vestígios das grandes cidades desapareceram, assim como os de seus equivalentes no Crescente Fértil. Quando Gandhi nasceu, poucos indianos sequer sabiam da existência de Harappa. Mas seus habitantes haviam deixado marcas sobre a Índia, como a palavra indiana para dinheiro (*pana*) e comerciante (*vanik*). Até mesmo a casta de Gandhi (bania) é uma derivação do nome pelo qual os descendentes do vale do Indo chamavam aquele povo rico e mercador, os *panis*. As primeiras representações do deus Shiva na típica postura de ioga apareceram em selos de cerâmica de Mohenjo-Daro, assim como as imagens do touro zebu. Os moradores de Harappa também cultivavam o hábito de usar ornamentos no corpo, braceletes e pulseiras que sobreviveria até os dias de Gandhi. Certa vez, Gandhi visitou um museu na antiga cidade gandharan de Takshashila, ou Taxila, e, ao ver expostos alguns desses antigos braceletes, exclamou com surpresa: "São iguais aos que minha mãe costumava usar."[15]

Apesar de toda a sua sofisticação, os povos do vale do Indo não conheciam o ferro e, com o passar dos séculos, suas tecnologias básicas permaneceram inalteráveis. Sua sociedade, muito uniforme e eficiente, tornou-se uma armadilha. No terceiro milênio antes da Era Cristã, quando invasores da Ásia Central nos atacaram, os povos do vale já não podiam ou queriam opor resistência. Seu mundo estava acabado. Os arianos, cavaleiros belicosos que fizeram parte de uma grande invasão que varreu, ao mesmo tempo, o Irã e a Europa, haviam chegado.

Os arianos eram tão valentes quanto arrogantes: seu próprio nome, *arya*, significava "mestre", "nobre". Acadêmicos hoje concordam que, provavelmente, não ocorreu uma conquista, mas apenas uma lenta e constante migração de tribos e clãs arianos para os perímetros de uma civilização que já estava em avançado estágio de decadência; até que, um dia, os migrantes perceberam que estavam no comando.

Assim como os gregos, seus primos distantes que, quase na mesma época, dominaram o mundo messênio, os arianos viram-se na condição de senhores dos resquícios de uma sociedade mais sofisticada que a sua. E, como os gregos, trouxeram para essa cultura seu próprio panteão de deuses: Varuna, deus do céu (como o grego Urano); Agni, deus do fogo e dos sacrifícios rituais; e Indra, deus da guerra. Sobre essa estrutura religiosa agressiva e masculina, os sacerdotes (ou *brahmins*) e guerreiros (ou *rajyas*) arianos construíram uma sociedade estratificada, dividida entre conquistadores e conquistados. Os brahmins acompanhavam seus elaborados rituais com orações em uma singular linguagem sacerdotal (mais tarde escrita em sânscrito) que daria origem aos *Vedas*, a mais antiga obra de literatura religiosa existente. Os arianos também compuseram dois dos mais belos (e extensos) poemas épicos do mundo, o *Ramayana* e o *Mahabharata*, que é oito vezes mais longo que a *Ilíada* e a *Odisseia* juntas e três vezes maior que a Bíblia — e sem o benefício da escrita. Essas recitações védicas, a um tempo sagradas e seculares, formam a pedra angular da cultura hindu e indiana.

Os arianos levaram essa cultura consigo ao longo de sua gradual expansão para o leste do vale do Indo. Nesse momento, eles se dividiram em quatro distintas classes ou *varnas*: a elite sacerdotal de *brahmanas* ou brâmanes; a classe dominante dos guerreiros *rajyas* ou *kshatriyas*; os camponeses e artesãos, ou *vaishyas*; e, na base da pirâmide, quase ignorados pelas convenções religiosas védicas, os *shudras*, ou servos e trabalhadores. Todos os demais, desde os descendentes dos povos do vale do Indo às tribos aborígines que encontravam em seu avanço, eram *niravasita*, "excluídos" ou *candala*. Eles eram proibidos de morar perto de aldeias arianas; e as mais humilhantes tarefas, como a cremação dos mortos, lhes eram relegadas. Esses *candala* dariam origem aos "intocáveis" — pessoas tão desprezadas que não podiam sequer entrar na cidade antes de tocar um badalo de madeira, para avisar aos habitantes do perigo de contaminação que se aproximava.[16]

Ao longo dos séculos, as antigas *classes* da sociedade védica tornaram-se as castas sociais da sociedade hindu. Centenas de *jatis*, ou subdivisões, e *gotras*, ou subcastas, difundiram-se em todas as regiões da Índia e encontraram sua posição na estrutura hierárquica. Originalmente, as castas determinavam como seus membros deveriam adorar os deuses e participar das cerimônias védicas; mas, com o passar do tempo, suas regras passaram a determinar com quem era permitido se casar, onde se podia morar, o que comer e de que forma, como se vestir e se adornar — e até como defecar e quando fazer sexo.[17]

A casta obrigava seus membros a seguir certas regras e determinados ritos formais; um código de conduta não escrito sobre como evitar profanação e a perda da casta nesta vida e, como o hinduísmo traz o conceito de reencarnação, também na próxima. Ela inclusive oferecia (exceto para os brâmanes) conselhos para determinar o perfeito cumprimento das regras e discutir casos especiais envolvendo seus membros. Para os crentes, a casta e a *gotra* formavam, tal como eram, um gigantesco apoio para reconciliá-los com suas missões na vida e lhes mostrar o caminho da santidade, mesmo que fizessem parte das estratificações mais baixas. Ser um "sem casta" na tradicional sociedade hindu era mais que um estigma social e religioso; significava ser expulso do mais básico e relevante relacionamento da vida, ser relegado à sordidez cultural, ao *tamas*, ou terrível escuridão — um destino que, se levado para a próxima encarnação, era, literalmente, pior que a morte.[18]

Em suma, a casta fornecia a todos os hindus uma identidade social confirmada e santificada pelo ritual religioso e, ao mesmo tempo, dava a todos os ritos religiosos do hinduísmo um lugar sólido e concreto no fundamento social. Era tão concreta que sua estrutura permaneceria incontestada por mais de 2 mil anos. Longe de ser rígido ou imutável, o sistema de castas adaptava-se a novas situações, ofícios e modas religiosas. Como qualquer visitante da Índia sabe, é, ainda hoje, muito forte e presente. Existem mais de 5 mil castas na Índia, e novas são criadas todos os dias.[19]

O surgimento do sistema de castas também gerou uma tensão criativa entre as obrigações de um indivíduo para com a hierarquia védica — seus deveres, ou *dharma* — e seu impulso de quebrar aquele rígido sistema, escapar para um mais alto nível de espiritualidade individual, perfeição e liberdade.

Esse impulso foi corporificado, pela primeira vez, nos antigos comentários aos *Vedas*, os chamados *Upanishads*, que ofereciam um caminho para uma realidade mais elevada, o Mundo Espiritual, ou Brama.[20] Ele continuaria com os jainistas e seu líder espiritual, Mahavira, que eram pacíficos e respeitavam a santidade de toda forma de vida, em contraste com os sanguinolentos sacrifícios védicos (Gandhi seria um grande admirador dos jainistas). No século VI a.C., o mesmo impulso atingiria seu ápice nos ensinamentos da maior e mais influente figura espiritual da Índia, Gautama Buda.

Durante cinquenta anos, esse ex-príncipe do norte indiano ensinou sua singular trilha para a liberdade, ou *nirvana*, dando origem a pequenos séquitos, ou *ashramas*, de discípulos e convertidos — e às primeiras comunidades monásticas do mundo. Depois da morte de Buda, seus seguidores continuaram a disseminar, com ardor missionário, a mensagem do "Caminho do Meio", ou seja, como ser "livre do ódio, livre da maldade, puro em pensamento e senhor de si". Quatrocentos anos antes do nascimento de

Jesus Cristo, o budismo tornar-se-ia a primeira religião verdadeiramente universal, espalhando-se por Índia, Ceilão, Tibete, China, Japão e Indonésia. Por volta do ano 700, o budismo era a maior fé espiritual do mundo.

A presença de Buda em sua própria terra era, no entanto, marginal. Com o passar dos séculos, seus seguidores foram rareando, exceto em algumas partes do sul. Ele foi esquecido até mesmo em sua própria região natal. Foram pesquisadores britânicos, e não indianos, que descobriram e apontaram o local de seu nascimento — tudo isso menos de trinta anos antes de Gandhi nascer.[21]

Pois, no fim das contas, a tradicional fundação hindu era muito forte e muito flexível para ser suplantada ou substituída. O hinduísmo acabou por absorver as dissidências budistas, assim como havia incorporado os deuses pré-védicos, como Shiva, e os festejos, mitos e lendas dos diversos povos e culturas do subcontinente. O hinduísmo tornou-se a própria Índia. Nada mais os podia separar. Ao longo dos séculos, venceriam todas as ameaças, tanto pela palavra como pela espada.

Entre as primeiras ameaças estavam os gregos. Cento e cinquenta anos depois da morte de Buda, Alexandre, o Grande, chegou às margens do Indo com seu Exército macedônio, depois de uma marcha de treze anos e 35 mil quilômetros e da recente conquista da Pérsia. Por dois anos, lutou contra uma civilização que já contava com um quarto da população da Terra.[22] Derrotou um poderoso rei às margens do rio Jhelum e, para comemorar a vitória, mandou cunhar, na Babilônia, moedas que estampavam a imagem de um elefante; quase perdeu sua esposa em uma batalha contra uma tribo de guerreiros selvagens na montanhosa região a oeste de Punjab; fez o primeiro contato de ocidentais com os iogues indianos;* e, finalmente, declarando-se vitorioso, retornou à Pérsia. Ele mal havia tocado as franjas de uma civilização que agora se concentrava em cidades nascidas ao longo do imenso rio Ganges, desde Délhi e Benarés até Patna e Calcutá. Como o próprio Ganges, esse era um mundo vasto e moroso, afastado dos

---

* Esses *gymnosophs*, como os gregos os denominavam (literalmente, "filósofos nus"), explanavam, desvestidos e sentados no chão, seus conhecimentos, a exemplo dos Mahatmas. O que diziam fazia pouco sentido para ouvidos gregos. Mas, pelo menos um intelectual do séquito de Alexandre, Pirro, voltou para a Grécia bastante instigado. Vendo e ouvindo os *gymnosophs* (provavelmente jainistas), ele percebeu que "os homens discordam da natureza do bem" — e uma nova filosofia ocidental, o pirronismo (ou ceticismo), nasceu.

vizinhos do Ocidente e do Oriente graças a sua religião singular e suas marcas sociais e culturais únicas. A lição básica da história indiana já estava estabelecida. Forças materiais, como reinados e reinantes — incluindo Alexandre, o Grande —, vêm e vão. Mas a força espiritual, encarnada na religião, na casta e na unidade espiritual com Brama, a imutável essência do universo, é eterna.

Os primeiros exemplos da natureza transitória dos poderes políticos encontravam-se nas próprias dinastias indianas. Em 305 a.C., um príncipe do vale central do Ganges chamado Chandragupta Maurya insurgiu-se contra os príncipes que Alexandre havia deixado no poder, dominou terras além do rio Indo e fez de Kandahar e Kabul os avançados postos ocidentais de um enorme Império Indiano. Seu filho, Bindusara, e seu neto, Ashoka, estenderiam esse Império para o sul e sudeste, com a conquista do reino de Kalinga. Os Maurya foram equivalentes à dinastia chinesa Chin, unificadores políticos de uma grande civilização, pela primeira vez na história.

Pinturas nos muros de Ajanta revelam a magnitude do jugo dos Maurya. Elas mostram o rei cercado por nobres, sacerdotes brâmanes, acrobatas, encantadores de cobras, lideranças políticas, músicos soprando conchas marinhas, cavalos e elefantes adornados por pérolas, plumas e pingentes de ouro. Foi necessária uma carroça de 42 rodas, puxada por 8,4 mil homens, para mover um único pilar do palácio de Ashoka, em Palipurta. Os galpões imperiais guardavam toneladas de ouro e prata, quilos de diamantes e rubis.[23]

Acumular toda essa riqueza e poder requeria uma guerra incessante, brutal e impiedosa. De acordo com o embaixador grego na corte, os Maurya mantinham o maior exército da Terra, com mais de 700 mil homens, 9 mil elefantes e 10 mil carruagens. O *Arthashastra*, tratado sobre estratégia e diplomacia, equivalente indiano a *O príncipe*, de Maquiavel, prescrevia um ciclo de dezoito dias de tortura para rebeldes e traidores capturados, sugerindo um método de martírio diferente para cada dia. Inscrições do próprio Ashoka contam-nos que, para completar a conquista de Kalinga, ele matou 100 mil pessoas e encetou uma limpeza étnica sobre outros 150 mil, enquanto dezenas de milhares morriam de fome e doenças.[24]

Ashoka, porém, aborreceu-se com o interminável ciclo de morticínio e conquista, e, buscando paz de espírito, passou a se dedicar aos ensinamentos de Buda e à reforma de seu reino. Todos os seres humanos eram suas crianças, declarou, e, daquele momento em diante, ele governaria com base nas leis da retidão, da moral e da *ahimsa*, ou não violência: "Porque o amado dos deuses [ou seja, Ashoka] deseja segurança, autocontrole, justiça e felicidade para todos os seres." Ele criou uma nova classe de oficiais especialmente para cuidar do bem-estar de seus súditos; baniu o sacrifício de animais; mandou plantar árvores frutíferas ao longo das estradas do Império para fornecer aos viajantes comida e sombra; colecionou mais de 7 mil relíquias de Buda; convidou monges budistas para viver em sua corte; e mandou outros para capitais estrangeiras.[25]

A consciência elevada e a renúncia à violência do rei Ashoka seriam recebidas com admiração pelas futuras gerações indianas, inclusive por Gandhi. Seus pilares coroados com quatro leões tornaram-se o selo oficial da Índia. No entanto, talvez não por acaso, seu legado não durou. O reino despedaçou-se logo após sua morte, em 232 a.C., e, em cinquenta anos, o Império dos Maurya desapareceu. As velhas leis da selva sobrepujaram as leis da retidão, e seriam necessários outros quinhentos anos de caos para que outra valorosa dinastia ascendesse ao poder, os Gupta.

O Império Gupta marca o início do período "clássico" da história indiana, com o florescimento da arquitetura e da arte — inclusive com esculturas budistas e hindus de refinado esplendor e complexidade —, da linguagem — com a poesia de Kalidasa, o "Shakespeare da Índia", autor do drama sânscrito *Shakuntala* — e do pensamento religioso, tudo isso em meio a guerras de impressionante selvageria. Sob os Gupta, emergiu, pela primeira vez, a sociedade hindu claramente definida em castas, construída em torno de uma economia agrária de senhores de terras e camponeses que duraria até além dos tempos de Gandhi. Quando a dinastia sucumbiu ao assalto dos hunos, no sexto século da Era Cristã, a civilização indiana estava pronta para sobreviver, e até resistir, às próximas ondas de transformações catastróficas.

A primeira foi a chegada do islã e a ascensão dos mogóis. A despeito do nome, os mogóis não eram mongóis, mas turcos. Entretanto, o fundador da dinastia, Babur, reivindicou descendência tanto de Tamurlaine quanto do grandioso Genghis Khan, e, assim, a denominação mogol colou-se à mongol. Em 1526, o Exército de Babur arrasou as forças rivais muçulmanas em Panipat, a apenas 80 quilômetros de Délhi, aniquilando os elefantes inimigos com sua artilharia. No ano seguinte, ele derrotou os orgulhosos príncipes rajputs. O Império de Babur e seus sucessores — Albar, Shah Jahan (construtor do Taj Mahal) e Aurangzeb — possuiria mais território, riqueza e esplendor que qualquer outro reino da Índia — exceto o dos muçulmanos em lugar dos hindus no poder.

As duas religiões não podiam ser mais diferentes. O islã pregava a existência de um único deus, Alá, enquanto os hindus adoravam um panteão de deusas e deuses; pregava a irmandade de todos os crentes, em oposição às desigualdades e injustiças da hierarquia de castas; e considerava blasfêmias idólatras todas as imagens religiosas, como as esculturas e estatuetas dos santuários budistas. Islâmicos fanáticos arrasaram milhares de templos hindus ou os converteram em mesquitas. Templos budistas foram praticamente erradicados.[26] A complexidade da lei de castas hindus e da dieta ritual também não fazia sentido para os muçulmanos, que abateram e comeram as vacas brâmanes que os hindus tinham por sagradas.

Sob os mogóis, no entanto, hindus e muçulmanos encontraram um *modus vivendi*, se não um denominador comum. Babur e Akbar patrocinaram artesãos e construtores hindus. Hindus de altas castas trabalhavam como administradores e coletores de impostos do Império; e generais e soldados hindus tornaram-se o núcleo do Exército. Os muçulmanos, por sua vez, firmaram-se na paisagem social da Índia, compondo quase um quarto da população em Punjab, Sind e Baluquistão, a oeste, e em Bengala, a leste — embora fossem apenas 14% da população em Guzerate, província natal de Gandhi, e menos de um décimo no centro e no sul da Índia.[27]

Alguns príncipes hindus, especialmente maratas e rajputs, nunca se submeteram ao jugo muçulmano. Violentas insurreições levantaram-se no centro da Índia durante mais de um século. O bisneto de Babur, Aurangzeb, foi encarregado de suprimir uma delas em 1690, mesmo ano em que a Companhia das Índias Orientais fez sua primeira aparição em Calcutá.

Para os mogóis, os ingleses, como qualquer outro povo europeu na Índia, eram apenas uma perturbação menor. Eles eram muito poucos e muito pobres em riqueza e força para merecer preocupação, especialmente agora, quando os sucessores de Babur estavam ocupados mantendo a unidade do Império e negociando com invasores do Afeganistão e da Pérsia. Quando Bahadur Shah I morreu, em 1712, nenhum indiano poderia imaginar que aqueles rudes e (do ponto de vista religioso) impuros europeus, ou *feringhi*, logo tomariam o poder no subcontinente.

E eles o fizeram precisamente porque ofereceram as duas coisas que qualquer um precisava naquele mundo de todos contra todos do decadente governo mogol: armas e soldados. Tanto os oficiais mogóis quanto os hindus sediciosos viam os franceses, os britânicos e seus regimentos cipaios como aliados de ocasião para garantir seu próprio poder. Foi o chefe marata, Morari Rao, quem optou por dar retaguarda a Clive em Arcot, contra um odiado rival muçulmano; e foi o renegado vice-rei de Bengala, Siraj-ad--Daula, quem mobilizou seu Exército para apoiar os franceses até a vitória final de Clive, em Plassey.

Alguns lutaram contra a aparentemente inexorável conquista britânica com a mesma força com que haviam enfrentado os mogóis. Haidar Ali foi um aventureiro muçulmano, incapaz de ler ou escrever, que tomou para si um território em Mysore, no sul da Índia. Ele e seu filho, Tipu Sahib, guerrearam contra os britânicos por quase três décadas, até Tipu por fim sucumbir aos cipaios de lorde Wellesley e à infantaria inglesa no cerco a Seringapatam, em 1799.

De forma similar, os orgulhosos maratas — uma casta de guerreiros que se converteram ao hinduísmo depois de migrar da Ásia Central para a Índia, muitos séculos antes — viram no colapso mogol uma oportunidade de conquistar sua própria parcela de comando no Império, fosse esse britânico ou não britânico. As forças maratas foram finalmente derrotadas na batalha de Panipat, em 1761, desta vez por uma aliança de afegãos e mogóis, não por exércitos europeus.

Panipat foi o Gettysburg da história indiana. Nunca mais os maratas teriam tantas riquezas ou levariam suas tropas tão ao norte. Nunca mais nenhum líder nativo indiano teria a chance de dominar o subcontinente. Depois de Panipat, a única força que poderia manter a Índia unida seria a Companhia das Índias Orientais — e os britânicos.

Em geral, a maioria dos indianos, hindus ou muçulmanos preferia o jugo britânico ao caos. Eles também preferiam comerciar com os ingleses a ser saqueados pelos persas, afegãos ou por seus próprios bandidos locais. Era verdade que os britânicos eram estrangeiros, mas os mogóis haviam sido estrangeiros também — embora a língua do novo governo fosse o inglês, e não o persa, e os novos governantes fossem cristãos, não islâmicos. Em seu íntimo, os hindus ficavam horrorizados com os ingleses, que usavam, sobre a pele, luvas e chapéus feitos de animais mortos, comiam alimentos que qualquer brâmane denominaria asquerosos, permitiam a suas mulheres falar e discutir em voz alta na mesa de jantar, e faziam dos de baixa casta e intocáveis seus criados íntimos — em alguns casos, seus amantes.[28]

Para aqueles que ocupavam o topo da sociedade indiana, porém, o jugo britânico trazia os benefícios de uma administração justa, incorrupta e confortavelmente distante. As elites indianas das três províncias de Bengala, Madras e Mumbai estavam contentes em submeter-se aos desígnios da Companhia das Índias Orientais, servir em seus exércitos e ajudá-la a coletar o dinheiro, contanto que fossem deixados em paz para prosseguir com sua vida normal. Foi para aqueles da base da sociedade indiana, especialmente no leste da Índia, que os britânicos trouxeram o desastre.

A calamidade foi resultante da "reforma" dos títulos de propriedade sobre a terra, lavrado pelo governador-geral lorde Charles Cornwallis nos anos 1790. Cornwallis, que acabara de ser derrotado pelos norte-americanos em Yorktown, estava determinado a tornar a empresa imperial exitosa. Ele transformou o antigo sistema de impostos variáveis pagos pelos camponeses em uma quantia fixa permanente, a ser coletada pelos senhores de terra, ou zemindares; quaisquer discordâncias deveriam ser julgadas na corte do distrito, não pelos oficiais locais — muitas vezes corruptos.

As reformas eram bem-feitas e bem-intencionadas, de acordo com os padrões ocidentais de probidade e eficiência, mas romperam a estrutura das antigas comunidades. Senhores de terras que não podiam coletar o imposto fixo em tempos de carência ou fome simplesmente vendiam suas posses pelas melhores ofertas, frequentemente as dos novos mercadores de cidades como Mumbai e Calcutá, os quais agora enriqueciam com o comércio britânico.[29] À medida que essa prática espalhava-se de Bengala e Bihar para outras províncias, criou-se um quadro rural de camponeses depauperados e senhores alheios, bem como uma crescente muralha separando valores urbanos e rurais na Índia. Era esse mundo empobrecido que Gandhi encontraria quando excursionasse pelos vilarejos de Bihar mais de cem anos depois, em 1917.

O esquema de reforma rural de Cornwallis era parte de uma incipiente mudança nas atitudes britânicas. O colapso da ordem civil na Índia do século XVIII (para o qual os britânicos haviam contribuído mais que qualquer outro poder) forçara-os a revisar suas opiniões sobre a condição indiana. Clive lutara ao lado e contra hindus e muçulmanos, fizera amigos, traíra-os e mentira para eles. Até mesmo Warren Hastings, o primeiro governador-geral, dissera: "O povo deste país não precisa que forneçamos a ele um código de conduta ou uma bandeira para a demarcação de suas terras."[30]

Seus sucessores, porém, adotaram um procedimento diferente. "Todo nativo da Índia, acredito sinceramente", disse Cornwallis, "é corrupto"; ele despediu todos os oficiais nativos da Companhia das Índias Orientais. Como escreveu um historiador, "ele pensava que os britânicos deveriam governar para o bem dos próprios indianos, mas com parâmetros europeus, não indianos".[31] À medida que seu poder crescia, os ingleses passavam a ver a Índia como um experimento social, algo para ser estudado, conduzido e aperfeiçoado, não importando como os indianos se sentissem — especialmente porque, desde o estabelecimento dos europeus, os valores e a cultura indiana estavam na raiz do problema.

James Mill, ao redigir sua *History of British India* para a Companhia das Índias Orientais, declarou que as castas da sociedade hindu eram um esgoto de injustiça e superstição.[32] Quinze anos depois, em 1835, quando ocupava uma cadeira no Conselho executivo do governador-geral de Calcutá, o historiador Thomas B. Macaulay concluiu que "uns poucos livros de uma boa biblioteca europeia valiam mais que toda a literatura nativa da Índia e Arábia".[33]

O debate já não era sobre se os britânicos iriam transformar a Índia, mas como deveriam fazê-lo. Macaulay e outros pressionaram pela fundação de um sistema educacional de padrões ocidentais, que iria suplantar e, por fim, substituir o antiquado ensino hindu e suas "doutrinas médicas que desonrariam um ferrador de cavalos inglês, [e sua] astronomia que arrancaria gargalhadas de garotas da escola elementar inglesa". Ter encontrado "um grande povo imerso na mais profunda servidão e superstição, ter então os guiado para fazê-los audaciosos e capazes para todos os privilégios de cidadãos, seria, de fato, um título de glória todo nosso", afirmou Macaulay.[34]

Porém, sem perceber, os britânicos estavam brincando com dinamite cultural. Soldados indianos orgulhavam-se de servir no Exército inglês baseados em uma tradição militar que remontava aos arianos. O escritor bengalês Ram Mohan Roy podia ver que o domínio inglês, "embora fosse um jugo estrangeiro, acarretaria, de forma mais rápida e certa, o aperfeiçoamento dos habitantes nativos", inclusive o fim do *suttee*, que, segundo os cálculos de Roy, custara a vida de mais de trezentas viúvas por ano, somente em Calcutá. Ao mesmo tempo, estudiosos orientalistas britânicos, como Willian Jones e Henry Colebrooke, estavam redescobrindo e editando alguns dos mais preciosos textos em sânscrito — *Bhagavad Gita*, em especial — e passando esse conhecimento a sucessivas gerações de estudantes da Índia.[35]

Entretanto, se o domínio britânico significava um assalto diário às tradições e crenças milenares; ou uma batalha cotidiana que contrapunha os hindus e os muçulmanos aos agressivos missionários cristãos sancionados pelo governo; ou alterações legais que minavam o status das elites da Índia e seus últimos governantes autônomos — então a cooperação indiana, a qual os britânicos tinham por certa, iria transformar-se em feroz resistência.

Todas essas coisas ocorreram e atingiram seu ápice sob o governo-geral de lorde Dalhousie. Ele assumiu o Ministério em 1848, ano em que revoluções convulsionaram as capitais da Europa. Na Casa do Governo, em Calcutá, Dalhousie iniciaria a sua própria revolução. Ele forçou reformas radicais em todas as frentes — economia, cultura e política, incluindo a anexação de Estados indianos, como o reinado de Oudh, cujos monarcas haviam fracassado em gerar um herdeiro homem. As anexações de Dalhousie afrontavam diretamente os últimos detentores de poder da Índia, os quais viam o mundo de seus arrendatários rurais ser revolvido por forças jurídicas e econômicas que mal podiam compreender.[36] Dalhousie deixou a Índia "em paz, por dentro e por fora", como ele mesmo disse em 1856. Mas já era muito tarde para prevenir o estouro da Grande Rebelião.

A Grande Rebelião de 1857 foi um divisor de águas não apenas para a história do domínio britânico na Índia, mas também para a Índia. Em maio, os regimentos nativos de Meerut se revoltaram, assassinaram seus oficiais britânicos superiores e marcharam sobre Délhi, onde proclamaram o último imperador mogol, o fraco, patético e velho Bahadur Shah II, seu governante. Alguns dos que se rebelaram eram encorajados pela profecia de que o ano do centésimo aniversário da Batalha de Plassey seria também o do fim do domínio britânico. Alguns outros acreditavam nos rumores segundo os quais um Exército russo atravessaria a fronteira norte para ajudá-los a restaurar o Império Mogol e a supremacia muçulmana.[37] Outros, como o marata Nana Sahib, uniram-se à rebelião para recuperar o orgulho e a glória perdidos; outros, para saquear e pilhar; alguns porque temiam não ter feito parte do levante, caso os britânicos fossem mesmo expulsos.

Todos, no entanto, concordavam que, com o efeito cumulativo de meio século de jugo britânico, eles se sentiam estranhos em sua própria terra e o único modo de retroceder aos velhos tempos era expulsando os invasores. Por quase um ano, os amotinados controlaram uma área do tamanho da Bretanha. Alguns governantes hindus locais e algumas comunidades do norte e do centro da Índia tomaram parte na revolta, mas a maior fatia do continente, como a cidade natal de Gandhi, Porbandar, permaneceu quieta. O fato de os sikhs, irmandade militar-religiosa hindu de Punjab que lutara contra todos os detentores de poder da Índia desde o século XV, terem jurado lealdade à causa britânica provavelmente contribuiu mais para o fracasso do levante do que qualquer outro fator isolado. Certamente nenhum dos rebeldes ou seus príncipes aliados tinha a habilidade ou a experiência necessária para derrotar os britânicos quando estivessem completamente mobilizados e insurgidos.

Em junho de 1858, tropas britânicas já haviam sobrepujado os cipaios e o último príncipe rebelde, o marajá (*maharaja*) de Gwalior. O domínio britânico, sobrevivendo à sua pior crise, estava mais forte que nunca. Era agora "o Raj", sucessor dos mogóis e fonte de toda a ordem e autoridade. Se a crise uniu os britânicos, os indianos, por sua vez, separaram-se definitivamente. A lealdade dos sikhs e a apatia do sul da Índia comprometeram a revolta, mas também o fizeram os limitados e frequentemente egoístas motivos de seus organizadores. Com o objetivo de derrotar os britânicos, os amotinados evocaram os espíritos do passado: os de Meerut visavam à restauração do Império Mogol; Nana Sahib e seus seguidores, à ressurreição da confederação marata de fidelidade e resistência. Falharam. O resultado, paradoxalmente, era que agora os indianos estavam ainda mais dependentes dos ingleses. Para milhões de indianos, depois de 1858, o Raj era o único ponto fixo em um mundo de permanente fluidez. Para onde quer que fossem liderados, eles não tinham outra escolha a seguir.

Também para os britânicos, não havia como voltar. As mudanças trazidas pelo novo Ministério da Índia e pela Proclamação da Rainha eram todas baseadas em um único princípio: os britânicos não baixariam a guarda jamais. Seriam mais ajuizados ao introduzir mudanças e mais pacientes com os indianos; até mesmo lhes fariam consultas, quando necessário — como em 1886, ano em que o vice-rei Dufferin incluiu-os em uma comissão para estudar a entrada de nativos no Serviço Civil. Mas a esperança definhou: os britânicos jamais confiariam nos indianos ou lhes dariam qualquer papel significativo na condução dos assuntos do país.

Com o crescimento da economia e das comunicações e a chegada de fábricas, minas e ferrovias, uma nova Índia industrial era criada lado a lado com a antiga. Isso também era um legado da derrota na Rebelião. O fim dos derradeiros Estados independentes removeu as últimas barreiras para a integração da Índia à economia imperial britânica. Apenas alguns anos após o massacre de Bibighar, Cawnpore transformou-se em um importante centro têxtil, "a Manchester da Índia". Ahmedabad — a uns 300 quilômetros a leste de Rajkot, local de cultivo do algodão em campos guzerates — fornecia roupas para os milhões de trabalhadores da Índia. Os milionários indianos de Ahmedabad iriam se tornar os primeiros colaboradores políticos importantes de Gandhi.

Já nos anos 1890, as tecelagens da Índia ainda produziam apenas 8% do consumo de tecidos do país.[38] Mesmo que a economia indiana fosse livre *de jure* da interferência governamental de Londres (motivo pelo qual Randolph Churchill e seu filho podiam falar em "livres mercados" da Índia), o jugo britânico a manteve *de facto* como um mercado cativo para seus produtos, inclusive o algodão — enquanto a moeda nacional indiana, a rupia, ficava sujeita às flutuações das libras esterlinas e às exportações britânicas. Alguns indianos beneficiavam-se da economia imperial, como os pársis e outros homens de negócios das cidades. A vasta maioria da população, contudo, via-se aprisionada em um pobre sistema rural entremeado a ciclos de enchentes, secas e fome. Eles pagavam impostos que subsidiavam o governo britânico, como a taxa do sal. Recebiam, porém, pouca ou nenhuma recompensa por sustentar o fardo do Império. Para a maior parte, a presença britânica não era pior que a dos mogóis ou guptas do passado. Mas, excetuando-se o combate à fome e outras ajudas humanitárias, tampouco era muito melhor.

Enquanto isso, a Índia tradicional, arraigada como era, não podia oferecer nenhuma alternativa ao jugo britânico. A derrota da Grande Rebelião fraturara a antiga ordem e destruíra a credibilidade da velha classe política dos rajás e senhores de terras zemindares. Ao contrário, aquilo que o futuro reservava para a Índia dependeria muito mais de uma nova elite educada no Ocidente, que enxergava a relação com a Grã-Bretanha sob uma nova perspectiva.

Essa nova elite era o produto das abrangentes reformas educacionais postas em marcha por Thomas Macaulay e seus sucessores. Em 1838, havia quarenta escolas inglesas operando sob a supervisão do Comitê Geral de Educação Pública. Nos anos 1870, cerca de 6 mil estudantes indianos estavam matriculados em colégios e universidades de língua inglesa, e outros 200 mil, em escolas secundárias. Quando Randolph Churchill viajou pela Índia, em 1885, existiam mais de 21 faculdades somente em Bengala e 24 em Madras.

Os estudantes eram hindus em sua maioria e quase todos pertenciam às castas superiores, oriundos de famílias ilustres, como os Bose, Ghose e Tagore, de Bengala — e eram todos homens. Apenas alguns poucos foram para áreas técnicas ou de negócios; a maior parte tornou-se advogados, professores e jornalistas. Um quinto ingressou no governo, embora, em 1880, apenas quatro indianos tivessem conseguido entrar nos altos escalões do Serviço Civil indiano. Esses indianos ocidentalizados inspiravam-se em uma figura anterior, Ram Mohan Roy, o intelectual e funcionário civil de origem brâmane versado em latim, grego, persa e árabe.

"Talvez nenhum outro bengalês", escreve um célebre acadêmico, "à exceção de Rabindranath Tagore, tenha sido tão completamente identificado com a autoimagem cultural do povo indiano", ou, pelo menos, com sua elite letrada.[39] Roy editou o primeiro jornal da Índia. Viveu na Inglaterra como embaixador mogol até sua morte, em 1833. Ele também alegou ter encontrado nos *Upanishads* e em outras obras hindus uma teoria da razão e dos direitos do homem igual àquela do Ocidente. Além disso, foi o primeiro a advogar por um novo pluralismo cultural na Índia que incorporasse ideais cristãos aos textos hindus e muçulmanos, do mesmo modo que Gandhi faria um século depois.

Essa elite instruída pelos parâmetros ocidentais e inspirada por Ram Mohan Roy não era homogênea em suas opiniões, em especial naquelas concernentes ao domínio britânico. Ela incluía fiéis exaltados, como Bholanath Chunder, cuja obra *The Travels of a Hindoo*, publicada no ano em que Gandhi nasceu, argumentava que a constituição britânica era a melhor do mundo e que os indianos não haviam possuído uma verdadeira cultura política até a chegada dos ingleses. E incluía críticos exaltados, como Sayyid Ahmad Khan, cujo livro *The causes of the Indian Revolt* francamente culpava os britânicos pela Grande Rebelião e advertia que "a segurança nunca mais [será] alcançada até que ao povo seja permitida a participação nas consultas do governo".[40] A elite também incluía muitos que, com orgulho, embebiam clássicos hindus com ocidentais (ignorando a ironia que era receber, em escolas britânicas, a mais rigorosa educação sobre sua própria cultura). Havia ainda aqueles que descobriam em escritores como Milton, Locke, Edmund Burke e John Stuart Mill um ideal de autonomia nacional e se perguntavam por que isso se aplicava a brancos, mas não aos não brancos.

Esses eram o tipo de homem que Randolph Churchill conheceu durante sua viagem pela Índia e que o haviam impressionado com sua aguçada inteligência e seu conhecimento. Indianos tradicionalistas consideravam-nos traidores por terem abandonado os antigos costumes e adotado roupas e modos ocidentais. Os britânicos da Índia ridicularizavam-nos, chamando-os de "babus". Contra esses homens levantou-se a Rebelião Branca de 1883. Foram esses homens que organizaram uma grande passeata em apoio ao lorde Ripon quando ele deixou a Índia, fato que Randolph Churchill descreveu como "a primeira real afirmação do povo da Índia e de seu [...] direito e vontade de exercer um poder de influência maior ou menor sobre o governo indiano".[41] E foi essa mesma elite ocidentalizada que formou o Congresso Nacional Indiano três anos depois.

Justificadamente, esses homens viam-se a si mesmos como futuros líderes da Índia, mas eles continuavam sendo uma pequena minoria. Durante o mandato de Randolph Churchill, menos de 1% dos indianos podia ler ou escrever em inglês. Aqueles que podiam — e que tinham a chance de estudar na Inglaterra ou na Europa — eram inflamados pelas ideias liberais do Ocidente; mas as instituições do Raj não lhes permitiriam chegar perto das rédeas do poder. Além do mais, a maioria se achava instruída para além de seus ganhos e das necessidades da Índia, o que os deixava "em uma camisa de força econômica, cercados entre os altos preços e os empregos mal pagos ou o desemprego".[42]

Porém, sua raiva e seu descontentamento também possuíam uma outra e mais profunda fonte. Depois de 1857, a classificação britânica entre "raças marciais" e "raças não violentas" cobrira os melhores e mais brilhantes homens da Índia com um manto de vergonha.[43] Dito de forma clara, aos olhos britânicos, um hindu, principalmente de Bengala ou do sul do país, não era um homem de verdade. Um hindu letrado, ainda menos. Como resultado, os jovens da geração de Gandhi encontravam-se sob um tornilho cultural britânico que os estigmatizava como covardes e efeminados de um lado; e, de outro, como inconfiáveis e "presunçosos". Gandhi e muitos outros passariam a vida lutando para se libertar desse tornilho e das cicatrizes psicológicas por ele deixadas. Em sentido profundo, toda a teoria de Gandhi sobre a *satyagraha*, ou desobediência civil, ser uma "força da alma" masculina — requerendo virtudes de soldados, como coragem e autossacrifício — nasceu da urgente necessidade de preencher um vazio que a educação ocidental havia deixado na alma de seus compatriotas.

Não obstante, a maioria dos indianos não enxergava alternativas à educação ocidental como caminho para o futuro. Isso valia mesmo na provincial Guzerate. Em janeiro de 1879, o pai de Gandhi mandaria seu filho para uma escola inglesa em Rajkot, com o objetivo de prepará-lo para entrar naquela elite. Era o jeito de Karamchand reconhecer que uma nova era havia começado e que os costumes da tradição em torno dos quais ele construíra sua vida já não eram suficientes.

E assim, enquanto a rainha Vitória firmava-se em seu novo papel de imperatriz da Índia, o jovem Mohandas Gandhi estava para embarcar em uma década e meia de odisseia por culturas e nações, que o levaria por milhares de quilômetros para longe de casa — e então, inesperada e paradoxalmente, o traria de volta para suas raízes.

4. O DESPERTAR

Gandhi em Londres e na África do Sul, 1888-1895

Você quer que eu fique a seus pés; eu não o farei.

(Mohandas K. Gandhi, 1893)

Os Gandhi mudaram-se para Rajkot quando Mohandas tinha 6 anos. Antes, em 1874, Karamchand havia-se tornado *diwan* de outro monarca guzerate, a rani de Rajkot. Viajava 320 quilômetros de carroça, regularmente, em uma jornada de cinco dias saindo de Porbandar, até que sua família se sentiu pronta para ir morar com ele. Pequena e empoeirada, localizada em uma planície monótona, Rajkot não tinha estradas decentes, nem telégrafos ou correios. No entanto, foi lá que os Gandhi tiveram seu primeiro contato com a Índia britânica.

Rajkot foi a principal sede dos britânicos residentes de Kathiawar. Uma corte de apelação havia julgado nativos e europeus como iguais. Porém, durante o Raj, Rajkot transformou-se em duas cidades distintas. Havia uma região britânica, com casas brancas e bem-cuidadas e ruas desenhadas em ângulos retos; e uma indiana, formada por ruas estreitas e tortuosas, becos escuros e 15 mil pessoas espremidas em menos de 1 km² de espaço habitável.[1] No papel de *diwan*, Karamchand participava de audiências oficiais sempre que o governante de Mumbai o solicitava. Gandhi se lembraria da revolta da família quando seu pai teve de trajar um uniforme tipicamente europeu para uma visita. "Se eu fosse um pintor", disse ele, "pintaria o desgosto e a tortura no rosto de meu pai enquanto colocava as pernas em meias e os pés em botas mal ajustadas e desconfortáveis." Em casa ou no trabalho, Karamchand nunca usou mais que chinelos de couro macio. O incômodo de usar botas era o preço que pagava por se tornar peça fundamental das engrenagens do poder britânico.[2]

Na escola local de Rajkot, Gandhi recebera a primeira dose de educação ao estilo ocidental. Estudante diligente e tímido, avançou nos estudos de gramática inglesa, aritmética, caligrafia, sânscrito e geografia (sua pior matéria) de maneira competente. Em 1881, prestou exame para cursar o ensino médio na Kathiawar High School, onde a maioria dos professores pársi orientava seus pupilos em 29 horas de lições semanais, incluindo 10 horas de prática de inglês.

"Eu não tinha consideração por minhas habilidades", lembrou Gandhi sobre seus dias de escola. Ele se espantava quando era premiado ou lhe atribuíam menção honrosa. "Tudo tinha de ser aprendido em inglês", recordou ele cinquenta anos mais tarde. "A tirania era tamanha que mesmo o sânscrito ou o persa eram ensinados a partir do inglês, e não da língua materna", ou seja, guzerate. Como seus pais não falavam a língua do Raj, "eu me transformei, rapidamente, em um estranho em minha própria casa", lembrou-se.[3]

Certo dia, Gandhi, ao retornar da escola, descobriu que iria se casar. Ele tinha 13 anos — idade suficiente para a união marital predeterminada, essencial em uma família hindu. Sua noiva, Kasturbai Makanji, também de 13 anos, era a filha de um comerciante que vivia a algumas casas da residência dos Gandhi, em Porbandar. A cerimônia foi realizada lá mesmo e, para economizar, também foram celebrados os casamentos de seu irmão mais velho, Karsandas, e de um primo.

Em meio à música, a incensos, arranjos de flores e bastante comida, Mohandas trocou votos e o tradicional bolo de trigo com sua jovem noiva. Kasturbai era pequena, tímida e simples. Ela não tinha aprendido a ler ou escrever — nem viria a aprender um dia. As noivas jovens costumavam passar mais tempo na casa do pai que na casa do marido, e tal "separação era insuportável" para Mohandas. Ele escreveria em sua autobiografia: "Fui inteiramente apaixonado por ela." "Eu costumava mantê-la acordada com minhas conversas à toa." Ela também foi o deleitável escape para suas energias sexuais de adolescente.[4]

O casamento foi a primeira mudança crucial na vida de Gandhi. A morte de seu pai foi a segunda. Em uma de suas viagens de Rajkot para Porbandar, Karamchand sofrera um acidente do qual nunca se recuperou. Passou seus três últimos anos de vida como um inválido. Quase todas as noites, Mohandas ia ao quarto do pai cuidar de seus membros debilitados, "mas enquanto minhas mãos estavam ocupadas massageando as pernas de meu pai, minha mente vagava pelo quarto" em pensamentos voluptuosos sobre a noiva Kasturbai. Assim que encerrava a massagem, Mohandas ia direto para a cama dela, embora ela estivesse grávida de seu primeiro filho.

Certa noite, Mohandas acabou a massagem de seu pai mais tarde, por volta das 23 horas. Ele precisou acordar Kasturbai para fazer sexo; poucos minutos depois, bateram nervosamente à porta. "Levantem-se!", gritou um dos empregados. "O pai está muito mal!" No momento em que Mohandas abriu a porta e alcançou o final do corredor, descobriu a atordoante verdade. Karamchand Gandhi, o patriarca da família, estava morto. Tinha apenas 56 anos.

Vendo sua mãe, seu tio e seus irmãos se desmancharem em lágrimas, e ouvindo os lamentos dos empregados, Mohandas foi tomado por uma vergonha intensa. A ideia de que estava fazendo sexo no exato momento em que seu pai morreu — e que sua "paixão animal", como ele chamava, pudesse ter contribuído de alguma forma com a morte dele — perseguiria Gandhi pelo resto da vida. "Essa é uma lembrança ruim que nunca fui capaz de apagar ou esquecer", confessou Gandhi anos mais tarde. Para completar, o filho que Kasturbai carregava no ventre naquela noite morreu pouco depois de nascer.[5]

As relações sexuais com sua mulher nunca mais seriam iguais. Embora Mohandas e Kasturbai viessem a ter mais quatro filhos (todos homens), a decisão de Gandhi, aos 37 anos, pelo voto de castidade, ou *brahmacharya*, foi mais que um ato de negação.[6] Foi também uma tentativa de encerrar um terrível capítulo de sua vida, que marcou negativamente suas relações com as mulheres até sua morte.

Os últimos pensamentos de Karamchand antes de morrer foram sobre seu filho. "Manu manterá minha reputação", disse ele. "Ele elevará a fama de nossa linhagem." Desde 1879, falava-se em mandar Gandhi para a Inglaterra, a fim de que estudasse Direito. Um brâmane amigo da família contara a Karamchand sobre a relativa facilidade para se formar um advogado. O curso no Inns of Court de Londres era curto e informal. O título de bacharel em Direito, além de garantir uma boa vida a Mohandas, iria abrir-lhe portas para que se tornasse um *diwan*, como seu pai. Mesmo o orgulhoso Karamchand admitia que uma educação inglesa e o conhecimento das leis britânicas eram o novo caminho para alcançar o sucesso em sua profissão.[7]

Com muito esforço, a família juntou o dinheiro necessário para mandá-lo a Londres. Mohandas chegou a vender alguns colares de ouro de Kasturbai para pagar a passagem do navio a vapor.[8] No quente e seco verão de 1888, seu irmão, como havia anunciado, acompanhou-o até Mumbai (aonde Mohandas nunca fora). Seus companheiros de escola viram-no partir com tanta admiração que uma viagem à Lua pareceria empreendimento menor. Não importava como fosse vista, a ida para Londres significava uma ruptura extraordinária com sua cultura, seu passado, sua família e até sua mulher, já que Kasturbai permaneceria na Índia durante os anos de estudos.

Mesmo assim, enquanto Mohandas equilibrava-se no limiar de sua nova vida, os valores da velha Índia afirmavam-se. Quando ele e o irmão chegaram a Mumbai, descobriram que outro membro de sua casta modh bania estava naquele rebuliço. Nenhum modh bania jamais viajara para a Inglaterra; agora, nenhum deveria. Na verdade, devotos hindus comumente temiam "atravessar as águas escuras", como eram chamados os oceanos, ato que significava a maculação do indivíduo e o rompimento com a casta. O perigo de comer com europeus ou outros incrédulos, ou talvez comer o mesmo que eles, era tido como muito alto. Então, Mohandas exigiu um encontro com o conselheiro da casta, onde o *seth*, ou líder, disse-lhe, sem rodeios, que não poderia ir à Inglaterra.

Gandhi ficou nervoso e irritado. Explicou que um sábio brâmane havia aprovado sua viagem; e que a aprovaram também seus irmãos e sua mãe.

"Você desobedecerá às ordens de sua casta?", reclamou o líder.

Gandhi deu de ombros. "Sinto-me impotente", disse ele. "Acredito que a casta não deva interferir nesse caso." O líder e o conselheiro ficaram furiosos. Declararam-no excomungado e proibiram qualquer pessoa de dar-lhe dinheiro ou despedir-se dele nas docas, sob pena de multa de uma rupia e quatro annas. Foi uma punição humilhante, mas "eu permaneci imóvel", lembrou Gandhi mais tarde.[9] Esse foi um momento decisivo para ele. Ir para a Inglaterra significava romper com antigos laços que, havia séculos, mantinham a Índia unida. Agora, no despertar da modernidade, esses laços pareciam refrear seu desenvolvimento. Porém, Gandhi decidira que tais laços não o influenciariam, a menos que *ele* assim decidisse. Foi mais que um ato de vontade e coragem; foi uma declaração de independência.

Além disso, tranquilizava-o o fato de tal rompimento ter-se dado com sua casta e não com sua família. Antes de deixar Rajkot, sua mãe o fez prometer que não tocaria três coisas durante sua estada na Inglaterra: vinho, mulheres e carne animal. Foi essa promessa que, para ele, serviu para se manter em dia com suas obrigações religiosas, em vez das regras arbitrárias e impessoais de sua casta. Então, no dia 4 de setembro de 1888, depois de dias agitados arrumando as malas e noites ocupadas por pesadelos e muita ansiedade, ele embarcou, em Mumbai, deixando para trás tudo o que conhecia para "ver a Inglaterra, o país dos filósofos e poetas, o maior centro da civilização".[10]

Seguramente, Londres era a maior cidade do planeta, com mais de 5,5 milhões de habitantes em 1888.[11] Era o vigoroso centro do sistema financeiro mundial, a capital do governo mais admirado e o ponto mais alto do Império mais forte do mundo. Alguém perguntou a Gandhi, em uma ocasião, o que o havia levado a Londres. Ele respondeu com uma palavra: "Ambição."[12] Se for verdade, ele havia ido para o lugar certo.

Estrangeiros ambiciosos concentravam-se em Londres havia anos, transformando-a na principal capital cosmopolita da Europa. O romancista norte-americano Henry James havia-se estabelecido lá em 1876 e logo se tornara o favorito da elite social de West End, bem como amigo íntimo da mãe de Churchill. Outro norte-americano, o pintor James McNeill Whistler, trocou Londres por Paris, mas John Singer Sargent, tendo realizado uma exposição na Royal Academy no ano anterior, logo se tornou o mais bem pago retratista dos ingleses ricos e poderosos. Latino-americanos, judeus do Leste Europeu e italianos, assim como indianos, árabes e pessoas de outras partes do Império Britânico passavam a ser figuras comuns no centro e na região de East End. Ao mesmo tempo, novas butiques e lojas de departamento atraíam o público para Oxford Street e Piccadilly, no West End.

Londres, entretanto, tinha também um lado sombrio quando Gandhi chegou. Enquanto ele se acomodava no Victoria Hotel, em 1º de outubro de 1888, toda a Inglaterra falava da série de terríveis assassinatos nos cortiços de Whitechapel. As vítimas eram todas mulheres e prostitutas. O primeiro crime ocorreu no dia 31 de agosto; o segundo, 8 de setembro; e o terceiro e o quarto, 30 de setembro, dia anterior à chegada de Gandhi.[13] Naquela mesma tarde, a polícia havia recebido um bilhete do assassino, assinado "Jack, o estripador".

Os assassinatos do estripador aterrorizaram a cidade até meados de novembro. Também expuseram ao público britânico a violência e a sordidez de uma Londres pobre, localizada a poucos minutos de residências abastadas como a dos Churchill, em Grosvenor Square. Em 1883, George Sims publicou o primeiro estudo sobre os cortiços ingleses, denominado *How the Poor Live*. Dois anos mais tarde, W. T. Stead escreveu um texto revelador sobre a prostituição infantil em Londres, "The Maiden Tribute of Babylon". Uma nova era de consciência social era construída. Os assassinatos do estripador (em novembro eles terminaram tão misteriosamente quanto haviam começado e nunca foram solucionados) fizeram emergir a feia realidade oculta por trás da fachada do progresso ocidental, "um continente obscuro a uma curta caminhada do Correio Central".[14]

No diário de Gandhi, não há menção aos assassinatos ou a nenhum outro ponto turístico de Londres que costuma impressionar seus visitantes, como o Big Ben e o British Museum. Na verdade, desde o dia em que chegou, ele parece ter se entrincheirado, primeiro no quarto do hotel, depois em uma pensão em Baron's Court Road, no West Kensington, propriedade de uma senhora anglo-indiana. Ele lia os jornais todos os dias, incluindo o *Daily Telegraph* e a *Pall Mall Gazette*. Conheceu muitas pessoas de sua província que viviam em Londres, além de outros indianos que estudavam com ele no Inns of Court. (Em 1907, o número de indianos no Inns of Court passava de trezentos.)[15]

Gandhi, contudo, sentia-se um peixe fora d'água em Londres, isolado e com saudade de casa. "Eu pensava constantemente na minha casa e no meu país", lembrou-se quarenta anos mais tarde. "À noite, lágrimas escorriam pelo meu rosto." Falar inglês era uma batalha constante. Em busca de ajuda, comprou o livro *The Standard Elocutionist*, do renomado terapeuta da fala, Alexander Melville Bell, mas não obteve sucesso.* Outro desafio foi se acostumar às vestimentas ocidentais. As gravatas, os colarinhos rígidos, os sapatos duros, os chapéus e os ternos de lã grossa que usava (em um momento de extravagância, Gandhi chegou a comprar um traje a rigor em uma butique na Bond Street) inspiravam-lhe respeitabilidade e, apesar de lhe irritar os nervos, protegiam-no do frio e da umidade do outono londrino, aos quais não estava acostumado.[16]

Para um menino que nunca gostou dos livros, Gandhi envolveu-se nos estudos de forma surpreendente e com muito entusiasmo. Ele progrediu, aplicado em estudos de Direito comum e romano, procedimento civil e

---

* Bell era o pai do inventor do telefone, Alexander Graham Bell.

criminal, e chegou a ler o desanimador livro de 508 páginas de William Douglas Edward, *The Law of Property in Land*, "com interesse". Acima de tudo, sua grande batalha foi com a comida. Sendo um estudante do Inner Temple, era-lhe exigido que estivesse presente em seis jantares formais a cada semestre letivo.

Os jantares eram uma tortura para ele. Lembrando do voto que fizera a sua mãe, Gandhi manteve sua dieta livre de carne. Porém, os únicos vegetais preparados pelos cozinheiros ingleses eram, já naquele tempo, "insípidos e desagradáveis".[17] As refeições vegetarianas especiais que ele solicitava tinham gosto de papelão. Já as carnes bovinas ou de carneiro saboreadas pelos outros e as garrafas de vinho tinto e do Porto sobre a mesa faziam-no ver como todos se divertiam enquanto ele esforçava-se para manter seu voto.

Essa era a tentação que os outros membros de sua casta e mesmo sua mãe temiam. O que estava em risco não era apenas uma promessa pessoal ou uma lei religiosa. Estava em jogo uma parte fundamental da identidade de Gandhi enquanto hindu.

"A carne é, verdadeiramente, o melhor tipo de comida", diziam os *Vedas*.[18] Antigamente, na Índia, a carne foi o alimento dos deuses e estava presente nos rituais de sacrifício védicos; naturalmente, era também o alimento dos reis e da classe governante. A hierarquia social védica era firme e orgulhosamente carnívora. "O mangusto come ratos", diz uma passagem do *Mahabharata*, "assim como o gato come o mangusto; o cachorro devora o gato e a fera selvagem come o cachorro. O homem come todos eles." Diz ainda: "Veja o *dharma* pelo que é! Tudo que se move ou está parado é alimento para a vida."[19]

A ordem cultural brâmane mudou o hinduísmo e reverteu os valores védicos. Glória, riqueza material e poder, conquistados à custa do sofrimento de outros, transformaram-se em "mal" ou, no mínimo, valores espiritualmente vazios. Autorrenúncia passou a ser "bom". Da mesma forma, carne passou a ser ruim, adequada apenas às castas inferiores e aos *harijans* (crianças de Deus), enquanto uma dieta puramente vegetariana simbolizava pureza espiritual, bem como outros atos de renúncia e abnegação. Para um indiano como Gandhi, a prática de não comer carne era mais que uma questão nutricional. Sustentava valores espirituais arraigados na cultura hindu e em sua ordem social. Os rituais vegetarianos haviam permeado a história da família de Gandhi e constituíam sua autoestima.

Gandhi sentia que, caso cedesse quanto a essas questões, teria de ceder quanto a todo o resto. Não restaria nada de sua cultura ou dele mesmo. "Eu rezava pela proteção de Deus diariamente", lembrou-se mais tarde, "e a recebi."[20] Conseguiu manter-se afastado da dieta do homem inglês. Mais uma vez, a força de vontade de Gandhi prevaleceu.

O problema, porém, permanecia: como se manter em um regime sem carne e não morrer de tédio? Foi a gentil dona da pensão onde vivia que solucionou sua dificuldade. Três semanas após a mudança, informou-o sobre um restaurante vegetariano que conhecia na High Holborn Street. A caminho de lá, Gandhi passou por um café vegetariano chamado Central, na Farrington Street, não muito distante do Inner Temple. "Ver aquilo me encheu de alegria", escreveria Gandhi em sua autobiografia; e isso mudou sua vida.

Na vitrine, havia uma pilha de panfletos intitulados *A Plea for Vegetarianism*, escrito pelo dr. Henry Salt. Gandhi comprou uma cópia e leu durante a refeição. Pela primeira vez, percebeu a existência de uma "moderna" filosofia ocidental contrária ao consumo de qualquer tipo de carne, assim como a filosofia hindu. Tempos depois, encontrou o dr. Salt no Central. "Meu nome é Gandhi", disse, estendendo a mão ao alto e barbudo autor de meia-idade. "Você não deve me conhecer." Os dois permaneceram amigos até a morte de Salt, em 1939.

Henry Salt não era como os outros ingleses que Gandhi havia conhecido. Nascera na Índia, filho de um coronel do Exército que retornou à Inglaterra após a Grande Rebelião, quando Henry era apenas uma criança. Educado em Eton e Cambridge, Salt enquadrava-se em todos os aspectos do convencional modelo vitoriano da classe média, exceto por seu crescente desgosto por carne. Em 1884, mudou-se para Surrey a fim de cultivar enormes plantações de vegetais e escrever grande quantidade de panfletos, livros e poemas, muitos deles concentrados em um assunto que viria a ser conhecido como direito dos animais.

"Todas as práticas que inflijam dor desnecessária a seres sensíveis", escreveu Salt, "são [...] incompatíveis com os instintos superiores da humanidade", incluindo matar animais para se alimentar, por esporte ou para fins de pesquisa científica. (Salt foi também um dos fundadores da Liga Humanitária anticaça a raposas e muito ativo na Anti-Vivisection Society.[21] Resumindo, o fundamento do vegetarianismo de Salt não era religioso, mas secular e liberal. O mesmo fundamento que fazia parte da nova consciência social britânica foi transferido para a oposição à pena de morte, aos castigos corporais e à industrialização baseada na privação dos campos — o livro preferido de Salt era *Walden*, de Henry David Thoreau.*[22] O vasto círculo de amizade de Salt também incluía figuras pouco convencionais, como George Bernard Shaw e Sidney e Beatrice Webb, o sexólogo Havelock Ellis e o jornalista católico G. K. Chesterton — o último, uma figura cujo trabalho viria a ter grande impacto na vida de Gandhi.

"Desde o dia em que li *A Plea for Vegetarianism*", Gandhi nos diz, "eu passei a me declarar vegetariano por opção." Esse momento também marcou o primeiro encontro de Gandhi com a emergente contracultura do final do período vitoriano. Os gurus dessa contracultura usavam sobrecasacas e chapéus em vez de colares de conta e sandálias; e as mulheres usavam vestidos armados. Eles liam Shelley e John Ruskin, e não Kerouac e Marcuse. Nem por isso deixavam de ser questionadores da cultura oficial que os rodeava.

Os funcionários aristocratas de Londres, como os Churchill e seus amigos, Henry James e John Singer, eram firmemente cosmopolitas, materialistas e conscientes da modernidade. Apoiavam todas as formas de progresso, desde que bem-fundamentadas nas tradições históricas. Tal sentimento fez-se visível por meio das novas Casas do Parlamento, projetadas em estilo neogótico, a fim de destacar a continuidade entre o moderno autogoverno e o passado medieval.

Por essa razão, os oponentes à cultura oficial resolveram ser esotéricos, espiritualistas e decididamente antimodernos. Ainda que sua inclinação se desse claramente para a esquerda, em suas mentes, a transformação política era menos importante que a transformação pessoal. Viam-se como porta-vozes do novo amanhecer para a espiritualidade e para os valores morais do homem ocidental. Vislumbravam o começo de uma nova sociedade. Sua visão utópica do futuro era resumida no título de uma de suas revistas: *The New Age*.

Gandhi tornou-se amigo de muitas das figuras do New Age, por meio da Sociedade Vegetariana (Vegetarian Society) de Salt. Uma delas foi Josiah Oldfield, líder da União Cristã Esotérica (Esoteric Christian Union), que ensinou Gandhi sobre a unidade entre todas as religiões, de Jesus e Buda

---

* Salt chegou a escrever uma biografia de Thoreau; alguns estudiosos suspeitam que tenha sido Salt quem introduziu Gandhi às obras de Thoreau, especialmente *A desobediência civil*.

a Maomé, e explicou que o verdadeiro campo da religião são a mente e o coração do indivíduo.[23]

Ele conheceu T. R. Allinson, um sagaz defensor do controle de natalidade, bem como do vegetarianismo, cujos escritos sobre saúde e higiene tiveram grande impacto sobre Gandhi. Conheceu também Edward Carpenter, autor de *Civilization: Its Cause and Cure*, uma crítica moral devastadora ao moderno Ocidente industrial. E também J. B. Paton, cujas visões acerca da sociedade moderna foram sintetizadas em sua obra *Back to the Land*. Finalmente, conheceu Annie Besant, ex-esposa de um clérigo anglicano e personagem-chave da Anti-Vivisection Society, bem como da Social Democratic Federation.

As vidas de Besant e Gandhi seriam fortemente entrelaçadas com o passar dos anos, tanto na Inglaterra quanto na Índia. De muitas maneiras, ela representava um modelo exemplar para Gandhi (apesar de, mais tarde, transformar-se em uma oponente amarga). Na verdade, um ano antes, em 1887, ela organizara o que pôde ser chamado de primeira grande mostra de desobediência civil em massa: uma enorme manifestação na Trafalgar Square contra o domínio britânico sobre a Irlanda. Foram precisos 1.500 guardas e 200 seguranças para dispersar a multidão, que chegou a dezenas de milhares. Três pessoas foram mortas, outras centenas, presas — incluindo a própria Besant. Alguns manifestantes chegaram a acorrentar-se a grades de ferro antes de serem arrastados para a cadeia. Os dois, Henry Salt e Edward Carpenter, estavam lá naquele dia, lembrado depois como "Bloody Sunday". Outro dos defensores foi um antigo inimigo de Randolph Churchill, Charles Bradlaugh, mentor político de muitos amigos New Age de Gandhi.

O jovem de Kathiwar, que achava a cidade tão estranha e fria, sentia-se extasiado por ser parte dessa elite intelectualmente alerta e ativa, ainda que marginal. Gandhi uniu-se à Sociedade Vegetariana de Londres com entusiasmo; lia e, eventualmente, escrevia artigos para seu periódico, *The Vegetarian*. Frequentou vários encontros da União Cristã Esotérica; tempos mais tarde, na África do Sul, ele venderia seus panfletos de porta em porta. Compareceu ao funeral de Bradlaugh no cemitério Working, "como compareceu todo indiano de Londres, acredito".[24]

A introdução de Gandhi à contracultura New Age londrina estava apenas começando. No final de 1889, dois jovens ingleses pararam em sua mesa no café Central. Eles liam o *Bhagavad Gita* e disseram ter algumas perguntas. Por ser Gandhi um indiano, eles esperavam que pudesse discutir o texto com eles.

"Senti-me envergonhado", lembrou Gandhi em sua autobiografia, "pois não havia lido o poema divino em sânscrito, nem em guzerate", ainda que fosse o livro preferido de seu pai. Ele então concordou em juntar-se ao pequeno grupo de estudo e descobriu que eles eram membros de outro grupo New Age chamado Sociedade Teosófica (Theosophical Society), da qual Annie Besant havia se tornado membro recentemente. Levaram-no a um dos encontros, onde Gandhi conheceu a pessoa que, mais do que qualquer outra, mudou sua visão sobre a Índia e sobre seu lugar no mundo.

Helena Petrovna Blavatsky nascera na Ucrânia, filha de um oficial do Exército de descendência alemã e esposa de um empregado russo. Sua paixão, no entanto, eram as diversas formas de experiência religiosa e do oculto. Essa paixão levou-a a viajar extensivamente pela Europa, América Latina, Oriente Médio e Índia. Em 1856, chegou a tentar entrar no reino budista proibido do Tibet para conhecer Dalai Lama. Madame Blavatsky, como era conhecida, acreditava em reencarnação e no sobrenatural: chegou a declarar que havia ao seu lado um espírito guardião que a avisou de que deixasse a Índia logo antes da Grande Rebelião.[25]

Em 1875, ela fundou a Sociedade Teosófica na cidade de Nova York, a fim de divulgar a unidade essencial entre todas as religiões do mundo. Em 1882, mudou-se para Madras, e, cinco anos mais tarde, para Londres. Baixa e atarracada, fumante inveterada, de olhos salientes e penetrantes e gestos exagerados, Madame Blavatsky atraiu grandes públicos para suas palestras e sessões. A sociedade tradicional de Londres achava-a ridícula, ou mesmo charlatã. Um intelectual de Londres chamou-a de "o palhaço dos próximos tempos". Porém, suas ideias haviam sido capturadas pela contracultura New Age londrina: a humanidade estava à beira de uma grande revolução espiritual.

Gandhi ouvia atentamente, enquanto Blavatsky falava para uma plateia branca europeia que o caminho para o esclarecimento estava em encontrar as verdades ocultas por trás do hinduísmo e do budismo, os sistemas espirituais mais antigos do mundo. De fato, "o bramanismo pré-védico e o budismo são as duas fontes de todas as religiões nascidas depois", incluindo o cristianismo, escreveu na conclusão de seu manifesto de dois volumes, *Ísis sem véu*. Blavatsky também insistia que o bramanismo e o budismo haviam estabelecido o padrão espiritual de todas as crenças, acrescentando que "o nirvana é o oceano para o qual todas [as religiões] correm".[26] Gandhi ficou muito impressionado com ela, e não estava sozinho. A tese de Blavatsky de que a religião representava uma forma de conhecimento superior à ciência, de que a ciência seria apenas um desdobramento da religião, atraiu algumas das mentes mais brilhantes daquela época. Annie Besant converteu-se à teosofia, assim como o poeta William Butler Yeats. James Joyce e D. H. Lawrence leram seus trabalhos com admiração. Albert Einstein guardou, por toda a vida, uma cópia do livro *Ísis sem véu* em sua mesa.[27]

Para o jovem Gandhi, entretanto, a mensagem de Blavatsky representava uma dupla revelação. Ele nunca se sentiu confortável com o lado mais esotérico do sistema teosofista, e as tentativas de contato com os mortos lhe davam calafrios. Mas aquela espiritualista russa, que não parava de fumar, "me fez abandonar uma concepção errada, que os missionários haviam alimentado em mim, de que o hinduísmo era carregado de superstição". Isso tirou de seus ombros uma imensa vergonha que carregava desde os tempos de escola. Sua cultura nativa, de repente, passou a oferecer um conjunto de verdades relevantes para toda a humanidade. Finalmente, sentia-se pronto para ler *Bhagavad Gita* pela primeira vez, na tradução do famoso orientalista Edwin Arnold.

Essa experiência também o mudaria para sempre e, mais uma vez, foi um ocidental, Edwin Arnold, quem o fez despertar espiritualmente para um dos grandes textos da cultura indiana.* Não é exagero dizer que o *Gita* foi o livro mais importante na vida de Gandhi. Ler a tradução de Arnold não deve ter sido fácil para ele. Na verdade, mencionou a necessidade de um dicionário para avançar na compreensão do texto pseudoarcaico e recheado de alusões poéticas, fortemente baseado no *Idílios do rei*, de lorde Tennyson. O fato de o *Bhagavad Gita* ser uma história curta e simples enganava seus leitores.

Ele descreve a véspera da batalha clímax do épico poema védico, o *Mahabharata*. Como herói, Arjuna prepara-se para a batalha e percebe, subitamente, que perdeu seu estômago durante uma luta. A glória marcial e o ciclo sem fim de matar ou ser morto, cultuado pela cultura védica, perderam o sabor

---

* Edwin Arnold foi professor na Índia e escreveu dois best-sellers muito populares entre os adeptos da New Age dos dois lados do Atlântico. Um foi a biografia de Gautama Buda, chamada *A luz da Ásia*; o outro foi a tradução do *Gita*, sob o título *The Song Celestial*.

para ele. Além do mais, lutar nessa batalha significa ter que matar guerreiros adversários que são seus amigos ou mesmo parentes. Por que devo ir ao campo de batalha?, pergunta ele ao condutor da biga, o krishna de pele azul. O que Arjuna não percebe é que o condutor é o próprio deus Vishnu.

O krishna termina por lhe dar não uma, mas três razões para ir à batalha. Faça por você mesmo, diz a Arjuna, e por sua honra de guerreiro e soldado. Lute também pela própria batalha, diz Krishna, como uma tarefa a ser realizada que, como todas as tarefas da vida, merece ser concluída, não importando o que seja ou as consequências que possa trazer. Por fim, acrescenta Krishna, lute-a por *mim*, enquanto revela ser a encarnação de Vishnu em todo seu poder e glória — resumindo, lute em obediência e homenagem a Deus.

Arjuna descobre a verdade que todos os leitores de *Bhagavad Gita* aprendem. Ao agir sem medo e fazer o que sabe ser o certo, sem se preocupar com a recompensa, é possível alcançar a santidade e a unidade com Deus.

> *Realizai vossa tarefa!*
> *O trabalho é mais recompensador que o ócio...*
> *Há uma tarefa santificada a ser cumprida,*
> *Não como um trabalho braçal, que não vos prende*
> *a alma fiel; como tarefa mundana*
> *Livrai-vos do desejo e ireis alcançar*
> *Vosso propósito divino.*

O *Gita* marcou uma virada no pensamento indiano e também no de Gandhi. Passou a ser seu "guia de conduta infalível", como nos diz em sua autobiografia. Uma "referência diária" pelo resto de sua vida. Dedicava um tempo, todos os dias, para memorizar seus versos. Mais tarde, ele mesmo publicou sua versão comentada em guzerate, ainda que a tradução de Arnold, pela minúcia característica do final do período vitoriano, tenha permanecido sua versão favorita.

Gandhi chegou a acreditar que o principal ensinamento do *Gita* era que os seres humanos devem escolher fazer a coisa certa, sem considerar os frutos que lhe rendam ou pensar sobre possíveis recompensas. "Aquele que se preocupa com os resultados", escreveria Gandhi mais tarde, "está sempre distraído, diz adeus ao escrúpulo, tudo está certo em sua avaliação e, assim, ele recorre a meios justos e vis para alcançar seu objetivo." No

pensamento de Gandhi, desapegar-se dos resultados era um ato de renúncia tão poderoso espiritualmente quanto qualquer forma de abnegação,
o equivalente moral à renúncia de posses materiais ou do desejo sexual.
Traz santidade a um homem e paz à sua alma. "Um homem não está em
paz consigo até que seja semelhante a Deus", renunciando recompensas
materiais por seus atos.

Bhagavad Gita significa "a música de Deus". Ele celebra a vida ativa como
uma forma de adoração a um deus em especial, o Vishnu. Madame Blavatsky
mostrou a Gandhi que o conceito hindu de deus foi o primeiro a revelar
aos homens a face da divindade. Porém, estaria agora essa face tão limitada
a ponto de não satisfazer as necessidades da modernidade e da New Age
emergentes? Edward Maitland, da União Cristã Esotérica, argumentava que
o cristianismo realizava melhor esse trabalho. Ele foi o primeiro a mostrar
a Gandhi o "Sermão da montanha", deixando-o muito impressionado com
tal leitura. Sabe-se também que Gandhi participou de missas em muitas
igrejas de Londres, incluindo a City Temple Congregationalist Church (que
também recebia, na mesma época, David Lloyd George). Ele participou de
passeatas pelo Exército da Salvação e chegou a conhecer o cardeal apostólico
romano Manning.[28]

Gandhi admitiu ter sido fortemente atraído pelo cristianismo, em
especial pela figura de Jesus Cristo. O princípio de não revidar e fazer aos
outros o que gostaria que fizessem a si mesmo, confessou Gandhi, "tocou
meu coração".[29] Entretanto, essa atração foi temperada por encontros
com cristãos organizados. Sua inserção no grupo dos missionários e seu
empurrão entusiasmado para convertê-lo à mensagem que passavam
deixaram-no impassível, como as sessões com Madame Blavatsky. Ainda
assim, perseguia-o o sentimento de que os cristãos lhe haviam aberto
uma porta e encontrado a paz e a força interior que a ele ainda faltavam.

"Além disso", relembraria Gandhi, "não pude participar, pois as leituras
para o exame deixavam-me quase nenhum tempo para outros assuntos."
Após meses de intensos estudos, realizou seu último exame de Direito, em
junho de 1890. Apenas no mês de janeiro seguinte veio a descobrir que havia
passado, alcançando a 34ª colocação entre os 109 candidatos. Agora ele era
um advogado autorizado a defender casos nas cortes britânicas, incluindo a
Corte Suprema de Mumbai.[30] Sua grande missão estava encerrada. Poderia ir
para casa — com pesar, já que começava a se acostumar ao círculo New Age.

A Sociedade Vegetariana promoveu um jantar de despedida para Gandhi no dia 11 de junho de 1891. Os convidados mostraram pesar ao vê-lo partir, mas também confidenciaram achar que seu retorno para a Índia seria "ainda de maior valia para o vegetarianismo". Em um "discurso gracioso, apesar de nervoso", Gandhi agradeceu aos membros e falou de quanto se sentia feliz em ver "a abstinência à carne animal progredindo na Inglaterra". Para todos, aquela era uma ocasião triste e alegre ao mesmo tempo, mas os convidados sentiram que congratular Gandhi por seu sucesso profissional "deveria tomar o lugar dos lamentos pessoais".[31]

A travessia de volta para casa foi melancólica, e sua chegada, ainda mais desanimadora. As docas de Mumbai haviam sido atingidas por uma poderosa tempestade de monção, quando ele desembarcou, em 5 de julho de 1891.[32] Nem o encontro com Kasturbai e sua família foi capaz de espantar a tristeza — ou o crescente "sentimento de desamparo e medo". Após alguns meses de tentativas de começar seu próprio escritório de advocacia, confessou Gandhi em sua autobiografia, "eu tinha sérias dúvidas se seria capaz de ganhar a vida".

As coisas haviam mudado em casa. Sua mãe morrera; seus irmãos, porém, esperaram que desembarcasse em Mumbai para contar-lhe. A família agora bebia café e um preparado de cacau, além de usar pratos ao estilo ocidental durante o jantar. Kasturbai começava inclusive a usar roupas ocidentais.[33] A família dos Gandhi tinha grandes expectativas quanto à sua atividade como advogado. Ele passou por uma cerimônia de purificação no sagrado rio Godavari, a fim de restabelecer as boas relações com sua casta modh bania. Entretanto, sua própria irmã, entre outros, continuava a evitá-lo, como se fosse um forasteiro.

Gandhi percebia tudo com indiferença. Até mesmo a morte de sua mãe não lhe fez derramar lágrimas. Ele continuou, conta-nos, "como se nada tivesse acontecido".[34] Para Gandhi, era como olhar para a vida pelo lado errado de um telescópio. Não era apenas que soubesse pouco sobre a legislação indiana (apesar de ter lido tudo o que foi possível), ou sobre como apresentar ou defender um caso perante a corte. Ele acabara de viver três anos na capital do Império Britânico, de conhecer pessoas envolvidas com questões grandiosas, tanto culturais quanto espirituais. As velhas rotinas de casa pareciam insuportavelmente restritas e tolas. Tudo, incluindo seus primeiros casos na Justiça, parecia pequeno e sem importância, se comparado à vida que havia deixado para trás em Londres.

Por quase dois anos, tolerou a rotina de mau humor. Em dado momento, discutiu com Kasturbai e mandou-a arrumar as malas para voltar para a casa do pai, "sem deixar que ela voltasse para casa até que estivesse profundamente infeliz", confessou ele anos mais tarde. Porém, em março de 1893, uma oferta chegou à sua mesa e logo o tirou da depressão.

Um comerciante de Kathiawar de nome Dada Abdullah era dono de um grande negócio de remessas marítimas na África do Sul. Um primo distante, em Johanesburgo, devia a Abdullah 40 mil libras esterlinas; ele precisava de um advogado para defender seu caso. Então, o parceiro de Abdullah foi ao encontro de Gandhi. Seus dois parceiros eram muçulmanos. Ainda assim, preferiram ter um conterrâneo de Kathiawar no controle do caso, mesmo sendo ele hindu. Para Gandhi significava ir para a África do Sul por pelo menos um ano.

"Não será um trabalho difícil", assegurou o parceiro de Abdullah. "Temos muitos amigos europeus e você os conhecerá também."

Gandhi perguntou-lhe sobre o pagamento. O sócio respondeu que pagariam suas despesas e uma passagem na primeira classe, além de uma comissão de 105 libras esterlinas.

"Eu não iria como advogado", pensava Gandhi consigo mesmo, "iria como um empregado da empresa."[35] Ele sabia que precisaria sair da Índia para escapar do tédio de sua vida normal. A África do Sul era o refúgio de que precisava.

Gandhi aceitou a proposta sem pestanejar. Sentiu uma ponta de arrependimento por deixar Kasturbai e seus dois filhos pequenos, mas disse a ela que voltariam a se encontrar dentro de um ano. (Na verdade, passaram-se mais de três.) E assim, em abril de 1893, ele embarcou em Mumbai novamente. Não poderia imaginar que embarcava para uma jornada pessoal e política que consumiria quase um quarto de sua vida e o tornaria famoso. Ou que embarcava em direção ao seu primeiro e único encontro com Winston Churchill.

Em 1893, a África do Sul estava dividida em quatro partes. Ao norte do rio Vaal, estavam, independentes, a República Transvaal e o Estado Livre de Orange, ambos governados pelos bôeres. Ao sul, estavam a Colônia do Cabo e Natal, governados pelos britânicos. Durban era a capital de Natal e o principal porto. Ao desembarcar, Gandhi e os outros passageiros puderam ver as dunas de areia vermelha raiadas por folhagens verde-claras, marcadas pelas choupanas de palha cinza das vilas dos nativos e esparsas casas brancas.[36]

Durban tinha 27 mil habitantes. Suas ruas eram organizadas em fileiras, com grandes bangalôs pertencentes aos brancos europeus e cabanas onde viviam os negros africanos, além das casas de madeira e de tijolo bem organizadas da comunidade mercante indiana. Muitos dos comerciantes indianos de Natal haviam partido de Guzerate. Eles eram homens de negócio renomados, considerados perspicazes e simples. E, como os empregadores de Gandhi, muitos eram muçulmanos. Os guzerates desfrutavam de prosperidade bem como contatos políticos com a mansão colonial do governante. Muitos deles receberam educação ocidental nas escolas da Índia. Eles eram uma classe comerciante vitoriana tão respeitável e burguesa quanto seus parceiros brancos em Manchester, Sidney ou Ottawa e aguardavam no desembarcadouro de Durban em seus ternos e turbantes, de barba e expressão severa, para receber o novo advogado que desembarcava.

Gandhi permaneceria em Durban. Para os companheiros de viagem europeus, no entanto, essa era apenas uma parada para pernoitar a caminho do rio Vaal, onde, sete anos antes, houvera uma grande descoberta de ouro. Milhares de imigrantes dirigiam-se ao Transvaal em busca de prosperidade, fazendo mudar rapidamente as características da África do Sul e do governo britânico de lá.

Por décadas, a Colônia do Cabo da África do Sul foi muito importante como escala para os passageiros que iam para a Índia. Mas a descoberta de diamantes, em 1872, e depois de ouro, em 1886, forçou muitas mudanças na política britânica em relação aos negros africanos e aos brancos de descendência holandesa, os bôeres. Os interesses comerciais britânicos, influenciados por Cecil Rhodes e seus investidores de Londres, os Rothschild, desejavam expandir seu domínio até as minas de ouro controladas pelos bôeres, especialmente na República do Transvaal. Os interesses políticos britânicos, também influenciados por Londres, estavam ávidos por fazer parar a depredação dos bôeres contra as tribos nativas e viram na corrida pelo ouro no Transvaal uma justificativa para sua intervenção.

Bôeres e bretões já haviam entrado em guerra pelo controle do Transvaal e, logo, entrariam em outra. Enquanto isso, o fluxo de possíveis exploradores e aventureiros — não apenas ingleses, mas norte-americanos, alemães e leste-europeus — elevou a população de todas as cidades na África do Sul, de Cidade do Cabo e Durban a Johanesburgo, a maior cidade do Transvaal e centro da corrida pelo ouro.

A região inteira, incluindo Natal, estava presa à febre do ouro. "As pessoas aqui só pensam em ouro", notou Gandhi em sua chegada.[37] Porém, mesmo em um mundo onde todos os imigrantes sonhavam em ficar ricos, ainda era preciso trabalhar para manter as colônias britânicas (Colônia do Cabo e Natal) e as repúblicas bôeres (Transvaal e Orange) alimentadas e bem-vestidas, produzindo os bens e serviços essenciais à economia urbana. Esse trabalho estava destinado a muitos comerciantes alemães e ingleses judeus, como Hermann Kallenbach e Henry Polak, que viriam a ser amigos íntimos de Gandhi, e também estava destinado aos indianos da África do Sul.

Os indianos chegavam em massa desde 1860. Alguns eram comerciantes bem-sucedidos como Dada Abdullah e seus sócios, mas muitos eram trabalhadores pobres e aprendizes. Eles chegavam em situação de quase escravidão e viviam precariamente, contíguos às plantações de cana-de-açúcar e minas de carvão, onde trabalhavam para comprar a liberdade, recebendo um salário miserável. Em 1891, havia mais de 41 mil desses trabalhadores em Natal. Uma década mais tarde, eram quase 100 mil.[38]

Ainda que poucos admitissem, esta foi a outra contribuição essencial da Índia ao Império Britânico: prover, literalmente, centenas de milhares de trabalhadores braçais para substituir os escravos negros postos em liberdade em 1837, quando da abolição da escravatura. Indianos pobres e analfabetos realizavam o trabalho a baixos salários, permitindo que a economia do Império permanecesse produtiva e rentável do oeste da Índia às Ilhas Maurício, no oceano Índico, e Fiji, no Pacífico. Milhares afluíram das áreas rurais da Índia para o leste da África, e muitos mais para Natal e Colônia do Cabo.*

A vida deles era miserável, porém não tão miserável quanto teria sido caso tivessem permanecido em seus doentes e famintos lares na Índia. Todos os outros grupos na África do Sul obtiveram vantagens cruéis sobre eles, até mesmo seus conterrâneos. Os comerciantes guzerates emprestaram-lhes dinheiro a taxas de juros exorbitantes, como mostrou a historiadora Maureen Swan. É verdade ainda que muitos dos navios

---

* Nos anos 1920, Gandhi também se dedicaria aos problemas dos indianos na África do Leste, especialmente no Quênia. Ele iria, dessa forma, criar outro ponto de conflito com Churchill, que acreditava firmemente no direito das colônias britânicas de decidirem sobre suas relações como os residentes brancos achassem mais adequado.

que os transportaram em condições perigosas e insalubres pertenciam ao cliente de Gandhi, Dada Abdullah.[39]

Esses servos hindus, os *coolies* (outra palavra em inglês com origem em raízes hindu-urdu), e sua descendência eram o suporte principal da economia doméstica africana, bem como os prósperos mercadores indianos. Ainda assim, ambos os grupos, ricos e pobres, viam-se sob crescente pressão social. Os brancos da África do Sul — em especial, mas não exclusivamente, os bôeres — ofendiam-se com a presença dos de cor escura. A legislação colonial de Natal ameaçou, diversas vezes, suspender a imigração, e legisladores, geralmente, procuravam formas de diminuir a influência e a visibilidade dos imigrantes. Ninguém estava pronto para expulsar os imigrantes, como fez o Estado de Orange em 1891; não com o vigilante Ministério das Colônias, ou o governo britânico na Índia, que firmemente defendia os interesses dos súditos que viviam no exterior. Porém, todo indiano que vivia em Durban sentia o fervor, incluindo Gandhi.

A problemática de raça e racismo permeava todas as partes do Império Britânico naquele momento. Entretanto, era mais flagrante e intensa na África do Sul do que havia experimentado Gandhi na Inglaterra ou na Índia. Em Londres, Gandhi achava que sua cor de pele e pronúncia tinham valor incomum e faziam dele objeto de respeitosa curiosidade, mais do que de hostilidade. Um colega estudante de Madras declarou à *Indian Magazine*, em abril de 1888, que seu único lamento da vida em Londres era por sua pele não ser mais negra.[40] Quando Gandhi retornou a Rajkot, teve a desagradável experiência de ser tratado rudemente por um empregado civil britânico, de quem fora amigo na Inglaterra, mas que assumira o típico comportamento dos *senhores* brancos do Raj.

Em Durban, a supremacia branca era mais nua e óbvia. No primeiro dia de Gandhi na corte, o juiz europeu se recusou a falar com ele até que tirasse seu turbante — o que, para um indiano respeitável, era um insulto proposital.[41] O sócio de Abdullah explicou que os brancos tratavam qualquer indiano como um servo ignorante por conta de sua cor de pele, não importando seu status, sua renda ou sua educação. Assim, ele e outros comerciantes muçulmanos guzerate preferiam identificar-se como "árabes", e os pársis da cidade chamavam-se de "persas". Foi a primeira descoberta de Gandhi sobre a discriminação racial na África do Sul: ela fazia com que todos negassem quem eram de fato, a fim de se ajustar a um padrão sonhado e imposto pelos brancos.

Alguns dias depois de chegar a Durban, Dada Abdullah pediu a Gandhi que fosse à capital do Transvaal, Pretória, onde o caso contra seu primo estava sendo julgado. Gandhi acomodou-se em seu assento na primeira classe do trem. Um europeu entrou no vagão em Maritzburg, pôs os olhos em Gandhi e saiu. Depois voltou com um funcionário ferroviário que disse a Gandhi: "Venha comigo, você deve seguir para o compartimento de bagagem." Era lá que negros e trabalhadores indianos deveriam viajar, como Gandhi bem sabia.

"Mas eu tenho uma passagem para a primeira classe", protestou.

"Isso não tem importância", disse o funcionário, "saia desse compartimento ou chamarei um policial para tirá-lo à força."[42]

Gandhi continuou se recusando a sair e um policial o atirou na plataforma do trem junto com sua bagagem. Era perto de meia-noite e fazia muito frio. O casaco de Gandhi estava dentro da bagagem. Ele terminou passando a noite ali, mais irritado, a cada minuto, com o injusto tratamento que recebera.

O pior estava por vir. O trem seguinte deixou-o em Charlestown e a etapa seguinte da viagem seria feita em uma carroça. O cocheiro negou-lhe um assento interno e ordenou que se sentasse do lado de fora, aos seus pés. "Você quer que eu fique a seus pés. Eu não o farei, pois devo sentar-me lá dentro."

O condutor começou a bater em Gandhi até que os demais passageiros protestaram. "Homem, deixe-o em paz. Não bata nele. Ele não tem culpa. Ele está certo." O condutor desistiu e Gandhi, finalmente, sentou-se no lugar reservado ao servo negro. A carruagem seguiu a caminho, mas "meu coração batia acelerado em meu peito", lembrou Gandhi, "e eu pensava se conseguiria chegar vivo ao meu destino".[43]

Ele chegou, mas, em Pretória, mais humilhações o aguardavam. Negaram-lhe um quarto no hotel principal e uma mesa para jantar em outro. A cada incidente, brancos expressavam compaixão e até embaraço. "Eu não tenho preconceito de cor", protestou uma, mas, se Gandhi recebesse uma mesa como os europeus, "os outros hóspedes poderiam se ofender e partir." Esta foi a segunda descoberta de Gandhi: brancos, ou ao menos alguns deles, pareciam envergonhados pela discriminação racial, como ele e amigos indianos eram. Entretanto, recusavam-se a fazer algo a respeito disso. Quando ele reclamou ao representante comercial de Abdullah, o homem apenas riu. "Este país não é para homens como você [...]. Apenas *nós* podemos viver em uma terra como esta, porque, para fazer dinheiro, não nos importamos em colecionar insultos." Ele aconselhou Gandhi a fazer o mesmo.[44]

Mas Gandhi não podia. Mais tarde, biógrafos sugeririam que a viagem para Pretória, em 1893, seria um divisor de águas em sua vida. Seus comentários em uma entrevista ao dr. J. R. Mott e passagens da sua autobiografia, escrita trinta anos após esse evento, indiretamente sugerem o mesmo.[45] Entretanto, nada, na época, indicava uma mudança radical em sua forma de enxergar o mundo ou uma transformação em um oponente radical ao racismo e ao colonialismo. Gandhi estava, por certo, furioso. Sua dignidade havia sido ofendida profundamente, como também o fora seu senso de *fair play* (jogo limpo, em inglês), como diziam os britânicos. Ele enviou uma longa carta aos diretores da companhia ferroviária, insistiu com um grupo de homens de negócio indianos que protestassem contra o tratamento que recebiam dos brancos da África do Sul e escreveu um editorial para a revista *Natal Advertiser*, concluindo: "Por acaso, isso é digno de um cristão, é jogo limpo, é justiça, é civilização?"[46]

O que realmente enfureceu Gandhi foi o fato de ser tratado como se de nada valessem sua educação e seu status profissional. Ele arriscou se machucar para não ser forçado a se sentar onde, como ele disse, os "hotentotes" se sentavam. Gandhi ainda acreditava na Proclamação da Rainha Vitória, a carta magna indiana. Indianos leais, de "habilidades superiores" como ele, mereciam ser tratados como qualquer pessoa branca, não como *coolies* ignorantes, muito menos como negros africanos. Qualquer que fosse sua opinião mais tarde, em 1893, Gandhi via-se primeiro como um bretão, depois como um indiano. Na linha divisória entre a civilização europeia e a "barbárie", tudo aquilo que fugia aos padrões culturais ocidentais, Gandhi permanecia firmemente ao lado da civilização. Nada em seu despertar espiritual em Londres com Salt e Blavatsky havia mudado isso.

Além disso, ele não tinha tempo para longas recriminações. O caso legal que defendia estava por terminar; chegava a hora de voltar para a Índia. No fim de maio de 1894, seus clientes organizaram uma festa de despedida em Durban. Alguém confiou às suas mãos um jornal que anunciava que a assembleia legislativa em breve votaria um projeto de lei que privaria os indianos do direito ao voto em Natal. Gandhi confrontou Dada, que deu de ombros e disse: "O que nós podemos saber sobre esse assunto? Nós podemos conhecer apenas as coisas que afetam nossos negócios."

O DESPERTAR

109

"Esse é o primeiro prego em nossos caixões", avisou Gandhi a Abdullah. "Isso ataca as raízes de nosso respeito próprio."[47] Naquele momento, Gandhi nos diz, ele decidiu ficar na África do Sul para ajudar a organizar os indianos na luta contra a privação de direitos do cidadão, indicada pelo projeto de lei, e salvá-los da opressão dos brancos. Essa é a explicação na autobiografia de Gandhi e a maioria dos biógrafos a aceita como verdadeira. A história completa é um pouco diferente. Nem Abdullah nem os outros comerciantes indianos eram tão ingênuos como sugere a explicação de Gandhi. Na verdade, bem antes de Gandhi aparecer em cena, os mercadores e donos de loja indianos de Natal haviam se organizado e faziam lobby para proteger não apenas os seus diretos, mas também os direitos de companheiros negociantes indianos nas regiões bôeres da República do Transvaal e de Orange. Em 1891 e 1892, eles enviaram protestos a Mumbai e Calcutá, além de Londres. Chegaram a inscrever em sua causa o antigo vice-rei, lorde Ripon, que era agora ministro de Estado da Índia no novo governo liberal.[48]

Abdullah e os outros não precisavam de Gandhi para alertá-los sobre o que o assim chamado Projeto de Lei de Regulação do Voto (Franchise Adjustment Bill) poderia significar para eles e seus interesses comerciais. O que eles precisavam era de alguém que pudesse prover assistência jurídica, uma vez que muito dessa batalha estava baseado em interpretar as leis existentes, tanto em Natal quanto na Grã-Bretanha, bem como alguém disposto a assumir o trabalho burocrático e os detalhes administrativos em inglês. Para as duas atividades, Gandhi era do que eles precisavam.

Então, em junho de 1894, Gandhi concordou em ficar em Durban e ajudá-los a realizar o lobby político. Preparou o que se chamou de "requerimento-monstro" para protestar na assembleia de Natal contra o esforço de privar os indianos do direito ao sufrágio. Baseado em estudos vindos de Londres, citou diversas autoridades acadêmicas britânicas para falar do caráter civilizado dos indianos e de sua capacidade para o autogoverno. Não hesitou em apelar para a história das raças. Lembrou ao primeiro-ministro de Natal que a autoridade do direito, Sir Henry Maine, e outros linguistas orientalistas demonstraram, sem nenhuma dúvida, que anglo-saxões e indianos têm "a mesma descendência ariana, ou dos povos indo-europeus". Eles dividiam a propensão em direção à liberdade e à civilização; diferentemente dos negros africanos, os indianos eram racialmente adequados para exercer o voto.*

"Portanto, é justiça o que queremos, e apenas isso", concluiu Gandhi no requerimento. O que há "de melhor nas nações britânica e indiana" não merece ser tratado como a "sujeira da Ásia". Gandhi e seus prósperos amigos mercadores eram merecedores de melhor tratamento do que recebiam os trabalhadores indianos pobres, sem falar nos negros nativos.[49]

Essa visão elitista não deve surpreender. Imagens de Gandhi naqueles anos mostravam um homem de requinte e seguro de si, vestido em ternos caros, com relógio de ouro e elegante chapéu de palha. Seu negócio de assistência jurídica, em breve, lhe renderia mais de 5 mil libras esterlinas por ano, e sua casa em Beach Grove Villa era amplamente decorada com graciosa mobília e possuía uma extensa biblioteca.[50] É certo que Gandhi nunca deixou de lado seus interesses New Age. Encontrou tempo para concluir seu guia de *como fazer* para indianos viajando para o exterior, "Guide to London", aconselhando os leitores sobre aonde ir para encontrar refeições vegetarianas (ele incluiu um cardápio inteiro do Central) e como reduzir os gastos ao mínimo. Experimentou uma nova "dieta vital" à base de vegetais e frutas e manteve um meticuloso diário de suas vantagens para a saúde. Ele iniciou uma intensa correspondência com um dos amigos brâmanes de seu pai sobre o significado do hinduísmo e do *Gita*, enquanto distribuía panfletos para a União Cristã Esotérica.

Porém, em todos os outros aspectos, na vestimenta, no estilo de vida e nas atitudes, Gandhi era fortemente ligado ao imperialismo britânico. Quando navegou de volta a Mumbai, na primavera de 1896, a fim de gerar interesse contra o projeto de lei que tirava o direito ao sufrágio e reunir sua família, ele ainda via a si mesmo como um filho do Império: "Raramente encontrei alguém que cultivasse tamanha lealdade à constituição britânica como eu cultivei."[51]

À exceção, talvez, do rapaz bem-nascido e cinco anos mais jovem que chegaria à Índia poucos meses mais tarde.

---

* Por ironia, esse foi, precisamente, o argumento usado por Hitler e outros para recrutar para sua nação "ariana"; e permitiu que eles se apropriassem da suástica indiana como o emblema do Terceiro Reich.

5. O DESPERTAR II

Churchill na Índia, 1896-1899

Democracia a leste de Suez é impossível.
A Índia precisa ser governada sob os velhos princípios.
(Winston Churchill, 1897)

Gandhi voltou para a Índia em 4 de julho de 1896, para buscar sua família em Rajkot. Ele não via sua esposa Kasturbai havia quase três anos, nem seus filhos Manilal e Harilal. Porém, seu verdadeiro interesse era conseguir apoio entre os líderes políticos nativos da Índia contra o projeto de lei de Natal.

Nesse momento, Gandhi não era peça central no movimento de protesto na África do Sul, muito menos seu líder. Mas seus companheiros do Congresso Indiano de Natal, que ele ajudara a fundar em 1894, decidiram que o advogado de 27 anos era a pessoa certa para agitar a opinião pública indiana, especialmente o Congresso Nacional Indiano (criado nove anos antes) e mobilizá-los para a causa. A estratégia não era radical, mas imperial: eles planejavam incitar uma parte do Império Britânico a fim de induzir Londres a pressionar a outra parte. Gandhi deixou clara sua intenção quando compôs seu *Green Pamphlet* naquele verão (assim chamado por conta da cor verde da capa). Dê-nos nossos direitos como indianos e como bretões, dizia seu lema. Não deixem que os brancos da África do Sul tratem-nos como *coolies* ignorantes, muito menos como negros.[1]

Em 26 de setembro, Gandhi estava em Mumbai, falando em uma assembleia pública organizada pelo partidário congressista e companheiro advogado Pherozeshah Mehta. Seis dias mais tarde, não distante de onde Gandhi planejava sua viagem a Poona para encontrar outros influentes congressistas, um navio atracou no porto. Era o *Britannia*, que transportava a cavalaria do 4º Regimento de Hussardos para o acampamento em Bangalore, onde estava um subalterno de 21 anos que se havia alistado no ano anterior, após se graduar em Sandhurst: tenente Winston Churchill.

Ele chegava à Índia como predissera a seu médico cinco anos antes. Ficaria por três anos, mais tempo do que ficou Gandhi em Londres. A Índia mudaria sua vida quase tão decisivamente quanto Londres mudara a de Gandhi. Alguns historiadores alegam que Churchill não gostou da Índia. Não há evidências disso em seus escritos, nem em suas cartas. O biógrafo John Charmley está mais perto da verdade quando diz que a Índia representou a perda da juventude de Churchill.[2] Entretanto, a ligação de Churchill com a possessão britânica vai mais além. Seus anos naquele país significaram um despertar intelectual e até mesmo espiritual para ele, assim como foram os anos de Gandhi na New Age londrina. Foi na Índia que Winston Churchill descobriu quem ele era, o que podia fazer e quem queria ser.

Foi lá também que ele absorveu o ideal de Império Britânico que carregaria consigo para o resto da vida: uma ideia de império como força moral, uma instituição de ordem e civilização, bem como de supremacia nacional e racial. As experiências de Churchill deram-lhe "a mais aguçada compreensão do grande trabalho que a Inglaterra fazia na Índia", escreveu ele mais tarde, "e de sua grande missão de governar essas raças primitivas, apesar de aprazíveis, para o bem-estar deles e o nosso próprio."[3] Espantosamente, esse era um sentimento com o qual o Gandhi de 1896 concordaria facilmente.

Sua primeira visão da Índia foi do deque do Britannia. Foi como "abrir as cortinas", escreveria ele, para um mundo que "poderia, perfeitamente, ser outro planeta". O 4º Hussardos havia deixado Southampton 21 dias antes. O comandante, coronel Brabazon, avisara ao regimento, com seu peculiar ceceio de alta classe, que iam em direção à "Índia, aquele famoso apanágio da Coroa britânica". Brabazon, um distinto soldado e amigo do príncipe de Gales, aceitara o jovem graduado de Sandhurst como um favor à mãe de Winston. Desde o início, Winston amou a vida na cavalaria: o companheirismo no quartel do regimento e as palhaçadas dos subalternos, os treinos disciplinados e as manobras sobre o cavalo, "a agitação dos animais, o tinir dos equipamentos, a emoção do movimento, as plumas alvoroçadas, o sentimento de pertencimento a um modo de vida, a dignidade suave" dos uniformes azuis e dourados.[4]

Porém, ele também sentia que lhe faltava algo: servir em combate. O coronel Brabazon lutara na África e no Afeganistão nos anos 1870 e carregava no peito inúmeras condecorações para provar isso. Mas a paz alcançara até mesmo os mais remotos postos avançados do Império. A guerra de Randolph Churchill com a Birmânia, em 1885, quase não agitou sua superfície tranquila. Quando seu filho se juntou ao 4º Hussardos, "em meio às forças de Sua Majestade, raramente era encontrado um capitão, e menos ainda um subalterno, que houvesse lutado a menor guerra que fosse".

O jovem Winston despertou mais que interesse profissional pela experiência em batalhas. "Desde cedo, na juventude", escreveu ele, "eu refletia sobre soldados e guerras, e, frequentemente, sonhava, dormindo ou acordado, com a sensação de estar presente sob fogo aberto pela primeira vez."[5] Para Winston, a batalha era o teste final da virilidade de um homem, teste ao qual seu pai, recentemente falecido, apesar de todo seu orgulho e arrogância, nunca se submetera. De fato, Winston estava tão ansioso para passar por essa prova que, em certo verão, ele e um amigo conseguiram licença para ir a Cuba, onde tropas espanholas lutavam contra os rebeldes da guerrilha armada. Foi a primeira oportunidade para Winston assistir às tropas em combate; ele chegou a levar um tiro "sem grandes consequências", experiência que depois descreveu como uma das mais estimulantes de sua vida. Mas ainda não era uma experiência real. Havia um lugar onde poderia ter essa chance: na Índia.

Foi, então, com uma mistura de inquietação e expectativa, que Winston desembarcou no porto de Mumbai. Contudo, sua chegada não foi nada cômoda. Assim que o tenente Churchill saiu do esquife para desembarcar e estendeu a mão para buscar apoio, ele pisou em falso e destroncou o ombro. Essa lesão perseguiu-o por toda a vida.[6] Ele não permitia que isso o atrapalhasse no cumprimento das tarefas no regimento ou qualquer outra, mas, anos mais tarde, quando ia nadar ou tirar um livro da estante, ou mesmo fazer um gesto brusco na Câmara dos Comuns, sentia-o sair abruptamente da junta. A resistência à dor, bem como todas as outras conquistas, transformou-se em mais um teste para sua crescente confiança na força de vontade. Como disse a seus amigos oficiais quando eles tentaram fazer uma brincadeira a bordo e ele, triunfante, escapuliu, "vocês não conseguirão me derrubar *assim*".[7]

O ombro rendeu-lhe uma noite sem dormir ao acampar em Poona. No entanto, a luz do dia trouxe "candidatos delicados e formais em busca dos postos de chefe dos serviçais, camareiro e cavalariço", e "após as formalidades e os salamaleques, [eles] passaram a cuidar das posses materiais de um membro do regimento e assumiram absoluta responsabilidade por sua vida doméstica". Essa era a Índia dos brancos, onde "empregados nativos obsequiosos" eram "baratos e abundantes", como disse ao irmão Jack. Ele confirmou tudo isso quando chegaram a Bangalore, 320 quilômetros a oeste de Madras e 915 metros acima do nível do mar, onde, mesmo no verão, os dias eram quentes com um sol "nada insuportável", e as noites, "frescas e frias". Lá ele encontrou "flores, arbustos e trepadeiras" em profusão, além de "borboletas brilhantes que dançavam sob a luz do sol e bailarinas indianas, sob a luz da lua".

Winston e outros dois subalternos acomodaram-se em um bangalô de estuque branco e rosa, com um espaçoso pórtico e um amplo jardim cuidado por dois jardineiros, três regadores e um vigia noturno. "Se você gosta de ser servido e se desligar das preocupações de uma casa", escreveria Churchill tempos depois, a Índia dos anos 1890 "era perfeita [...], príncipes não poderiam viver melhor que nós". Após 48 horas no país, "eu já tinha uma opinião muito boa sobre a Índia".[8]

Todos os dias começavam antes do amanhecer, com um dos empregados fazendo-lhes a barba. Seguia-se de um desfile às 6 horas da manhã, com uma hora e meia de duração, antes do café da manhã em meio ao caos, e, em seguida, o banho. Depois disso, vinham as visitas diárias aos estábulos e o trabalho burocrático que realizavam na sala dos oficiais, até que o crescente sol tropical mandasse Winston e seus companheiros de volta ao bangalô. "Muito antes de 11 da manhã", lembrou ele "todos os homens brancos já estavam em seus abrigos."

Após o almoço, todos se recolhiam para uma sesta de duas horas — um hábito que Churchill manteria pelo resto de sua vida. O jantar era às 8h30, "ao som da banda do regimento e do tinir dos cubos de gelo nos copos cheios", seguido de jogos de cartas ou de um encontro na varanda para fumar sob a luz da lua. "Esse era o 'longo, longo dia indiano' como o conheci por três anos", escreveria Churchill em sua autobiografia, "e não era tão mal assim."[9]

Tampouco era um dia inativo, pois as horas entre as 4 da tarde e o jantar eram destinadas ao esporte que quase virou uma obsessão para Churchill: o polo.

O polo, na Índia, era muito mais que um excelente treinamento extracurricular para os emergentes oficiais da cavalaria ou que um esporte favorito da alta classe britânica. A Índia foi um dos países de origem do polo. Sempre foi uma paixão dos príncipes indianos, que o ensinaram aos britânicos. Transformou-se em um dos principais elos entre os governantes do Raj e da Índia. Churchill havia jogado polo na Inglaterra, mas nunca vira nada como o público entusiasmado que se animava em todas as partidas para torcer pelo time nativo contra os adversários europeus. "O polo, neste país, atrai o interesse e a atenção de toda a comunidade", escreveu Winston para sua mãe em novembro. "A população inteira se concentra para assistir e as apostas, frequentemente, chegam a milhares de rupias."[10]

Apesar de seu ombro lesionado, Churchill transformou-se em um exímio e, pode-se dizer, até mesmo um brilhante jogador. Ele perseguia a bola com muita velocidade e "absoluta concentração", passando pela torcida extasiada. "As tendas e os pálios estavam ocupados por uma multidão da comunidade britânica e da alta sociedade indiana", todos ao som do estrondo dos cavalos e dos gritos dos cavaleiros caídos, sendo a vitória celebrada, e as derrotas e os ferimentos, aliviados por conhaque e champanhe na tenda do regimento. Tal jogo o fascinaria por toda a vida. Tinha tudo que ele amava: velocidade, estratégia, competição acirrada e euforia, combinadas ao risco físico, assim como nos rituais ancestrais e na tradição aristocrática. Ele o chamaria de "o imperador dos jogos" e jogaria sua última partida em Malta, quando tinha 52 anos. O jovem Churchill era tão inseparável de seu taco de polo quanto o velho Churchill de seu uísque e seu cigarro.

Um primo de Aga Khan, que o conheceu em Poona, disse que, de todos os oficiais do regimento Hussar que conheceu, "nenhum tinha um olho mais perspicaz e inquiridor ou julgava melhor um cavalo do que o jovem subalterno de nome Winston Churchill". Sua força e energia impressionavam a todos. "O sr. Churchill era cheio de vida", lembrou-se depois o sargento--mor. "Ele era mais atarefado que metade dos outros juntos [...]. Uma vez, quando fui ao seu bangalô, mal pude adentrá-lo, com todos aqueles livros, folhas de papel e papel almaço por todo o caminho."[11]

O polo em Bangalore significou um tipo de educação para Winston Chur-chill; as leituras após o almoço foram outro. "Comecei a desejar envolver-me com os mais diversos conhecimentos de distintas esferas do pensamento", disse ele mais tarde. Referências casuais sobre história e literatura passea-vam por sua cabeça durante o jantar. Então, "o gosto pelo conhecimento tomou-me". Até aquele momento, ele não havia mostrado interesse pelos livros. Aqueles que lera na escola foram os que seus colegas e professores acharam os mais tolos.

Então, no inverno de 1896, Winston deu início a um drástico programa de leitura. Começou por um dos livros preferidos de seu pai, *Declínio e queda do Império Romano*, de Edward Gibbon. "Durante todas as claras horas do dia indiano", lembrou-se mais tarde, "do momento em que fechávamos os estábulos até as sombras da noite proclamarem a hora do polo, eu devorei Gibbon", freneticamente, rabiscando comentários na margem.[12]

O que Winston encontrou foi uma poderosa fábula sobre o destino dos impérios, antigos ou modernos. Ele leu como um grandioso império fora construído sobre um "renome ancestral e valores disciplinares" e dera ao mundo estabilidade, paz e prosperidade, mas depois foi destruído por fora, pelos bárbaros, e por dentro, por superstição e fanatismo.

Aprendeu como, ao longo de cem anos, a *Pax Romana* havia sustentado "o único período da história em que a felicidade da população fora o profundo objetivo de um governo". Porém, infelizmente, "esse longo período de paz" também trouxe "um lento e secreto veneno às veias do Império", que fez drenar "o amor pela independência, o sentimento de orgulho nacional e perigo físico [...] e o uso do comando" necessário à sua manutenção. Eventualmente, concluiu Gibbon, "o fogo dos gênios foi extinto e mesmo o espírito militar evaporou", deixando Roma vulnerável às tribos bárbaras germânicas e à intolerância fanática da Igreja cristã. Juntos, eles dissolveram o Império, devastaram a antiga civilização e deixaram a Idade Média em seu lugar.[13]

De Gibbon, passou para o paradigma do liberalismo *whig* e as elegias sobre o domínio britânico na Índia de Thomas Babington Macaulay. Winston leu *History of England* — o qual lhe ensinou que liberdade e autogoverno, como havia na Grã-Bretanha, eram uma conquista, não um direito —, bem como os brilhantes ensaios de Macaulay sobre Clive e Hastings. Esses tiveram particular repercussão. Lendo sobre a vida de Clive, ele pôde entender como "o valor e a genialidade da obscura juventude inglesa transformaram, de repente, a maré de sorte" no cerco a Arcot, e como a família de Clive, especialmente seu pai, "parecia incapaz de compreender como aquele Bobby, preguiçoso e desobediente, transformara-se em um homem tão especial" antes dos 30 anos.[14] "O velho gentleman [foi] ouvido rosnar dizendo que o moleque tinha, afinal, algo de bom" — palavras que Churchill ansiara ouvir de seu pai, mas que nunca ouviu.

Winston também pôde aprender como Clive "dispersou um exército de quase 60 mil homens e subjugou um império maior e mais populoso que a Grã-Bretanha" em Plassey, graças às armas e à disciplina ocidentais. Macaulay descreveu ao jovem subalterno os passos pelos quais Warren Hastings, com toda a sua brutalidade, conseguiu criar "uma ordem rude e imperfeita" em uma Índia presa ao caos e à anarquia e preparar o cenário para tornar "jovens mentes de Bengala íntimas de Milton e Adam Smith" e outras dádivas da civilização ocidental. E, finalmente, Macaulay ensinou a Churchill como a história da Índia provou que "nem todas as chances, nem todo o ardor marcial das nações asiáticas mais destemidas poderiam vencer a ciência e a resolução inglesas" ou "a inconquistável coragem britânica, que nunca é tão tranquila e persistente quanto como em um fim de dia duvidoso e sanguinário".[15]

Da história de Macaulay, ele passou para *A riqueza das nações*, de Adam Smith, *Constitutional History*, de Henry Hallam, *Rise and Influence of Rationalism*, de William Lecky, e então Schopenhauer, Platão, Darwin e Pascal. ("Eu leio três ou quatro livros ao mesmo tempo para fugir do tédio", disse ele à família impressionada, que nunca o vira ler um único livro.) Depois, ele pegou uma obra recomendada por seu comandante: *The Martyrdom of Man*, de Winwood Reade. O impacto, como lembrou mais tarde, foi imenso. O tema de Reade reforçou as lições de Macaulay: história como o percurso do triunfo da ciência moderna e do progresso sobre a crueldade primitiva e a superstição.

Nascido em 1838, Winwood Reade viajou muito pela África e foi correspondente de Charles Darwin, bem como um ávido defensor da teoria da evolução. Por isso, *The Martyrdom of Man* foi um manifesto precoce do que viria a ser chamado de darwinismo social. Ele apresentava a história como um processo único de crescimento e sobrevivência dos mais adaptáveis, mostrando como, nas palavras de Reade, "nossa própria prosperidade é fundada na agonia dos antepassados".[16]

O livro deixou uma impressão indelével no jovem Churchill. (Outro fã foi o jovem H. G. Wells.) Ele também ficou impressionado com a devastadora crítica, contida em *The Martyrdom of Man*, ao cristianismo e à fé religiosa, reflexos das tendências mais retrógradas do homem. O ateísmo descarado de Reade deixou Winston, segundo sua confissão, com "uma visão predominantemente secular" da vida e da natureza humana, a qual durou até sua morte. Mais de meio século depois, ele perguntaria ao seu médico, de forma rabugenta, como ele, sendo formado em Medicina, ainda podia acreditar em vida após a morte.[17]

A sombria imagem de Reade, do indivíduo impotente e sozinho no universo, uma "criança chorando na noite", entretanto, foi contrabalançada pela ideia otimista do progresso do homem e da civilização graças ao poder da ciência. A civilização sobreviverá à barbárie, explicou Reade, porque suas virtudes são de um material "melhor", menos bruto. "Não podemos dizer que um bom homem irá sempre superar um desonesto; mas o evolucionista não hesitará em afirmar que a nação com os mais altos ideais obterá êxito."[18]

A última citação não vem de Reade, mas do próprio Churchill. Ela pode ser encontrada no romance que começou a escrever em Bangalore, intitulado *Affairs of State*. (Mais tarde, ele renomeou a obra em homenagem ao herói, *Savrola*.) "Toda a minha filosofia está nas palavras do herói", contou Winston à mãe, incluindo sua nova visão secular do homem e da natureza, que foi tristemente confirmada por sua leitura de *A origem das espécies*, de Darwin, e *An Essay on the Principle of Population*, de Malthus. A vida é "a batalha entre a vitalidade e a decadência", diz Savrola em um momento, "entre a energia e a indolência; uma batalha que sempre termina em silêncio".[19]

Mais tarde, a visão de Churchill sobre a vida tornar-se-ia menos dura e mais sutil; ele, mais velho, seria mais clemente do que fora aos 20 e poucos anos. Porém, a rejeição a um sistema religioso permaneceu fundamental à sua filosofia de vida e desenhou a linha de embate crucial entre ele e Gandhi.

Para Gandhi, Deus estava em todos os lugares e era o início de todas as coisas. Para Churchill, Ele não estava em lugar nenhum. Em um universo sem Deus, ou ao menos sem a presença imanente de uma divindade, Churchill encontrava redenção no próprio desenrolar da história como o curso da ascensão biológica e cultural do homem. Se, como diz Savrola, "a natureza nunca considera o individual; ela olha apenas para a adaptabilidade geral da espécie", Churchill acreditava que a natureza havia investido as maiores esperanças da espécie naquelas nações que contribuíam para o progresso, e não naquelas que lutavam para impedi-lo — mesmo que todas viessem à extinção e ao esquecimento.

O darwinismo social de Reade também iria ressaltar a crença de Churchill na missão civilizatória da Inglaterra e reforçar o veredicto de Gibbon sobre como a fraqueza de Roma permitiu que a barbárie e a superstição derrotassem o mundo civilizado. Quatro décadas depois, Churchill veria a nova barbárie em figuras como Hitler e Stálin, que a ele pareciam, nas palavras do historiador John Lukacs, a "reencarnação do mal ancestral", mas também algo "terrivelmente moderno": o perfil do homem moderno retrocedera, transformando-se em violência brutal e na veneração ao poder.[20]

Para Churchill, a personificação da segunda maior ameaça ao mundo civilizado, que era a superstição e o fanatismo, seria Gandhi. Ao recusar os padrões ocidentais de ciência, lei e civilização, Gandhi rejeitava o que Churchill via como a única esperança de salvação do homem; o constante apelo de Gandhi à fé religiosa parecia-lhe pura hipocrisia. Em dado momento, Churchill passaria a ver Gandhi como a representação de um hinduísmo ignorante e hierático, com seus "santuários [...] padres e ascéticos", uma religião com "práticas misteriosas e múltiplos rituais [...] inalterados há séculos, intocados pelo Ocidente".[21] Gandhi, sempre descalço, com seu *dhoti* e seu xale, parecia uma versão moderna dos monges egípcios que Gibbon descrevera, saindo do deserto para "cobrir e escurecer o mundo cristão" na noite do colapso de Roma e destruir a tradição pagã clássica. Nessa trajetória, os monges deixaram o Império Romano desmoralizado e culturalmente incapaz de enfrentar as tribos nômades germânicas. Gandhi e seus seguidores pareciam dispostos a fazer o mesmo com o Império Britânico.

Não é de se espantar que os apelidos prediletos de Churchill para Gandhi seriam "faquir" e "fanático". Gandhi era mais que uma simples ameaça ao governo britânico na Índia. Ele se transformou em uma ameaça a tudo em que Churchill acreditava, e, no final, Churchill lutaria contra ele com todo o ímpeto.

Após sete meses de leitura, em 6 de abril de 1897, o subalterno de 22 anos rascunhou seu novo credo político, que resumia suas experiências em Bangalore. O futuro da Grã-Bretanha, acreditava ele, dependia do distanciamento dos assuntos do mundo. "Isolamento, se preferir", escreveu despreocupadamente, acrescentando que "uma Marinha forte deve guardar os mares. O Exército deve ser reduzido a uma estação de treinamento na Índia, com um corpo militar para pequenas expedições". Resolvendo assim o problema da defesa imperial, ele virou-se para o Império em si. Via-o dividido em duas metades. De um lado, as colônias brancas, como Canadá e Austrália, com quem a Grã-Bretanha deveria formar uma federação imperial para a segurança conjunta.

No entanto, "democracia a leste de Suez é impossível", escreveu ele. "A Índia precisa ser governada sob os velhos princípios", ou seja, os princípios de seu pai e de homens como o general Roberts. Em suma, esse era o ideal político que ele manteria pelo resto da vida.[22] "Por que ser apologético sobre a superioridade anglo-saxã?", diria Winston durante a Segunda Guerra Mundial. "Nós *somos* superiores." As ideias fixas, disse certa vez o príncipe Metternich, são como armas fixas: "São perigosas para aqueles que estão parados ou que se movimentam ao longo de uma linha reta." Isso também seria verdade quando aplicado à visão de Churchill sobre a Índia. Ao longo das décadas seguintes, Churchill estaria em contato — e iniciaria até mesmo amizades — com homens e mulheres de diferentes convicções políticas. Ele demonstraria incrível flexibilidade acerca de assuntos-chave de política nacional e estratégia imperial, inclusive durante as duas grandes guerras.

Porém, quanto à Índia, ele se prepararia para romper com amizades e com sua própria carreira. Nos obscuros dias de 1942, chegaria a considerar a renúncia ao cargo de primeiro-ministro. Os outros elaboradores das políticas indianas — Sir Edwin Montagu, Stanley Baldwin, Leo Amery, lorde Irwin, lorde Wavell — todos sentiram o fogo de Churchill quando se atreveram a atravessar sua mira sobre o assunto. "A Índia", escreveu Leo Amery, que ocupou aquele ministério durante a Segunda Guerra Mundial, quando o conflito com o nacionalismo indiano e Gandhi atingia seu clímax, "ou qualquer forma de autogoverno de pessoas mestiças, levanta nele um complexo totalmente incontrolável." As explosões de Churchill eram, por vezes, tão violentas que Amery considerava em seu diário se, "em se tratando da Índia, ele estava em perfeito juízo". Certamente, parecia "não haver relação entre sua postura, física e intelectual, diante de assuntos referentes à Índia e outros assuntos concernentes à guerra, até mesmo mais graves e mais urgentes".[23]

De fato, não havia. Porque, no caso da Índia, não eram apenas suas próprias concepções sobre o Império Britânico e a civilização que se deveriam sustentar. Sobre seus ombros pesava uma figura sombria, um homem de chapéu, com excepcional bigode, olhos salientes e um desprezo feroz pelas fraquezas de seu filho. Na Índia, pelo menos, Winston não desapontaria o pai que pouco conhecera e cuja aprovação não esperava receber de outra forma.

* * *

Um mês após formular sua doutrina, Churchill deixou Mumbai em direção a Londres, "sob um calor abafado, um tempo feio e um temível enjoo".[24] Os oficiais britânicos na Índia tinham direito a três meses de licença no ano, e Churchill decidiu passar esse tempo em casa. Primeiro parou na Itália e foi visitar Roma pela primeira vez, conhecendo-a pelos olhos de Gibbon, como o berço do banido poder imperial e de sua grandeza. Chegou então ao novo berço do poder imperial, Londres, a tempo de preparar-se para celebrar o jubileu de diamante da rainha Vitória.

O ano de 1897 foi uma data decisiva para a Grã-Bretanha. Em seu sexagésimo ano como rainha, Vitória governava o mais extenso e populoso Império da história mundial; era, agora, mais de um terço maior do que quando Winston nascera. Uma em cada cinco pessoas do planeta devia fidelidade à rainha. Os desfiles, cortejos e celebrações daquele ano, incluindo uma imensa exibição da Marinha Real em Spithead, em 26 de junho, foram emblemas de sua grande conquista histórica e de sua responsabilidade global — bem como de seu risco global. Outras potências ocidentais, incluindo França, Bélgica, Alemanha e logo os Estados Unidos, estavam ocupadas erigindo impérios próprios. A Grã-Bretanha ainda estava no topo da lista. Mas os ventos estavam esfriando e a vista vinha se tornando menos clara.

Em 26 de julho, para marcar o jubileu de diamante, uma associação patriota chamada Primrose League promoveu um encontro aberto em Bath. O porta-voz era o jovem oficial sardento e bronzeado recém-chegado da Índia. Esse foi o primeiro discurso político de Winston. Sua mente já considerava a possibilidade de chegar ao parlamento, sendo um *tory*, como seu pai. Suas considerações para os participantes e os observadores em Bath soaram como a primeira nota do que estava por vir.

Ele começou com o óbvio: "Neste ano de jubileu, nosso Império alcançou a altura de sua glória e poder." Alguns diziam que "agora poderíamos começar a decair, como Babilônia, Cartago e Roma decaíram". Winston pediu ao público que não acreditasse nesses "pessimistas", como os chamava. Era tempo de os verdadeiros bretões mostrarem ao mundo que "o vigor e a vitalidade de nossa raça são incomparáveis e que nossa determinação é manter, como ingleses, o Império que herdamos de nossos pais". Assegurou que ele e sua geração continuariam com "a missão de dar suporte à paz, à civilização e ao bom governo nos pontos mais longínquos da Terra".[25]

A multidão agitou-se e a banda começou a tocar. Winston sorriu e acenou. Aquelas palavras reconfortantes, sob a luz do sol daquele quente verão, invocaram um sentimento familiar de satisfação serena. Mas, não longe dali, outro homem recém-chegado da Índia assistia ao desfile e ao esplendor da celebração do jubileu. O poeta Rudyard Kipling enxergou de outra maneira todo o seu significado. De fato, as palavras que escreveu eram quase um aviso ao sorridente e confiante jovem oficial:

> *Quando embriagados com a visão do poder, nós afrouxamos*
> *Línguas selvagens que não temem a Ti —*
> *Ato de prepotência, como usam os gentios*
> *Ou as mais baixas estirpes sem lei —*
> *Senhor Deus dos Anfitriões, esteja conosco,*
> *Para que não esqueçamos — para que não esqueçamos!*
>
> *Para os cordiais pagãos que colocam a lealdade dela*
> *Em fétidos canos e cacos de ferro,*
> *Todo o valoroso pó que se constrói sobre pó,*
> *E em guarda não Te chama para a guarda,*
> *Frenética glória e imprudente palavra —*
> *Tua misericórdia sobre teu povo, Senhor!*

Ao mesmo tempo, a Índia voltava aos pensamentos de Winston, graças aos jornais. Membros da tribo pathan, na fronteira entre a Índia e o Afeganistão, estavam em pé de guerra, e três brigadas do Exército indiano estavam sendo enviadas para o vale Malakand, sob o comando do general Bindon Blood, para confrontá-los.

Essa era a chance de entrar em um verdadeiro combate, pensou Winston, a experiência militar que ainda o encantava. Churchill havia conhecido o general Blood no verão anterior. Naquele momento, Blood era um dos entusiasmados pretendentes de Jennie Churchill, e Winston conseguiu extrair do general a promessa de que o levaria com ele, caso voltasse a unir tropas contra os pathans.

Sem demora, Winston expediu um cabograma a Blood lembrando-o de sua promessa. Mobilizou-se para pegar a próxima embarcação para a Índia, deixando para trás uma nova pilha de livros, seus tacos de polo e seu cachorro de estimação, Peas.[26] Isso ocorreu em agosto, a pior época do ano para viajar pelo mar Vermelho. Navio a vapor, abarrotado de gente, com um salão de jantar sufocante que fedia a comida estragada. "Mas esses desconfortos físicos eram nada comparados à minha ansiedade", lembrou Winston mais tarde, certamente nada comparado ao medo de que a batalha já tivesse terminado e de que ele chegasse tarde demais.[27]

Quando chegou a Mumbai, encontrou uma breve resposta do general Blood. "Muito difícil; sem vagas", estava escrito. "Venha como correspondente, tentarei encaixá-lo. B. B." Em Bangalore, Churchill pressionou o oficial para que ele estendesse seu período de licença (o segundo em cinco meses!), enquanto, na Inglaterra, sua mãe providenciou para que tudo que ele escrevesse fosse recebido pelo jornal *Daily Telegraph*, a 5 libras esterlinas por coluna. Winston estava pronto para ir para a guerra. Em breve, estaria dentro de um trem muito abafado, "profundamente cerrado e com um anteparo para proteger do sol brilhante", para a jornada de cinco dias até Pexauar, capital da província na fronteira do nordeste e ponto de saída para os vales Khyber e Malakand.[28]

Esse era o principal palco de operações do Exército indiano e dos clássicos de Kipling, o cenário para poemas como "Gunga Din" e histórias como "O homem que queria ser rei". Há décadas, tropas britânicas e indianas vinham lutando contra as tribos afridi e pathan por toda essa região montanhosa. O Malakand era uma profunda fenda na cadeia montanhosa, defendida por uma guarnição britânica típica, composta de sikhs, punjabis e bengaleses, sob o comando de oficiais brancos. Alguns desses oficiais estavam jogando polo em uma cidade próxima, quando nativos avisaram sobre a insurreição iminente, comandada por um líder religioso muçulmano, a quem Churchill, em suas enfeitadas correspondências para o *Daily Telegraph*, chamaria de Mad Mullah (mulá louco).

O mulá era "um entusiasta selvagem", como o descreveu Winston, "convencido de sua missão divina", enquanto "políticos astuciosos, até aqui sem poder algum", aproveitaram a oportunidade de iniciar uma guerra contra os descrentes para golpear os britânicos.[29] Depois de 48 horas, os fios do telégrafo foram cortados e a guarnição de Malakand foi cercada. Calcutá ordenou ao general Blood que organizasse uma infantaria de reforço com 6.800 homens e uma cavalaria com setecentos, para derrubá-los.

Essa foi, como notou Churchill, uma típica discórdia de fronteira. Inevitavelmente, os britânicos marchariam em defesa da guarnição. Inevitavelmente, muitos soldados britânicos e indianos seriam mortos e feridos — e muitos mais pathans. E, inevitavelmente, os pathans se retirariam para lutar outro dia. Por certo, "o destino dos impérios não depende desse resultado". As remessas de Winston para os jornais *Pioneer* e *Daily Telegraph* e o livro que escreveu com uma compilação desses textos, chamado *The Story of the Malakand Field Force*, deram a esse breve e violento episódio um significado mais relevante, em especial sob a luz do jubileu de diamante e das leituras de Gibbon.[30]

Churchill transformou a batalha em um confronto clássico entre a civilização superior e a barbárie primitiva. *The Story of Malakand Field Force* é um épico sobre a vigorosa lei e a ordem britânicas prevalecendo sobre o Mad Mullah e sua horda barulhenta de *ghazis* — apesar de Churchill ter notado que, quando a cavalaria guiada pelos nativos invadiu um dos fortes pathans, "nenhuma clemência foi pedida ou concedida, e todos os membros da tribo capturados foram atacados com uma lança ou esquartejados de uma vez". Os corpos eram espalhados sobre os campos, "como manchas pretas e brancas na verde grama de um arrozal".[31]

A campanha de Malakand não teve significado estratégico. Mas, para o jovem Winston, foi um conflito no qual "o espectador pôde observar e apreciar acuradamente todos os níveis da coragem humana". Ele viu a coragem dos soldados nativos indianos, que, até aquele momento, ocupavam lugar em sua consciência apenas como empregados ou oponentes no polo. Os sikhs e punjabis da guarnição lutaram e mantiveram guarda com firmeza e tranquilidade por 96 horas ininterruptas. O cipaio Prem Singh esquivou-se do ataque de franco-atiradores dia após dia enquanto enviava sinais de semáfora a partir da torre da guarnição — "uma ação tão valente quanto qualquer outra registrada em minhas páginas", disse Churchill a seus leitores.*[32]

Ele viu um imperturbável médico do Exército segurar com o dedão e o dedo indicador a artéria rompida de um homem ferido, para que não

---

* O heroísmo de Prem Singh levou Winston a considerar se os prêmios da Victoria Cross não deveriam ser estendidos aos soldados nativos, acrescentando: "No esporte, na coragem e na visão do paraíso, todos os homens encontram-se em igualdade." Entretanto, essa reforma teve de esperar até 1911.

sangrasse até a morte. O general Blood teve de matar um fanático que empunhava uma faca e ameaçava atacá-lo sob uma bandeira de trégua: ele derrubou seu pretenso assassino calmamente, com uma única bala. "É fácil imaginar como todos no campo de batalha, até o servente mais impuro, ficaram satisfeitos com aquele evento", escreveu Churchill.[33]

Por último na escala de coragem, mas não menos importante, estava o próprio Winston. Na segunda semana de setembro, depois de defender a guarnição, a brigada foi enviada para conter rebeldes no vizinho vale Mamund. Churchill não havia feito um disparo sequer, nem levado um tiro, apesar da experiência "particularmente macabra" de dividir o revólver, o cobertor, as botas e camisas com um companheiro oficial morto. Porém, quando a coluna do general Jeffreys foi dirigida ao vale, para queimar os campos e vilas dos rebeldes pathans, o general Blood disse a Winston: "Se quer ver uma batalha, você deve cavalgar de volta e juntar-se a Jeffreys."

"Durante toda a noite, as balas sobrevoaram o campo", lembrou Winston anos mais tarde, "mas todos agora tinham trincheiras onde se esconder." [34] Ao amanhecer, a brigada atravessou o vale e se espalhou. Winston unira-se a um grupo de sikhs conduzidos por um oficial britânico. Quando se aproximaram de uma vila aparentemente deserta, todo o lado da montanha despertou em uma salva de tiros de rifle e ataques de espada dos pathans, que pulavam de pedra em pedra.

Os sikhs dispersaram-se para se proteger; ao mesmo tempo, "provinha um grito estridente de diferentes pontos". Winston pegou um rifle e começou a alvejar as figuras brancas e azuis que desciam e se agrupavam atrás das pedras, a menos de 100 metros de distância. "Nós certamente encontramos a aventura que procurávamos", escreveu laconicamente mais tarde. O sikh de quem Winston emprestara o rifle estava pronto para partir, assim como o resto do grupo. Quando se viraram para recuar, "surgiu uma perturbante salva vinda das pedras: gritos, exclamações e um berro". Dois soldados sikhs foram mortos, e três, feridos. "O oficial britânico girava logo atrás de mim, seu rosto coberto de sangue, seu olho direito cortado fora."[35]

Junto com outro subalterno, um ajudante do regimento e um *havildar* (ou sargento sikh), Winston e seus homens conseguiram arrastar os feridos declive abaixo. As balas pathans continuavam zunindo em torno deles. Uma acertou o soldado sikh ao lado de Winston. "O homem gritou de dor", lembrou ele mais tarde, "seu turbante caiu; e seu longo cabelo preto deslizou por seus ombros — uma trágica e grotesca cena".[36]

Depois, o ajudante foi atingido e caiu, e o grupo de pathans surgiu à frente para terminar o trabalho. Os outros carregadores escaparam. Apenas Winston ficou entre o homem ferido e o líder da tribo, que retalhou o sujeito com sua espada. "Eu me esqueci de tudo nesse momento", lembrou Churchill, "exceto do desejo de matar aquele homem."

Ele atirou uma, duas, três vezes com sua pistola; mas, com a confusão e a adrenalina pulsante, ele não podia ter certeza de que havia acertado o alvo. Nem poderia saber, depois de se unir aos sikhs na parte baixa da montanha, se alguns dos trinta ou quarenta pathans fugitivos estavam mortos ou se haviam sido, ao menos, atingidos. Porém, quando a ajuda veio, com o Regimento dos Ross-shire Buffs e a Cavalaria Bengalesa, um único e alegre pensamento passou por sua mente. Ele lutara sua primeira batalha e sobrevivera. Não importava o que pudessem dizer sobre ele, Winston Churchill servira em combate — ainda que, tecnicamente, apenas como um correspondente de jornal.[37]

Duas semanas mais tarde, Winston estaria novamente sob fogo. Nesse momento, o general Blood nomeara-o seu servidor, escrevendo a Brabazon, do 4º Hussardos, que, "se ele tiver a chance, receberá a VC (Victoria Cross) ou a DSO (Distinguished Service Order)".[38] Winston, em júbilo, escreveu para a mãe, "ainda estou vivo e bem, depois de mais uma semana emocionante".

Mas ele não somava pontos entre seus companheiros oficiais. Eles achavam que seu comportamento durante a campanha fora inadequado; comentavam, em segredo, que ele era um caçador de medalhas, um propagandista de si mesmo e uma "máquina de propulsão" inescrupulosa — precisamente as palavras que antagonistas sussurrariam contra ele pelo resto de sua carreira. O ajudante geral em Simla recusou sua nomeação como servidor de Blood. As cartas urgentes de sua mãe para um velho amigo de seu marido, general Roberts, não foram suficientes para convencer o ajudante geral a reverter tal decisão, enquanto a publicação de sua propaganda, o livro *Malakand Field Force*, rendeu-lhe mais inimigos que amigos no Exército indiano.

No entanto, em sua mente, Winston estava deixando para trás esses opositores. As perdas de oficiais brancos nas batalhas de Malakand e Mamund deram a ele um posto temporário na 31ª Infantaria Punjabi. Churchill não falava uma palavra em híndi. E não via razão em aprender, uma vez que, como contou ao seu irmão Jack, todos os indianos que conhecera em Bangalore falavam o inglês perfeitamente.[39] O comando, porém, forçou-o a aprender ao menos duas palavras: *maro* (matar) e *chalo* (apresse-se). Em outros casos, "se você sorrir, eles sorriem. Então eu sorria laboriosamente". Entretanto, como estava havia muito tempo fora de combate, a 31ª Infantaria Punjabi começava a ficar entediada. Ele já obtivera o que desejava da Índia; tivera experiências como oficial de cavalaria, o prazer de ser, literalmente, parte de uma "raça superior" e a emoção de um combate, ainda com um benefício inesperado: uma educação autodidata com os melhores livros da língua inglesa. Já estava à procura de novas oportunidades.

Durante a campanha de Malakand, ele proclamou aos leitores do *Daily Telegraph*: "A civilização está cara a cara com o maometismo militante." Ao final de 1897, entretanto, o centro da tempestade desse confronto não era a Índia, mas sim a África, no Sudão. Em janeiro de 1885, os Exércitos do profeta islâmico radical, o Mahdi, já haviam invadido Cartum, matado o paxá egípcio e o general Charles George Gordon, e massacrado os habitantes. Doze anos mais tarde, Londres organizava uma expedição punitiva de 25 mil tropas britânicas e egípcias, comandadas pelo general Herbert Kitchener. Winston decidiu que queria fazer parte dela.

Ele conhecia e admirava Kitchener como um dos mais dedicados e corajosos oficiais do Exército britânico; também sabia que Kitchener era, como o general Blood, encantado por sua mãe.[40] O problema era que Kitchener não gostava dele. Profissional rigoroso, Kitchener considerava a publicação de *The Story of Malakand Field Force*, com seus comentários por vezes satíricos sobre oficiais superiores, uma péssima forma de autopromoção. A última pessoa que desejava ao seu redor era um jovem bisbilhoteiro, convencido e presunçoso, que transmitia tudo o que via aos jornais.

Então, Kitchener permaneceu surdo aos apelos de Jennie Churchill e recusou-se firmemente a aceitar Winston em sua equipe. No entanto, "nenhum jovem deve aceitar não como resposta", diria Winston mais tarde.[41] O livro que ofendera Kitchener e o resto do Exército agora viria em seu resgate. O primeiro-ministro e velho colega de seu pai, lorde Salisbury, pediu para vê-lo. Salisbury lera *The Story of Malakand Field Force* e ficou profundamente impressionado. "Pude formar uma imagem mais real do tipo de batalha que vem ocorrendo nos vales da fronteira", disse a Winston, "a partir de seus escritos do que de quaisquer documentos que meu dever me fizera ler."

Em meados de julho, eles se encontraram por meia hora no número 10 da Downing Street. Quando Winston ia saindo, Salisbury disse-lhe que, caso precisasse de qualquer coisa, poderia lhe pedir.[42]

Era uma oportunidade enviada dos céus e Winston a aproveitaria. Kitchener tinha autoridade absoluta sobre todas as nomeações do Exército egípcio e nem mesmo a solicitação de um primeiro-ministro poderia confrontá-lo. No entanto, os regimentos britânicos de Kitchener estavam designados para uma força expedicionária conjunta, estando, assim, sob a autoridade do Ministério da Guerra.[43]

Portanto, menos de uma semana depois, Winston recebeu um telegrama indicando-o para "tenente supranumerário" do 21º Regimento de Lanceiros e o convocando ao quartel-general do regimento, na cidade do Cairo. Seis dias mais tarde, ele se apresentava para a função, vestindo sua túnica, com um outro contrato para jornal, dessa vez para o *Morning Post*.

Como participante da expedição contra Mahdi, Churchill tomou parte no último grande confronto entre os Exércitos britânico e nativo na África, em Omdurman, em 4 de setembro de 1898. Também esteve presente no último avanço de cavalaria da história britânica, quando Kitchener enviou o 21º Regimento de Lanceiros para completar a derrota dos daroeses. A lesão no ombro de Winston impedira-o de empunhar uma lança ou uma espada, "como um cavaleiro dos velhos tempos". Em vez disso, ele teve de fazê-lo com uma pistola Mauser, algo muito descortês. "Todos esperavam que fôssemos atacar", escreveu anos mais tarde. "Naquele tempo, antes da Guerra dos Bôeres, a cavalaria britânica fazia pouco mais."[44] E assim fizeram. Winston foi o primeiro a ver onde estavam disparando: "uma fila comprida de objetos azuis e pretos, separados por cerca de 2 ou 3 metros" que avançavam pelo flanco, o que terminou sendo "homens — inimigos — agachados no chão". Naquele momento, o trombeteiro do regimento fez soar o comando para avançar. Em um instante, "toda a coluna da cavalaria começou a fazer barulho em frente àquelas figuras encolhidas".[45]

Para Churchill, o avanço foi o clímax de sua carreira militar, além de recompensa máxima por todas aquelas horas no campo de polo. Ele deixou uma longa descrição em seu despacho para o *Morning Post*, que também a transformou em livro. Trinta anos mais tarde, escreveu outro registro para sua autobiografia. Porém, a versão mais vívida está na carta que enviou a um de seus superiores, Sir Ian Hamilton, logo após a batalha.

"O tiroteio estava muito pesado para nos permitir pensar em linhas de apoio", disse a Hamilton. "A única ordem dada foi a de avançar para a direita, para a linha de frente; galopar e atirar estavam subentendidos." À medida que avançavam, Churchill e outros lanceiros presumiram que o líder, que atirava neles desenfreadamente, iria parar ou desviar quando os cavaleiros se lançassem sobre sua linha. Mas eles não o fizeram. Quando os cavalos se levantaram e avançaram, todos os daroeses "caíram sobre seus traseiros e nós seguimos sem nenhum confronto".[46]

Estava tudo muito confuso, transformando-se em um combate corpo a corpo. "Eu não ouvi nenhuma bala deles", disse a Hamilton, "que foram sabe-se lá para onde." Winston continuou atirando com sua pistola até acabar a munição, "matando muitos... três com certeza... dois talvez... um, pouco provável". (Mais tarde, escreveu para sua mãe gabando-se por ter matado cinco, com certeza.) Depois, viu que estava sozinho e que o resto do esquadrão havia recuado para se unir ao grupo. Ele conseguiu encontrá-los "sem um pelo do meu cavalo ou um fio da minha roupa ser tocado". E acrescentou: "Muito poucos podem dizer o mesmo."[47]

Tudo terminou em menos de dois minutos: "Creio que tenham sido os dois minutos mais perigosos que viverei na vida." De 310 homens, o 21º Regimento de Lanceiros perdeu cinco oficiais, mortos ou feridos, 65 soldados e 120 cavalos — um quarto de sua força.[48] Winston observou seus corpos no campo de batalha logo depois e ficou horrorizado ao ver que tinham sido terrivelmente assassinados e mutilados. Por todos os lados, havia corpos dos inimigos destroçados pelos rifles e pelas metralhadoras automáticas, "espalhados como pedaços de jornal". Na verdade, o poder de fogo de mais de 20 mil rifles e armas automáticas havia derrubado 11 mil guerreiros daroeses com uma perda de apenas 360 homens do Exército britânico. Winston tivera seu momento de ato nobre, "como nos velhos tempos", e teve sorte de estar vivo. Porém, foi a ciência e a civilização que, decididamente, derrotaram as forças da barbárie e do fanatismo. "Minha fé em nossa raça e nosso sangue ficou muito mais forte", disse Winston para Hamilton depois da vitória.[49]

No Natal, ele estava de volta a Bangalore. Depois, em fevereiro de 1899, apareceu sua última chance de liderar o 4º Regimento de Hussardos no campeonato de polo. Apesar de mais um outono quase ter avariado seu ombro permanentemente, Churchill levou o time à vitória sobre o 4º Regimento dos

Dragões Reais Escoceses, quatro a três, diante de um público de milhares de espectadores. Foi seu último momento triunfal na Índia. Dentro de um mês, deixaria o país e o Exército para não mais voltar.*

Sem dúvida alguma, a Índia foi importante como um estágio de sua carreia militar. Porém, como um estágio em seu desenvolvimento pessoal, foi decisiva. Pelo povo e pela cultura, não chegou a desenvolver um sentimento de respeito ou cordialidade, como outros britânicos que serviram na Índia. Pouco antes de partir, soube por uma carta que uma praga havia assolado Mumbai e o sul da Índia, matando cerca de 70 mil pessoas. O único comentário que fez ecoava Winwood Reade: "A natureza aplica sua punição à população e o filósofo deve assistir imóvel à destruição de uns supérfluos milhões, cujas vidas devem, necessariamente, ser destituídas de prazer."

Todavia, o governo britânico na Índia parecia revelar como uma grande nação pode civilizar um povo estrangeiro para o bem dele, introduzindo bom governo, lei, ordem e respeito à propriedade e "aos frutos do trabalho, do empreendimento ou da economia". Essa foi a missão do Império Britânico e do Raj.

Ele testemunhara, como escreveu mais tarde, "um governo sereno, amarrado por leis, enredado em negociações e muitas relações pessoais", e pelas "restrições puramente anglo-indianas variando desde as grandes concepções de magnanimidade liberal até as pequenas inconveniências da burocracia". Ainda assim, o sistema parecia funcionar. O governo "é paciente porque, entre outras coisas, sabe que, na pior das hipóteses, pode derrubar qualquer um. Seu problema é evitar tais conclusões detestáveis".

De fato, o Raj parecera a ele, sob alguns aspectos, um modelo para todos os governos. "Esmagadora força do lado dos dominadores, inúmeras objeções ao uso dela."[50] Ele também sabia que uma paixão mais profunda e obscura assolava os governantes e os governados, "os instintos de selvageria arraigados, sobre os quais a civilização pôde colocar um véu de espessura duvidosa".[51] Vira isso pelos guias, no massacre das tribos pathans. Vira também no tratamento que Kitchener dava aos daroeses feridos em Omdurman, onde a maioria era simplesmente baleada ou mesmo esfaqueada. E veria, uma vez mais, nas ações do general Reginald Dyer em uma praça sitiada

---

* Ele também deixou para trás uma conta não paga no Bangalore Club, que, até recentemente, seguia pendurada em uma moldura na parede do clube. A dívida não é pequena.

em Amritsar, em 1919, as quais Churchill descreveria com uma frase que recordava de suas leituras de Macaulay: "o mais temeroso de todos os espetáculos, a força da civilização sem sua compaixão".[52]

Ainda assim, o país permaneceria sendo uma lembrança preciosa para ele. "A Índia é um grande monopólio pelo qual somos responsáveis", diria no início de sua carreira parlamentar. "As vidas, as liberdades, o progresso rumo à civilização — rumo a uma vida melhor e mais feliz — de cerca de 300 milhões de almas estão em nossas mãos."[53] O Raj "não se sustentaria — nem por um mês — a menos que fosse fundado na crença de que o povo da Índia tivesse compreendido que nossos motivos são sublimes" e que "a justiça britânica é o fundamento do domínio britânico". Os servos de turbante; as varandas sob a luz da lua; os rajás jogadores de polo; os punjabis sorridentes e os destemidos soldados sikhs — essa era a Índia de que ele lembrava e com a qual se animava. Em 28 de janeiro de 1944, ele estava em Chequers, com sua secretária Marian Holmes. Ele estava "em um clima nostálgico", lembrou-se ela anos mais tarde, e ele falou saudosamente de seus dias, cinquenta anos antes, como jovem subalterno, de suas leituras de Gibbon e Macaulay e das partidas de polo, "sua outra grande ocupação da vida de então".[54]

Um ano mais tarde, ele estava no HMS Orion a caminho de seu encontro decisivo com Roosevelt e Stálin na Conferência de Yalta. Seu humor estava mais sombrio. "Eu venho sentindo uma falta de esperança em relação às conexões britânicas com a Índia", escreveu para sua esposa Clementine, "e mais ainda sobre o que acontecerá caso elas se rompam repentinamente [...] vejo uma horrível tempestade a caminho".[55]

Naquele momento, seus sonhos com a Índia haviam se tornado pesadelos graças a Mohandas Gandhi.

6. Homens em guerra

1899-1900

A batalha, afinal, deve ser para os fortes.
(Winston Churchill, 1899)

Em 18 de dezembro de 1897, Gandhi chegou a Durban, com sua família, a bordo do SS Courland. O navio era o orgulho da frota mercante de Dada Abdullah. Além de Gandhi, levava mais de 250 esperançosos imigrantes indianos. A travessia foi dura, com tempestades e aguaceiros constantes.

Depois que o Courland baixou âncora, mas antes de qualquer passageiro desembarcar, as autoridades de Natal decidiram colocar o navio em quarentena. O pretexto foi o surto de uma praga ocorrida depois que o Courland deixou Mumbai, mas Gandhi conhecia o real motivo: os brancos de Natal queriam manter os imigrantes longe. Eles também sabiam que Gandhi estava a bordo e estavam determinados a não deixá-lo pôr os pés na África do Sul novamente.[1]

Gandhi ganhara súbita fama no país que escolheu para seu novo lar, mas não da maneira como gostaria. Seu *Green Pamphlet*, publicado em 1896, durante sua estada na Índia, relatava sua angústia com relação ao tratamento dado a "indianos respeitáveis" na África do Sul; como eles eram obrigados a usar os mesmos banheiros e entradas de prédios públicos que os negros africanos, como eram vítimas de insultos e cusparadas na rua, e assim por diante. O panfleto fora uma sensação na Índia, inflamara os indianos em Natal, mas ultrajara os brancos. O promotor-geral de Natal, Harry Escombe, havia sido vizinho de Gandhi em Beach Grove, e um aliado. Agora, um Escombe furioso era a principal força por trás da ordem de quarentena, que manteve o Courland preso no porto por 23 dias, incluindo as noites de Natal e Ano-Novo.

Quando a quarentena finalmente terminou, o SS Courland recebeu permissão para atracar. Uma multidão de brancos juntou-se perto do cais: "Eu tinha consciência de minha responsabilidade", escreveu Gandhi tempos depois. "A vida dos passageiros corria risco e, levando minha família comigo, eu os colocava também em perigo." Gandhi conseguiu disfarçar a entrada da família e ajudar outros passageiros a pisar em terra firme em segurança. Kasturbai e os dois meninos refugiaram-se na casa de um dos ricos clientes pársis de Gandhi, que trancou as portas e passou a esperar pelo pior.

Depois, Gandhi desembarcou, movendo-se ligeira mas tranquilamente pela prancha de desembarque. Ele não tinha intenção de disfarçar sua identidade. Já havia chegado ao limite do porto quando "alguns jovens reconheceram-me e gritaram 'Gandhi, Gandhi'". De uma só vez, uma multidão se reuniu e o surpreendeu, atirando-lhe pedras e tijolos. "Alguém agarrou meu turbante", escreveu ele, "enquanto outros continuavam a bater e chutar."[2] Uma mulher branca, a esposa do superintendente de polícia de Durban, finalmente interveio e, com seu guarda-sol, deu cobertura a Gandhi, que sangrava. Dois policiais carregaram-no para a casa de seu cliente e para uma assustada e chorosa Kasturbai. Essa foi sua recepção de boas-vindas à África do Sul.

Naquela noite, um grande grupo de pessoas cercou a casa ameaçando queimá-la e cantando: "Vamos enforcar o velho Gandhi na macieira." O superintendente de polícia finalmente convenceu Gandhi a fugir disfarçado e se refugiar na estação policial. Ele ficaria dois dias lá — seu primeiro, mas nem de longe último, encontro com aquela instituição. Tinha tempo de sobra para meditar sobre sua situação e suas opiniões. Apenas uma coisa estava clara: não deixaria a África do Sul até que assegurasse a justiça para ele e seus companheiros indianos.

Em sua autobiografia, escrita quase 25 anos depois desse evento, Gandhi descreveria seu quase linchamento daquele dia de janeiro de 1898 como "o teste", sem especificar que tipo de teste. Certamente, tratava-se de um teste de sua lealdade a um império que, a despeito de toda a sua retórica sobre o tratamento equânime perante a lei de todos os súditos da rainha, deixava-o ser tratado daquela maneira. Gandhi, ainda que relutantemente, estava chegando à conclusão de que o sistema imperial britânico e a civilização europeia — que homens como Churchill afirmavam ser perfeitos — eram "superiores" apenas no uso da força coercitiva, fosse por infratores e desordeiros, fosse por mantenedores da lei. Sobre esse tema, ele chegou a fazer um discurso amargo no jantar de Ano-Novo a bordo do Courland, antes de desembarcarem.[3] Não era o que você fazia ou quem você conhecia que parecia contar na África do Sul ou em qualquer outro ponto do Império Britânico. Era a quem você tinha o poder de ferir.

O incidente foi um teste também para os princípios hindus que ele abraçara na Londres New Age e que seu recente contato, na Índia, com o pensador jainista Shrimrad Rajchandra Metha reforçara. Mais tarde, Gandhi listou Raychandbhai, como gostava de chamá-lo, entre os nomes das três pessoas que mais o influenciaram pessoalmente na vida, sendo ele o único indiano.* Apesar de ser um homem do mundo e irmão de um dos políticos mais poderosos do Congresso Nacional Indiano, Raychandbhai incitou o princípio da não violência ou *ahimsa* (literalmente, "não fazer mal aos outros") em todas as coisas.

Gandhi descreveria Raychandbhai como a figura mais próxima de um guru, ou mestre, que ele já encontrara.[4] Em um mundo que parecia tolerar, aceitar e, em um campo de batalha, até exaltar o poder de causar sofrimento a outros, rejeitar a violência veio a ser, para Gandhi, uma declaração de independência espiritual, semelhante à sua rejeição à carne em suas refeições. "Ao usar a força para subjugar o outro", ele dizia com frequência, "estamos usando violência contra nossas próprias almas."[5]

Em meio à batalha no cais de Durban, Gandhi recusou-se terminantemente a erguer a mão contra seus agressores. Sua recusa em levar o assunto à corte, mesmo quando o ministro colonial, Joseph Chamberlain, encorajou-o a fazê-lo, fez com que ele ganhasse o respeito até dos brancos de Natal. Gandhi havia mostrado o poder do aviso de Jesus sobre não responder ao seu agressor com violência e vencera — ao menos em sua cabeça. Era uma poderosa lição para o futuro.[6]

Finalmente, Gandhi enxergou o incidente como um teste para uma qualidade do caráter que lhe importava tanto quanto ao jovem Churchill:

---

* Os outros dois foram Lev Tolstói e John Ruskin.

coragem física. Depois de tudo, repetiu aquelas cenas muitas vezes em sua mente: como havia enfrentado a primeira multidão assassina sem se acovardar, mas escapara, disfarçado, da segunda? "Quem pode dizer se fiz aquilo porque vi que minha vida estava em risco", refletiria anos mais tarde, "ou porque não quis colocar em perigo a vida e a propriedade de meu amigo nem as vidas de minha mulher e meus filhos?"

Ao final, Gandhi concluiu que "é difícil dizer com certeza como um homem em particular agirá sob determinadas circunstâncias".[7] Porém, pelo resto de sua vida, agir com bravura e ousadia, *mas sem violência*, formaria a base de seu respeito próprio. A não violência "é a virtude suprema dos bravos", declarou. "Não violência é a virtude dos homens de verdade." Em meio a uma guerra mundial, ele chegaria a proclamar: "Você não pode ensinar a não violência a um homem que não pode matar."[8]

Como Churchill — e também como outros homens do fim do período vitoriano —, Gandhi era obcecado por padrões de virilidade e masculinidade. Não causa surpresa o fato de a coragem representar, para ambos, a medida crucial do caráter de um homem.[9] Porém, no caso de Gandhi, havia outra dimensão: ele desejava contestar a imagem estereotipada dos indianos, especialmente dos hindus, de servilismo e falta de masculinidade. A coragem física, para Gandhi, transformou-se em medida poderosa de igualdade entre bretões e não bretões, brancos e não brancos. Por toda a vida, Gandhi estaria determinado a viver à altura dessa medida, não importando aonde fosse.

Na vindoura guerra da África do Sul, os dois homens encontrariam oportunidades de enfrentar o principal teste de coragem e caráter.* De fato, a guerra os levaria à zona de perigo juntos, no mesmo lugar, mas de maneiras diferentes.

Nesse meio-tempo, entretanto, Gandhi voltou a assumir seu papel como advogado e lobista da organização que ajudara a construir três anos antes, o Congresso Indiano de Natal. A situação dos indianos na África do Sul piorava muito rapidamente. O ataque que sofreu foi apenas uma das inúmeras

---

* O respeito pela virtude masculina fez com que admirassem os bôeres: Gandhi, por sua "valentia, determinação e bravura"; Churchill, pela disposição dos fazendeiros bôeres de "lutar bravamente em defesa do solo onde viviam" — apesar de ambos terem sido repelidos pelo racismo desenfreado dos bôeres.

manifestações contra imigrantes ocorridas naqueles outono e inverno. A classe trabalhadora branca, em particular, estava furiosa porque a mão de obra barata indiana estava colocando seus empregos em risco. "Eles procriam como coelhos", o *Natal Witness* citou um manifestante exasperado. "O pior de tudo é que não conseguimos acabar com eles."[10] As manifestações — e o ataque a Gandhi, em particular — deram à assembleia de Natal o pretexto para o lançamento de um projeto de lei com fortes restrições aos imigrantes em abril de 1897, limitando novas imigrações asiáticas a quem possuísse ao menos 25 libras esterlinas e um conhecimento básico de inglês para trabalhar.

Essa lei não era apenas uma afronta racial e uma recusa ao que Gandhi chamou de "justa posição da classe superior" dos indianos, como havia sido o Franchise Bill.[11] Foi um choque econômico para mercadores como Dada Abdullah, que se beneficiavam com a imigração maciça dos indianos por meio de seus navios a vapor e com as transações de empréstimo de dinheiro. Muitos homens de negócio brancos também dependiam da mão de obra barata para trabalhar em suas plantações de cana e minas de carvão. O Congresso entrou em ação novamente, com petições e artigos de jornal inflamados, porém, outra vez, sem êxito.

O governo britânico em Londres concordou com os projetos de lei de proibição do voto, de restrição da imigração e, depois, de licença a comerciantes, que permitiu que governos municipais negassem ou se recusassem a renovar, sem razões expressas, a licença de mercadores indianos locais. O consentimento da Coroa foi uma derrota devastadora, ainda mais humilhante pelo fato de que muitos indianos acreditavam que os esforços de Gandhi em fazer valer sua indignação haviam apenas deixado os brancos mais irritados e garantido a passagem dos projetos de lei.[12]

Se a situação dos indianos era ruim em Natal, estava ainda pior na República do Transvaal. Lá não havia Ministério das Colônias britânico ou Conselho do vice-rei disposto a oferecer nem mesmo uma defesa simbólica aos direitos indianos, como em Calcutá. Os bôeres podiam fazer o que bem entendessem. Em 1895, foi posta em vigor a segregação dos indianos em guetos ou "bazares", no limite de cidades como Pretória e Johanesburgo. Os indianos protestaram e pediram que o Ministério das Colônias interviesse, mas o velho protetor e amigo, lorde Ripon, nada pôde fazer. Em agosto de 1898, Gandhi conseguiu fazer com que a corte recebesse uma apelação sobre as restrições impostas; tudo que conseguiu foi ouvir os juízes bôeres, de forma ressoante, negarem-lhe o pedido.

O choque foi particularmente duro para Gandhi, não podendo chegar em hora pior. Dentro de sua bela casa, na Beach Grove, a vida da família estava caótica. Ele tivera uma séria discussão com Kasturbai sobre um penico. Gandhi começara a simplificar e diminuir as exigências da família, parte do crescente puritanismo em seus hábitos pessoais e profissionais. Aos 30 anos, ele decidiu, repentinamente, que poderia assumir muitas das tarefas domésticas que costumava deixar para os empregados ou Kasturbai, como cozinhar, lavar e até mesmo (por vezes, com resultados hilários) cortar o próprio cabelo.

Outra tarefa doméstica era esvaziar os penicos, trabalho constante em uma casa grande, com esposa, três crianças, incluindo seu sobrinho, doze empregados e apenas um banheiro interno. Certo dia, sem pensar, ele pediu que Kasturbai levasse para fora o penico de seu assistente jurídico.

As experiências de Kasturbai na África do Sul não foram felizes, para dizer o mínimo. Ela achou o lugar totalmente estranho, e as pessoas, hostis, para não dizer violentas. A insistência de Gandhi para que gerenciassem Beach Grove Villa como uma casa europeia significou, para ela, ter que abrir mão dos rituais domésticos hindus que lhe eram preciosos. Além disso, Gandhi fizera-lhe usar sapatos ao estilo ocidental, que apertavam seus pés, e um sári feito a partir de um estranho design pársi, pois disse que os pársis eram "os mais civilizados" dos imigrantes indianos.[13]

Agora ele lhe dava a ordem de recolher a sujeira de um estranho — um ato de poluição designado apenas a indianos das mais baixas castas.

Ela explodiu de raiva. Com lágrimas escorrendo por seu rosto, gritou com Gandhi: "Fique com essa casa para você e deixe-me ir!" Gandhi também perdeu a calma; começou a gritar e a arrastá-la para o portão a fim de expulsá-la, até que, chorosa, Kasturbai o convenceu a soltá-la.

Para Gandhi, foi um episódio extraordinário, quase único. O casal logo se reconciliou, mas aquele incidente o perseguiria por anos.[14] Certamente, parte dele percebeu que a explosão de raiva não foi apenas contra Kasturbai, mas contra toda a sua situação em Natal.

Seus esforços em favor dos homens de seu país e dos seus clientes haviam fracassado. Ele se transformara em um para-raios de críticas na comunidade indiana e nos jornais. Seus filhos não recebiam educação — Gandhi pensava ser injusto usar sua influência para conseguir matriculá-los em uma escola em Natal enquanto outros indianos não tinham tal privilégio.*

No verão e no outono de 1899, ele era um homem isolado, infeliz e a cada dia mais frustrado, vivendo em conflito com os próprios princípios. Suas crenças religiosas, sua cultura nativa e seus amigos New Age pareciam-lhe muito distantes.

Entretanto, eventos por vir logo revirariam sua rotina — e transformariam a África do Sul e o Império Britânico.

O verão de 1898 foi o último grande período do imperialismo britânico, o último radiante brilho de confiança e de um orgulho não apologético. O jubileu de diamante do ano anterior lembrara aos súditos de Vitória que eram parte do maior Império da Terra, com mais de 25 milhões de quilômetros quadrados. Gandhi e o Congresso de Natal enviaram congratulações ao palácio de Buckingham, "como sinal de nossa alegria". Eles agradeceram a Vitória "pela paz de que desfrutamos na Índia [...] e pela fidúcia na segurança e na prosperidade que nos permite aventurar-nos no exterior". Gandhi chegou a ensinar seus filhos a cantar "God Save the Queen" em inglês.[15]

Em 1898, o vencedor de Omdurman, Herbert Kitchener, assegurou a hegemonia britânica sobre o Sudão ao derrotar as ambições imperiais francesas em Fashoda. No Egito e em Suez, o governador-geral, lorde Cromer, reduziu a dívida do país, aboliu o trabalho forçado e os castigos e estabeleceu um Serviço Civil egípcio nos moldes indianos. Na Colônia do Cabo, Cecil Rhodes sonhava em construir a grande ferrovia desde a Cidade do Cabo até o Cairo, que ligaria o norte ao sul da África e uniria o vasto interior sob domínio britânico. "Somos a primeira raça do mundo", explicou, "e quanto mais do mundo [governarmos], melhor será para a raça humana." Ninguém, ao menos ninguém que falasse inglês, estava disposto a discordar.[16]

Nem mesmo Mohandas Gandhi. Naquele mesmo ano, um novo comissário chegou à Colônia do Cabo. Alfred Milner era um protegido de Cromer e tinha o mesmo espírito confiante — e até arrogante. Milner queria acabar

---

* Segundo confessara, seus esforços para educar os filhos eram "inadequados". Harilal e Manilal guardariam profundo ressentimento pela negligência do pai com relação a sua educação formal. A desculpa posterior de Gandhi seria a de que os manteve livres das "algemas" da educação europeia. A verdade era que estava muito ocupado para lhes dedicar algum tempo.

com o poder das repúblicas bôeres como passo crucial para confirmar o poder britânico e fazer da África um país civilizado — o que, para ele, era a mesma coisa. Como comissário, colocou muita pressão sobre os bôeres da fronteira para que respeitassem os direitos dos britânicos que viviam entre eles, incluindo, ironicamente, os dos indianos residentes no Transvaal. Por um breve momento, Gandhi parecia ter encontrado um aliado, talvez até mesmo um defensor.[17]

O foco real de Milner, entretanto, era assegurar o controle das minas de ouro do Transvaal, que, naquele momento, abasteciam quase um terço das reservas do mundo. A fim de reforçar suas ameaças aos bôeres, Milner ameaçou deslocar tropas britânicas. O presidente do Transvaal, Paul Kruger, preveniu-o para que desistisse. Milner ignorou o seu ultimato e, em outubro, a tensão fez explodir uma guerra — exatamente o que ele e o governo britânico queriam desde o início.

Os britânicos presumiram que seria uma vitória fácil. Muitos amigos de Gandhi da contracultura londrina opuseram-se à guerra, alegando ser uma agressão gratuita contra um povo livre (ignorando, de forma conveniente, a brutal opressão dos próprios bôeres à minoria negra do Transvaal). Gandhi, no entanto, não se juntou a eles. Apoiava a guerra contra os bôeres tanto por obrigação quanto por enxergar nela uma oportunidade.

Em 1899, Gandhi ainda "concordava com os ingleses" quanto à sua lealdade à Grã-Bretanha e ao seu apoio ao axioma de que "o domínio britânico existia em benefício dos dominados", fosse na Índia, fosse em Natal, ou em qualquer outro lugar. Ainda acreditava que o preconceito racial na África do Sul era "contrário às tradições britânicas" e apenas temporário. Assim que a guerra fosse vencida, a justiça prevaleceria e os indianos colheriam as recompensas por mostrar comprometimento çom a rainha e o país.

Ao menos esse era o fundamento da proposta de Gandhi a seus companheiros do Congresso Indiano de Natal. "Se exijo os direitos de cidadão britânico", disse a eles, "também é meu dever participar da defesa do Império Britânico."[18] A pergunta era como, já que a ideia da guerra contrariava diretamente seu compromisso com a não violência.

A solução que encontrou foi organizar uma unidade de ambulância. No ano anterior, ele havia trabalhado como voluntário em um hospital gratuito para os pobres e indigentes de Durban, dirigido por um médico missionário chamado Lancelot Booth. Esse foi o primeiro contato real de Gandhi com os trabalhadores indianos pobres, homens e mulheres com febre ou desnutrição e ferimentos em acidentes de trabalho. Gostara bastante do trabalho; de fato, atender e cuidar dos doentes tornou-se, como disse depois, uma das "duas paixões" de sua vida. A outra era o patriotismo britânico.[19]

Gandhi discutiu com companheiros indianos de Natal, argumentando que resgatar e cuidar dos britânicos feridos seria uma maneira crucial de "mostrar aos colonialistas que eram súditos valiosos da rainha". Poucos deles sabiam alguma coisa sobre armas de fogo: os indianos de Natal eram proibidos de possuí-las por lei. Porém, como médicos do Exército, poderiam impressionar o governo por seu compromisso e coragem e conseguir importante influência política para usar mais tarde. Então, em 19 de outubro de 1899, o primeiro grupo de voluntários indianos juntou-se para mostrar que estavam "prontos para realizar uma tarefa para seus soberanos no campo de batalha" contra os bôeres. O nome de Gandhi encabeçava a lista.[20]

Gandhi não era o único a enxergar a guerra contra os bôeres como uma oportunidade de ir para a linha de frente.

Antes, naquele mês, quando as tensões com os bôeres chegavam ao clímax, Milner recebera uma carta de Joseph Chamberlain, do Ministério das Relações Exteriores, em Londres. "Escrevo para antecipar a provável visita de Winston Churchill, que vai como correspondente do Morning Post. [...] Ele é um jovem muito inteligente, com muitas das qualificações de seu pai. Tinha a fama de ser pretensioso, mas não constatei tal característica nele, e o tempo, sem dúvida, conseguirá livrá-lo desse defeito, caso o tenha." Chamberlain acrescentou: "É um bom escritor e cheio de energia. Ele deseja chegar ao Parlamento, mas há obstáculos."[21]

De fato, aos 24 anos, Winston havia tentado um assento em Oldham, Lancashire, mas perdera. A melhor maneira de conseguir votos para a próxima disputa, segundo decidira, era colocar-se no meio de outra guerra, especialmente em uma fácil, como parecia ser aquela contra os bôeres. Sua única preocupação era que o Exército britânico terminasse as coisas antes que conseguisse chegar lá. Dessa vez, certamente, ele não ficaria desapontado.

Em 14 de outubro de 1899, Winston partiu de Southampton, no navio que carregava o novo comandante do Exército para as operações da África do Sul, general Redvers Buller. Um vasto público juntou-se na doca para cantar "Rule Britannia" e "God Save the Queen".[22] Tudo prometia uma estimulante aventura imperial, e Winston armazenara seu "kit tropical" junto com um grande suprimento de champanhe e uísque — vício que desenvolvera durante sua estada na Índia.[23] Outro correspondente, J. B. Atkins, identificou-o no convés, "magro, levemente ruivo, pálido, vívido, frequentemente nauseado". Winston lutava contra o enjoo da viagem* e a impaciência para chegar à Cidade do Cabo e poder começar seu futuro. "Eu nunca vira tamanha ambição", confessou Atkins, "descaradamente egoísta [...], era como se uma luz estivesse acesa dentro dele e brilhasse através de seus olhos."[24]

Todos esperavam que uma guerra da maior potência do mundo contra um grupo de trabalhadores rurais em número muito inferior fosse encaminhada rapidamente para a vitória. Porém, no exato dia em que Churchill chegou à Cidade do Cabo, a guarnição britânica em Ladysmith, Natal, havia sofrido um grande recuo. Os bôeres podiam estar em menor número, mas estavam, além de bem-dirigidos, armados com modernos rifles Mauser e até artilharia de campanha. Agindo sob o princípio de que a melhor defesa é um forte ataque, espalharam-se por Natal e, rapidamente, cercaram pontos cruciais como Ladysmith — a ligação ferroviária entre Durban e o Transvaal.

Em Nicholson, ao norte de Ladysmith, os britânicos, para seu desespero, haviam tido 200 baixas e abandonado outros 1.200 prisioneiros nas mãos de criadores de gado africâneres. "Nós subestimamos profundamente a força militar e o espírito dos bôeres", escreveu Winston para a mãe, depois de ouvir as notícias. Profetizou que "uma batalha violenta e sanguinária está diante de nós". Na verdade, os bôeres haviam começado tão bem que, quando Winston apresentou suas credenciais ao comissário Milner, este lhe confessou seu medo de que a insurreição dos bôeres atingisse a Colônia do Cabo.[25]

Winston percebeu que a luta mais pesada seria em Natal e estava louco para chegar lá. Ele pegou um trem da Cidade do Cabo até o porto Elizabeth, a última parada antes do corte da linha pelos bôeres. Embarcou em um navio a vapor para Durban, onde, naquele exato momento, Gandhi organizava um curso rápido sobre cuidados médicos para os recrutas da unidade de ambulância.[26]

E eles seriam necessários. Na enfermaria do navio, Winston assustou-se ao encontrar um companheiro oficial do 4º Regimento de Hussardos, Reggie

Barnes. Barnes fora baleado na perna durante uma batalha brutal, perto de Elandslaage. Ele lhes contou sobre a habilidade dos bôeres com os cavalos e os rifles e sobre sua bravura e determinação. Haviam demonstrado ser mestres dos terrenos áridos e acidentados onde as batalhas da Guerra dos Bôeres aconteceriam.[27] Essa não seria uma aventura animada como fora em Omdurman ou no vale Malakand. Tratava-se de uma guerra amarga, de brancos matando brancos, com as mais recentes armas, atirando de cavas ou detrás de arame farpado — um assustador prelúdio do massacre que estava por vir na Primeira Guerra Mundial.

O trem de Durban levou Winston até Estcourt, a quase 50 quilômetros de Ladysmith. Lá ele encontrou outro conhecido do Exército, o capitão Aylmer Haldane, e um velho amigo de escola, Leo Amery, agora um correspondente do *Times* de Londres. Estavam todos presos, pois o trilho da ferrovia havia sido cortado. Um batalhão dos Fuzileiros Reais de Dublin e uma infantaria voluntária com número reduzido de homens era tudo que havia entre os bôeres e Durban. O comandante de Haldane ordenou que colocasse seus fuzileiros em um trem blindado e patrulhasse a área adiante, no campo inimigo. Sem hesitar, Winston prontificou-se para acompanhá-lo.

"Nada parece mais formidável e impressionante que um trem blindado", escreveu Winston, "mas nada é, de fato, mais vulnerável e impotente." A longa fila de vagões blindados com o motor no meio saiu em viagem antes do amanhecer, debaixo de uma chuva pesada. O tempo, entretanto, melhorou, e, depois de se afastar 22 quilômetros de Estcourt produzindo forte ruído, pararam para conferir os trilhos em um estreito desfiladeiro. De repente, Churchill e Haldane perceberam que as montanhas ao redor, com vista para a linha do trem, estavam tomadas por bôeres.

Os inimigos abriram fogo com rifles e artilharia. Uma bomba explodiu sobre a cabeça de Winston — "minha primeira experiência com estilhaços", escreveu laconicamente, "e quase a minha última".[28] O trem tratou de ir na direção inversa, tendo de voltar por uma curva cega, onde os bôeres haviam colocado uma rocha sobre os trilhos. O vagão traseiro chocou-se contra ela e outros dois saíram do trilho, bloqueando qualquer saída. Churchill, Haldane e seus homens estavam presos.

Não havia tempo para pensar. Winston pulou rapidamente para o motor. O maquinista, um civil, teve a cabeça ferida por destroços de bomba e não estava disposto a colocar-se em perigo novamente. Mas Winston convenceu-o a voltar à cabine repetindo uma máxima do Exército, obviamente falsa: "Ninguém pode ser ferido duas vezes no mesmo dia."[29] Depois, Winston tentou unir homens para remover os vagões descarrilados e liberar o trilho. Os ataques dos bôeres continuavam ao redor, com zunidos de balas e explosões de bombas.

Os fuzileiros baixaram seus rifles para empurrar os vagões. "O inimigo, livre de nosso contra-ataque", como descreveu Winston, "estava em vários pontos das montanhas, atirando furiosamente."[30] Por fim, o trilho estava livre. Winston correu de volta para o vagão do motor, que estava cheio de homens feridos, e ordenou que o maquinista movesse o trem lentamente de ré. Porém, os bôeres, notando que o trem intencionava escapar, aumentaram os disparos, espalhando os soldados por todas as direções. "A ordem e o controle haviam desaparecido [...]. O motor, acelerando o ritmo", fez o trem avançar antes que Winston conseguisse dizer ao maquinista que esperasse, deixando os fuzileiros uns 280 metros para trás.

Churchill ordenou ao maquinista que parasse, enquanto saiu a pé em busca de Haldane e seus homens, sem saber que já haviam se rendido. De repente, dois bôeres apareceram. Winston correu de volta para o trem. Os disparos dos inimigos passaram zunindo por sua cabeça, com um som peculiar, lembrou ele, como "dois beijos macios no ar". Ele caiu no chão, mas não encontrou proteção naqueles trilhos estreitos. Depois de desviar de mais umas balas, arrastou-se uns 2 metros na margem para escapar.

Um cavaleiro solitário surgiu de repente, e o barrou. Winston buscou sua confiável pistola Mauser, mas não estava com ela. Havia-a deixado no vagão do motor, enquanto tentava liberar o trilho. Não tendo alternativa, ergueu os braços: "logo em seguida, meu captor baixou o rifle e levou-me consigo." Minutos depois, estava junto a Haldane e seus 56 homens, como prisioneiro de guerra, entrando cansada e lentamente no cativeiro. Mais tarde, chegaram a conhecer o comandante bôer, que havia colocado a pedra sobre os trilhos. Era "um homem velho e gentil [...] [que] esperava que não o levássemos a mal. Respondemos-lhe que de forma alguma e que teríamos prazer de fazer o mesmo por ele, algum dia".[31]

Winston passaria quase um mês em um acampamento para prisioneiros de guerra, uma Escola Modelo adaptada, fora de Pretória, com um grande número de outros oficiais britânicos, inclusive Haldane. Os bôeres estavam fascinados com seus jovens e importantes convidados. Um fluxo contínuo de generais, jornalistas e dignitários, incluindo o cônsul norte-americano, veio vê-lo e entrevistá-lo. Para Churchill, o cativeiro era "uma chatice do amanhecer até a hora de dormir"; ele e os amigos prisioneiros "não pensávamos em nada além da liberdade, e quebramos a cabeça para descobrir uma forma de escapar".[32]

Winston tentou uma forma legal de sair, protestando que era um jornalista, não um combatente. Haldane chegou a assinar um testemunho de que Winston não tomara parte na batalha (o que não era verdade). O comandante bôer recusou-se a aceitar. Ainda assim, Winston seguia entusiasmado.[33] Ficou alegre quando viu os jornais relatarem, além de sua captura, sua coragem em liberar o trilho e operar a máquina. Sua reputação estava construída. Nem mesmo passar seu 25º aniversário na prisão poderia esmorecer-lhe o espírito ou diminuir sua impaciência para sair dali.

Finalmente, em 12 de dezembro de 1899, o comandante bôer cedeu e assinou uma ordem de libertação para Churchill. Na manhã seguinte bem cedo, um servente dirigiu-se à cama dele para acordá-lo, mas não houve resposta sob as cobertas.

Finalmente, o homem aproximou-se para sacudi-lo — e aí percebeu que a cama estava cheia de travesseiros. Na mesma noite em que a ordem de libertação foi assinada, aquele proeminente prisioneiro pulou a cerca e escapou.[34]

O plano de escapar fora de Haldane, não de Churchill. Na verdade, se Haldane e aquele com quem conspirava, um sargento robusto da Cavalaria Leve Imperial chamado Brockie, tivessem conseguido o que queriam, ele sequer teria ido junto com o grupo. Brockie considerava Churchill uma responsabilidade séria, com seu ombro ruim e seu rosto conhecido em todos os lugares por conta dos jornais. Quando Winston, ainda assim, insistiu que o incluíssem no plano, Haldane convenceu Brockie de que Winston se sairia bem.

O trio esperava para pular a cerca em um canto sem vigilância, atrás dos banheiros do acampamento, na noite de 11 de dezembro. Mas a aparição inesperada de uma sentinela bôer forçou-os a abandonar a tentativa. Tentaram novamente na noite seguinte, mas o mesmo aconteceu. Brockie e Haldane, então, foram ao banheiro e Winston esperou do lado de fora. Quando voltaram, a sentinela havia sumido. Winston também. Quando o bôer deu as costas e afastou-se da cerca, Winston viu sua chance e pulou, deixando os dois companheiros para trás.

"Esse seu amigo confiável", repetia Brockie com desgosto, "muito cavalheiro." Outros oficiais no acampamento ficaram furiosos também; qualquer outro plano de fuga era inútil, uma vez que a ausência de Winston foi percebida, e a segurança, reforçada.[35] De qualquer forma, sem Brockie, que falava africâner, Winston não teria chance de comprar comida ou outros suprimentos sem ser descoberto; a caminhada era de cerca de 480 quilômetros até estar em segurança na baía da Lagoa, na África portuguesa.

"Porém, quando a esperança foi embora", escreveu Winston mais tarde, "o medo foi junto. Eu elaborei um plano."[36] Usando a noite para se esconder e as estrelas para se guiar, descobriu um trilho e tentou esconder-se em um trem que passasse e o levasse ao leste, até Lourenço Marques. Por quase uma semana, refugiou-se em vagões vazios e em uma casa pertencente a um funcionário britânico da ferrovia da baía da Lagoa.

Finalmente, em 19 de dezembro, quando os bôeres já faziam circular cartazes em busca de um "inglês, 25 anos, 1,70 metro de altura, compleição mediana, anda levemente curvado [...] não pode pronunciar a letra 's'", o protetor de Winston colocou-o escondido em um vagão cheio de fardos de lã para atravessar a fronteira portuguesa. Pouco mais tarde, chegou ao consulado britânico em Lourenço Marques e pediu por um tão sonhado banho.[37]

Churchill tornou-se instantaneamente uma celebridade. A narração de sua ousada fuga (ninguém ouvira ainda a versão de Haldane) e da vida como fugitivo era como um filme de ficção; combinada ao heroísmo no trem blindado, revelava um homem de coragem, audácia e iniciativa — além de uma grande dose de sorte. O relato heroico de Winston era especialmente bem-vindo em um momento em que todas as outras histórias da guerra eram tão tristes. No dia 15, Sir Redvers Buller havia sofrido uma humilhante derrota em Colenso, perdendo 1.100 homens e dez peças de artilharia, fazendo dele o primeiro general britânico a perder armas em mais de um século.[38] Winston Churchill deu ao público britânico algo com que se animar e estava encantado por ser o estopim dessa animação.

Em 23 de dezembro de 1899, ele chegou de navio ao porto de Durban, não longe de onde Gandhi desembarcara dois anos antes, mas com uma recepção bem diferente. Quando deu um passo em direção à prancha de desembarque, a multidão aglomerada junto ao cais fez soar "uma animada salva de palmas", como reportou o *Natal Mercury*, e todos reconheceram "seu rosto de menino protegido por um chapéu de abas largas". Winston fez um discurso improvisado dizendo que o esforço dos bôeres em tirar os britânicos da África do Sul seria em vão. Quando a Grã-Bretanha finalmente vencer, concluiu ele, "vocês verão nesse país o início de uma nova era [...], uma era de paz, pureza, liberdade, igualdade e bom governo na África do Sul".[39]

Coberto por palmas e gritos de "Deus te abençoe, garoto!", ele partiu para a prefeitura e, depois, para a estação de trem, onde uma triunfal procissão escoltou seu riquixá atrás de uma bandeira britânica. A multidão continuava animada quando, enfim, seu trem já ia longe. Nada o deteria agora. Dois meses depois, durante a libertação de Ladysmith, um oficial britânico viu um jovem com o uniforme da Cavalaria Leve da África do Sul falando com o general em comando, Sir George White, com um ar enfurecido e arrogante.

"Quem, por Deus, é aquele?", perguntou o oficial quando o jovem saiu. "É o filho de Randolph Churchill, Winston", respondeu White. "Eu não gosto daquele rapaz, mas ele será primeiro-ministro da Inglaterra um dia."[40]

Winston ficou mais sete meses na África do Sul, onde testemunhou algumas das mais sangrentas batalhas da guerra. Em janeiro, o Exército britânico, reorganizado sob o comando do general Roberts, tentou erguer um cerco a Ladysmith, irrompendo pela cadeia de montanhas para o sul da cidade, em Spion Kop. Churchill, agora como voluntário da Cavalaria Leve da África do Sul, mas ainda repórter-estrela do *Morning Post*, galopou para assistir à brigada do major-general Edward Woodgate avançar sobre as trincheiras bôeres até o pico.

Na manhã seguinte, os bôeres contra-atacaram. "Um furioso e violento bombardeio irrompeu no pico", contou Winston aos leitores, causando muitos ferimentos e a morte do general Woodgate. "Nenhuma palavra nesses dias de expressões extravagantes", disse de maneira exagerada, "pode fazer justiça à gloriosa persistência que o regimento inglês — pois eram todos ingleses — mostrou durante as horas arrastadas de bombardeio."[41] Ao pé da montanha, vinha um fluxo de feridos, incluindo o general Woodgate, em um *dooli*, ou maca. Como Winston assistia à cena com seu telescópio, nunca soube que aquela figura magra em roupas cáqui que carregava a maca do general era Mohandas Gandhi.

Quando Gandhi se ofereceu como voluntário para o serviço de ambulância, a reação inicial foi de incredulidade e até mesmo escárnio. "Vocês indianos não sabem nada de guerra", disse-lhe um legislador de Natal. "Vocês é que terão de receber cuidados em vez de nos ajudar."[42]

Era uma suposição corrente do imperialismo britânico que os hindus, diferentemente das "raças marciais" muçulmanas, não se adequavam a uma vida viril de perigo e esforços. Em parte, devido à sua dieta vegetariana — "puro mingau", como teria dito Churchill. Aliás, Gandhi podia recitar uma cantiga guzerate da infância que usava o vegetarianismo para explicar toda a história do Raj:

> Veja o grande e forte inglês
> Ele governa os pequenos indianos
> Por ser um comedor de carne
> Alcança cinco cúbitos de altura

Gandhi estava determinado a provar que isso não passava de um mito. Os motoristas e médicos das ambulâncias não seriam apenas serventes no hospital. Ele os queria na linha de frente, arriscando a vida ao lado dos britânicos, para mostrar que tinham a mesma "valentia, determinação e bravura" dos bôeres e outros homens brancos.[43] Havia conseguido que os voluntários obtivessem certificado médico para o serviço da linha de frente e conseguiu que o dr. Booth desse-lhes um rápido treinamento de atendimento no campo de batalha.

Gandhi recrutou 1.100 voluntários indianos. Eles eram uma miscelânea de etnias, religiões e castas. Apenas trezentos não eram servos, sendo o restante igualmente de origem humilde. Os amigos mercadores de Gandhi mostraram generosidade ao oferecer dinheiro, mas encontraram desculpas para não colocar em risco as próprias vidas ou as dos filhos. Gandhi não dava importância. Os homens sob seu comando eram nascidos e criados para suportar as adversidades; muitos deles eram cristãos, com quem ele tivera prazer em trabalhar no hospital de Booth.[44] Confiava que todos deixariam ele e a nação indiana orgulhosos.

A primeira tarefa foi cuidar dos feridos de guerra após a derrota em Colenso, em 15 de dezembro. Um dos feridos de quem Gandhi cuidou pessoalmente era o único filho do general Frederick Roberts, o mentor de

Randolph Churchill em assuntos sobre a Índia — ironicamente, o homem que, mais que qualquer outro, institucionalizou a ideia de que os hindus não eram "uma raça de lutas". Agora, o general Roberts estava a caminho para assumir o comando-geral da África do Sul. O tenente Roberts morreria de seus ferimentos apenas cinco dias antes de seu pai chegar.

Gandhi ficou impressionado com o jovem Roberts e outros soldados ingleses, que, por espontânea vontade, dividiram seus cantis com os companheiros de pele escura. "Havia, devo dizer, um espírito fraternal independente de cor ou credo", escreveu mais tarde, assim como um espírito do *Bhagavad Gita*, e, imbuídos disso, os homens cumpriam seu dever, aceitando, com disposição, enfrentar o perigo.[45] Então, enquanto Winston Churchill entusiasmava os leitores do *Morning Post*, escrevendo sobre como a guerra despertava as melhores características das "raças fortes", outro correspondente encontrou Gandhi, depois de um duro dia de trabalho, agachado ao lado da ambulância comendo o lanche do Exército, aparentando "um comportamento austero, animado e confiante".[46]

O Exército britânico, inicialmente, relutou em colocar indianos em ação, com medo de inflamar os sentimentos raciais dos bôeres.* Mas a forte luta em Spion Kop obrigou o alto-comando a abandonar tais regras, e Gandhi e seus homens foram convocados.

"Nós não hesitamos", escreveu Gandhi com orgulho, quando as ambulâncias, com agitadas bandeiras da Cruz Vermelha, reuniram-se ao pé da montanha. Nesse meio-tempo, enquanto os corpos dos mortos e feridos amontoavam-se em "uma desordem malcheirosa", o tenente Churchill assistia a tudo de uma encosta vizinha.

Às 16 horas, Churchill não podia mais assistir passivamente a tudo aquilo. Ele e outro oficial cavalgaram montanha abaixo, atravessaram "a vila das ambulâncias" e, abandonando seus cavalos, escalaram a outra montanha.

"Muitos feridos bloquearam-nos o caminho", escreveu ele, "buscando equilíbrio, ajudados por companheiros, arrastando-se com as mãos e os joelhos ou carregados em macas." De fato, ele e Gandhi devem ter cruzado um com o outro a poucos metros de distância, já que um dos feridos que

---

* Não havia regimentos indianos na campanha pelo mesmo motivo. Quando o general Roberts tentou colocar um oficial indiano em seu grupo, o governo colonial, nervoso, vetou a ideia, apesar da intervenção pessoal da rainha em favor do oficial.

Gandhi carregava era Woodgate — algo de que lembraria com orgulho mais de quarenta anos depois.[47]

O grupo de Gandhi teve de carregar os feridos por quilômetros em um terreno que as velhas ambulâncias não conseguiam atravessar, a fim de levá--los para o hospital de campanha. Em alguns casos, chegavam a andar 40 quilômetros em um único dia. Gandhi sentia-se contente quando alguém dizia ser impensável que membros europeus da força médica pudessem realizar tal viagem sob o mesmo sol escaldante, sem comida nem água.[48] O general Revers Buller mencionaria a bravura dos indianos em seus despachos em Spion Kop, e Gandhi e outros 37 voluntários chegaram a ganhar uma medalha de guerra. Ela mostrava o retrato da rainha de um lado e um soldado da Grã-Bretanha de capacete do outro, convocando os homens da África do Sul a defendê-la. Havia, inclusive, um poema publicado em honra às suas proezas, que terminava com o seguinte refrão: "Somos filhos do Império, enfim."

Algumas semanas mais tarde, as ambulâncias indianas foram dispensadas. "Vocês demonstraram patriotismo e honraram a vocês mesmos e ao seu país", escreveu Gandhi aos companheiros em abril.[49] Ele agora podia descansar e relaxar à espera do fim da guerra e da nova era de liberdade e igualdade que Churchill e outros prometiam à África do Sul. "Todos acreditavam que os descontentamentos dos indianos seriam então reparados", escreveu Gandhi posteriormente.[50]

O fim estava, finalmente, à vista — ou assim parecia estar. Ladysmith foi libertada em 1º de março de 1900. Johanesburgo, em 31 de maio. Dias depois, os bôeres abandonaram Pretória. E, em 5 de junho, lorde Roberts e seu Exército entraram na capital do Transvaal. Um dos primeiros a chegar foi o tenente Churchill, que foi direto à Escola Modelo onde seus companheiros oficiais continuavam prisioneiros. Às 8h30 da manhã, "Winston Churchill, repentinamente, veio a galope na montanha", lembrou-se um prisioneiro impressionado, "derrubou a bandeira bôer e hasteou a nossa, sob aplausos".[51]

Winston ainda participaria de outro confronto armado, em Diamond Hill, leste de Pretória, no dia 11 de junho. Porém, com a guerra praticamente terminada e a missão cumprida, ele estava impaciente para sair da África do Sul. Dois dias antes, havia escrito para sua mãe: "Desejo ir para casa [...]. A política, Pamela [Plowden, filha de um funcionário indiano que conhecera em Hyderabad e de quem esperava tornar-se noivo], finanças e livros, todos merecem minha atenção." Entre os livros, estava um que vinha escrevendo para contar suas aventuras, intitulado *From London to Ladysmith via Pretoria*, que veio a ser um best-seller instantâneo.

Churchill tivera uma boa guerra. Muitos de seus amigos foram mortos ou feridos. Seu próprio irmão, Jack, foi baleado, ao seu lado, durante a ajuda a Ladysmith.[52] No entanto, ele, mais uma vez, como em Omdurman, saía sem um arranhão. E ainda que nunca viesse a ganhar a medalha por êxito, a Victoria Cross ou a casar com Pamela Plowden, sua fama e seu prestígio significavam que poderia começar a escrever sua própria carreira política.

O navio em que viajava chegou a Southpantom em 20 de julho de 1900. Em 17 de setembro, o governo conservador da Grã-Bretanha, ávido por tirar vantagem do sucesso contra os bôeres, dissolveu o Parlamento e convocou eleições gerais para 1º de outubro. Winston tinha menos de duas semanas para aquecer sua campanha e conseguir um assento por Oldham, ao qual concorrera e perdera nas eleições do ano anterior.

Dessa vez as coisas deram certo. Ficou em segundo lugar na apuração dos votos, mas as regras eleitorais de Oldham garantiam vaga tanto para o primeiro quanto para o segundo colocado. Churchill seguia, enfim, os passos de seu pai. Poucos dias depois, recebia uma carta de Simla, do novo vice-rei da Índia, lorde Curzon, parabenizando-o pela vitória. "É um grande momento", escreveu Curzon. "É o ponto de largada de uma carreira de grandes possibilidades, infinito entusiasmo e perigosas vicissitudes."[53]

Aquelas palavras sobre o futuro de Churchill eram mais verdadeiras do que o próprio Curzon, um dos mais brilhantes homens públicos da Grã-Bretanha, poderia imaginar. Apesar de todos os obstáculos, Churchill alcançaria o objetivo desejado por Curzon, mas nunca alcançado em toda a sua ilustre carreira: o número 10 da Downing Street e a liderança do Império Britânico.

Entretanto, no fim, a Índia venceria os dois.

7. CAMINHOS CONVERGENTES
1900-1906

Todos os objetivos perseguidos com um coração puro devem gerar
frutos, sejam-nos estes visíveis ou não.
(M. K. GANDHI)

Em 6 de outubro de 1900, a Coroa britânica anexou o Transvaal e o Estado de Orange. A guerra e toda a sua brutalidade ainda se estenderiam por um ano e meio. A contínua resistência de guerrilha dos bôeres forçou a Grã-Bretanha a lançar uma implacável contrainsurgência, que devastou dezenas de milhares de propriedades bôeres e criou "campos de concentração", que mais pareciam focos de doença para receber os refugiados de guerra. Perto de 28 mil bôeres morreriam nesses campos, incluindo 26 mil mulheres e crianças e, pelo menos, 14 mil negros. Porém, toda a África do Sul — e suas minas de ouro — estava agora sob domínio britânico.

Ao longo de todo esse tempo, ninguém pronunciou uma palavra sobre os indianos da África do Sul.

A carreira de Winston Churchill despontou com a guerra, mas Gandhi ficou numa situação difícil. O fim triunfal das leis discriminatórias contra os indianos, que ele esperava, não aconteceu. A possibilidade de voltar às mesmas rodadas de protesto e petições ingratas que não davam resultado era mais do que Gandhi poderia aguentar, especialmente depois da agitação trazida pela guerra.

Ele decidiu que era hora de seguir em frente. Em outubro de 1901, voltou para a Índia, "convencido de que a causa no Congresso de Natal estava perdida".[1]

Ele permaneceu lá por um ano, esforçando-se para entrar na política nacional. O líder político indiano Gopal K. Gokhale deu-lhe apoio, mas Gandhi não chegou a lugar algum. Então, em novembro de 1902, recebeu um telegrama de seus amigos de Natal, implorando-lhe que voltasse. A mudança está chegando à África do Sul, diziam, e precisariam de sua ajuda. Mais tarde, em sua autobiografia, Gandhi sugeriu que o telegrama chegou "justo quando começava a adaptar-me à Índia como eu gostaria", como um promotor comum em Mumbai. Alguns biógrafos acreditam em sua palavra, mas a verdade era um pouco diferente. Suas cartas daquele período revelam suas dúvidas quanto à possibilidade de sustentar-se em Mumbai (foi um empréstimo do Congresso de Natal que lhe permitiu mudar-se para lá), fosse como advogado, fosse como político. Gandhi percebeu que, caso ele se tornasse um líder dos homens e uma inspiração para os companheiros indianos, isso aconteceria na África do Sul, não em outro lugar.[2]

A situação por lá estava, de fato, mudada — aparentemente para melhor. A guerra e a insurreição bôer estavam finalmente terminadas. Lorde Milner, o amigo dos indianos na Colônia do Cabo, estava no comando, e outro simpatizante de Gandhi, o ministro das Relações Exteriores, Joseph Chamberlain, conduzia uma turnê pessoal pela região. Naquele mês de dezembro, pouco depois de retornar a Durban, Gandhi chefiou uma delegação que se reuniria com Chamberlain. Os indianos fizeram-no recordar suas propostas anteriores, favoráveis à petição contrária às leis do "bazaar" do Transvaal. A resposta de Chamberlain foi amigável, porém cautelosa. "Farei o que puder", disse a Gandhi e aos outros delegados, "mas vocês precisam fazer o possível para apaziguar os europeus, se quiserem viver no meio deles."[3]

Mais tarde, Gandhi lembrou-se de como aquela resposta "fora um banho de água fria" sobre os outros membros da delegação. Porém, ele estava convencido de que o governo britânico da antiga república bôer fizera mais pelos indianos que o de Natal. Decidiu abrir seu novo escritório de advocacia em Johanesburgo, a maior cidade do Transvaal e o centro da corrida pelo ouro. A cidade estava prosperando, tendo crescido para mais de 100 mil colonos, com novos subúrbios surgindo em todos os lados. O ritmo e a pressão eram tão intensos, disse Gandhi, que as pessoas pareciam correr em vez de andar, e o ronco da maquinaria das minas era incessante do amanhecer até depois do pôr do sol. O negócio de Gandhi também deslanchou, contando com quatro ajudantes indianos e, logo, com uma escocesa contratada para datilografar.[4]

Comparada a Durban, Johanesburgo tinha um cenário cultural instigante, o que permitiu a Gandhi retomar contatos com a contracultura New Age. Fez dois novos amigos europeus, Hermann Kallenbach, um judeo-polonês liberal e arquiteto de sucesso, e Henry Solomon Polak. Polak tinha apenas 22 anos, mas era jornalista, dedicado seguidor de madame Blavatsky, e também vegetariano. Em consequência de seu encontro com Polak, Gandhi passaria a maioria de suas noites na Sociedade Teosófica de Johanesburgo, enquanto gastava seus dias tentando mobilizar os indianos do Transvaal a afirmar seus direitos políticos.

Primeiro, Gandhi tentou seguir o conselho de Chamberlain. Organizou um novo grupo lobista, a British Indian Association (BIA) — o nome deixou claro onde estava a lealdade política dos membros —, e assumiu um jornal local em decadência, o *Indian Opinion*, para fazer ressoar as opiniões da BIA.[5] Procurou ganhar apoio para revogar as leis anti-indianas mais rígidas, convencendo os brancos de que a elite indiana de Pretória e Johanesburgo os ajudaria a reforçar a discriminação racial tradicional. Editoriais do *Indian Opinion* estabeleciam uma nova ordem racial, na qual brancos e indianos dividiriam, de fato, o domínio sobre os negros e mestiços da África do Sul.

"Acreditamos na pureza da raça tanto quanto pensamos" acreditarem os brancos, escreveu Gandhi. "Se houver uma coisa que os indianos desejam mais que qualquer outra, essa será a pureza da estirpe [racial]."[6] Gandhi acreditava "profundamente" que os negros e os indianos não deveriam ser forçados a viver nos mesmos subúrbios. "Acho muito injusto com a população indiana", disse ele. Aliás, muitas das proposições de Gandhi no *Indian Opinion*, exigindo instalações separadas para raças distintas, fariam dele um dos primeiros arquitetos do apartheid.

Biógrafos não ficam confortáveis com esse lado de Gandhi, o que é compreensível. No entanto, como a historiadora Maureen Swan concluiu, "Gandhi era um purista racial e orgulhava-se disso".[7] Ele tinha pouco ou nenhum respeito pelos negros da África do Sul. Seu objetivo nunca fora subverter a linha do racismo, mas fazer com que os brancos aceitassem os indianos do lado deles. Os indianos britânicos, escreveu ele em junho de 1903, "admitem que a raça britânica deveria ser a raça dominante na África do Sul".[8]

Gandhi sentia-se ofendido não pelo sistema de separação racial em si, mas pelo insulto de ser legalmente "reduzido" ao nível da maioria negra. "Nesse aspecto, tornou-se um segregacionista", admite James Hunt, especialista em Gandhi, "ainda que fosse liberal."[9] Na verdade, a consciência sobre a importância da raça como elemento definidor da identidade viria a ter enorme impacto em suas concepções sobre a Índia, depois de seus esforços na África do Sul fracassarem.

E realmente fracassaram. Mais uma vez, o triste e familiar padrão repetia-se: esforços cheios de expectativa, a esperança inicial e depois a decepção assoladora. A verdade era que a única minoria que Chamberlain e Milner tinham interesse em apaziguar eram os bôeres. Depois da longa e suada batalha, o governo britânico estava disposto a aceitar tanto da legislação pré-guerra e do chauvinismo racista quanto fosse preciso para conseguir o consentimento bôer com a nova ordem. Em 1905, quando lorde Milner deixou a África do Sul, sua promessa de que "indianos britânicos respeitáveis ou asiáticos civilizados" jamais voltariam a sofrer discriminação seguia irrealizada. Aliás, a Colônia do Cabo chegava a considerar um projeto de lei próprio contra a imigração indiana.[10]

Tudo que Gandhi fizera ao longo da última década provou-se inútil. Em vez de ajudar a minoria indiana da África do Sul, suas campanhas, quase com certeza, ajudaram a piorar o problema. O surto de pneumonia irrompido em Johanesburgo, nos quarteirões dos trabalhadores braçais, aumentou o desejo dos brancos de expulsar os indianos da cidade. Mesmo tendo participado como voluntário no trabalho com os doentes e moribundos e organizado um acampamento temporário onde as famílias podiam escapar da doença e da imundície, Gandhi estava prestes a perder o bom humor. Podia perceber que seus esforços, e até sua vida, precisavam de uma nova direção. Foram seus novos amigos, Kallenbach e Polak, que o ajudaram a encontrá-la.

Gandhi e Polak já dividiam a paixão pelo trabalho do escritor russo, vegetariano, pacifista e sábio New Age, Lev Tolstói. Tolstói era o favorito entre os intelectuais de língua inglesa da contracultura por sua rejeição à civilização industrial e ao cristianismo tradicional, bem como por sua defesa do "retorno à terra" e da não violência. Gandhi lera *O reino de Deus está em vós*, de Tolstói, no dia anterior ao episódio na plataforma de trem em Maritzburg. Ele ficara "estupefato" com a mensagem de que o melhor presente de Deus para o homem fora o amor universal, que pode superar todos os conflitos e o ódio. (Muitos anos depois, Gandhi diria que foi lendo Tolstói que passou a acreditar na não violência.)[11]

Uns dez anos depois, Polak deu-lhe outro dos favoritos New Age, *Unto This Last*, de John Ruskin. O efeito foi eletrizante.

Publicado em 1860, o livro trazia uma rígida rejeição à ideologia *laissez-faire* de livre-comércio que os liberais britânicos vinham pregando desde Adam Smith. A "verdadeira" riqueza de uma nação não está no capital, no comércio ou na indústria, proclamava Ruskin, mas na dignidade simples do trabalho altruísta.

A verdadeira política econômica não podia ser baseada no trabalho para obtenção de lucro, mas no trabalho para beneficiar os outros: "governo e cooperação são, em todas as coisas, as leis da vida; anarquia e competição, as leis da morte". O futuro da humanidade pertencia àqueles dispostos a abrir mão da riqueza exterior em benefício da felicidade interior e àqueles que fazem "do autocontrole o bem mais precioso".

> Luxo será, de fato, possível no futuro [...] luxo para todos e em benefício de todos; mas o luxo como conhecemos pode ser apreciado somente pelos ignorantes; o mais cruel dos homens não poderia sentar-se em seu festim, a menos que sentasse de olhos vendados [...]. Erga o véu corajosamente; encare a luz [...] até que chegue a hora em que o pão e a paz de Cristo estejam Nele e em nós.

Gandhi leu essa passagem em sua viagem noturna de Johanesburgo para Durban, no momento em que o sol nascia sobre a estepe e atravessava as janelas cobertas de fuligem. Era a autêntica voz da consciência liberal New Age. Gandhi estava tão atraído por ela que não podia dormir. As palavras de Ruskin trouxeram "uma transformação instantânea e efetiva à minha vida", escreveu mais tarde. Ruskin levou-o a concluir que a única vida que valia a pena ser vivida era a de um simples artesão ou de um lavrador da terra e que "o bem do indivíduo está contido no bem de todos". Certamente, percebeu Gandhi, ele jamais poderia mudar os outros sem que houvesse mudado a si mesmo. "Eu despertei com o sol, pronto para colocar esses princípios em prática."[12]

Para outros leitores, *Unto This Last* foi um alto e claro chamado para o socialismo. Mas Gandhi encontrou nele uma mensagem diferente: um chamado para uma vida de trabalho altruísta.[13] Somada à noção de Lev Tolstói de poder e verdade do amor universal, a obra deu a Gandhi uma súbita visão dos indianos construindo uma comunidade dedicada a trabalhar para os outros e servir a Deus. "Deixe-nos esquecer de pensamentos como 'eu um hindu, você um muçulmano' ou 'eu um guzerate, você um madrase'", escreveria ele. "Vamos soterrar 'eu' e 'meu' em uma nacionalidade indiana comum, fundada em amor, trabalho e verdade. Ao fazer isso, os indianos encontrarão não apenas a Deus, mas a eles mesmos — e estarão espiritual-mente armados para derrotar seus inimigos."[14]

Na Rússia, Tolstói havia organizado uma comunidade ideal em sua fazenda, dedicada a princípios religiosos, em Yasnaya Polyana. Agora, Gandhi faria o mesmo na África do Sul. Ele encontrou o que procurava perto de Durban: uma área de terra próxima à estação de trem e no coração da região da cana-de-açúcar, chamada Fazenda Phoenix. Não havia leões nem chacais, mas a terra ficava cheia de cobras famintas pelas frutas das árvores durante a primavera. A Fazenda Phoenix estava em um dos mais férteis solos da África do Sul.[15] Com o dinheiro de Hermann Kallenbach, Gandhi comprou-a e, apesar de lá não haver casa ou galpão, começou a recrutar amigos e familiares para trabalhar e viver na terra. Ao final do ano, havia transferido os escritórios do *Indian Opinion* para a propriedade.

A Fazenda Phoenix estabeleceu o novo padrão de vida para Gandhi. A partir daquele momento, escolheria viver em uma comunidade autônoma, tendo como modelo a fazenda de Tolstói ou um *ashram* budista, uma utopia semimonástica que incorporava seus valores de pureza espiritual e trabalho duro. Essas comunas da contracultura seriam abertas a visitantes (alguns, como Kasturbai, diriam haver muitos deles), mas também extraídas do mundo (ou, diriam alguns, isoladas da realidade). Gandhi cumpria o papel de organizador, mestre espiritual e cabeça dirigente de todas as atividades da fazenda. Voluntários, como seu primo Chaganlal, seu filho Harilal e sua se-cretária branca, Sonja Schlesin (que também era teosofista), e, durante algum tempo, Polak e Hermann Kallenbach, lá viveram para aprender "as leis da saúde e os exercícios estabelecidos", como descreveu Ruskin. Os fazendeiros de Phoenix construíram suas próprias casas, plantavam a própria comida, trabalhavam a terra, praticavam calistenia toda manhã e liam o *Bhagavad Gita* na tradução de Edwin Arnold toda noite.

A Fazenda Phoenix era uma comuna da contracultura ao estilo eduardia-no; lá Gandhi continuou a simplificar a vida, cuidando das próprias tarefas, como cozinhar e lavar. Experimentou dietas New Age de frutas, vegetais e nozes; pregou a objeção aos hábitos maléficos do Ocidente, como álcool e tabaco. (Um de seus editoriais desse período recebeu o título de "Sobre os males do chá".) Expôs críticas sobre higiene e limpeza, o que considerava negligenciado pelos indianos comuns. Na fazenda, também publicou o *Indian Opinion* em quatro idiomas,* fazendo soar as máquinas de impressão todas as noites. Ia de bicicleta para o escritório todas as manhãs, realizando uma viagem de mais de 22 quilômetros entre a ida e a volta.

No entanto, Gandhi não vivia na fazenda. A mudança que teve início naquela noite, no trem para Durban, não fora tão súbita nem tão drástica quanto sugeriu, mais tarde, em sua autobiografia. Ainda manteve a grande casa em Johanesburgo e ainda precisava do farto rendimento que recebia como advogado para manter a Fazenda Phoenix e o jornal em atividade. Em 1905, ainda vestia terno e gravata, mesmo em visitas à fazenda, a qual dirigia, segundo descreveu um biógrafo, "como um déspota benevolente", a distância.[16]

Gandhi não havia rompido por completo com sua antiga vida, mas, em sua mente, sem dúvida movia-se na direção de algo novo, sem a certeza do que seria. Uma revolução estava a caminho, tanto nos pensamentos de Gandhi quanto em suas relações com outros. Como ela aconteceria de fato dependeria dos outros e dele na mesma intensidade — e também de um mundo que estava, ele mesmo, à beira de uma revolução.

Em 1905, a velha ordem era desafiada e, por toda parte, o solo estava rachando. A Guerra dos Bôeres foi o prelúdio. Pouco tempo depois, sistemas imperiais ultrapassados estavam sob ataque em todo o mundo. Em 22 de janeiro de 1905, manifestantes marcharam em frente ao palácio de inverno do tsar russo, em São Petersburgo. Soldados abriram fogo e mataram quinhentas pessoas, ferindo muitas mais. Os desordeiros logo se espalharam por outras partes do Império Russo, incluindo Polônia, Lituânia e Geórgia; em março, o tsar Nicholas II foi forçado a ceder um governo parlamentarista, pela primeira vez na história da Rússia.

Na Grécia, protestantes exigiram independência do Império Otomano. Rebeldes invadiram o Congo Belga. Em junho, marinheiros russos a bordo do encouraçado *Potemkin* ergueram a bandeira da revolta. As vitórias

---

* Inglês, hindu, guzerate e tâmil.

devastadoras do Japão sobre a Rússia, em Mukden e Tsushima, naquela primavera, colocaram em xeque os estereótipos raciais convencionais e assinalaram o surgimento do primeiro império moderno não branco do mundo. Na China, Sun Yat-Sen fundou a Liga Revolucionária para promover uma revolta nacionalista modernizante contra o Trono do Dragão. Naquele mês de novembro, nacionalistas irlandeses organizaram o Sinn Fein. No ano seguinte, clérigos e liberais na Pérsia forçaram o xá a conceder o poder a uma assembleia eleita, ou *majlis*.

O espírito de revolução e liberdade nacionalista chegou à Índia com importantes consequências para o futuro de Gandhi. Apenas dois anos antes, a Índia havia testemunhado a maior demonstração de suntuosidade e poder do Raj em sua história. O *durbar* em Délhi, ao celebrar a coroação do rei Edward VII, atraiu mais de um milhão de espectadores. Mais de 34 mil soldados britânicos e indianos desfilaram ao som de uma banda composta de 2.400 músicos, enquanto centenas de marajás, príncipes e líderes menores chegavam de elefante, camelo e a cavalo para mostrar lealdade ao rei imperador.

O grandioso espetáculo devia-se ao mais brilhante e competente vice--rei que o Raj já conhecera, o barão George Curzon de Kedleston. Curzon era atraente e enérgico, e compartilhava a mesma segurança imperial de seu companheiro graduado pela Balliol College, Alfred Milner. Curzon preocupava-se profundamente com a Índia e seu povo. Viajou muito pelo subcontinente, até Srinagar, a norte, e o Afeganistão, a oeste, e dedicou uma enorme soma de recursos para restaurar os maiores monumentos da Índia, incluindo o Forte Vermelho de Délhi e o Taj Mahal.[17] Mostrava grande desprezo pelo grosseiro estereótipo racista que fomentou a Rebelião Branca.

Curzon, entretanto, acreditava saber o que os indianos desejavam melhor que os próprios indianos. Isso o levou a tomar duas decisões fatais. A primeira foi submeter as universidades da Índia à regulação governamental, atingindo assim as mesmas instituições veneradas pela elite indiana como porta para o sucesso.[18] A segunda foi dividir Bengala em duas novas províncias administrativas, em parte porque a velha província e o antigo reino eram grandes e heterogêneos demais para ser governados de forma efetiva, em parte para garantir para a metade leste, habitada por 18 milhões de muçulmanos, sua própria administração civil e seu sistema de justiça.

Bengala era a morada de poetas e escritores e da elite letrada da Índia. Era também o centro do nacionalismo indiano. Muitos concluíram, apressadamente, que a partição de Curzon fora um ataque contra o movimento nacionalista e outro exemplo da velha política do Raj de dividir para conquistar — em especial porque os bengaleses se tornariam minoria em sua própria província.* Estourou, em Bengala, uma reação furiosa que se espalhou rapidamente para outras partes da Índia, Mumbai em particular, outro foco do sentimento nacionalista.[19]

Curzon rejeitou os protestos contra a partição, tendo-os como um "clamor histérico" por parte de "uma pequena facção desleal". Porém, protestantes organizaram um boicote a produtos britânicos importados, como forma de punir Curzon e os britânicos. Multidões realizaram impressionantes fogueiras com o algodão vindo de Manchester e Liverpool. Até mesmo políticos indianos moderados convocaram uma revolta contra os impostos e realizaram o *swadeshi*, ou seja, o movimento de independência econômica. Tudo isso logo conduziu ao chamado pela independência *política*, uma versão indiana da reivindicação irlandesa por autonomia. Da noite para o dia, Curzon, inadvertidamente, converteu o Congresso Nacional Indiano de um quieto clube de velhos legalistas barbudos em um veículo de protesto. Em agosto de 1905, deixou a Índia, sua política e sua reputação em farrapos.[20] A fúria atiçada pela partição de Bengala, inclusive entre os não bengaleses, duraria mais que sua própria vida. O laço de confiança entre o Raj e a elite educada hindu, que sobreviveu até mesmo à Rebelião Branca, rompia-se finalmente. Na verdade, os nacionalistas indianos haviam encontrado um novo aliado, a classe média urbana, e o Congresso Nacional, um ativo e crescente eleitorado.

Gandhi observou o furor a distância, na África do Sul. A partição de Bengala semeou descontentamento e criou formas de protesto de massa, as quais ele mobilizaria mais tarde. Por ora, sua atenção era desviada pela propagação das reações à nova anexação do Império Britânico. Os bôeres seguiam em protesto contra o domínio britânico que lhes era imposto quando, em fevereiro de 1906, as tribos zulus no nordeste de Natal explodiram em revolta.

---

* Os 48 milhões de bengaleses foram superados em número pelos habitantes de Bihar e Orissa, as outras partes da velha província.

"Eu não trago ressentimento dos zulus, eles não causaram mal aos indianos", escreveu mais tarde. Quando se rebelaram contra taxas que acreditavam ser injustas, Gandhi alegou, tempos depois, ter simpatia pela causa deles.[21] No entanto, ainda acreditava que os indianos deviam apoiar o Império Britânico contra seus inimigos, incluindo os zulus, e que o serviço militar seria bom para seus compatriotas. "Aqueles que conseguem tomar conta de si e levar uma vida normal no front podem viver com saúde e felicidade", explicou no *Indian Opinion*. "Um homem a caminho da frente de batalha deve treinar para resistir a duras dificuldades" e desenvolver a mesma tenacidade e abnegação que os indianos precisariam para construir um novo futuro.[22]

Nesse momento, na campanha contra os zulus, Gandhi tentou convencer as autoridades a de fato armar os voluntários indianos, mas não obteve sucesso. Em vez disso, ele e os voluntários foram novamente como unidade de ambulância, em um conflito muito mais violento que a Guerra dos Bôeres. Gandhi assistiu ao massacre dos zulus — mortos por armas automáticas, feridos, espancados, enforcados ou abandonados para morrer. Soldados brancos tentaram impedir que Gandhi os atendesse. Gandhi, depois, lembraria do constante estouro de tiros quando as tropas entravam nas vilas zulus e atiravam em qualquer pessoa que encontrassem, incluindo, por engano, alguns negros carregadores das macas, que eram parte de sua unidade. "Isso não era uma guerra, mas uma caçada humana", disse mais tarde. Era também uma exibição do poder imperial em sua feição mais brutal e selvagem.[23]

Para Gandhi, aos 37 anos, a revolta zulu significou outro marco pessoal — apesar de, mais uma vez, ele preferir enxergar as coisas em termos morais e não políticos. Enquanto marchava pelas sombrias e gélidas terras de Natal, carregando uma maca ou ajudando a fazer curativos em um homem ferido, percebeu "que deveria viver mais e mais ocasiões para realizar o serviço que estava fazendo", mas "não me sentiria à altura da tarefa se estivesse envolvido com os prazeres da vida familiar e com a reprodução e educação das crianças".[24]

Muito foi dito a respeito do voto de *brahmacharya*, ou de abstinência sexual, de Gandhi, o qual anunciou a Kasturbai quando retornou da campanha zulu. Certamente, a sexualidade sempre fora, para ele, uma espécie de demônio interior que precisava ser domado ou vencido, o que comparava a uma cobra na cama de alguém. "Jurei escapar da serpente que, eu sei, irá me morder", escreveu tempos depois. "Não faço apenas um esforço para evitá-la."[25] Em sua mente, o celibato formal marcava um passo adiante em direção à iluminação espiritual e à pureza, sendo essa a razão pela qual o tradicional voto hindu o atraía, bem como todas as formas de renúncia.

Ainda assim, seu *brahmacharya* também estava ligado à sua preocupação nada indiana com privadas e escoadouros limpos e sua obsessão com a dieta, e até mesmo com sua insistência em provar que os indianos eram soldados fortes e hábeis. Para parafrasear John Ruskin, o bem mais importante que Gandhi possuía era, nesse momento, seu autocontrole — parte essencial de sua crença na masculinidade. Se ele e outros indianos viessem, um dia, a controlar seu destino político, Gandhi estava convencido de que deveriam começar por controlar suas mentes e seus corpos — incluindo a energia gasta, normalmente, com o sexo.

Foi uma reviravolta idiossincrática na comum postura vitoriana no que tange à sexualidade. Mesmo o enunciado de Gandhi de que "*brahmacharya* significa o controle dos sentidos em pensamento, palavra e atitude" contém ecos claros dos fundamentos de um escoteiro.[26] Porém, tal autocontrole, acreditava ele, era "impossível de ser alcançado apenas por meio do esforço humano". Ao contrário, os verdadeiramente iluminados preservariam sua essência sexual por meio de um tipo de graça do espírito, como o celibato de um monge. Sem dúvida, até o fim da vida de Gandhi, o *brahmacharya* foi seu ato supremo de triunfo pessoal. Essa questão interferia constantemente em seu relacionamento com mulheres, e mesmo na política. Exatamente quarenta anos mais tarde, quando Gandhi estava próximo de seus 80 anos, ouviram-no murmurar, assustadoramente, "se eu consigo fazer isso", isto é, manter seu voto do *brahmacharya*, "ainda posso derrotar Jinnah".[27]

Porém, em 1906, "a possibilidade do voto trouxe certo tipo de exultação", lembrou ele. "Em vez de fechar as portas para a liberdade real, isso as abriu." Por certo, Kasturbai "não faria objeção". Ela e Gandhi já dormiam em camas separadas quando a família se mudou para a Fazenda Phoenix. Para Gandhi, dar as costas ao sexo e à vida familiar normal parecia abrir "oportunidades de trabalho sem limite".[28] E, naquele momento, uma nova bomba política já estava explodindo.

Em agosto de 1906, o Ministério das Colônias anunciou uma nova lei, como parte de sua colonização racial sobre a nova constituição do Transvaal. A lei requeria que todos os indianos residentes e maiores de 8 anos fossem registrados com suas impressões digitais, para que ele ou ela pudesse dar prova de residência, caso novas restrições fossem impostas à imigração indiana. Para o governo, essa parecia uma forma conveniente de manter o controle sobre os indianos legais e ilegais do Transvaal. Proeminentes políticos indianos em Londres, incluindo o membro do parlamento e, durante um período, mentor de Gandhi, Dadabhai Naoroji, concordaram com a ideia, dizendo que "o ponto era irrelevante e o real tema para os indianos era a Índia".[29]

Entretanto, Gandhi achou aquilo um insulto. Ele sabia que o sistema judicial britânico limitava o uso de impressões digitais a suspeitos de crimes. Ele supôs (erroneamente) que a lei seria o primeiro passo em direção à completa expulsão dos indianos da colônia. "Eu nunca havia conhecido legislação dessa natureza, apontada diretamente contra homens livres, em nenhuma parte do mundo", escreveria. Os indianos da África do Sul tiveram de responder com atitudes drásticas.[30]

Gandhi encontrara novo alvo para sua raiva pelo tratamento dado aos indianos sob domínio colonial britânico — mas também um inesperado novo escape para sua crença no poder da abnegação. Durante toda a vida, Gandhi mostrou o poder de tomar decisões súbitas e mantê-las com tal paixão e tenacidade que surpreendia aqueles que pensavam conhecê-lo. Tais atos supremos de vontade podiam chocar, inspirar e, por vezes, escandalizar ou intimidar os outros. Acima de tudo, ele não tolerava oposição. Decidira ir a Londres, a despeito das ordens do conselho da casta; e se recusara a se sentar aos pés do cocheiro na estação de trem em Maritzburg. Seu voto de *brahmacharya* era outra dessas decisões.

O anúncio da lei de registro incitou nele a mesma veemência feroz, quase impulsiva.[31] Parecia a oportunidade perfeita para os indianos mostrarem "valentia e determinação" — coragem, honra e autossacrifício de soldados no campo de batalha. Gandhi encontrou validade no fato de não estar sozinho em sua revolta. A Sociedade Islâmica de Hamidia (Hamidia Islamic Society), de orientação muçulmana, organizou um encontro de massa no Empire Theater de Johanesburgo, em 11 de setembro de 1906, para protestar contra o assim chamado "Black Act". Os líderes da Hamidia eram os dois principais oradores do encontro.[32] No momento em que Gandhi se levantou para falar, a multidão no teatro havia aumentado para mais de 3 mil pessoas. Hindus e muçulmanos, guzerates e madrases, mercadores ricos e advogados, vendedores de rua e balconistas de lojas — todos apinhados para protestar contra aquele injustificável ataque aos seus direitos e à sua dignidade.

O discurso de Gandhi foi, de fato, um chamamento às armas. Pediu a todo indiano do Transvaal que jurasse nunca permitir que tirassem suas impressões digitais e nunca preenchessem um cartão de registro, mesmo que isso significasse perder seu sustento e ir para a prisão. "Há apenas um caminho aberto para alguém como eu — morrer, mas não sucumbir à lei!" Foi um discurso ao estilo de Patrick Henry, "dê-me liberdade ou me dê a morte", e terminou com uma comovente peroração:

> Nós podemos parar na cadeia, onde seremos insultados [...]. Trabalho pesado pode nos ser imposto. Podemos ser açoitados por guardas rudes [...]. Sofrendo de fome e adversidades similares na prisão, alguns de nós podem cair doentes e morrer [...], [mas] devemos continuar até alcançarmos o sucesso; a sabedoria reside em nossa compreensão de que temos de sofrer coisas como essas e piores. *Se toda a comunidade, briosamente, suportar a provação*, o fim estará próximo.

O presidente da British Indian Association, Haji Habib, então, fez a multidão jurar ir para a cadeia para não ter de sucumbir à nova lei. "Nunca me esquecerei dessa cena, que se faz presente diante de meus olhos enquanto escrevo", lembrou-se Gandhi vinte anos mais tarde.[33] Então, todos fizeram soar estrondosas palmas ao rei imperador Edward VII e cantaram "God Save the King".

Apenas algumas horas depois de a multidão dispersar-se, o teatro pegou fogo acidentalmente e foi destruído por inteiro. Como uma fênix, a primeira campanha de Gandhi pela "resistência pacífica" — como a batizaria — para subverter uma lei injusta e produzir uma nova e forte identidade indiana surgiu das cinzas do Empire Theater.

Gandhi, Habib e outros concordaram com um gesto final. Mandariam Gandhi a Londres para entregar, pessoalmente, a petição ao governo. Uma eleição na Grã-Bretanha, naquele mês de janeiro, resultara em uma esmagadora vitória liberal e uma total mudança no Parlamento. Membros como Keir Hardie e Ramsay MacDonald, do Partido Trabalhista, e o novo ministro de Estado da Índia, Sir John Morley, tinham forte empatia pelos assuntos indianos. Na Índia, muitos ansiavam que Morley chegasse a reverter a odiosa partição de Bengala.[34] Talvez o Black Act tivesse o mesmo destino.

Uma nova oportunidade surgiu para testar a crença de Gandhi no senso de justiça e lisura dos britânicos. Assim que seu navio, RMS Armadale Castle, partiu da Cidade do Cabo, em 3 de outubro, um assunto fervilhava em seu pensamento: "A constituição britânica será revisada em Pretória? A justiça prevalecerá?"[35]

Gandhi estava prestes a descobrir. Sua bagagem trazia cartas de apresentação a políticos proeminentes e uma lista de encontros planejados com as peças-chave do processo decisório da África do Sul. Entre elas, estavam o ministro Morley, o primeiro-ministro Henry Campbell-Bannerman, o ministro colonial lorde Elgin e a nova esperança liberal, o secretário-assistente das colônias, Winston Churchill.

Para Churchill, os seis anos passados desde a África do Sul haviam sido intensos. Conseguira o assento que cobiçava no Parlamento — aquele elo tangível com o falecido e adorado pai — e, além disso, seu livro *From London to Ladysmith* bem como suas palestras sobre as experiências durante a Guerra dos Bôeres (incluindo as proferidas nos Estados Unidos) renderam-lhe a "modesta fortuna" de 10 mil libras.[36] Entretanto, sua aprendizagem política vinha enchendo-se de frustrações e desapontamentos. Nenhum fora tão severo ou servira de provação para a alma como os de Gandhi, mas trataram de ser um prelúdio às dificuldades que estavam por vir.

Winston chegou em casa em 1900, para o casamento de sua mãe com um rapaz apenas 19 dias mais velho que ele. (Ela tinha 46 anos.)* Foi o escândalo social da temporada; seu irmão, Jack, recusou-se a comparecer à cerimônia.[37] O casamento também significava que as energias que Jennie Churchill dedicara, até então, ao avanço de seu filho mais velho seriam apontadas em outra direção. Pela primeira vez, ele estava verdadeiramente sozinho.

Seu discurso de estreia no Parlamento não causou boa impressão. Foi uma enrolada defesa da conduta do governo *tory* diante da guerra, refutando críticos liberais, como David Lloyd George, que havia acusado o governo

---

* O rapaz era George Cornwallis-West. Casaram-se na igreja St. Paul, em Knightsbridge, em 2 de junho de 1900. Logo abandonou Jennie, que se casaria uma terceira vez (com outro rapaz mais novo) pouco antes de morrer, aos 67 anos, em 1921.

de usar "tortura" e outros métodos bárbaros para suprimir a insurreição bôer. O *Daily Chronicle* afirmou que Winston aparentava um "aspecto pouco respeitável" e "falta de força". Todos ainda pesavam os discursos de Winston segundo a escala das dramáticas performances de seu pai, e, em regra, achavam-nos insatisfatórios.[38]

Por fim, ele teve discordâncias com os líderes de seu partido, Arthur Balfour e Joseph Chamberlain. Isso também era uma tradição entre os Churchill. Porém, enquanto Randolph criara brigas como tática política, para Winston as brigas refletiam o crescente sentimento de que os *tories* não representavam aquilo em que ele acreditava. Eles exibiam pessimismo e falta de confiança no futuro da Grã-Bretanha, o que deixava Winston enfurecido e se manifestava no debate sobre o livre-comércio. Esse tema levou-o a um rompimento definitivo com o Partido Conservador em 1904. No coração do divórcio, curiosamente, estava o tema da Índia.

Joseph Chamberlain — o mesmo Chamberlain que aconselhara Gandhi a apaziguar-se com os sentimentos brancos na África do Sul — provocou o debate. Antigo fabricante de Birmingham, estava preocupado com o fato de o Império ter se tornado muito grande e dispendioso. Em discurso à conferência colonial em 1902, Chamberlain alegou que a Grã-Bretanha estava se transformando em "um gigante cansado" que "cambaleia sob o fardo de seu destino".[39] Ele propôs resolver o problema do crescimento desenfreado do Império unindo África do Sul, Austrália, Canadá, Nova Zelândia e o Reino Unido em uma ampla federação. Esse plano quixotesco não chegou a lugar algum. Depois, tentou novamente, propondo transformar o Império Britânico em um único mercado comum, onde as colônias e a metrópole dividiriam bens e serviços, enquanto barreiras tarifárias em torno do perímetro preservariam os empregos e as indústrias.*

O termo de Chamberlain para o mercado comum do Império foi "Preferência Imperial". Por alguns anos, o assunto foi debatido nos jornais e em livros de estudo e em Westminster, mas depois caiu no esquecimento político. Certamente, a proposta foi um susto para a ortodoxia do livre

---

* Seu plano excluía a Índia, assim como a proposta para a federação imperial. Mas a ideia de Chamberlain era importante para o futuro da Índia apesar de tudo, pois a necessidade de reorganização imperial estimularia a concessão do status de protetorado do Canadá a outras antigas colônias, incluindo, eventualmente, a Índia.

mercado, que os dois maiores partidos políticos aceitavam havia mais de um século. Por isso, os que realmente acreditavam no livre-comércio, como Winston Churchill, reagiram com tal força à ideia, enquanto outros, como os socialistas Sidney e Beatrice Webb, apoiaram-na (por um período, Beatrice considerara a hipótese de casar-se com Chamberlain). Parece duvidoso que Chamberlain tenha refletido seriamente sobre as possíveis consequências econômicas de sua proposta, sobretudo para sua cidade natal, Manchester. Para ele, a Preferência Imperial era uma máxima política. Para outros *tories*, entretanto, parecia um chamado ao estatismo — chamado este que Winston Churchill ansiava em refutar.

Para alguém dedicado ao livre-comércio, para um *whig* saído da velha escola de Adam Smith e Macaulay, ou um *tory* como o pai de Churchill, o capitalismo de livre mercado era parte essencial do modo de vida e do Império Britânico. Churchill também estava pronto para argumentar que os mercados livres eram essenciais ao progresso humano.

"O Império Britânico mantém-se unido por forças morais e não materiais", disse a uma plateia em Manchester, em fevereiro de 1904. "Os maiores triunfos de nossa raça foram conquistados não apenas para a Grã-Bretanha, mas para a humanidade." Tal princípio moral era um fundamento do governo constitucional; outro era o fim do mercado escravo. A ideia de mercados livres, "abertos ao comércio de todas as nações, para que comprem ou permutem da maneira que desejarem", era o terceiro. O livre-comércio, argumentava ele, foi responsável por criar uma Grã-Bretanha "nada inferior em riquezas, liberdade e contentamento que qualquer nação" e essa concorrência justa faria o mesmo para o resto do mundo. O exemplo escolhido de Churchill era, visivelmente, a Índia.

Como seu pai, Winston acreditava decididamente que as relações econômicas entre a Grã-Bretanha e a Índia eram baseadas não em dominação imperialista, mas na livre troca de insumos (em sua maioria, indianos) e produtos manufaturados (em sua maioria, britânicos). Outros, especialmente os indianos, como Gandhi, discordavam. Porém, a Preferência Imperial de Chamberlain deixou a Índia isolada. "Aqueles mercados [da Índia] deveriam ser livres, e seu povo, próspero; e essa condição é vital para o comércio de Lancashire", disse Churchill. Sem dúvida, "a Índia é uma grande esperança pela qual somos responsáveis [...]; as vidas, liberdades, o progresso rumo à civilização — em direção a uma vida melhor e mais feliz — de cerca de 300 milhões de almas estão em nossas mãos". No entanto, impor restrições imperiais de comércio aos indianos, como propunha Chamberlain, destruiria a confiança e os laços para sempre. "Destrua isso", avisou Winston, "e o majestoso e estupendo edifício" do Raj ruirá.[40]

Para os britânicos, dar as costas à Índia para obter vantagem individual a curto prazo, disse ele, seria trair a máxima adornada ao longo da história "com letras de ouro reluzente: 'a vitória da Grã-Bretanha significa o bem-estar do mundo'".[41]

A defesa emocionada de Churchill fez ecoar o otimismo, apoiado na arrogância de lorde Curzon, outro *tory* favorável ao livre-comércio. "Tolerância e liberdade são sempre mais lucrativas que restrições arbitrárias", declarou Winston. "Visões amplas sempre triunfam sobre ideias pequenas." A humanidade pode discordar sobre como ou para onde o capitalismo de livre mercado conduzirá o futuro, mas "não retrocederemos — nem um centímetro".[42]

Todavia, o Partido Conservador parecia a ponto de fazer isso. O primeiro-ministro Balfour recusou-se a vetar a Preferência Imperial; em consequência, Churchill atacou-o exageradamente, escandalizando os membros do Partido Tory. Certa vez, o educado Balfour teve de repreender Winston, em público, na Câmara. Os discursos revoltados de Churchill, "cheios de escárnio e ironia", contra Balfour e Chamberlain renderam-lhe o apelido de "Rato de Blenheim". Em pouco tempo, eleitores em Oldham clamaram por sua cassação, e o Hurlingham Polo Club decidiu expulsá-lo. Seu amigo e jornalista, J. B. Atkins, anotou que Churchill era o homem mais trabalhador da Câmara dos Comuns; um membro liberal lembrou-se de que era também o mais odiado.[43] Os ataques implacáveis tiveram seu preço para o novato político de 29 anos. Alguns temiam que o conduzissem a um colapso, ao estilo Randolph. Em certo momento, sofreu um branco durante um discurso e teve de se sentar, com o rosto enterrado entre as mãos.[44]

O que sustentou Winston nessa primeira experiência política séria foi o mesmo que fizera dele o campeão do livre-comércio: seu insaciável otimismo, tanto em relação à história quanto a si mesmo. Ele realmente acreditava que visões amplas triunfariam sobre ideias pequenas; que o progresso moderno dissiparia o preconceito e a barbárie; e que a vontade humana e intenções como a dele poderiam superar qualquer desafio.

"Ciência é melhor que prestidigitação", disse à Liga do Livre-Comércio, e "verdade é mais forte que falsidade".

Pelo resto da vida, Churchill nunca aceitou a noção de que a política fosse a arte do possível. Ao contrário, a política, para Churchill, transformou-se em um tipo de teatro, uma peça medieval sobre a moral, onde os maiores dilemas da humanidade eram representados e resolvidos. A Câmara dos Comuns era uma arena onde verdade, integridade e liberdade eram constantemente colocadas em teste, mas, no fim de tudo, prevaleciam. Essa exaltada visão da política, maior ainda que sua visão histórica ou sua exagerada eloquência, foi o que o distanciou de outros homens de Estado britânicos — e o que o aproximou de Gandhi mais do que de qualquer outro político de língua inglesa de sua geração. Os dois vieram a discordar sobre vários, se não a maioria, dos temas de que trataram. Entretanto, o homem que viria a desafiar Adolf Hitler nos anos 1940, sozinho e contra todas as chances, compartilhava semelhanças impressionantes com o homem que organizou a primeira campanha *satyagraha* na África do Sul. O Winston Churchill que, mais tarde, apoiaria a noção de Gandhi de que "todos os objetivos perseguidos com um coração puro devem gerar frutos, sejam-nos estes visíveis ou não" fez sua primeira aparição em 1904.

No último dia de maio daquele ano, Churchill, silenciosamente, atravessou o corredor da Câmara dos Comuns e assumiu um assento entre os bancos do partido liberal. Tal ato afrouxou as amarras que o ligavam à memória de seu pai. Entre os assentos liberais, encontrou homens com quem tinha mais em comum, como Herbert Asquith, David Lloyd George (a briga ocorrida entre eles sobre a Guerra dos Bôeres fora posta de lado) e John Morley, o expert em política indiana que lhe deu um livro que abriria seus olhos para a reforma social.* Intelectualmente, eles pareciam muito superiores aos *tories*, em quem Churchill reprovava um "desejo pela mediocridade". Ele abandonou seu assento em Oldham, concorreu a outro

---

* A obra de Seebohm Rowntree, *Poverty: A Study of Town Life*, publicada em 1901, usou dados sobre emprego, salário e consumo de comida e álcool, para argumentar que o capitalismo *laissez-faire* estava em decadência e que as novas medidas governamentais eram necessárias para dar fim à pobreza. Rowntree teve grande impacto nas lideranças liberais e foi, mais tarde, apelidado de "o Einstein do Estado de bem-estar". Apesar de ser um quaker, as visões de Rowntree sobre moderação e pacifismo eram impressionantemente similares às de Gandhi.

no nordeste de Manchester, lugar de origem da economia *laissez-faire* e da tradição de livre-comércio, e ganhou. Agora, tudo dependia de quão bem a oposição liberal exploraria suas oportunidades e de quanto tempo os *tories* conseguiriam manter-se no Gabinete.

Eles não o fariam por muito tempo. No final de 1905, a cruzada de Joseph Chamberlain pela Preferência Imperial havia fracassado junto ao público britânico, mas conseguira dividir o Partido Tory. O governo de Balfour estava encerrado. Então, o primeiro-ministro tentou uma defesa desesperada: Balfour renunciou e convocou eleições gerais para janeiro de 1906, desejando, apesar de todos os indícios contrários, que a oposição brigasse entre si, deixando-o retornar para conduzir um governo minoritário.

Em vez disso, o que aconteceu foi uma das mais decisivas eleições da história da Grã-Bretanha. Os liberais conciliaram suas diferenças sobre a Irlanda (o que havia levado ao rompimento entre a tendência dominante dos liberais pró-autonomia irlandesa e liberais unionistas), fecharam uma aliança com o Partido Trabalhista e exploraram o abatimento dos *tories* para alcançar uma vitória tão arrebatadora que eles mesmos não podiam acreditar no sucesso que haviam alcançado. Ganharam controle de quase três quartos dos assentos da Câmara dos Comuns, com uma maioria de 513.*[45]

O triunfo liberal era também de Winston. O novo primeiro-ministro, Henry Campbell-Bannerman, logo ofereceu a seu jovem colega o subsecretariado do tesouro, mas Winston recusou. Tinha em mente outro posto, o de subsecretário das colônias. O novo ministro das Colônias, lorde Elgin, era neto do homem que trouxera o mármore de Parthenon para a Inglaterra; havia sido vice-rei da Índia quando Churchill servia no 4º Hussardos. Elgin estava com a esposa doente em casa, na Escócia. Era esperado que estivesse frequentemente fora de Londres, o que significava que Winston teria mais oportunidades de tomar decisões e estabelecer políticas — e de brilhar na Câmara dos Comuns.[46]

Em poucos meses, sua conduta e energia características deixaram claro quem realmente comandava o Ministério das Colônias. Sua influência era sentida especialmente no que tangia a um assunto que pesava sobre os ombros de todos: a África do Sul.

---

* O cálculo incluía os membros dos partidos Trabalhista e Irlandês.

Lá, liberais da geração de Churchill enfrentavam um paradoxo político. O problema estava na histórica tentativa de combinar progresso social com liberalismo clássico. Por um lado, queriam promover justiça social e racial na África do Sul e proteger os não brancos da opressão dos brancos. Por outro, tinham respeito pelo direito *laissez-faire* de autodeterminação (ao menos para os brancos) e um senso de obrigação moral em relação aos bôeres. Liberais radicais, como o novo amigo de Churchill, Lloyd George, opuseram-se vigorosamente à Guerra dos Bôeres; o líder, Campbell-Bannerman, agora primeiro-ministro, havia denunciado os "métodos bárbaros", inclusive os severos métodos de interrogação e os campos de concentração. A típica visão liberal sobre o conflito, promovida por livros como *Imperialism*, de J. A. Hobson, era a de que a guerra se tratava da troca de sangue por ouro e de que a Grã-Bretanha cometera um ataque injustificável aos direitos de um povo livre (embora racista). Churchill, que havia chegado a lutar na guerra, quando *tory* defendera os "métodos bárbaros" na Câmara dos Comuns. Sua experiência ensinara que os bôeres não lutavam por liberdade, mas contra um sistema britânico de justiça cega para as diferenças de cor, as quais, segundo temiam, poderiam "colocar, no mesmo nível, nativos e homens brancos".[47] Agora, ele ajustava, com cuidado, suas opiniões prévias, para adequar-se ao curso estabelecido por seu novo partido. Ninguém queria provocar os bôeres novamente. Fazendo deles aliados britânicos em vez de inimigos, os liberais esperavam que aliviassem a sobrecarga do Império na África do Sul e solucionassem o problema que Joseph Chamberlain havia antevisto, o do crescimento desenfreado do Império.

Portanto, começando em 1906, medidas foram tomadas para reformar aspectos do autogoverno das antigas repúblicas bôeres e dar mais controle às colônias britânicas de Natal e Cabo.* Esse processo deu a Churchill muita dor na consciência. A repressão brutal e selvagem de Natal à revolta zulu, em 1906, que deixara Gandhi horrorizado, horripilara também Churchill. Ele desejava intervir "para trazer essa colônia miserável — os *hoolingans* do Império Britânico — à razão".[48] Porém, seu apoio ao princípio de autodeterminação, mesmo que significasse tolerar o intolerável, o deteve. Quando Natal solicitou tropas britânicas para ajudar a exterminar

---

* Tais medidas terminariam, em 1910, com a fusão das quatro colônias em uma União da África do Sul.

os zulus, ele sentiu que não podia recusar. Um amigo perguntou se não podia fazer algo a respeito de uma mulher negra que tivera de andar cerca de 260 quilômetros até uma corte, em Natal, para dar provas contra seus torturadores brancos. "Sinto muito pela pobre velha senhora", respondeu, "mas ela não tem 'importância imperial' que justifique nossa interferência em uma colônia de autogoverno."

Em vez disso, disse ele, o caso dela deveria servir "como exemplo instrutivo do tratamento nativo na África do Sul" — e do desgoverno branco.[49] Em novembro de 1906, precisou lidar com outro caso, dessa vez contra os indianos do Transvaal.

Gandhi e seu companheiro da BIA, Haji Ojer Ali, chegaram em Southampton no sábado, 20 de outubro de 1906. Gandhi falou a repórteres do *Tribune* e do *Morning Leader* que o tema central do Transvaal eram os indianos e sua "impossibilidade de desfrutar os direitos comuns de um indivíduo britânico ou mesmo de um ser humano em um país civilizado". Seu objetivo, em Londres, era o de convencer o Ministério das Colônias britânico a impedir que a lei do registro entrasse em vigor. Os indianos aceitaram a regra de restrições imigratórias, disse ele, e reconheceram "o preconceito de cor" dominante em toda a África do Sul. Porém, estavam dispostos a ir para a cadeia, disse, pois não se submeteriam a ter suas impressões digitais registradas, como se fossem criminosos.

"Se as colônias persistirem nessa política", disse Gandhi, depois, ao *Times* de Londres, "eles forçarão a pátria mãe a enfrentar um sério problema." A pátria mãe, nesse caso, era a Índia; ao fundo, estavam os agitadores e os protestos lá incitados pela partição. A Inglaterra não poderá conter a Índia por muito tempo, avisou Gandhi, caso seu povo siga "insultado e aviltado, *como se pertencesse a uma raça bárbara*" (grifos meus).[50]

A dúvida que não abandonava o pensamento de Gandhi continuava sendo como certificar-se de que "respeitáveis" indianos de classe média, como ele, fossem colocados do lado certo da linha divisória do preconceito racial. Ele contou ao editor liberal progressista W. T. Stead sobre sua frustração quando os brancos do Transvaal agruparam, naturalmente, indianos e negros como "pessoas de cor". A verdade era que os indianos tinham "uma antiga civilização por trás deles", disse Gandhi, ainda mais antiga que a dos ingleses, e eram perfeitamente capazes de desfrutar de plenos direitos como cidadãos.[51]

Em suma, Gandhi não buscava o fim do racismo ou das distinções de classe na África do Sul. Queria, ao contrário, justiça britânica, aquilo que Churchill dizia ser "a pedra fundamental do governo britânico" na Índia. Durante aquele doloroso novembro, Gandhi estava determinado a descobrir quão comprometidos Churchill e o Ministério das Colônias estavam com os elevados padrões na África do Sul.

8. BREVE ENCONTRO
1906-1909

Estamos em uma posição totalmente indefensável.
(WINSTON CHURCHILL, 1906)

Culpar o lobo não ajudará muito a ovelha.
A ovelha deve aprender a não cair nas garras do lobo.
(MOHANDAS K. GANDHI, 1907)

Em 7 de novembro, Gandhi e H. O. Ali compareceram a um banquete para cem membros do Parlamento no Grand Committee Room, em Westminster. O banquete recebeu opulenta cobertura do *Times* e terminou com uma resolução de suporte à revogação do Black Act. Por certo, atrás da delegação de Gandhi, havia amigos poderosos, brancos e não brancos. Entre eles, estavam os dois membros indianos do Parlamento, Dadabhai Naoroji (que representava o subúrbio londrino de Central Finsbury) e Sir Mancherjee Bhownagree. Aquele foi o primeiro indiano *tory* membro do Parlamento da Grã-Bretanha; este foi membro fundador do Congresso Nacional Indiano.

A delegação também incluía ex-funcionários indianos, como Sir Henry Cotton e até Sir Lepel Griffin, que havia sido mentor de Randolph Churchill em assuntos referentes à Índia e era um opositor linha-dura do autogoverno da Índia. Entretanto, o tratamento dado aos indianos no Transvaal, disse ele a todos, lembrou os massacres cruéis da Rússia imperial contra os judeus. Tal comportamento "nunca fora visto sob a bandeira britânica". Os indianos eram "a raça mais ordeira, honrada, laboriosa e moderada do mundo", acrescentou Griffin, e, uma vez que eram descendentes dos antigos arianos, eram "gente do nosso próprio sangue". Certamente mereciam o melhor.[1]

Griffin proferiu aquelas palavras quando a delegação encontrou o ministro colonial, lorde Elgin, em seu escritório na Downing Street, na quinta-feira, 8 de novembro. Naoroji havia sugerido que a delegação fosse encabeçada por um homem branco, Lepel Griffin, em vez de um indiano; de fato, a delegação era constituída por sete brancos e cinco indianos, dos quais apenas um era hindu: o próprio Gandhi.* Eles eram a face respeitável e "civilizada" da Índia: homens em sobrecasacas sóbrias e relógios de ouro, luvas e bengalas, ladeados por seus igualmente respeitáveis benfeitores brancos — protetores, quase. A idade média dos membros da delegação (incluindo Gandhi e Ali) era de 63 anos. Dignidade, sabedoria e autocontrole estavam gravados em cada linha do rosto e em cada bigode grisalho.[2]

Seu apelo já recebera total suporte do ministro de Estado da Índia, John Morley, apesar de ele ter dito não poder influenciar o Ministério das Colônias. Receberam resposta bem mais cautelosa de lorde Elgin, que chegara a expressar dúvida sobre se receberia a delegação.[3] Gandhi, contudo, escreveu a Henry Polak, dizendo que a entrevista havia sido "excessivamente boa" e que a delegação era, com certeza, a maior e mais impressionante já reunida em torno de uma causa indiana.

Exatamente uma semana depois, Gandhi enviou uma carta ao subsecretário das colônias, Winston Churchill:

> O sr. Ally e eu, vindos em comitiva do Transvaal e representando os indianos britânicos, aventuramo-nos a requerer um encontro com o senhor, a fim de que lhe possamos apresentar a posição dos indianos britânicos no Transvaal. Ficaremos extremamente gratos caso possa ceder-nos um tempo para conversarmos com o senhor.
>
> Seu humilde servo,
> M. K. Gandhi

Os dois encontraram-se no dia 28 de novembro, poucos dias antes de Gandhi ter de retornar à África do Sul.[4]

---

* Os demais eram pársis, como Naoroji, ou muçulmanos, como Ali.

Churchill, que estava a dois dias de completar 32 anos, observava do outro lado de sua mesa um homem urbano, magro, de voz grave e intensa, com a pele queimada pelo sol da África do Sul, vestindo um terno bem-apresentado e com bigode. Advogado formado pelo Inner Temple, Gandhi era, como ele, um veterano da Guerra dos Bôeres; o percurso de ambos estivera a apenas alguns minutos um do outro no campo de batalha em Spion Kop.

Gandhi e seu acompanhante muçulmano disseram a Churchill que eram, em primeiro lugar, leais súditos britânicos. Eles entendiam que os brancos estavam encarregados do Transvaal. Entretanto, "sentimos que somos merecedores de todos os outros direitos comuns dos quais um indivíduo britânico deve usufruir".

Churchill interrompeu-os. "Se o governo britânico se recusar a aprovar a lei do registro, o que acontece?", perguntou. "Com certeza, o novo governo do Transvaal aprovará uma lei ainda mais restritiva."

"Nenhuma lei pode ser pior que a presente", respondeu Gandhi, acrescentando que "o futuro tomará conta disso". Churchill prometeu fazer o possível e o encontro terminou em um tom amigável.[5]

Churchill ficaria impressionado, como também outros observadores, "com a organização dos fatos que tinha o senhor Gandhi" e sua "mão habilidosa e determinada" para as negociações.[6] O aviso de Churchill sobre o que o poder legislativo do Transvaal poderia fazer sob a nova constituição, que ele próprio revelara ao Parlamento em março, não preocupou Gandhi. No dia anterior, uma convenção dos membros liberais encontrara-se com o primeiro-ministro Henry Campbell-Bannerman, que disse que "não aprovava a lei e falaria com lorde Elgin". Certamente, a vitória estava ao alcance das mãos.

Gandhi preparava-se para partir na sexta-feira, 1º de dezembro, e todos concordaram que o desempenho da delegação havia sido um grande sucesso. O *Rand Daily Mail* disse aos leitores que Gandhi deixara "uma forte impressão na política e em outros círculos por aqui". Ele e o senhor Ali "vieram, viram e venceram". Depois do encontro com Churchill, Gandhi disse ao *Times* que "essa semana viverá em nossa memória para sempre". Ele mandou uma carta ao jornal no dia de sua partida, acrescentando: "A lição aprendida foi que podemos confiar no senso de justiça e no jogo limpo dos britânicos."[7]

A caminho de casa, o navio atracou em Madeira, onde Gandhi e Ali receberam telegramas de Londres e Johanesburgo. Winston Churchill anunciara, na Câmara dos Comuns, que lorde Elgin recusar-se-ia a consentir o Black Act. Gandhi ficou extático. "Isso [é] mais do que esperávamos", exclamou. "Mas os atos de Deus são inescrutáveis. Esforços bem dirigidos rendem bons frutos."[8] Pelo resto da viagem, Gandhi e Ali planejaram a campanha para vencer o próximo round da luta contra os descontentamentos indianos.

Os amigos que os receberam quando chegaram a Johanesburgo, entretanto, não estavam sorridentes. Estavam tristes e desesperançosos. Alguém apontou que em nenhuma parte de seu discurso Churchill dissera que a Coroa conteria a aprovação da lei de registro pela *nova* assembleia do Transvaal, sob a nova constituição aprovada pelos britânicos.[9] E, em poucos meses, foi exatamente o que aconteceu. Em 1º de janeiro de 1907, foi concedido ao Transvaal o autogoverno. Os candidatos brancos ao legislativo asseguraram aos eleitores que o governo britânico aprovaria o registro e a obtenção das impressões digitais de todos os asiáticos. Em 21 de março de 1907, o Black Act tornou-se lei no Transvaal.[10]

"Nosso desapontamento na África do Sul foi tão grande quanto havia sido em Madeira", lembrou-se Gandhi mais tarde.[11] Ele, Ali e todos presumiram ter sido enganados por Churchill e pelo Ministério das Colônias, interessados em apaziguar a opinião dos brancos à custa dos indianos. No entanto, Churchill dissera a verdade — apenas não toda a verdade.

O fato era que, mesmo antes de encontrar Gandhi, Churchill e seus colegas haviam decidido que teriam de ceder ao Transvaal o poder de forçar os indianos ao registro, mesmo que fosse preciso invalidar a velha lei, a fim de manter as aparências do Império. O subsecretário interino enviou um memorando, em 3 de novembro, descrevendo a difícil situação, e Churchill escreveu no final: "Concordo inteiramente. Estamos em uma posição totalmente indefensável. A comitiva [de Gandhi] por certo provocará dificuldades na Câmara dos Comuns. O que podemos dizer, depois do que dissemos a Kruger [o presidente do Transvaal]" sobre os bôeres serem capazes de promulgar as próprias leis, não importando quão ofensivas?

Churchill concluiu que "o novo parlamento [do Transvaal] é que deve suportar o peso" de ofender a opinião britânica ao dar apoio ao Black Act.

"Por que seríamos nós?" Quando alguém perguntou sobre o que fazer a respeito da delegação e seus colaboradores, Churchill rabiscou: "Enrolar."[12]

Foi o que fez quando conheceu Gandhi, enquanto revelava, maliciosamente, suas cartas. A decisão de invalidar a lei fora feita quase três semanas antes do encontro. Mesmo o governador-geral do Transvaal não sabia a verdade até o dia 27 de novembro, e o discurso de Churchill na Câmara, uma semana mais tarde, foi engenhosamente arquitetado para escapar da tempestade que estava por vir.

Para Gandhi, foi uma "política tortuosa". Ele acrescentou: "Acredito que poderia dar nome muito pior com perfeita justiça", a saber, fraude.[13] Mas, para Churchill, foi um acordo razoável. Um governo liberal que enfraqueceu o direito bôer ao autogoverno poderia, para Churchill, reduzir toda a estrutura do domínio britânico na África do Sul.

De fato, mais cedo naquela primavera, Churchill havia articulado as novas constituições para o Transvaal e o Estado de Orange no Parlamento. Os dois documentos eram inegavelmente liberais nos fundamentos e aspirações. Incorporavam o princípio que o próprio primeiro-ministro enunciara: "Um bom governo não substitui o autogoverno" (exceto, é claro, na Índia).[14] As novas constituições garantiram sufrágio universal masculino para os brancos, o que a própria Grã-Bretanha não tinha. Mesmo o tema do voto feminino, ainda um sonho dos membros New Age na Inglaterra, ficou em aberto. "Estamos preparados", disse Winston à Câmara, "para fazer esse ajuste em nome do Partido Liberal", a fim de avançar "em direção à luz de tempos mais gentis e generosos."[15] Já os indianos de Gandhi, como a pobre senhora negra de Natal que teve de andar 260 quilômetros por justiça, Churchill teve de deixá-los à sombra. Diferentemente dos brancos da África do Sul, eles não alcançaram o padrão de "importância imperial" que Churchill criara em sua mente. Foi a esse padrão que se agarrou para sempre.

Para salvar o Império Britânico, Churchill faria acordos com racistas sul-africanos; com radicais trabalhistas; com separatistas norte-americanos; e até com o próprio diabo, Joseph Stálin. E qualquer pessoa que se atrevesse a ficar no caminho de Churchill seria tratada de forma brutal ou mesmo desumana. Gandhi foi o primeiro a aprender essa lição, em 1906. O mundo iria aprendê-la muitas vezes durante os quarenta anos seguintes.

Gandhi, é claro, via as coisas de maneira diferente. Para ele, Winston Churchill e seus colegas do Ministério das Colônias revelaram que "a justiça e o jogo limpo britânicos" eram uma piada. Gandhi não queria mais saber de promessas, apenas de resultados. A velha maneira de fazer as coisas, com petições e delegações respeitosas, havia falhado. Se os indianos fossem conseguir o que queriam e precisavam, decidiu Gandhi, usariam outro tipo de movimento político, construído sobre novos princípios. Acima de tudo, essa nova política seria baseada na ideia da qual vinha convencendo seus colegas desde setembro, a da resistência pacífica ou, como preferia chamar, *satyagraha*.

Satyagraha era mesmo novidade? Em retrospecto, a campanha *satyagraha* de 1907, que Gandhi lançou depois do encontro com Churchill, foi um evento de dimensões sísmicas. Ele teria um impacto dramático não apenas na Índia e na África do Sul, mas no movimento por direitos civis nos Estados Unidos e em todos os grupos que mais tarde vieram a usar o termo "desobediência civil".[16] Apesar de a autobiografia de Gandhi e de seu registro daqueles anos, *Satyagraha in South Africa*, não serem claros sobre como ele criou essa ideia, pode-se dizer que foi de forma quase deliberada.[17]

Gandhi e muitos de seus estudiosos davam ênfase à ligação entre as raízes da *satyagraha* e as tradições hindus e jainistas de não violência, ou *ahimsa*. Sem dúvida, muitas das táticas empregadas por Gandhi, como as greves coletivas pacíficas, ou *hartals*, foram usadas para protestar contra a partição em Bengala. Um pesquisador chegou a ver ligação entre a desobediência civil de Gandhi e a sua terra natal, na prática tradicional, em Kathiawar, do "*dharna* sentado", ou seja, jejuar e sentar-se do lado de fora do palácio do dominador, a fim de despertar sua atenção e compaixão.[18]

Outros reforçaram a influência ocidental. A. L. Herman e Martin Green mostraram a influência de Lev Tolstói e Henry David Thoreau em Gandhi.[19] James Hunt assinalou a campanha de igrejas protestantes não anglicanas contra o Educational Act, de 1902, a qual incluíra uma massiva recusa ao pagamento de impostos, mesmo sob risco de prisão, o que impressionou muito a Gandhi. Os organizadores da campanha chegaram a usar o termo "resistência passiva". Quatro dias depois do encontro no Empire Theater, Henry Polak chegou a sugerir a Gandhi que a campanha do Educational Act fosse um "paralelo histórico" para organizar a resistência ao Black Act.[20]

Gandhi também ficou impressionado com o movimento sufragista de Emmeline Pankhurst, que estava muito ativo em Londres, quando visitara Churchill, em 1906.* A causa teve apelo junto à consciência New Age, e muitas sufragistas foram, voluntariamente, para a prisão. A heroica resistência daquelas mulheres diante da força da lei e de seu poder coercitivo moveu-o a escrever um artigo para o *Indian Opinion*. Ele concluía: "Se até as mulheres mostram tamanha coragem, irão os indianos do Transvaal falhar em sua missão e temer a cadeia?"[21]

Antes de ler *A desobediência civil*, de Henry David Thoreau, Gandhi estudara os protestos sufragistas por mais de um ano.[22] Entretanto, aqueles protestos, como a experiência de Thoreau de ser preso ao protestar contra uma guerra que considerava injusta, eram, para Gandhi, apenas exemplos de *como* a resistência pacífica deveria funcionar, não a inspiração original. Afinal, independentemente das ideias hindus, não conformistas e New Age que estivessem no ar, o conceito de Gandhi sobre as massivas ações não violentas como uma força moral e política era unicamente dele. Para ele, a *satyagraha* materializava sua crença fundamental de que forças espirituais e morais, e não materiais ou egoístas, é que dominavam o mundo. A sentença de Churchill de que "amplas visões devem prevalecer sobre ideias pequenas" foi uma das que Gandhi endossou de coração. Foi a natureza das visões que cada homem estava determinado a fazer prevalecer que os distanciou.

Para Gandhi, a resistência não violenta era o meio para um fim mais importante que a mera política. Era o caminho para a mais alta verdade religiosa do homem e incorporava os mais elevados princípios espirituais. Aqueles que escolhiam esse caminho, portanto, deviam ser disciplinados, acreditava Gandhi. Puros no pensamento e nas ações e preparados para a abnegação, ou mesmo para a morte, como o foram os motoristas indianos das ambulâncias. "O inglês honra apenas aqueles que fazem tal sacrifício", avisou a seus leitores, mesmo antes de partir para Londres. Ao lutar contra o Black Act, os indianos tiveram a chance de "mostrar sua coragem", assim como a haviam mostrado em Spion Kop, mas com um propósito superior.

---

* Churchill era visceralmente oposto ao voto feminino e alvo frequente das protestantes sufragistas em Manchester. "Eu não me acovardarei", respondeu duramente, "em um assunto de tamanha importância."

No dia 6 de outubro de 1906, o mesmo dia em que partiu para Londres, ele descreveu a decisão de ir para a cadeia para não se submeter a injustiças como "um *ato sagrado*, e apenas realizando tal ato a comunidade indiana poderá manter sua honra" (grifo meu). Honra, responsabilidade e abnegação: esse era o *ethos* viril, quase militar, que Gandhi queria expressar em sua versão da resistência pacífica.*

Gandhi sempre se sentiu desconfortável com o termo "resistência *passiva*", pois sugeria passividade ou mesmo fraqueza — em outras palavras, falta de masculinidade. "Se continuarmos a acreditar e a deixar os outros acreditarem", escreveu mais tarde, "que somos fracos e impotentes e, por isso, oferecemos resistência passiva, nossa resistência jamais nos tornará fortes."[23] Ele chegou a realizar um concurso no *Indian Opinion* para cunhar um termo melhor para o movimento, oferecendo um prêmio ao vencedor. Seu primo Maganlal, que vivia na Fazenda Phoenix, sugeriu *sadagraha*, que, em sânscrito, significa "firmeza em uma boa causa". Gandhi corrigiu para *satyagraha*, ou "firmeza pela verdade". "A palavra '*satya*' (Verdade)", escreveria mais tarde, "é derivada de '*sat*', que significa ser. E nada é ou existe em si, a não ser a Verdade. Essa é a razão por que '*Sat*', ou 'Verdade', seja talvez o mais importante nome de Deus."[24]

Quanto à *graha*, na mente de Gandhi, a palavra significava muito mais que apenas "firmeza" ou "bravura". *Satyagraha* ou "força da verdade" (mais tarde, "força da alma") sugeria trazer a força e a disciplina masculinas para uma causa não violenta. Ao "empregarmos a ideia de força, ficaremos mais e mais fortes a cada dia".[25] Gandhi via sua campanha como uma força espiritual ativa que reformaria a comunidade indiana em todos os aspectos. Quebraria os laços de desconfiança, fraqueza e divisão, construídos por anos de dominação colonial, e uniria novamente os indianos no amor e na verdade. Os dias reforçariam essa nova presença moral no cenário político

---

* Se Gandhi tivesse algum modelo real em mente, provavelmente seria o do Exército da Salvação. A disciplina militar, o uso da música e das bandeiras, a crença na higiene e nas virtudes sociais do sabão e a retidão moral (incluindo a abstenção de tabaco e bebidas) eram o tipo de qualidade que esperava introduzir gradativamente nos membros da *satyagraha*. Em 1925, iria lembrar-se da coragem do Exército ao entrar nos mais sujos bares do submundo londrino para pregar sua mensagem. A visão de Gandhi sobre a *satyagraha* como elevação moral faz um paralelo com um movimento fundado por outro admirador do Exército da Salvação e herói da Guerra dos Bôeres: os escoteiros do coronel Robert Baden-Powell.

e social. Os indianos da África do Sul deveriam ser considerados, ou mesmo temidos, por seus inimigos brancos.

Resistência como autonomia espiritual, autonomia espiritual como uma faísca para a transformação social. Essa foi a fórmula do sucesso que Gandhi escolhera para sua primeira campanha *satyagraha*, em 1907, e que seguiria para sempre. Ao se unir ao grupo, proclamou: o Transvaal indiano "será respeitado como herói e aclamado por toda a Índia" — pois a Índia nunca esteve longe de seus pensamentos e ações, mesmo na África do Sul.[26]

Em abril, Gandhi sentiu-se pronto para lançar formalmente sua campanha contra a lei do registro. Por meio de encontros de massa organizados durante o verão, tentou evocar novamente o espírito ardente do encontro do Empire Theater e o sentimento de esperança e libertação. Cartazes foram afixados por Johanesburgo, chamando para o boicote: "Lealdade ao rei dos reis — indianos, libertem-se!" (Gandhi foi cuidadoso para incluir a imagem cristã em sua campanha, chegando a chamar Jesus de "o primeiro resistente pacífico".) A British Indian Association patrocinou marchas, piquetes e discursos. Um mercador muçulmano declarou que preferiria ser enforcado a submeter-se à nova lei. Qualquer pessoa que permitir ter suas impressões digitais tiradas, disse Gandhi aos leitores do *Indian Opinion*, em julho, "terá renegado a Deus" e "sua honra estará perdida". Mais uma vez, levantou o exemplo das sufragistas inglesas: "Enquanto as mulheres são masculinas, os homens serão afeminados?"[27]

O governo estendeu o prazo para o registro de 31 de julho para 31 de outubro; depois, para 30 de novembro. Apenas 11 dos 13 mil indianos entregaram o certificado de registro. Nem a ameaça de perder a licença comercial ou de expulsão fez os mercadores indianos de Pretória e Johanesburgo recuarem.[28] Para a campanha realmente pegar fogo, Gandhi sentiu que tudo de que precisava era alguém disposto a ir para a cadeia.

Ele recorreu a Ram Sandara Pandit, um sacerdote hindu de 30 anos, casado e com dois filhos, um dos organizadores de piquetes. Em 8 de novembro, o governo prendeu-o por voltar ao Transvaal com um certificado de registro vencido. Gandhi defendeu Sandara junto à corte, alegando que ele desobedecera à lei por obediência a uma lei maior. O prisioneiro foi sentenciado a um mês de cárcere, o que levou Gandhi a escrever, efusivamente, no *Indian Opinion*: "Pandit abriu os portões de nossa liberdade."[29]

Gandhi visitou seu protegido na prisão, entrevistou-o e glorificou-o como um herói. Chegou a organizar um concurso de poesia com os temas *satyagraha* e abnegação. Quando Ram Sandara foi solto, em dezembro, Gandhi liderou uma procissão pelas ruas e colocou uma grinalda de flores em volta do pescoço do jovem. Entretanto, duas semanas mais tarde, o governo ameaçou tornar a prender Sandara, a menos que se registrasse ou deixasse a colônia. O pobre homem pegou sua mulher e filhos e fugiu para Natal.[30]

Gandhi ficou furioso. O homem celebrado como um herói era agora denunciado como covarde e traidor. Gandhi avisou a seus outros seguidores: "Ó Deus, preserve-nos do destino de Ram Sandara!" Era o começo de um caminho que viria a ser muito familiar para Gandhi: seguidores que abraçavam seus princípios, em um momento de entusiasmo, provavam-se incapazes de reunir fibra moral para sustentá-los. De fato, com o passar dos anos, todas as campanhas *satyagraha* exibiriam a mesma dinâmica: a repentina explosão de apoio quase histérico do início desapareceria rapidamente, transformando-se, quando o objetivo não era alcançado, em inércia, desilusão ou fuga. Quando as autoridades compreenderam isso, a ameaça da desobediência civil de Gandhi tornou-se uma arma menos poderosa do que parecia ser a princípio.

Enquanto isso, com os registros parados, o governo do Transvaal decidiu tomar uma atitude severa. Dias depois da fuga de Ram Sandara Pandit, prendeu toda a liderança da British Indian Association e ordenou que Gandhi saísse da colônia em 48 horas, sob pena de ter o mesmo destino. Gandhi respondeu comparecendo a um encontro público em Johanesburgo no mesmo dia em que o ultimato expirava. Em 10 de janeiro, foi sentenciado a dois meses de prisão. O primeiro de muitos aprisionamentos que Gandhi estava por viver.

A prisão foi uma experiência horrenda.[31] Os dois companheiros de cela, um chinês e um negro, passavam o tempo brincando com as genitálias um do outro. Mais de uma vez, Gandhi teve de manter-se acordado a noite inteira para evitar estupros. O que ele denominava "vício anormal" era endêmico na prisão, inclusive entre os carcereiros, e a imundície e a sordidez eram repulsivas. Porém, tinha consigo uma cópia da obra de Tolstói, *O reino de Deus está em vós*, e confortava-lhe recitar alguns versos de seu professor Raychandbhai: "Os anéis no céu com o nome do Invisível, sento-me extasiado no templo, meu coração cheio de contentamento."[32]

Durante esse tempo, o movimento *satyagraha* estava em colapso. Mais de 2 mil de seus seguidores haviam sido presos. E com o aprisionamento sendo uma ameaça real, não mais uma possibilidade teórica, a elite comercial de Pretória e Johanesburgo começava a desertar. Gandhi percebeu que os indianos estavam "perdendo a coragem [...]. Aqueles que foram para a cadeia perderam a força em poucos dias".[33] Antes que sua campanha evaporasse por completo, ele e outros líderes concordaram em se encontrar, secretamente, com o ministro colonial do Transvaal, general Jan Christian Smuts, para conseguir um acordo salvador.

O entendimento firmado em 28 de janeiro era estranho para o homem que chegara a argumentar que a parte mais degradante do Black Act era a reprodução das impressões digitais. Agora, em troca da soltura de todos os presos, Gandhi prometeu que todos os indianos concordariam em tirar suas digitais — porém, *voluntariamente*, e não por obediência à lei. Quando Gandhi foi solto da cadeia, no dia 28, disse a seus seguidores que tinham vencido. "Um homem razoável não teria objeções à reprodução de suas impressões digitais", disse-lhes. O tema central vinha sendo a obrigatoriedade, não a impressão digital em si. Gandhi argumentou que o governo cedera nesse ponto; portanto, os indianos poderiam registrar-se "com honra".

Alguns, especialmente seus amigos ricos, respiraram aliviados. Mas outros se sentiram ultrajados pelo que consideraram uma traição de Gandhi. Ele dera ao governo exatamente o que queria e chamou isso de vitória. A furiosa paixão que conseguira reunir contra o Black Act agora se voltava contra ele. Alguns chegaram a dizer que o general Smuts comprara sua rendição por 15 mil libras. Gandhi ignorou os boatos. O general disse que quem se recusasse a tirar as impressões digitais não seria forçado a fazê-lo; Gandhi acreditou nele. "Um membro da *satyagraha* nunca teme acreditar em seus oponentes", declarou. Mas era dos seus seguidores que deveria desconfiar.[34]

Em 10 de fevereiro de 1908, Gandhi dirigiu-se ao escritório de registro de Johanesburgo, para ser o primeiro a se registrar voluntariamente como um residente asiático. Um homem o parou, um muçulmano pathan, chamado Mir Alam, fabricante de colchões que fizera negócios com Gandhi e fora ativo na campanha *satyagraha*.

"Aonde você está indo?", perguntou a ele, em um tom frio.

"Estou indo buscar um certificado de registro", respondeu Gandhi, e ofereceu-se para levar Alam consigo. Em vez disso, Alam deu-lhe um soco. Gandhi foi derrubado, tendo seu rosto cortado pelas afiadas pedras do chão. Alam começou a chutá-lo e foi acompanhado por outros três ou quatro, todos praguejando e gritando. Finalmente, os amigos de Gandhi conseguiram afastá-los, carregaram-no para uma loja próxima e chamaram um médico.

Quando Henry Polak chegou, o rosto de Gandhi estava coberto de sangue — os cortes em sua testa requereriam inúmeros pontos. Um dos olhos não abria de tão inchado e seu lábio superior estava cortado e sangrando. Tinha muitas costelas quebradas. Polak e os demais insistiram para que fosse a um hospital, mas, em vez disso, um gentil e solidário pastor, reverendo Joseph Doke, recebeu-o como convidado em sua casa.

Doke viria a assumir papel muito importante na vida de Gandhi. Naquele momento, porém, ele estava ferido demais para se mexer. Teve de completar seu registro na cama, inclusive as impressões digitais, apesar de seus braços e mãos estarem envoltos por curativos. Por fim, realizava o que sentia ser sua responsabilidade como homem de bem.[35]

Contudo, sua reputação estava em farrapos, seu movimento já não existia. Ironicamente, o esforço de Gandhi para unir os indianos do Transvaal funcionara. Em março de 1908, teria sido difícil encontrar homem mais desprezado que Mohandas Gandhi. No dia 5 de março, ele foi novamente atacado em um encontro popular em Durban. As luzes se apagaram, um tiro foi ouvido e um pathan irado invadiu a tribuna com um cassetete. A polícia teve de escoltar Gandhi "em meio a muitas vaias". No dia seguinte, quando se encontrou com líderes pathan locais, eles disseram que Gandhi os traíra. De fato, muitos de seus antigos amigos muçulmanos na África do Sul nunca o perdoaram.[36]

Planos, esforços, tudo havia falhado. Tudo a que Gandhi podia agarrar-se era sua mais cultivada crença de que "todos os objetivos perseguidos com um coração puro devem gerar frutos, sejam visíveis ou não".[37]

Em março de 1908, aquele fruto não era visível a ninguém. Nem mesmo Gandhi sabia que estava quase ao alcance de sua mão.

Enquanto Mohandas Gandhi cuidava de seus ferimentos em Johanesburgo, Winston Churchill estava desfrutando de um banho em seu apartamento, em Bolton Street, imaginando como combater o tédio. Foi durante o banho que o amigo e secretário Edward Marsh encontrou-o naquela tarde de março, em 1908. Marsh teve de lembrá-lo de que eram aguardados em um jantar em Portland Place naquela noite, oferecido pela escritora e ativista lady St. Helier. Churchill esteve a um passo de dizer não, mas, sob a insistência de Marsh, finalmente vestiu-se e foi ao jantar onde encontrou a mulher que viria a ser sua esposa pelos próximos 55 anos.[38]

Ele, na verdade, conhecera Clementine Hozier quatro anos antes, mas o encontro não lhe causara grande impressão. Desde o rompimento com Pamela Plowden e o casamento de sua mãe, as mulheres quase não ocupavam seu pensamento. Uma que cruzou seu caminho foi Violet Asquith, filha de um político liberal que o conheceu em um almoço em 1906. Queixou-se com ela de quão velho estava (tinha 31 anos) e de quão lamentavelmente curta era a vida humana. "Somos todos insetos", disse finalmente, após longa diatribe contra a mortalidade. "Mas acredito ser um vaga-lume."[39]

Churchill e Violet Asquith (depois Violet Bonham Carter) tornaram-se amigos por toda a vida, mas nunca mais que isso. O caso de Clementine Hozier foi diferente. Com 23 anos, cabelos castanho-avermelhados e grandes olhos verdes, ela cativou Churchill. Era descendente de uma família escocesa, com raízes que chegavam ao século XII. Seus pais eram divorciados. Para os padrões da época, ela era uma feminista fervorosa e também sufragista. Sua política estava claramente à esquerda da de Winston. Apesar de tudo, "ele perseguiu Clemmie com a mesma determinação com que fez todo o resto".[40] Nem mesmo a derrota em uma eleição, em abril (ele logo encontrou outro assento liberal em Dundee, Escócia), o desviou de seu galanteio. Casaram-se em setembro, em Blenheim, e logo partiram para a lua de mel na Itália. "Temos sido felizes aqui e Clemmie está muito bem", escreveu, em Veneza, para a mãe. "Temos apenas passeado e amado — uma ocupação boa e séria para a qual as histórias fornecem precedentes respeitáveis."[41]

Para os dois, Churchill e Gandhi, a esposa seria a pessoa mais importante da vida, sem excluir os filhos. Sem dúvida, o casamento de Gandhi foi marcado pelas regras hierárquicas de centralidade do homem da cultura hindu, enquanto o de Churchill tinha mais o sabor da intimidade doméstica do fim do período vitoriano. (Ele e Clementine chamavam um ao outro de "Kat" e "Pug".) Entretanto, ambos os casamentos foram parcerias profundas e permanentes por toda a vida.

Para Churchill, a vida familiar serviria como refúgio das tempestades da política e da vida pública. Para Gandhi, ao contrário, a família e o casamento tornaram-se extensão da política. Ele submeteria a pobre Kasturbai às suas constantes e caprichosas experimentações na dieta e no estilo de vida sempre que seus pensamentos mudavam e evoluíam — muitas vezes, em direções bizarras. Kasturbai aprendeu a aguentar seu voto de *brahmacharya* como aprendera todo o resto, com paciente estoicismo e devoção incondicional. Ela, voluntariamente, uniu-se às campanhas *satyagraha*, chegando a ir para a cadeia. Com o tempo, tornou-se o suporte emocional de Gandhi. Quando ela morreu, em 1944, um discípulo notou que "uma parte de Bapu [o apelido de Gandhi] partiu" com ela.[42]

Mesmo assim, Kasturbai nunca pôde ser para Gandhi o que "Clemmie" veio a ser para Churchill: uma verdadeira parceira intelectual. Ela nunca chegou a aprender a ler e escrever fluentemente, enquanto Clementine havia sido educada na Sorbonne. Clementine Churchill também ajudou a empurrar a política de Winston um pouco para a esquerda, para a chamada ala radical do Partido Liberal. Muitos dos radicais eram homens que ele respeitava ou mesmo de quem era amigo no Parlamento. Churchill, rapidamente, aproximou-se do porta-voz do livre mercado, David Lloyd George, quem afirmava ser o maior gênio político que já conhecera. Também fez amizade com Charles Masterman, que era um pouco New Age: ele quase fora um cristão socialista antes de unir-se ao Partido Liberal e viveu por longo período em centros de serviços comunitários nos bairros pobres de Londres. Masterman ganhara um assento em 1906, na mesma eleição de Winston, e logo se tornou seu mentor político e confidente intelectual. Apresentou-o a Sidney e Beatrice Webb, que eram socialistas de fato. Entre os amigos deles, estavam também o sexólogo New Age Havelock Ellis e até mesmo o antigo inimigo do pai de Winston, Charles Bradlaugh.

De forma irônica, em 1908, Churchill também se encontrava em contato com muitas das influências da contracultura que tão profundamente haviam afetado Gandhi duas décadas antes. Sua política tomou um distinto, até surpreendente, rumo progressista. Apesar de ser a favor do livre-comércio, decidiu também que Clemmie e os Webb estavam certos: era tempo de usar o poder do governo para acabar com o desemprego e a subnutrição e mudar a Grã-Bretanha para melhor.

Em um artigo do *Nation*, em 7 de março de 1909, escreveu que havia "pouca glória em um império que pode dominar as ondas, mas é incapaz de mandar embora seu esgoto" (uma frase de que Gandhi deve ter gostado).[43] Na nova disposição radical de Churchill, intervenção governamental não contradizia os princípios do livre mercado.* As reformas sociais implantadas pelo governo corrigiriam os efeitos colaterais não previstos pelo capitalismo "desordenado". Criariam "uma rede sobre o abismo", como ele descreveu, para os trabalhadores, os doentes e os idosos.[44]

Em 1909, Churchill mudou-se do Ministério das Colônias para a Câmara de Comércio e, depois, para o Ministério do Interior, no ano seguinte. Junto com David Lloyd George, rascunhou duas das medidas mais progressistas que o Parlamento já passara, a Lei de Pensão para Idosos (Old Age Pensions Act) e a Lei de Seguridade Nacional (National Insurance Act), de 1911. Ao fazer isso, Churchill estabeleceu os fundamentos do Estado de bem-estar social britânico — uma realização impressionante para um homem que as últimas críticas descartavam como um incorrigível reacionário.

Porém, havia um novo lado obscuro nesse Winston Churchill progressista: seu crescente interesse em eugenia e na ciência racista. A eugenia não chegava a ser um campo reacionário em 1909. Praticamente todos os reformadores sociais progressistas eram incisivos nesse ponto, incluindo Havelock Ellis e os Webb. (Na África do Sul, o próprio Gandhi endossou a ideia da "pureza da estirpe [racial]".) O interesse na ciência racista era sinal de "avanço" intelectual. Churchill não estava sozinho ao se preocupar com o fato de que "o crescimento anormal e cada vez mais rápido das classes de mente débil ou insana [...] constitui um perigo à nação e à raça". Ou ao insistir que uma dura ação do governo era necessária para prevenir o "suicídio racial".[45] Todavia, tal preocupação agora assombrava sua crença no Império Britânico.

"Se o povo britânico tiver um grande império", disse Churchill ao National Liberal Club, em janeiro de 1908, "ele precisará de uma raça imperial para suportar o fardo."[46] Preocupava-o o fato de que, se as "condições

---

* De fato, o livre mercado fora parte das tradições dos radicais britânicos desde Richard Cobden e John Bright, como forma de derrubar barreiras sociais por meio da prosperidade material.

civilizadas" da sociedade moderna fossem deixadas no piloto automático, poder-se-iam interromper as operações implacáveis da natureza darwiniana que, segundo Winwood Reade ensinara-lhe, peneiravam os doentes, fracos e doentes mentais e os separavam dos cidadãos comuns. Já que a história se baseava na sobrevivência dos mais aptos, Churchill acreditava que a sociedade moderna não podia ser o refúgio para a sobrevivência dos *menos* aptos. Por isso a necessidade de uma ação do governo para prevenir que os menos aptos procriassem e o medo de que, sem "uma medida do tipo, a raça se degenerasse", levando consigo a Grã-Bretanha.[47] Ele ainda acreditava que, sob orientação britânica, a humanidade estava destinada a alcançar "um lugar ao sol", como diria mais tarde. Porém, naquele momento, pressentia escuridão no horizonte, uma escuridão que cresceria com o passar do século XX.

Três anos mais tarde, ele diria a Wilfred Blunt que "esterilizar pessoas de fraco intelecto" deveria ser obrigatório. Chegou a rascunhar um projeto de lei para tal propósito, envolvendo a esterilização involuntária de retardados e dementes com raios x; o projeto nunca foi transformado em lei.*[48] Não obstante, enquanto Churchill pensava em como impedir os menos aptos de terem filhos, ele e Clementine acabavam de ter um.

A primeira filha deles, Diana, nasceu no dia 11 de julho de 1909. "A criança mais linda que já se viu", falou a Lloyd George. "Como a mãe dela, suponho", disse George. "Não, ela é exatamente como eu", respondeu Churchill, orgulhosamente.[49]

Isso foi em 11 de julho. Apenas um dia antes, um passageiro chegara a Londres, de trem. Era Gandhi, novamente. Relutava em estar lá, para uma missão na qual tinha pouca fé. Mas descobriu, com surpresa e desgosto, que todos os jornais britânicos só falavam da Índia e de assassinato.

---

* Uma medida de inspiração eugenista que foi aprovada foi sua Trade Boards Law, de 1909, que incluía um salário mínimo nacional. Isso não era um presente aos oprimidos. Radicais, como os Webb, viam o salário mínimo como necessário para empurrar "os doentes e inválidos" — como Sidney Webb os descrevia — "os inúteis incorrigíveis, deficientes em força, velocidade ou habilidade" e outros "parasitas" para fora do mercado de trabalho — abrindo, assim, caminho para o trabalho organizado.

9. A RUPTURA

1909-1910

O governo britânico na Índia constitui uma briga entre a civiliza-
ção moderna, que é o reino do diabo, e a antiga civilização, que é
o reino de Deus. Um é o Deus da guerra; o outro, o Deus do amor.
(Mohandas K. Gandhi, *Hind Swaraj*, 1909)

O Instituto Imperial era um grande prédio de tijolo e pedra em South Kensington, Londres. Foi construído em 1887, para comemorar o jubileu de
ouro da rainha Vitória e "como um monumento ao emergente sentimento
imperial".* Exposições, palestras e conferências científicas do Império
foram realizadas lá, e, todo ano, a Indian National Association, fundada
por um membro do Parlamento e mentor de Gandhi, Dadabhai Naoroji,
realizava uma recepção para os estudantes indianos em Londres, no espaçoso Jehangir Hall.

Na noite de 1º de julho de 1909, os convidados devem ter notado uma
figura solitária, usando um turbante azul-celeste, subindo as escadas. Como
os outros homens indianos presentes, ele trajava terno e gravata. O que
chamava atenção em sua aparência não era o turbante, mas seus óculos de
lentes verde-escuras e armação de ouro. Logo ele estava circulando entre os
convidados e estudantes, e ninguém lhe dirigiu atenção especial. Enquanto
isso, outro convidado estava de saída. Era o tenente-coronel Sir William
Curzon Wyllie, assistente do ministro de Estado da Índia.

---

* Hoje, apenas a torre de 87 metros permanece como parte do Imperial College, em
Londres.

Eram quase 22 horas. Todos aproveitavam a comida, o champanhe e a música. Quando Sir William desceu as escadas para despedir-se dos outros convidados, a figura de turbante azul tocou seu cotovelo. Wyllie virou-se e, erguendo as sobrancelhas, sorriu e disse "Olá". Mesmo com os óculos escuros, o homem deve ter-lhe parecido vagamente familiar. O último pensamento de Curzon Wyllie deve ter sido: onde o encontrei antes?

De repente, o homem sacou um revólver de seu paletó e disparou dois tiros na cabeça do assessor civil. Sir William caiu. Sua esposa, que, horrorizada, assistia a tudo do alto da escada, gritou.

A balbúrdia tomou conta do Jehangir Hall, enquanto o homem de óculos escuros, calmamente, disparava tiros e mais tiros no corpo prostrado. O quinto disparo perfurou o olho direito de Curzon Wyllie, matando-o instantaneamente.[1] Um médico pársi chamado Cowasji Lalkaka lançou-se heroicamente para agarrar o braço do assassino. O homem de turbante azul atirou e o matou também.

Demorou mais alguns minutos até que espectadores e a polícia desarmassem o assassino. Arrancaram-lhe os óculos, revelando um jovem punjabi de queixo quadrado chamado Madan Lal Dhingra.[2] Filho de um médico ilustre, ele frequentava a University College London, onde estudava Engenharia Mecânica. Era também membro de um misterioso grupo chamado Abhinav Bharat Sanstha, uma célula hindu terrorista fundada por um magricela fanático, de 26 anos de idade, de nome Vinayak Savarkar, após a partição de Bengala.

Os assassinatos de Curzon Wyllie e Lalkaka aconteceram apenas nove dias antes de Gandhi chegar a Londres. Ainda era a história principal dos jornais, tendo manchetes como: "cena após o assassinato", "briga com um assassino", "a carreira do assassino" e "motivo para o crime". Esta última foi mais preocupante para Gandhi. Ele não conhecia Dhingra, mas conhecia Savarkar. Na verdade, Savarkar estava vivendo em Londres naquele período, na India House, na Cromwell Avenue, próximo a Hampstead Heath. Em poucos meses, eles viriam a se encontrar cara a cara, em um banquete oferecido pela India House ou, como alguns passariam a denominá-la, "a casa do terror".[3] Para Gandhi, o assassinato de Wyllie foi o tiro de largada da briga pelo futuro do nacionalismo indiano. Seu objetivo durante a última década fora o de arrancar a bandeira da liderança nacionalista das mãos de homens como Savarkar e aqueles a quem inspirava — "jovens estúpidos", como Gandhi os chamava, movidos por uma "ideia louca".⁴ Mais que isso, na cabeça de Gandhi, essa também seria uma briga pela alma da Índia — uma batalha tão importante quanto qualquer outra contra Churchill e os britânicos.

O que estava em jogo era a relação entre a não violência e o destino da Índia. "A liberdade da Índia deve revolucionar a maneira de o mundo enxergar a paz e a guerra", disse ele. A ideia de *ahimsa*, acreditava ele, era o mais espiritual legado da Índia para o resto da humanidade. "A Índia tem uma imaculada e imemorial tradição de não violência", declarou. Entretanto, "se assumir a doutrina da espada, deixará de ser o orgulho de meu coração."⁵ Que os indianos escolhessem a violência e, assim, despertassem as mesmas forças que aterrorizaram os corações humanos durante a Grande Rebelião, esse era o medo que o assombrou por toda a vida.

Se Gandhi estava surpreso e horrorizado com o assassinato de Wyllie, os londrinos também o estavam. De certa forma, isso não era novidade. Em 1909, eles estavam acostumados aos ataques terroristas; em 1885, fora jogada uma bomba na Câmara dos Comuns. Mas aqueles atos haviam sido cometidos por irlandeses violentos. Os indianos, especialmente os hindus educados, deveriam ser beneficiários calmos e gratos pelo domínio britânico.

Entretanto, a partição de Bengala, em 1905, fez surgir sentimentos nacionalistas que redefiniram aquele estereótipo racial. Sociedades secretas, como a Abhinav Bharat Sanstha, espalharam-se por toda a Índia, dedicadas a matar e assassinar. Jovens passionais fizeram bombas e colecionaram armas de fogo para usar contra os odiados moradores britânicos. Em dezembro de 1907, terroristas hindus usaram uma bomba para descarrilhar um trem que transportava o braço direito do vice-rei, Sir Andrew Fraser. Depois, em 30 de abril de 1908, outra bomba foi jogada em um vagão de trem, onde os agressores pensavam estar um funcionário civil branco. Em vez disso, mataram duas inglesas, a senhora Kennedy e sua filha.

Os britânicos da Índia ficaram perplexos. Lembranças de Cawnpore, meio século depois, ainda permaneciam vivas. Havia uma enfurecida busca por culpados. Em Alipore, perto de Calcutá, a polícia descobriu uma fábrica de bombas no jardim de uma casa pertencente a uma distinta família bengalesa, os Ghose. Barindra Ghose e seu irmão, Aurobindo, foram presos pelos assassinatos das Kennedy, junto com outros 27 conspiradores, incluindo um líder político da Índia, Bal Gangadhar Tilak.

O julgamento durou quase sete meses. Ao final, o próprio Raj estava sendo tão julgado quanto os conspiradores de Alipore. Aurobindo Ghose, o chefe do grupo terrorista, havia sido representante de classe na escola St. Paul, em Londres, e se graduara em Cambridge. (O promotor público responsável fora um companheiro de turma.) Seu latim era impecável; seu grego, ainda melhor. Ele e o irmão pareciam o próprio modelo de "indiano no sangue e na cor, mas inglês no bom gosto e no intelecto" que o Raj almejava. Mas o testemunho de Aurobindo revelou somente seu ódio eterno aos senhores imperiais. No fim, ele foi absolvido, mas os outros dezenove foram condenados, e três acabaram na forca. Um deles, o homem que jogara a bomba que matou as Kennedy, morreu com uma cópia do *Bhagavad Gita* nas mãos.[6] Tilak foi sentenciado a um exílio de seis anos na Birmânia.

Outros terroristas juraram perseguir os promotores do caso Alipore, um por um. Em 1908, mataram um inspetor de polícia que estivera envolvido na prisão dos Ghose. No início de 1909, assassinaram o promotor público do julgamento. Wyllie passara a ser alvo principal, por seu envolvimento com o caso. Ele também vinha a ser amigo da família do assassino, que o renegou publicamente por suas posições terroristas. A maior ironia foi que Curzon Wyllie tinha fama de ser profundamente pró-indiano, assim como seu superior, o liberal ministro de Estado da Índia, John Morley. Longe de ser um linha-dura, "jamais existira criatura mais gentil, simpática, altruísta e generosa", escreveu Morley sobre seu assessor. O próprio Morley recusou-se a rever sua posição sobre a necessidade de mudanças progressistas na Índia. Todavia, depois do assassinato, tomou o cuidado de estar sempre acompanhado por três detetives particulares.[7]

O julgamento de Madan Lal Dhingra começou em 27 de julho, sob muita publicidade. Demorou menos de dois dias para que a corte de Old Bailey o condenasse à morte. Dhingra expressou arrependimento pela morte do doutor Lalkaka, mas não pela de Wyllie. Sua última declaração diante da corte foi calma e desafiadora, com ecos de Nathan Hale. "Acredito que uma nação dominada por baionetas estrangeiras está em contínuo estado de guerra", disse. "Estou orgulhoso por dar a vida ao meu país. Mas saibam que chegará a nossa vez nos dias que virão."

O discurso impressionou muito os ingleses, dentro e fora da sala do tribunal. Um deles era o presidente da Câmara de Comércio, Winston Churchill.

Churchill estava, de fato, tão impressionado que, mais tarde, podia citar, de cabeça, as palavras de Dhingra e disse que elas foram "as mais belas jamais ditas em nome do patriotismo". Churchill profetizou ao amigo Wilfred Blunt que Dhingra "será lembrado daqui a 2 mil anos, assim como nos lembramos de Regulus, Espártaco e dos heróis de Plutarco".[8]

Provar que Churchill e aqueles que usavam violência em favor de qualquer causa estavam errados tornou-se uma missão na vida de Gandhi.

Na verdade, o assassinato e o julgamento não poderiam ter acontecido em pior momento para ele.[9] Retornara a Londres para defender o caso dos indianos na África do Sul uma vez mais, recuperado da segunda campanha *satyagraha* fracassada. E, se, no verão de 1909, as visões e o futuro de Winston Churchill pareciam seguros e bem direcionados, os de Gandhi estavam mais incertos que nunca.

Após a saída da prisão, em janeiro de 1908, e do fracasso de seu acordo pelo registro, em março, Gandhi distanciara-se dos interesses cotidianos, até mesmo de sua família. Seu escritório de advocacia seguia mais lucrativo que nunca, mas Gandhi estava alegremente distribuindo dinheiro ou gastando-o com a Fazenda Phoenix. Seu filho mais velho, Harilal, estava com 20 anos. Ainda não tinha escolaridade formal, mas era muito ativo em Phoenix e no movimento *satyagraha*. Quando Harilal foi condenado à prisão por se opor ao registro e seu pai apareceu como advogado, o maior interesse de Gandhi era que seu filho pegasse a sentença máxima. Esse era, afinal de contas, o tipo de sacrifício que desejava para ele mesmo.*[10]

Em maio de 1908, Gandhi decidiu que as promessas do governo sobre afrouxar a lei de registro não valiam nada. Depois das negociações com Churchill e o Ministério das Colônias, não havia mais em quem confiar. A lei de registro era como uma coleira em volta do pescoço de um cachorro, como Gandhi gostava de dizer. Todos os seus esforços seriam agora dedicados a romper essa amarra.[11]

---

* Durante seu tempo na cadeia, começou a ler Platão e a escrever, em guzerate, uma biografia de Sócrates, o primeiro filósofo a dizer que era preferível sofrer a prejudicar terceiros. O título era *A história de um verdadeiro guerreiro* — precisamente a descrição que Gandhi gostaria de ver sobre si mesmo.

Dessa vez, Gandhi difundiu a campanha por Natal, com um entusiasmo extremo que se espalhou rapidamente. De súbito, ele tinha um novo movimento. Pela primeira vez, também estava usando o termo *satyagraha* para descrever o que fazia, e introduziu uma nova tática de protesto: queimar os odiados cartões de registro. Em agosto, depois de Harilal ser condenado à prisão, Gandhi organizou uma manifestação de protesto em massa do lado de fora da mesquita de Hamidia, para ver mais de 1.300 certificados serem encharcados de querosene e queimados. O governo tinha acabado de passar uma nova lei, mais rígida, exigindo o registro de todos os indianos, inclusive das impressões digitais. Gandhi fez um discurso feroz denunciando-a e exortando a multidão a "sofrer tudo o que for necessário [...], pois é o que espero dos meus compatriotas".[12]

Em outubro, Gandhi estava de volta à cadeia. Seu amigo, o reverendo Doke, assistia às filas de resistentes pacíficos, algemados e vigiados, marchando pela estrada empoeirada até a prisão de Johanesburgo. Também Gandhi caminhava em uniforme da prisão e algemas. "Seja absolutamente firme até o final", escreveu em seu último dia de liberdade. "Sofrer é nosso único remédio. A vitória é certa."[13]

Mais de 1.500 rebeldes estavam na cadeia ao final de 1908, a maioria deles pequenos comerciantes e vendedores de rua. Mas Gandhi estava ficando sem voluntários, e o movimento perdia seu vigor. Todos os importantes organizadores da resistência estavam na cadeia, enfrentando de três a seis meses de trabalho forçado, inclusive Gandhi e seu filho. À medida que o prazo final para a conclusão dos registros aproximava-se e os comerciantes encaravam a possibilidade de perder suas licenças comerciais, eles começaram a abandonar a causa, da mesma forma que haviam feito um ano antes. Com um amargo sentimento de déjà-vu, Gandhi percebeu, na prisão, que "muitos [indianos] desistiram da luta. Outros, parece, estão prestes a fazê-lo".[14]

Em fevereiro de 1909, 97% dos asiáticos do Transvaal haviam sido registrados de acordo com a nova lei. Gandhi, entretanto, não desistiria. Quando o governo o libertou, ele, de imediato, se recusou a ser registrado novamente e foi preso mais uma vez. Durante seu terceiro período na cadeia em menos de um ano, Gandhi descobriu que a British Indian Association estava falida e que "as pessoas estavam financeiramente arruinadas".[15]

Quando um pequeno grupo de boas-vindas foi cumprimentá-lo na ocasião de sua libertação, em 24 de maio, Gandhi, exausto, sucumbiu e chorou.

A segunda campanha *satyagraha* havia sido outro fracasso. Outros membros da BIA queriam vê-lo afastado do papel de líder: nas palavras da historiadora Maureen Swan, "a ampla maioria dos asiáticos do Transvaal havia repudiado enfaticamente a resistência pacífica". Em um encontro tenso, em junho, os outros líderes da BIA discutiram sobre como encerrar a campanha *satyagraha* e sobre a possibilidade de enviar nova representação a Londres, para tentar, uma última vez, fazer com que o Ministério das Colônias fosse razoável. Gandhi opôs-se ao plano dizendo que "a representação apenas mostra a fraqueza dos indianos".[16]

Outros líderes, no entanto, insistiram. O esforço para garantir que *nenhum* resistente pacífico fosse incluído no grupo de representação (um óbvio repúdio à liderança de Gandhi), contudo, falhou, e Gandhi acabou por encabeçar a comitiva. Ele seguia como líder oficial do lobby indiano no Transvaal, mas não tinha praticamente nenhum seguidor ou apoio da comunidade.

Portanto, era com um sentimento amargo que Gandhi chegava a Londres, em julho de 1909, com pouca esperança de sucesso e menos ainda ideia do que aconteceria. Estranhamente, o assassinato de Wyllie ajudou-o a determinar a nova direção. Se Gandhi não sabia ao certo, durante as 18 semanas que passou em Londres, pelo que lutava naquele momento, tinha clareza, ao menos, *contra* o que e quem estava lutando.

Os primeiros desses inimigos eram homens como Savarkar e os revolucionários violentos que haviam inspirado o terrível ato de Madan Lal Dhingra. O segundo inimigo era a nação que executara Dhingra, a chamada Grã-Bretanha. Em 1909, os anos de paciente lealdade de Gandhi haviam finalmente terminado. Os anos de confronto intransigente estavam por começar.

Gandhi teve oportunidade de enfrentar seu primeiro inimigo em um banquete na Indian Catering Company, em Bayswater, em outubro. O evento era uma celebração de Dussehra, o festival comemorativo do épico resgate de Rama à rainha Sita e a vitória sobre o rei demoníaco Ravana. A maioria dos convidados era da India House, o foco do nacionalismo antibritânico. O orador principal era o próprio Vinayak Savarkar.

Um ar de violência e morte parecia irradiar de Savarkar e seu magro rosto. Ele já havia transformado o quintal da India House em uma fábrica de bombas, repleta de recipientes com substâncias químicas explosivas. Segundo boatos, o próprio Savarkar dera a Dhingra o revólver com que matou Curzon Wyllie, dizendo as seguintes palavras: "Se você falhar, não apareça novamente na minha frente."[17] Seu irmão, Ganesh, acabara de ser preso na Índia por envolvimento em uma rebelião. Em menos de dois meses, Savarkar seria, sem nenhuma surpresa, também encarcerado.

Sua crença na revolução violenta e na conspiração terrorista era irrestrita: "Porque você nos nega um revólver, pegamos uma pistola [...]; porque você nos nega a luz, unimo-nos na escuridão para planejar formas de destruir as correntes que detêm nossa Mãe [Índia]." Este foi o descaso que demonstrou por Gandhi e sua resistência não violenta: "Não há substituto para a força quando se deseja alcançar completa liberdade", escreveu em 1907, "não importa quantas outras pequenas coisas possam ser conseguidas por outros meios [...], [a liberdade] pode ser alcançada somente por meio da força."[18]

Em seu íntimo, Gandhi estava perturbado quando chegou ao jantar. Sentia-se profundamente aflito pelo ato assassino de Dhingra e pela irresponsabilidade de "jovens estúpidos" como Savarkar, que "pareciam vangloriar-se pelo feito". A ideia de que assassinato e terror podiam trazer qualquer outra coisa além de mais terror aos indianos parecia-lhe insana. Como escreveu a Hermann Kallenbach, "ainda que os britânicos nos abandonem em consequência de tais atos assassinos, quem nos irá governar no lugar deles? Esses assassinos [...] a Índia nada pode ganhar ao ser governada por assassinos — independentemente de serem negros ou brancos".[19]

Mas também admitiu: "Não conheci praticamente ninguém que acredite que a Índia pode ser livre sem recorrer à violência." O jantar era sua primeira oportunidade de oferecer, publicamente, uma solução alternativa.

Em sua fala em Dussehra, Savarkar fez um discurso enfurecido sobre como o Rama derrotou o demônio opressor, a fim de estabelecer seu próprio reino dos céus na Terra (o Rama Raj). Recontou como o festival dos nove dias que precedem o Dussehra honram a terrível Durga, deusa da vingança, suja de sangue e com dez braços (normalmente representada montada em um leão, com uma espada em cada mão). Mas Gandhi fazia soar um tom bem diferente. Seu discurso enfatizava o papel de Rama como um símbolo da pureza espiritual e da virtude, bem como da guerra e da conquista, de "autocontrole, altruísmo, paciência e gentileza". Tais qualidades, disse Gandhi aos presentes, "são as flores que brotam sob os pés daqueles que aceitam, mas se recusam a impor, o sofrimento".

Sim, os indianos teriam, um dia, de derrotar o equivalente moderno do rei do mal, Ravana — o domínio injusto dos britânicos. Mas precisavam fazê-lo como seguidores de Vishnu e sua encarnação pura e inocente, Rama, não como devotos da sanguinária deusa Durga.[20]

Foi um momento breve, mas crucial. Ao pregar a não violência aos apóstolos da revolução armada, Gandhi deixava clara sua posição no movimento nacionalista indiano. Aquele movimento havia começado sem ele e crescido sem sua colaboração. Em 1909, ele seguia sendo apenas um espectador dos debates e controvérsias. Porém, quando as esperanças políticas indianas apelaram à violência pela primeira vez desde a Grande Rebelião, Gandhi sentiu que não podia mais permanecer à margem.

Sua pátria estava cada vez mais em seus pensamentos. "O centro de gravidade está mudando para a Índia", escreveu a Polak em outubro, e não apenas como forma de trazer pressão adicional ao problema da África do Sul. Ao contrário do que sugere o mito, o que impulsionou Gandhi a tornar-se um porta-voz do movimento nacionalista indiano não foi o desgosto pelo governo britânico na Índia. Foi seu desgosto pela crescente militância do nacionalismo indiano, o qual considerava imprudente e, em última instância, nada indiano. Em 8 de outubro, havia feito seu primeiro discurso sobre "Ética da resistência pacífica", no qual afirmou que "a guerra, com todo seu louvor à força bruta, é, essencialmente, uma coisa degradante".[21] Em vários aspectos, Gandhi passava a enxergar a África do Sul como um preparo, um ensaio para grandes coisas que estavam por vir.

Mas, primeiro, teria de lidar novamente com outra frustrante petição para o governo britânico, que parecia surdo a qualquer apelação razoável. Ainda queria que a lei de registro de 1907 — contra a qual fizera lobby na última vez que estivera em Londres, em 1906 — fosse revogada. As novas restrições de imigração, que limitavam novos residentes indianos a apenas seis por ano, deveriam cair também. Argumentava que "precisa haver igualdade legal entre indianos e brancos, *não importando se, na prática, nem mesmo um indiano possa entrar* [grifo meu]. Podemos aguentar isso". Não se tratava mais de "uma luta pelos educados, ou graduados, mas pela honra da Índia, nosso respeito próprio".[22]

Mesmo com não apenas um, mas dois vice-reis a seu lado, lorde Ampthill*
e lorde Curzon, Gandhi não chegou a lugar algum. Ele e Ampthill propuseram
ao ministro colonial, lorde Crewe, um acordo razoável: deixar o limite de
imigração de seis por ano aos cuidados do governador do Transvaal, em vez
de formalizá-lo em lei. Crewe fez cara de quem concordava; as esperanças de
Gandhi foram brevemente despertadas. Chegou a enviar um telegrama para
Johanesburgo: "GOVERNO ACEITA REVOGAR."[23]

No entanto, o general Smuts, que também estava em Londres, acabou
com o acordo. Lorde Ampthill insistiu que Gandhi ficasse e continuasse
tentando. "A sua é uma luta correta", repetia a Gandhi, "e você está lutando
com armas limpas."[24] Encontraram-se com o ministro colonial, mais uma
vez, em 16 de setembro. Gandhi esperou sete semanas por uma resposta.
No dia 3 de novembro, ela chegou. Lorde Crewe não faria nada.

Gandhi chegara ao limite. Por certo, fizera novas e interessantes amizades durante a estada na Inglaterra — como membros da Sociedade de
Resistência Pacífica de Londres (London Passive Resistance Society), a líder
sufragista Emmeline Pankhurst e George Allen, um fazendeiro tolstoiano.[25]
Desenvolvera genuína admiração e carinho por lorde Ampthill, que parecia
a personificação da "cortesia e humildade sincera".

Contudo, enquanto se preparava para partir, o amargor da derrota conta-
giou-o e transformou-se em amargura contra a Inglaterra. Ele escreveu uma
carta irritada para a imprensa britânica: "a única justificativa possível para
manter juntas diferentes comunidades do Império sob o mesmo domínio
é a igualdade elementar". Tal princípio de igualdade fora sagrado para os
indianos por meio século, na Proclamação da Rainha de 1858. A legislação
do Transvaal rompeu com seu espírito. Ao permitir a manutenção da lei,
afirmou Gandhi, "o governo imperial torna-se partidário do crime contra
a constituição imperial". No que tange aos indianos da Índia, escreveu em
uma carta para o jornal *Gujarati* de Mumbai: "Se a doutrina do governo

---

* Arthur O. V. Russel, lorde Ampthill, fora vice-rei interino durante os dois mandatos
de Curzon. Como Lepel Griffin, Ampthill não apoiava o nacionalismo indiano, nem o
Congresso Nacional: morreria combatendo o Projeto de Lei do Governo da Índia de 1935
ao lado de Churchill. Entretanto, como Griffin, acreditava sinceramente que os indianos
na África do Sul recebiam tratamento injusto. Ampthill recrutou lorde Curzon para ajudar
Gandhi e escreveu a introdução da primeira biografia deste quando lançada, em 1910.

Transvaal for verdade, o povo da Índia deixa de ser parceiro do Império." A carta terminava com uma nota lastimosa: "Não virá a Índia em socorro?"[26]

Mas como poderia vir? Gandhi fez-se essa pergunta enquanto arrumava as malas. No dia seguinte, ele, de mãos vazias, viajaria mais de 12 mil quilômetros de volta para um movimento que estava prestes a entrar em colapso. Como podia a Mãe Índia proteger seus filhos, quando ela mesma estava paralisada pelo mesmo regime que negava aos indianos seus direitos na África do Sul?

Dois artigos publicados havia pouco tempo ofereciam a Gandhi pistas para uma resposta. Um foi escrito por um inglês. Após o assassinato de Wyllie, o *Illustrated London News* publicou uma reportagem sobre o nacionalismo indiano, escrita por G. K. Chesterton. Chesterton era um dos velhos amigos de Henry Salt e feroz crítico da civilização capitalista moderna — mas de direita, não de esquerda. Foi preciso um católico romano, que descrevia a si como um reacionário, para transformar os pensamentos mais apaixonados de Gandhi em palavras. Chesterton sugeriu que o real problema de revolucionários como Savarkar era que a sua visão do futuro da Índia "não é muito indiana". Os nacionalistas indianos gostavam de falar sobre revoluções, parlamentos, constituições, orçamentos e balanço de pagamentos. Mas esses eram modelos *ocidentais* de progresso humano, apontou Chesterton. (De fato, um dos modelos de conduta mais importantes para Savarkar era o revolucionário italiano Giuseppe Mazzini.) Essas noções não tinham nada em comum com a herança cultural e espiritual da Índia. "Se existe uma coisa chamada Índia", disse Chesterton, "há o direito de ser indiano" — não um compartimento vazio a ser preenchido por noções ocidentais.[27]

A reforçar as palavras de Chesterton havia o panfleto recém-lançado do romancista russo e herói de Gandhi, Lev Tolstói, intitulado "Carta para um hindu".[28] Era também uma crítica afiada ao nacionalismo revolucionário, mas, dessa vez, vinda da esquerda New Age. Tolstói dirigiu-se francamente ao estranho paradoxo da Índia, onde cerca de 300 milhões de pessoas eram mantidas sujeitas à tirania perversa de um "pequeno grupo" de bretões brancos "totalmente estranhos em pensamentos e aspirações àqueles a quem escravizam e, no geral, inferiores a eles".

Apenas imagine, escreveu Tolstói, se os milhões de indianos se recusassem a participar de toda essa maldade, a colaborar com "as ações da administração, dos tribunais de Justiça, com a coleta de impostos e, o que é mais importante, como soldados", tanto hindus quanto muçulmanos, que servem no Exército indiano. Eles não apenas dissolveriam o poder do Raj, sugeriu Tolstói; despedaçariam o poder da violência que escravizou seus corações. Por meio da resistência pacífica, redescobririam a lei do amor. E não apenas centenas de brancos deixariam de escravizar milhões de não brancos, "mas milhões seriam incapazes de escravizar um só indivíduo".[29]

Enquanto lia o texto de Tolstói, Gandhi percebeu, de repente, que aquele indivíduo era ele mesmo. "A vida não pode seguir os mesmos rumos de antes", continuou Tolstói, com palavras que falavam ao coração. "O homem deve entender que a antiga orientação para a vida não se aplica mais a ele." Era preciso "formular uma nova teoria da vida", concluiu Tolstói, uma teoria adequada ao indivíduo que agora embarcava em uma "nova era".

Durante sua estada em Londres, Gandhi estivera lendo e relendo os livros que mais o entusiasmaram, à procura daquela nova teoria de vida. *O reino de Deus está em vós* e *Confessions of Faith*, de Tolstói; *A desobediência civil*, de Henry David Thoreau; clássicos como *Unto this Last*, de Ruskin; *Civilization: Its Cause and Cure*, de Edward Carpenter; *Economic History of India*, de R. C. Dutt, severamente crítico à administração britânica, e um favorito dos tempos da escola de Direito; e *Village Communities in the East and West*, de Sir Henry Maine, que argumentava que as vilas camponesas da Índia haviam sido historicamente autossustentáveis e autogeridas por séculos, antes da chegada dos britânicos.[30]

Ideias percorriam seu cérebro freneticamente e, pouco antes de deixar a Inglaterra, Gandhi produziu sua própria "Confissão de fé", com quinze itens. Enviou uma cópia a Henry Polak, para que servisse como medida de sua jornada pessoal naquele momento e ponto de partida para seu próximo passo.

O primeiro item de Gandhi era: "Não há barreira intransponível entre o Oriente e o Ocidente." O segundo afirmava que os europeus haviam "tido muito em comum com o povo do Oriente" antes de a civilização moderna suprimir os valores espirituais do Ocidente e a simplicidade de sua vida rural. Gandhi estava preocupado com a possibilidade de a mesma praga moderna atingir a Índia. "Não são os britânicos que governam a Índia", afirmava o quarto item, "mas a civilização moderna domina a Índia por meio de seus trilhos, telégrafos, telefones etc." Como resultado, "Mumbai, Calcutá e outras cidades importantes são as reais pragas da Índia moderna", pois são os principais canais da influência maligna da civilização. De fato, "se a administração britânica fosse amanhã substituída por uma administração indiana baseada em métodos modernos, a Índia não estaria em nada melhor".

A conclusão, de abalar o mundo, veio com o item de número 12:

> A salvação da Índia consiste em desaprender o que ela aprendeu nos últimos cinquenta anos. Ferrovias, telégrafos, hospitais, advogados, médicos e tudo mais, todos devem partir, e a chamada classe alta deve viver consciente, religiosa e deliberadamente a vida simples do campo, sabendo ser essa a verdadeira felicidade.[31]

De alguma forma, a total rejeição de Gandhi à medicina moderna foi a mais assustadora de todas. "Hospitais são instrumentos do demônio", escreveu. "A ciência médica é a essência concentrada da magia malévola [...]; se não houvesse hospitais para doenças venéreas, ou mesmo para o tuberculoso, teríamos menos tuberculose e menos vícios sexuais contra nós." A antipatia de Gandhi aos confortos modernos, sem falar na promiscuidade sexual, não era novidade. Mas sua atração pela medicina tradicional e pelas curas vegetarianas caseiras (um experimento quase matou seu filho Harilal, enquanto outro deixou Kasturbai doente por semanas, e, mesmo assim, Gandhi recusava-se a permitir que ela fosse ao médico) agora se encaixava em uma rejeição filosófica a todos os aspectos da cultura ocidental, desde a ciência e a maquinaria às armas, ao parlamento e às leis.

Ele também escreveu uma longa carta de adeus a lorde Ampthill. "Um despertar da consciência nacional é inevitável" na Índia, dizia, "acredito que a repressão será inútil [...] sinto que os governantes britânicos não se liberalizarão em tempo." Ele disse a Ampthill que compartilhava "o espírito nacional", mas não os métodos dos extremistas ou dos moderados, já que cada um "se apoia, em última instância, na violência". Culpou os britânicos pelo "efeito explosivo" do capitalismo e do materialismo na Índia, pelo aumento de cidades como Mumbai e Calcutá e pela diminuição das vilas. "Penso que muito foi feito da *Pax Britannica* [...], não tenho desavenças com os dominadores. Todas as minhas batalhas são com seus métodos."[32] A principal pergunta em sua mente agora era: o que os iria substituir?

Após marcar sua passagem de volta para a África do Sul, a mente de Gandhi agitou-se. "Não há fim para o trabalho que iniciei no navio", confessou mais tarde em uma carta.[33] Ele começou a tradução para o guzerate de "Carta para um hindu". Porém, mais importante que isso, em nove dias, ele compôs seu próprio manifesto, que chamou de *Hind Swaraj*, ou "Auto-governo da Índia".[34]

Esse é o único tratado político e moral de Gandhi. Praticamente todo o resto que foi publicado sob sua autoria eram compilações de palestras e artigos de jornal ou, como sua autobiografia e *Satyagraha in South Africa*, um conjunto de lembranças. Em um sentido profundo, tudo em que Gandhi acreditou ou o que ele fez pelo resto da vida provinha do *Hind Swaraj*. Essa obra marcou o fim de uma jornada que começara na plataforma do trem em Maritzburg, em 1893, e teve um giro decisivo no encontro com Churchill, no Ministério das Colônias, em 1906. Em todos os aspectos, o texto assinalava um ponto de inflexão para Gandhi.

O *Hind Swaraj* é um diálogo, como o *Bhagavad Gita*, em cujo modelo foi baseado. Os dois interlocutores são, significativamente, ligados a jornais, refletindo a crescente consciência de Gandhi de como a mídia moderna estava formando as percepções culturais e a opinião pública. O "leitor" é um indiano nacionalista, cheio de energia e confiança, um retrato de Savarkar e seus seguidores. Gandhi descreve alegremente como a partição de Benlaga transformara as organizações nacionalistas indianas, como o Congresso, de apologistas da cooperação ao Raj em advogados do *Swaraj* ou da independência. "Por isso", diz ele, "devemos ser gratos a lorde Curzon."[35]

Porque os britânicos usaram a força para conquistar a Índia, diz o Leitor, será preciso força para tirá-los de lá. Uma vez que isso for feito, a Índia será livre para organizar a si mesma como uma nação moderna, com um Exército e uma Marinha e um esplendor imperial todo seu. "Então, a voz da Índia ecoará sobre o mundo", conclui.[36]

Homem mais velho e sábio, o Editor responde com frases de Chesterton e Tolstói. "Isso é o governo inglês sem os ingleses", adverte ao jovem Leitor. Não é "o *Swaraj* que desejo".[37] Ele prevê que o caminho do Leitor para a independência apenas transformará a Índia em um país como a Inglaterra, cheio de pessoas gananciosas, desonestas, que trapaceiam e exploram uns aos outros, com um parlamento que age como uma "prostituta" para interesses especiais. Os trabalhadores das fábricas e minas terão vidas "piores que as das bestas". Todos serão governados por máquinas, incluindo armas desumanas que podem matar milhares "ao disparar de um gatilho". O Editor conclui, sarcasticamente, que "*isso* é civilização" e que, se a Índia seguir nessa direção, "estará arruinada".[38]

Entretanto, diz ele, há outro caminho para a liberdade. Esse caminho leva tanto para trás como para a frente, voltando às raízes da Índia. Trará o autogoverno ou *Swaraj* não apenas como soberania política, mas como autoconhecimento e autodomínio. As respostas às eternas questões do homem, proclama o Editor, repousam sobre "a antiga civilização da Índia, que, em minha opinião, representa a melhor que o mundo jamais viu".

Os ancestrais hindus viveram sem as conveniências da vida moderna. Permaneceram satisfeitos com suas "vilas antigas e lares em paz" e apreciaram seus líderes espirituais, seus "*rishis* e faquires" sobre reis e soldados, pois percebiam que riqueza e poder não são sinônimos de felicidade.[39] "Não que não soubéssemos inventar maquinaria", insiste o Editor, "mas nossos antepassados sabiam que, se acostumássemos nossos corações a buscar tais coisas, nos transformaríamos em escravos e perderíamos nossa fibra moral."[40]

O que amaldiçoou essa Índia antiga e pura não foi a conquista britânica, explica o Editor, mas o desejo dos indianos de *ser como* os britânicos e de cooperarem com a escravização da Índia. "Nós trouxemos os ingleses [para a Índia]", diz ele, "e os mantivemos aqui", apelando às suas cortes e obedecendo às suas leis; falando sua língua e frequentando suas escolas; usando suas ferrovias que, ao transportar a produção local para mercados distantes, são "os portadores das pragas" e da fome; e recorrendo à medicina ocidental em desafio às leis religiosas. Em todos esses aspectos, os indianos aliaram-se à "natureza maléfica do homem".[41]

Felizmente, é possível voltar, insistia Gandhi por meio das palavras do Editor: literalmente um caminho de volta para o futuro. É a *satyagraha*, combinando os antigos princípios hindus de não violência com o rígido desapego do "homem de mente forte" exaltado pelo *Gita*. Tentar expulsar os britânicos à força seria autodestrutivo, pois "a força bruta não é natural para a alma indiana". Ao contrário, a chave é "força da alma" ou *satyagraha*; "em outras palavras, o amor conquistando o ódio".[42]

A *satyagraha* traz suas "armas" únicas para brigar contra o domínio britânico, e a arma escolhida é a resistência pacífica. "A resistência pacífica é um método de assegurar os direitos pelo sofrimento pessoal; é o inverso da resistência com armas. Quando me recuso a fazer algo que cause aversão à minha consciência, uso a força da alma."[43] Por meio da resistência pacífica, ou desobediência civil, a não violência transformar-se-á em um princípio ativo na comunidade, como ondas na água. O Editor diz que a *satyagraha* virá a ser uma "espada de muitas lâminas", que "abençoa aquele que a usa e aquele contra quem é usada", e derrubará leis injustas, tornando-as inexequíveis.

O Leitor, em resposta, considera tudo isso ingênuo. Como um eco de V. B. Savarkar, diz que não houve, na história, revolução sem violência. O Editor adverte-o por seu cinismo. A crença de que o que não aconteceu antes não pode acontecer agora revela uma "descrença na dignidade do homem". Gandhi, então, traça um programa completo com dezenove passos para a não violência e a não cooperação, abrangendo desde a recusa em ir à escola e o uso do inglês até o fechamento das fábricas têxteis de Mumbai e o engajamento de todos com a manufatura caseira de roupas.

Em suma, ao se recusar a participar desse jogo cultural segundo as regras ocidentais, sugere o Editor, os indianos forçarão os britânicos a decidirem. Eles poderiam vir a ser como os indianos, e abrir mão da civilização moderna em prol de suas raízes espirituais no cristianismo e na Sagrada Escritura. Ou poderiam arrumar as malas e partir.[44] Independentemente do que os britânicos escolhessem, a Índia seria, por fim, completamente livre. Os indianos terão o verdadeiro *Swaraj*, o autogoverno, o domínio de si. Seguindo o caminho da não violência, da abnegação e da "força da alma", alcançarão a verdade, que é, em última instância, o reino de Deus.

"O governo britânico na Índia constitui uma briga entre a civilização moderna, que é o reino do diabo", concluiu Gandhi, "e a antiga civilização, que é o reino de Deus. Um é o Deus da guerra; o outro, o Deus do amor" — e Gandhi não tinha mais dúvidas sobre qual deles venceria.

Essa última passagem veio do prefácio que Gandhi escreveria para a tradução para o inglês, que apareceu em Johanesburgo em 1910. A publicação de *Hind Swaraj* no original guzerate causou choque e confusão no cenário político. Ali estava posto um chamamento determinado a expulsar os britânicos da Índia, mas também uma condenação de todas as formas de violência. Era uma obra que reprovava a civilização ocidental e todos os seus feitos e, ao mesmo tempo, citava a Bíblia e incitava a reconciliação entre a Grã-Bretanha e a Índia sob novas bases espirituais.

Liberais, incluindo liberais indianos, acharam as ideias de Gandhi irremediavelmente reacionárias. A rejeição à medicina e à educação ocidentais e seu chamado para desmantelar as fábricas têxteis e fiar algodão em casa ("não é uma tarefa fácil", admite o editor de Gandhi) pareciam bizarros ou mesmo ultrajantes.* E a condenação de médicos ocidentais soava hipócrita vinda de um homem que consultara médicos durante toda a vida (ainda que nem sempre seguisse seus conselhos).

O fato era que o *Hind Swaraj* enfraqueceu consensos do cenário indiano, desde as opiniões moderadas, como as de seu mentor Dadabhai Naoroji, às mais extremistas e violentas, como as de Savarkar — que escreveu uma furiosa resposta.[45] De Londres a Johanesburgo e Madras, a obra deixou a maioria dos leitores intrigados, alarmados e também entretidos. À exceção, é claro, do governo britânico.

Os censores leram *Hind Swaraj* e decidiram que, mesmo que não fosse sedicioso, era, no mínimo, claramente subversivo quanto à supremacia britânica. Se os chamamentos de Gandhi para a não cooperação fossem ouvidos, avisou o tradutor guzerate do governo de Mumbai, levariam a "greves sistemáticas" nos serviços públicos, ferrovias e postos de correio da Índia e à paralisação do governo (exatamente o que aconteceria em vinte anos). "Quanto antes [o *Hind Swaraj*] for suprimido", concluiu, "melhor".[46]

Ao menos um homem da Inglaterra concordava com os censores: Winston Churchill. O homem que se tornaria o adversário mais implacável de Gandhi já havia previsto as coisas que estavam por vir. Em 5 de setembro, semanas antes de Gandhi terminar o *Hind Swaraj*, o jovem ministro do Interior anteviu, com estranha precisão, o que aconteceria se algum dia o programa de dezenove passos de Gandhi fosse posto em prática.

"O jogo vai acabar", disse francamente a Wilfred Blunt. "Se [os indianos] concordarem em não ter mais nada a ver conosco, tudo, ou seja, o Raj, entrará em colapso." Churchill podia permitir-se admirar figuras como Dhingra

---

* Sem dúvida, as visões de Gandhi sobre os efeitos perniciosos das ferrovias eram demasiadamente fora de propósito — o sistema ferroviário da Índia havia, inclusive, ajudado a diminuir a propagação da fome, transportando arroz e grãos para áreas gravemente necessitadas.

ou mesmo Savarkar, porque eles eram, em última instância, impotentes. Violência e força armada, até mesmo insurreição, eram coisas com as quais os britânicos sabiam como lidar. Já a não cooperação em massa era outra coisa. Em 1909, Winston Churchill percebeu que salvar o Império Britânico na Índia significava interromper o percurso de Gandhi.[47]

Já Gandhi ficou furioso quando soube que seu livro fora banido da Índia. Ainda insistia em ser um súdito leal ao Império, com uma única ressalva: "Minha noção de lealdade não envolve a aceitação das regras ou do governo correntes, independentemente de sua retidão ou não." Também ficou contrariado quando o teosofista sul-africano, W. J. Wybergh, criticou o *Hind Swaraj* por ser uma fórmula para a anarquia. "Destruir" as leis, a polícia e o governo e "não colocar nada no lugar", disse, "é simplesmente destruir a possibilidade de qualquer avanço [...]. É uma conclusão fatal supor que o que é certo para o santo é certo para todos."[48]

Mas, para Gandhi, a sociedade moderna já era uma anarquia — uma anarquia espiritual. O argumento de Wybergh, escreveu ele, pressupõe que a vida pública comum pode ser separada dos preceitos religiosos; que o intolerável em um (violência, coerção, ambição) pode ser tolerável no outro. "Isso é o que vemos todos os dias na vida moderna." A resistência pacífica, ao contrário, reconectou religião e política "ao testar cada uma de nossas ações à luz dos princípios éticos". Ela dá às pessoas de boa moral o poder de acabar com o sofrimento e resistir às leis injustas. Essa era a razão pela qual, segundo Gandhi, "a resistência pacífica, ou seja, a força da alma é imbatível" e deve prevalecer no final.[49]

Quanto aos perigos envolvidos em experiência tão radical, Gandhi já os havia abordado no *Hind Swaraj*. "Irei parafrasear o pensamento de um inglês divino e dizer que a anarquia sob governo nacional seria melhor que a ordem de um governo estrangeiro" — palavras que o perseguiriam depois.*

Gandhi enviou uma cópia do *Hind Swaraj* ao seu novo mentor, Lev Tolstói, que lhe escreveu uma gentil resposta em 3 de maio de 1910. Ele enfim compreendia a mensagem New Age de Gandhi. Agora, doente e debilitado, Tolstói concordava que a resistência pacífica era "um assunto da maior importância não apenas para a Índia, mas para toda a humanidade". Mais

---

* O inglês "divino" era John Milton, que traz o comentário de Satã em *Paraíso perdido*: "Melhor governar no inferno que servir no céu."

tarde, acrescentou: "Seu trabalho no Transvaal [...] [é] muito importante e fundamental." Foi a última carta longa que Tolstói escreveu. Menos de dois meses depois, estava morto. Gandhi escreveu seu obituário para o *Indian Opinion*, referindo-se a ele como "um dos maiores homens de nossa era".[50]

Em forma de homenagem, Gandhi fundou uma segunda fazenda experimental, próxima a Johanesburgo, e a chamou de Fazenda Tolstói. Lá, Gandhi finalmente fez sua casa, cortando madeira, carregando água, lavando roupa e ajudando a construir novas casas com satisfação. "Agora sou um fazendeiro", escreveu com orgulho para Hanilal e seus outros filhos, "e desejo que vocês venham a ser fazendeiros." A Fazenda Tolstói seria o centro de suas atividades pelo resto de sua estada na África do Sul.

Pois ele continuava na África do Sul. Enquanto o *Hind Swaraj* marcou uma grande virada na vida de Gandhi e em sua teoria de não violência, os fatos do cotidiano permaneciam inalterados. Ele retornara da Inglaterra para um movimento desprovido de seguidores e dinheiro, mesmo depois da arrecadação de fundos realizada por Henry Polak em sua visita à Índia em 1909-1910.[51] Mesmo o governador Smuts e o governo do Transvaal viam-no mais como um símbolo útil, um advogado sagaz e disposto a fazer acordos em nome dos indianos na África do Sul, do que como líder do movimento.

Ao longo de 1910 e no início de 1911, a terceira campanha *satyagraha* de Gandhi existiu apenas no nome. Em abril, ele e Smuts chegaram a novo acordo referente às regras de imigração, expresso em frases vagas e ambíguas, de modo que ambos podiam considerar uma vitória. "Smuts desconfiou de Gandhi", registra a historiadora Maureen Swan, "tanto quanto Gandhi desconfiou de Smuts".[52] Nenhum dos lados estava interessado em dar ênfase ao assunto. Por certo, Gandhi não tinha intenção de reaquecer a batalha, até que encontrasse uma maneira de trazer novo fôlego para o movimento e, finalmente, transformar a força da alma em força política.

10. Bifurcação no caminho

1911-1914

Qual deverá ser o destino de nosso país?
(Winston Churchill, 1910)

Quão desprezíveis são meus compatriotas!
(Mohandas K. Gandhi, 1912)

Às 10h45 da manhã de 3 de janeiro de 1911, um domingo, Winston Churchill estava relaxando em seu banho, quando o telefone tocou. Alguns dos momentos mais importantes da vida de Churchill parecem ter acontecido enquanto ele estava na cama ou na banheira. Esse foi um deles.

Foi ao telefone "pingando e envolto em uma toalha".[1] Era a polícia metropolitana de Londres. Os policiais haviam capturado uma gangue de terroristas em uma casa no East End, na Sidney Street. Não eram terroristas indianos nem irlandeses. Eram letões, parte de um grupo de arruaceiros com vagas conexões com a crescente onda de gangues anarquistas que atuavam na Europa e na Rússia. Estavam escondendo-se nas favelas de Whitechapel, onde Jack, o estripador, aterrorizara os cidadãos londrinos quase 25 anos antes (quando Gandhi era um solitário estudante de Direito no Inner Temple, e Winston, um aluno solitário em Harrow).

Duas semanas antes, a gangue fora surpreendida em uma tentativa de roubo e acabara por matar dois policiais no tiroteio. Agora, em janeiro, três membros da gangue estavam atirando na polícia da casa na Sidney Street. Sendo Churchill o ministro do Interior, a polícia precisava de sua autorização para pedir reforço. Churchill disse-lhes que não chamassem apenas a

Guarda Escocesa, mas também a Artilharia Real Britânica. Disse também que iria pessoalmente até o local.

Minutos depois, estava vestido e de saída. Aos 36 anos, ele era uma estrela em ascensão entre os liberais. Em dois anos, passou de subsecretário a protagonista do gabinete do primeiro-ministro Herbert Asquith, ainda que, por trás da fachada do parlamentar, permanecesse, à espreita, o oficial do 4º Hussardos. A tentação de ver e ouvir tiros, mesmo nas ruas de Londres, era demais para que resistisse.

Winston chegou e viu a polícia e a Guarda Escocesa cercando a casa, com uma grande artilharia de campanha engatilhada. Assumiu o controle imediatamente, e uma multidão de espectadores reuniu-se para assistir.* Mais tarde, fotos de jornais e cinejornais mostraram-no pálido, angelical e desolado, em um sobretudo de gola de astracã, dirigindo o tiroteio como um general no campo de batalha. Logo começou a sair fumaça de dentro da casa. A chuva de tiros da polícia e do Exército pusera fogo no esconderijo, mas Churchill recusou-se a permitir que a brigada de incêndio apagasse o fogo, com medo do contra-ataque. Por mais de uma hora, deixaram a casa queimar. Quando os bombeiros e a polícia finalmente invadiram-na, encontraram apenas dois corpos tão carbonizados que não puderam ser reconhecidos. Nunca ficou claro se se tratava de anarquistas ou simples ladrões, ou mesmo se o líder do bando, o sinistro "Peter, o Pintor", realmente existira.[2]

O "Cerco da Sidney Street", como ficou conhecido o episódio, atraiu uma tempestade de críticas e ridicularizou o ministro do Interior. Os *tories* acharam sua insistência em assumir pessoalmente o comando e sua atuação heroica risíveis. Seus companheiros liberais acusaram-no de usar um "martelo a vapor para quebrar uma noz". A. G. Gardiner, no *Daily News*, disse ter sido mais um exemplo da "tendência de exagerar a situação" de Winston e de seu gosto por dramas histéricos. "Ele está sempre atuando inconscientemente em um papel heroico", escreveu Gardiner. "E é ele mesmo o espectador mais impressionado."[3]

Churchill não expressou arrependimento. Acreditava ter dado um tapa na ordem pública e nos britânicos. "Achei melhor deixar a casa queimar", disse a Asquith em uma carta explicativa, "que gastar valiosas vidas britânicas ao

---

* Um deles era o jovem assistente social de East End chamado Clement Attlee.

tentar resgatar aqueles selvagens sem valor."[4] Pensava que aqueles "selvagens" representavam a nova ameaça ao mundo estável: a revolução socialista.

Churchill tornou-se um radical declarado, mas não tinha simpatia pelas ideias socialistas ou pelo partido que alegava defendê-las, o ascendente Partido Trabalhista. "O liberalismo não é socialismo e nunca será", explicaria a seus eleitores. "O socialismo procura diminuir a riqueza, o liberalismo procura aumentar a pobreza [...], o socialismo mataria a iniciativa; o liberalismo salvaria a iniciativa das amarras do privilégio e da preferência."[5] Churchill acreditava em ajudar os pobres e estava disposto a fazer sua parte para livrá-los das amarras do privilégio, apoiando o Projeto de Lei de 1910, que despia a Câmara dos Lordes do poder de veto. Porém, as ideias de ditadura do proletariado e luta de classes aterrorizavam-no — como deveriam horrorizar o primo de um dos maiores nobres da Inglaterra, o duque de Marlborough.[6]

As ideias socialistas também horripilavam Gandhi. É evidente que nenhum dos dois era atraído por elas naquele momento — nem vieram a ser atraídos no futuro. Mesmo em seus primeiros anos em Londres, Gandhi nunca demonstrou interesse pela radical política esquerdista de muitos de seus amigos New Age. O materialismo de Marx, naturalmente, repelia-o. Comunistas e socialistas pareciam querer levar a humanidade para o mesmo beco sem saída espiritual do capitalismo. O socialismo, segundo o modelo marxista, acreditava ele, "cheirava à violência". Parecia-lhe parte da mesma enfermidade que afligia o nacionalismo indiano. "'Matar, matar, matar' é tudo que eles querem", escreveu no *Indian Opinion* em setembro de 1909, ainda sob a sombra do assassinato de Curzon-Wyllie. "Se as coisas continuarem desse jeito, nenhuma vida estará a salvo na Europa."[7]

No caso de Churchill, entretanto, a repulsa era ainda mais visceral — e também interessada. Um anarquista como Peter, o Pintor, parecia-lhe o inimigo da decência e da ordem, do "modo de vida inglês", e mesmo dos códigos básicos da conduta humana. Sua reação aos anarquistas e socialistas prenunciava seu ódio pela Revolução Russa e pelo comunismo, além de sua antipatia por revoluções de qualquer tipo, inclusive a de Gandhi. O Churchill que, com todas as forças, lutaria contra a independência da Índia em 1931 e, novamente, durante a Segunda Guerra Mundial, deu seus primeiros sinais como o "pequeno general" do Cerco da Sidney Street.

Então, durante o verão de 1911, quando a economia britânica começava a azedar, a greve dos bravos homens do mar e trabalhadores das docas estourou. Uma solidária greve nacional nas ferrovias parecia certa. No ano anterior, quando uma greve de carvoeiros agravou-se e os policiais endureceram, o jovem ministro do Interior recusou-se a usar tropas. Depois de Sidney Street, entretanto, já não hesitava; além de usá-las, dava-lhes o poder de uma corte marcial. Charles Masterman ficou alarmado quando seu jovem amigo praticamente declarou lei marcial no país, distribuindo tropas sobre o mapa. Ele acreditava que Winston queria um derramamento de sangue. Quando Lloyd George conseguiu gerenciar a greve, Churchill ficou decepcionado: "Teria sido melhor se eu tivesse podido dar uma boa sova nesses homens."[8]

Vistas em retrospecto, foram palavras duras, mas, naquele momento, Churchill realmente acreditava que o futuro do país estava em jogo. Conforme o século XX entrava em sua segunda década, ele sentia, alarmado, que as coisas estavam à beira da ruína. O otimismo liberal que o empurrara para o radicalismo havia-se dissipado. A ordem imperial de sua juventude transformava-se em desordem, desde o aumento da violência nacionalista na Irlanda e anarquista na Europa às manifestações contra a partição de Bengala. Tudo isso foi agravado pelo aumento da tensão entre as maiores potências do continente europeu. "Uma forte agitação fez tremer a gigantesca estrutura de exércitos que impressionaram e oprimiram a civilização do nosso tempo", disse aos eleitores de Dundee, em outubro daquele ano, quando uma grande guerra por Marrocos, entre a França e a Alemanha, foi evitada por pouco.[9]

Churchill, como outros observadores sagazes daquele período, estava ciente da crescente interconectividade entre as sociedades e as economias do mundo. A globalização e seus perigos eram assuntos tão em voga quanto o são hoje. As preocupações geradas foram refletidas em best-sellers como *Guerra dos mundos* (1898) e *Anticipations* (1901), de H. G. Wells, enquanto as obras *O homem que era quinta-feira* (1907), de G. K. Chesterton, e *Os 39 degraus* (1915), de John Buchan, exploraram a vulnerabilidade da civilização às novas ameaças internas e externas. Uma greve das ferrovias podia levar a Grã-Bretanha à beira da fome em semanas, preocupava-se Churchill, já que todas as suas maiores cidades se alimentavam por meio de ferrovias interligadas, pelo mar, a redes econômicas de todo o globo. "Somos um país artificial", advertiu ele.[10] A Grã-Bretanha não poderia sobreviver sem acordos internacionais — bem como todos os outros países industrializados, ainda que estivessem ocupados, armando-se até os dentes.

Churchill, como adepto do livre mercado, podia perfeitamente argumentar que a interdependência era a base para a paz entre as nações. Churchill, como estrategista imperial, sabia que, em um mundo globalizado, ela também pode ser uma poderosa fonte de conflitos, com resultados catastróficos. Já em 1901, ele havia precavido que, "quando populações poderosas são empurradas umas contra as outras" em uma guerra moderna, "quando fontes de ciência e civilização dominam tudo que pode suavizar sua fúria", os resultados só podem ser "a ruína dos conquistados e os pouco menos fatais desarranjo comercial e exaustão do conquistador".[11]

Churchill acreditava que a única instituição que poderia protelar o desastre internacional e defender a aparência de ordem global era o Império Britânico. As arrogantes aspirações da Grã-Bretanha por uma expansão imperial sem fim estavam encerradas, mortas pela Guerra dos Bôeres. Assim estava também a Preferência Imperial — a ideia de um império unido por laços econômicos formais fora vetada pelos eleitores. Porém, a ideia de um império como "uma força moral", uma comunidade de língua inglesa que ainda pudesse oferecer apoio à Grã-Bretanha em tempos de crise e também impulsionar "a felicidade geral e o bem-estar da humanidade" passou a predominar na mente de Churchill durante esses anos.[12]

Ele acreditava que as ideias britânicas haviam tido uma "influência saudável e benévola" sobre a história, como motor para o desenvolvimento da liberdade e do progresso humanos. (Até mesmo Gandhi estava disposto a reconhecer isso.) Preservar o ultramarino Império Britânico como estava naquele momento, incluindo o Egito e a Índia, era um meio de assegurar que a benéfica influência da Grã-Bretanha sobre o mundo permaneceria vigorosa.

Portanto, enquanto Gandhi, em seu *Hind Swaraj*, buscava saber, em prol da liberdade humana, como desatar os laços políticos e materiais que mantinham a unidade imperial, Churchill procurava, com o mesmo propósito, preservar e defender o Império. Esse momento, não o encontro de 1906, marcou a verdadeira bifurcação no caminho dos dois. Nos anos seguintes, eles entrariam em confrontos, mas não a respeito de personalidade, cultura ou mesmo (em um sentido estrito) ideologia política.

Em vez disso, o confronto se daria por conta de suas visões diametralmente opostas acerca da relação entre o Império, a civilização e a esperança do homem no futuro. Todo o resto, mesmo o destino da Índia, seria posto em segundo plano. Para Churchill, o Império que conhecia e com o qual havia crescido proporcionava um claro projeto para uma futura comunidade global (moldada pela história dos povos de língua inglesa). Para Gandhi, tal Império havia se tornado um obstáculo a qualquer esperança para a humanidade. "O povo britânico", diria em 1930, "deve perceber que o Império precisa ter um fim" para que os bretões, assim como os indianos, sejam verdadeiramente livres.[13] Para um, o fim do Império Britânico seria o preço necessário para que o mundo vivesse em paz e sem violência; para o outro, preservar o mesmo Império era pré-requisito para um mundo em paz, mesmo que *à custa de violência*.

Em outubro de 1911, Churchill recebeu o leme da instituição militar que mantinha o Império unido: a Marinha Real Britânica. Como primeiro lorde do Almirantado, ele comandaria os destinos de uma frota maior que as de seus dois adversários mais próximos somadas. Com 38 bases navais e estações de abastecimento de carvão espalhadas pelo mundo, o alcance da Marinha Real Britânica estendia-se do canal da Mancha ao Canadá e Caribe Britânico pelo Atlântico, de Gibraltar e Suez à Cidade do Cabo e Índia, e de Cingapura a Hong Kong pelo Pacífico. Ela protegia as principais rotas de mercado do mundo, bem como os bens de um vasto Império.[14]

Pouco depois de sua nomeação, Churchill visitou a frota ancorada próximo a Portland, no canal. "Uma tarde cinzenta ia acabando" à medida que os robustos navios da Marinha britânica surgiam através do nevoeiro, fileira por fileira, esquadrão por esquadrão. "Quando a noite caiu", lembrou-se ele, "10 mil luzes do mar e da costa passaram a brilhar, e todos os mastros cintilavam, enquanto os navios e esquadrões conversavam uns com os outros" por sinais luminosos. Ele perguntou: "Quem poderia vacilar em realizar tal serviço?" De fato, "quem poderia vacilar quando a própria escuridão parecia carregada com a ameaça da guerra que se aproximava?".[15]

Churchill então imaginou o que poderia acontecer se "esses navios, tão robustos e ainda tão pequenos, facilmente perdidos de vista na superfície das águas", desaparecessem repentinamente. "O Império Britânico seria dissolvido, como um sonho; cada comunidade isolada brigando sozinha para seguir em frente; o poder central da união quebrado; províncias poderosas, impérios em si mesmas, levadas ao sabor do vento, sem esperanças e fora de controle, tornando-se presas para outros." Ele disse a Violet Asquith que "essa é [...] a maior tarefa que já apareceu em meu caminho [...] devo dedicar a ela tudo que tenho".[16]

Como a maioria dos liberais favoráveis ao livre mercado, Churchill chegara a achar as vultosas despesas com as Forças Armadas um desperdício de dinheiro público.[17] Agora não mais: com um novo sentimento de missão, ele passou ao fascínio, até mesmo à obsessão, por novas tecnologias militares. Quanto maiores e mais destrutivas fossem, melhor. Por exemplo, os novos navios de combate, como o Dreadnought, tinham armas de 25 a 30 centímetros de calibre, capazes de destruir um alvo a mais de 10 quilômetros de distância. Na mente de Churchill, maravilhas tecnológicas como essas eram precursoras das forças destrutivas que o século XX estava destinado a pôr em ação.

Essa foi a primeira lição que aprendera na Índia, reforçada por Omdurman e pela Guerra dos Bôeres. O estado de guerra moderno seria mais amedrontador e impiedoso que seus predecessores, e as nações civilizadas do mundo tinham de se preparar para isso.[18] O que Gandhi mais temia, acima de todas as coisas, em relação à tecnologia ocidental — o seu poder de matar "milhares ao puxar de um gatilho" — parecia a Churchill mais um sisudo orgulho que qualquer outra coisa. O massacre de Omdurman, afinal, pareceu-lhe o triunfo da "ciência sobre a barbárie". O debate moral, para Churchill, reduzia-se a quem tinha o dedo no gatilho. Estava determinado a crer que deveriam ser dedos britânicos, fossem os inimigos os "odiosos daroeses", os pathans, os bôeres. Ou, é claro, a nova ameaça, os alemães.

Em 1911, a Marinha foi envolvida em uma corrida armamentista com a Alemanha, para ver quem construiria os maiores, mais rápidos e mais destrutivos navios de combate. Churchill estava certo de que o Reino Unido deveria vencer. Insistiu em aumentar o orçamento da Marinha tão rapidamente que seus próprios colegas liberais protestaram avidamente. Escreveu um novo plano para a divisão de inteligência da Marinha, com o intuito de descobrir as intenções e capacidades germânicas.* Resolveu criar uma moderna equipe de profissionais navais, a fim de facilitar a integração de novas tecnologias, como submarinos e dirigíveis, à equação estratégica.

Pela mesma razão, Churchill tornou-se também um pioneiro da aviação naval moderna, ao decidir que o futuro da Marinha Real Britânica no ar

---

* Quando chegou a guerra, em 1914, sua seção de decodificação, conhecida no Almirantado como Sala 40, quebraria o código naval alemão, uma vantagem inestimável e, provavelmente, a mais decisiva contribuição de Churchill para a vitória na Primeira Guerra Mundial.

seria com aviões de asas fixas. Chegou a interessar-se (com resultados desastrosos) por um primitivo helicóptero. De fato, tornou-se tão interessado que, quando as nuvens da guerra despontaram no horizonte europeu, ele mesmo teve aulas de voo.

Em 1913, os aviões ainda eram considerados tecnologia não experimentada e tremendamente perigosa. Toda a família preocupava-se com ele; Clementine estava apavorada. Winston, entretanto, recusava-se a ser dissuadido, ainda que fosse difícil achar instrutores dispostos ao trabalho. "Todos morríamos de medo", lembrou-se um deles, "de ter um primeiro lorde morto em nossas mãos." Finalmente, encontrou-se um disposto a assumir o risco da responsabilidade, o capitão da Marinha Wildman-Lushington. Em 29 de novembro de 1913, véspera do aniversário de 39 anos de Winston, eles chegaram às alturas em uma tarde clara e fria, no centro naval de voo, em Eastchurch.

"Ele está tão fissurado", escreveu depois o fuzileiro real para a noiva, "mal pude tirá-lo da aeronave [...]. Ele tem grande potencial e vai voltar aqui para mais instruções e outros treinos."[19] Churchill convidou Wildman-Lushington a juntar-se a ele em sua festa de aniversário na noite seguinte. A festa em Whitstable foi regada a champanhe e abastecida com caixas de ostras. Wildman-Lushington sentou-se à mesa principal, ao lado direito do primeiro lorde; chegou a mostrar a Winston uma foto de sua noiva.[20]

Dois dias depois, o capitão Wildman-Lushington foi decolar com o mesmo avião em uma pista molhada; derrapou, colidiu e morreu.

No dia em que Winston Churchill desfrutava seu exercício de voo, Gandhi estava na cadeia Bloemfontein, como o prisioneiro nº 17.339.[21] Mas estava cheio de esperança. A batalha pelos direitos indianos na África do Sul finalmente atingia seu clímax.

Gandhi gastara todo o ano de 1911 tentando, em vão, ratificar, na forma da lei, o acordo sobre a imigração dos indianos que preparara com o general Smuts. Ele publicou, como de costume, um conjunto de artigos e editoriais no Indian Opinion; escreveu as cartas de praxe, solicitando que os políticos permitissem migração asiática entre províncias da nova União da África do Sul; e fez as habituais ameaças de boicote.

No momento em que o governo apresentou o novo Projeto de Lei Anti-Imigração, em janeiro de 1912, Gandhi havia disparado toda a sua munição verbal sem sequer arranhar o alvo. A *satyagraha*, como ele a concebera, não estava funcionando.[22] O governo branco era muito forte; os ativistas da *satyagraha*, muito poucos; e a massa de indianos, muito apática. Ainda assim, não se podia permitir ficar parado. A menos que algo fosse feito, a corrente de legislação discriminatória, temia ele, apenas cresceria, até que cada indiano, hindu ou muçulmano, rico ou pobre, fosse expulso da África do Sul.

Começou então a planejar uma "nova e grandiosa campanha", prometeu ao congresso de Natal. Porém, na verdade, não tinha ideia de como proceder.[23] Por quase um ano, Gandhi protelou. Precisava de um tema para reanimar a opinião pública, uma nova condução para a *satyagraha* e uma forma de dramatizar sua transformação interior desde que escrevera *Hind Swaraj*.

Em dezembro de 1912, o grande homem da política indiana, Gopal Krishna Gokhale, visitou a África do Sul pela primeira vez. Líder dos moderados no Congresso indiano, ele fora mentor de Gandhi durante sua estada na Índia, em 1901. Uma década mais tarde, Gandhi e outros indianos da África do Sul convidaram-no para ver, com os próprios olhos, a situação em que se encontravam. Até mesmo o vice-rei, lorde Hardinge, havia insistido para que Gokhale fosse. Gokhale visitou o Transvaal e Natal e falou em dezenas de encontros públicos e jantares privados. Foi gentilmente recebido pelo governo branco sul-africano. No dia em que deixava a África do Sul, da baía da Lagoa, Gandhi foi vê-lo partir. Pela primeira vez desde que era menino, Gandhi apareceu vestido em roupas indianas tradicionais.[24]

Ele tomara uma decisão crucial. Não usaria mais trajes ocidentais, apenas aqueles típicos de sua pátria. Era um gesto em direção ao *swadeshi*, ou autossuficiência, o grito de convocação disseminado por toda a Índia desde o furor sobre a partição de Bengala. *Swadeshi*, afinal, era análogo a *Swaraj*, ou autogoverno. Mais tarde, Gandhi alegaria que as roupas de algodão cinzento, feitas em casa, eram mais macias e delicadas: elas carregavam a intimidade da natureza, incluindo sua própria natureza. E, ao "descolonizar" seu corpo,[25] livrava também sua própria mente do Mohandas Gandhi criado pelo Ocidente e pelo Império Britânico.

"*Swadeshi* é confiança em nossa própria força", escreveu ele.[26] E Gandhi *estava* mais forte. Os trajes indianos tradicionais revelaram um homem mais duro e magro, mais resistente devido aos turnos de trabalho pesado na Fazenda Tolstói, sem mencionar a severidade da prisão. Gandhi transformava-se física e mentalmente. O Gandhi que viria a ser um ícone internacional, a delgada figura em simples mantos e *dhoti* mostrada em fotos e jornais, apareceu pela primeira vez na baía da Lagoa, em dezembro de 1912.

A nova aparência lhe causou problemas sem-fim. Ao tentar desembarcar depois de ver Gokhale partir, foi parado por um funcionário branco da aduana. O oficial havia acabado de deixar Hermann Kallenbach, que estava sem documentos de identificação, passar. Gandhi controlou seu temperamento e guardou a irritação para os imigrantes indianos maltrapilhos que estavam agachados em volta dele, com suas miseráveis trouxas e malas de vime, alguns deles urinando ali mesmo, no deque.

"Quão desprezíveis são meus compatriotas", confessou em seu diário em uma rara, quase única, explosão de raiva. Ainda acrescentou: "Por que culpar os brancos [...]. Devo dividir os benefícios e sofrer as penalidades da impressão criada por meus companheiros na África do Sul [...]. Somos, afinal, como os indianos na Índia", que merecem um pouco do escárnio do homem branco por sua fraqueza física e moral e seus hábitos repulsivos, sentiu Gandhi.[27]

"Qual seria meu dever nessa situação", perguntou-se ele. "Não devo passar a ser ou permanecer egoísta; os outros passageiros, meus compatriotas no deque, estavam vivendo na imundície; devo dar-lhes o exemplo com o meu viver." Gandhi disse que então voltou ao deque incitando cada família a limpar sua sujeira. "Eles tinham de render-se às leis simples e razoáveis dos brancos", explicou, como as regras de higiene pessoal e polidez, "e resistir às suas leis perversas e excessivas com coragem e determinação."[28]

Foi um momento peculiar de autoflagelação cultural, a ser repetido raras vezes, mas revelou que Gandhi estava, mais uma vez, ansioso por uma briga. Três meses depois, o governo branco sul-africano deu-lhe, gratuitamente, um pretexto. Na verdade, deu início a um padrão que sucessivos governos britânicos e indianos repetiriam nas duas décadas seguintes.

Em março de 1913, o juiz Malcolm Searle, da Suprema Corte sul-africana, decretou que casais unidos por rituais religiosos que reconhecessem a poligamia, como o faziam os rituais hindus e muçulmanos, não teriam direito de migrar para a África do Sul, mesmo que o casamento fosse monogâmico. A determinação de Searle era, segundo Gandhi, um ataque direto a toda família hindu e muçulmana. Sem dúvida, interpretou-a como uma tentativa de invalidar todos os casamentos indianos na África do Sul, e disse isso em editoriais no *Indian Opinion*.[29]

Desde janeiro, Gandhi planejava deixar a África do Sul e voltar para a Índia. Havia fechado a Fazenda Tolstói e mudado todos para a Phoenix, ao sul. Ele aguardava apenas o anúncio da anistia final dos membros da *satyagraha* antes de comprar as passagens do navio a vapor para sua família. Porém, veio o decreto do casamento. A British Indian Association convocou todos para um grande encontro no dia 30 de março, e Gandhi escreveu uma dura repreensão ao ministro do Interior. Em 9 de abril, ele viu a redação final do projeto de lei contra a imigração, e seus piores temores se concretizaram. Apertavam-se as regras não apenas na emigração da Índia, mas na migração de uma província para a outra, dentro da África do Sul, mesmo para os indianos ali nascidos. A rigor, a lei fazia dos indianos da África do Sul prisioneiros de seu próprio país.

Gandhi passou maio e junho preparando a campanha seguinte, sua quarta campanha *satyagraha*. Mas, dessa vez, tinha uma nova orientação. Em 23 ou 24 de junho de 1913, ele escreveu a Hermann Kallenbach: "Resolvi, em minha própria mente, fazer alguma coisa pelos homens servis."[30]

Os trabalhadores servis iam da Índia para a África do Sul desde 1860, até que a lei de 1911 fechou-lhes as portas. Com contratos de três anos de trabalho, labutavam nas plantações de cana-de-açúcar das fazendas do interior do país e, a partir dos anos 1890, nas fábricas e minas que conduziam a economia de Natal. Outros ainda trabalhavam como empregados nas casas dos ricos amigos indianos de Gandhi. O "homem servil" foi responsável pelo inchaço na população indiana da África do Sul. Gandhi não sabia quase nada sobre eles: apesar de a Fazenda Phoenix estar no coração das plantações de cana de Natal, nunca visitara qualquer fazenda ou vila de trabalhadores, onde os servos indianos viviam em pavorosa imundície e miséria.[31]

Afinal, poucos deles eram guzerates. A maioria falava tâmil e quase 60% dos trabalhadores agrícolas eram párias ou intocáveis.[32] Gandhi conhecera alguns que haviam sido voluntários na unidade de ambulância e vira um pouco de como viviam durante o tempo em que empregou esforços para deter a peste em Johanesburgo, em 1904. Como Maureen Swan relatou, por anos, convenceu-se de que eles eram felizes com o que tinham, mesmo sendo trabalhadores sem-terra e devedores da elite comerciante indiana de Natal. Além disso, a taxa anual de 3 libras esterlinas, imposta a todo indiano que fosse servo desde 1895, mais a taxa de 1 libra esterlina por pessoa, cominada pelo governo branco após a Guerra dos Bôeres, levaram muitos deles de volta à dívida e à servidão, o que ameaçou seus filhos com a mesma sentença.[33]

Se algum indiano realmente sofreu sob o regime dos brancos na África do Sul, não foram os amigos de Gandhi, mas a classe baixa dos servos e seus filhos. Porém, Gandhi os havia ignorado por quase duas décadas. Durante sua visita, Gokhale falara da necessidade de os indianos se unirem para fazer oposição à desrespeitosa taxa. Foi então que Gandhi percebeu que esse poderia ser o tema para mobilizar realmente um grande número de seguidores e dar nova vida ao movimento que ele quase destruíra.

Até aquele momento, Gandhi pensava na *satyagraha* e falava dela como um movimento de *elite*, feito por indivíduos dispostos a sacrifícios quase sobre-humanos, arriscando suas fortunas e vidas pela própria honra e pela honra dos "respeitáveis" companheiros indianos. Em 1913, começou a pensar na *satyagraha* como um movimento de *massa*, com apelo de massa. Ao mobilizar todos os indianos, inclusive os mais pobres e vulneráveis da sociedade, percebeu Gandhi, poderia transformar essas pessoas e também o movimento.

Assim que a campanha começou, em setembro, ele preferiu usar os membros satyagrahis, incluindo sua família, como vanguarda. Como o presidente Smuts não respondeu aos pedidos para que acabasse com a taxa e derrubasse o decreto do casamento, ele enviou um contingente de mulheres de famílias prósperas — incluindo Kasturbai e sua secretária branca, Sonja Schlesin, além do amigo tâmil Thambai Naidu e Hermann Kallenbach — para infringir a lei de imigração atravessando de Natal para o Transvaal. Todos foram presos, e Kasturbai e as outras mulheres foram sentenciadas a três meses de trabalhos forçados.[34]

Porém, em 15 de outubro de 1913, Gandhi chamou os trabalhadores servis para uma greve contra a taxa de 3 libras esterlinas — e ficou estarrecido com a resposta. Céticos da British Indian Association já classificavam a petulante campanha *satyagraha* como perda de tempo. Por toda a África do Sul, o número total de resistentes pacíficos não chegava a quarenta. Socos interromperam um encontro no dia 12 de outubro, e Gandhi teve de prometer que adotaria uma postura mais conciliatória e convencional para continuar o lobby contra a lei proposta.[35] A convocação para a greve foi o "último empenho" contra seus críticos, que o haviam visto falhar várias vezes. Era "uma tática para a qual estava tão mal preparado que não tinha certeza se obteria sucesso".[36]

Milagrosamente, no dia seguinte, 16 de outubro, a greve começou nas minas de carvão do norte de Natal. Aqueles trabalhadores indianos nunca haviam feito uma greve antes. A maioria não tinha ideia do que era uma greve. Mas a revolta contra a taxa de 3 libras esterlinas pegou fogo na sede dos trabalhadores. Em duas semanas, mais de 5 mil trabalhadores das minas haviam deixado de trabalhar. O sucesso de Gandhi chegou em boa hora. No dia 19, ocorreu uma votação formal na BIA contra Gandhi, para tirá-lo do comando — sem êxito. Ele estava pronto para tirar proveito de seu inesperado sucesso.

Em 17 de outubro, Gandhi partiu em direção aos campos de mineração em Newcastle. Entusiasmado, escreveu a Kallenbach: "A greve é real. E está se fazendo sentir."[37] Quando os donos das minas cortaram a eletricidade e a água, ele insistiu com os mineiros que "saíssem como peregrinos" e corressem o risco de ser presos por violar a lei de migração entre as províncias. Em 29 de outubro, liderou a saída do primeiro grupo de grevistas e suas famílias de Newcastle para o Transvaal. Um dia depois, Thambai Naidu liderou o segundo grupo; o secretário de uma nova organização, a Colonial Born Indian Association (CBIA), que representava os indianos nascidos na África do Sul, liderou o terceiro.[38]

Eles montaram um acampamento com cabanas a poucos quilômetros da fronteira do Transvaal, ao qual um tâmil cristão deu o nome de Acampamento Lazarus, em homenagem ao homem milagrosamente ressuscitado por Cristo — não era uma imagem inadequada para o movimento *satyagraha* de Gandhi. No final de outubro, Gandhi já havia reunido mais de 2 mil homens e 180 mulheres e crianças no Lazarus. Todos estavam vivendo com menos de 700 gramas de pão e 30 gramas de açúcar por dia. Depois de uma semana, Gandhi disse a eles que precisavam levantar acampamento e viajar, levando o mínimo possível, que não deveriam tocar em propriedade privada alguma e que, caso fossem presos ao atravessarem a fronteira, não deveriam resistir.[39]

Em 6 de novembro, sob seu comando, todos partiram ao amanhecer, em uma grande fila. Gandhi gostava de pensar em si mesmo como um general liderando suas tropas satyagrahis na batalha: uma batalha de alma e *ahimsa*, mas uma batalha.[40] Dera a si o papel do guerreiro na tradição do *Gita* e admirava profundamente o caráter do soldado. A disciplina dos regimentos do Exército britânico que vira na Guerra dos Bôeres — sua "regularidade de um relógio" para levantar acampamento ou entrar em ação — era, como disse ao *Times of India*, "maravilhosa de se ver". Mais tarde, falou da "rica experiência que viveu no front". Sobre a vida militar, disse: "Quantos espíritos orgulhosos, rudes e selvagens não foram transformados em gentis criaturas de Deus?"[41]

Mas, tanto quanto Winston Churchill, não descartava o custo da guerra — mesmo sendo *seu* tipo de guerra —, os derramamentos de sangue. "Eu não sei que maldade habita em mim", confessou em uma carta, em abril de 1914. "Tenho uma certa crueldade em mim [...] de tal forma que as pessoas se forçam a fazer coisas, mesmo tentar coisas impossíveis, a fim de me agradar."[42] Mais tarde, oficiais ingleses ficariam chocados ao ouvir Gandhi falar, tranquilamente, sobre o grande número de mortes em que resultariam, caso não concordassem com suas demandas e reivindicações, as disputas públicas eclodidas em algumas cidades indianas.

"Se um homem com o nome de Deus na boca e uma espada debaixo do braço merece ser chamado Mahatma", disse um de seus mais amargos oponentes indianos, "então Gandhi era um".[43] Mas, como Josué ou Davi do Velho Testamento, ele se recusava a ser poupado. Como líder das "tropas" na marcha de 6 de novembro, certamente esperava ser preso, maltratado ou mesmo levar um tiro à medida que se aproximavam da fronteira.

A polícia não fez nada. Em Johanesburgo, o general Smuts lançava mão de um sagaz jogo de espera. Acreditava que a greve dos mineiros e, com ela, toda a campanha de Gandhi, entraria em colapso, sem que a polícia precisasse levantar um dedo. "O sr. Gandhi parece estar em uma posição de muita dificuldade", escreveu Smuts mais tarde. "Como Frankenstein, ele achou seu monstro uma criação desconfortável e se sentiria feliz se estivesse livre de novas responsabilidades."[44]

Smuts estava quase certo. Ao se recusar a prender os mineiros que atravessavam a fronteira, a polícia sul-africana colocou Gandhi em uma posição terrível. Ele era responsável pelas vidas de 2 mil pessoas, sem comida, água ou abrigo. Era preciso cerca de 250 libras esterlinas por dia para mantê-los vivos, e Gandhi não tinha dinheiro. No final da primeira semana de novembro, mesmo antes de deixarem o Acampamento Lazarus, a política de não intervenção do governo "ameaçou seriamente o sucesso da greve".[45] Agora, o gesto de levar seu povo a atravessar a fronteira, como Moisés levou seu povo à terra prometida, parecia vazio, até mesmo ridículo.

Finalmente, em Palmford, a polícia agiu — porém, prendendo apenas Gandhi. Ele estava lívido. Escreveu uma carta acusativa a Smuts, dizendo que sua prisão havia deixado aqueles que marchavam com ele "em um racionamento de fome, sem provimento de abrigo" ou alguma ideia do que fazer a seguir.[46] Gandhi vinha rezando para ser preso, mas não sozinho. Ele havia imaginado milhares de mártires, não apenas o líder, sofrendo ou mesmo morrendo pela *satyagraha*. Suas opções estavam comprometidas. Assim que foi solto, voltou a infringir a lei e foi preso novamente, em 9 de novembro, junto com Polak e Kallenbach. Gandhi recebeu a sentença de três meses de trabalho pesado. O restante de seu Exército maltrapilho, com fome e sem líder, foi calmamente reunido e enviado de volta às minas. Gandhi perdeu mais uma vez.

Porém, os grevistas o salvaram. De volta às minas, os mineiros indianos recusaram-se a trabalhar e encorajaram seus companheiros a fazer o mesmo. Enquanto isso, a greve espalhava-se para o sul de Natal e as plantações de cana-de-açúcar da costa. Ninguém organizou os mineiros; a maioria sequer ouvira falar em Gandhi. Alguns servos partiram em direção às cidades. Outros foram para a Fazenda Phoenix. Outros, ainda, ouviram boatos de que um importante rajá lhes pagaria 3 libras esterlinas para não trabalhar. Outros mais diziam que o grande Gokhale retornaria com um poderoso Exército para abolir a odiosa taxa. Mas todos eles se recusaram a cortar cana.[47]

No fim de novembro, mais de 50 mil trabalhadores permaneciam em greve, e uns 7 mil indianos estavam na cadeia. A greve paralisou os mercados produtores de Durban e Pietermaritzburg. Alguns engenhos de açúcar tiveram de ser fechados e hotéis e clubes locais perderam todos os funcionários indianos.[48] Em Ladysmith, trabalhadores promoveram uma confusão e a polícia montada teve de dispersá-los com cassetetes. Alguns foram atingidos e mortos; outros, feridos; nas minas de carvão, os mineiros e a polícia deram início a uma batalha e, na segunda semana de dezembro, o número de mortos já chegava a dez.

A greve despertava as opiniões para além do continente, em especial opiniões britânicas e indianas. Gokhale, que achava que Gandhi cometera um erro ao convocar a greve, exigia uma comissão de inquérito para apurar as mortes. O vice-rei lorde Hardinge falou da "profunda e ardente simpatia" da Índia pelos trabalhadores indianos da África do Sul. "Esse movimento de resistência pacífica foi detido por medidas as quais não seriam, nem por um momento, toleradas por qualquer país que se diga civilizado." O governador de Mumbai expressou sentimentos parecidos; a imprensa da Grã-Bretanha e a de outros países estavam claramente do lado dos grevistas indianos.[49]

A virada da opinião pública e a ameaça de mais violência finalmente forçaram o general Smuts a negociar. Em 9 de dezembro de 1913, Gandhi foi solto da prisão. Estava descalço, vestido como um *coolie*, com um casaco branco simples e um *dhoti*, e seu bigode tinha sido raspado. Disse que estava de luto pelos dez trabalhadores mortos na greve. Perguntaram-lhe se se sentia responsável por tais mortes.

"Quão glorioso", respondeu, "teria sido se uma daquelas balas tivesse atingido a mim!"[50] Porém, a morte de Gandhi teria deixado um vácuo e ninguém mais estava apto a realizar as duras negociações com Jan Christian Smuts.

O general Smuts, ministro do Interior e também da Defesa, era o mais perspicaz político branco da África do Sul. Já esquecido nos dias de hoje, foi, por quase quarenta anos, um dos mais estimados estadistas do mundo. Ele não tinha preconceito quanto ao estereótipo bôer, como sabia Gandhi.* Quando se conheceram, Smuts disse a ele: "Eu jamais poderia alimentar desgosto por seu povo. Você sabe que sou advogado. Tive amigos indianos no meu tempo de escola. Mas preciso cumprir o meu dever" — precisamente as palavras que Gandhi deveria usar caso estivesse na mesma posição.

"Vocês são uma raça de vida simples e econômica, em muitos aspectos mais inteligentes que nós", disse Smuts a Gandhi. "São de uma civilização de milhares de anos. A nossa, como se diz, é apenas um experimento. Quem sabe a coisa toda não irá perecer em pouco tempo. Pode ver então", acrescentou explicitamente, "por que não o queremos aqui." Como Gandhi, pensava que o importante era "simplesmente preservar a própria civilização".[51] No caso de Smuts, isso significava manter os indianos da África do Sul sem dinheiro nem oportunidades, o que vinha fazendo havia cinco anos com razoável sucesso — enquanto Gandhi ficava sempre do lado que perdia.

---

* Na campanha *satyagraha* de 1908, a esposa de Thambai Naidu sofreu um aborto logo após a prisão de seu marido. Gandhi acusou Smuts publicamente de ser "um assassino". O comentário precipitado veio a ferir o movimento; Gandhi arrependeu-se dele — e teve de rever suas opiniões sobre Smuts.

Porém, naquele momento, quando se encontraram em janeiro, Gandhi tinha mais poder que antes. A greve dos trabalhadores servis revelara sua força política, além de sua influência na Índia, onde Calcutá anunciara a abertura de um inquérito completo sobre o status dos indianos na África do Sul. "As atividades [de Gandhi] naquele momento eram muito importunas para mim", escreveu depois Smuts. Enquanto Gandhi esteve desfrutando de "um período de descanso e tranquilidade na cadeia" (Gandhi, que chegara à beira da exaustão, teve de admitir que isso era verdade), Smuts tivera a "má sorte de levar adiante uma lei que angariava pouco apoio público".[52]

Para completar, por razões não correlatas, os trabalhadores brancos da ferrovia ameaçavam uma ação trabalhista própria. Em dezembro de 1913, a África do Sul estava oscilando rumo ao caos econômico. Gandhi, entretanto, recusou-se a tirar vantagem do dilema vivido por Smuts e suspendeu formalmente a greve dos trabalhadores de Natal, um gesto distinto que o fez ganhar a gratidão e o respeito do ministro.

Contudo, Smuts também tinha pulso firme. A verdade era que a greve estava entrando em colapso mesmo antes de Gandhi encerrá-la. A Natal Indian Association estava muito preocupada que a violência continuasse e suplicou aos trabalhadores que permanecessem nas plantações. Os organizadores da greve estavam pobres, desprovidos de tudo.[53] Gandhi, a princípio, resistiu ao encontro com a comissão que ouviria suas queixas porque dois dos membros eram notoriamente anti-indianos, mas ele não tinha mais nenhum poder. Como lhe disse Smuts, uma renovação da *satyagraha* e da greve traria apenas uma "punição gratuita, com grande sofrimento para os inocentes" e poria o ônus de qualquer violência futura sobre o próprio Gandhi.[54]

Então, com o tempo e as opções se esgotando, Gandhi assinou um acordo para suspender toda a resistência pacífica, aguardando a solução da comissão do governo. Smuts, por sua vez, prometeu introduzir uma legislação direcionada aos interesses dos indianos, sem prometer que ela seria aprovada.

Em abril de 1914, a comissão recomendou que a taxa de 3 libras esterlinas fosse suspensa e que os direitos de casamento de muçulmanos e hindus fossem reconhecidos. Ambas as medidas foram homologadas em forma de lei. Nada, entretanto, foi dito a respeito da migração entre províncias, muito menos sobre a odiosa lei de registro — o infame Black Act, responsável pelo lançamento da primeira campanha de resistência pacífica, sete anos antes. A verdade, que a maioria dos biógrafos prefere deixar de lado, foi que Gandhi desistira dos dois pontos de negociação com Smuts em janeiro.[55] Ativistas de Natal e do Transvaal, incluindo seu antigo aliado, Haji Ojer Ali, submeteram Gandhi a um bombardeio de críticas, queixando-se do lapso abissal entre o que ele havia prometido a seus seguidores e o que conseguira realizar. Essa era uma crítica que ele voltaria a ouvir na Índia, inclusive de seus seguidores mais próximos.

Contudo, o que foi feito estava feito, e os dias de Gandhi na África do Sul corriam para seu fim. Thambai Naidu, Henry Polak, Sonja Schlesin, Joseph Doke e o filho de Gandhi, Harilal, permaneceriam na Fazenda Phoenix. Ele se despediu de todos. Depois de passar mais de vinte anos na África do Sul, Gandhi jamais retornaria. Em sua mente, havia conquistado a vitória que desejava. Provara que a resistência pacífica funcionava, ao menos forçando um governo relutante a se sentar à mesa de negociações. Mostrara que a *satyagraha* poderia unir os indianos em um movimento de massa, apesar de ter perdido o controle de seus efeitos, inclusive a propagação da violência. Finalmente, transformara as más condições dos indianos da África do Sul em uma grande causa na Índia. Entretanto, os indianos de Natal e do Transvaal sabiam bem que a campanha de Gandhi pouco fizera para mudar a situação, mesmo a daqueles servos de classe baixa que, tão inesperadamente, foram pedir-lhe ajuda.

Por alguns dias, ele passeou pela África do Sul, sendo bem recebido pelas multidões, falando sobre a "vitória" (a qual sucessivos governos brancos hegemônicos retaliariam com firmeza, até que não sobrasse quase nada). Quanto a Smuts, Gandhi pediu a Sonja Schlesin e Henry Polak que lhe presenteassem com o par de sandálias que fizera para ele na prisão. Smuts comoveu-se com o gesto. Calçou-as todos os anos em sua fazenda até 1939, quando as devolveu ao seu fabricante, como um tributo ao septuagésimo aniversário.

"Era meu destino ser o defensor de um homem por quem, mesmo naquela época, eu tinha o maior respeito", escreveria Smuts muitos anos depois.[56] Durante a longa carreira de Smuts, apenas um outro político ganharia também sua admiração: Winston Churchill. No entanto, quando o navio de Gandhi desapareceu no horizonte, no dia 8 de julho de 1914, os sentimentos do general eram menos ternos. "O santo deixou nossa terra", escreveu, "espero, sinceramente, que para sempre."

Dez dias depois, a Áustria declarou guerra à Sérvia, em retaliação ao assassinato do arquiduque Franz Ferdinand. A terrível guerra mundial que Churchill havia previsto e temido estava prestes a começar. Ela traria abaixo as últimas certezas da ordem pós-vitoriana e levaria ambos, Gandhi e Churchill, a um inferno político.

11. UMA DISTANTE CABEÇA
DE PONTE
1914-1915

*Winston estava frequentemente certo; mas, quando estava
errado, bem... meu Deus.*

(F. E. SMITH)

Gandhi chegou à Inglaterra em 4 de agosto de 1914. Da última vez que lá
estivera, os jornais de Londres estavam repletos de notícias sobre a Índia e
assassinatos. Agora, estavam cheios de guerra. Naquele mesmo dia, a Grã-
-Bretanha declarou guerra à Alemanha — que fizera o mesmo com a França
no dia anterior e, antes disso, com a Rússia. Grandes Exércitos nacionais
estavam sendo mobilizados e dezenas de milhões de homens em movimento
desde os Pirineus até Mumbai. "As guerras do povo serão mais terríveis que
as guerras dos reis", previra Churchill em 1901. A história estava prestes a
mostrar que ele estava certo.[1]

Gandhi, com 45 anos de idade, não era mais aquele elegante e próspero
advogado indiano. Uma fotografia mostra-o desgastado, depois de anos de
luta dentro e fora da África do Sul. Ele havia deixado crescer novamente o
bigode, mas o terno, o colarinho branco e a gravata que vestia mais uma
vez eram uma concessão ao clima inglês, não emblemas de sua ambição,
como eram quando chegou como estudante, em 1888.

O grosseiro corte de suas roupas e a bengala em sua mão (ele sofrera com
uma grave pleurisia durante a estada) deram-lhe um ar de homem do campo,
como se fosse um fazendeiro em visita à cidade. E era como fazendeiro que
ele via a si mesmo. Em sua "Confissão de fé", declarou que "a vida simples

do campo" era a vida de verdadeira felicidade e que "o lavrador rude", seu ancestral, traçaria o caminho para a salvação da humanidade.[2] A visita a Londres deveria ser uma breve parada a caminho da Índia, onde planejava colocar em ação seu programa de "força da alma" e devolver à terra a elevação moral e espiritual — ainda que, na África do Sul, o programa houvesse alcançado apenas metade do êxito.

As notícias da guerra, entretanto, mais uma vez reanimaram-no a entrar em ação. Certamente, nenhum pacifista jamais gostou tanto de preparar-se para a guerra quanto Gandhi. "Naquele tempo, Londres valia a pena ser vista", lembrou-se dez anos depois. "Não havia pânico e todos estavam ocupados, ajudando da melhor maneira que pudessem." Todos os ingleses, filhos, irmãos e maridos, alistados no Exército e treinando para o combate; esposas e mães "empregaram-se para fabricar roupas e vestimentas para os feridos".[3]

Gandhi fez uma pergunta, ao estilo de Rudyard Kipling: "Qual é o meu dever?" A conclusão foi que ele e outros indianos deveriam seguir servindo a rainha e o país. "Serei eu, se não fizer nada, capaz de continuar desfrutando a vida, comendo minha comida?" era seu refrão para os amigos e a família. Para Gandhi, a base de toda comunidade, passada e futura, era o sacrifício, o que incluía o sacrifício na guerra. Escrevera no *Hind Swaraj*: "A morte é o travesseiro sobre o qual uma nação grandiosa descansa a cabeça."[4] Agora era a hora de os indianos estarem prontos para a situação, com verdadeiro espírito guerreiro.

Gandhi dedicou-se a organizar outra unidade indiana de ambulância. Lorde Crewe, agora ministro de Estado da Índia, agradeceu calorosamente a oferta do serviço. Os nacionalistas indianos da India House, todavia, ficaram escandalizados: como Gandhi podia propor-se a ajudar os opressores britânicos?

Gandhi, como tinha por hábito, havia pesado sua decisão baseando-se em termos morais e não políticos. "Sentia, naquela época, que era em maior parte por conta dos oficiais britânicos", escreveu depois, "e não do sistema britânico" que os indianos estavam infelizes no Império.* Ele admitia que

---

* Ele até escreveu essa passagem extraordinária quando deixava a África do Sul: "Apesar de impérios terem surgido e caído, este império talvez seja uma exceção [...] é um império fundado não em bases materiais, mas em bases espirituais [...] a constituição britânica. Desfaça-se desses ideais e a constituição britânica jogará fora minha lealdade; mantenha-nos e serei sempre um servo." Em agosto de 1914, apesar de seu manifesto *Hind Swaraj*, o servo em Gandhi permanecia forte.

"éramos escravos e eles os mestres". Mas não era "dever de um escravo, buscando ser livre, fazer das necessidades de seu mestre uma oportunidade" ao permanecer a seu lado em tempos de risco? "Quando milhares se dispuseram a arriscar suas vidas apenas porque pensaram ser seu dever, como eu poderia ficar parado?", disse a seu primo Maganlal. "Um rifle nessas mãos jamais será disparado. Por isso, resta-me apenas cuidar dos feridos."[5]

Os primeiros recrutas, em torno de cinquenta, chegaram a Eastcote, nos arredores de Londres, no dia 2 de outubro de 1914. Gandhi serviu-lhes refeições à base de frutas e nozes, e eles encontraram o oficial comandante, tenente-coronel Richard Baker, anteriormente do serviço médico do Exército indiano. Naquele momento, 28.500 soldados do Exército indiano, das divisões de Lahore e Meerut, inclusive a Brigada de Cavalaria de Secunderabad, já haviam chegado a Marselha, a caminho do Front Ocidental. Gandhi e Baker precisavam dos voluntários prontos. Houve tensão entre eles durante o encontro dos suboficiais. Finalmente, lorde Crewe precisou lembrar Gandhi de que estava no Exército agora e que deveria obedecer à disciplina militar.[6]

No final de outubro, as tropas indianas estavam envolvidas em violentas lutas próximo a La Bassée, na França, e depois Ypres. Entre elas, um soldado do regimento do duque de Connaught já ganhara a primeira medalha Victoria Cross póstuma da Índia. "Que Exército!", entusiasmou-se o correspondente norte-americano do *New York World*, notando que aquelas tropas representavam "uma civilização já antiga quando a Alemanha era uma floresta e os primeiro bretões pintavam seus corpos nus de azul".[7] Os homens da unidade de Gandhi foram enviados para ajudar. O príncipe Aga Khan apareceu para ver os voluntários partirem. Disse que os invejava e que tentaria se unir a eles futuramente, como intérprete. Gandhi ofereceu à turma do último ano da escola da Fazenda Phoenix na África do Sul que fossem a Londres para liderar o grupo seguinte.*

Gandhi queria ficar mais tempo em Londres, selecionando recrutas e encorajando indianos a se unirem à causa, mas o clima frio e úmido trouxe de volta sua pleurisia. Kasturbai também ficou muito mal. Finalmente, um amigo do Ministério da Índia aconselhou-o a voltar para a Índia, a fim de que se recuperasse. Gandhi embarcou no dia 18 de novembro de 1914, depois de uma calorosa festa de despedida no Westminster Palace Hotel,

---

* A oferta foi recusada.

onde estavam presentes amigos indianos e ingleses. Ele estava com a saúde muito debilitada, mas ainda cheio de energia para a "guerra da civilização", como alguns, em breve, chamariam a calamidade que estava por vir. Partir parecia ser o anticlímax. A bordo do SS Arabia, perguntou queixosamente a um amigo: "Quando eu chegar à Índia, o que devo fazer?"[8]

Ao chegar, continuou com seu trabalho de guerra, apesar de outras distrações. Tais distrações, entretanto, o levariam subitamente ao topo do movimento nacionalista indiano.

A chegada da guerra dera a Winston Churchill o mesmo estímulo. David Lloyd George se lembraria do primeiro lorde do Almirantado entrando em uma reunião no gabinete no dia em que a guerra foi declarada. "Winston irrompeu radiante na sala", disse ele, "com seu rosto iluminado e seu jeito ávido [...] podia-se ver que era realmente um homem feliz." Como Winston confessou a Clementine: "Não é horrível ser assim?"[9]

O tom de desculpa era um disfarce. Na verdade, este era o momento com que sonhara por toda a vida: liderar uma grande força de batalha em combate. Substituindo os soldados de brinquedo espalhados pelo chão estavam os navios da Marinha Real Britânica, as máquinas de guerra mais sofisticadas já construídas, às quais assistira surgir "esquadrão por esquadrão" quando deixavam Portland a caminho de Scapa Flow, na Escócia, apenas dias antes de a guerra começar. "Inúmeros castelos de aço colossais", escreveu, "atravessando os mares nebulosos e brilhantes como ansiosos gigantes."[10]

Na verdade, os navios iam na direção contrária da guerra, saindo da Europa. Praticamente desde o dia em que chegou ao Almirantado, Churchill percebera que a Marinha não podia vencer uma guerra contra a Alemanha, apenas evitar a derrota. Todos presumiram que o confronto decisivo ocorreria em terra e, em agosto de 1914, Churchill, como todo mundo, entendeu que isso significava França. Os alemães presumiram o mesmo. Com a eclosão da guerra, o chamado Plano Schlieffen coordenou os Exércitos alemães em uma grande ofensiva sobre a Bélgica neutra, à qual se seguiu um rápido contorno ao sul, para cercar Paris e emparedar o Exército francês. O plano quase funcionou. As tropas francesas recuavam em direção à capital antes que um único soldado britânico tivesse posto os pés em solo francês. Por uma ou duas semanas cruciais, parecia que a Força Expedicionária Britânica chegaria tarde demais para impedir a vitória alemã, exatamente como haviam previsto os generais germânicos.

Entretanto, o ataque germânico perdeu suas forças. Churchill previra que isso poderia ocorrer em um memorando escrito três anos antes.[11] Os franceses puderam reorganizar as tropas na primeira batalha do Marne, em 5 de setembro. Soldados da Força Expedicionária Britânica, que começaram a desembarcar em solo francês em 15 de agosto, moveram-se para preencher a lacuna entre os dois Exércitos franceses recuados. Os alemães retrocederam e, em 14 de setembro, pararam no rio Aisne para cavar trincheiras e preparar as armas. Poucos quilômetros a oeste, os Aliados fizeram o mesmo. A Primeira Guerra Mundial, de trincheiras imóveis, arame farpado e bombardeios maciços, estava prestes a começar.

A previsão de Churchill, treze anos antes, dizendo que "as guerras do povo serão mais terríveis que as guerras dos reis" tornar-se-ia verdade em uma escala que poucos políticos, além de Churchill, puderam imaginar. Pelos quatro anos seguintes, o Front Ocidental seria o cemitério de milhões de soldados britânicos, franceses e alemães, ao mesmo tempo que todos os países, dos Urais até os Pirineus, aumentariam as marchas de suas economias e sociedades para alimentar essa monstruosa máquina de matar.

Poucos receberam esse projeto com um sentimento de aventura. Churchill era uma exceção. Afora o ministro da Guerra lorde Kitchener, Churchill era o único membro do Gabinete de Guerra a participar de qualquer ação militar. "Por mais que me sinta atraído e fascinado pela guerra", escreveu a Clementine em 1909, "pesa-me mais profundamente a cada ano [...] que estupidez vil e maldosa, que barbaridade é tudo isso." Contudo, apesar dos horrores, a experiência de mobilizar todos os recursos da sociedade para um único propósito despertou em Churchill o feliz guerreiro, semelhante ao que aconteceu a Gandhi durante seus meses em Londres, após o início da guerra.

Depois de uma conversa com Churchill, Margot Asquith registrou: "Que sujeito estranho! Ele realmente gosta da guerra."[12] Churchill tinha de concordar. "Acredito que uma maldição deveria ser jogada sobre mim por eu estar tão feliz", confessou na primavera seguinte, quando o Exército britânico e o francês estavam realizando ataques sem resultado no Front Ocidental, e os alemães preparavam-se para usar gás tóxico pela primeira vez. "Sei que a guerra está destruindo e estraçalhando a vida de milhares de pessoas a cada instante e, ainda assim — não posso evitar —, aprecio cada momento dela."[13]

Em setembro de 1914, no entanto, a esperança de derrotar os inimigos permanecia forte. Cada lado movimentava-se para estabelecer a linha defensiva que, no fim, correria da fronteira suíça para o canal. Mas "a corrida para o mar" deixara importantes áreas desguarnecidas, como o sul da Bélgica e o porto de Antuérpia, que estava a ponto de ser conquistado por um grande contingente alemão. Se Antuérpia fosse mantida, os Exércitos britânico e francês teriam tempo de fechar o vazio. Caso contrário, as forças germânicas estariam prontas para atacar pelos flancos, uma ameaça mortal.

Do prédio do Almirantado, Churchill captou imediatamente a gravidade da situação. Enviou um telegrama urgente ao primeiro-ministro Asquith: "PRECISAMOS MANTER ANTUÉRPIA." O chefe do Estado-maior francês recusou ajuda, assim como o lorde Kitchener. Então, Churchill solicitou uma brigada dos Fuzileiros Reais e duas brigadas de voluntários navais temporários do canal.* Para completar, viajou e assumiu, ele mesmo, o comando.

Os 3 mil fuzileiros navais chegaram em 28 de setembro de 1914, para êxtase dos cidadãos belgas. "Vocês não precisam se preocupar", disse Churchill ao atônito prefeito de Antuérpia. "Nós salvaremos a cidade." Winston estava em todos os lugares, supervisionando a construção das frentes de defesa, reunindo homens e times de combate, buscando armas e munição e até localizando peças de artilharia, quando, de súbito, o bombardeio germânico interrompeu seu caminho. Era o Cerco da Sidney Street mais uma vez. Desta feita, entretanto, a vida de milhares e, é claro, a guerra estavam em jogo.

O correspondente londrino de um jornal italiano capturou uma imagem dele durante o bombardeio, "envolto em um manto e usando um quepe de iatismo". Churchill estava "tranquilamente fumando um longo charuto e assistindo ao curso da batalha, sob uma chuva de metralhadoras que só posso chamar de apavorante". O repórter refletiu: "Não é fácil encontrar, em toda a Europa, um ministro capaz de fumar calmamente sob fogo de artilharia" ou planejar, com tranquilidade, seu contra-ataque, enquanto cartuchos e bombas caem sobre sua cabeça e estouram as janelas de seu abrigo.[14]

À medida que os alemães se aproximavam da cidade, Churchill enviou outra mensagem a Asquith. Implorava que lhe desse permissão para renunciar ao cargo do gabinete e assumir um comando formal para a defesa de Antuérpia. Asquith ficou tão chocado quanto surpreso. Quando leu o

---

* Um dos oficiais voluntários era o sogro de Winston, George Cornwallis-West. Entre eles também estavam Brooke e o filho do primeiro-ministro, Arthur.

telegrama em voz alta para os outros membros reunidos, a mesa rompeu em gargalhadas.[15] Todos se olharam e menearam a cabeça. O que Winston estava pensando? Mas outros, especialmente no Almirantado, não acharam graça. Estavam furiosos com o primeiro lorde por desertar de seu posto oficial — talvez o mais importante da Grã-Bretanha — para liderar os fuzileiros em uma previsível derrota. "É uma tragédia que a Marinha esteja nas mãos de um lunático neste momento", reclamou um oficial.[16]

Estava provado ser impossível oferecer auxílio a Antuérpia. Churchill e seus homens receberam ordem para voltar a Dover; em 10 de outubro, a cidade rendeu-se e o implacável ataque alemão deixou-a em ruínas. "Que crime", escreveu uma testemunha, o poeta Rupert Brooke.* Cerca de 2.500 fuzileiros britânicos e voluntários estavam em prisões e hospitais, bem como mais de 20 mil belgas. "O pobre Winston está muito deprimido", disse Asquith quando Churchill voltou. "Sente que sua missão foi em vão."[17]

Muitos concordaram. Jornais, irritados, denunciavam a operação Antuérpia como descuidada e desnecessária. Mesmo o *Morning Post*, que recebera sua correspondência da África do Sul, virou-se contra ele, chamando o primeiro lorde do Almirantado de "amador inconstante". Porém, a defesa de Antuérpia havia alcançado mais do que era possível enxergar à primeira vista. Winston atrasara o avanço alemão tempo suficiente para que os franceses pudessem deslocar-se ao norte para tampar a lacuna entre os Exércitos. "Eram necessários dez dias", escreveria Churchill dramaticamente, "e dez dias foram dados."[18]

Outros, entretanto, viam no ocorrido em Antuérpia um homem de 40 anos, com grandes responsabilidades, agindo impulsivamente — "feito uma criança romântica", como admitiu sua amiga Violet Asquith — sem considerar, por um único segundo, as consequências. Asquith disse à esposa que a aventura precipitada fez de Winston, "de longe, o homem mais malquisto em meu Gabinete". Lloyd George chegou a dar de ombros, vexado pela impulsividade do amigo. "Winston é como um torpedo", confessou. "O primeiro sinal do que está fazendo é quando você escuta o assobio do torpedo atravessando a água."[19]

O líder conservador Andrew Bonar Law estava profundamente perturbado com o fiasco de Antuérpia. "Acho que [Winston] tem habilidades

---

* Mais tarde, Brooke seria o mais famoso caso de morte de outra malfadada operação de Churchill, em Galípoli.

intelectuais muito especiais", escreveu a um companheiro *tory*, também membro do Parlamento, "mas, ao mesmo tempo, parece ter uma mente inteiramente desequilibrada, o que é um grande perigo em um momento como este".[20]

De fato, eles logo viriam a descobrir o quão perigoso.

Churchill retornou às suas funções no Almirantado e no Gabinete de Guerra, mas encontrou pouco espaço para o tipo de ação que desejava colocar em prática e poucas decisões importantes a serem tomadas. Nada decisivo ocorria no mar;* tampouco em terra. Com as batalhas terminadas na lama das trincheiras daquele inverno e o número de mortes de britânicos tendo alcançado a marca dos 100 mil, Churchill e outros consideravam se a guerra seria, de fato, vencida na França.

Winston, de volta à sua personalidade maníaca, disparou ideias e opiniões com uma velocidade estonteante. Um exemplo foi descrito pelo primeiro-ministro em 30 de dezembro de 1914. Churchill aproximara-se dele com a ideia de, para a próxima ofensiva, equipar os soldados com "rolos compressores para destruir arame farpado, escudos à prova de bala e armadura", uma imagem que pareceu a Asquith singular, mas despropositadamente medieval. Mais tarde, Winston retomaria a ideia de seu "tanque" blindado motorizado. Mas, dessa vez, ele e Maurice Hankey deixaram claro ao primeiro-ministro que algo diferente era necessário para decidir o impasse no oeste. Winston queria que a movimentação fosse feita "primeiramente, é claro, por intermédio da Marinha", mas os Aliados precisavam encontrar uma maneira de contornar o beco sem saída francês.[21]

Churchill e Kitchener revezaram-se, ponderando sobre o mapa. Talvez a Europa do leste, pensaram, oferecesse um caminho para contornar o flanco alemão. Em janeiro de 1915, o arquiduque russo Nicholas, que era fortemente pressionado em seu front, apelou para eles, pedindo-lhes ajuda. Aonde os britânicos podiam ir para proporcionar uma batalha decisiva e, possivelmente, juntar-se aos aliados russos? Enquanto ele e Kitchener conversavam e confabulavam, o dedo de Churchill passeou vagarosamente para baixo no mapa — até parar em Dardanelos.

---

* O desafio dos submarinos alemães ainda não havia começado, apesar dos torpedeamentos de Cressy, Aboukir e Hogue pelo U-23, em agosto de 1914.

O estreito de Dardanelos era a passagem oeste para Constantinopla, capital do Império Turco. Formava uma estreita abertura entre o Mediterrâneo e o mar de Mármara, que era cercado por terra e ligado ao mar Negro pelo Bósforo. Desde os tempos de Xerxes e Alexandre, o Grande, aquelas águas haviam feito imperadores de leste a oeste: nada menos que quinze batalhas decisivas foram travadas na região.[22] Agora, haveria mais uma.

Dardanelos era um território hostil. Antes de as hostilidades naturais aparecerem, o sultão turco selara um acordo secreto com os alemães; os navios de guerra Goeben e Breslau foram protegidos da Marinha britânica no porto de Constantinopla. Ao longo do outono, o decrépito Império Turco — que se estendia da costa europeia do Dardanelos através da Turquia e da Síria por toda a Mesopotâmia até Bagdá — havia lenta e dolorosamente se mobilizado para a guerra. Os Exércitos do sultão lançaram uma desastrosa ofensiva contra os britânicos no Egito e no Sinai e outra, mais bem-sucedida, contra os russos no Cáucaso. Esse foi o ataque que deu origem ao apelo do comandante russo.

Contudo, no início do outono de 1914, a guerra no Oriente Médio parecia uma atração à parte, se comparada aos riscos fatais do Front Ocidental. E a Grã-Bretanha tinha outras razões para não mexer na casa de marimbondo que era a política turca. O sultão Mehmet V era também o califa e protetor do relicário sagrado para muçulmanos de todo o mundo, inclusive de Jerusalém, Meca e Medina. Milhões de muçulmanos da Índia consideravam o califa (em híndi, *khalifa*) nada menos que seu líder espiritual. Oficiais no Ministério da Índia preocupavam-se sobre onde ficaria a lealdade dos muçulmanos da Índia caso os Aliados atacassem os turcos.

Os britânicos tentaram, portanto, evitar qualquer provocação aos sentimentos dos indianos muçulmanos. Winston Churchill foi avisado para que protelasse qualquer ataque ao Goeben e ao Breslau no porto de Constantinopla, por medo de que isso trouxesse algum problema.[23] Então, em novembro de 1914, o sultão complementou sua declaração de guerra contra os Aliados com uma declaração de jihad, convocando todos os muçulmanos dos Impérios Britânico, Francês e Russo a rebelar-se contra seus colonizadores.

Para alívio dos Aliados, a resposta foi mínima na Índia. Mesmo na Província da Fronteira Noroeste — fortemente muçulmana, região mais volátil de todas, onde, pelas montanhas, corriam boatos de que o kaiser alemão havia sedimentado sua aliança com o sultão convertendo-se ao islamismo — as coisas permaneceram calmas. Entretanto, houve irrupções de violência entre as tropas muçulmanas do Exército indiano; soldados da 5ª Infantaria Leve Indiana, em Cingapura, cercaram os oficiais em seus bangalôs e libertaram os alemães presos. Por vários dias, Cingapura esteve desprotegida. Quando a revolta terminou, mais de 40 brancos estavam mortos e 36 rebeldes haviam sido executados. Para muitos naquela época, parecia a repetição do caso de Cawnpore.[24] Por isso, o medo de provocar outra Grande Rebelião — uma possibilidade remota, mas ainda viva* — permanecia entre os britânicos quando se tratava de lidar com os turcos.

Porém, enquanto o Front Ocidental se afundava num impasse, aquelas considerações perderam a importância, já que os britânicos pensavam em usar o Dardanelos para contornar alemães e austríacos, protegendo, dessa forma, o flanco oriental do Império Britânico. A ideia original, por certo, não era de Churchill — provavelmente era de Kitchener. Não foi sequer a primeira escolha dele como manobra para distrair o inimigo. Sua opção — também a do primeiro lorde do Mar, almirante Jack Fisher — sempre fora usar a Marinha para atravessar o Báltico e, depois, desembarcar as tropas na Pomerânia, bem próximo a Berlim. Os franceses, porém, haviam proposto mais cedo um ataque a Dardanelos. O Almirantado vinha planejando algo assim havia anos.[25] Em 3 de novembro, depois de os turcos declararem guerra, Churchill chegou a dar ordem para que a Marinha bombardeasse os fortes que protegiam a entrada de Dardanelos, deixando em aberto a opção de realizar futuras operações ali. O ataque apenas fez com que os turcos reforçassem os fortes, assegurando, desse modo, que qualquer ataque futuro dos Aliados seria ainda mais difícil.

Contudo, os outros membros do Conselho de Guerra do Gabinete britânico não sabiam disso. No primeiro encontro, em 25 de novembro, a ideia de um ataque a Dardanelos começou a ganhar força.[26] Até o Ano-Novo, havia se transformado na nova obsessão de Churchill. Em 3 de janeiro de 1915, ele mandou um telegrama ao vice-almirante, Sackville Carden, que comandara a frota de guerra no Mediterrâneo oriental: "Você considera irromper o Dardanelos apenas com navios uma operação praticável?"

---

* Lorde Roberts, que lutara na Grande Rebelião, ainda estava vivo em 14 de novembro de 1914.

Ele ficou de alguma forma surpreso e perplexo quando Carden disse que não. Carden pensou que isso exigiria uma frota de navios bem maior do que a que tinha, bem como um número considerável de tropas. No dia 21 de janeiro, Fisher, o primeiro lorde do Mar, discutiu duramente, dizendo: "Abomino a operação Dardanelos, a não ser que uma grande mudança seja feita." A mudança seria o desembarque de 200 mil homens para dar cobertura à esquadra.[27]

Churchill, no entanto, seguia acreditando que era possível "apressar" Dardanelos com um punhado de navios, uma forma arrojada de ataque, típica da Marinha Real Britânica. Além disso, sua crescente urgência por um ataque era contagiante. Em 13 de janeiro, o Conselho de Guerra reuniu um subcomitê para discutir o problema. No dia 28, Winston informou que o Almirantado, os franceses e os russos haviam concordado "com entusiasmo".[28] Ao final, o Conselho de Guerra deu seu consentimento, mas com duas condições. A primeira era que a expedição deveria incluir um exército grande o suficiente para desembarcar na estreita península de Galípoli, que se estendia até Dardanelos, e derrotar, ali, a guarnição turca. A segunda era que Churchill teria de enviar uma esquadra de navios de batalha para dar início aos procedimentos com forte munição para bombardeio naval.

Dessa forma, foi o Conselho de Guerra, incluindo Kitchener, que fez acontecer a operação Dardanelos em todos os seus detalhes e toda a sua complexidade; não foi apenas Churchill.[29] Os outros passaram a enxergar a operação como ele enxergava, como mais que apenas um desvio de atenção ou um esforço para juntar-se aos russos. Estavam convencidos de que a vitória em Dardanelos traria a Grécia, a Bulgária e até a Romênia para o campo dos Aliados. Kitchener declarou que "o Exército turco evacuaria toda a Europa". Churchill foi além. "Assim que Dardanelos estiver liberado", previu entusiasticamente no dia 23 de fevereiro, as forças britânicas poderão ocupar Constantinopla e "forçar a rendição de qualquer força turca na Europa". Seus efeitos em toda a região dos Bálcãs e, talvez, na própria guerra seriam "decisivos".[30]

Um funcionário do Ministério das Relações Exteriores, Mark Sykes, construiu uma ficção geopolítica ainda mais elaborada. No Dia da Mentira de 1915, ele escreveu um memorando, prevendo que a operação Dardanelos significaria o fim do Império Turco. "Os turcos devem deixar de existir", escreveu, "Esmirna será grega [...], a Síria francesa, a Palestina e a Mesopotâmia britânicas e todo o resto, russo — inclusive Constantinopla." Era uma visão extravagante — até mesmo insana — que, à exceção da previsão sobre os russos, se transformou em completa verdade depois que a guerra terminou.* De fato, toda a forma do Oriente moderno despontava subitamente no horizonte, graças à fresta de Dardanelos de Churchill.[31]

Pois, no fim das contas, a abertura foi de Churchill. Ele mesmo reconheceu o mérito, publicado depois da guerra em *The World Crisis*. O Conselho de Guerra anuiu porque acreditou em Churchill quando ele disse que o Almirantado e os experts haviam concordado. O que os membros não sabiam era que os almirantes tinham muito mais dúvidas do que ousavam dizer a Churchill. O grande entusiasmo acerca da invasão a Galípoli, as respostas rápidas e eloquentes a qualquer objeção ou hesitação deixaram-nos relutantes em dizer o que realmente pensavam.[32] Por tudo isso, Churchill ficaria surpreso e irritado quando Fisher dissesse ter-se oposto ao plano desde o início. A tempestade de críticas sobre sua cabeça pareceu-lhe uma enorme traição.

Essa cena se repetiria muitas e muitas vezes na vida de Churchill, notavelmente na Segunda Guerra Mundial e na Índia, e revelaria sua maior fraqueza como líder. Churchill sempre interpretava a falta de objeções, fosse do Almirantado, dos membros do Gabinete ou do público britânico, como sinônimo de um sincero apoio. Enxergava a inabilidade dos dissidentes em expressar contra-argumentos como falta de convicção. À medida que envelhecia e se sentia mais seguro de si e suas decisões, a paixão e a eloquência de Churchill tornaram-se, de fato, negativas. Fizeram dele surdo e cego para aqueles que não tinham tanta certeza, tanto otimismo ou tanto comprometimento com qualquer coisa na mesma medida em que ele tinha com praticamente todas as coisas.

A verdade era que os almirantes, incluindo Carden, não acreditavam que o plano fosse funcionar. Temiam que os turcos e seus sagazes conselheiros germânicos interceptassem o plano britânico e usassem todos os recursos para transformar o estreito em uma armadilha de morte. Em retrospecto, parece uma trama absurda.

Exceto pelo fato de quase ter funcionado.

---

* Os gregos ocuparam Esmirna pouco depois que a guerra terminou, porém os turcos forçaram-nos a sair em 1922. Um dos refugiados expulsos pela reocupação turca era o jovem Aristóteles Onassis.

Em 18 de março de 1915, o almirante John de Robeck* navegou até a entrada de Dardanelos com dezesseis navios de combate — doze britânicos e quatro franceses — e uma esquadra de destróieres, detectores de minas e cruzadores, incluindo o novo couraçado Inflexible. Era a maior força naval já vista no Mediterrâneo oriental. Por um tempo, parecia que poderiam de fato enfrentar Dardanelos sozinhos, como sugeria o plano original de Churchill. No entanto, o francês Bouvet e os britânicos Ocean e Irresistible chocaram-se com minas que os turcos haviam posto na passagem e afundaram. Um tiroteio pesado vindo dos fortes da costa danificou terrivelmente o Sufreen e o Inflexible. Em pouco tempo, um terço da frota de guerra de Robeck estava fora de combate. Sob a proteção da escuridão, ele retrocedeu para reagrupar e reequipar a esquadra.

Ainda assim, como documentos mostrariam mais tarde, o volume e o poder da ofensiva naval de Robeck convenceram os turcos de que haviam perdido a batalha. Ordens foram dadas para que usassem toda a munição restante (o que foi erroneamente interpretado pelos Aliados como uma demonstração de força) e abandonassem todas as posições no dia seguinte. Grupos de fuzileiros navais poderiam ter desembarcado livremente em praias que, em pouco menos de cinco semanas, se transformariam em armadilhas para divisões inteiras. Se Robeck tivesse conseguido permanecer no estreito por mais 24 horas, segundo o julgamento de pelo menos um historiador, "a frota teria podido entrar em Constantinopla sem resistência".[33] E, em vez de maior bode expiatório da Primeira Guerra Mundial, Churchill teria sido o maior herói.

Entretanto, Robeck não ficou muito tempo. Foi acompanhado pelo comandante do Exército, Sir Ian Hamilton, que ordenou que toda a expedição voltasse para Alexandria para empacotar novamente os navios de transporte de suprimentos. Hamilton, um veterano da Guerra dos Bôeres, vira os custos da má organização com suprimentos não essenciais armazenados por cima dos essenciais e não permitiria que isso acontecesse sob os seus cuidados, especialmente com cinco divisões de infantaria sob sua responsabilidade.

Infelizmente, o que era razoável em 1900 passou a ser temerário em 1915. Hamilton gastou um mês inteiro para reorganizar todos os navios

---

* A tensão de pôr em prática um plano no qual não acreditava empurrou Carden para a lista dos doentes no dia 16 de março. Ele foi substituído pelo segundo em comando, Robeck.

e certificar-se de que tudo estava armazenado com segurança. Ao mesmo tempo, os turcos e os aliados alemães derramaram concreto, esticaram arame farpado, fizeram minas e reconstruíram os fortes que vigiavam os estreitos e Cape Helles, de onde sabiam que o ataque viria.

Por fim, no amanhecer do dia 25 de abril de 1915, soldados da 3ª Brigada Australiana das Forças Armadas da Austrália e da Nova Zelândia (ANZAC) olharam pela janela, através da neblina que se dissipava, e viram a estreita faixa amarela de praia em ambos os lados de Cape Helles com um promontório surgindo à frente. Esses homens eram voluntários, filhos do Império vindo para ajudar a mãe-pátria, semelhante aos voluntários indianos de Gandhi. "Ser um neozelandês em 1914 significava aprender que 'o Império deseja que você esteja pronto no momento de necessidade'", disse um deles tempos depois. "Ser deixado para trás era impensável."[34] O trabalho deles era desembarcar na praia de Kaba Tepe e chegar ao ponto mais alto possível do penhasco antes de atirar-se na luta, tudo isso sob o que prometia ser um devastador bombardeio turco.

Os colegas britânicos da 29ª divisão enfrentaram o mesmo desafio desencorajador. Eram batalhões dos Fuzileiros de Lancashire, os Hampshires, os Munsters e também os Fuzileiros de Dublin — por absoluta coincidência, o mesmo regimento que estivera com Churchill no trem blindado em Estcourt, durante a Guerra dos Bôeres. Os homens deveriam desembarcar na ponta de Cape Helles, praticamente embaixo dos fortes turcos.

Observando tudo do deque da capitânia de Robeck, o HMS Queen Elizabeth, estava o irmão de Winston, Jack, que se havia unido ao grupo de Ian Hamilton como major. Jack já vira ação na França, em Ypres. Sabia o que uma metralhadora podia fazer à carne humana e como ela dava uma vantagem quase insuperável para defensores de posições como aquelas ocupadas pelos turcos. No entanto, mesmo ele ficaria impressionado e, depois, chocado com o que estava prestes a acontecer naquela manhã de abril.

O desembarque da ANZAC correu mal quase desde o início, e logo australianos e neozelandeses estavam presos na encosta, sob fogo pesado. O sofrimento dos Lancashires foi pior. Quando desembarcaram, seus barcos ficaram enroscados em um monte de arame farpado, e os soldados turcos, no mesmo instante, abriram fogo desde as trincheiras alinhadas por toda a praia. "O mar atrás de nós ficou completamente escarlate", lembrou um oficial, o major Frederick Shaw, "e você podia ouvir os gemidos em meio à rajada da fuzilaria". Shaw tentou ordenar que seus homens se movessem para a frente: "Depois percebi que todos tinham sido abatidos."[35]

Mais tropas desembarcaram, mas não fizeram progresso. Os turcos, no entanto, não estavam fortes o suficiente para fazê-los voltar ao mar. Para os soldados britânicos, o mar transformara-se em uma "armadilha de morte". Jack Churchill descreveu para o irmão como "os turcos cavaram uma série de grandes covas e delas podiam atirar em qualquer pessoa que estivesse na praia, enquanto os tiros contrários sequer os arranhavam. Já foram enterrados 4.054 homens!".[36]

Em 4 de maio, nove dias depois, com pouco ou nenhum resultado, mais de 10 mil soldados ANZAC e 14 mil turcos haviam sido mortos ou feridos. Os ataques britânicos obtiveram efeitos um pouco melhores a um custo um pouco menor. O que viria adiante estava claro: não haveria ruptura das linhas inimigas. No dia seguinte, Jack Churchill fez uma franca avaliação da conjuntura. Após quatro dias de tiroteios e lutas quase ininterruptas, escreveu para as tropas que aguardavam, ainda "não estava feliz com o ponto principal do problema. Aqui estamos, uma força comparativamente pequena esforçando-se para chegar ao final da península Galípoli, com a perspectiva de lutar contra o Império Turco inteiro!". Jack fez uma visita ao campo de batalha e ficou alarmado com a imundície e a mortandade. Ao lado de uma trincheira cavada às pressas, viu a mão seca de um soldado morto em um gesto horrendo.[37]

Antes de o mês terminar, Hamilton perdera 45 mil homens. Em vez de prover um meio para os Aliados escaparem da cilada no Ocidente, Galípoli passou a ser, ela mesma, uma armadilha. Naquele momento, ninguém no governo britânico tinha esperanças de que a campanha de Dardanelos desse certo e, por isso, era preciso um bode expiatório. Todos os dedos apontavam na mesma direção: o primeiro lorde do Almirantado, Winston Churchill.

Por um lado, culpar Churchill pelo fiasco era injusto. Havia sido Kitchener, e não ele, quem primeiro apresentara o plano. O Conselho de Guerra inteiro, incluindo o primeiro-ministro, havia endossado e selado a versão final com condições e atrasos que, quase certamente, condenaram qualquer chance de sucesso.

Churchill ainda aprenderia que o poder de tomar grandes decisões vem com grandes responsabilidades. Estava disposto a aceitar o crédito caso o plano Galípoli fosse um sucesso. Agora que falhara, esperava receber a culpa.

O primeiro lorde do Mar, Fisher, vinha sendo seu mentor e confidente sobre os assuntos da Marinha por quatro anos. Naquele momento, Fisher foi o primeiro a dar-lhe as costas, divulgando amplamente um amargo memorando que afirmava sua descrença, desde o início, na tentativa de distrair a atenção do inimigo em Dardanelos. Fisher renunciou ao cargo de primeiro lorde do Mar com a esperança de que o ato induzisse o primeiro-ministro Asquith a dispensar Churchill também. Asquith, entretanto, hesitou, e Churchill poderia ter mantido seu posto, não fosse outro evento aleatório.

Em maio, Asquith concordou em formar uma coalizão no governo nacional com os *tories*. Eles estavam de olho em Churchill havia quase uma década. A mágoa provocada por antigos ataques e críticas, além da troca de partido, não havia diminuído. O fracasso da operação Galípoli dera-lhes uma bela oportunidade de vingança e eles não a desperdiçariam. Assim, foram os conservadores que finalmente pressionaram Asquith e fizeram Winston renunciar ao posto no Almirantado.

Ele ficou destruído. No dia 20 de maio, um amigo, George Riddel, visitou-o no gabinete e encontrou-o de mau humor. "Sou uma vítima de intriga política. Estou acabado!" Riddel tentou assegurar-lhe que conseguiria se reerguer. Winston apenas balançou a cabeça. "Sim, acabado em relação a tudo que me importa", foi sua amarga resposta. "O combate na guerra; a derrota dos alemães [...] é para isso que eu vivo."

Foi sua primeira real derrota sob os olhos do público e dele mesmo. Clementine declarou, mais tarde, que pensava que ele morreria de desgosto. Sua velha amiga Violet Asquith, a filha do primeiro-ministro, encontrou-o na Câmara dos Comuns, "silencioso, desesperado — como jamais o vira antes". Ela chorou quando ele, abatido, disse ter pensado que seu pai ficaria ao seu lado e, no entanto, sua cabeça foi parte do preço da coalizão. "Ele sequer insultou Fisher", ela escreveria anos depois, "disse simplesmente 'estou acabado'. Eu ponderei contradições, protestos — mas ele rejeitou ideias. 'Não, estou acabado.'"[38]

Na verdade, sua carreira estava longe de acabar. Ainda tinha um assento no Conselho de Guerra como chanceler do ducado de Lancaster e a sinecura oferecida por Asquith, como consolo por perder o Almirantado. Ele ainda acreditava que a campanha de Dardanelos poderia ser vitoriosa. Em 18 de junho, escreveu outro memorando esperançoso. "Não pode haver dúvida de que agora possuímos os meios e o poder para assumir Constantinopla antes do fim do verão", dizia. Um impulso final resolveria o assunto; salvaria a situação na Rússia e na Itália "e ressoaria por toda a Ásia".[39] O governo aprovou mais um desembarque em Galípoli, ao norte de Kaba Tepe, na baía de Suvla, em 4 de agosto. Contudo, o novo comandante turco, Mustapha Kemal,* teve sucesso ao enfraquecer o ataque e logo a baía de Suvla transformou-se em uma saliência precária, onde centenas de homens morriam diariamente, abatidos por atiradores turcos ou pela febre.

Demoraria ainda outros cinco meses até que os Aliados decidissem estancar as perdas e evacuar Galípoli. Naquele momento, a coalizão do governo havia reorganizado o Conselho de Guerra e deixado Winston explicitamente de fora. No dia 11 de novembro de 1915, Winston renunciou formalmente. Iria para a França servir com os Granadeiros britânicos. "Tenho uma consciência clara", escreveu a Asquith, "o que me permite suportar, com compostura, a responsabilidade por eventos passados."[40]

Isso, provavelmente, era verdade. Porém, quando chegou à França em seu uniforme de granadeiro, todos, do oficial comandante (o último sobrevivente dos oficiais do batalhão original de 1914) ao mais baixo soldado raso, trataram-no com indiferença. Os reforços de que precisavam haviam sido enviados a Galípoli, e eles sabiam de quem era a culpa. Ele chegou ao front sob um chuvisco frio na noite de 20 de novembro. Em sua primeira noite, ofereceram-lhe para dormir uma barraca de pouco mais de 0,5 m² para dividir com outros quatro homens ou um abrigo próximo, o qual ele descreveu como "um tipo de buraco com pouco mais de um metro de profundidade e cerca de 30 centímetros de água". Faltavam dez dias para seu aniversário de 41 anos. Poucos dias depois, uma carta de Clementine informava que o Exército evacuaria Galípoli.[41]

Na segunda semana de janeiro de 1916, as praias em Suvla, Anzac Cove e Cape Helles estavam desertas. As areias haviam sido ensopadas com o sangue de mais de 265 mil australianos, neozelandeses, irlandeses, indianos, ingleses e franceses. (As perdas turcas foram ainda maiores, perto de 300 mil homens.)[42] A batalha deixaria uma impressão indelével na memória coletiva australiana. O primeiro dia de desembarque, em 25 de abril, seria,

---

* Mais tarde, esse brilhante oficial mudaria seu nome para Kemal Ataturk e passaria a ser o pai da Turquia moderna. Ganharia a inimizade mortal dos muçulmanos indianos ao extinguir o califado em 1924.

para sempre, um dia nacional de lembrança, e o nome de Churchill, uma maldição nacional. Pelo resto de sua vida, Winston tentaria, em vão, justificar o ataque. Recusou-se categoricamente a assentir o termo da comissão investigativa do Parlamento, segundo a qual a batalha fora um terrível engano. "Não perseverar", responderia, "esse foi o crime."[43]

De qualquer forma, a experiência transformara-o física, se não espiritualmente. Como mostram as fotografias, o Winston de rosto redondo, ávido e angelical desaparecera para sempre. Seu rosto estava mais pesado e mais rude; os olhos, mais inchados e tristes. Seu cabelo ruivo estava rarefeito. O rosto mundialmente famoso de Winston Churchill aparecia para as lentes das câmeras com características que também apareciam no rosto de Gandhi, quase na mesma época.

Ambas as faces estavam moldadas pela experiência de diversos fracassos — já mais numerosos, talvez, do que a maioria dos seres humanos poderia suportar. Ao final de 1915, Gandhi tinha 46 anos, Churchill, 41. Naquele momento, ambos conheciam a dor de levar seres humanos à morte desnecessariamente; em um caso pela *satyagraha*; no outro, pelo Império. Era um peso que ambos teriam de carregar, uma vez mais, muito em breve.

Ainda que tivesse sido desastroso para Churchill, Galípoli soava como a toada dos mortos do Império Turco. Dentro de pouco tempo, uma revolta árabe apoiada pelos britânicos atravessaria a península Arábica; o Exército indiano ocuparia Basra, na Mesopotâmia. O mapa do Oriente Médio previsto no impetuoso memorando do Dia da Mentira de Mark Sykes estava prestes a tomar forma. E a trama absurda de Churchill deflagrou uma revolução não apenas no Oriente Médio, mas também na Índia. De fato, ele dera, inadvertidamente, um novo e decisivo impulso à carreira política de Gandhi.

12. A guerra de Gandhi

1915-1918

Você não pode ensinar não violência a um homem
que não pode matar.
(Mohandas K. Gandhi, 1918)

Em 9 de janeiro de 1915, enquanto Winston Churchill sonhava com navios de guerra chegando a Dardanelos, Gandhi desembarcava de volta à Índia. Ele havia passado praticamente três quartos de sua vida, desde 1888, fora de sua terra natal, incluindo duas décadas na África do Sul. Exceto por uma curta viagem à Inglaterra, em 1931, depois desse retorno, Gandhi não deixaria mais a Índia. Os anos de itinerante haviam acabado. Ele voltava para casa.

Durante a década e meia anterior, Gandhi vivenciara uma profunda transformação espiritual. Encontrara sua missão de vida, como declarou no *Hind Swaraj*: transformar a mentalidade de seus companheiros indianos, trazendo-os para mais perto de Deus. Dessa maneira, desejava enfraquecer as bases do domínio britânico sobre a Índia e libertar seu povo.

Ele acreditava ter encontrado a ferramenta para realizar essas duas gigantescas tarefas: a não violência ativa, ou *satyagraha*. As campanhas *satyagraha* na África do Sul e a capitulação final do governo em 1914 convenceram-no de que, por meio da resistência de massa não violenta, a força moral ou "força da alma", inata na civilização indiana, poderia prevalecer sobre a força material da civilização britânica. "A Índia é perfeita para atingir a supremacia religiosa do mundo", disse a uma plateia em Indore, 1918, "[e] pode conquistar tudo por meio da força da alma."

As campanhas na África do Sul fizeram-no famoso na Índia. Em 1911, quando indianos de Natal e do Transvaal estavam discutindo se Gandhi era uma bênção ou uma maldição, o Congresso Nacional Indiano considerava seriamente fazer dele seu presidente.[2]

Sua volta para casa em janeiro de 1915 foi triunfal. Ele desembarcou em Mumbai, no famoso cais Apollo Bunder, normalmente reservado para os vice-reis e a realeza. Pelos quatro meses seguintes, cruzou o país em uma turnê de palestras. Líderes indianos intelectuais e políticos saudaram-no como a um herói. Estudantes de Madras empurraram sua carruagem pelas ruas. Até mesmo o vice-rei, lorde Hardinge, agradeceu-lhe publicamente por amenizar a sobrecarga legal sofrida por imigrantes na África do Sul. Pouco tempo depois, o ganhador do Prêmio Nobel, o poeta e filósofo Rabindranath Tagore, deu a Gandhi o título que carregaria para sempre: Mahatma, ou "grande alma".[3]

Apesar disso, os indianos estavam longe de se sentir prontos para seguir a liderança de Gandhi, especialmente na política. Indianos educados sabiam o que Gandhi fizera na África do Sul, mas tinham poucas pistas de como ele havia feito — a *satyagraha* enquanto ideia e movimento não significava nada para eles. O livro *Hind Swaraj* fora banido quase imediatamente depois da publicação na Índia e tivera pouco impacto.[4] Em vez de poder ampliar os esforços feitos na África do Sul, Gandhi teve de começar praticamente do zero. Seu mentor, G. K. Gokhale, aconselhou-o a tirar um ano de folga para viajar pelo país, ouvir e aprender. Seguindo a sugestão de Gokhale, Gandhi prometeu não se envolver em assuntos públicos até que aprendesse sobre o novo cenário indiano e as personalidades e forças que lhe davam forma.

A Índia estava mudando. O subcontinente entrava no mundo moderno. O domínio do passado permanecia firme, sobretudo sobre a vasta maioria rural, mas novas tendências e direções haviam surgido. O Gandhi tradicionalista e autor de *Hind Swaraj* podia deplorá-las, mas o Gandhi aspirante a líder não se podia permitir a ignorá-las.

Em 1915, as ferrovias, que Gandhi condenara enfaticamente em seu manifesto, iam e voltavam por todo o país como uma grande rede. Passaram a ser essenciais para a vida econômica da Índia, bem como para o sentimento de unidade física. Do arroz e algodão aos bens industrializados britânicos, as remessas de carga feitas pela estrada de ferro haviam praticamente dobrado para mais de 80 milhões de toneladas desde sua última estada no país, catorze anos antes.[5] Pegar um trem e enviar um telegrama — raridades exóticas durante a infância de Gandhi — passaram a fazer parte da vida cotidiana até mesmo de indianos pobres.

A nova mobilidade permitiu a quase 10% da população indiana morar e trabalhar nos centros urbanos. Cidades como Calcutá (então a maior cidade da Índia, com uma população de mais de um milhão de habitantes), Mumbai, Madras e Ahmedabad possuíam centros industriais em expansão. Chaminés eram erguidas sobre campos de juta e de algodão e plantações de arroz. As minas de carvão, as siderúrgicas (a primeira aberta em 1914) e as fábricas têxteis não eram fruto do colonialismo. Eram abertas e operadas pelos próprios indianos e transformavam-se em parte integrante do cenário, assim como os templos, palácios de marajás e vilas rurais habitadas pelo que lorde Curzon chamara "milhões sem voz" da Índia.[6] Nenhuma crítica ou execração faria as fábricas ou a crescente classe trabalhadora industrial da Índia desaparecer.

Além disso, uma nova profusão de escolas e universidades expandira a classe educada da Índia, ainda que constituísse uma ínfima fração dos 280 milhões de pessoas do país. Em 1915, havia cerca de 1.500 jornais na Índia, chegando a talvez 2 milhões de leitores.[7] E, apesar da rigidez do Raj nas leis de censura à imprensa, uma vigorosa opinião pública indiana independente estava ganhando forma e sendo ouvida em várias línguas, inclusive inglês.

A nova mídia era a caixa de ressonância da política indiana. A opinião pública fez-se ouvir durante a briga sobre a partição de Bengala; expressou-se com relação ao problema dos imigrantes indianos na África do Sul. Agora teria de levar em conta os homens de meia-idade, aparência estranha e roupas tradicionais, cujo lugar na nova Índia não estava claro, sequer para eles mesmos.

A primeira impressão da Índia sobre Gandhi não foi encorajadora. "Come uma comida estranha", escreveu um observador, "apenas frutas e nozes." O homem também notou a falta de roupas ocidentais de Gandhi: "Tinha uma grande marca na testa e um ponto *kunkun* ao lado."[8] Um correspondente do *Madras Mail* ficou impressionado quando Gandhi disse-lhe que "uma vez que as pessoas se enquadrarem pelo caráter e capacidade, todas as concessões [dos britânicos] seguirão naturalmente — na verdade, não haverá necessidade de as pessoas pedirem concessões".[9] A visão que Gandhi projetava para a Índia era a de uma independência espiritual conquistada pessoa por pessoa, antes da independência política, o que pouco se adequava à política nacionalista ditada pelo Congresso Nacional Indiano.

Durante boa parte de duas décadas, tal organização havia sido dominada por dois gigantes competidores: Gopal Krishna Gokhale e Bal Gangadhar Tilak. Apesar de serem brâmanes chitpavan, os dois contrastavam em tudo. Ambos influenciariam Gandhi de formas visivelmente distintas. Tilak era duro e acerbo, com a cabeça raspada e o bigode cheio, símbolo de virilidade para hindus tradicionais. Defendeu uma versão militante da Autonomia que se reportava aos gloriosos dias dos príncipes arianos e maratas — ou mesmo à Grande Rebelião. Tilak recusou-se a condenar grupos terroristas como Abhinav Bharat e chegou a elogiar seus preceitos. Eles, por sua vez, viam-no como grande inspiração. (Foi por recomendação de Tilak que seu companheiro chitpavan, Vinayak Savarkar, foi para a Inglaterra.)[10] Tais elos terroristas levaram à expulsão de Tilak do Congresso, em 1907, e puseram-no na cadeia na distante Mandalay, no ano seguinte — de onde foi libertado no ano anterior à volta de Gandhi para casa.

A derrocada de Tilak fez de Gokhale e seu sócio em Mumbai, Pherozeshah Mehta, reis sem coroa da política indiana. Como líder, no Congresso, daqueles que se classificavam como moderados, Gokhale era tranquilo, discreto, de fala suave; vestia-se com terno e gravata à moda ocidental. Ao contrário dos extremistas de Tilak, Gokhale queria que a Índia ganhasse o autogoverno em parceria com a Grã-Bretanha, junto a ideias modernas e instituições britânicas. Enquanto Tilak ia para a prisão, Gokhale declarava: "Quero que a Índia assuma o lugar que lhe é próprio entre as grandes nações do mundo [...] junto ao Império."[11]

O Raj também mudara com o tempo. Em 1911, o colega de Churchill e ministro de Estado da Índia, John Morley, decidiu reverter a partição de Bengala, pondo fim a um dos mais litigiosos temas entre os governos indiano e britânico. Dois anos antes, o governo liberal e o vice-rei, lorde Minto, permitiram a primeira eleição de membros indianos para os conselhos provinciais, assim como para o Conselho Imperial Legislativo. O próprio Conselho crescera de 25 para 60 membros, com quase metade podendo ser eleita pelo eleitorado indiano.[12] As reformas Morley-Minto, como eram chamadas, incluíram um labirinto de colégios eleitorais e grupos de votação indireta, para impedir que nacionalistas radicais assumissem o poder. Foram a primeira concessão real do Raj para a participação indiana no próprio governo e ajudaram a desviar o ressentimento nacionalista por quase uma década.

De fato, depois de anos de tempestade com a partição e o terrorismo, as coisas pareciam acalmar-se na Índia. Dezembro de 1911 testemunhou outro *durbar* magnífico, oferecido pessoalmente pelo novo rei, o imperador George V, bem como pelo vice-rei, lorde Hardinge. Na ocasião, o rei anunciou a reunificação de Bengala e também a mudança da capital do Raj de Calcutá para Délhi, a tradicional capital dos mogóis. A mudança fez-se imediatamente popular por toda a Índia (exceto em Bengala). Porém, para outros habitantes, "a visão de que a Grã-Bretanha estava se mudando para o coração da Índia", como explicou um notável historiador, "podia ser interpretada como o anúncio da possível assunção do regime pelos indianos".[13]

Apenas uma onda ameaçadora perturbou a calmaria. Um ano depois do grande *durbar*, o vice-rei Hardinge fazia sua entrada oficial, montado em um elefante, em Délhi, quando um terrorista hindu jogou subitamente uma bomba em sua liteira. Hardinge sofreu um ferimento grave nas costas, e um dos assistentes morreu na explosão. A polícia passou um pente-fino na área, em busca do assassino, mas nunca o encontrou. Entretanto, foram encontrados panfletos espalhados pelo chão entre a multidão, convocando hindus e muçulmanos "a matar todos os inimigos da mãe-pátria, não importando casta, credo ou cor".[14] Hardinge não era um alvo impopular. Foi ele quem pedira a Gokhale que fosse à África do Sul ajudar Gandhi.[15] Contudo, a tentativa de assassinato provou que as forças descontentes não estavam dissipadas, mas apenas escondidas.

Enquanto isso, com o Raj agindo de maneira mais amena, Tilak preso e os radicais na cadeia (onde o notável líder Aurobindo Ghose experimentou converter-se espiritualmente ao hinduísmo), os moderados de Gokhale mantiveram o domínio, com a cooperação dos britânicos. O Congresso permaneceu uma organização esmagadoramente hindu, amplamente liderada pelos brâmanes. Seus encontros anuais, onde o novo presidente era escolhido, quase não apresentavam rostos de baixa casta ou muçulmanos. De fato, os muçulmanos da Índia sequer participavam da política nacionalista. A Liga Muçulmana, criada com base no Congresso em 1906, contava com menos de mil membros, de um total de 70 milhões da população muçulmana.[16] Os poucos que participavam discordavam amargamente entre si, assim como o faziam os hindus. Para a elite nacionalista da Índia, os cerca de 50 milhões de intocáveis não eram sequer considerados pessoas.

A percepção de Gandhi era muito diferente. A opressão branca da África do Sul ensinara-lhe a pensar em todos os indianos — hindu e muçulmano, brâmane e intocável, bengalês e punjabi — formando uma única nação, até mesmo uma única raça.[17] Ele trabalhara com todos eles e apelara a todos nas campanhas *satyagraha*. As cisões venenosas que infestavam a política indiana em 1915 não faziam mais sentido para ele. "Não me recordo de jamais considerá-los algo diferente de família e amigos", escreveu sobre hindus, cristãos, guzerates e tâmiles, e outros que frequentaram seu escritório de advocacia em Durban.[18] Foi esse espírito igualitário, nascido, paradoxalmente, da consciência racial, que trouxera consigo da África do Sul, que, de imediato, o diferenciou dos políticos nacionalistas "comuns".

Todavia, essa não era a diferença mais importante. Em 1915, nacionalistas indianos aceitavam que o caminho para a liberdade deveria ser moderno e autoconsciente. Quando falavam do futuro, soavam semelhante ao Leitor de Gandhi, em *Hind Swaraj*. Quando, por exemplo, Gokhale declarou que "a maior contribuição da educação britânica para o estado atual da Índia é [...] a libertação da mente indiana da escravidão às ideias do velho mundo e a assimilação de tudo de melhor e mais puro da vida e do ideário do Ocidente", ele expressou uma visão consensual entre os ativistas nacionalistas.[19]

Tilak, o hindu reacionário, era a exceção. Sua antipatia com relação à ciência e às escolas ocidentais combinava-se com a de Gandhi. Entretanto, adotar agressividade, violência e luta armada, bem como seu desdém pelos muçulmanos, fez dele um modelo inaceitável para Gandhi, que ainda enxergava Gokhale como seu guru político. Ele sempre achou "uma alegria" estar na companhia deste senhor. Em um sentido profundo, Gandhi devia sua carreira a ele. Foi a viagem de Gokhale pela África do Sul, a pedido do vice-rei, mas também de Gandhi, que reanimou a estada dele no país; foi ele quem primeiro propôs usar o tema da taxa de 3 libras esterlinas para conseguir a atenção dos trabalhadores servis.

Da mesma forma, foi a pedido de Gokhale que Gandhi parara na Inglaterra em 1914, antes de voltar à Índia. Mais tarde, Gandhi declarou: "O lugar que Gokhale ocupou em meu coração [...] foi e é único."[20] O quietismo de Gokhale, seu senso de humanidade e proporção, sem falar em sua lealdade britânica, tudo serviu de apelo ao jovem discípulo — apesar das divergências quanto ao mundo moderno. Contudo, em 20 de fevereiro de 1915, o velho grande homem da política indiana faleceu. A morte de Gokhale deixou um vácuo na política indiana e na vida de Gandhi. Em julho, Gandhi falou dele em um encontro político em Poona, cidade natal de Gokhale. "Tudo que

[Gokhale] fez foi com empenho religioso", declarou. "Esse era o segredo de seu sucesso. Não usava sua religião na manga; vivia-a inteiramente." Gandhi continuava em seu ano afastado da política, conforme prometera ao mestre. Mas não precisava ficar em silêncio. Em Poona, citou as palavras dele: "Falta-nos caráter, na Índia; queremos fervor religioso no campo da política."[21] Gandhi partiu então para transformar o que via como o último desejo de Gokhale em realidade.

Para fazer isso, fixou sua base na vila de Kochrab, nos arredores de Ahmedabad, no coração de Guzerate, onde um amigo advogado alugou-lhe o bangalô de veraneio. Naquela base, em maio de 1915, Gandhi lançou sua versão indiana da Fazenda Tolstói: uma comunidade experimental onde poderia criar o futuro da Índia, uma alma de cada vez. No entanto, uma praga forçou-o a mudar 6 quilômetros para o norte, na margem oeste do rio Sabarmati, onde estabeleceu seu mais famoso *ashram*.

Sabarmati Ashram (que permanece vivo como um monumento a Gandhi nos dias de hoje) viria a ser o centro de sua vida doméstica e política durante os dezoito anos seguintes. Ironicamente, o dinheiro para sustentar tudo isso adveio de donos de prósperas indústrias de Ahmedabad, as quais Gandhi pretendia tirar de funcionamento em sua nova Índia. As chaminés das fábricas assomavam na paisagem simples do complexo de Sabarmati. Gandhi levara consigo muitos refugiados das antigas fazendas Tolstói e Phoenix, além de membros de sua família ampliada. Prometera aos irmãos mais velhos que cuidaria de suas famílias quando morressem. No fim, não menos que as cinco viúvas de seus irmãos e os filhos viviam sob o teto *ashram*, assim como seus filhos Manilal e Harilal e suas esposas.[22]

Kasturbai teve de suportar a vergonha e a humilhação quando Gandhi anunciou que faria outra adição à família Sabarmati: um casal de intocáveis. Isso deu início a uma briga exaltada, e Kasturbai ameaçou deixar a casa definitivamente.

Contudo, a vontade de Gandhi prevaleceu. Ele quebrara, de modo deliberado, o maior tabu hindu de todos, a proibição de qualquer contato com dalits, os intocáveis. Era parte da guerra contra a Índia que detestava: a Índia ultraconservadora, de cerimônias e tradições insignificantes, dividida por velhas contendas religiosas, apodrecendo em sua própria sujeira; a Índia sem compaixão ou piedade. Seu objetivo declarado era fazer da Índia "uma terra sagrada, sim, um país purificado" — coisa que, como ele deixava implícito, ainda não era.[23] Em 1916, o ano de Verdun e Somme, Gandhi não havia esquecido a outra grande e severa guerra na Europa ou o lugar da Índia nela. Entretanto, naquele momento, a guerra em casa consumia toda a sua atenção. Seu discurso na Universidade Banaras Hindu, em 6 de fevereiro de 1916, foi a saudação de abertura.

Annie Besant, amiga New Age da Londres de outrora, havia-o convidado para discursar. Agora com 67 anos, desde sua chegada à Índia, em 1892, fizera uma transição firme de discípula de madame Blavatsky a defensora inflexível da Autonomia indiana.* Com seu cabelo branco e curto, olhos penetrantes e voz doce ("a voz mais bonita que já ouvi", declarou o ministro de Estado Edwin Montagu), Besant era uma figura extraordinária.[24] Fundara a Hindu College sozinha, a fim de criar o tipo de líder moderno de que a Índia livre precisaria. E, quando o vice-rei, lorde Hardinge, ofereceu transformar a faculdade em uma universidade completa, ela presumiu que Gandhi seria um orador adequado para a inauguração.

Gandhi chegou sem um discurso preparado e com um ácido humor. Começou com uma diatribe confusa contra o uso do inglês em discursos oficiais e expressou seu pesar pelo fato de que mais indianos educados não pudessem falar os inúmeros vernáculos de sua pátria. "Se me disserem que nossas línguas são muito pobres para expressar nossos pensamentos", disse, "então afirmo que, quanto antes formos banidos da existência, melhor."

Os distintos ouvintes, incluindo o vice-rei e o marajá de Darbhanga, mexiam-se desconfortáveis em seus assentos. Mas Gandhi prosseguiu. "É certo", disse, com amargura, "que as fachadas de nossos templos sagrados [em Benares] sejam sujas como são? As casas ao redor são construídas de qualquer jeito [...] se nem mesmo nossos templos são modelos de limpeza, o que pode ser nosso autogoverno?"

Então, Gandhi contornou a nobre plateia em seu esplendor de joias e amaldiçoou a pompa e a circunstância, marcas típicas do Raj. "Estou certo", disse ele, "de que não é o desejo de nosso rei imperador ou de lorde Hardinge que, para demonstrarmos nossa verdadeira lealdade ao rei imperador, precisemos saquear nossas caixas de joias." Tais joias poderiam ser mais bem utilizadas para alimentar e ajudar os camponeses da Índia, disse Gandhi. Além disso, "não seria melhor, mesmo para lorde Hardinge, morrer

---

* Ela chegou a desenhar uma bandeira para a Índia independente, o que, insistem alguns, influenciou o desenho posterior de Gandhi para o Congresso Indiano.

do que seguir vivendo como um morto-vivo", cercado por guarda-costas a protegê-lo de um assassinato? Assassinato, acrescentou Gandhi, realizado por homens cujos métodos são desprezíveis, mas o objetivo não?

Trêmula de vergonha e raiva, Besant se levantou e pediu a Gandhi que parasse. Mas ele ainda proferiu suas últimas palavras, enquanto o público apressava-se em direção à saída. Condenou, em voz bem alta, seus compatriotas pela covardia física. Apesar de desprezar violência, gritou, desprezava ainda mais a rendição ignóbil de sua nação ao domínio britânico: "Se quisermos receber o autogoverno, teremos que tomá-lo."[25]

Minutos depois, o ambiente estava vazio. O marajá e outros príncipes partiram enfurecidos; assim como o vice-rei. Annie Besant recusou-se a falar com Gandhi novamente. Ele emocionara alguns na plateia (incluindo o jovem estudante e futuro discípulo, Vinoba Bhave).[26] Mas ofendera mortalmente muitos mais. Gandhi queria apontar o contraste entre a Índia dos "ricos e enfeitados homens nobres" e a dos "milhões de pobres". Desejava mostrar quão inútil era tentar forjar uma nação onde ricos e pobres não compartilhavam sentimento de comunidade e onde ninguém estava preparado para morrer por seu país, como estavam os britânicos, às dezenas de milhares, em guerras além-mar. Para Gandhi, o discurso em Benares foi um momento digno de Ruskin: dizer verdades aos poderosos. No entanto, o episódio apenas o afastou ainda mais da crescente tendência na política indiana, que envolvia um súbito surto de sentimento nacionalista.

Em 1914, Tilak foi finalmente libertado da prisão. Ele e Besant imediatamente formaram uma aliança quase impossível. Criaram uma série de Ligas de Autonomia pelo país, para forçar os britânicos a conceder a independência em troca do suporte indiano na guerra da Europa. "O momento de dificuldade da Inglaterra é o momento de oportunidade da Índia", declarou a enérgica Besant. Tilak e seus seguidores concordaram veementemente.

Em pouco mais de um ano, as Ligas de Autonomia cresceram para mais de 60 mil dedicados membros, em um período em que a conferência anual do Congresso Nacional Indiano costumava atrair menos de 20 mil presentes.[27] Quando um advogado muçulmano nacionalista, de nome Muhammad Ali Jinnah, embarcou no movimento da Autonomia, este passou a ser o primeiro movimento político a superar barreiras sectárias. No fim de 1916, a liga havia conseguido construir uma base popular incipiente que se estendia por três províncias até o coração da Índia, incluindo a Guzerate de Gandhi.

Para esse esforço, Gandhi não tinha com o que contribuir. Ele transformara-se em notícia velha. Quando os delegados do Congresso Nacional Indiano reuniram-se em Lucknow, em dezembro de 1916, toda a atenção estava voltada para as ligas e sua estrela emergente, M. A. Jinnah. Tilak estava exaltado como um herói triunfante. O Congresso aceitou o princípio de eleitorados separados para muçulmanos e hindus em qualquer futuro corpo representativo indiano, e Jinnah concordou com uma fusão entre a Liga Muçulmana e o Congresso, o que ficou conhecido como Pacto de Lucknow.

Todos presumiram que muçulmanos e hindus apresentariam então uma frente unificada aos britânicos, com demandas de independência. "Acredito não revelar nenhum segredo", disse, ao final, o presidente do congresso, A. C. Mazumdar, "ao lhes anunciar que a questão hindu-muçulmana foi solucionada."[28] Gandhi compareceu à conferência em Lucknow; uma figura desprezada, vestindo um grande turbante branco e com um bigode preto comprido. Ninguém lhe deu muita atenção.

Ninguém exceto um jovem chamado Raj Kumar Shukla. Shukla era dono de uma fazenda de índigo em Bihar, região ao norte de Bengala. Ele tentara contato com vários dos VIPs do Congresso, inclusive Tilak, mas eles não tinham tempo para ouvir suas reclamações.[29]

Já em desespero, aproximou-se de Gandhi. Este pouco entendia o rude dialeto do jovem rapaz, mas, afinal, com a ajuda de um advogado bihari chamado Prasad, Shukla contou sua história. Era sobre fazendeiros de índigo, camponeses bihari destituídos de suas terras e suas famílias, e o sofrimento por que passavam nas mãos dos senhorios brancos. Era uma história familiar a Gandhi, semelhante ao que presenciara na África do Sul com os trabalhadores servis. Tudo que Shukla queria de Gandhi, ele disse, era que fosse ver a situação com os próprios olhos.

"É muito perto daqui", disse o jovem quando Gandhi hesitou e levantou motivos para não ir. "Por favor, passe um dia lá."

O nome do lugar, disse Shukla, era Champaran.

Champaran ficava ao norte de Bihar, próximo à fronteira nepalesa. Berço original tanto do budismo quanto do jainismo, era uma província atrasada mesmo para os padrões indianos. Seus tristes e pobres camponeses agrupavam-se em minúsculos vilarejos e eram quase inteiramente dependentes da colheita local. Em alguns aspectos, Champaran era também uma província singular. Não existiam tensões entre hindus e muçulmanos, ainda que muitos dos camponeses mais pobres fossem muçulmanos; e não havia sinal de elite ocidentalizada.[30] O pequeno vilarejo de Shukla ficava a mais de 11 quilômetros, por uma única e empoeirada estrada, da parada ferroviária mais próxima. As maiores mudanças vividas na Índia desde a Grande Rebelião pareciam ter escapado a Champaran.

Entretanto, havia uma visível e opressiva presença branca europeia, devido ao plantio de índigo. Durante anos, os camponeses de Champaran (*raiyats*) haviam concordado em produzir esse importante cultivo comercial para os arrendatários de terra locais, sob um regime conhecido como sistema *tinkathia*. O preço pago pelos colonos aos cultivadores era fixo; isso significava que as famílias camponesas nunca se beneficiavam dos aumentos de preço. Quando os preços, ao contrário, caíam, os colonos diminuíam a produção, deixando os cultivadores desamparados — o que aconteceu mesmo quando a chegada da guerra fez os preços de tudo o mais na Índia disparar.[31]

A maioria dos colonos de Champaran era branca. Isso também não era comum, mas contribuía para que o encarregado do distrito local relutasse em intervir. Agitações ocorreram no distrito em 1908 — quando vários *raiyats* prósperos como Shukla sentiram o aperto da lei de ferro do feudalismo —, mas, mesmo depois de três meses de violência, o comissário recusava-se a ajudar.[32] Contudo, o componente racial também fez dos problemas de Champaran um símbolo evidente da incompatibilidade dos poderes no Raj: exatamente o que Gandhi precisava para dar início à primeira campanha *satyagraha* na Índia.

Na primeira semana de abril de 1917, Gandhi e Shukla chegaram à estação ferroviária em Patna, a capital de Bihar. A milhares de quilômetros de distância, os Estados Unidos entravam na guerra da Europa; Vladimir Lênin chegara a Petrogrado para lançar uma revolução bolchevique; em Londres, uma comissão parlamentar estava prestes a divulgar seu relatório final, exonerando Winston Churchill de qualquer responsabilidade pelos fracassos da campanha Galípoli (o veredito da opinião pública ia em outra direção); e em Paschendale, Flandres, o Exército britânico preparava-se para a última e desastrosa ofensiva dos Aliados no Front Ocidental.

Enquanto isso, nas ruas empoeiradas e expostas ao vento de Patna, Gandhi sentia como se tivesse chegado a um lugar que estava fora do mundo.

Não conhecia ninguém na cidade; e, aliás, Shukla também não. Os dois quase não se entendiam, e ainda menos o dialeto bihari das pessoas daquela antiga cidade onde se encontravam.

Transeuntes olhavam detidamente suas roupas de camponeses e presumiam tratar-se de mendigos. Gandhi e Shukla finalmente encontraram abrigo na casa de um estranho; porém, como ninguém conseguia identificar a casta dos forasteiros, até mesmo os empregados preferiam evitá-los. As empregadas recusavam-se a tirar água do poço do jardim quando Gandhi a usava, temendo que uma única gota da água do balde de Gandhi pudesse poluir seus corpos.

Mais tarde, na obra *Minha vida e minhas experiências com a verdade*, Gandhi deixou implícito que reagira a todos esses insultos com impassível bom humor, "pois estava acostumado a tais coisas".[33] Porém, ao mesmo tempo, concluíra que toda a viagem havia sido um erro e seu anfitrião Shukla era um tolo. Escreveu uma carta furiosa a Maganlal, reclamando: "O homem que me trouxe aqui não sabe nada. Largou-me em um lugar sombrio [...] se as coisas continuarem assim, é provável que eu não veja Champaran." Mas Gandhi, o bom soldado, acrescentou: "Já para a alma, ajuda a crescer."[34]

Então, Gandhi lembrou-se de um advogado que conhecera durante seus dias em Londres e que vivia em um lugar próximo, em Muzaffarpur. Era um muçulmano chamado Maulana Mazharul Haq. Disse para si mesmo: "Eu posso tomar as rédeas em minhas próprias mãos", e assim a estranha dupla tomou o trem para Muzaffarpur. Chegando lá, seu velho amigo deu-lhe entusiasmadas boas-vindas e apresentou-lhe alguns amigos advogados. Mazharul Haq, que tinha contatos no Congresso, já estava em ação em favor dos cultivadores de Champaran. Ele e seus companheiros advogados haviam levado diversos casos à corte (cobrando, como Gandhi notou, pesados honorários a seus clientes pobres).

"Quando os *ryots* [*raiyats*] estão tão destruídos e dominados, as cortes de Justiça são inúteis", foi sua resposta, de acordo com seu próprio julgamento. "O alívio real para eles é livrar-se do medo. Não podemos acomodar-nos antes de expulsarmos o *tinkathia* de Bihar."[35]

Era mais fácil dizer que fazer. Mas a abordagem de Gandhi era simples e já testada na África do Sul. Ele se encontraria com os camponeses pessoalmente, anunciou, tantas vezes quanto fosse possível. Registraria suas queixas como parte de uma investigação independente sobre "a condição dos trabalhadores agrícolas de Champaran". Então, confrontaria o governo com a verdade. Os outros, de imediato, ofereceram ajuda como voluntários, inclusive Haq e um advogado de 29 anos de idade chamado Rajendra Prasad.

Prasad achou a aparência e o comportamento de Gandhi bizarros ao extremo. "Naqueles tempos, ele vivia praticamente de amendoim e tâmaras", lembrou Prasad mais tarde. "Leite de vaca ou búfala era proibido por tabu, e mesmo o de cabra", enquanto prometera não comer mais de cinco tipos de comida em um único dia e não se alimentar depois do pôr do sol. Apesar de vestir-se com roupas caseiras de camponeses, Gandhi não falava uma palavra em bihari. Ele mal compreendia híndi.[36] Ainda assim, havia algo de interessante naquele estranho homem, com seus hábitos esquisitos, suas conversas persuasivas, mas amigáveis, e seu andar apressado que tornava difícil para um homem vinte anos mais jovem acompanhar seu ritmo.[37]

Aquele interesse faria Rajendra Prasad ir com Gandhi às mais pobres e remotas vilas de Champaran. Ele se tornou o primeiro discípulo íntimo de Gandhi fora de sua terra. Três décadas depois, Prasad viria a ser o primeiro presidente da Índia.

Enquanto isso, autoridades locais britânicas sabiam da chegada de Gandhi quase desde o momento em que desembarcara do trem. Estavam profundamente preocupadas. "Sua simples presença em Champaran é muito indesejada", escreveu o assistente do inspetor-geral do distrito ao superintendente de polícia da província. Mesmo nas mais remotas áreas de Bihar, oficiais do Raj conheciam a reputação de Gandhi como agitador, em especial com relação ao assunto dos trabalhadores braçais indianos. O comissário do distrito, Morshead, realizara uma entrevista curta com Gandhi, em vez de uma investigação séria, e concluíra que ele ansiava por causar problemas.[38] Morshead então decidiu que tinha de evitar qualquer violência.

No domingo, 15 de abril, Gandhi e outro advogado chamado Prasad (não Rajendra, mas o homem que conhecera no congresso de Lucknow) partiram de elefante para a primeira vila no distrito, chamada Chandrahia.[39] Assim que chegaram à empoeirada e deserta rua, um oficial de polícia alcançou-os em uma bicicleta. Foi cena digna de E. M. Forster ou Paul Scott: o oficial, em roupas cáqui, com turbante, em sua bicicleta frágil, diante do caminhar do grande e ruidoso animal com seus passageiros fatigados e confusos.

Deveriam parar de uma vez, disse o policial. O magistrado do distrito, W. B. Haycock, aguardava com uma ordem de expulsão para Gandhi sob alegação de defesa das regras indianas. Gandhi voltou para Motihari e leu a carta em silêncio. Então, informou a Haycock que desobedeceria à ordem de expulsão e enviou uma carta semelhante ao secretário pessoal do vice-rei.

Gandhi esperou ser preso durante todo o dia de segunda-feira, enquanto as notícias do que estava acontecendo correram com máxima velocidade por todas as vilas vizinhas. Finalmente, Haycock ordenou que comparecesse no tribunal do distrito na terça-feira, quando lhe explicaria por que não seria preso. O plano de Gandhi era, é claro, *ser* preso, e ele já havia preparado uma declaração para a ocasião.

Na manhã de terça-feira, mais de 2 mil camponeses espremeram-se na sala do tribunal. Os painéis de vidro da porta quebraram com a pressão dos presentes disputando espaço e Haycock teve de pedir a Gandhi que controlasse seus seguidores, o que ele fez com satisfação. Então, leu sua declaração, concluindo que "eu desrespeitei a ordem que me foi dada não por desejo de respeito à autoridade legal, mas em obediência à lei maior de nossa existência, a voz da consciência".[40]

Haycock vivia um dilema. Como Gandhi disse mais tarde, "ele parecia ser um bom homem, ansioso por fazer justiça". Como qualquer juiz britânico na Índia, enxergava seu trabalho como a defesa da lei e da ordem em seu distrito. Desobediência deliberada à lei (especificamente, seção 144 do código penal da Coroa) exigia uma punição. Entretanto, a inesperada e sem precedentes efusão de apoio dos camponeses ao pequeno homem diante de seu tribunal deixou-o nervoso. Haycock convenceu-se de que a prisão de Gandhi resultaria em mais violência do que a manutenção de sua liberdade. Portanto, anunciou que suspenderia qualquer julgamento e encerrou os trabalhos da corte. Pediu a Gandhi, em particular, que suspendesse as visitas às vilas (com o que, surpreendentemente, ele concordou), e, naquela noite, enviou um longo telegrama ao tenente governador, perguntando o que deveria fazer.

Foi um divisor de águas no modo de Gandhi lidar com as autoridades britânicas. Na verdade, estabeleceu o padrão clássico de resposta do Raj às táticas *satyagraha* de Gandhi, naquele momento e no futuro: primeiro, a insistência para que a lei fosse obedecida; depois, surpresa diante da calma resistência do Mahatma; em seguida, confusão causada pela demonstração de solidariedade e apoio de indianos comuns; e, finalmente, hesitação, inércia e uma carta embaraçosa a um superior, solicitando instruções adicionais.

Então, Haycock tornou-se o primeiro, mas nem de longe o último, oficial britânico na Índia a ser reduzido a tal impotência cambaleante pela abordagem não ortodoxa de Gandhi. A resposta ao seu telegrama revelou as pressões do outro lado. O tenente governador desaprovou seriamente a ação do comissário e ordenou a Haycock que retirasse a ordem de expulsão. Gandhi receberia permissão para continuar sua investigação, realizando as visitas às vilas em Champaran. "O sr. Gandhi está, sem dúvida, ansioso para assumir o papel de mártir, que, como sabes, já representou na África do Sul", escreveu o oficial, e nada "lhe seria mais útil que suportar um período na prisão." A mídia indiana já noticiava os eventos em Champaran e saudava Gandhi como um herói. Melhor recuar, sugeriu o tenente governador, que lhe dar a publicidade que desejava — e, possivelmente, iniciar uma reação ainda mais extensa.[41] Aliviado por não ter de fazer cumprir a lei, Haycock abandonou o caso.

Gandhi vencera. Ainda mais importante, a classe camponesa sentia a vitória como sua também. Quando Gandhi retomou as visitas às vilas durante os meses de abril e maio, homens, mulheres e crianças abandonaram suas casas. Eles seguiam Gandhi por todos os cantos, entoando seu nome, jogando flores em seu caminho e — a parte mais impressionante de *darshan*, ou da visão de um homem santo — recolhendo a poeira dos pés dele em seus dedos. Quando finalmente chegou a Bettiah, vila natal de Shukla, o povo soltou os cavalos da carruagem de Gandhi e carregou-a pelas ruas. Um oficial britânico local assistiu a tudo. Os ingleses devem pensar que Gandhi é um fanático ou um revolucionário, notou, mas, para os camponeses, "ele é o liberador e, por isso, atribuem-lhe poderes extraordinários".[42] Já Gandhi achou a efusiva adulação profundamente tocante e também um pouco inesperada. Pela primeira vez em sua vida, conhecia a densa e inexorável pobreza em que vivia a vasta maioria de seus compatriotas. "O mundo fora de Champaran era desconhecido para eles", escreveu depois. "E, ainda assim, receberam-me como se fôssemos amigos de uma vida inteira. Não é exagero, mas uma verdade literal, dizer que nesse encontro com os camponeses eu estive cara a cara com Deus, com *ahimsa* e com a Verdade."[43]

Ao defender os raiyats de Champaran, observa a historiadora Judith Brown, "Gandhi começou a assumir, com suor e sangue, uma figura que havia sido até aqui apenas um opaco opositor" na política indiana. Brown aponta que essa primeira "lição objetiva e direta de desobediência civil", como Gandhi mesmo descrevera o episódio, "deu-lhe uma reputação pública em toda a Índia". Ele não era mais objeto de piada entre os indianos educados — a maioria dos quais tinha ainda menos contato com a classe rural da Índia que Gandhi. Champaran o transformou em um homem a ser respeitado e admirado.[44]

Gandhi também aprendeu uma lição vital ao lidar com a imprensa. Ele suplicou aos jornais de todo o país que não enviassem repórteres para cobrir os eventos em Bihar. Em vez disso, explicou, "mandaria quaisquer informações necessárias à publicação e os manteria informados". Consequentemente, transformou a mídia indiana em sua própria máquina publicitária.[45]

Na mente de Gandhi, as investigações em Champaran não tinham relação alguma com uma futura carreira na política. Ao contrário, ele escreveu em sua autobiografia que brigou para "evitar o desgaste de tornar-se político". O que queria era brigar pelos camponeses e seus direitos; seu objetivo era "um serviço desinteressado para o povo".[46] Tal objetivo podia ser prejudicado se outros interpretassem suas ações como políticas, ou como dirigidas a conseguir suporte de uma ou outra facção política do Congresso.

Ao mesmo tempo, era impossível manter a política fora de Champaran. No momento em que completou sua pesquisa e o governo indiano concordou em lançar um comitê oficial de investigação, construiu seu primeiro séquito político fora de Guzerate. Como membros, havia a classe média de Bihar: jovens advogados de pequenas cidades, como Prasad, pequenos homens de negócio das províncias e eventuais cultivadores, como Shukla, com um pouco de educação e tempo para ativismo social.

Embora dedicados a Gandhi, eram claramente um bando desordenado. Os homens do Raj desconfiavam deles; mas todo oficial britânico que teve contato direto com Gandhi, durante os episódios em Champaran, saiu com respeito por sua sinceridade e retidão. "O sr. Gandhi é um entusiasta filantrópico", dizia o tenente governador de Bihar, "mas eu o respeito por sua perfeita honestidade; foi bastante razoável em suas discussões comigo."[47]

Assim, o Raj passou a preferir lidar com Gandhi que com outros políticos indianos. Ele falava com oficiais britânicos com a confiante tranquilidade de um advogado do Inner Temple, e, diferentemente de alguns companheiros congressistas, parecia manter suas promessas. Os funcionários e a maioria dos políticos não gostavam de problemas e todos os preferiam em doses pequenas e gerenciáveis, em vez de grandes e incontroláveis. Assim, Champaran preparou as sementes de uma relação estranha, mas crucial, que cresceu com o passar do tempo. Os oficiais britânicos aprenderam que era melhor concordar com ao menos algumas das demandas de Gandhi, não importando quão ultrajantes fossem, do que rejeitar todas e enfrentar uma revolta em massa.

Gandhi, por sua vez, aprendeu a silenciosamente abrir mão de certas queixas nas quais seus seguidores haviam insistido, a fim de não expor Nova Délhi a uma sinuca de bico. "Por que devemos culpar o governo?", perguntaria a seus seguidores, especialmente quando, em seus mais íntimos pensamentos, acreditava que fora a fraqueza indiana que abrira as portas aos abusos britânicos.[48]

Dessa forma, Gandhi e o Raj estabeleceram um padrão de negociação bilateral que durou por toda a Marcha do Sal e mais além. Outros políticos indianos e oficiais locais tiveram de aprender a ficar à margem quando a barganha começava — mesmo que, algumas vezes, espumassem de impaciência ou de inveja. Enfim, essa estranha aliança manteria o subcontinente unido por quase duas décadas. Seria preciso a ascensão de Winston Churchill ao poder, em 1940, para jogar tudo isso fora.

Em maio de 1917, todos, indianos e britânicos, tinham de concordar que Gandhi obtivera uma vitória impressionante. Ele estava, no entanto, insatisfeito, pois as recomendações finais do comitê de investigação pouco fizeram para mudar as vidas dos cultivadores de Champaran, e todas as escolas camponesas que montara encerraram as atividades quando ele deixou Bihar. Apesar de tudo, estava confiante em realizar outra tentativa mais perto de casa, na província de Kaira, região central de Guzerate.

Mais uma vez, escolheu um caso envolvendo direitos de fazendeiros, apesar de, em Kaira, os camponeses serem mais prósperos e desejarem apenas diminuição de impostos do Raj. Mais uma vez, envolvia um lugar onde não havia rivalidades entre hindus e muçulmanos, tornando mais fácil para a comunidade camponesa mostrar uma feição unificada.

E, uma vez mais, Gandhi encontrou um entusiasmado grupo de ativistas locais para ajudá-lo a organizar a *satyagraha* — nesse caso, um apelo dos fazendeiros para o não pagamento do imposto sobre as terras com base no tão oneroso valor vigente.[49] Um dos ativistas era Mahadev Desai, que voltou com ele para Sabarmati como secretário pessoal. Outro era Vallabhbhai Patel, um advogado cabeça-dura de uma família camponesa que trabalhou algumas vezes em Ahmedabad. Patel era cético em relação a Gandhi quando o conheceu no Ahmedabad Club. Porém, a dedicação pessoal de Gandhi à luta dos fazendeiros de Kaira o persuadiu. Ele passou a ser o que Rajendra Prasad era em Bihar, o elo inestimável de Gandhi com sua nova base rural.

Como em Champaran, as concessões eventualmente ganhas por Gandhi eram pouco visíveis. O comissário do distrito concordou em suspender o pagamento para alguns dos *raiyats* mais pobres de Kaira, mas o governo central recusou-se a mexer na tributação total. Gandhi, apesar disso, declarou vitória. Logo transferiu a atenção para a causa seguinte, a greve dos trabalhadores de engenho em Ahmedabad.

Essa causa trouxe algumas complicações para Gandhi. Dois dos donos de engenho envolvidos, Ambalal e Anasuya Sarabhai, eram hindus devotos e generosos benfeitores da Sabarmati Ashram. Em 28 de fevereiro de 1918, entretanto, os irmãos Sarabhai trancaram seus trabalhadores, em consequência de uma disputa por salário. Gandhi assumiu a causa dos trabalhadores: estava determinado a mostrar que a *satyagraha* funcionaria tão bem em uma fábrica quanto funcionara no campo. Quando os donos e os trabalhadores do engenho não conseguiram chegar a um acordo, Gandhi tentou uma nova tática: declarou publicamente que jejuaria até a morte, se necessário, para expressar seu desapontamento e fazer com que as partes voltassem à razão.[50]

Muito assustados, todos desistiram da disputa. Gandhi conseguiu o aumento do salário (ainda que não os 33% que se esperava), e a imprensa espalhou as boas notícias por toda a Índia. Gandhi tornou-se um herói não apenas nas vilas de Bihar e Guzerate, mas em fábricas e lojas que exploravam seus trabalhadores, de Ahmedabad a Calcutá e Mumbai.

"Não há engano no fato de que a Índia está despertando de seu longo sono", disse Gandhi ao editor do *Bombay Chronicle*, no dia 15 de abril de 1918. Em sua mente, havia provado que a fórmula funcionava: inspirar ativistas locais a unir a comunidade em torno de um assunto específico ou uma injustiça e, então, confrontar as autoridades com petições, apelos, manifestações não violentas e greves. Os eventos em Kaira e Ahmedabad tiveram também inevitáveis ecos políticos. Eles provaram que era "impossível governar os homens sem o consentimento deles", declarou. Os camponeses da Índia mostraram que "nenhum governo, não importa quão forte, pode manter-se contra sua vontade".[51]

Gandhi era um herói para alguns indianos. Outros reagiram com ressentimento, raiva e inveja. Que oficiais de polícia locais o vissem como um causador de problemas, ou mesmo uma fraude, não é surpreendente.* Entretanto, muitos políticos indianos também o achavam irritante. Suas táticas nada convencionais pareciam "inoportunas e prejudiciais". Alguns no Congresso preocupavam-se com que o foco em queixas locais depreciasse discussões nacionais mais amplas, como a independência e o autogoverno.

Annie Besant estava particularmente aborrecida. E tinha suas razões. A *satyagraha* de Gandhi em Kaira invadiu o campo que ela e suas Ligas de Autonomia haviam cultivado por um ano. Ela também tentara superar as divisões de casta e privilegiara a organização no nível local em lugares aonde a elite política do Congresso jamais havia chegado. As Ligas de Autonomia abriram caminho para um processo que Gandhi continuou com muito mais êxito graças a elas.[52] Apenas a desastrosa decisão do governo de internar Besant por subverter os esforços de guerra, em 1917, pôde recuperar seu decadente destino político. Ela poderia ser eleita presidente do Congresso de Calcutá, enquanto a estrela de Gandhi crescia em toda a Índia, mas as ligas perdiam seu brilho.

Outros políticos nacionalistas também começavam a perder apreço público — uma evolução irônica, pois eventos em Londres giravam claramente a seu favor.

Conforme a Primeira Guerra Mundial se estendia pela Europa, o Raj encontrava-se sobre uma corda bamba cada vez mais fina. As colheitas na Índia haviam sido ruins em 1917-1918 (uma razão para a agitação em Kaira); a de 1918-1919 poderia ser pior. Ao mesmo tempo, a demanda da guerra elevou os preços, impondo severas privações ao indiano comum, mesmo tendo seus filhos partido para a guerra em número recorde. Mais de 1,1 milhão de indianos foram para além-mar em campanhas na Mesopotâmia,

---

* Por exemplo, relatórios da polícia sugeriram que seu jejum em Ahmedabad foi um "desfecho tipicamente teatral" e que Gandhi sabia, durante todo o tempo, que os donos de engenho e os grevistas entrariam em acordo. Nesse período, a polícia de Mumbai passou a manter registro dos visitantes que iam a e vinham de Sabarmati Ashram.

Palestina e França (cerca de 140 mil lutaram no Front Ocidental), bem como em Galípoli e no leste da África — todos à custa dos contribuintes indianos.[53] Tropas indianas participaram do desastre de Galípoli e da queda de Kut-al-Amara em 1916, bem como da batalha de Somme. Eles viram os invencíveis britânicos, subitamente, cambalear e cair. Ao mesmo tempo, o caos ameaçava a fronteira afegã. O descontentamento fervilhava nas maiores cidades indianas. O peso da guerra destruíra a Rússia e a forçara a abandonar o conflito. E se a Índia fosse destruída também?

O governo em Westminster sentiu que precisava fazer algo, e rápido. A ideia era dar alguma recompensa aos políticos indianos, algo para convencê--los de que os sacrifícios feitos pelo Império não haviam sido em vão. No dia 20 de agosto de 1917, o ministro de Estado da Índia, Edwin Montagu, anunciou na Câmara dos Comuns que o governo de Sua Majestade tinha um programa de ação para incluir mais indianos nas instituições de governo, "com vistas à progressiva instauração de um governo responsável na Índia, como parte integral do Império britânico".[54]

Nunca palavras tão tolas foram tão mal escolhidas ou deram início a tão longa e intensa controvérsia. Mais tarde, homens linhas-duras, como Churchill, culpariam o liberal Montagu por elevar despropositadamente as esperanças dos indianos quanto ao autogoverno — ou mesmo à inde-pendência. Na verdade, como observou o historiador Penderel Moon, o programa teve origem com o antecessor *tory* de Montagu, Austen Chamberlain; e as palavras "governo responsável" vieram dos dois grandes linhas-duras do Gabinete, lorde Curzon e A. J. Balfour. Eles desejavam evitar a expressão "autogoverno" e acharam que "governo responsável" seria mais inócuo e vago.[55]

Na verdade, a frase possuía um significado político distinto, como bem sabiam os advogados do Congresso formados em Londres (inclusive Mohandas Gandhi). No contexto da história constitucional britânica, "governo responsável" somente poderia significar a governança executiva diretamente sob responsabilidade dos representantes do povo; em outras palavras, um parlamento indiano eleito. Essa era exatamente a fórmula que Winston Churchill aplicara para o "autogoverno" nas colônias de Natal e do Transvaal, em 1906, e na república sul-africana, em 1909. Agora, pela primeira vez, parecia sugerir Montagu, aquela fórmula seria aplicada a uma colônia não branca, de nome Índia.

Palavras eram importantes para os políticos indianos. Em um sentido profundo, palavras eram tudo o que tinham. Tal verborragia tinha muito menos importância para seus colegas britânicos. O público britânico não ficou assustado nem chocado com o anúncio de Montagu; pensava que a Índia merecia alguma recompensa pelo sacrifício e apoio durante a guerra. Na verdade, a declaração de Montagu revelou algo crucial que poucos indianos perceberam: que a maioria dos britânicos estava mais que pronta para deixar os indianos governarem a si mesmos, *contanto que permanecessem no Império*.

Em 1917, muitos concordavam com o sentimento expresso pelo vice-rei lorde Minto dez anos antes, quando ele e John Morley aprovaram os primeiros membros eleitos para os conselhos legislativos da Índia. "Somos meros hóspedes" na Índia, considerou Minto. "Estamos apenas acampados e em movimento [...]. Quão intensamente artificial e não natural é nosso Raj? Isso me faz imaginar se é possível que dure." Com ênfase dramática, acrescentou: "Tenho certeza que não."[56]

Conservadores, como lorde Curzon, e britânicos imbuídos de interesse pelo domínio britânico puderam desprezar essa atitude resignada como "derrotismo". Mais tarde, Winston Churchill tentaria revertê-la. Entretanto, permaneceu um fato político: o público britânico não dava importância alguma a quem governava a Índia ou como a governava. E, com a guerra ainda assolando a Europa, havia outra coisa com que se preocupar. Assim, o paradoxo permaneceu. O convite de Montagu à autogestão da Índia não semeou pânico e confusão na Inglaterra ou em Nova Délhi, mas na elite política indiana.

No primeiro momento, o efeito foi uma empolgação arrebatadora, certamente maior do que prometia a declaração. É certo que o único político a ignorá-la foi Gandhi, assim como ignorou o anúncio de que Montagu iria à Índia em setembro. Ele não estava preocupado em saber quando os britânicos pensariam que os indianos estavam prontos para o autodomínio — em seu juízo, essa era uma decisão dos indianos. Quando escreveu, em 24 de agosto, "parece-nos que aquilo pelo que viemos lutando está ao nosso alcance", não se referia a Montagu ou à independência, mas aos protestos pela libertação de Annie Besant.[57]

Gandhi havia acabado de assumir sua causa e enviado uma carta ao vice-rei, lorde Chelmsford. Confessou que, "pessoalmente, não gosto muito

do método da sra. Besant" e "não tenho gostado da ideia de a propaganda
política ser mantida na guerra. Mas", ele acrescentou, "o país inteiro estava
contra mim".[58] Ela não merecia estar na prisão, não importa quão erradas
fossem suas palavras e ideias — de fato, Gandhi rejeitava toda a postura
nacionalista de Besant, assim como a de todos os outros. Arranjos insti-
tucionais formais, como parlamentos e conselhos locais, não significavam
nada para ele. Mais tarde, escreveria: "A força da alma do indivíduo comum
é sempre a coisa mais importante. A forma política é apenas uma expressão
concreta dessa força da alma."[59]

Autonomia, disse ele na Conferência Política em Guzerate, não tinha
propósito, a menos que os indianos estivessem prontos para isso.[60] E tinha
ideias próprias sobre como fazer isso acontecer — fato que o levou, na primavera de 1918, ainda como consequência de sua vitória na *satyagraha* em
Ahmedabad, a realizar uma de suas ações mais controversas.

Primeiro, recusou-se a comparecer à conferência de guerra em Délhi,
organizada pelo vice-rei lorde Chelmsford, no final de abril de 1918. Vale
registrar que Besant e Tilak, oponentes abertos à guerra, mas figuras cruciais
na opinião política indiana, não foram convidados. Outro ponto importante
foi que ele ouvira um boato de que a Grã-Bretanha cederia a capital turca
Constantinopla aos russos após a guerra, o que ofenderia profundamente
os indianos muçulmanos.* Entretanto, em 27 de abril, ele se encontrou
pessoalmente com Chelmsford e decidiu comparecer à conferência.[61]

Em novembro, Gandhi também se encontrou com Montagu durante sua
viagem pela Índia. O ministro de Estado estava surpreso por encontrar Gandhi
"vestido como um *coolie*", mas acrescentou que ele era um "reformador social"
que desejava sinceramente "melhorar as condições de seus companheiros".
Ao mesmo tempo, enxergou que Gandhi poderia ser útil na construção do
apoio ao Império: "Só o que [Gandhi] quer é colocar a Índia do nosso lado."[62]

A conferência de guerra mostrou a Gandhi como fazer isso. Na Europa, o Front Ocidental estava entrando em colapso; as forças germânicas
aproximavam-se de Paris. O destino da guerra e da Grã-Bretanha parecia
duvidoso. Em Kaira, Gandhi preocupara-se, "como um cidadão responsável

---

* O boato não era verdade. Mas foi um exemplo de como os ataques de Churchill em
Galípoli criaram má impressão na política indiana — como percebeu Gandhi, rapidamente
e a tempo de explorá-los.

do Império", por não estar fazendo nada para ajudar a Grã-Bretanha a vencer a guerra. "Senti-me envergonhado, pois, desde a minha chegada à Índia, não pude mostrar esforço de guerra no sentido convencional do termo", disse ele. Então, propôs-se a ajudar a recrutar soldados. Como disse ao secretário pessoal do vice-rei: "Tenho a ideia de tornar-me agente de recrutamento e acho que poderei fazer chover recrutas para vocês."[63] Mais tarde, desejava qualificar-se, ele mesmo, para um posto na França ou na Mesopotâmia.

Voltando a Kaira, Gandhi lançou-se ao recrutamento, com a esperança de conseguir vinte homens em cada vila. "De todas as minhas atividades", escreveu, "considero essa a mais difícil e mais importante."[64] Gandhi ainda acreditava no ideal, senão na realidade, do Império Britânico. Os ingleses "amam a justiça", disse a uma plateia em Kaira. "A liberdade de um indivíduo lhes é muito preciosa. Eles têm protegido homens da opressão" na Índia e em todos os lugares. Aquele era o momento para os indianos atenderem ao chamado e mostrarem sua gratidão — e sua coragem.[65] Isso provaria que estavam prontos para tornarem-se parceiros equânimes do Império. "Sacrificar os filhos na guerra não deve ser motivo de dor, mas de prazer de homens valentes", anunciou.[66]

O espetáculo atemorizou muitos: o autodeclarado pacifista e homem de *ahimsa* clamando recrutas não apenas para servir como motoristas de ambulâncias, como fizera na África do Sul e em Londres, mas para lutar na frente de combate. E confundiu os seguidores mais próximos, como Patel, que se recusou a ajudar. Oponentes, como Besant, ficaram maravilhados e ridicularizaram o "sargento de recrutas do Raj". Nos círculos do Congresso, tal evento fez com que ficasse ainda mais isolado que antes.

No entanto, Gandhi estava irredutível. "Farei a Índia oferecer em sacrifício todos os seus filhos aptos neste momento crucial", disse a lorde Chelmsford, "e sei que, ao fazer isso, a Índia tornar-se-á o parceiro preferido do Império, e as distinções raciais serão coisa do passado." Escreveu a um amigo: "Se eu obtiver sucesso, o Swaraj estará garantido."[67]

Então, Gandhi marchou de vila em vila, algumas vezes cobrindo uma distância de mais de 30 quilômetros em um único dia, de maio a julho. Ele esperava conseguir 1.200 recrutas, mas terminou com cinquenta. Quando falou em morrer pelo Império, a multidão de camponeses que o saudara como um salvador deu as costas e partiu. Outros ficaram violentos. Ele deixou algumas vilas sob chuva de pedras.

Poucos entendiam a motivação de Gandhi, naquele momento e no futuro. Por certo, nunca pensara que os ingleses concederiam o autogoverno por gratidão — sua experiência na Guerra dos Bôeres ensinara-lhe outra coisa. Mas ele acreditava que o serviço na guerra restauraria a força de vontade dos indianos, o que era crucial para o Swaraj. Chegou a sonhar que seus filhos, Ramdas e Harilal, se unissem ao Exército.[68] Seu discípulo inglês e companheiro pacifista, Charles Andrews, estava furioso e culpou-o por abandonar a herança indiana de humanidade e paz. Gandhi respondeu severamente: "Ao contrário, indianos sempre foram guerreiros, e o mais belo hino composto por Tulsidas em louvor a Rama enaltece sua habilidade em derrotar o inimigo." A própria *Satyagraha* exigia um instinto soldadesco, apontou ele. Podia declarar isso de forma ainda mais forte: "Você não pode ensinar *ahimsa* a um homem que não pode matar."[69]

Além disso, acrescentou Gandhi, "eu não digo 'vamos e matemos os alemães', eu digo 'vamos e morramos em favor da Índia e do Império'". Em sua mente, essa era uma diferença crucial. Como sempre, o foco de Gandhi estava sobre a importância do sacrifício e da abnegação do homem. A vida do Exército ensinaria aquela força de caráter, assim como ensinaria outras qualidades de que os indianos precisavam para o futuro: disciplina e trabalho em equipe, sem mencionar higiene e latrinas limpas. Uma das razões pelas quais apoiava a causa dos Aliados na Primeira Guerra era o fato de estar convencido de que os veteranos indianos retornariam para casa como homens transformados, como "um indomável exército de autonomistas", prontos para redesenhar a Índia com base em uma imagem mais forte. "Estou absolutamente certo [...] em convocar todos os indianos para se alistar ao Exército", disse a Andrews, não para que satisfaçam "a sede de sangue", mas "a fim de que aprendam a não temer a morte."[70]

Mesmo anos mais tarde, refletindo sobre esse episódio, escreveu: "Não me arrependo de minhas ações em termos de *ahimsa*. Pois, no Swaraj, também não hesitaria em aconselhar aqueles que carregassem armas a lutar por seu país." Com Andrews, foi mais direto: "Esse é o ponto. Diante de circunstâncias excepcionais, pode-se ter que lançar mão da guerra como um mal necessário, como o próprio corpo o é."[71]

Nenhum outro pacifista teria ousado escrever tais palavras e, no contexto da Índia de 1918, elas lhe renderam poucos adeptos. O que conseguiu foi a ávida apreciação do Raj e a medalha de ouro Kaiser-i-Hind, o mais alto prêmio indiano pela realização de um "importante e útil" serviço público. Entretanto, sua jornada de recrutamento não apenas ofendeu alguns de seus seguidores mais próximos; também arruinou sua saúde. Gandhi sofreu uma grave disenteria no fim de julho e ficou fora das atividades por cerca de sete semanas. Recusou todo tipo de tratamento médico. Chegou a delirar. Seu amigo dono de engenho, Ambalal Sarabhai, consultou vários médicos que afirmaram que Gandhi estava sofrendo de disenteria e desnutrição e à beira de um ataque nervoso.[72]

Se Gandhi chegasse a se destruir fisicamente, seus colegas estariam diante de uma encruzilhada política. A declaração de Montagu, em agosto, dera início a divisões e brigas no Congresso e por toda a Índia. Em vez de se unir para trabalhar em conjunto, cada grupo, organização e casta minoritária do subcontinente clamavam por seus direitos e exigiam ser respeitados sob qualquer futuro arranjo constitucional, não importando qual fosse.

Muçulmanos e cristãos estavam preocupados se seriam subjugados pelos hindus; outras castas hindus, pelos brâmanes; províncias rurais, pelos grandes centros urbanos. Desde o início, o jornal não brâmane *Jagrak* deu, não sem certo cinismo, as boas-vindas à visita de Montagu à colônia, porque "isso lhe daria a possibilidade de ver com os próprios olhos quão fortemente divididas são as diversas classes na Índia". Também permitiria mostrar-lhe que a elite dirigente do Congresso Nacional Indiano "é numericamente muito pequena e seus interesses vão contra os da maioria" — sem mencionar os de todas as outras minorias na Índia.[73]

Enquanto facções distintas disputavam antecipadamente os cargos do "governo responsável", o Pacto de Lucknow se rompeu. Os moderados brigaram com os chamados extremistas, como Tilak, e também entre si. Radicais muçulmanos viraram-se contra os líderes que haviam assinado o pacto. Uma renovada Liga Muçulmana testemunhou antigas contendas pelo poder. Tumultos violentos ocorreram entre hindus e muçulmanos em Arrak, Bihar, envolvendo 160 vilas e levando mais de uma semana para serem contidos.[74]

Chelmsford ficou horrorizado. "Nosso anúncio deveria ter aplainado" a opinião moderada nacionalista, escreveu ele ao governador de Mumbai, "mas todo esse bloco da opinião moderada [...] mostrou-se, até aqui, ser absolutamente duvidoso, inerte e invertebrado." Ao menos um jornal indiano notou que a oposição nativa ao autogoverno estava de fato *aumentando* em consequência do medo de que fosse meramente uma transferência de poder dos britânicos — que entendiam o poder e, ao menos, tratavam os indianos com imparcialidade — para homens que não o entendiam, nem entenderiam.[75]

Chelmsford e Montagu concertaram suas opiniões. Em julho, anunciaram o plano para a reforma de governo. Ela ampliava os dois conselhos legislativos, central e provincial, e transferia o poder das províncias para uma gama de ministros e oficiais indianos. Isso fez crescer o eleitorado indiano para um em cada dez homens adultos (apesar de muitos deles ainda não saberem ler ou escrever), mas não levou grandes mudanças ao centro, Nova Délhi. Sob as reformas Chelmsford-Montagu, ou a "diarquia", algumas funções do governo — como o recolhimento de impostos sobre as terras, a Justiça e a polícia, a censura da imprensa e as informações e serviços militares — seriam permanentemente "reservadas" ao vice-rei e sua administração.

O Congresso Nacional Indiano explodiu. Os congressistas denunciaram as propostas Chelmsford-Montagu como uma farsa. Annie Besant atacou duramente a diarquia, ao mostrar que "os burocratas [...] não estão preparados para abrir mão de nenhuma fração do poder de que desfrutam". Porém, como argumentaram Judith Brown e outros, ao mesmo tempo que a denunciavam, nacionalistas e políticos locais começaram a buscar posições na nova estrutura. A diarquia seria o único jogo; não haveria alternativas. A política indiana, sob o modelo do Congresso, provara ser uma quimera.

Apenas um homem tinha a vontade e os meios para arrumar tudo isso. Doente e desencorajado, o mais profundo desejo de Gandhi era evitar o Congresso e seu escoadouro de facções venenosas e esperanças frustradas. O que, por fim, forçou-o a voltar para a política e assumir a liderança do campo nacionalista foi uma série de episódios violentos que ocorreriam no ano seguinte. Winston Churchill estaria no centro deles.

13. Derramamento de sangue

1919-1920

Nosso reinado na Índia ou em qualquer outro lugar nunca foi baseado somente na força; seria fatal para o Império Britânico se tentássemos basear-nos apenas nela.

(Winston Churchill, 1920)

Foi a Lei Rowlatt que deu início a tudo.

É curioso que tenham sido aprovados justamente quando o tema da Autonomia indiana parecia avançar. O enorme sacrifício da Índia durante a Primeira Guerra Mundial não passara despercebido. O apelo de Montagu, em 1917, e o pacote de reformas Chelmsford-Montagu deram origem à Lei do Governo da Índia, em maio de 1919 — o selo de aprovação do Parlamento britânico a um eventual autogoverno da Índia. As eleições para os conselhos legislativos reformados já estavam planejadas para 1920-1921. Departamentos de governo, como agricultura e educação, estavam prontos para seguir nas mãos de ministros indianos, e não mais britânicos. Os alicerces do "verdadeiro autogoverno local" vinham se construindo em muitas partes da Índia.[1]

Membros do Congresso Nacional Indiano e das Ligas de Autonomia continuavam insatisfeitos, mas o trem do Swaraj parecia, dessa vez, realmente deixar a estação. Grupos e políticos agitaram-se para conseguir seus assentos antes que ele partisse.

No entanto, fora da Índia, a atmosfera estava pesada. A guerra terminou com a Alemanha e a Rússia mergulhadas em revolução. Após sangrento levante na Páscoa de 1916 em Dublin, a Irlanda transformara-se em uma caldeira de violência e conflitos sectários. A Turquia também passava pelas dificuldades de uma insurreição, e guerreiros muçulmanos radicais do Afeganistão posicionavam-se ao longo da fronteira indiana. Winston Churchill disse à Câmara dos Comuns que "nunca houve um período em que as pessoas estivessem mais dispostas a fazer uso de violência ou demonstrar tão pouco respeito à lei e aos costumes, tradições e procedimentos".[2] Para aumentar os temores de homens como Churchill, oficiais do governo indiano decidiram agir. O que poderia ser mais simples, perguntaram-se, do que Nova Délhi tomar algumas precauções para evitar o avanço de uma revolução radical na Índia?

Consultando um comitê de advogados, o juiz da suprema corte de Délhi, Henry Rowlatt, preparou dois projetos de lei para quando a Lei do Governo da Índia expirasse, seis meses depois do fim da guerra. Continham duas proposições controversas. Uma permitia que juízes condenassem suspeitos de terrorismo ou subversão sem júri; a outra sancionou a prisão daqueles mesmos suspeitos sem julgamento.

Dois membros do comitê de Rowlatt eram indianos. Eles aprovaram as mudanças com convicção.[3] Porém, quando os projetos chegaram ao Conselho Legislativo Imperial em fevereiro de 1919, o protesto começou. Mesmo com todos os membros indianos votando contra, o projeto foi aprovado em março, assumindo caráter de lei.[4] Em sua inocência, os oficiais de Nova Délhi jamais imaginaram o alvoroço que as novas leis poderiam causar.

Gandhi estava no primeiro plano dessa agitação. Em fevereiro de 1919, quando os projetos de Rowlatt chegaram à legislatura, ele ainda se recuperava de sua doença, mas, ainda que acamado, escreveu que os projetos eram mais que apenas rupturas na lei ou falhas na Justiça. Eram a "evidência de uma determinada política de repressão", disse ele. Como advogado, entendia as implicações de uma lei, sem antecedentes, que suspendesse liberdades civis. Se o governo permitisse a manutenção de tão "malévola legislação", escreveu Gandhi, "sinto que não posso mais prestar obediência pacífica às leis". Ele convidaria todos que sentissem o mesmo "a unir-se a mim nessa batalha" contra tais "leis injustas e lesivas".[5]

Gandhi não estava sozinho. As leis propostas haviam ofendido inúmeros indianos. M. A. Jinnah deixou o Conselho Legislativo. Protestos encheram jornais como o de Annie Besant, *Young India*, que acusou a Lei Rowlatt de contradizer todas as promessas para o eventual autogoverno. O ultraje em redações de jornais, escolas e universidades e mesmo nas ruas era palpável. Gandhi subitamente decidiu que poderia mobilizá-lo e transformá-lo em força de mudança. Suas campanhas anteriores em Bihar e Kaira fizeram dele uma figura nacional popular, com diversos seguidores. Lá estava uma oportunidade de testar seu poder. No final de fevereiro, ele anunciou uma campanha formal da *satyagraha* contra a Lei Rowlatt, centralizada no familiar Guzerate e na província de Mumbai.

A campanha, organizada apressadamente, foi um fracasso. Fora de Ahmedabad e Mumbai, a reação foi pífia ou mesmo inexistente.[6] Poucos viram sentido em atender ao apelo de Gandhi para infringir leis que ainda estavam por ser implementadas. Besant apoiou a campanha no início, e sua Liga de Autonomia uniu-se ao movimento. Depois, contudo, ela e outros perguntaram, com razão, como poderiam desobedecer à Lei Rowlatt, dirigida contra os subversivos, sem quebrar outras leis e tornarem-se, eles mesmos, subversivos — justificando, dessa forma, a Lei Rowlatt.* Besant, já grisalha, também se preocupava com a possibilidade de que Gandhi estivesse usando a campanha para roubar seus seguidores.[7]

O vice-rei, sentindo que Gandhi atingira seus limites, descartou a campanha como se fosse "um blefe" e não se intimidou. O último estágio da campanha de Gandhi, o *hartal*, ou greve nacional, convocada para 6 de abril, foi um fracasso desprezível. Besant fez campanha ativamente contrária. Em Délhi, a greve levou à violência e dez pessoas foram mortas. "Pobre Gandhi", escreveu um de seus mais severos críticos, o liberal Srinivasa Sastri. "Ele [está] calmo em seu curso — reto e fiel [...] tem alguns convertidos, mas não muitos."[8]

No dia 8 de abril, ansiando dar vida nova ao hartal, Gandhi deixou Mumbai a caminho de Délhi e Amritsar, capital de Punjab. Uma enorme mobilização estava planejada para a última cidade. Temendo mais violência, o governo central ordenou a interrupção da viagem de Gandhi e seu retorno a Mumbai.** Notícias sobre a "prisão" despertaram uma onda de novos tumultos em Mumbai e Ahmedabad, onde uma multidão descontrolada

---

* No fim, o governo nunca implementou qualquer disposição da Lei Rowlatt, naquele momento ou mais tarde.
** O governador de Punjab, Michael O'Dwyer, desejava ver Gandhi preso imediatamente. Délhi temia reações turbulentas e ordenou que ele fosse apenas detido e enviado para casa — o que resultou em tumultos mesmo assim.

queimou a cadeia, o telégrafo e o escritório do departamento de cobranças, e diversas pessoas foram mortas. A violência tomou conta de várias cidades também nas Províncias Unidas.

O pior aconteceu em Amritsar. Em 10 de abril, um bando misto de hindus e muçulmanos queimou vários cantos da cidade em nome de Gandhi e assassinou quatro europeus. Tropas foram chamadas. "Ah, meu Deus, que [...] perturbação são esses fanáticos", escrevera lorde Chelmsford, mesmo antes de começarem os tumultos.[9] O Raj notou, furioso, que aquele apóstolo da não violência sempre conseguia inspirar a violência entre seus seguidores.

A matança em Amritsar destruiu, indubitavelmente, a credibilidade de Gandhi como um homem de paz. Ele sentiu uma profunda vergonha pelo fracasso. Um repórter chegou a ouvi-lo descrever a *satyagraha* Rowlatt como um "erro de cálculo do tamanho do Himalaia". Gandhi anunciou um jejum nacional de três dias como penitência para reparar o que havia feito. De fato, Amritsar poderia ser lembrado como o Waterloo de Gandhi, não fosse o que aconteceu em seguida.

O general Reginald Dyer passara toda a sua carreira no Exército indiano. Corajoso, inteligente e dedicado ao seu dever, nasceu e criou-se na Índia. "Rex", como era conhecido entre os amigos, dedicou sua vida a servir o Raj, e, em uma única tarde, conseguiu destruir a reputação da Grã-Bretanha na Índia para sempre.

No dia 10 de abril, Dyer marchou para Amritsar com sua brigada composta por tropas inglesas, gurkhas, pathan e baluquianas. Encontrou uma cidade caótica, com multidões queimando prédios e destruindo trilhos para evitar que eles pudessem chegar até lá. No dia 13, Dyer entrou no centro da cidade com um comboio de carros blindados e tropas fazendo a escolta. Estava com ele o pregoeiro público de Amritsar. Em cada esquina, o pregoeiro lia em voz alta, em inglês e urdu, a ordem de Dyer, proibindo todos os grandes aglomerados públicos, seguido de explicações em punjabi e híndi. O som de um grande tambor chamou a atenção da multidão. A reação foi irrisória. "O Raj está morto", gritaram alguns, enquanto as tropas marchavam. "Os britânicos jamais atirarão", disseram outros.[10]

A marcha das tropas por Amritsar durou quatro horas e meia. Quando Dyer retornou ao quartel-general temporário, descobriu que uma manifestação acontecia em uma praça sitiada, junto ao local mais sagrado para os sikhs, o Templo Dourado. Furioso com a deliberada violação à sua ordem, Dyer conduziu um destacamento militar com noventa baluquianos e gurkhas e dois carros blindados até a estreita rua da praça Jallianwala Bagh, onde uma multidão de milhares de pessoas reunia-se para ouvir oradores a favor de Gandhi. Com Dyer estavam um tenente-coronel, o major de sua brigada e dois guarda-costas britânicos. Fora eles, não havia um único soldado branco.

Dyer não era um racista nos moldes do típico bretão indiano. Ele conhecia bem os punjabis. Comandara um regimento deles e era adorado. No funeral de Dyer, um sargento gurkhas que estivera com ele naquele dia disse: "O general Dyer era um soldado de primeira classe, condenado por pessoas na Inglaterra que não sabiam nada a respeito da Índia."[11] Porém, o pai e a mãe de Dyer haviam sobrevivido à Grande Rebelião. Ele ouvira histórias terríveis de assassinatos e multidões violentas. Quatro europeus haviam sido mortos em Amritsar e uma mulher branca fora derrubada de sua bicicleta e espancada quase até a morte. Lembranças de Cawnpore e todo o pavor apressaram sua ação.

Quando Dyer e as tropas chegaram a Jallianwala Bagh, a densa multidão entrou em pânico e começou a correr em todas as direções, alguns na direção dos soldados. Naquele momento, deve ter-lhe parecido que 1857 estava acontecendo novamente e Dyer encarava, de perto, o abismo.

Dyer deu ordem para abrir fogo. Um de seus homens disse depois que "toda a multidão parecia enterrar-se em um tumulto de vestimentas brancas" à medida que baluquianos e gurkhas disparavam.[12] Homens, mulheres e crianças gritavam e trombavam uns com os outros em busca de saída. Mas não havia para onde correr. As ruas minúsculas que poderiam servir de via de escape tornaram-se gargalos entupidos. Cerca de 10 mil pessoas estavam presas em um espaço, como apontou Winston Churchill mais tarde, menor que Trafalgar Square — sob salvas e mais salvas de tiros.

Durante dez minutos,[13] Dyer encorajou seus soldados a continuar atirando, até os corpos terem coberto todo o chão. Só então ordenou cessar-fogo. Com precisão militar, ele e seus homens descansaram as armas sobre os ombros e marcharam para fora da Jallianwala Bagh.

Deixaram para trás ao menos 379 mortos e um número de feridos quatro vezes maior. Gritos de dor e lamento chegavam longe. Corpos abarrotavam toda a praça. Em algumas partes, afirmaram testemunhas oculares, formavam pilhas de 3 metros de altura. Além disso, Dyer ordenou que todos os indianos que passassem na marca onde a mulher fora empurrada de sua bicicleta fossem forçados a engatinhar com mãos e joelhos no chão — da mesma forma que o coronel Neill havia feito em Cawnpore, 56 anos antes. Preparou-se um posto de açoitamento para que qualquer nativo que se recusasse a engatinhar fosse fustigado. Ele e o governador O'Dwyer implementaram um período de lei marcial mais rígido que qualquer outro desde a Grande Rebelião.

A restrição foi tão intensa que se passaram várias semanas até que as notícias de Amritsar chegassem ao resto da Índia. Gandhi não soube do massacre até junho.[14] A princípio, não acreditou no noticiário. Depois, sua primeira reação foi culpar os indianos e não os britânicos: "Eu subestimei o poder do ódio e da malevolência."[15] Presumiu que houvesse ocorrido alguma provocação. Massacres como aquele eram precisamente o tipo de coisa que o Raj *não* fazia. Decidiu suspender sua campanha *satyagraha* na esperança de dispersar o problema. "Ambos os lados enlouqueceram", foi tudo o que disse no primeiro instante.

A incredulidade de Gandhi o fez reagir lentamente. Quando reagiu, seu impulso foi, outra vez, culpar seus próprios seguidores ao invés dos britânicos.[16] Para a ampla maioria dos outros, entretanto, a Jallianwala Bagh e a "ordem de rastejo" confirmaram a pior visão dos radicais mais extremos: que o governo britânico na Índia se baseava em nada além de ódio racial e força bruta.

O sacerdote inglês Charlie Andrews, amigo de Gandhi, declarou: "A honra inglesa desapareceu." Annie Besant comparou o tiroteio aos crimes de guerra germânicos na Bélgica. Jinnah chamou-o de "abate físico". Até o legalista moderado Srinivasa Sastri chamou o massacre e os açoitamentos e prisões subsequentes de "bárbaros".[17] O Congresso publicou uma declaração condenando o incidente. Com compreensível exagero, classificava-o como "um ato sem paralelo nos tempos modernos". Encontros de massa enfurecida aconteceram por todo o país. O poeta Rabindranath Tagore, em protesto, renunciou a seu título de nobreza.

Nirad Chaudhuri era um jovem estudante em Calcutá quando as notícias do que acontecia em Punjab começaram a correr. "Pensar em Amritsar passou a ser uma tortura para nós", escreveu mais tarde. Não apenas o tiroteio, mas a retaliação cruel e as prisões dos indianos acusados de incitar revoltas, enquanto Dyer e seus subordinados seguiam livres, atormentavam todas as mentes bengalesas. Em uma noite, durante o jantar, "um jovem lembrou-se subitamente de que os líderes punjabis receberiam suas sentenças naquele dia". (Dois chegaram a ser executados.) Chaudhuri lembrou: "Todos nós reagimos como se tivéssemos sido tocados por um ferro em brasas."[18]

Para milhões de indianos ilustrados, o massacre de Amritsar deixou uma cicatriz que jamais se apagaria. A dor uniu-os como nunca se vira antes — ou depois. Por todos os lados, os britânicos, seus supostos protetores, além de se recusarem a condenar tais atrocidades, aplaudiram-nas publicamente. Indianos exasperavam-se, enquanto jornais ingleses aclamavam Dyer por prevenir uma "segunda Rebelião" e exaltavam o tiroteio como "mais uma prova de um homem bravo em cumprimento do seu dever"; vibraram ao ver as senhoras inglesas do lado de fora de clubes masculinos e hotéis recolhendo dinheiro para dar ao general Dyer uma espada de honra;[19] fervilharam quando o governo aprovou o Projeto de Lei de Indenização (Indemnity Bill), protegendo todos os oficiais ligados ao tiroteio e à "ordem de rastejo" contra processos legais. (O vice-rei mandou suspender a "ordem de rastejo" assim que soube dela.)

Depois, o governo ofereceu 400 mil rupias aos parentes dos quatro europeus assassinados em Amritsar, como indenização, enquanto os parentes daqueles mortos em Jallianwala Bagh receberam apenas 500 rupias por corpo.* Os indianos ficaram perplexos. Mais que qualquer outro evento, o ocorrido em Amritsar e suas consequências solidificaram o apoio nacional à independência indiana. Isso ocorreu meses antes de Gandhi se envolver.

Gandhi, assim como os outros, protestou contra as prisões e os julgamentos sob a lei marcial. Porém, enquanto até mesmo legalistas como Sastri criticavam abertamente a falta de ação do governo em relação a Dyer, Gandhi recusava-se a concordar, alegando insuficiência de evidências. Na verdade, sua abordagem era precisamente a mesma que tomara em Champaran. Uma comissão do governo era necessária, disse ele em 28 de maio, para investigar os eventos em Punjab. Ele acenou o lançamento de outro movimento *satya-*

---

* Poucos chegaram a receber tal quantia. Para piorar a situação, o governo de O'Dwyer em Punjab impôs à província um imposto de 1,85 milhão de rupias para cobrir os gastos das operações militares e da lei marcial.

graha caso o governo não fizesse nada. Enquanto isso, o governo decidiu lançar uma investigação própria, excluindo, por completo, Gandhi.[20]

Assim, as lentas engrenagens burocráticas do Raj começaram a girar. O ministro de Estado Edwin Montagu convenceu Nova Délhi de que era preciso fazer algo, nem que fosse apenas desviar o Congresso de sua investida. Em setembro, o vice-rei anunciou ao Conselho Legislativo que um comitê seria reunido para investigar o tiroteio, dirigido pelo juiz lorde Hunter, antigo procurador-geral da Escócia. Os indianos estavam céticos, mas Gandhi aplaudiu a investigação, convocando todos a cooperar e acreditar na justiça britânica. Citou Champaran como exemplo de como o Raj podia aprender com os erros. Para desgosto até mesmo de seus seguidores, recusou-se a condenar o Indemnity Bill, aprovado naquela mesma sessão.[21]

No início do outono de 1919, porém, enquanto a comissão Hunter começava seus trabalhos, a visão de Gandhi mudou. A comissão acatava inteiramente a versão de Dyer e O'Dwyer de uma Punjab à beira de uma revolta e a certeza de que o tiroteio demovera a possibilidade de uma segunda Grande Rebelião. Como os militares superiores de Dyer em Nova Délhi, os membros da comissão tendiam a acreditar no "oficial contra a parede", em especial sendo ele um branco. A comissão também se recusou a aceitar as condições do Congresso para cooperação, tais como a soltura dos ativistas presos sob o regime de lei marcial de O'Dwyer.

Nesse ínterim, a investigação do Congresso tornou-se uma bagunça sem esperanças. À sua frente estava Motilal Nehru, uma figura ilustre nos postos moderados do Congresso. Ele chegara a Amritsar em junho. Segundo disse ao filho Jawaharlal, um jovem advogado em Délhi, a cena e o cheiro de morte em Jallianwala Bagh eram "verdadeiramente repugnantes". O cenário era como um estranho espelho refletindo a imagem de Bibighar meio século antes. Havia inclusive um poço na praça que, segundo testemunhas, permanecia cheio de corpos.[22]

Motilal Nehru, como o restante do Congresso, queria justiça. Porém, em pouco tempo, ele e seus companheiros do comitê viram-se mergulhados em depoimentos de cerca de 1.900 testemunhas oculares, sem meios para examiná-los — para não mencionar a falta de método para produzir um relatório. Tudo isso apontava para o ocaso, conforme as recriminações dentro do comitê começavam. Finalmente, em outubro, recorreram, em um ato desesperado, ao único homem que poderia resolver a situação.

Mohandas Gandhi aproximou-se avidamente, com sua costumeira energia e capacidade de organização. Em poucos meses, transformou o emaranhado de evidências — registrado "no mais rude inglês", lembrou o investigador M. R. Jayakar, com "má datilografia, ortografia incorreta e ilegível, inclusive nos nomes" — em um cuidadoso trabalho de análise advocatícia. Os fatos, disse o advogado Gandhi, treinado em Londres, tinham de se encaixar "como tijolos [...] formando uma estrada que os levasse ao seu objetivo".[23]

As evidências eram angustiantes. Testemunhas que haviam assistido à matança de Jallianwala Bagh desde os topos das construções viram "sangue derramar em profusão [...], mesmo aqueles que estavam deitados eram baleados [...]. Alguns tiveram suas cabeças estouradas, outros receberam tiros nos olhos e tiveram nariz, peito, braços ou pernas estilhaçados". Algumas testemunhas haviam passado a noite em Bagh, ao lado de seus maridos ou irmãos prestes a morrer. Outras se lembravam daqueles que foram baleados, mas conseguiram resistir, e foram deixados na rua para morrer — incluindo crianças pequenas.[24]

Outras testemunhas ainda descreveram ter sido ameaçadas com baionetas, forçadas a rastejar no local onde fora espancada uma mulher branca e, depois, chutadas e feridas por torturadores ingleses. Em certo momento, todos que estavam em uma festa de casamento foram açoitados por desobedecerem à ordem de rastejo.

Todos os depoimentos, evidências e citações de leis passadas e precedentes foram reunidos em cerca de duzentas páginas argumentadas com segurança. Elas conduziam inexoravelmente à conclusão de Gandhi, publicada em março de 1920, de que os eventos em Punjab haviam sido "um movimento calculado e desumano contra homens inocentes e desarmados, inclusive crianças, e, por sua ferocidade, sem análogo na história da administração britânica moderna". Ele culpou o vice-rei por não investigar, ele mesmo, os eventos em Punjab, por "cobrir os oficiais de indenizações com uma pressa indecente" (Gandhi revertera sua opinião anterior) e por sua "imaginação criminosa", ao permitir que sentenças de morte dadas sob a lei marcial fossem cumpridas.[25]

Quando o relatório do Congresso foi publicado, em 25 de março de 1920, toda a Índia aguardou, ansiosa, pelo parecer da Comissão Hunter. O relatório saiu em 3 de maio. Seu tom era bem diferente, ainda que concordasse em diversos pontos. Os membros da comissão afirmaram que Dyer havia cometido "um grave erro" ao ordenar o tiroteio em Jallianwala Bagh e que sua ordem de rastejo fora "insensata". Porém, a comissão concluiu que a lei marcial estava inteiramente justificada e chegou a culpar "o movimento do sr. Gandhi" por minar o regimento da lei em Punjab e outros lugares. Os membros não viram razão para o governo fazer nada além do que já havia sido feito, muito menos punir Dyer ou O'Dwyer.[26]

O vice-rei aceitou o relatório da Comissão Hunter, e o general Dyer foi dispensado do comando. No entanto, por toda a Índia, a reação era de indignação. Gandhi, em particular, estava desapontado. Aquele que fora antes o maior fã da comissão dinamitou o relatório, chamando-o de "uma tentativa oficial de tolerar o desrespeito à lei", "páginas e mais páginas de uma ocultação oficial finamente disfarçada".[27]

Gandhi alcançava outro ponto de inflexão na vida, um período em que o curso dos eventos e seu lugar neles tinham de mudar. Seu trabalho com as vítimas de Amritsar convenceu-o a encerrar o que ele chamava de "isolamento esplêndido" e a ingressar na arena da tendência predominante da política indiana.

Em retrospecto, essa decisão parece surpreendente. O trabalho em Champaran, Kaira e Ahmedabad e a *satyagraha* Rowlatt já não eram parte da política? Na cabeça de Gandhi, não. Ele via a si e a sua força da alma *satyagraha* como tropas de choque de elite a serem mobilizadas apenas para corrigir "um mal cruel e evidente". Gandhi nunca tivera a intenção de usá-las para persuadir os nacionalistas, muito menos para construir uma base política convencional.

Diante das consequências de Amritsar, porém, ele estava pronto para o ataque. Escrever o relatório do Congresso colocou-o na primeira fila dos políticos indianos; ao mesmo tempo, ele repensava sua lealdade ao Império Britânico. Como um amante ausente, sentiu-se traído pelo relatório Hunter. "Não posso mais ter afeição", escreveu ele, "por um governo tão movido pela maldade como é esse atual."[28] Em abril, foi convidado para substituir Annie Besant no cargo de presidente da Liga de Autonomia Indiana. Ele já assumira o controle editorial do jornal de Besant, *Young India*, no último mês de maio. No mês seguinte, tomou lugar proeminente no encontro do Comitê do Congresso Indiano, em Benares, que rejeitou o relatório Hunter, chamando-o de "corrompido por preconceito racial" e apelando para que o Parlamento britânico iniciasse uma ação legal contra Dyer.

"Um escândalo dessa magnitude não pode ser tolerado pela nação [indiana]", escreveu Gandhi, "se quiser preservar seu respeito próprio e tornar-se um parceiro completo do Império." Mesmo assim, no final de maio de 1919, quando as coisas pareciam tão desoladoras, Gandhi pedia aos leitores de seu jornal *Navajivan* que não dessem as costas ao governo britânico ou presumissem que "todos os oficiais da Índia fossem autocráticos". Segundo escreveu, ainda mantinha grande amor pelo povo britânico. "É um povo bravo, confiável e temente a Deus [...]. Creio que nenhum povo além dos indianos reconheça a força da alma tão rapidamente quanto os britânicos."[29]

Mas como os britânicos poderiam restaurar sua credibilidade e honra na Índia, não apenas com Gandhi, mas com sua elite educada e politicamente ativa? Tal responsabilidade repousava sobre os ombros de um homem, o chefe maior de Dyer, o ministro de Estado da Guerra. Em junho de 1920, esse homem era ninguém menos que Winston Churchill.

Quatro anos antes, em fevereiro de 1916, Churchill fora um tenente-coronel nos Fuzileiros Reais Escoceses, andando trêmulo, com lama até o joelho, os mil metros da trincheira que seu batalhão tinha de defender no Front Ocidental. Seguiu em desgraça depois de Galípoli. Figura fria, molhada e desprezada sob o capacete e a capa de chuva, gastava o tempo encorajando seus homens e esquivando-se das bombas e dos tiroteios germânicos. Qualquer um que o encontrasse em seu abrigo pouco iluminado pensaria estar vendo um político em pleno fracasso, no fim da linha. Nas palavras de Byron, "a meio caminho da morte" — ou do esquecimento.

Em menos de dois anos, contudo, Churchill estava de volta ao Parlamento, como um dos conselheiros mais próximos ao primeiro-ministro. Em março de 1918, quando a frente aliada entrou em colapso e tudo parecia perdido, ele era a principal conexão entre o Gabinete de Guerra e o alto-comando francês. O general Douglas Haig deu a ele o apelido de "verdadeira arma durante a crise". Quando o cessar-fogo foi assinado com a Alemanha, em novembro, ele pôde incluir-se entre os arquitetos da vitória. Com vontade indomável e velocidade impressionante, Winston Churchill forjara para si uma segunda carreira, bem como Gandhi fizera na Índia.

O primeiro passo havia sido o relatório da Comissão Dardanelos, em maio de 1917, que atribuiu parte da culpa pelo desastre de Galípoli diretamente a Asquith e Kitchener (convenientemente morto). Asquith renunciara no último mês de dezembro, e o novo primeiro-ministro era David Lloyd George, velho amigo de Winston. Em maio de 1917, Lloyd George nomeou Churchill ministro do Armamento. Essa era uma tarefa enorme em tempos de guerra; o ministro passou a ser, na verdade, o maior empregador do Reino Unido.[30] Mesmo seus mais ferozes detratores tiveram de admitir que Churchill se saiu bem. Ele usou sua posição para inspirar uma das mais importantes novas tecnologias bélicas: o tanque de guerra.[31]

Mesmo assim, permaneceu afastado do centro decisório, o Conselho de Guerra. A falta de confiança em Churchill era tão grande, em particular entre os *tories*, que os outros membros, inclusive lorde Curzon, ameaçaram renunciar caso deixassem-no entrar. Somente após a vitória, em novembro de 1918, Winston foi finalmente indicado para o Conselho, como ministro da Guerra. Reclamou que o cargo não fazia mais sentido, uma vez que o conflito havia terminado. Andrew Bonar Law respondeu por todos eles: "Se pensássemos que haveria uma guerra", disse enfaticamente, "não o teríamos nomeado ministro da Guerra."[32]

Todavia, foi um renascimento político impressionante. "Ninguém menos que um homem de primeira qualidade poderia sobreviver a tantos contratempos", escreveu o jornalista E. T. Raymond. "Provavelmente, não houve queda comparável à dele que não tenha sido cabal." Ainda assim, Churchill conseguiu recuperar-se e encontrar novas saídas para "sua coragem, seu gosto pela guerra [...] e sua facilidade em sustentar novas causas e abandonar a velhas". Tal Lúcifer, escreveu Raymond, "não deveria ter esperanças novamente".[33]

A segunda carreira política de Churchill parecia bem diferente da primeira. Antes da guerra, ele desfrutava da reputação de um radical jovem turco. Agora, aos 45 anos de idade, era parte da velha guarda. Em menos de cinco anos, passara de um destemido na vanguarda a um ultrapassado resoluto. Enquanto os anos 1920 transcorriam, ele permanecia desconfortavelmente fora de compasso com as últimas tendências.

Se a guerra mudara a Índia, havia mudado a Grã-Bretanha ainda mais. Em 1919, os britânicos sentiam-se vulneráveis e receosos. Segundo os números, as baixas britânicas durante a Primeira Guerra Mundial (994 mil) eram de fato menores que as italianas (1,2 milhão). Porém, do total de mortos, a maioria era dos altos estratos da sociedade inglesa, oriundos da geração que deveria prover uma liderança estável para um país de economia enfraquecida e crescentes conflitos sociais. Os valores dos tempos vitorianos e eduardianos pareciam perdidos para sempre. Como disse uma personagem em um romance sobre o tempo, "chegamos ao fim de tudo". A autoconfiança foi substituída por cinismo, desgaste consequente da guerra e impaciência para as mudanças.

Livros como *As consequências econômicas da paz*, de John Maynard Keynes, mostraram aos britânicos que a guerra que haviam acabado de lutar servira para nada. Autores pacifistas, como Siegfried Sassoon e Vera Brittain, e os poetas de guerra disseram que tal combate não deveria ser travado jamais. *Eminent Victorians*, de Lytton Strachey, ridicularizou o mundo dos ancestrais britânicos. Em 1920, ser classificado como "vitoriano" era o equivalente à morte social. O que contava era o futuro, não o passado. A guerra abrira espaço para que as ideias New Age penetrassem na cultura predominante, com nítida tendência para a esquerda.

A "consciência não conformista" finalmente livrou-se das últimas amarras religiosas e abraçou uma série de causas radicais. Sidney e Beatrice Webb, outrora mentores de Churchill, tornaram-se acólitos entusiastas do "paraíso dos trabalhadores", a União Soviética de Lênin e, depois, de Stálin. Temas como pacifismo, vegetarianismo, socialismo, esportes não sanguinários, ideias radicais sobre mulheres e sexo — todos os elementos da contracultura dos tempos londrinos de Gandhi — passaram a ser debatidos nas mídias de grande alcance. Intelectuais da editora Bloomsbury, como Strachey e Virginia Woolf; ativistas pacifistas, como Vera Brittain e Goldsworthy Lowes Dickinson; radicais da Igreja, como Hewlett Johnson; escritores, como D. F. Lawrence; e até mesmo políticos do Partido Trabalhista, como Stafford Cripps e lorde Snowden — todos, provavelmente, estavam mais próximos a Gandhi no que tangia às opiniões sobre cultura e atitudes do que a um orgulhoso estandarte do atraso como Winston Churchill.

A política também mudara. A Lei de Representação do Povo (Representation of the People Act) de 1918 triplicara o tamanho do eleitorado ao conceder voto a todos os homens maiores de 21 anos e todas as mulheres maiores de 30.[34] Isso não significava apenas uma expansão no papel da mulher, a quem a guerra transformara em força de trabalho e cuja presença política não podia mais ser ignorada; o fato aumentou enormemente a influência dos sindicatos britânicos, em especial dentro do Partido Trabalhista. A parcela de votos do Partido Trabalhista explodiu. Nas eleições gerais de 1922, alcançou o dobro da contagem de 1918 — e dez vezes o resultado anterior à guerra.[35] Líderes trabalhistas sentiam-se prontos para substituir os liberais como segundo partido político, em um momento em que eles e seus seguidores sindicalistas estavam ansiosos para superar a estridente militância do novo autoproclamado porta-voz da classe trabalhadora, o Partido Comunista. De fato, em 1920, o comunismo também estava presente no solo britânico e no cenário político.

Os britânicos sentiam insegurança e incerteza como nunca antes. Para um público cansado da guerra, a chave da segurança e da paz já não parecia estar nas mãos da Marinha Real ou do Exército britânico, mas sim nas da Liga das Nações. O próprio Império Britânico, acreditava-se, teria, talvez, de ceder espaço para algo mais voluntário e inclusivo, a Commonwealth Britânica.[36]

A velha ideia da soberania britânica estava acabada, morta nas trincheiras do Somme e nas areias de Galípoli. Mentes esclarecidas, como a de Lionel Curtis, do Instituto Imperial, presumiam que o futuro da humanidade seria multilateral, sintetizado na Liga das Nações, e que, eventualmente, mesmo a Commonwealth teria que ceder terreno para um governo mundial. Alguns enxergavam ainda mais longe, argumentando que os dias da civilização ocidental como força dominante no planeta estavam contados. Nas palavras cínicas do protegido de Curtis, Arnold Toynbee, "seremos todos estranhos quando o mundo for regido pela China".[37]

Churchill não partilhava desse relativismo histórico e das dúvidas. "Você não chegará a ter seu novo mundo", disse a David Lloyd George (que era um pouco adepto às ideias New Age),* em janeiro de 1920. "O velho mundo é um lugar bom o suficiente para mim e ainda há vida nesse velho cão."[38] Churchill tinha a cabeça recheada pelas sólidas ideias vitorianas da geração de seu pai — os valores do pai a quem venerara sem jamais ter conhecido. Ele estava determinado a defender as mesmas coisas que a Bloomsbury e que os adeptos da New Age desprezavam. Estava determinado a apoiar o Império que os vitorianos haviam construído, o maior que o mundo já vira,

---

* Como primeiro-ministro, Lloyd George tentou, sem sucesso, aprovar a Lei Seca na Grã--Bretanha — uma causa que Gandhi teria apoiado de todo coração. Porém, em 1915, como ministro do Armamento, ele conseguiu fazer passar a Lei de Licenciamento (Licensing Act), que fechava os pubs britânicos durante as tardes, a fim de garantir a sobriedade nos postos de trabalho da indústria da guerra. A guerra terminou, mas a lei permaneceu válida até 2001.

bem como os ideais que o sustentavam, inclusive a superioridade racial dos britânicos. "Ele tinha profundo apreço pelo Império", lembrou seu amigo Max Aitken, "e estava honestamente convencido de que apenas com seus conselhos e métodos ele poderia ser salvo."

"Sou um imperialista", confessou ao amigo Wilfred Blunt.[39] A rejeição à ideia da "responsabilidade dos homens brancos" em livros como *Uma passagem para a Índia*, de E. M. Forster, e *Dias na Birmânia*, de George Orwell, parecia a Churchill um profundo desvio de caráter. Como ministro da Guerra, Churchill assumiu um tom desafiador, até mesmo reacionário, lançando-se em uma batalha solitária contra o pessimismo de seus dias.

Mesmo com o fim da guerra, seu trabalho era desencorajador. Ele tinha de desmobilizar cerca de 3 milhões de homens e encontrar recursos para manter um exército de ocupação na Alemanha e outro na Pérsia, além de 100 mil soldados na Mesopotâmia, Palestina e Turquia, sem falar dos 70 mil na Índia.* O orçamento do Exército havia encolhido mais de 70%. Motins eclodiram em diversos quartéis — em um deles, cerca de 5 mil soldados britânicos exigiram liberação imediata do serviço militar.[40]

Pela primeira vez, a Grã-Bretanha encarava extrema falta de simetria entre seus compromissos imperiais e suas possibilidades. Após a Segunda Guerra Mundial, políticos britânicos solucionariam o problema desfazendo--se das obrigações. Em 1919, o impulso de Churchill era, enquanto cortava as despesas ao máximo, manter ou aumentar o número de compromissos.

Essa política forçou-o a continuar com o serviço militar obrigatório, enquanto planejadores das Forças Armadas insistiam que a Grã-Bretanha não lutaria outra grande guerra pelos próximos dez anos. Tal abordagem parecia razoável em 1919, mas a chamada Regra dos Dez Anos (que se aplicava também ao Almirantado) fez a modernização das Forças Armadas britânicas avançar muito lentamente (acarretando consequências desastrosas mais tarde).[41] O instinto de Churchill era, ao contrário, não recuar — e valer-se da força sempre que possível. Quando o Gabinete pôs em debate cortar tropas na Pérsia, ele opôs-se vigorosamente a qualquer redução, concordando com lorde Milner que "se perdermos a Pérsia, perderemos a Mesopotâmia e depois a Índia".[42] Quando a Irlanda deu início à insurreição com violência sectária, Churchill ordenou a contratação de ex-veteranos a baixos salários

---

* Essa soma não inclui os mais de 400 mil homens que compunham o exército indiano.

para reforçar a Royal Ulster Constabulary. Esses esquadrões paramilitares, os chamados Black and Tans, organizaram represálias selvagens contra o levante irlandês. Esse foi um dos mais graves passos em falso da Grã-Bretanha nos conflitos do século. Churchill preferiu posicionar os Black and Tans a ter de pagar mais tropas regulares ou negociar um acordo com o IRA.[43]

Ele foi ainda mais beligerante no caso da Rússia soviética. Insistiu para a Grã-Bretanha intervir na guerra civil russa e deu apoio às forças brancas antibolcheviques contra as vermelhas, "os inimigos armados da civilização do mundo atual". Churchill argumentava que, se deixados livres, Lênin e Trótski poriam sua fanática multidão em marcha por toda a Europa e o Oriente, chegando a agitar as fronteiras da Índia. Uma forte União Soviética seria um desastre global, além de uma ameaça ao Império. O comunismo, avisou ele, "é um fantasma que surge de uma pilha de esqueletos [...]. Não é uma crença; é uma epidemia fatal".[44]

Anos mais tarde, sob a sombra de Stálin, essas palavras pareceriam visionárias. Porém, para Lloyd George e outros no Gabinete de 1919, a opinião de Winston cheirava à russofobia de Randolph Churchill e do Raj vitoriano. Eles temiam que o ministro tivesse o "bolchevismo na cabeça" e que sua contumaz persistência pela intervenção militar pudesse ocasionar uma segunda Galípoli. Portanto, contra os conselhos de Churchill, o Gabinete votou pela retirada das tropas britânicas da força aliada em Archangel e Murmansk. Em fevereiro de 1920, os vermelhos ganharam com facilidade a Guerra Civil e seus Exércitos ameaçavam Varsóvia e Constantinopla.

Foi em meio a essa tensão que o incidente em Amritsar, de súbito, caiu no colo de Churchill.

Como ministro da Guerra, era seu dever — e não de Nova Délhi — decidir sobre o destino do general Rex Dyer. Por razões complicadas, o julgamento na corte marcial estava fora de questão.* O parecer dos membros uniformizados do Conselho do Exército de Churchill, incluindo o do comandante-chefe Sir Henry Wilson, era deixar as coisas como estavam.

---

* O Army Act previa o julgamento de assassinato e homicídio culposo na corte marcial apenas quando cometidos em serviço; em sentido estrito, as ações de Dyer em Amritsar não se encaixavam nessa descrição, uma vez que tinha ido para Amritsar por sua própria autoridade, sem ordens específicas. A outra razão pela qual se evitou a corte marcial era o medo de que Dyer pudesse ser absolvido e restituído ao cargo: isso significaria indignação ainda maior.

Concluíam que o moral do Exército indiano, sem falar na segurança da Índia, sofreria caso o Exército assumisse uma ação punitiva contra o general, especialmente a pedido de um bando de intrometidos "baboos".

A reação de Churchill ao relatório Hunter foi, contudo, oposta. Normalmente, ele era um defensor da lei e da ordem no Império, mesmo que a preço de sangue. Seu passado na Irlanda deixava isso claro. Porém, quando leu sobre os detalhes do massacre de Jallianwala Bagh — civis indefesos chacinados sem aviso ou piedade —, seu senso de justiça estremeceu. Em um momento reservado, declarou que o que Dyer fizera havia sido nada menos que assassinato.[45]

Em público, ele adotou a palavra usada por um dos juízes da Comissão Hunter: que Dyer cometera um ato "pavoroso". Traduzindo: os disparos haviam sido um ato deliberado de terror, não de defesa do Império. A rigor, ele concordava com Gandhi que Amritsar violara todos os valores sustentados pela civilização britânica. Como dissera em uma audiência naquele ano, o Império Britânico não poderia e não iria sobreviver "se o nome britânico não mantivesse sua boa reputação, associado à justiça e [...] à paz geral e ao bem-estar da humanidade" — palavras que o próprio Gandhi deve ter usado dez anos antes.[46]

Churchill estava, portanto, determinado a ver Dyer punido ou ao menos afastado do Exército. Porém, como ministro da Guerra, não poderia tomar nenhuma atitude sem o apoio de seu Conselho do Exército, cujos membros mostravam opinião contrária. Além disso, conservadores e pró-imperialistas de todo o país enalteciam as ações de Dyer. Os sikhs de Punjab, com medo de que a multidão tivesse atacado seu mais sagrado santuário, o Templo Dourado, chegaram a decidir fazer de Dyer um sikh honorário. Muitos britânicos acreditavam que Dyer havia prevenido outra Cawnpore. "Os ingleses recusaram-se, com razão, a pôr em risco suas mulheres e filhas", escreveu o *Daily Mail*. "Não temos dúvidas de que o nome do general Dyer é universalmente honrado no presente momento pelas inglesas no norte da Índia."[47]

Sob tais pressões políticas, Churchill e Montagu, de fato, não podiam exonerar Dyer, mas podiam impor-lhe a aposentadoria. Durante um mês e meio, Churchill bajulou e lisonjeou o Conselho do Exército e tentou convencê-lo a concordar. Sir Henry Wilson registrou, irritado, em seu diário: "[Churchill] tentou novamente apressar uma decisão para remover Dyer do Exército, dizendo ser apenas um problema de forma [...], mas, quanto mais ele argumentava, mais fundo eu o colocava no monte de sujeira", ao dizer que tal procedimento, sem uma audiência formal, seria injusto com Dyer e que isso levaria meses.[48]

Churchill sabia que ele não tinha meses. Por fim, o Conselho do Exército concordou em publicar uma declaração, atestando que Dyer "não pode ser absolvido de um erro de julgamento", mas não precisava aposentar-se, e informando apenas que não trabalharia mais na Índia. A declaração era uma derrota para Churchill, mas o Gabinete concordou em aceitá-la.[49] Mesmo esse pequeno passo foi tão controverso que o governo concordou em deixar a decisão ser debatida na Câmara dos Comuns.

O confronto crucial foi marcado para a quente tarde de 8 de julho de 1920. Na galeria da Câmara, sentou-se apenas Dyer, que voltara à Inglaterra para tentar limpar seu nome. Com ele, estavam sua mulher e o governador de Punjab, Michael O'Dwyer, além de uma fileira de marajás. Edward Carson era o líder dos oponentes à decisão do Conselho do Exército, enquanto o ministro Montagu deveria falar pelo Conselho do Exército e pelo governo de Lloyd George. Churchill foi posto na lista para falar por último, ou quase por último.[50]

Um profundo sentimento de antipatia para com Montagu espalhava-se pela Câmara, não apenas por causa de Dyer. Para muitos *tories*, havia, na verdade, duas questões em debate. "Primeira: é da índole inglesa derrubar um homem por cumprir com sua responsabilidade?", escreveu depois J. L. Maffey. Ele estava sentado próximo a Dyer na abafada galeria. A segunda questão na cabeça de todos, escreveu Maffey, era muito mais suja: "Um general deve ser derrubado por ordem de um judeu pilantra?"[51]

De fato, o preconceito racial estava fortemente contra Montagu quando ele se levantou para defender a demissão de Dyer. Ele contribuiu pouco com sua causa. Todos os observadores concordaram que ele ficou muito abalado e aborrecido com as interrupções. Em certo momento, Montagu deixou escapar em uma explosão de raiva: "Vocês irão manter a Índia com terrorismo, humilhação racial e escravidão?" Isso gerou vaias do público irritado, além de respostas como "assim se resolveu a revolta" e "que discurso horrível", mesmo dos bancos da Câmara que o apoiavam.

"Eu nunca vi a Câmara tão irada", escreveu Austen Chamberlain, "e [Montagu] jogou combustível nas chamas." Chamberlain não pôde deixar de acrescentar sua parcela de preconceito — "um judeu rondando um inglês e jogando-o para os lobos; esse era o sentimento" — quando o porta-voz do governo em Amritsar, subitamente, passou a ser o maior responsável.[52]

Por fim, Montagu, exausto, sentou-se. Ele praticamente destruíra a linha de argumentação do governo. Edward Carson então se levantou e devastou o governo, arrancando salvas de palmas enquanto classificava as ações de Montagu de "não inglesas" (outra demonstração de preconceito). Enquanto isso, o líder do governo na Câmara, Andrew Bonar Law, preparou uma manobra. Ele tinha imaginado atribuir a Churchill, que sabia o caso de trás para a frente, a função de resumir as falas ao final do debate. Bonar Law não era fã de Churchill, mas decidira mandá-lo falar logo depois de Carson, na esperança de que pudesse salvar o dia.

Quando Carson sentou-se, ao som de ruidosa aclamação, Churchill pôs-se de pé. A atmosfera estava tensa, quase explosiva. Além de expressar publicamente velhos ressentimentos para com a Índia, a Câmara acabara de mostrar a terrível face do antissemitismo. Churchill, em particular, deve ter ficado horrorizado. Independentemente de suas opiniões raciais, não havia em suas ideias nem um traço antissemita. Como seu pai e também como Gandhi, ele era feliz por contabilizar os judeus entre seus amigos mais próximos e maiores aliados políticos.[53] Precisava, então, conter aquele antagonismo antes que transbordasse.

"Não deve ter havido por muitos anos, suponho, um caso desse tipo", começou dizendo, "e que tenha levantado assuntos tão graves e amplos."[54] Churchill declarou que queria discutir o caso Dyer "com o espírito calmo, sem ser passional e evitando tentativas de exaltar o preconceito" ou sentimentos raciais em ambos os lados, pois tal caso requeria "um julgamento de seriedade, delicadeza e responsabilidade excepcionais".

Churchill levou quinze minutos[55] para explicar que a aposentadoria compulsória era a punição mais branda que Dyer poderia esperar, considerando o que acontecera. "Trata-se de um episódio que me parece sem precedentes ou paralelos na história do Império Britânico", disse Churchill, com a voz mais alta e o olhar estendendo-se por toda a Câmara, agora silenciosa. "Um evento extraordinário, monstruoso, que permanece em singular e sinistro isolamento."

Todo oficial militar diante de uma multidão, disse ele, deve tomar decisões dolorosas, como atirar ou não naqueles que não são os inimigos, "mas seus compatriotas ou cidadãos do mesmo Império". Mesmo nesses casos, um oficial deve ser justificado ao derramar sangue a fim de salvar vidas ou restaurar a ordem.

Entretanto, em qualquer hipótese, disse Churchill, é dever de um oficial britânico evitar qualquer coisa que cheire a pavor. "O que quero dizer com pavor é causar morticínio ou massacre de parte de uma multidão com a intenção de aterrorizar não apenas o resto da multidão, mas todo o distrito ou todo o país." Churchill então, calmamente e sem remorso, reviu os fatos.

Contou como Dyer atirara em uma multidão que "não estava atacando ninguém ou coisa alguma", uma multidão presa em um espaço praticamente sem saídas; uma multidão tão densa que uma única bala poderia atravessar e matar ou ferir três ou quatro pessoas.

Expôs como Dyer ordenou, em primeiro lugar, que seus homens atirassem no centro da multidão; depois, quando as pessoas correram para os lados, que atirassem nas laterais.

Descreveu como o tiroteio durou de oito a dez minutos, com soldados carregando suas armas sem parar, até acabar a munição. Churchill leu em voz alta o depoimento de um dos subordinados de Dyer, dizendo que, "se as ruas não fossem tão estreitas, também teriam sido usados os carros blindados e as máquinas de artilharia".

Churchill fez uma pausa para marcar o que dizia. E então continuou: "Temos de deixar totalmente claro, de uma forma ou de outra, que essa não é a maneira britânica de resolver os problemas." Esse é o tipo de atrocidade que os alemães haviam cometido na última guerra, o tipo de "terrorismo sanguinário e devastador" empregado pelos bolcheviques de Lênin e seu "regime criminoso".

Atirar contra uma multidão armada era uma coisa, disse Churchill. "Homens que pegam em armas em desacordo com a lei não podem esperar que as tropas aguardem até que estejam prontos para iniciar o conflito." Porém, em Amritsar, Dyer violara todos os princípios nos quais Churchill acreditava e que a Grã-Bretanha defendia: "A nobre e venerável estrutura do Império Britânico, onde a autoridade da lei recai de mão em mão, geração após geração, não precisa de tal ajuda. Tais ideias são absolutamente estranhas ao modo britânico de resolver as coisas."

Ele então acrescentou algumas palavras que os seguidores de Gandhi usariam contra ele anos mais tarde. "Nosso domínio na Índia ou em qualquer outro lugar nunca se baseou apenas na força física", declarou Churchill. A verdadeira base do regime britânico era "cooperação e boa vontade" entre as duas raças — o que, acrescentou, a viagem de Montagu à Índia, em 1917, cuidou de restaurar. Destruir tal cooperação e boa vontade ao deixar as ações de Dyer sem punição seria "um dos eventos mais melancólicos na história mundial". Naquele momento, era preciso "manter vivo o espírito de camaradagem, aquele sentimento de utilidade e progresso na cooperação que deve sempre manter os povos britânico e indiano juntos e aliados".

Churchill sentou-se. A Câmara permanecia em silêncio, impressiona-da. Um dos espectadores da galeria, H. A. L. Fisher, considerou o discurso "excelente, calmo, mas com toques de imaginação".[56] Outros concordaram. Oradores que apoiavam Dyer falaram em seguida. Sir William Joynson--Hicks leu em voz alta uma carta de uma mulher inglesa de Ahmedabad, dizendo que "a ação imediata do general Dyer em Punjab salvou nossas vidas". Outro membro do Parlamento acusou Churchill de ser o homem "responsável pela perda de mais vidas que qualquer homem sentado nessa Câmara"— referindo-se a Galípoli.*[57]

O discurso de Churchill, entretanto, prevaleceu. A votação final, apro-vando a ação do Conselho do Exército, terminou 230 a 129. Dos votos contrários, 119 vieram da própria coalizão do governo.

Dyer estava estático, sua mulher, em prantos. Sua carreira, terminada; bem como a de Montagu. No entanto, Churchill alcançara um novo nível. "Para mim, Winston é, de longe, o orador mais interessante da Câmara", disse o irmão de Austen Chamberlain, Neville, já antes do discurso.[58] O debate sobre Amritsar deu a Churchill a reputação de orador eloquente que podia salvar um tema — ou mesmo um governo.

Churchill realizaria muitos discursos durante sua extensa carreira, mais exaltados e, merecidamente, mais famosos que o de 8 de julho de 1920. A maioria dos biógrafos sequer menciona o debate sobre Amritsar. Porém, é provável que essa tenha sido, de fato, sua melhor fala. Churchill manteve seu floreio retórico ao mínimo. Cada parágrafo conduzia-se não apenas pelo poder persuasivo, mas por uma profunda percepção moral que faltava ao jovem Churchill (e, segundo a opinião de alguns, voltou a faltar-lhe quando mais velho).

---

* Ironicamente, Joynson-Hicks seria, mais tarde, aliado de Churchill na luta contra o Projeto de Lei do Governo da Índia.

Outro fato ainda mais impressionante foi que Churchill quase não se referiu a Dyer pelo nome. Ele não fez esforço para derrubar a figura do general ou expor aqueles que o defendiam. Em vez disso, recitou os fatos calma e simplesmente. "Se tomamos conta dos fatos de um caso", Gandhi gostava de dizer, "a lei tomará conta dele."[59] Ao fazer isso, Churchill mostrou à cética plateia que o que presumiam ser uma perseguição injusta a um oficial em cumprimento do dever era, na verdade, um veredicto "moderado e atencioso" de um ato assassino — um ato que, como apontou Churchill (citando Macaulay), revelou "o mais pavoroso de todos os espetáculos, a força da civilização sem a piedade".

Em última análise, o que ficou do discurso foram os sentimentos de humanidade e justiça. Da perspectiva de Churchill, foi isso que diferenciou o Império Britânico de seus sucessores. Nesse ponto, ele concordava inteiramente com Gandhi: todo o pedido de lealdade do Império baseava-se em sua autoridade moral, não em sua força material. "O mundo todo olha para este país" em busca de liderança, disse ele a uma plateia britânica em fevereiro daquele ano, e "a posição de liderança em respeito aos interesses das nações do mundo" dependia do poder dedicado à justiça e à verdade.[60]

Gandhi tinha seu próprio termo para isso: "força da alma". Pela primeira vez, Gandhi e Churchill estavam do mesmo lado. E, se o discurso sobre Amritsar não foi o mais grandioso de Churchill, do ponto de vista moral, foi certamente seu melhor momento.

Na Índia, o efeito do discurso de Churchill e da votação na Câmara também foi uma surpresa impressionante, mas precisamente pela razão oposta. Um oficial branco dera ordem deliberada para atirar em mais de mil indianos desarmados; ele e seu superior, Michael O'Dwyer, espancaram, prenderam e humilharam outras centenas. Ainda assim, o governo britânico recusava-se a punir Dyer e O'Dwyer, a levá-los a julgamento ou mesmo a pronunciar algumas palavras de censura. Poucos indianos, ou nenhum deles, importavam-se que Churchill tivesse lutado para levar o caso até onde o Parlamento estava disposto a ir. Na verdade, o ponto era exatamente esse. Para milhões de indianos, o debate sobre Amritsar deixou claro não haver mais volta. No calor da indignação, qualquer resquício de respeito pelo domínio britânico evaporara.

Jawaharlal Nehru era filho do líder do Congresso, Motilal Nehru, e um jovem advogado na suprema corte de Délhi. Educado em Harrow e Cambridge, mal falava uma palavra de híndi. Era um exemplo perfeito do "indiano no sangue e na cor, mas inglês no gosto e intelecto" de Macaulay. Os eventos em Amritsar chocaram-no profundamente. Já naquele mês de dezembro, Nehru havia cruzado seu caminho com o de Dyer e, com horror, escutara-o gabar-se para seus companheiros oficiais sobre como quase pusera fogo na rebelião em Amritsar, mas "ficara com pena e refreara sua ação".[61]

Mais tarde, Nehru se lembraria da raiva ao ouvir as notícias de Westminster. "Essa aprovação a sangue-frio de tal feito chocou-me enormemente", escreveu tempos depois. "Parecia absolutamente imoral e indecoroso fazer uso de uma linguagem vulgar", escreveu o graduado em Harrow. "Isso era o auge da falta de decoro."[62]

Seu pai fora ainda mais afetado. A filha de Jawaharlal, Indira, tinha apenas 3 anos quando seu avô, Motilal, um notável legalista e político moderado, em uma úmida noite de agosto, empilhou sua mobília britânica no jardim de casa e ateou-lhe fogo. Conforme as chamas cresciam e estalavam, ele começou a jogar suas roupas europeias na fogueira. Gravatas, camisas, chapéus, jaquetas, calças e sapatos saíram do armário. Toda uma vida de conformidade às regras e aos modelos do Raj desapareceu na fumaça. Daquele momento em diante, Motilal Nehru vestiria apenas roupas feitas em casa, o *khadi*, que se tornara um símbolo da independência indiana — e também do movimento Swaraj de Gandhi.[63]

Gandhi estava igualmente indignado. Sobre Dyer, ele escreveu no *Young India*: "Sua brutalidade é inequívoca. Sua desprezível covardia, que em nada o faz parecer um soldado, esteve presente em toda a linha de defesa diante do Conselho do Exército." Para Gandhi, a falha mais imperdoável de Dyer foi seu pânico, que "não condizia com um soldado" e que era uma violação da disciplina viril encampada pelas tradições do Exército britânico e do Império.

Gandhi também pensava que o maior crime cometido em Amritsar não fora mencionado por Churchill ou pelos parlamentares. A "tortura lenta, a degradação e o enfraquecimento" causados pela ordem de rastejo e pelo açoitamento de transeuntes inocentes. Os autores de tais atos "merecem maior condenação que o general Dyer pelo massacre em Jallianwala Bagh. Este apenas destruiu alguns corpos, mas aqueles tentaram matar a alma de uma nação".[64]

Em 1º de agosto de 1920, morreu Bal Gangadhar Tilak, o último político na Índia a desfrutar de mais prestígio que Gandhi.[65] Naquele mesmo

dia, Gandhi devolveu as medalhas pela guerra da África do Sul e Kaisar-
-I-Hindi ao vice-rei lorde Chelmsford, com um bilhete dizendo que as
ações do Parlamento e do governo de Nova Délhi "me fazem estranhar
completamente o presente governo e inabilitaram minha anterior oferta
de cooperação leal".

Gandhi sentiu que chegara o momento de agir. Tinha consigo a indignação de um subcontinente inteiro. Em poucos dias, lançaria sua maior e
mais envolvente campanha *satyagraha*, para forçar o governo a enfrentar
seus pecados. Outros ainda tinham dúvidas sobre suas táticas e chances de
sucesso. Ele, no entanto, tinha um aliado secreto, uma nova aliança vinda
das praias manchadas de sangue de Galípoli.

14. NÃO COOPERAÇÃO

1920-1922

*Esse Império é culpado por tantos crimes que viver sob sua bandeira
é o mesmo que ser desleal a Deus.*
(MOHANDAS K. GANDHI, DEZEMBRO DE 1920)

*Impressiona-me que Gandhi tenha permissão para continuar
minando nossa posição mês após mês, ano após ano.*
(WINSTON CHURCHILL, OUTUBRO DE 1921)

Em 1º de agosto de 1920, Gandhi lançou formalmente sua campanha de não cooperação contra o Raj. O tema para o qual pretendia reunir apoio não era a Lei Rowlatt nem o relatório da Comissão Hunter. Nem mesmo o massacre de Jallianwala Bagh. Em vez disso, seu tema principal era o destino do *Khilafat*, ou califado, na distante Constantinopla.

Para muitos, era um movimento desnorteante. A expressiva maioria dos hindus sequer ouvira o termo, muito menos tinha uma opinião sobre o assunto. Ainda assim, a problemática do califado era crucial para os muçulmanos da Índia, e Gandhi abraçara a causa por quase um ano. Transformar o tema em sua próxima grande ação pública não era apenas uma questão de princípios pessoais, mas também uma perspicaz tática política. De fato, rendeu-lhe sua primeira coalizão nacional. A invasão de Churchill a Galípoli e a ulterior queda do Império Turco permitiram a Gandhi, inadvertidamente, flanquear e derrotar seus oponentes no Congresso. Em menos de seis meses, estaria no comando da organização.

Como esse assunto aparentemente obscuro, tema ignorado com insistência pelos biógrafos de Gandhi, transformou-o no mais poderoso político da Índia? A resposta está na história da comunidade muçulmana da Índia desde a Grande Rebelião.

Durante décadas, os muçulmanos da Índia sentiam-se cada vez mais vulneráveis em um mundo cada vez mais estranho. Sempre foram minoria, sequer chegavam a um quinto da população.[1] Eram devotos monoteístas entre praticantes de uma religião que consideravam abominável. A vitória britânica em 1858, ao abolir o Império Mogol, eliminara a única parcela da antiga dignidade: a reivindicação muçulmana por supremacia política sobre a maioria hindu.[2]

Cidades indianas como Délhi, Mumbai e Calcutá tinham grandes áreas muçulmanas. Os islâmicos eram também numerosos em Punjab, onde viviam lado a lado com hindus e sikhs; formavam a maioria nos estados de Jammu e Caxemira. Entretanto, a maioria dos muçulmanos indianos vivia nas áreas rurais de Bengala oriental, Bihar, Províncias Unidas e nas pedregosas províncias de Baluquistão e Sind, no noroeste da Índia. Em todos os lugares, carregavam a marca da pobreza e do atraso. Em todos os setores da nova Índia, da educação aos negócios, passando pela chance de conseguir postos de trabalho no governo local e no serviço civil, eles estavam muito atrás dos hindus e de minorias, como os pársis.*[3]

Quando a Primeira Guerra Mundial terminou, os muçulmanos indianos sentiram-se duas vezes traídos. De um lado, os Aliados haviam travado uma guerra contra o sultão — líder da fé e *Khalifa*, defensor dos lugares sagrados do islamismo — e, sistematicamente, destruído seus domínios. "O coração do muçulmano indiano", escreveu o porta-voz Muhammad Ali, "bate em união com o turco de Istambul, que tem de assistir a um desavergonhado ato de roubo com raiva impotente." De outro lado, o vice-rei lorde Chelmsford e o ministro Montagu estavam dando concessões a hindus nacionalistas que prometiam deixar os muçulmanos na lama.[4]

Avisos de que a lealdade muçulmana à Grã-Bretanha estava a ponto de ser rompida não tinham peso em Londres. O governo de Nova Délhi também não deu importância ao crescente sentimento pan-islâmico e antibritânico

---

* Em 1880, apenas 4% dos estudantes das faculdades indianas eram muçulmanos, ainda que fossem 22% da população. No começo do novo século, a taxa de alfabetização entre os homens muçulmanos era metade da dos hindus. Entre as mulheres muçulmanas, era praticamente inexistente.

entre homens como Abul Kalam Azad, editor do jornal urdu *al-Hilal*, e Muhammad e Shaukat Ali. Contanto que a vida corresse normalmente e as tropas baluquianas e punjabis do Exército indiano permanecessem leais, o Raj estava despreocupado com a oculta influência do ressentimento islâmico.

Apenas um homem entendeu o desespero do dilema muçulmano e ofereceu ajuda. Esse homem era Gandhi. A cooperação muçulmana-hindu era a marca de sua experiência sul-africana, onde trabalhara com muçulmanos guzerates e bengaleses, e mesmo afridis e pathans, em torno de um objetivo comum. O mesmo aconteceu em Champaran, onde seu velho companheiro Maulana Mazharul Haq estava conectado a circuitos pan--islâmicos. "Primeiro, somos indianos", Gandhi gostava de dizer, "depois, hindus, muçulmanos, pársis, cristãos".[5]

Em outubro de 1919, Gandhi tornara-se o principal advogado dos muçulmanos nos círculos políticos hindus.[6] Isso incluía o tema do Khilafat. Azad e os irmãos Ali queriam que Nova Délhi pressionasse Londres a deixar poder temporal suficiente para o sultão derrotado liberar-se de suas tarefas enquanto protetor dos santuários muçulmanos, sobretudo na Arábia.* Gandhi endossou publicamente a causa em setembro de 1919 e realizou a primeira Conferência Khilafat no mês seguinte, fazendo de 17 de outubro o Dia do Khilafat, um dia de paralisação e lojas fechadas.

A mensagem de Gandhi para seus companheiros hindus era simples: se um assunto é importante para nossos irmãos muçulmanos, então deve ser importante para nós. Como ele sempre insistia, "a chave para o sucesso de nossa luta é união". Gandhi mobilizou os satyagrahi restantes na ação do 17 de outubro e, rapidamente, tornou-se amigo de radicais, como os irmãos Ali. Em troca, eles ofereceram a Gandhi apoio e seguidores, como um exército reserva para futuras campanhas *satyagraha*.

A política faz estranhas parcerias, mas sempre com o consentimento de ambas as partes. Enquanto 1920 chegava ao fim, uma bizarra, mas poderosa, coalizão tomava forma. Como de costume, Gandhi enxergava as coisas nos mais amplos e universais termos, com um olho no futuro. "Estou unindo

---

* Esse desejo contradizia diretamente o apoio britânico à revolta do príncipe Faisal contra os turcos, o que causou atrito entre o Ministério das Relações Exteriores e o Ministério da Índia. Porém, nenhum dos dois desafiou o axioma de que o futuro do Oriente Médio pertence aos Aliados vitoriosos e não às pessoas que viviam, de fato, na região.

hindus e muçulmanos", escreveu Gandhi ao filho, em 4 de maio de 1920. "Estou conhecendo cada um deles; se a não cooperação se sair bem, um grande poder baseado na força bruta terá de se submeter a uma coisa simples [...] minha *mosksa* flui por eles."[7]

A *satyagraha* Khilafat deveria ser apenas a ponta de sua nova ofensiva. Gandhi decidiu que era hora de destinar a campanha diretamente aos políticos e ao centro onde se encontravam, o Congresso Nacional Indiano. Naquele mês de agosto, ele viajara com Shaukat Ali por todo o país, falando do "satanismo" do governo britânico e acrescentando que "esse Império tem sido culpado de atrocidades tão terríveis" que, se ele não se desculpar com Deus e com o país, "é dever de todo indiano destruí-lo". Ao trair os muçulmanos quanto à proteção de seus lugares sagrados e chacinar hindus em Amritsar, o Raj perdera qualquer direito à lealdade ou honra. Gandhi declarou que a *satyagraha* era o "único remédio eficiente" para "curar as feridas" causadas pela traição britânica.[8]

Gandhi e seu séquito chegaram a Calcutá para uma sessão especial do Congresso Nacional Indiano, marcada para setembro de 1920.

Seus apoios-chave eram Rajendra Prasad, Vallabhbhai Patel e um novo discípulo de 31 anos, Chakravarthi Rajagopalachari. Brâmane, nascido em uma vila em Tamil Nadu, no sul da Índia, tinha um diploma de advogado de Madras e grande amor pela literatura inglesa. Fora um típico advogado nacionalista, ligado primeiro a Tilak, depois a Annie Besant — até conhecer Gandhi. Mais tarde, declararia que Gandhi o salvara de escolher entre o terrorismo e o cinismo.[9] Apelidado de Rajaji, passara a ser o terceiro dos três mosqueteiros de Gandhi, o círculo político mais próximo do Mahatma.

Gandhi também tinha conselheiros muçulmanos: os irmãos Ali e Mukhtar Ahmed Ansari, leal tanto à Liga Muçulmana quanto ao Congresso Indiano e antigo entusiasta do Pacto de Lucknow, que esperava, naquele momento, que a queda do domínio britânico na Índia disparasse movimentos anticolonialistas por todo o mundo.[10] Outro aliado era o velho estadista do Congresso, Motilal Nehru. Ele era mais velho que Gandhi, nascido em 1861; seu pai era chefe de polícia em Délhi quando a Grande Rebelião estourou. Nehru pertencia à antiga geração de políticos e nacionalistas indianos, a geração de Tilak e Gokhale. Tornara-se um radical desde a tragédia de Amritsar. Motilal Nehru era presidente do Congresso Nacional Indiano quando tudo aconteceu e, como seu filho Jawaharlal, passou de cético a um dos mais devotos partidários de Gandhi. Usando khadi, de bigode branco e investido de dignidade e indignação, ele e outro leal congressista, o bengalês C. R. Das, seriam cruciais para guiar o ambicioso programa de Gandhi na sessão especial do congresso.

No entanto, nada teria acontecido se não fosse pelos ativistas muçulmanos que saíram de todas as partes da Índia para concentrar-se em Calcutá, como também fizeram os fazendeiros hindus e muçulmanos de Guzerate e Bihar. Para a maioria, era o primeiro ingresso na corrente predominante da política e no consagrado santuário do congresso. Sob o comando de Gandhi, eles tomaram assentos na sessão especial e simplesmente chocaram as elites mais experientes. No comitê do programa, por exemplo, a delegação de Madras (que não era um baluarte islâmico) era quase toda muçulmana e pró-Gandhi.[11]

Ele anunciou seu plano na abertura da sessão. Tratava-se da não cooperação completa e total com os dominadores britânicos — satyagraha em sua maior intensidade. Satyagraha significava não cooperar com o mal, disse Gandhi, que se tornara o domínio britânico. Esboçou toda a campanha de ataque em sucessivas ondas, como um exército avançando sobre uma fortaleza inimiga.

Primeiro, os indianos renunciariam a seus títulos honoríficos britânicos — de cavalheiro, de membro da sociedade e afins. Ao mesmo tempo, ninguém lançaria candidatura para as novas eleições legislativas, programadas para o ano seguinte; estudantes e professores, em massa, deixariam as escolas, faculdades e universidades de toda a Índia.

Depois, viria um boicote às cortes britânicas. Advogados e juízes indianos pediriam demissão da suprema corte de Délhi e outras jurisdições (Motilal Nehru, um importante promotor, já o havia feito), e funcionários do governo abandonariam seus postos. A terceira onda seria a recusa em comprar qualquer produto que não fosse indiano. (Alguns queriam uma ação mais direta, então Gandhi incluiu um boicote público aos produtos britânicos no programa swadeshi.)[12] Por fim, uma vez que as três primeiras ondas tivessem ganhado força, os indianos deixariam de integrar a polícia e o Exército e jurariam jamais pagar impostos ao Raj novamente.

Era, com precisão, o programa que Gandhi desenhara no Hind Swaraj, dividido em quatro estágios. O objetivo era o total encerramento do Raj. O resultado seria a libertação espiritual da Índia, de ponta a ponta. Gandhi pediu à sessão especial que endossasse seu programa. Os representantes, mesmo os mais cautelosos, mexiam-se nervosamente em suas cadeiras. Gandhi, então, apresentou seu ponto cabal. Se os indianos seguissem seu programa, garantiu, concretizariam o Swaraj dentro de um ano.

Muitos riram com descrença — mas outros não. O debate foi intenso e acalorado. Annie Besant foi vaiada quando tentou manifestar-se contra a resolução; em dado momento, Shaukat Ali tentou agredir o aliado de Besant, Muhammad Jinnah, e teve de ser contido.[13] Porém, com o tempo, mesmo os zombeteiros tiveram de render-se e concordar. Qual era a alternativa? Céticos da velha guarda, como Besant, não tinham nada melhor a propor.

A votação de 7 de setembro foi encerrada: 144 votaram a favor da *satyagraha* de Gandhi; 132 votaram contra. Foi uma diferença de apenas 12 votos, mas Gandhi tinha força para levar a resolução à assembleia principal do congresso, em Nagpur. Em dezembro, mais de 14 mil delegados compareceram à cidade no centro da Índia — o maior número de presentes já visto em uma reunião do congresso (a Liga Muçulmana reunia-se e a Conferência Khilafat estava sendo realizada em Nagpur ao mesmo tempo). Os partidários aa não cooperação eram responsáveis por todo o processo, desde o início; 72%, ou quase três quartos dos delegados, eram muçulmanos.[14] Com votos por província, o Congresso aprovou a resolução de não cooperação por unanimidade. Apenas Sind e Províncias Unidas registraram, cada uma, uma única manifestação contrária.

Nascia uma nova era para o Congresso e para a liderança política indiana. A nova Constituição, que Gandhi ajudou a preparar, confirmou essa mudança. Ela ampliou a base do Congresso e afiou sua liderança no topo. Um comitê de "trabalho" executivo de quinze membros assumiu o Congresso, sendo todos eles ligados a Gandhi. Ao mesmo tempo, a representação proporcional das diferentes áreas linguísticas da Índia expandiu o número de delegados de províncias esquecidas, varrendo a velha elite ocidentalizada que fazia oposição a Gandhi. Ele completou a retirada da velha guarda insistindo que as línguas locais substituíssem o inglês nos debates realizados no Congresso.

Alguns membros antigos acharam as mudanças de Gandhi insuportavelmente radicais e demitiram-se. Mesmo alguns de seus partidários hesitaram diante do que consideravam os métodos "autocráticos". Gandhi não deu importância. Ele havia criado um verdadeiro movimento nacional no novo Congresso. Em 1918, os escritórios distritais cobriam menos da metade da Índia britânica; em 1922, havia 212 escritórios espalhados por todos os cantos do subcontinente. E todos os escritórios estavam prontos para atender ao chamado do líder.[15]

No início de 1921, Gandhi colocou os escritórios em uma batalha não violenta contra o malévolo Império. Milhões de muçulmanos e hindus da Índia, escreveu ele em 2 de janeiro, "estão convictos de sua crença, carregam Deus no coração e irão ao encontro da morte em Seu nome".[16] Contudo, pouco antes de a campanha começar, Winston Churchill estragou os planos de Gandhi para expulsar a Grã-Bretanha da Índia.

Quem presumisse que o discurso de Churchill sobre Amritsar havia marcado uma mudança na sua concepção de Índia estaria terrivelmente iludido. "Eu sou um imperialista", disse, com orgulho, a Winfred Blunt naquele fatal outono de 1909. Na época, eles concordavam que o domínio britânico sobre a Índia tinha problemas sérios e que a dominação de não brancos por brancos era, em geral, um erro. Porém, a verdadeira preocupação era a Inglaterra e as massas empobrecidas. "Eu daria minha vida", disse Churchill, "para proporcionar boas condições de vida e subsistência a eles."[17] Winston insistia que esta era a razão de ser do Raj: prover mercados para a indústria e oportunidades de trabalho para os pobres da Grã-Bretanha. Sua crença no domínio imperial sobre a Índia não era contraditória às suas ideias sobre progresso social; era sua extensão.*

A Índia precisava ser mantida como parte do Império Britânico; o Raj tinha de manter o controle. "Não defendemos nosso Império por todos esses anos", disse Winston em fevereiro de 1920 a seu eleitorado de Dundee, que o ovacionava, "para render-nos, pouco a pouco, ao despotismo histérico dos levianos, tolos e débeis." Os britânicos tinham de perceber que não podiam levar "instituições democráticas a raças atrasadas, sem capacidade para o autogoverno". Ao contrário, "precisamos fortalecer nossa posição na Índia".[18] Como ministro da Guerra, e depois como ministro colonial no

---

* Talvez por essa razão Blunt não tenha perdido a esperança de que Churchill se convencesse a apoiar a Autonomia indiana. "Eu não estranharia se, um dia, ele fizesse da causa indiana uma causa pessoal", escreveu ele. De fato, Churchill chegaria a fazê-lo um dia, mas não da forma que Blunt imaginara.

início dos anos 1920, Churchill faria tudo o que pudesse para assegurar que a Índia permanecesse sob domínio britânico, inclusive redesenhar todo o mapa do Oriente Médio.

A vitória dos Aliados na Primeira Guerra Mundial destruiu definitivamente o Império Turco, deixando uma desoladora confusão política desde o golfo Pérsico até Constantinopla. Os ocupantes vitoriosos, britânicos e franceses, forçaram o restabelecimento de algum tipo de ordem, enquanto as populações locais de lugares como Arábia, Armênia, Palestina, Síria e Mesopotâmia, além dos curdos e gregos, brigavam por autonomia e autorregulação.

Em 10 de junho de 1920, Churchill disse a Lloyd George que as disputas "estão chegando ao clímax". Esse tenso jogo de forças não poderia continuar: "Não podemos seguir expandindo por vastas regiões a um preço desastroso e um risco militar cada vez maior", disse Churchill ao primeiro-ministro.[19]

Na mente de Churchill, havia duas prioridades no novo Oriente Médio pós-otomano. A primeira era proteger a Índia e seu portão de acesso, o canal de Suez. A segunda era evitar futuras e caras extensões das responsabilidades britânicas na região. A pergunta era como assegurar uma sem colocar a outra em perigo.

A resposta era o Exército indiano. Em maio de 1920, na antiga região otomana entre os rios Tigre e Eufrates chamada Mesopotâmia, deu-se o teste. Tropas britânicas e indianas haviam ocupado Bassora, no golfo Pérsico, em 1914, e marchado para Bagdá, em 1917. Quando a autoridade turca entrou em colapso, as tropas indianas assumiram cada vez mais responsabilidade em manter a ordem e prevenir a agitação civil na província, semelhante ao que faziam no Egito e na Palestina.[20] Em abril de 1920, a Grã-Bretanha recebeu, formalmente, permissão da Liga das Nações para assumir o controle da região.

A lua de mel entre os britânicos e as populações locais foi curta. Em um dia de maio, tropas britânicas na cidade de Tal Afar prenderam um sheik local por não pagamento de dívidas. Isso fez estourar um violento tumulto. Nativos atiraram pedras e tijolos; quatro soldados britânicos foram mortos. Os reforços chegaram, incluindo dois carros blindados, mas os desordeiros, encorajados por sacerdotes islâmicos, levantaram-se e contra-atacaram. Dois oficiais e catorze homens foram mortos; os comandantes britânicos deram ordem de evacuação para todos os habitantes de Tal Afar.

Em vez de abrandar o problema, a ordem apenas o exacerbou. Na cidade próxima de Mosul, as equipes britânicas de dois carros blindados foram linchadas por outra multidão enfurecida, que arrastou seus corpos por ruas imundas. Cento e cinquenta soldados do 11º Regimento de Lanceiros do Rei Edward (Probyn's Horse) assumiram o controle, empunhando sabres e conseguindo restaurar a ordem, com a ajuda da infantaria e da artilharia. No entanto, apenas por um tempo.[21] Em julho, quando os sacerdotes islâmicos de Karbala declararam guerra santa contra os britânicos, toda a Mesopotâmia revoltou-se.[22]

Esse era o pesadelo pelo qual passariam os norte-americanos, no mesmo lugar, oitenta anos mais tarde. Churchill respondeu com sua costumeira e furiosa energia. Não havia negociação. Ele precisava de tropas para dominar o levante, mas, em todos os lugares, as forças estavam no limite. A Irlanda enfrentava guerra civil; tumultos árabes tomavam Jerusalém. As tropas britânicas e indianas estavam combatendo até os insurgentes na Pérsia (apoiados pelos russos), enquanto ataques e bombardeios terroristas ocorriam diariamente no Egito.

O único lugar onde era possível conseguir mais homens era a Índia. No final de agosto, Winston deu ordem para transferir catorze batalhões indianos e seis britânicos da Índia para Mosul, centro da revolta. O oficial comandante em Mosul, naquela época, era seu ex-companheiro de cela na África do Sul, general Aylmer Haldane. "O Gabinete decidiu que os rebeldes devem ser vencidos de uma vez por todas", escreveu a Haldane, "e me esforçarei para atender a todos os seus pedidos."[23] Haldane já comandava 7 mil combatentes britânicos e 53 mil indianos, mas se queixava que nem vinte novos batalhões bastariam. Sunitas e xiitas haviam unido forças e compeliam a retirada das tropas inimigas. Ele avisou a Churchill que as condições eram semelhantes às da luta contra os bôeres, exceto pela temperatura, que chegava a 51°C. Temia ter de evacuar Bagdá, se não recebesse mais soldados. Churchill respondeu que já não havia de onde buscar mais.[24]

Havia, entretanto, a Força Aérea Real (RAF — Royal Air Force). Churchill, de imediato, ordenou que seu chefe, Sir Hugh Trenchard, mobilizasse esquadrões para atacar os rebeldes desertores. Só bombas não deverão ser suficientes, acreditava Churchill. "Penso que deve, sem dúvida, prosseguir com o trabalho experimental das bombas de gás", disse a Trenchard, "especialmente gás mostarda, o que infligirá punição aos nativos rebeldes sem lhes causar danos graves".[25]

Durante o discurso de Amritsar, Churchill condenara o uso de força homicida contra grupos *desarmados*, o que considerou um ato de "terror". Usar tal força contra um grupo armado, incitado por mulás radicais era outra história. No fim, o gás não foi empregado. Mas aviões da Força Aérea bombardearam vilas árabes regularmente, matando tanto terroristas como civis. Na cabeça de Churchill, tratava-se de ensinar a "esses árabes do baixo Eufrates uma boa lição". Suas táticas ajudaram a reverter a maré. Outros 3 mil britânicos e 13 mil indianos logo chegaram para juntar-se às forças de Haldane. Algumas das mais ferozes batalhas ocorreram a oeste de Bagdá, perto da cidade de Falluja, enquanto perto de Samawah, ao sul, rebeldes conseguiram descarrilar um trem blindado britânico. Soldados indianos do Hodson's Horse tiveram de atacar a pé para reassumir o trem, passando, a golpes e tiros, de um vagão para outro, até que todos os insurgentes escapassem ou morressem.

Em outubro, os britânicos reocuparam Mosul. A batalha continuou até o mês seguinte, fevereiro; até lá, 450 soldados, britânicos e indianos, foram mortos, e 1.600, feridos.[26] Contudo, Haldane e Churchill haviam derrotado a insurreição dos sunitas e xiitas. Bagdá e Basra, que juntas formavam o portão de acesso aos campos de petróleo da Pérsia, ao lado ocidental da Índia, estavam salvas.

Entretanto, o custo era alto o bastante para que ninguém, muito menos Churchill, o quisesse pagar. Já em agosto, o *Times* de Londres perguntara: "Por mais quanto tempo vidas valiosas terão de ser sacrificadas no vão esforço de impor uma administração cara e elaborada à população árabe, que nunca a pediu e não a deseja?"[27] Churchill perguntava-se a mesma coisa. Não era possível continuar a "despejar exércitos e tesouros nesse deserto ingrato", escreveu ele a Lloyd George. "O esforço para continuar com a atual política em Constantinopla, na Palestina, no Egito, na Mesopotâmia e na Pérsia vai além das forças do Exército britânico."

A situação também estava produzindo uma reação adversa no Exército indiano, "com o qual somos forçados a contar".[28] A maior parte dos homens em batalha na Índia era muçulmana, de Sind, Baluquistão e Punjab. Esses homens temiam ter de lutar contra seus semelhantes muçulmanos e matá-los — ainda mais agora, quando o destino dos lugares sagrados permanecia uma incógnita. Irritado pela agitação acerca do tema do Khilafat e pelos crescentes sentimentos nacionalistas e pan-islâmicos, o Exército indiano era uma bomba ideológica em contagem regressiva.

No entanto, era mais indispensável que nunca. Centenas de milhares de seus soldados haviam lutado nas trincheiras da França e de Flandres; resistido ao calor e às moscas de Kut-al-Amara; mantido as praias de Galípoli e as montanhas de Tessalônica; marchado sobre Bagdá — feito tudo para permitir que os Aliados vencessem a Primeira Guerra Mundial. Agora, os soldados indianos eram necessários também para manter a paz. O Ministério da Guerra de Churchill transferiu o controle do Exército indiano de Délhi para Londres — para fúria dos indianos nacionalistas, que temiam ter de sustentar um exército para que a Grã-Bretanha brincasse de polícia internacional, e também para desgosto do vice-rei e do Ministério da Índia.

Porém, "o único método seguro e econômico de defesa imperial é considerar as forças de qualquer parte do Império disponíveis para uso em qualquer outra parte", informou o Ministério da Guerra ao Ministério da Índia, em junho de 1920.[29] Apesar de tudo, chegava a hora de encontrar uma solução permanente para o problema da desordem no Oriente Médio.

Como ministro da Guerra, Churchill pouco podia fazer para desenvolver tal solução. Essa era tarefa do ministro colonial. Mais tarde, naquele ano, ele pediu o cargo a Lloyd George. Depois de muita hesitação e incerteza, o primeiro-ministro aquiesceu.

Em 14 de fevereiro de 1921, Winston retornava a Downing Street e ao mesmo prédio neoclássico do Ministério das Colônias onde iniciara sua carreira. Em 1906, quando conheceu Gandhi, Churchill era um insolente jovem parlamentar ávido por deixar sua marca no mundo. Em 1921, era um estadista de meia-idade, já um pouco careca, que escolhia cuidadosamente seus comentários, tentando descobrir um modo de salvar o Império Britânico no Oriente Médio, antes que este rachasse.

Ajustar a política da península Arábica sempre fora prerrogativa do vice-rei da Índia, cujos representantes nas cortes dos *sheiks* do golfo eram, na verdade, dirigentes dos assuntos árabes.[30] Churchill tirara o mando de Nova Délhi sobre o Exército indiano; agora lhe tirava também o controle sobre o Oriente Médio, causando um impacto ainda mais duradouro.

Winston decidiu que veria a situação pessoalmente. Exigiu todos os mapas detalhados da região e instruções de especialistas resumidas em uma página — quase exatamente como iria fazer quando assumisse o número

10 da Downing Street, em 1940.[31] Seu principal assistente nos assuntos do
Oriente Médio era John Evelyn Shuckburgh, um veterano da Índia. Chur-
chill, contudo, tinha outra excelente figura a seu lado, T. E. Lawrence, ou
Lawrence da Arábia, a quem transformara em secretário adjunto especial.

No início de março, junto com Lawrence e o chefe da Força Aérea,
Trenchard, Churchill partiu para o Cairo, parando em Marselha para buscar Clementine. Disse a ela que não esquecesse sua raquete de tênis, mas a
viagem estava longe de ser um passeio. O Cairo estava em contínua agitação;
cartazes em carros e táxis diziam "Fora Churchill". Quando ele foi à estação
de trem para visitar a Palestina, uma multidão de 1.500 árabes, furiosos com
a Declaração Balfour,* gritava "Morte aos judeus!" e brandia com as mãos
cerradas. Churchill não entendia uma palavra de árabe. Ele sorriu e acenou
também; pensou que era um gesto de despedida.[32]

Churchill e sua equipe acomodaram-se no luxuoso Semiramis Hotel e
deram início às deliberações em 12 de março de 1921. Durante os dez dias
seguintes, redesenharam todo o mapa do Oriente Médio. O problema mais
urgente era a Mesopotâmia. A solução de Churchill foi agregar os grupos
étnicos díspares que lá viviam — curdos, xiitas, sunitas e judeus — em um
único país, que foi batizado de Iraque. Ao príncipe árabe Faisal, camarada
de T. E. Lawrence, foi oferecido o trono do Iraque, mesmo que ele nunca
tivesse posto os pés na região. Lawrence disse que Faisal seria um confiável cliente britânico. Para Churchill, os príncipes árabes eram facilmente
intercambiáveis.[33]

O mais importante foi que a criação do Iraque, formalmente independente, permitiu que as tropas britânicas e indianas batessem em retirada,
deixando uma fileira de bases aéreas desde o Cairo até Bagdá apenas para
garantir a segurança da região e manter o Iraque na órbita britânica. Em
março de 1922, na Câmara dos Comuns, Churchill pôde vangloriar-se de que
a guarnição militar do Iraque fora reduzida a quatro batalhões indianos e
mais oito esquadrões da Força Aérea, um terço do total da RAF, estacionados
em volta de Bagdá. "Não há nada semelhante em outro ponto do Império
Britânico", disse Churchill, com orgulho.[34]

Enquanto isso, o irmão de Faisal, Abdullah, recebia o trono de um Estado
árabe fora da Palestina que se chamaria Transjordânia. Aos judeus e árabes

---

* Promulgada em 1917, a Declaração Balfour prometia apoio britânico a uma eventual
fixação judaica na Palestina.

que viviam do outro lado do rio, foram prometidos seus próprios futuros Estados.[35] Churchill nunca imaginou o problema que semeava; os judeus e os árabes permaneceriam em pé de guerra durante os oitenta anos seguintes. O mesmo aconteceria no Iraque. Ao colocar juntas populações sem nada em comum, sob o domínio de um estranho, Churchill garantiu oito décadas de instabilidade e um ciclo de violência que permanece até hoje. Para os curdos da região, a Conferência do Cairo trouxe muitas más notícias. Churchill pensara em criar um Curdistão independente, como um "Estado-tampão" entre a Turquia e o Iraque.[36] Mas, em vez disso, acabou deixando o povo curdo sofrer sob o domínio de governantes turcos e iraquianos. A ideia de uma terra natal para os curdos passou a ser apenas um sonho.

A Conferência do Cairo também resolveu, indiretamente, o problema do Khilafat e dos lugares sagrados muçulmanos. Churchill abriu caminho para o nascimento de um Estado turco moderno e secular, sob o comando de Kemal Atatürk, o mesmo general que impedira sua última investida em Galípoli.

Quanto à religião, a conferência encerrou as discussões com uma velocidade estonteante. Atatürk, que depusera o último sultão, renunciou ao califado; o pai do príncipe Faisal, Hussein, descendente de Maomé em Meca e rei de Hejaz, tomou o título para si mesmo, em 1924. Em menos de um ano, ele seria destronado por seu rival, sheik Ibn Saud. Ibn Saud e seus sucessores nunca se preocuparam em assumir formalmente o título de califa e, como os filhos de Hussein, se tornariam confiáveis clientes da Grã-Bretanha — e, depois, dos Estados Unidos — na região.[37]

Como guardiões de Meca e Medina, entretanto, o clã saudita espalharia uma versão reacionária do pan-islamismo, o wahhabismo, a milhões de peregrinos muçulmanos que visitavam os santuários todos os anos. Sem perceber, Churchill contribuíra com a escalada ideológica de um emergente radicalismo antiocidental — que assombra o mundo árabe, o Oriente Médio e o sul da Ásia até os dias de hoje. Enquanto isso, a mensagem pan-islâmica relativamente moderada dos líderes muçulmanos da Índia desaparecia, ao mesmo tempo que seus impactos na própria região tornavam-se mais amplos e profundos.

Winston Churchill, longe de temer o futuro, estava feliz consigo mesmo. Quando saiu do Cairo, no final de março de 1921, completara a grande expansão do poder imperial britânico, muito mais do que qualquer coisa que seu pai houvesse realizado. O Raj então servia como o flanco oriental de um Oriente Médio dominado pelos britânicos. Seus soldados estavam prontos para ajudar a manter os vitais campos de petróleo da Pérsia e de Basra, além de servirem de guarnição militar no Egito, Palestina, Aden, Cingapura, Birmânia e (até 1928) Iraque.[38] Graças a Churchill, a submissão da Índia ao domínio britânico era, agora, mais fundamental que nunca.

Por esse motivo, "impressiona-me que Gandhi tenha permissão para continuar minando nossa posição mês após mês, ano após ano", escreveu ele ao ministro de Estado Montagu, em outubro de 1921, exatamente quando a *satyagraha* de Gandhi estava em plena atividade. "Tenho certeza de que, se ele fosse preso e deportado da Índia", continuou Churchill, "o senhor teria, como recompensa, imediato apoio e confiança do Parlamento."[39] Em um momento de irritação, chegou a dizer a Montagu que Gandhi "devia ser estendido nos portões de Délhi, de mãos e pés atados, e depois atropelado por um elefante" — a tradicional punição dada pelos governantes do Império Mogol aos traidores.[40]

Montagu recusou-se a seguir a sugestão de Churchill, mas outros eventos estavam a ponto de forçá-lo a fazer o que não queria. Quase um ano mais tarde, em 1922, Winston escreveu para sua antiga paixão, Pamela Plowden, então condessa de Lytton e esposa do governador de Bengala. Ele queria lembrar a ela e ao marido que "mantivessem a bandeira hasteada" sobre a Índia, para assegurar que o "prestígio e a autoridade do homem branco" não fossem diminuídos. "Nosso verdadeiro dever na Índia", escreveu solenemente, "é para com aqueles 300 milhões, cujas vidas e meios de subsistência definhariam se confiados aos tagarelas que hoje respondem pela Índia."[41]

O maior daqueles "tagarelas" era Gandhi. Churchill, entretanto, podia falar com certa confiança. Quando escreveu tais palavras, Gandhi estava na cadeia, cumprindo uma pena de seis anos por motim, e o movimento de não cooperação, no qual ele e seus seguidores haviam apostado tanta esperança doze meses antes, estava em ruínas.

A maioria das pessoas, inclusive (e em especial) historiadores, tendem a ler as vidas de Gandhi e de Churchill em retrospectiva. Presumem, sem dificuldades, que ambos gostavam do respeito e da adoração pública da mesma forma, tanto no instante em que estrearam nos respectivos cenários nacionais como no de suas retiradas. Nos dois casos, a verdade é bem diferente. Os paralelos entre a assunção da liderança de Gandhi, em 1920, e de Churchill, em 1940, são impressionantes e instrutivos.

Os dois foram vistos em suas nações como "o homem do momento". Ambos tinham uma visão política que prometia vitória quando outros ofereciam apenas desesperança. Eram, no entanto, também temidos e invejados pelas autoridades de seus partidos. Colegas e rivais deram-lhes a marca de dissidentes, teimosos e incorrigíveis "não práticos". No fim das contas, o Congresso apoiou Gandhi, em 1920, e os conservadores escoraram Churchill, vinte anos mais tarde, porque não tinham alternativa. O ressentimento, porém, permaneceu. Eles seguiam a bordo apenas enquanto havia progresso; quando não progrediam, estavam todos prontos para abandonar a embarcação.

Em Nagpur, Gandhi forçara a liderança do Congresso a endossar a campanha de não cooperação e a nova Constituição. Mas os deixou preocupados com as mudanças radicais que lhes havia impingido e aterrorizados sobre o que poderia acontecer em seguida. Gandhi estava irredutível. "Os advogados de hoje direcionam a opinião pública e conduzem toda a atividade política", escreveu com sarcasmo. "Isso eles fazem durante as poucas horas de lazer que têm para o tênis e o bilhar." Dividir o tempo de alguém entre a política e o bilhar, argumentou, não traria a independência.[42] Mas mobilizar as massas, sim. Dedicou-se a isso pelos catorze meses seguintes, em uma campanha cuidadosamente planejada que espalhou por toda a Índia.

Sua agenda levou-o a todos os lugares, de Assam, no leste, a Tamil Nadu, no sul. Viajou muito de trem (o que detestava) sempre de terceira classe e, às vezes, de carro. Costumava fazer vários discursos por dia para multidões, que se aglomeravam em todas as paradas. Camponeses organizavam-se ao longo dos trilhos dias antes de sua chegada, esperando poder olhar o Mahatmaji. "Mesmo durante a alta madrugada, ouvíamos gritos de '*Mahatma Gandhi ki jai*' em todas as estações em que o trem parava", lembrou-se uma testemunha. Com tochas nas mãos, as pessoas reuniam-se para ver ou mesmo tocar os pés do homem que prometera libertar-lhes do "satânico" governo do Raj.[43]

Admiradores, e mesmo o próprio Gandhi, gostavam de lembrar-se da grande campanha de não cooperação de 1921 como um triunfo pessoal. Um biógrafo chegou a afirmar, com entusiasmo, que Gandhi revelara ser o "maior general desde Napoleão, mas com um exército não violento".[44] Na verdade, o movimento fendia-se e dava sinais de desgaste quase desde o início.

Entre os seus oponentes, estavam as vozes mais competentes e respeitadas da Índia. O jornal *Bengalee* chamou a atenção para o fato de que "as províncias mais antigas, que estão há mais tempo na vida pública", como Bengala, Mumbai e Madras, "são contrárias à não cooperação". Annie Besant denunciou o programa de Gandhi como perigosamente revolucionário; outros o condenaram como um convite ao caos. Srinivasa Sastri considerou "fantasiosa" a ideia de fechar a Índia e "suicida" a de boicotar as eleições do Conselho Legislativo. A Rabindranath Tagore preocupava o fato de que o "feroz apetite de Gandhi pela aniquilação" e o desejo de destruir o poder britânico liberassem forças que ele e seus seguidores não pudessem controlar.[45] A não cooperação pode ter mobilizado camponeses e trabalhadores urbanos da Índia para a política pela primeira vez; mas aqueles no topo e no meio da sociedade logo perderam o interesse, especialmente quando o grandioso pronunciamento de Gandhi, de que o Swaraj iria se realizar dentro de um ano, foi percebido como despropositado.

Muitos expressaram suas reservas de jeitos mais sutis, fazendo falsos elogios à campanha. O chamado a renunciar às honrarias atraiu mais de cem voluntários até março de 1921, mas poucos gostavam de admitir o total de 5.186 títulos. Um advogado de Délhi entregou seu título da Royal Society durante uma reunião pública. Porém, privadamente, continuava a usar as iniciais "R. S." após seu nome.[46] A maioria dos advogados indianos que se demitiram das cortes reais estava de volta em poucos meses, com exceção de verdadeiros partidários, como Motilal Nehru e C. R. Das.

No primeiro momento, escolas e universidades foram esvaziadas a pedido de Gandhi. As de Calcutá tiveram de fechar as portas por completo. Porém, como os advogados, os estudantes logo voltaram às aulas, após dois meses de "férias" não autorizadas. Em Mumbai, as coisas voltaram ao normal em maio.[47] O desejo por uma educação ocidental, junto à promessa de recompensa honorífica, material e profissional, terminou por ser maior que a lealdade a Gandhi. O mesmo valia para os departamentos de polícia (apesar de alguns muçulmanos terem se demitido após a prisão dos irmãos Ali, em outubro) e as Forças Armadas em toda a Índia.

Os mercadores tenderam a evitar o boicote aos produtos britânicos até o fim, ainda que algumas roupas importadas tenham acabado em enormes fogueiras, incluindo uma em Mumbai, acesa pelo próprio Gandhi. As exportações britânicas, por consequência, caíram, mas não o bastante para pressionar o governo. No final de 1921, Gandhi substituiu o foco para o

Swadeshi e a produção caseira de roupas, em parte porque o boicote não estava funcionando. Ele fez do khadi o uniforme nacional dos políticos congressistas. Entretanto, tais táticas estavam longe de expulsar a Grã-Bretanha ou diminuir os lucros capitalistas.

Gandhi vestia *khadi* quando teve uma audiência com o novo vice-rei, lorde Reading, em maio. Reading descreveu Gandhi da seguinte forma: "Não há nada que se destaque em sua aparência. Se cruzasse com ele na rua, sequer lhe voltaria o olhar." Mas "ele é direto e se expressa com um inglês perfeito, apreciando o valor das palavras que usa". Lorde Reading convenceu-se de que as crenças religiosas de Gandhi eram genuínas, "beirando o fanatismo", e que Gandhi acreditava sinceramente que "a não violência e o amor levariam a Índia à independência". Entretanto, Reading foi sagaz o suficiente para perceber que, para conseguir a cooperação do Congresso, Gandhi "aceitara muitos com os quais não estava de acordo e tinha de fazer seu melhor para manter vivo o pacto".[48]

De fato, o apelo nacional de Gandhi despertou pessoas nunca antes envolvidas na política indiana, em grande parte porque ninguém jamais os havia convidado. A não cooperação demandava muito mais voluntarismo do que qualquer outra das campanhas de Gandhi; trabalhadores das minas, camponeses, vendedores ambulantes e pequenos donos de lojas uniram-se, entusiasticamente, em cidades e vilas por toda a Índia. Havia ao menos 80 mil voluntários somente nas Províncias Unidas.

À medida que o tempo corria e os indianos da classe média começavam a desistir, os voluntários passaram a ser "notadamente da classe baixa", como registrou um oficial britânico em novembro. Eles também eram "sustentados pela ralé da cidade".[49] Estavam felizes por receber uma remuneração diária por afixar cartazes, participar de piquetes em frente a estabelecimentos comerciais e lojas de bebidas (a não cooperação trouxe nova vida ao movimento de abstinência de Gandhi), e molestar motoristas de táxi e vendedores de rua que violassem os dias de paralisação oficial. Adoravam Gandhi, a quem viam como um salvador, e não tinham interesse na velha ordem política. Como Tagore previra, a não cooperação deu força política à base da sociedade, e seus líderes já não a podiam controlar, em especial quando se tratava dos novos aliados muçulmanos.

Eles eram o curinga do baralho político. Milhares de muçulmanos responderam com entusiasmo à *satyagraha* Khilafat e trabalharam lado a lado com os voluntários de Gandhi. Mas os irmãos Ali estavam determinados a empurrar as coisas para a direção pan-islâmica. Convocaram soldados e policiais muçulmanos a abandonar seus postos — deixando os hindus alarmados com a possibilidade do caos, caso as multidões em todas as cidades fugissem do controle. Alguns líderes muçulmanos radicais chegaram a murmurar uma declaração de guerra santa, *jihad*. Isso não aconteceu. Mas, em julho de 1921, houve uma conferência Khilafat nacional, em Karachi, que, sob recomendação dos irmãos Ali, aprovou uma ordem que classificava o serviço militar indiano como um pecado contra a fé islâmica.

O governo não tinha o que fazer. Ninguém estava interessado em tentar conter ou prender Gandhi (como Churchill, irritado, notou), apesar de milhares de seus seguidores já estarem na cadeia. Nova Délhi aprendera com a experiência sul-africana que Gandhi preso causava mais problemas do que solto. Porém, um chamamento aos soldados para desertar do Exército indiano era equivalente a um motim. Em outubro, os irmãos Ali foram presos.

A raiva que vinha esquentando durante todo o verão e desde Amritsar rompeu os frágeis limites da *satyagraha* não violenta de Gandhi. De agosto a novembro, a violência explodiu em todos os cantos: incêndios criminosos em escolas do governo em Orissa, agitações do lado de fora das cortes enquanto membros do Khilafat estavam em julgamento, insurreição sangrenta em Moplal, Malabar, onde camponeses muçulmanos assassinaram os senhorios hindus. Tropas britânicas e indianas tiveram de ser enviadas e cerca de seiscentos indianos foram exterminados.[50]

Gandhi estava indignado. Perguntou, em voz alta, como poderia esperar por um movimento de não cooperação bem-sucedido se "as massas se comportavam como turbas"?[51] Em setembro, quando passava com Rajaji por Madras, uma multidão incontrolável gritava tão alto que ele não conseguiu ser ouvido. Decidiu então que, a partir daquele momento, não vestiria roupa alguma, *absolutamente nada*, a não ser uma simples tanga, como um pobre camponês nos campos, em penitência pelo comportamento de seus seguidores e como exemplo para outros. Rajaji considerou a atitude terrível, mas Gandhi estava inflexível.[52]

O que começou como um gesto temporário transformou-se em permanente emblema de honra. A seminudez simbolizava sua solidariedade para com os mais pobres e passou a ser parte essencial de sua imagem. Entretanto, como seu jejum após Amritsar, essa era uma forma de protestar não contra o comportamento brutal dos britânicos, mas contra o de seus companheiros.

Ainda assim, Gandhi não estava pronto para abandonar seus aliados muçulmanos, apesar de alguns terem abraçado abertamente a violência e de os mais linhas-duras objetarem a aliança com hindus infiéis.[53] Gandhi declarou que, se estivesse em Karachi, teria assinado a resolução — deixando implícito que também deveria estar na cadeia. Em novembro, propôs à sessão do Congresso uma resolução: que os indianos a serviço do Exército indiano ou da polícia fossem considerados "contrários à dignidade nacional". Gandhi convenceu diversos líderes do Congresso, e a resolução foi publicada no dia 5 de novembro de 1921.[54]

Doze dias depois, o príncipe de Gales deu início a uma visita à Índia. Gandhi convocou uma paralisação nacional. Durante a noite, as coisas ficaram violentas. A polícia, atônita com as furiosas multidões de Calcutá, perdeu o controle da situação. Em Mumbai, onde estava Gandhi, grupos tomaram as ruas e fecharam a cidade. Atacaram lojas e casas de pársis e eurasianos que não atenderam ao chamado de paralisação e espancaram muitos outros. Incendiaram carros e bondes; quebraram vitrines de lojas e levaram o que encontraram. O swadeshi transformara-se em pretexto para saquear.

Gandhi encontrou um amigo para percorrer a cidade e tentar acalmar a violência. Assistiu, com horror e indignação, a jovens que usavam quepes de *khadi* invadindo lojas, chegando a ferir vítimas inocentes — tudo enquanto cantavam "*Mahatma Gandhi ki jai!*". Gandhi declarou mais tarde: "Nunca o som daquelas palavras feriu tanto meus ouvidos."[55]

Quando o carro virou uma esquina, ele se deparou com dois corpos de policiais indianos que haviam sido espancados e esfaqueados. Gandhi chamou umas pessoas que assistiam à cena e implorou que o ajudassem a levar os homens ensanguentados para o hospital. (Ambos acabaram morrendo.) Foi um desastre humilhante. No final, os tumultos em Mumbai deixaram 58 pessoas mortas e 381 feridas. Gandhi declarou um jejum de cinco dias para tentar restabelecer a calma. Ainda assim, recusava-se a suspender a *satyagraha*, esperando, contra todos os indícios, que as pessoas percebessem que a violência apenas encorajaria o governo britânico a revidar.

Sem dúvida, sua opinião sobre o Raj não mudara. "Pode ser", disse a Charlie Andrews, que tinha sérias dúvidas sobre a direção que Gandhi estava dando à Índia, "que o temperamento inglês não reaja positivamente a uma situação de perfeita igualdade com as raças negra e parda. Então os ingleses precisam sair da Índia."[56] Uma ideia já começava a criar raízes em sua mente: se os britânicos saíssem, talvez a violência se dissipasse e desaparecesse.

No entanto, o pior estava por vir. Em 5 de fevereiro de 1922, um grupo de seguidores de Gandhi da vila Chauri Chaura, nas Províncias Unidas, marchou em frente a uma estação policial local. Os policiais, de turbante e khaki, impossibilitados de detê-los, ridicularizaram-nos. No final da procissão, os manifestantes responderam com pedras e tijolos. Em poucos minutos, a situação transformou-se em um gigantesco tumulto. Eram apenas 23 policiais contra alguns milhares de manifestantes. Eles dispararam suas pistolas contra a multidão, até que as balas terminassem, e então recuaram para a estação policial de Chauri Chaura.

Agitada pelo tiroteio, a multidão começou um enorme motim. Em minutos, cercaram a estação de polícia, atearam-lhe fogo e juntaram-se do lado de fora, gritando em coro. Testemunhas oculares ouviram gritos vindos de dentro da estação. Então, os policiais indianos saíram, um a um, e a multidão os atacou, deixando-os em pedaços. Partes dos corpos — cabeças, braços e pernas — eram jogadas ao fogo, enquanto a estação queimava lentamente.[57]

Apenas uma semana antes, Gandhi havia feito um discurso em Suratos e começara dizendo que tinha esperança de que houvesse outro episódio como o de Amritsar, para galvanizar o movimento. "Deixe algum general Dyer parar diante de nós com suas tropas", gritou. "Deixe que comecem a atirar sem aviso." Um ano antes, ele previra: "Nós teremos que passar, provavelmente, possivelmente, por um mar de sangue" para alcançar o Swaraj. Nunca imaginara, entretanto, que o sangue seria derramado pelos próprios indianos.[58]

Gandhi decidiu, de imediato, realizar mais um jejum, em penitência. A ele não restava dúvida sobre quem culpar. "Há certos crimes pelos quais somos diretamente responsáveis", escreveu ao primo Changalal. "Temos de repará-los. Um desses crimes foi Chauri Chaura." Dez dias depois do massacre, Gandhi decidiu fazer uma pausa na *satyagraha* de não cooperação.

Muitos de seus partidários mais próximos estavam desapontados. Naquele ponto, mais de 30 mil de seus seguidores estavam na cadeia, incluindo C. R. Das, Motilal Nehru e Jawaharlal Nehru. Eles haviam sacrificado sua liberdade e suas carreiras para assegurar a libertação da Índia. Diante da pausa, sentiram-se traídos e acusaram Gandhi de jogar fora todo o movimento. Gandhi sabia o que aconteceria. "Garanto que, se tudo não tivesse sido suspenso", escreveu Gandhi a Jawaharlal, "não estaríamos comandando uma batalha não violenta, mas uma batalha violenta." Gandhi notou que o "fétido cheiro da violência" pairava no ar e que "seria imprudente ignorá--lo ou subestimá-lo". Além disso, acrescentou com esperança, "a causa será beneficiada por esse recuo. O movimento caíra, inconscientemente, no caminho errado. Temos de voltar ao nosso ancoradouro".[59]

Porém, na próxima vez que o navio *satyagraha* fosse deixar o cais, teria de navegar sem os muçulmanos. Muhammad e Shaukat Ali estavam particularmente ofendidos com o recuo de Gandhi. Muitos de seus seguidores sentiam, durante todo o tempo, que trabalhar com os hindus fora um erro. (Um repórter muçulmano ficou indignado ao ver fotos de Gandhi, vestido como Krishna e pisando o símbolo islâmico, sendo vendidas na rua.) E o terrível ato de violência entre muçulmanos e hindus em Moplal polarizara os sentimentos em ambas as comunidades.

Os irmãos Ali sempre tiveram a preocupação de que Gandhi pudesse fechar um acordo diferente com o governo e deixar os muçulmanos, como sempre, de lado. Não estavam dispostos a confiar nele mais uma vez. A pausa da não cooperação custou a Gandhi sua aliança com os muçulmanos. Daquele momento em diante, a aliança entre hindus e muçulmanos na política indiana seria uma esperança, não uma realidade concreta.

Enquanto isso, as notícias de Chauri Chaura chegavam ao governo britânico como uma trovoada. Em um encontro do Conselho de Ministros, Churchill pusera a culpa diretamente na atitude conciliatória do governo com relação a Gandhi e aos nacionalistas, por agir como se "o Raj britânico estivesse condenado". Admitiu que apoiara as reformas Chelmsford--Montagu uma vez, mas, naquele momento, "ele sentia como se estivesse diante de um enorme obstáculo". Churchill declarou que fazer concessões e introduzir reformas democráticas apenas trouxera novas demandas por mais concessões. Em vez de ganhar a lealdade dos indianos, as reformas liberais "viraram [os indianos] contra nós, em todos os níveis". Sem dúvida, agora todos podiam ver que entregar precipitadamente o governo aos indianos era um erro.[60]

As duras palavras de Churchill chocaram o ministro de Estado Montagu, que tinha um interesse pessoal naquelas reformas. Ouvi-lo denunciá-las abertamente em um encontro de ministros foi assustador. Montagu ficara tão horrorizado que, quando retornou à sua mesa, escreveu uma carta ao primeiro-ministro Lloyd George. Perguntava se as palavras de Churchill significavam uma mudança na política britânica e, caso não significassem, pedia que o primeiro-ministro confirmasse que o governo de Sua Majestade estava comprometido a "de modo gradual, transformar a Índia dependente em um parceiro autônomo do Império Britânico".[61]

Montagu esperou dois dias por uma resposta, a qual chegou em 10 de fevereiro. A réplica de Lloyd George era tudo pelo que Churchill podia esperar. "É preciso haver um dominador na Índia", disse Lloyd George, sem rodeios. "Sem tal governante, a Índia decairia até chegar ao anarquismo e ao caos. Somos agora os mestres da Índia e devemos deixar claro que pretendemos continuar assim."[62] Desapontado, Montagu renunciou um mês depois.

Enquanto isso, também Gandhi percebia que as declarações do ministro colonial não mostravam apoio ao autogoverno da Índia. "O sr. Churchill, que entende apenas os ensinamentos da força", escreveu Gandhi no *Young India*, "está bem correto ao dizer que os problemas irlandeses são essencialmente diferentes dos indianos." Ao lutar pela Autonomia com violência, os irlandeses teriam de mantê-la também por meio da violência. "Se, no entanto, a Índia conquistar o Swaraj por meios não violentos, deverá ser capaz de mantê-lo por meios não violentos, o que é o mais importante." Cabia aos indianos provar que Churchill estava errado.[63] Porém, em seu íntimo, Gandhi sentia que Churchill provavelmente estava certo. A Índia não estava pronta para a não violência e, se os indianos não podiam se controlar, então (como Gandhi discutia desde o *Hind* Swaraj) tampouco estavam prontos para o autogoverno. Um mês antes, ele dissera aos satyagrahi que "a natureza humana na Índia avançara tanto que a doutrina da não violência era-lhe mais natural do que a da violência". Agora, sabia, de coração, que estava errado.[64]

Gandhi tivera pouco tempo para pensar em sua derrota. No dia seguinte, policiais chegaram a Sabarmati Ashram com uma ordem de prisão. Oito dias mais tarde, ele ia a julgamento por fomentar intriga no Exército indiano e "atentar contra o governo de Sua Majestade instituído por lei na Índia". Gandhi ficou eufórico, "esfuziante", como classificou uma testemunha. Ele recusou a presença de qualquer advogado e alegou-se culpado de todas as acusações.[65]

Na corte, Gandhi leu uma longa declaração, um tipo de resumo da sua vida até aquele momento. Contou, passo a passo, como mudara de "um legalista convicto" para "um desordeiro e não cooperador intransigente". Como aprendera, na África do Sul, que não tinha nenhum direito por ser indiano. Como tentara mudar atitudes e leis ao servir como voluntário na Guerra dos Bôeres, depois na Guerra Anglo-Zulu e depois na Primeira Guerra Mundial. E como suas esperanças por "total igualdade para os meus compatriotas no Império" haviam sido destruídas, primeiro pelo Rowland Act, depois pelo massacre de Amritsar e pela ordem de rastejo.

Gandhi também assumira inteira responsabilidade pelos "crimes diabólicos em Chauri Chaura" e "as terríveis revoltas em Mumbai". Entretanto, no final, ele francamente culpou a Grã-Bretanha pelos levantes e pela pobreza na Índia, argumentando que o Raj a transformara em uma economia dependente, ao arruinar sua uma vez frutífera indústria têxtil e espalhar a fome por toda a região.

Acima de tudo, disse ele, a Grã-Bretanha destruiu o orgulho indiano. "A Índia é menos viril sob o domínio britânico do que jamais fora." Ser leal a tal sistema de governo, afirmou, era impossível. "Em minha humilde opinião, o dever de não cooperar com o mal é tão importante quanto o de cooperar com o bem." Concluiu dizendo, então, que era dever do juiz impor-lhe a mais dura pena que a lei permitisse.[66]

Em 22 de março, Gandhi foi sentenciado a cumprir pena de seis anos na cadeia Yeravda. Considerou a sentença, apesar de leve, uma "grande honra" e submeteu-se à prisão sem resistência. O governo ficou contente, pois temia que ocorressem tumultos e manifestações por toda a Índia em reação ao encarceramento de Gandhi. Ao contrário, nada aconteceu. O programa de não cooperação sumiu da noite para o dia. "Agora estamos simplesmente derrotados", escreveu, na cadeia, um dos seguidores punjab de Gandhi, Lajpat Rai. "A única coisa que podemos fazer é ficar felizes em nossas celas, com a consciência de que, ao menos, não contribuímos para o colapso do movimento" — diferentemente de seu ex-líder, cujo "excesso de confiança" e impetuosidade, continuou Rai, deixaram-nos naquela desafortunada situação.[67]

Os anos na cadeia Yeravda seriam tempo de reflexão intelectual e reavaliação pessoal para Gandhi. Ele não foi forçado a realizar trabalhos pesados; permitiram-lhe um fluxo contínuo de visitantes. No final de 1923, ele foi acometido por disenteria e depois por apendicite. O governo ficou deveras preocupado que ele morresse na cadeia e, em 4 de fevereiro de 1924, ordenou que fosse libertado. Com a saúde e o espírito frágeis, Gandhi parecia um homem destroçado física e politicamente. À exceção da família e do círculo mais próximo de Sabarmati, seus seguidores haviam desaparecido. O Congresso Nacional Indiano havia recuperado as lideranças da velha guarda e descartado o programa de não cooperação. Quando os turcos aboliram formalmente o título de califa, em 1924, o califado já não era mais assunto em pauta.

Era como se os últimos três anos nunca tivessem acontecido.

15. REVÉS DA SORTE

1922-1929

Que decepção tem sido o século XX.
(WINSTON CHURCHILL, 1922)

Em 15 de novembro de 1922, a duas semanas de completar 48 anos, Churchill recebeu a pior notícia de sua vida.

Nas eleições gerais daquele dia, os eleitores de Dundee substituíram-no por um pacifista do Partido Trabalhista. Um convidado de um jantar viu-o pouco depois do ocorrido. "Winston estava com o astral tão baixo que quase não conversou durante toda a noite", lembrou o homem. "Ele pensou que seu mundo houvesse acabado — ao menos seu mundo político. Eu pensei que sua carreira estivesse encerrada."[1]

Na verdade, iniciavam-se uma nova era para a política britânica e uma década de tumulto e decepção para Winston Churchill. Ele sabia que a disputa por seu assento dundee seria dura. Enormes grupos de jovens de tendência socialista, exercendo seu direito ao voto pela primeira vez, importunavam-no aonde quer que fosse; a reputação de antibolchevique linha-dura denegriu sua imagem diante dos eleitores da classe trabalhadora. Entretanto, nunca imaginou que, quando as urnas fossem apuradas, recebesse menos de 14% dos votos.

Foi uma rejeição estarrecedora. T. E. Lawrence escreveu a um amigo em comum, Eddie Marsh: "sinto-me mais triste por Winston do que posso expressar."[2] A humilhação no pleito deu-se, em parte, pelos resquícios da desastrosa política de Churchill no Oriente Médio. No tumulto posterior ao fim do Império Turco, a guerra entre Turquia e Grécia ameaçara atrair a Grã-Bretanha. Churchill e Lloyd George entraram em conflito a respeito do que fazer e mesmo sobre de que lado a Grã-Bretanha deveria ficar. Os eleitores rechaçaram a possibilidade de a Grã-Bretanha envolver-se em outro combate armado. Os políticos também não tinham disposição para mais uma guerra, especialmente no Oriente Médio. Cindindo a contragosto, a coalizão Conservador-Liberal, que governara a Grã-Bretanha desde a Grande Guerra, desmoronava.

A Índia também mostrou peso político. Os anos 1920 testemunharam um súbito ânimo no Raj.* Os novos membros *tories* do Parlamento sempre pensaram que a Lei do Governo da Índia de 1919 havia passado dos limites e ajudado a provocar a violência, não apenas em Amritsar, mas em Chauri Chaura. Estavam desgostosos com os líderes da própria coalizão por unirem-se à "caçada" ao general Dyer. O preço cobrado foi a demissão do ministro Montagu, que ocorreu em março de 1922. Lloyd George, desesperado, pediu a expansão do orçamento do Serviço Civil indiano, a "estrutura de aço", como o chamava, que mantinha a Índia unida. Um observador chamou o discurso de "kiplinguesco" em suas insinuações imperiais; mas, ainda assim, este não poderia salvar o governo.[3] Em outubro, os *tories* e Andrew Bonar Law demitiram-se, forçando a realização de eleições gerais. Esse fato derrubaria o último governo liderado pelo Partido Liberal, e Churchill iria com ele.

Pela primeira vez em 22 anos, Winston não exercia cargo político. Porém, passados o susto e o desespero iniciais, ele encontrou outros escapes para sua incansável energia.

Um deles foi a pintura. Foi apenas aos quarenta anos que ele descobriu esse "maravilhoso mundo de reflexão e arte", como a chamava. Isso se tornou uma paixão por toda a vida. Sua amiga Violet Asquith estava impressionada ao descobrir que essa era a única atividade com a qual Churchill podia envolver-se sem falar. "Quando se tratava de jogar golfe, tomar banho, escalar montanhas, construir castelos de areia na praia", lembrou ela, "ou mesmo jogar cartas, ele falava" — e falava sem parar.

---

* Um sinal dessa ressurreição foi o enorme número de espectadores durante o funeral do general Reginald Dyer, "o açogueiro do Amritsar", em 28 de julho de 1927. Rudyard Kipling mandou uma coroa de flores, como também o fez o antigo regimento de Dyer, os 26th Punjabis. Em seu obituário, o jornal *Morning Post* referiu-se a Dyer como "o homem que salvou a Índia".

No entanto, enquanto estava lá fora, diante de seu cavalete, com seu jaleco branco e chapéu largo, Churchill mantinha-se em absoluto silêncio, trabalhando com pincéis, tubos de tinta e espátula. "Senti como se testemunhasse um milagre", disse Violet Asquith.

Ela intuía também que espremer os tubos de brilhantes tintas escarlate, laranja e azul, as cores da Prússia, dava-lhe "imenso prazer".[4] Bem à sua maneira, Churchill comparava a pintura à batalha. Exigia a mesma inspeção do terreno e da paisagem, o mesmo planejamento estratégico para capturar a cena com sua variedade de objetos e cores, "cada qual diferente quando sob a luz do sol ou na sombra". Armado de tintas e pincéis, ele mergulhou de cabeça e deparou-se com sucessos e fracassos na "batalha pictórica"; ou seja, criou tanto obras de arte quanto "mares de lama".

Mais tarde, ele escreveu que a pintura "é, se assim posso dizer, *mais* estimulante que a luta, quando bem-sucedida".[5] Suas pinturas, com cores vivas e paisagens quase impressionistas, logo passaram a decorar as salas de amigos e os quartos das crianças.

Ele também viajou — agora tinha tempo para uma longa viagem à Itália e à Côte d'Azur — e começou a escrever suas memórias de guerra, cujo primeiro volume apareceu em 1923. Samuel Hoare, um *tory* em ascensão, escreveu, com sarcasmo, a um amigo: "eu soube que Winston Churchill está escrevendo um grande livro sobre si e lhe dará o nome de *A crise mundial*". Os volumes, na verdade, eram o primeiro registro abrangente da história da Grande Guerra escrito por alguém de dentro do governo. A venda de seus direitos (e a morte de um primo que lhe deixou muitos milhares de libras de herança) permitiu que comprasse uma nova casa, chamada Chartwell, em Kent.

Churchill apaixonou-se imediatamente pelo lugar; já Clementine sentia-se dividida. Porém, devido ao descanso forçado, Winston tivera bons tempos replantando os jardins, supervisionando a reforma dos banheiros e construindo uma nova ala, além de fazer uma casa na árvore para as crianças. Com as próprias mãos, ergueu o muro do jardim, em empreitadas de três ou quatro horas. Ao descobrir os prazeres da vida doméstica, Churchill sentiu, aos 48 anos, que, por fim, estava amadurecendo. A mãe morrera em junho de 1921; a filha mais nova, Marigold, em novembro, de septicemia. Esses dois eventos enfraqueceram seus laços com o passado e deram-lhe melhor perspectiva do futuro; como a derrota na eleição dundee, fizeram-no pensar que chegara a hora de decidir o que era realmente importante para ele, incluindo no que se referia às alianças políticas.

Winston continuava sendo um liberal, líder de seu partido. Porém, este estava reduzindo-se rapidamente à insignificância política, espremido entre o ressurgimento do conservadorismo, de um lado, e o avanço do Partido Trabalhista, de outro. As eleições de 1922 deixaram os liberais de esquerda derrotados e amargamente divididos entre as alas Asquith e Lloyd George.

Clementine decididamente odiava os *tories*, quase tanto quanto detestava Chartwell.[6] Rezava para que o marido permanecesse leal às suas convicções liberais ou, ao menos, negociasse sua lealdade pelo maior preço possível. Winston tinha pouco em comum com o Partido Conservador. Os dois continuavam em conflito quando se tratava do livre mercado e quanto a "fazer algo pelos pobres" por meio de legislações progressistas (apesar de, graças ao Partido Trabalhista, os beneficiários do estado de bem-estar social dos liberais já não serem tão agradecidos e deferentes quanto haviam sido).

Por outro lado, os *tories* eram confiáveis antibolcheviques e adversários dedicados dos radicais do Partido Trabalhista. Acima de tudo, eles estavam "bem" em todo o Império, incluindo a Índia. Em 1920, Lloyd George chamara Churchill, em tom de brincadeira, de "o último espécime dos verdadeiros *tories*". Na verdade, ele não era o último *tory*, mas o último *whig*. Transformara-se no herdeiro político do liberalismo clássico da era vitoriana, de Thomas Macaulay e John Stuart Mill. Em 1924, o Partido Conservador era o único refúgio para um vitoriano que acreditava nos redentores poderes da civilização, da ciência, do livre mercado e do estilo de vida britânico — e que assumia, com entusiasmo, o "fardo do homem branco". E, como dissera à sua esposa, os conservadores estavam de olhos "bem abertos para os perigos que estão por vir".[7]

A atitude dos conservadores com relação a esses problemas, entretanto, era fundamentalmente distinta da dele. Winston via os perigos como desafios estimulantes, como oportunidades de colocar a história e a Grã-Bretanha em um novo curso. Os políticos conservadores, por sua vez, apenas queriam fazê-los desaparecer. O fracasso dos *tories* diante dos desafios levara Churchill a sair do partido no passado. Depois, por uma década, eles decepcionaram Churchill outra vez, por conta da política de apaziguamento na Índia. Nesse sentido, nada mudara. A verdade era que Winston Churchill jamais combinou com os companheiros *tories*. Sua volta ao Partido Conservador não se tratava de um retorno às origens, mas de uma procura por um porto seguro onde se proteger da tempestade iminente.

Apesar de tudo, foi o líder conservador Stanley Baldwin quem primeiro buscou Churchill. As eleições de 1922 haviam, aparentemente, levado Baldwin ao poder. Ele acreditava que poderia assegurá-lo, apressando a queda dos liberais; e, com sagacidade, percebeu que os eleitores das classes alta e média-alta uniriam forças com o programa conservador, em vez de votar nos "vermelhos" trabalhistas. Recrutar Churchill era uma maneira de partir os liberais. Mesmo Winston pensou que, ao unir-se aos conservadores, levaria trinta membros do Parlamento consigo.[8]

Baldwin e Churchill encontraram-se no final de fevereiro de 1923. "Ele, é claro, quer muito assegurar meu retorno e minha cooperação", Winston confidenciou a Clementine. Hesitou em aceitar, não apenas porque Clemmie desaprovava. Os conservadores de Baldwin haviam adotado o protecionismo, o terror de Churchill, como tema de campanha para 1923. Portanto, quando vagou um assento em West Leicester, Winston preferiu concorrer como um liberal, apoiando o livre mercado.

Perdeu para o candidato trabalhista por quatro mil votos. Então, quando um grande número de liberais uniu-se ao Partido Trabalhista para eleger Ramsay MacDonald, o primeiro trabalhista a ser primeiro-ministro da Grã-Bretanha, Churchill percebeu que sua única saída era voltar aos bancos *tories*.

Em maio de 1924, ele fizera sua primeira aparição na tribuna pelo Partido Conservador, em Liverpool, em mais de vinte anos. O Partido Trabalhista independente já não tem lugar, disse àqueles que o ouviam. Somente o Partido Conservador oferecia uma base sólida o suficiente para "derrotar o socialismo de uma vez por todas".[9] Naquele mês de outubro, em outra eleição geral, Winston conquistou um assento por Liverpool e uniu-se à celebração pela vitória dos *tories* (apesar de, com seu jeito evasivo, ainda preferir referir-se a si mesmo como um "constitucionalista", e não um conservador pleno).

A deserção de Winston foi solitária. Nenhum outro liberal partiu com ele para o lado conservador. Mas isso não importava mais. A eleição terminara com uma esmagadora vitória dos conservadores. Baldwin assegurou três terços dos assentos da Câmara dos Comuns, enquanto os membros liberais diminuíram para apenas quarenta.[10]

Baldwin estava apenas começando com Churchill. Ele percebera que trazer um orador brilhante e cheio de energia e ambição para o governo fazia mais sentido do que o deixar de fora, onde poderia ser tentado a causar prejuízo. O cargo que queria dar a Winston era nada menos que o primeiro posto que Randolph assumira: ministro de Estado da Índia.

No entanto, outros na liderança *tory* opuseram-se. Se Gandhi e seus partidários forçassem o governo a realizar ações radicais na Índia, advertiram, o colérico Churchill reagiria de modo inadequado. Baldwin concordou, um pouco relutante, e o posto ficou com o amigo de Churchill, F. E. Smith, lorde Birkenhead.[11]

Churchill esperava tornar-se ministro colonial, seu último emprego antes das eleições de 1922. Em vez disso, Baldwin deixou-o atônito com a oferta do Conselho do erário público. Esse era o segundo posto na escala de influência do governo, logo abaixo do de primeiro-ministro. De fato, era, com frequência, o último degrau para tal posição. Era também o posto que Randolph Churchill ocupou antes de morrer. "Isso satisfaz minhas ambições", disse Churchill, emocionado, quando da oferta de Baldwin. "Ainda guardo as túnicas de conselheiro de meu pai. Sentir-me-ei orgulhoso em servir o governo nessa função."[12]

Uma ambição fora concretizada. Sem dúvida, deve ter parecido a Churchill que ele estava pronto para uma nova investida pública, a qual o permitiria guiar seu mais novo e escolhido partido por outra direção, rumo às reformas sociais moderadas e ao liberalismo econômico; e, eventualmente, ao número 10 da Downing Street. Ele estava certo — porém, uma década e meia atrasado. Em menos de seis anos, ele destruiria sua carreira política quase irremediavelmente, ao mesmo tempo que Gandhi alçaria voos cada vez mais altos.

"Subir cada vez mais alto" seria uma previsão bizarra a quem visse Gandhi deixar vagarosamente a prisão de Yeravda no dia 6 de fevereiro de 1924.

A soltura ocorrera por ordem de Ramsay MacDonald e seu recente governo trabalhista. Gandhi cumprira apenas dois dos seis anos da sentença. Frágil e doente, estava bravo porque sua saúde debilitada o forçara a deixar o encarceramento e o colocara a serviço de um governo que preferia vê-lo morrer fora da prisão a morrer em Yeravda. "Ainda tenho muito a fazer", disse, com petulância, a um jornalista guzerate.[13] Na cadeia, tivera uma ascensão moral. Como homem livre, sentia-se compelido a recuperar o que restara de seu movimento.

O programa de não cooperação estava em ruínas. As perturbações da ordem pública, Chauri Chaura e sua subsequente prisão haviam minado sua credibilidade como estrategista político. Declarara que queria "independência dentro do Império, se possível, e fora dele, se necessário".[14] Liberais tradicionais, como Srinivasa Sastri e M. R. Jayakar, pensavam que ele havia provocado os britânicos em demasia; radicais inflamados, como o jovem Jawaharlal Nehru, pensavam que ele deveria ir mais longe. Em junho, Gandhi sentia-se suficientemente forte para comparecer à reunião do All-India Congress Committe (AICC), em Ahmedabad. As mesmas figuras que estiveram ao seu lado em 1920 estavam lá; entretanto, menos deferentes.

Decidido, Gandhi apresentou seu programa uma vez mais. Pediu ao AICC que renovasse o apoio ao *khadi* — incluindo uma proposta de que todos os membros do Congresso aprendessem a fiar — e que assumisse a não violência como política do Congresso. Nas palavras de um ilustre historiador de Gandhi, o resultado foi "dramático". Quando mencionou a roda de fiar, seus antigos amigos Motilal Nehru e C. R. Das deram-lhe as costas e saíram. Outros acenaram com a cabeça em sinal de desaprovação. Eles e muitos outros estavam cansados de ver Gandhi colocar suas obsessões pessoais à frente das ações construtivas. A resolução da não violência passou, mas com uma vantagem de apenas dez votos.[15]

Quando os votos foram contados, Gandhi chorou ao dar uma declaração. Confessou aos participantes da conferência que estava "derrotado e humilhado" pela pequena margem de apoio do Congresso. Seus partidários encorajaram-no a continuar com a luta, criando seu próprio partido dos satyagrahi, mas ele recusou. Não queria que tal ato reforçasse a cisão do Congresso e do movimento nacional. "Eu não me desespero", escreveu a Jawaharlal Nehru. "Minha fé é em Deus. Sei apenas de minha missão nesse momento e nada mais me é dado. Por que deveria então me preocupar?"[16] Para Gandhi, e para seus adversários, sua carreira política estava encerrada.

O Raj respirou aliviado. "Pobre Gandhi, está realmente acabado!", vociferou o novo ministro de Estado da Índia, lorde Birkenhead. Sentia-se livre para desprezar Gandhi como uma figura "patética". Com certeza, ele jamais traria preocupações ao Raj de novo.[17]

Após breve recuperação em Poona, Gandhi partiu para Sabarmati. Estava profundamente orgulhoso da comunidade semimonástica que se havia estabelecido ali, sempre se referindo a ela como "minha melhor criação". Decidira permanecer lá por um período, descansando, refletindo e se reavaliando. Isso era algo novo para Gandhi; e algo para que jamais teria tempo novamente. Desse período, nasceria o Gandhi que o mundo veio a conhecer e reverenciar, pronto para, uma vez mais, combater o Raj.

De certa forma, os anos de 1924 a 1927 foram uma continuação da rotina em Yeravda. A verdade era que Gandhi desfrutara seu tempo na prisão. Havia sido sua oportunidade de ler, experimentar dietas (em dado momento, alimentava-se apenas de leite de cabra, laranjas e uva-passa) e dormir sem as costumeiras interrupções de sua intensa agenda. Durante seus anos em Yeravda, lera aproximadamente 150 livros. Entre eles, estavam *Barrack Room Ballads* e *Second Jungle Book*, de Kipling; *Lays of Ancient Rome*, de Macaulay; *Fausto*, de Goethe; *O médico e o monstro*, de Robert Louis Stevenson; *Ivanhoé*, de Walter Scott; *History of Civilization*, de Buckle; e o favorito de Churchill, *Declínio e queda do Império Romano*, de Gibbon, muito apreciado por Gandhi.[18]

Ele, finalmente, teve tempo para ler *Mahabharata* inteiro (levou seis meses) e outros clássicos indianos. E, com avidez, releu *Bhagavad Gita*, o que o inspirou a escrever uma série de palestras sobre o *Gita* quando retornou a Sabarmati, bem como uma autobiografia, que denominou *Minha vida e minhas experiências com a verdade*. Tentara começar esta última durante os meses de solidão na cadeia, mas não encontrara tempo. Conseguira, entretanto, escrever trinta capítulos de outro trabalho autobiográfico, *Satyagraha in South Africa*.

Os anos em Yeravda e em Sabarmati formaram uma confluência. Foi um período de audição daquilo que Gandhi chamava sua "voz interior" e de imersão nos princípios que motivaram sua vida e pensamento.

O primeiro de tais princípios, que ele articulara na série de palestras, era que a *satyagraha* não significava nada sem seu foco religioso. "Acredito que a política não pode estar apartada da religião", disse a um repórter norte-americano, pouco depois de sair da cadeia.[19] Gandhi percebeu que estivera tão envolvido com o cotidiano político da não cooperação que perdera de vista a base espiritual do movimento; se ele perdesse de vista o que tentava alcançar por meio do Swaraj, os outros também o fariam. O resultado era a violência e as mortes de Chaura Chauri.

Ele encontrara novo apreço pela mensagem do *Gita* de sacrifício abnegado e redenção do indivíduo por ações morais, não importando as consequências. "Se um homem ganha espiritualmente", escreveu em dezembro de 1924, "o mundo inteiro ganha com ele; e se um homem falha, o mundo falha na mesma medida."[20] Isso incluía salvar a humanidade da sociedade industrial. "Não é possível conceber deuses habitando uma terra abominável pela fumaça e pelo ruído das chaminés e fábricas" — ou por homens de espíritos vazios.[21]

Essa era a razão pela qual a *charkha*, velha roda de fiar da Índia, passou a ser tão importante para ele. Em sua infância indiana, nunca vira uma. Entretanto, em 1917, um amigo descobriu uma tradicional roda de fiar em um depósito abandonado de uma casa, na cidade de Vijapur.[22] Gandhi aprendeu como manuseá-la. Para ele, a *charkha* representava a Índia antes da chegada dos britânicos: uma Índia em paz consigo, autossuficiente econômica e culturalmente. Pelo resto de sua vida, nenhum dia estava encerrado antes das duas ou três horas de trabalho na *charkha*, com o "zumbido da roda servindo de música de fundo para seus pensamentos".[23]

Gandhi acreditava firmemente que, ao tecer e fazer suas próprias roupas, os indianos não apenas se libertariam dos "males" do mercado capitalista; eles também experimentariam a regeneração de espírito essencial para o Swaraj. "Tenho convicção", disse ele a um grupo de espectadores, "de que, com todos os fios que fiei, estou tecendo o destino da Índia."[24] Os políticos do Congresso riam ou ficavam impacientes quando ele enaltecia a *charkha*. Haviam-no abandonado quando ouviram sobre o assunto no encontro de Ahmedabad. Ainda que Gandhi não tivesse ciência, muitos deles sabiam que, longe de ser um símbolo da contente vida nas vilas, a *charkha* sempre fora artigo de luxo para as massas rurais da Índia.*[25]

Todavia, eles, respeitosamente, aprenderam como usar a roda (Jawaharlal Nehru tornou-se tão hábil que podia fiar mais de 274 mil metros por ano), e o quepe de *khadi* e o *dhoti* feitos em casa passaram a ser, de fato, o uniforme do Congresso Nacional Indiano. Em janeiro de 1925, Gandhi podia dizer que "a chave para o Swaraj depende de apenas três condições — a *charkha*, unidade hindu-muçulmana e o fim da intocabilidade". Esses itens passa-

---

* Gandhi percebeu isso muito mais tarde e, em 1931, um grupo de discípulos desenvolveu uma *charkha* menor, portátil, que cabia em uma maleta. Batizada de Yeravda Charkha, pois Gandhi a usara por um longo período de aprisionamento, após a Marcha do Sal, ela tornou-se a mais popular versão da *charkha*. Ainda hoje, é vendida pela internet na Índia.

ram a compor o futuro programa de Gandhi, sua marca registrada para a "revolução" espiritual na Índia. Alcançá-las, porém, acabou por ser mais difícil que encerrar o domínio britânico.

Em 1924, o abismo entre hindus e muçulmanos, o qual Gandhi tentara transpor durante a *satyagraha* Khilafat, estava mais largo e mais profundo que nunca. Os irmãos Ali, seus antigos aliados, encontravam-se totalmente envolvidos com a política pan-islâmica e alheios ao Congresso — e a Gandhi. Em Yeravda, Gandhi tentara estudar urdu e ler histórias sobre o islamismo, na esperança de compreender os desafios enfrentados pelos muçulmanos em uma sociedade dominada pelos hindus.[26] Porém, nem ele nem os congressistas nunca entenderam por completo a instável combinação de orgulho, esperança, vulnerabilidade e medo que mobilizava aquela minoria e seus porta-vozes na Índia. Gandhi jamais aceitou que os mesmos gestos religiosos que faziam as massas hindus venerarem-no como *sadhu* (homem sagrado) deixassem os muçulmanos desconfiados e desconfortáveis e fizessem-nos sentir que também ele os abandonaria no fim. Mesmo suas constantes invocações ao deus Rama e ao *Rama Raj* (o futuro domínio de Rama sobre a Índia) pareciam, para muitos, uma virtual declaração de guerra à fé islâmica.[27]

Devido a tudo que dizia sobre reconciliação religiosa, Gandhi não podia ignorar o fato de que, como todo mundo, ele estava sentado sobre um barril de pólvora sectário. Em setembro de 1924, em Kohat, na Fronteira Noroeste, muçulmanos lideraram uma revolta e assassinaram hindus, que tentaram escapar até quando as tropas chegaram. Em Sabarmati, Gandhi jejuou por cinco dias em protesto. No entanto, as esporádicas explosões de violência nunca tiveram fim. Somente em Províncias Unidas, houve mais de 88 episódios em quatro anos, deixando 81 pessoas mortas e outras 2.300 feridas. Em 1927, Gandhi admitiu: "não me atrevo a mexer no problema da unidade entre hindus e muçulmanos. Tal problema saiu das mãos humanas e foi transferido para as mãos de Deus."[28]

Outro tema igualmente perturbador era a situação dos dalits, ou intocáveis, e a problemática ainda maior do sistema de castas indiano. Pouco depois do retorno de Gandhi para a Índia, houve um período em que ele esteve disposto a encarar o sistema de castas "com reservas", como uma autodisciplina imposta aos membros das castas e *jati*.[29] Intocabilidade era outro assunto. Gandhi disse que ela envenenou o sistema de castas hindu, "como uma gota de arsênico envenenaria todo um tanque de leite". A leitura dos clássicos hindus, como *Upanishads*, convenceu-o de que a intocabilidade era uma aberração, uma excrescência nos valores e ideais da ortodoxia hindu. Gandhi recusava-se a acreditar que a crença de seus pais pudesse ser tão insensivelmente impassível ao destino, ou mesmo à existência, de cerca de 60 milhões de seres humanos — tão insensível que intocáveis podiam ser linchados por usarem os bigodes apontando para cima ao invés de para baixo.[30]

"Para mim", disse ele a um jornalista norte-americano, "intocabilidade é mais insuportável que o domínio britânico. Se o hinduísmo a adota, então o hinduísmo está morto e enterrado."[31] Gandhi começou a pregar uma visão renovada das castas, chamada *varnasharma dharma*, em que a antiga segmentação da sociedade hindu representaria uma forma de dividir o trabalho, e não de creditar inferioridade ou superioridade.[32]

Entretanto, poucos estavam dispostos a serem convencidos, inclusive (ou especialmente) os próprios dalits. Estes estavam aprendendo, com os muçulmanos, a encontrar um porta-voz que defendesse suas reivindicações diretamente com o Raj ou com a maioria hindu, em vez de contar com a generosidade de estranhos como Gandhi. Por outro lado, para a fé de hindus nacionalistas à moda antiga, como Tilak, e radicais, como Vinayak Savarkar, era essencial sustentar os velhos tabus. Protestos populares contra a "heresia" de Gandhi quanto à intocabilidade estouraram em 1925 e 1926. Mesmo em Sabarmati, Gandhi teve que desistir de forçar seus discípulos a dividir a comida com os intocáveis no *ashram*.[33]

Para Gandhi, tudo fazia parte do mesmo problema. Como ele poderia trazer paz e unidade a um subcontinente onde a identidade social estava construída sobre diferença e conflito? Em Sabarmati, ele estava decidido a pôr um fim nisso.

Durante seus três anos de distanciamento da política, o *ashram* passou a ser seu laboratório para experiências sobre como transformar a Índia espiritualmente. Lá, cerca de quarenta homens, mulheres e crianças plantavam sua comida, fiavam, faziam suas roupas, rezavam, cantavam e recitavam o *Bhagavad Gita*. No centro de tudo estavam os discípulos que o seguiam desde a Fazenda Tolstói, na África do Sul, incluindo sua família. Apesar de discípulos políticos próximos, como Patel e Prasad, visitarem o *ashram* com frequência, eles nunca fizeram parte dele. Seus habitantes formavam um quadro especial e muito íntimo a Gandhi, pessoas dispostas a viver sob as regras do Mahatma e com quem ele dividia tudo.*

Um desses discípulos era Mahadev Desai. Quando Gandhi conhecera-o em Ahmedabad, em 1917, ele era advogado, poeta e colecionador de músicas folclóricas locais. O magro e sensível Desai tinha 25 anos; Gandhi, 48. "Deixe tudo para trás", disse Gandhi a ele, "e venha comigo." Mahadevbhai transformou-se em um filho para Gandhi, substituindo o errante Harilal e mais próximo que Manilal. Apesar de ser casado, Desai não sentiu remorso ao se mudar para o *ashram* e tornar-se escrevente e secretário pessoal de Gandhi.

Todos concordavam que Mahadev escrevia com uma mão forte e bela; ele chegava a ter o mesmo estilo e expressão de Gandhi. Era comum que, durante as conversas, completasse as frases do Mahatma. Como secretário pessoal, Desai colocou ordem e coerência onde antes não havia. Um comentário frequente após longos encontros com Gandhi era: "saberemos o que ele disse quando recebermos as anotações de Mahadevbhai."[34]

O filho de Desai, Narayan, conservou viva lembrança do *ashram* e da galeria de personalidades que lá vivia no final dos anos 1920. Kasturbai, a ocupada matriarca que mimava as crianças e censurava Gandhi por dar comida demais aos visitantes. Bhansali, um velho e recluso professor de francês que fizera voto de silêncio por 12 anos. Quando alguém pisava em seu pé no escuro e ele gritava involuntariamente, costurava seus lábios com linha de costura, em penitência. Premabehn Kantak, uma mulher de vinte e poucos anos que tentava manter alguma disciplina no grupo das crianças. Havia também um espião, Ismaildhai, que com doces subornava meninos e meninas para descobrir sobre o que os adultos conversavam.[35]

Havia o próprio Gandhi, que, com frequência, se unia às crianças na bagunça; ele usava seu relógio para cronometrar as corridas de revezamento e nadava com elas no rio Sabarmati. Também inspecionava as brincadeiras e os programas musicais depois da ceia, como um benevolente patriarca

---

* Diariamente, Gandhi questionava: "como vai seu intestino hoje?" Gandhi enxergava a regularidade intestinal como um sinal de saúde espiritual e interessava-se profundamente pelas respostas de seus discípulos. Inclusive, um de seus livros favoritos em Londres havia sido *Constipation and Civilization*, que pretendia mostrar um elo direto entre a corrupção da vida moderna e diversas disfunções gastrointestinais.

vitoriano em um subúrbio londrino. Para Narayan e as outras crianças, ele fora sempre "Bapu" ou pai — enquanto o pai de verdade de Narayan era "tio".

À parte o próprio Bapu, o centro da vida em Sabarmati era seu grande sino de bronze. Soava em todas as horas da comunidade: o despertar antes do amanhecer, as refeições do dia e da noite e o recolhimento noturno. Certo dia, as crianças resolveram contar quantas badaladas ele dava. Contaram 56.[36] Nas horas de refeição, a primeira badalada do grande sino era para chamar todos para a sala de jantar. Quando soava a segunda, as portas da sala de jantar eram fechadas. Na terceira, os presentes iniciavam suas orações. A entrada na sala depois da segunda badalada requeria o perdão do Mahatma.[37]

As horas da refeição eram oportunidades para Gandhi experimentar novas dietas. Ele sabia que sua relação com a comida chegara muito longe do convencional, mesmo para um vegetariano. Chegou a publicar uma coluna no *Young India* intitulada "confissões de um experimentador de dietas". Como o celibato voluntário e o tear, a dieta era outro caminho para a rígida versão do Swaraj de Gandhi; significava "domínio sobre si mesmo".

Até os mais dedicados habitantes do *ashram* tinham dificuldade em acompanhar o ritmo de Gandhi. Na Fazenda Tolstói, na África do Sul, as refeições, normalmente, consistiam em uma variedade de legumes e lentilha, além de nozes, pão integral com manteiga e saladas verdes. Então Gandhi mudou-as para apenas frutas e nozes; depois, apenas frutas desidratadas, como uva-passa.[38]

Gandhi evitava alimentos cozidos quando retornara à Índia, em 1915. "O fogo não deve ser usado no preparo dos alimentos", disse ao cético Srinivasa Sastri, "porque não é natural." (Um de seus livros preferidos nessa época era *Return to Nature*, de Adolf Just.)[39] Ele também sentia que cozinhar obrigava as mulheres a passarem suas vidas na cozinha, como fizera sua mãe. Porém, seu sistema digestivo passou a não tolerar vegetais crus, especialmente depois da disenteria que sofrera na prisão. Em agosto de 1929, outro episódio o forçou a abandonar os alimentos crus. Logo ele começou a experimentar grãos crus, mas ensopados — uma melhora digestiva nada significativa.[40]

Como as refeições, as regras no *ashram* para os adultos eram austeras, monasticamente rígidas e "por vezes também duras".[41] Como monges em um mosteiro budista, os habitantes, inclusive as mulheres, raspavam as cabeças. Faziam votos de sempre falar a verdade, evitar todas as formas de violência, não ter posses e praticar o celibato — sendo este, no entanto, voluntário, uma vez que era impossível manter o celibato com tantos casais vivendo sob o mesmo teto.*

Entretanto, para as crianças, como Narayan Desai e os netos de Gandhi, Sabarmati era um eterno acampamento de férias. Sem escola ou estudos com livros, a vida era uma série de jogos. No dia de Gokul Ashtami, o aniversário de Krishna, adultos e crianças uniam-se para salmodiar o *Bhagavad Gita*. As crianças vestiam-se com os trajes que Krishna usara quando era um jovem pastor e corriam vestidas em tanga e turbante vermelho para pastorear o gado. No caminho de casa, voltavam mastigando doces feitos de leite. (Já aos adultos não era permitido quase nenhum consumo de derivados de leite de vaca.)**[42]

As crianças aprendiam músicas como "não mate, aprenda a morrer — isso é o que Gandhiji ensina", "pense na prisão como um templo" e "a roda de fiar é uma flecha que perfurará o coração do governo". E todas as crianças do *ashram* aprendiam a fiar "sem parar", ainda que também isso se tivesse tornado um tipo de brincadeira. Alguns meninos e meninas passavam até oito horas em suas *charkhas*, cantando e rindo. Outros chegaram a promover uma "maratona *charkha*" de 24 horas, organizando um revezamento como os monges medievais em missa perpétua.[43]

Enquanto isso, as chaminés das fábricas têxteis de Ahmedabad agigantavam-se sobre eles, claramente visíveis na margem oposta à Sabarmati. Lá, as grandes máquinas, que Gandhi tanto desprezava, produziam tecidos em grande escala para vender por toda a Índia e Ásia, e os lucros enchiam os bolsos dos comerciantes de Ahmedabad. Esses comerciantes, piedosa e generosamente, doavam fundos sem os quais Sabarmati Ashram não poderia sobreviver. Gandhi estava ciente da ironia, mas aceitou o dinheiro. Nas

---

* Quando ele descobriu que alguns dos meninos mais velhos haviam sido pegos em atividades homossexuais, jejuou por seis dias em desaprovação. A homossexualidade era uma ofensa direta aos valores exaltados por Gandhi, que incluíam *brahmacharya* e "masculinidade". Quando a mesma coisa acontecera na Fazenda Tolstói, em 1914, Gandhi escreveu algumas de suas passagens mais angustiantes e reflexivas.

** Gandhi era vegetariano, mas aceitava a ingestão de alguns alimentos de origem animal. Quando deixara a Índia pela primeira vez, prometera à sua mãe não beber leite; mas não considerava o consumo de leite de cabra uma quebra de voto.

imortais palavras de uma observadora, a poetisa bengalesa e ajudante de Gandhi, Sarojini Naidu, "foi preciso um considerável montante de dinheiro para manter o Mahatma vivendo na pobreza".[44]

Naidu conheceu-o em 1914. Nascida em uma famosa família brâmane e brilhantemente educada, ela foi apenas uma das mulheres bem-sucedidas que se sentiram atraídas por Gandhi e passaram a fazer parte de seu círculo mais próximo, se não parte do ashram em si. Outra foi Saraladevi Chaudhurani, a sobrinha de Rabindranath Tagore. Contumaz e entusiasmada, fluente em inglês, francês, farsi e sânscrito, ela era, como Gandhi, adepta às ideias New Age (sua mãe fora teosofista) e passaria a vida lutando pelos direitos das mulheres indianas, inclusive o direito ao voto.

Saraladevi e seu marido nunca viveram no ashram, mas sua filha sim; Saraladevi era uma visitante habitual e uma das mais próximas confidentes de Gandhi. Ela o acompanhou em todas as viagens do programa de não cooperação, em 1921. Escreveu o hino não oficial dos satyagrahi, "Eu saúdo a Índia". Na verdade, a admiração era mútua. As cartas que recebia de Gandhi revelavam um carinho, ou mesmo um erotismo, que ninguém mais despertava nele. Quando Gandhi conheceu Margaret Sanger, em 1935, confessou-lhe que Saraladevi era a única mulher que o havia feito pensar em deixar sua esposa.[45]

Então, em 7 de novembro de 1925, outra mulher solteira chegou ao ashram. Quando Gandhi foi ao portão recebê-la, ela ajoelhou-se aos seus pés e dirigiu-se a ele como "Bapu", ou pai. Gandhi estendeu a mão para ajudá-la a levantar, dizendo: "e você então será minha filha." No dia seguinte, ela raspou a cabeça, como as outras mulheres de Sabarmati, e vestiu o sari de khadi obrigatório. Estaria permanentemente ligada ao ashram pelas duas décadas seguintes.

A diferença era que Madeleine Slade era um inglesa, filha de um almirante da Marinha Real. O almirante Slade comandara a frota East Indies e chegara a servir a bordo da Anglo-Persian Oil Company de Churchill.[46] Mais que qualquer outro amigo branco de Gandhi, como Charlie Andrews, Henry Polak ou sua secretária em Johhanesburgo, Sonja Schlesin, Madeleine Slade estava pronta para dar as costas a todos os valores ocidentais e comprovar sua aliança com a causa de Gandhi. Chegou a entregar sua identidade e mudar seu nome para Mira ou Mirabehn, como no poema medieval favorito do Mahatma.

Madeleine Slade era o indício do que seria um furacão cultural. Sob a inspiração de Gandhi, milhares de ocidentais cultos logo descartariam suas próprias culturas para encontrar nova inspiração cultural na Índia. O que começou com Mirabehn (apesar de ter havido exemplos anteriores de ocidentais agregando-se à cultura indiana) terminaria com os Hare Krishnas e os Beatles. E o livro que impulsionou tudo isso mais que nenhum outro (Slade agendara sua ida para a Índia quase no momento em que terminara de lê-lo) havia aparecido nas livrarias europeias no período em que Gandhi deixara a cadeia Yeravda. Best-seller internacional, a obra tornou Gandhi famoso fora da Índia pela primeira vez e transformou-o em um ícone New Age.

O livro era *Mahatma Gandhi: The Man Who Became One with the Universal Being*. Seu autor era o escritor francês Romain Rolland, um dos principais colaboradores da revista de contracultura *The New Age* e, mais tarde, vencedor do prêmio Nobel de literatura. Pacifista e um ávido admirador de Tolstói, Rolland sempre fora fascinado pela filosofia oriental.* Aprendera sobre Gandhi enquanto correspondia-se com o poeta Tagore e escreveu suas primeiras palavras de admiração para a revista *Europe*, sem ter, de fato, visitado a Índia ou mesmo conhecido Gandhi. Rolland estava convicto de que Gandhi segurava em suas mãos não apenas o destino da Índia, mas do mundo todo. Para ele, era o maior líder religioso desde Jesus Cristo.

"Esse é o homem que mobilizou 300 milhões de pessoas para a revolta", escreveu Rolland, emocionado, "que estremeceu as estruturas do Império Britânico e introduziu na política o mais forte ímpeto religioso dos últimos dois mil anos."[47] Rolland explicou que, desde o início, "Gandhi e a Índia haviam feito um pacto. Eles entendiam um ao outro sem palavras [...] e a Índia está pronta para dar tudo que Gandhi exigir." Gandhi era o "mestre" daquele "mar de homens" indianos, que logo surpreenderiam os britânicos com uma gigante onda de libertação espiritual.[48]

Aquela mensagem de paz e harmonia deveria chegar bem mais longe que as fronteiras da Índia. Rolland retratou Gandhi como o messias da luz universal New Age, cuja mensagem incorporava "o princípio da vida e da não violência". A única coisa que faltava a esse Gandhi messiânico, disse Rolland em um momento, era "a cruz".[49]

---

* Seu amigo Hermann Hesse dedicou o best-seller sobre a vida de Buda, *Sidarta*, a Rolland.

Rolland declarou da forma mais clara que pôde: "o apóstolo da Índia é o apóstolo do mundo [...] a batalha que Mahatma começou a lutar há quatro anos é nossa" e "conduzirá uma nova humanidade por um novo caminho".[50]

Mahatma Gandhi apareceu em 1924, quando a sorte de Gandhi estava em baixa. Em pouco tempo, toda a Europa ouvia falar dele. Longe de se sentir constrangido pelos exageros e distorções de Rolland, Gandhi estava satisfeito. Escrevera para Rolland no fim de março daquele ano, dizendo ser maravilhoso o modo pelo qual ele interpretara sua mensagem tão verdadeiramente, mesmo sem nunca o haver conhecido ou encontrado. Gandhi sugeriu que isso provava a unidade essencial da natureza humana. Daquele dia em diante, gostava de referir-se a Rolland como seu agente publicitário.[51]

Romain Rolland criou o mito de Mahatma Gandhi que o mundo ocidental admira desde então. Ao menos uma vez a cada dez anos, o mito é reproduzido em biografias adulatórias e filmes de sucesso. Foi o mito do santo universal, do gentil apóstolo da não violência e da bondade humanitária que deu as costas aos inimigos e venceu pelo exemplo moral. O mito elaborado por Rolland ignorou, deliberadamente, as outras facetas de Gandhi. Ignorou o guerreiro teimoso que lia Kipling com prazer e escreveu "você não pode ensinar não violência a um homem que não pode matar". Omitiu o patriarca vitoriano que estabeleceu padrões impossíveis para seus filhos e recusou-se a permitir o casamento de Devadas com uma menina de outra casta.[52] Deixou de fora o organizador perspicaz, o regateador duro e o moralista inflexível e austero. Em vez disso, projetou uma imagem leve e New Age.

Um outro ponto importante é que tal imagem santificada distorceu profundamente o papel de Gandhi na política indiana. Ao indicar que Gandhi falava por todos os indianos, Rolland ignorou as amargas rivalidades e os rachas do subcontinente e minimizou os desafios que vinham pela frente. Apesar de tudo, o impacto do livro na audiência ocidental foi decisivo. *Mahatma Gandhi* aumentou consideravelmente o prestígio de Gandhi, tanto entre os admiradores quanto entre os antagonistas, incluindo uma sucessão de vice-reis e ministros imperiais. Se Gandhi era o Jesus moderno, ninguém queria terminar como Pôncio Pilatos.

Um homem estava impassível ao culto a Gandhi. Esse homem era Winston Churchill. Sua imagem também mudara nos anos 1920, mas não rumo à santificação.

Em um primeiro momento, os jornais chamaram-no o "conselheiro sorridente". Entusiasmado e exuberante, com charme e carisma, Churchill transformou a anual reunião de orçamento em um evento da grande mídia — tal qual é hoje. Seu primeiro discurso, em 1925, foi uma proeza retórica que cativou a Câmara dos Comuns por duas horas e quarenta minutos, arrancando risadas dos membros e deixando-os no mais absoluto silêncio ao lembrar, em tom emocionado, da necessidade de pensão para viúvas e mães.

O primeiro-ministro Baldwin disse ao rei que "o sr. Churchill provou estar à altura da situação" e mostrou que não tinha apenas as habilidades de um parlamentar maduro, mas "a versatilidade de um ator".[53] Baldwin deve ter parabenizado a si mesmo pela escolha acertada para o cargo de conselheiro.

Ainda assim, o secretário de Baldwin, P. J. Grigg, previu, mal-humorado, que "dentro de um ano, Winston haverá cometido algum irreparável equívoco que, se não colocar em perigo todo o governo, derrubará ele próprio".[54] Grigg conhecia Winston e sua previsão veio a confirmar-se. Com a publicidade da mídia, com os exageros e as festas de ricos e famosos em Chartwell, veio também uma série de decisões que só podem ser classificadas como negligentes. Os cinco anos de Churchill no erário público foram desastrosos para a Grã-Bretanha e prepararam terreno para muitos dos problemas que estavam por vir.

O primeiro passo em falso apareceu no primeiro orçamento. Churchill decidiu restabelecer o padrão-ouro na Grã-Bretanha, abandonado desde a guerra. Antes de realizar tamanha alteração, Churchill consultou diversos economistas (inclusive John Maynard Keynes, depois um dos mais duros críticos da decisão). Churchill queria enviar um sinal de que a Grã-Bretanha estava voltando às velhas certezas de antes da guerra, incluindo as certezas monetárias.

Provavelmente, atrelar a libra esterlina ao preço do ouro não tenha sido má ideia. Sozinha, a ação poderia ter dado à Grã-Bretanha a sólida estabilidade monetária que desejava. Mas os economistas dos bancos ingleses fixaram o preço da libra alto demais, fazendo-a voltar aos velhos valores. O resultado foi um exagerado aumento nos preços das exportações e um impasse para a recuperação industrial do país. Também gerou uma colisão entre o curso das políticas fiscais e os esforços do governo para acalmar os sindicatos com aumentos de salário. A consequência seria a crônica alta na taxa de desemprego e a greve geral dois anos mais tarde.[55]

Como conselheiro, Winston continuou com uma violenta política de corte de gastos. E mirou a Marinha Real para um corte significativo. Foi um movimento espantoso, e mesmo ultrajante, para um ex-primeiro lorde do Almirantado. Mas os cortes que Churchill desejava para os próximos cinco anos refletiam sua crença — reforçada pelo Tratado Naval de Washington* — de que os dias de manutenção de grandes frotas haviam chegado ao fim. "Não podemos manter um monte de navios de guerra", disse ele ao secretário-assistente do Gabinete, Tom Jones, "que não terão mais uso." Ele forçou o Almirantado a aceitar a redução do orçamento até que, finalmente, o primeiro lorde do Mar, almirante Bridgeman, ameaçou renunciar para não permitir que Churchill, como disse, "arruinasse a Marinha".[56]

A resposta de Churchill foi arrogante: "Você sabe que não escrevo sobre esses assuntos navais sem experiência." Ele ainda tentou convencer o governo a transformar a Regra dos Dez Anos em uma regra de vinte anos para a Marinha Real, insistindo que a Alemanha precisaria de décadas para voltar a ser uma potência naval e que "uma guerra com o Japão não é uma possibilidade que qualquer governo razoável deva levar em consideração". Como disse a Stanley Baldwin em dezembro de 1924, "o Japão está do outro lado do mundo. Ele não pode ameaçar nossa segurança de forma alguma".[57]

Apoiado nessa suposição negligente, Churchill fiscalizou os cortes na Marinha Real, que eram espantosos e aumentaram depois que o Partido Trabalhista subiu ao poder em 1929. A Marinha possuía 443 destróieres em 1918; em 1931, mal lhe restavam 120. Seus setenta navios de guerra passaram a cinquenta. Nos 17 anos seguintes ao fim da guerra, apenas dois novos navios de batalha foram construídos, além do malfadado *Hood*. A Força Aeronaval caiu para 159 aeronaves. Em contraste, a do Japão cresceu para mais de quatrocentas. Em 1926, Churchill insistiu em adiar os planos da Marinha de modernizar e fortalecer sua base em Cingapura por pelo menos seis anos. A única potência que poderia ameaçar a área era o Japão e, novamente, "por que deveria haver uma guerra contra o Japão? Os japoneses

---

* Assinado em 1922, o tratado estipulava a taxa de navios das capitais britânica, norte-americana e de outras nações em 5:5:3, o que siginificava que a Marinha Real teria de se desfazer de navios inexistentes, enquanto a italiana e a japonesa estavam livres para continuar crescendo.

são nossos aliados. Não acredito que jamais vá haver possibilidade de uma guerra entre nós".[58]

Em sua cabeça, Churchill não estava abandonando o Império. Ao contrário, tinha esperança de economizar dinheiro com a defesa para investir mais em ações sociais.[59] Mas seu erro de cálculo estratégico enfraqueceu a capacidade da Marinha Real de patrulhar o globo, inclusive o Pacífico, o que deixou Cingapura virtualmente indefesa e gerou uma consequência fatal mais tarde. Se uma pessoa pode ser culpada pelo colapso do Império Britânico no leste da Ásia em 1942 e por permitir que o Japão avançasse até a entrada da Índia, essa pessoa é o conselheiro do tesouro público Winston Churchill.

Naquele período, no entanto, nenhuma adversidade afetou a reputação de Churchill mais que a greve geral de 1926.

Ela teve início no dia 1º de maio, como uma greve dos mineradores da indústria de carvão da Grã-Bretanha, em um tempo em que o carvão era o combustível essencial para a máquina econômica da ilha. Outros sindicatos pertencentes ao Trades Union Congress (TUC) ameaçaram unir-se ao movimento. O ostensivo ponto em debate era o usual: salários. Mas a verdadeira intenção entre os radicais do TUC, incluindo muitos comunistas, era usar uma "greve geral" como arma para derrubar o governo conservador, talvez o próprio sistema capitalista. Durante dez tensos dias, de 3 a 12 de maio, o governo de Baldwin teve de enfrentar o fantasma da completa paralisação econômica, à medida que os trabalhadores das indústrias vitais, uma após a outra, desde as estradas de ferro e os jornais às usinas elétricas e aos estaleiros, entraram em greve em apoio aos mineiros britânicos.

Churchill estava no primeiro plano do confronto. Particularmente, ele assumiu uma postura mais conciliadora que muitos de seus colegas de governo. Em público, no entanto, suas palavras eram exageradas: "estamos em guerra", declarou ao ministério em 7 de maio; insistiu com os membros do governo que não cedessem. "Ou o país quebra a greve geral", escrevera no dia anterior, "ou a greve geral quebra o país."[60]

Em sentido estrito, Churchill estava certo. Mas o tom estridente e a convocação para o confronto armado chocaram o ministro do Interior, Neville Chamberlain. Churchill "simplesmente revela nesse episódio", escreveu ele, "que irá falar e tratar desses assuntos como se fosse 1914." Outros viram em Churchill a mesma "vanglória e excessiva animação" que terminara no desastre de Galípoli. O governo tinha de impedi-lo de dar ordem para que o Exército marchasse contra os grevistas.[61]

O primeiro-ministro tomou a prudente atitude de manter Churchill longe das negociações com os sindicatos. Winston teve de contentar-se em lançar seu próprio jornal, o *British Gazette*, que deveria substituir os jornais paralisados pela greve. Ele escreveu alguns dos artigos mais estridentes do *Gazette*, cujo linguajar desmedido fez dele um para-raios de críticas. Ele chamou os grevistas e organizadores de "irresponsáveis, violentos" e mesmo desumanos — palavras que lhe renderam inimigos para toda a vida nos quadros do Trades Union Congress e do Partido Trabalhista.

Ao ignorar o conselho de Churchill e também ao se recusar firmemente a atender às demandas até que a greve fosse encerrada, Baldwin conseguiu interromper a greve geral. Os mineradores de carvão ainda mantiveram a paralisação por mais cinco meses. Em um gesto louvável, Churchill tentou um acordo para pôr fim à greve, mas os donos das minas o rejeitaram.[62]

Finalmente, em 20 de novembro de 1926, a greve do carvão entrou em colapso. O capitalismo na Grã-Bretanha havia sobrevivido. Winston celebrou saindo em viagem para o Mediterrâneo. Planejava jogar uma derradeira partida de polo na Ilha de Malta ("se eu falecer no campo, será, de qualquer forma, um fim valioso!", escreveu ele) e visitar a Itália. Lá ele encontrou, pela primeira e última vez, o homem que tomara brutalmente o poder em 1922, Benito Mussolini.

Em conversas privadas, Churchill podia fazer sérias críticas ao ditador italiano. Porém, acreditava (erroneamente) que ele e Mussolini dividiam profunda antipatia pelo comunismo soviético. Na sequência da greve geral, ele abraçara o vanglorioso charlatão como aliado. Após o encontro dos dois, Winston declarou: "não pude deixar de encantar-me, como tantas outras pessoas já se encantaram, com seu jeito gentil e simples". Ainda acrescentou que, se fosse italiano, seria fascista também. As palavras finais de Churchill, dizendo a Mussolini que "seu movimento tem servido ao mundo todo" queimou qualquer chance que ainda lhe restasse com a esquerda britânica.[63]

Entretanto, para um crescente círculo de *tories*, Churchill aparecia como um herói. Muitos deles estavam insatisfeitos com o primeiro-ministro Baldwin, que se desgastara na luta contra a greve geral e que não era assim tão forte. Eles também não gostavam de seus aliados teimosos e estúpidos, como Chamberlain e o ministro do Espaço Aéreo, Sir Samuel Hoare (cuja ascendência, segundo lorde Birkenhead, parecia retroceder a uma longa linhagem de tias solteiras).[64]

Em contraste, Churchill oferecia estímulo, inspiração intelectual, boa comida e bebida e conversas brilhantes. Sua casa transformou-se em ponto de encontro de rebeldes jovens e nem tão jovens; Churchill reinava como um chefe de família, principal centro de atenção — muito semelhante a Gandhi em Sabarmati. Em todas as noites dos anos 1920 e do início dos anos 1930, discípulos iriam reunir-se em Chartwell para ouvir suas histórias, capturar seu entusiasmo e consumir seu uísque.

Victor Cazalat consideva-se um conservador "liberal" alinhado com a "Democracia Tory". Conhecera Churchill durante a guerra e, como membro do Parlamento por Chippenham, passou a frequentar Chartwell. Ele falava com admiração sobre Churchill e sua "inspiração, coragem, afeição e vitalidade" daqueles anos, além de sua afável desenvoltura em conversar, durante horas e com naturalidade, com jovens vinte ou mesmo trinta anos mais novos.[65]

Duff Cooper tinha 34 anos quando foi eleito para o antigo assento de Winston em Oldham. Ele ia frequentemente a Chartwell, assim como o parlamentar por East Aberdeenshire, Robert Boothby, de 24 anos, e Harold Macmillan, membro do Parlamento por Stockton. Cooper e Boothby permaneceriam discípulos de Winston antes e durante a Segunda Guerra Mundial. Mas ninguém seria mais próximo a ele que Brendan Bracken, um jovem estranho e sem linhagem que usava uns óculos de avó e tinha bastante cabelo de cor laranja. Alguns se referiam a ele como o "esquisito do cabelo vermelho", mas ele ficava muito à vontade em Chartwell e (apesar da hostilidade de Clementine) era quase parte da família Churchill — como um filho postiço de Winston.*[66]

Em Chartwell, Churchill costumava levantar-se às oito, depois de ditar páginas do último volume de suas memórias de guerra, *The World Crisis*, até as primeiras horas da madrugada. Em geral, seu café da manhã era composto de suco de laranja, ovos, torrada, um bife ou coxa de frango que

---

* Alguns chegavam a especular que ele fosse mesmo filho de Winston, nascido de um adultério. Os boatos cresceram tanto que, em certo momento, Clementine confrontou Winston e exigiu saber a verdade. "Eu pensei na possibilidade", disse ele envergonhadamente, "mas as datas não coincidem."

sobrava do jantar e muita geleia de cereja. Depois do café e de um banho, ele lia jornais e cartas, normalmente, acompanhado por um uísque com soda, o primeiro do dia, e o primeiro charuto (sempre um Havana). Depois, trabalhava mais em seu livro antes do almoço, seguido de um tempo no jardim ou na construção da casa que estava fazendo para seu mordomo. Os hóspedes ficavam sempre impressionados ao ver Winston erguendo as paredes, com uma pá de cimento em uma mão e um charuto na outra, por quatro horas consecutivas.[67]

Os convidados para o almoço chegavam. Por vezes, entre eles estava uma celebridade como T. E. Lawrence, que aparecia em sua motocicleta, ou Charlie Chaplin. Após o almoço, Churchill recolhia-se para a sesta diária, que costumava durar uma hora e meia, e depois voltava a trabalhar no jardim até a hora do jantar. Então, depois do jantar, chegava a melhor hora do dia, quando Winston contaria histórias e seus convidados o ouviriam em sessões que quase sempre passavam de meia-noite. Para compensar o avançado da hora, ele fornecia a seus ouvintes um "sem-fim de champanhe, charutos e conhaque". Winston falava andando pela sala com os braços cruzados e a cabeça para a frente, em um monólogo que passava dos recentes debates políticos e experiências na Índia às campanhas de Alexandre, o Grande, e à Guerra Civil Americana. Muitas de suas observações eram incrivelmente perspicazes; outras, despropositadas. Quase todas eram memoráveis. E, se ele começasse a diminuir o ritmo, lembrou um ouvinte, "bastava fazer uma observação relativamente astuta que ele começava de novo".[68]

Churchill adorava colocar seus convidados mais novos na berlinda, ao comparar, jocosamente, suas poucas conquistas com aquelas de figuras como Alexandre, Napoleão ou até ele próprio. Certa vez, perguntou a Alan Lennox-Boyd, futuro membro do Parlamento por Mid-Bedfordshire durante longo período, quantos anos ele tinha. Lennox-Boyd respondeu "perto de 25". Winston, de imediato, respondeu que Napoleão conquistara Toulon antes dos 25. Ele pegou o relógio. "Você tem tempo para ocupar Toulon antes de completar 25", murmurou enquanto o encarava. "Rápido, rápido — vá e tome Toulon!"[69]

Outros no círculo de Chartwell não eram tão jovens. O brilhante e carismático F. E. Smith, o lorde Birkenhead, ministro de Estado da Índia, era dois anos mais velho que Winston e determinado linha-dura no tema da independência indiana. Outro linha-dura era George Lloyd, de cinquenta anos, graduado em Eton e Cambridge e antigo colega de T. E. Lawrence durante a revolta árabe. Depois da guerra, Lloyd foi governador de Mumbai. Enfrentou o impacto da campanha de não cooperação e era a única pessoa no ambiente de Winston que havia lidado pessoalmente com Gandhi (além do próprio Churchill). Na verdade, foi George Lloyd que mandou prender Gandhi em Yeravda.

Seus caminhos se cruzaram pela primeira vez em março de 1919. Segundo Lloyd, as primeiras palavras de Gandhi foram: "eu desejo profundamente, Sir George, que me prenda".[70] Em meio à *satyagraha* Rowlatt, Lloyd estava muito propenso a atendê-lo, mas o vice-rei Reading vetara a ação. Então, veio o episódio em Chauri Chaura. Lloyd descreveu o encontro seguinte com Gandhi a um repórter.[71] "Você está pregando a não violência", Lloyd teria dito a Gandhi, "mas é tudo teoria. Na prática, não vai funcionar [...] você não pode controlar as paixões dos homens [...] você é responsável." O governador geral de Mumbai apontou o dedo acusando o sujeito descalço sentado à sua frente.

De acordo com Lloyd, Gandhi cobrira o rosto com as mãos e disse "eu sei disso". Depois murmurou: "Ponha-me na cadeia, Excelência."

"Sim, vou colocá-lo na cadeia", respondeu com severidade, "mas só quando eu estiver pronto." Lloyd não queria fazer de Gandhi um mártir e tinha de certificar-se de que seus seguidores estavam contidos antes de prendê-lo. Apesar de Lloyd considerar Gandhi uma ameaça perigosa, ele não era inflexível. Deu a Gandhi duas celas em Yeravda, em vez de uma, e permitiu-lhe o acesso a livros e a sua dieta de pão, leite de cabra, uva-passa e laranja. Mas Lloyd também limitou firmemente o número de visitantes e, quando Gandhi pediu que alguns companheiros de prisão fossem transferidos para sua ala de segurança mínima, Lloyd, sem rodeios, recusou.[72]

Poucos políticos britânicos tiveram tanto contato com Gandhi quanto Lloyd. É muito provável que, ao menos em uma noite dos anos 1920, a conversa em Chartwell tenha sido sobre aquele estranho líder nacionalista indiano, com George Lloyd dando conselhos enquanto alisava seu impecável bigode e mexia o uísque com soda. Winston ouvia-o com atenção.*

---

* Apesar de ser uma reconstrução o que vem a seguir, cada palavra é textualmente de George Lloyd e está nos registros históricos.

"É somente um magricela sem importância", Lloyd diria. "Ele não tem interesse em bens materiais e tudo que prega são ideais e morais da Índia."

Então Lloyd faria uma pausa e olharia para Churchill. "Você não pode governar um país sem ideais", declararia, "mas foi aí que ele conseguiu captar seus seguidores. Ele era o deus deles. A Índia sempre precisou ter um deus. Primeiro foi [B. G.] Tilak, agora é Gandhi."

Ao recordar, o ex-governador-geral balançaria a cabeça com tristeza. "Ele nos deu um susto", admitiria. "Seu programa encheu nossas cadeias. Você não pode continuar prendendo pessoas para sempre, sabe — nem quando elas são 319 milhões."

Haveria uma explosão de risos no salão, enquanto Churchill iria lembrar-se da previsão que fizera anos antes a Wilfred Blunt: se os indianos parassem de cooperar com os britânicos, então "o jogo acabaria para nós".

Lloyd então continuou: "a experiência de Gandhi foi a mais extraordinária na história mundial e esteve a um centímetro do sucesso. Mas ele não pôde controlar as paixões dos homens. Estes se tornaram violentos e ele terminou o programa. Vocês conhecem o resto."

Lloyd então terminaria sua bebida e Winston, ou F. E., ou algum outro perguntaria: "qual é sua avaliação final sobre ele?"

"Temo que ele seja realmente muito perverso", confessou Lloyd, "perspicaz como uma raposa e com um coração amargamente antibritânico."[73]

É difícil dizer se essa conversa chegou a acontecer. Mas é fato que o primeiro homem a colocar Gandhi em uma prisão indiana passaria a ser o conselheiro mais confiável de Churchill na Índia.

Enquanto isso, o acréscimo de popularidade de Churchill entre os jovens *tories* e o brilhantismo das reuniões em Chartwell não podiam disfarçar sua crescente *im*popularidade onde ela de fato importava, ou seja, junto à liderança do partido.

Depois da greve geral de 1926, seus conflitos com os colegas de governo majoraram. Discussões contundentes ocorreram acerca dos temas do orçamento naval e da Rússia soviética; Churchill opunha-se duramente a qualquer reconhecimento formal do poder comunista. No ano seguinte, quando George Lloyd passou a ser comissário superior do Egito, ele e Winston arruinaram uma tentativa de dar aos egípcios mais controle sobre o país e o canal de Suez, o que enfureceu o Ministério das Relações Exteriores. Quanto aos assuntos domésticos, o plano de Winston de "diminuir os impostos" para eliminar a taxação em certas indústrias e municipalidades deixou-o em má situação com Neville Chamberlain, seu mais provável rival em uma possível disputa de poder para a substituição de Stanley Baldwin, que estava envelhecendo.[74]

Enquanto isso, novas eleições gerais aproximavam-se, marcadas para março de 1929. Após sete anos no poder, os *tories* pareciam demorar-se demais. Alguns especulavam que, se os conservadores conseguissem vencer a eleição, teriam de encontrar um novo chanceler. "Anunciar que Neville vai para o erário público", Leo Amery argumentou com Baldwin, "nos renderia, ao menos, vinte ou trinta assentos." E, apesar de ser amigo de Winston, Amery avisou: "o fato permanece sendo que, aos olhos do público, ele é mais um obstáculo que um recurso".[75]

No mês seguinte, os eleitores foram às urnas. Na noite de 30 de maio, quando chegavam os primeiros resultados em pedaços de papel, Winston foi até o gabinete do governo conferir a apuração com Baldwin. Sentado a uma mesa, segurando um copo de uísque com soda, ele lia as tiras. Uma testemunha assistiu-lhe "ficar cada vez mais vermelho, levantar-se para checar pessoalmente a máquina, arquear os ombros e a cabeça, como um touro a ponto de atacar. À medida que mais e mais vitórias trabalhistas eram anunciadas, [...] ele olhava fixamente os números, rasgava os papéis e agia como se fosse destruir o aparato, caso aparecesse mais um triunfo do Partido Trabalhista". Seus comentários, acrescentou a testemunha, "não poderiam ser publicados".[76]

O Partido Trabalhista ganhou 288 assentos, e o Conservador, 260. Os liberais foram reduzidos a apenas 59 — politicamente irrelevante. Winston havia sido reeleito, mas sem maioria. Seus jovens amigos *tories*, Harold Macmillan e Duff Cooper, foram derrotados. Bob Boothby conseguira uma difícil vitória. Baldwin não tinha outra saída a não ser renunciar; ele, Churchill, Chamberlain e todo o restante entregaram seus cargos em 6 de junho.

Depois de cinco turbulentos anos, Churchill estava fora do governo. O Partido Trabalhista, o qual ele temia e desprezava acima de qualquer outro, estava de volta ao poder, dessa vez com maioria assegurada para os próximos anos. Churchill preocupava-se com aquele futuro, e com o Império. Seu temor foi justificado por uma das primeiras ordens de Ramsay MacDonald: destituir George Lloyd do cargo de comissário superior do Egito. Pouco depois, confrontos entre judeus e árabes irromperam na Palestina. Churchill avisou que eles eram uma "antecipação sangrenta do que aconteceria no Egito e na Índia em caso de retirada da mão protetora e controladora da Grã-Bretanha".

Ele tremia ao pensar na carta que os trabalhistas tinham na manga, mas não havia como fazer nada a respeito. Então, enquanto aguardava, planejou um novo livro, uma biografia de seu ancestral, o duque de Marlborough, e viajou para o Canadá e os Estados Unidos.

A viagem selou seu mau pressentimento a respeito do futuro e o fez lembrar quão frágil realmente era a civilização que ele amava e na qual acreditava. Estava em Nova York na semana em que a bolsa de valores quebrou. A agitação começou na segunda, 21 de outubro. No dia seguinte, "terça-feira negra", enquanto os preços despencavam, 16 milhões de ações mudaram de mãos. Na quinta, ele compareceu a um jantar com o amigo financista Bernard Baruch. Os ânimos estavam sombrios diante da incerteza. Um convidado fez um brinde jocoso aos seus "amigos e antigos milionários".[77]

Na manhã de sexta, enquanto tomava café no hotel Savoy-Plaza, Churchill ouviu gritos vindos da rua. Olhou pela janela. Um homem pulara do décimo quinto andar do hotel. Era o primeiro dos onze suicídios daquele dia, todos provocados pelo colapso da bolsa. A posição de Winston estava longe de ser confortável. Ele havia investido pesado no mercado norte-americano; como mais de meio milhão de outros investidores, vinha comprando em uma margem "dez vezes maior que minha média usual", como disse a Clementine em setembro.[78]

Mais tarde, ele caminhou até Wall Street, onde alguém o convidou para conhecer o andar de venda de ações. Churchill esperava ver caos, mas viu apenas resignação silenciosa. Os investidores, como se lembrou depois, "andavam de um lado para o outro, como em um filme em câmera lenta, oferecendo uns aos outros blocos enormes de títulos a um terço do preço antigo e pela metade do valor atual". Dentre eles estavam as ações de Winston. Quando voltou para casa, precisou contar a Clementine que seus investimentos norte-americanos haviam desaparecido por completo.[79]

Essa foi uma experiência que abalaria a confiança de todos. "Que decepção tem sido o século XX", declarou Winston tempos depois. Até aquele momento, havia sido um século de guerra em escala jamais imaginada, de revoluções violentas e firme avanço socialista, de conflitos de classe e disputa industrial. Agora vinha o colapso financeiro. Em 30 de outubro, Churchill voltou à Inglaterra. Em poucos meses, o pânico financeiro chegaria à Europa; em breve, a Grã-Bretanha seria alcançada pela Grande Depressão.

"Estamos entrando em um período em que a batalha por autopreservação será de grande intensidade para os países populosos", escreveu Churchill ao vice-rei da Índia, lorde Irwin.[80] A frágil prosperidade e equilíbrio dos anos 1920 chegavam a um repentino fim. Os eventos mundiais, incluindo os da Índia, estavam prestes a erguer-se como um tsunami em volta da Grã-Bretanha sitiada.

16. Véspera de batalha

1929

Reze a Deus para livrar-nos do curso da desunião.
(Mohandas K. Gandhi, novembro de 1929)

Os anos 1920 foram a calmaria que precede a tempestade. Por um curto período, a ameaça bolchevique à Europa havia recuado.* Os Aliados continuavam unidos, e a Alemanha, desarmada. A Liga das Nações assumira os problemas internacionais. A bomba da luta de classes, que a greve geral esperava detonar, não explodiu. Pela primeira vez em mais de uma geração, os políticos britânicos tinham tempo para prestar atenção na Índia.

O terreno fora preparado em 1925, pelo amigo de Churchill e frequentador de Chartwell, F. E. Smith — agora lorde Birkenhead, ministro de Estado da Índia. "F. E." para os íntimos. Sua compleição alta e desajeitada e seu rosto pálido e triste escondiam uma esperteza aventurosa e um infindo apetite por poder (e pelo álcool, que, por fim, o matou). Como Churchill, ele adorava a realidade e a ideia do Império Britânico; como Churchill, entendia a concessão de Edwin Montagu ao sentimento nacionalista indiano um erro. Birkenhead considerava o Raj uma parte importante do Império Britânico e não via razão para mudar isso. "Eu não posso", disse ele à Câmara dos Lordes, em maio de 1925, "e nem poderei imaginar um momento em

---

* Em 1925, Joseph Stálin proclamou que o alvo do comunismo não era mais a revolução mundial, mas o "socialismo em um só país", a saber, a União Soviética. O resultado seria um sofrimento inimaginável para o povo da Rússia. Para o resto do mundo, entretanto, significou um descanso da "ameaça bolchevique".

que poderemos, de forma segura para nós ou para a Índia", abrir mão do controle sobre o subcontinente.[1]

Com refinada perspicácia, Birkenhead decidiu que o caminho para consolidar tal controle era, paradoxalmente, acelerar o passo seguinte em direção à Autonomia indiana. A Lei do Governo da Índia de 1919 havia autorizado uma comissão estatutária a avaliar a possibilidade de autogoverno após dez anos. Birkenhead preocupava-se com que, até lá, o Partido Trabalhista e sua política "branda" em relação à Índia ainda estivessem no poder. (Ambas as previsões estavam certas, por fim.) Portanto, quatro anos antes do planejado, em 1925, Birkenhead moveu-se para reunir uma comissão. Ele pensou que conseguiria apontar suficientes membros com opiniões concertadas, os quais empalideceriam com a ideia de devolver o poder aos nativos indianos e se sentiriam felizes em desacelerar o processo ou mesmo pará-lo por completo.[2]

A comissão, formada em 7 de novembro de 1927, foi liderada por um liberal, velho companheiro de classe de Birkenhead em Oxford, Sir John Simon. O restante dos membros era desconhecido: um par de colegas e quatro novos membros do Parlamento. Com a mesma perspicácia refinada, Birkenhead chegou a vender a ignorância do grupo sobre a Índia como ponto positivo para os membros do Parlamento mais afeitos à causa indiana, uma vez que os bretões que já haviam tido experiências lá se opunham duramente a investir na autonomia.

Foi um truque brilhante. Havia apenas uma falha: nenhum indiano foi nomeado para a comissão que decidiria o futuro da Índia. Quando os indianos tomaram ciência do fato, a opinião pública foi tomada pela raiva. Não importava que, pelo estatuto, os membros da comissão tivessem de ser parlamentares. (Havia dois indianos no Parlamento, inclusive um na Câmara dos Lordes, que poderiam ter sido convidados.)[3] Birkenhead dissera ao vice-rei lorde Irwin que "não tinha ilusão quanto às ondas de raiva que viriam da imprensa indiana em réplica às nossas propostas".[4] Porém, ninguém antecipou a tempestade que haviam iniciado.

Gandhi, que continuava em retiro parcial em Sabarmati, não se uniu às ondas de protesto. Naquela ocasião, o homem do momento, em termos políticos, era o antigo discípulo de Gandhi, Jawaharlal Nehru. Brilhante, articulado e educado em Harrow, magro e muito bonito, ele era parte da nascente geração de liderança no Congresso. Entretanto, apesar de todos os seus talentos, Nehru talvez nunca tivesse tido sucesso em mobilizar forças ofensivas contra a comissão Simon sem a ajuda involuntária de uma jornalista e autora norte-americana.

Seu nome era Katherine Mayo, e seu livro, *Mother India*. O título pretendia ser irônico. Na verdade, era uma denúncia surpreendente da exploração de mulheres indianas pelas sociedades hindu e muçulmana. Mayo descreveu os detalhes sórdidos do costume de casamentos entre crianças, dos assassinatos e sacrifícios de viúvas, da intocabilidade e do preconceito entre castas, das epidemias e da higiene precária do que ainda era, apesar das mudanças desde a virada do século, um país desesperadamente pobre.

Como resultado, argumentava Mayo, o destino das mulheres indianas era "casar cedo, morrer cedo". Mais de três milhões de mulheres morriam durante o parto a cada ano. Devido à desnutrição, a maioria tinha "os ossos muito pequenos ou era deformada internamente para dar à luz uma criança" e estava à mercê de parteiras ignorantes ou da faca de algum cirurgião tosco.[5]

A imagem de Mayo sobre o indiano comum era igualmente condenatória. Ela concluiu que ele era "na melhor das hipóteses, uma criatura débil, frágil em ossatura e vitalidade, frequentemente contaminado por doenças venéreas". Além disso, era corrompido emocionalmente por uma atmosfera cultural que cultuava o falo (o *lingan* do deus Shiva) e que encorajava incontinência sexual, sodomia e práticas "ultraindecentes" de todos os tipos. Segundo ela, a resultante era que, de sete ou oito entre dez homens hindus eram impotentes antes dos trinta anos, mesma idade em que os anglo-saxões estavam "alcançando o auge da virilidade".[6]

De acordo com Mayo, essa situação tinha consequências políticas. Os indianos, inferiores física e emocionalmente, escreveu ela, nunca chegam a desenvolver um líder real e duradouro. Aqueles que "de tempos em tempos aspiram a tal posição são capazes de atrair as avoadas mentes de seus seguidores apenas por um curto período". Isso incluía Gandhi, a quem dizia ter visitado em Sabarmati Ashram. Ela chegou a achá-lo uma figura simpática e registrou extensivamente suas críticas ao hinduísmo e à intocabilidade. Entretanto, suas soluções prometiam ser nada mais que uma "trava nas rodas do progresso" e a sua visão de uma sociedade sem tecnologia moderna, indústria ou medicina seria um desastre para a Índia.[7] "Doença, sujeira e ignorância são as características do meu país", Mayo registrou um professor primário indiano dizendo. Nada do que Gandhi propunha, incluindo a expulsão dos britânicos, mudaria isso.[8]

O livro *Mother India* deveria ter-se chamado *Unmanly India*. Ele apresentava imagens de Gandhi e da Índia exatamente opostas às de Romain Rolland em seu lisonjeiro — e ilusório — tratado New Age. No entanto, para os britânicos linhas-duras, viera como uma confirmação daquilo em que sempre acreditaram: se deixados sozinhos, os indianos destruiriam o próprio país. Winston Churchill estava particularmente encantado. Mandou cópias de *Mother India* para os amigos, inclusive Birkenhead. No verão de 1927, Victor Cazalet notou que Churchill "admira o livro *Mother India* e não terá compaixão por homens que se casam com pequenas meninas de dez anos".[9]

Gandhi, em uma crítica ao livro de Mayo escrita no *Young India*, desprezou-o como um "relatório do inspetor sanitário" e sugeriu que houvesse sido financiado por interesses britânicos. Tiradas de contexto, as citações de suas críticas aos companheiros indianos foram, por certo, dolorosas, e a conclusão da autora — de que a Índia era, na verdade, mais decadente, materialista e "egocêntrica" que o Ocidente — o atormentou. Contudo, ele enxergava o livro pelo que era, uma bobagem sensacionalista, e nunca mais lhe deu atenção.[10]

A repulsa dos demais indianos letrados foi mais profunda. Eles podiam tolerar as críticas ao sistema de castas (muitos tinham dúvidas sobre o assunto) ou até a exposição da pobreza da Índia e do tratamento dado às mulheres e aos intocáveis. Mas a afirmação de que os indianos eram doentes, exageradamente sexuais e degenerados levou-os à fúria. Mais de sessenta anos depois, o velho homem das cartas bengalesas, Nirad Chaudhuri, escreveria: "mesmo agora é impossível dizer o que a fez manter sua posição, se infinita capacidade para autoengano ou evidente hipocrisia".[11]

Mother India foi lançado em julho de 1927; quatro meses depois, anunciou-se a Comissão Simon, composta inteiramente por brancos. Muitos indianos suspeitaram não ter sido coincidência. Tal paranoia era compreensível devido ao sentimento de traição por Amritsar e pela Comissão Hunter. O temor de que os britânicos considerassem os indianos inadequados, física e emocionalmente, para governar a si mesmos e reafirmassem sua supremacia sobre a Índia encorajou o Congresso Nacional Indiano a dar o passo seguinte.

Um mês depois de reunida, a Comissão Simon endossou uma resolução de Jawaharlal Nehru, então com 38 anos, declarando que a Índia jamais aceitaria menos que "total independência" da Grã-Bretanha. Quando a Comissão Simon visitou a Índia na primavera seguinte, até os moderados do Congresso votaram por boicotar a resolução. A Liga Muçulmana, cujos membros tinham mais medo de um Raj hindu que do britânico, divergiu sobre o tema.[12] Apesar de tudo, as linhas de combate estavam postas. A pergunta na mente de todos era: de que lado ficaria Gandhi? o tema da Comissão Simon o faria sair de seu isolamento?

Com certeza, a totalidade de brancos na Comissão Simon era, para Gandhi, "um insulto organizado contra todo um povo".[13] Também não gostava da decisão do Congresso de rejeitar status de protetorado* em favor da independência direta e via pouca razão para o boicote. Ele também confessou ao editor britânico da edição indiana de *Statesman* que "nem o processo da Comissão [Simon] nem o da escrita da constituição me interessam muito". Ele ainda acreditava em seguir seu caminho solitário para o Swaraj. Certamente daria as boas-vindas ao Sir John, se ele quisesse conhecer o *ashram*, disse. Caso contrário, lavaria suas mãos sobre o assunto.[14]

Gandhi aprendera havia muito tempo a não revelar seus verdadeiros sentimentos a jornalistas, especialmente jornalistas europeus. Ele não estava tão alheio à política indiana como fingira. Na verdade, seu longo período de isolamento intelectual e autoavaliação estava quase chegando ao fim. Em janeiro de 1928, seu querido filho Ramdas casou. Um mês depois, morreu seu primo Maganlal, o homem que cunhara o termo "*satyagraha*" e fora a consciência intelectual de Gandhi desde os primeiros dias na África do Sul. A morte de Maganlal "é bem perto de insuportável", disse ele a Jawaharlal Nehru; era como se o primo tivesse sido suas mãos, pés e olhos por 24 anos. "No entanto, estou aguentando firme."[15]

Gandhi não compareceu ao Congresso em 1927, mas esteve em constante contato com os líderes. Ficou alarmado com o que soube. Apesar de o governo britânico estar, gradativamente, perdendo legitimidade aos olhos dos indianos comuns, o Congresso não oferecia melhor alternativa. Transformara-se em um formigueiro fervilhante de rivalidades e ideologias

---

* No original, *Dominion status*: autogoverno colonial ou autonomia estadual das possessões do Império Britânico, mais tarde substituído pelo conceito de Commonwealth. (*N. do T.*)

incompatíveis. Nacionalistas hindus, nacionalistas bengaleses, sikhs separatistas, antigos legalistas e socialistas de vanguarda, todos competiam por
poder nas sessões. A família Nehru estava dividida em um pai que admirava Gandhi e um filho que admirava a União Soviética. Os muçulmanos
estavam completamente excluídos; organizações hindus ortodoxas, como a
Mahasabha, ficavam furiosas diante da possibilidade de qualquer concessão
a eles. Gandhi percebeu que, a menos que entrasse em cena e assumisse o
leme, todo o movimento nacionalista indiano ficaria em migalhas.

Em agosto de 1928, ele estava pronto para a tarefa. Seu discípulo Vallabhbhai Patel acabara de completar uma campanha *satyagraha* de grande
sucesso em Bardoli, província de Guzerate, contra o aumento do imposto
da terra. (Essa era uma região onde os camponeses pagavam as taxas diretamente ao governo.) Gandhi não foi pessoalmente a Bardoli, mas lá era conhecido, e Patel e seus organizadores sempre invocavam seu nome. Durante
seis meses, os camponeses resistiram a prisões, desapropriações e ameaças
do governo. Permaneceram unidos acima da religião e da casta; quando
agentes do governo apreenderam terras e gado e os colocaram à venda, não
encontraram compradores. Os oficiais de Bardoli finalmente desistiram, e
os de outros distritos cancelaram os planos de aumento nas taxas. Os camponeses venceram sem o uso da violência e ganharam notoriedade nacional.
Gandhi ficou extasiado. "Bardoli mostrou e abriu o caminho", escreveu ele.
"O Swaraj está naquela rota."[16] Bardoli restituiu sua fé nas possibilidades da
satyagraha e assinalou que era hora de ele retornar à política.

Naquele mês, ele ajudou Motilal Nehru e outros congressistas moderados
a esboçar um plano oposto ao da Comissão Simon. O então chamado Plano
Nehru propunha "governo responsável" para a Índia, com o poder legislativo
eleito em Nova Délhi e nas províncias e uma constituição federativa para in-
corporar os principados. O objetivo era o autogoverno da Índia democrático,
sob o status de domínio britânico. Os muçulmanos teriam maioria garantida
nas regiões em que fossem predominantes, como Punjab e Sind — fórmula
que impedia o surgimento de um governo exclusivamente hindu. O plano
Nehru desenhava uma Índia menos independente do que Gandhi desejara
em 1920, mas ele sentiu que era chegada a hora de endossá-lo.[17]

Em fevereiro, Simon e seus companheiros de Comissão chegaram à
Índia. Foram recebidos por boicote nacional, manifestações, lojas fechadas,
bandeiras pretas e gritos de "Simon, vá embora". Quando a visitaram no-

vamente, em outubro, ocorreram tumultos de grande dimensão. Policiais interferiram com cassetetes e lathis, barras de metal usadas para controlar multidões violentas. Em Lahore, o líder punjabi Lajpat Rai (que não gostava de Gandhi) foi espancado e morto. O policial responsável morreu com um tiro de um revolucionário.[18] Em Lucknow, a ação dos policiais levou Jawaharlal Nehru ao hospital.

No final de 1928, os ânimos na Índia estavam bastante agitados, mas, em Londres, estavam ainda piores. Apesar dos tumultos, Simon conheceu muitos líderes indianos, inclusive Motilal Nehru, Muhammad Jinnah, da Liga Muçulmana, o líder da National Liberal Federation, T. B. Sapru e até Lajpat Rai, antes de sua morte. Simon e seus colegas não ficaram nada impressionados com o que ouviram. "Não posso imaginar pior destino no mundo", escreveu lorde Birkenhead depois de ouvir as reclamações, "que tentar redigir uma nova constituição com colegas tão falastrões e incompetentes".[19]

A situação chegara a um impasse. Indianos de todos os grupos políticos pensavam que o primeiro estágio para a autonomia da Índia tinha de ser uma concessão pública de independência. Depois os indianos elaborariam uma constituição com ajuda dos britânicos, como parceiros equânimes. Londres, por outro lado, acreditava que o autogoverno não era assunto para os indianos, mas para o Parlamento.* Uma vez que todos concordassem sobre a constituição (inclusive os muçulmanos da Índia, que haviam desprezado o Plano Nehru peremptoriamente), viriam passos em direção à transferência de poder. Em resumo, os indianos queriam a independência, depois a constituição. Os britânicos queriam ver a constituição antes de conceder independência.

Caso contrário, perguntavam, com razão, os bretões, para quem eles deveriam *conceder* a independência? Não para os conselhos legislativos criados em 1919: como obras do Raj, eles eram absolutamente incapazes de ações independentes. Não para o Congresso Nacional Indiano: estava rachado por interesses e facções concorrentes, como também a Liga Muçulmana. Na verdade, naquele momento, todas as religiões e regiões da Índia, todas as classes e castas — mesmo os intocáveis — tinham "porta-vozes" clamando

---

* Tecnicamente, Londres estava certa. Pela lei, apenas o Parlamento tinha a autoridade estatutária para devolver os poderes que fariam da Índia uma parte autorregulável do Império.

por atenção e exigindo fazer parte das decisões finais. Ainda que a Comissão Simon houvesse incluído membros indianos, os grupos deixados de fora os teriam taxado de não representativos.[20]

O problema da identidade na Índia provou ser um nó górdio político, intricado demais até para Gandhi desatá-lo. Em dezembro, o Congresso reuniu-se uma vez mais em Calcutá. O encontro foi um caos. A oposição ao último projeto dos moderados, o Plano Nehru, foi liderada pelo próprio filho de Nehru, junto com um jovem radical bengalês chamado Subhas Chandra Bose. Ambos uniram forças para exigir nada menos que total e imediata independência da Grã-Bretanha. Dezenas de milhares de operários ocuparam a assembleia por duas horas e aprovaram uma resolução em apoio aos radicais.[21] Por alguns dias, parecia que o Congresso em Calcutá se partiria ao meio.

A chegada de Gandhi salvou o dia. Ele entrou na sessão do plenário sob uma salva de palmas, para alívio de Motilal Nehru. Com o apoio de Gandhi, pensaram os moderados, o plano para persuadir a Grã-Bretanha a conceder status de protetorado poderia ser bem-sucedido. Mas Gandhi não estava com entusiasmo conciliatório. Pessoalmente, estava escandalizado com o estado financeiro do Congresso (indivíduos e províncias inteiras enterrados em dívidas) e sua decadência nas localidades.[22] "Eu apenas liderarei a Índia quando a nação vier a mim para ser liderada", disse em novembro. E ele apenas responderia a esse chamado quando a nação concordasse em agir de acordo com suas regras.

Gandhi deixara isso claro desde o início do Congresso em Calcutá. Ele chegou a elaborar um acordo com Nehru e Bose. Caso os britânicos se recusassem a conceder o protetorado dentro de um ano, dizia, os indianos se uniriam em uma campanha de não cooperação maciça, a qual não teria fim até que fosse alcançada a total independência. A resolução foi aprovada pelo comitê por 118 a 45 (sinal de que nem todos estavam de acordo com o Mahatma), e pelo Congresso, com palmas ensurdecedoras.

Então, Gandhi insistiu para que os delegados aprovassem os outros pontos de seu programa: banir a intocabilidade; dar apoio ao *khadi* e a um boicote a todas as roupas estrangeiras; pressionar pela abstenção de álcool e pela inclusão de mulheres em novos papéis sociais. Esses tópicos também foram aprovados. Se alguém imaginava que fossem levados a cabo, era outro assunto.[23]

Gandhi enfurecera os jovens radicais, como Bose, com sua abordagem "pegar ou largar", mas sentia que não tinha tempo a perder. Estava próximo aos sessenta anos. Muitos em seu círculo mais íntimo achavam que sua saúde não suportaria outra grande campanha política, com infindáveis discursos, manifestações e viagens, sem mencionar os ocasionais jejuns. Mas ele disse a Motilal Nehru, poucos dias depois, que "não há necessidade de pedir desculpas por me levar a Calcutá. Fiquei feliz em ir [...] [agora] temos de batalhar dentro e fora".[24]

"A batalha de dentro" significava difundir a mensagem do Swaraj e seus princípios espirituais por toda a Índia e entre os membros do Congresso. "A batalha de fora" significava ganhar a independência dos britânicos.

Gandhi provavelmente tinha esperança de evitar um conflito final com o governo e desejava que Londres encontrasse uma saída antes do prazo, dezembro de 1929. De acordo com a historiadora Judith Brown, durante quase um ano, Gandhi e o Congresso esperaram por uma resposta, mas não fizeram planos para o caso de os britânicos dizerem não.[25] Após o caos do encontro em Calcutá, Gandhi se perguntava se os indianos estavam prontos para uma ação *satyagraha* contra o Raj. "Eu sei exatamente como liderar na desobediência civil um povo que esteja preparado para nela embarcar sob os meus termos", escreveu ele em agosto, à medida que o prazo aproximava-se do fim. "Não vejo esse sinal no horizonte." Entretanto, acrescentou ele, "ainda espero [que] uma saída para o 'círculo das trevas' seja encontrada".[26]

Então, uma luz apareceu em meio à penumbra, vinda não de Londres, mas de Nova Délhi. O homem que iluminara o cenário viria a ser figura crucial tanto na vida de Gandhi quanto na de Churchill. De fato, não é exagero dizer que, pelos 12 anos seguintes, ele teria o controle das vidas de ambos em suas finas mãos.

Seu nome era Edward Wood, lorde Irwin e, mais tarde, visconde de Halifax. Era tudo o que Churchill não era. Alto, magro, severamente inflexível e de voz enganosamente suave, ele era muito religioso, beirando o santimonial. Um homem fácil de respeitar, mas difícil de admirar. O nome de Halifax ficou para sempre associado à política de apaziguamento de Neville Chamberlain, da qual fora o principal arquiteto. Contudo, em 1940, milhões de bretões esperavam que ele viesse a ser primeiro-ministro, em vez de Winston Churchill. Esteve a um passo de conseguir. Em 1929, ele era vice-rei da Índia e, mais que qualquer outro homem, transformou-se em parceiro de Gandhi para determinar o destino do país — e frustrar os planos de Churchill e de seus aliados linhas-duras.

A escolha de Irwin para vice-rei foi inesperada. Quando Stanley Baldwin aproximou-se dele com a proposta, em outubro de 1925, o filho do marquês de Halifax, aos 44 anos, era praticamente desconhecido na política britânica.* Lorde Birkenhead, que, com sede de poder cobiçara o posto, declarou que a escolha provava que, na vida pública, mais valia "ser inocente que brilhante".[27] Nem Birkenhead nem ninguém poderia ter imaginado quão realmente grandiosa era aquela nomeação.

Irwin chegou à Índia em março de 1926 para assumir o cargo que perdera um pouco de seu esplendor desde os tempos de lorde Curzon, mas que permanecia sendo um dos mais poderosos na Terra. De acordo com as novas regras de 1919, os vice-reis deveriam ponderar todas as decisões com o Conselho Legislativo Imperial e consultar os conselhos legislativos das províncias. Nos casos mais importantes, eles também eram obrigados a consultar seus colegas, os governadores gerais de Mumbai e Madras.

Entretanto, em 1926, sua palavra ainda tinha peso de lei. O vice-rei da Índia era o homem mais poderoso do Império Britânico, muito mais poderoso que o primeiro-ministro. No Irã, na China e na península Arábica, a influência de Nova Délhi contava tanto quanto a de Whitehall.[28] Irwin viajava pela Índia em seu trem privativo. Dispunha de duas secretárias particulares em tempo integral e seis ajudantes de ordens para manter em dia o trabalho administrativo do Império.

Sua residência oficial era o edifício mais esbanjador da Índia, o inacabado palácio do vice-rei. Era um evidente monumento a dois séculos de domínio britânico. A construção havia começado dois anos após o grande *durbar* de Curzon, em 1903, e continuava ainda em 1931. Maior que o palácio de Luís XIV em Versalhes, ela ocupava 1,8 hectare e tinha 340 cômodos. O palácio do vice-rei era coberto por uma enorme cúpula reluzente, inspirada no Taj Mahal, desenhada por um dos mais distintos arquitetos da Grã-Bretanha, Sir Edwin Lutyens; o exterior era feito do mesmo arenito vermelho e amarelo usado pelos imperadores mogóis na construção de seus palácios séculos antes. Quanto ao interior, corredores e cômodos cintilavam com mármores

---

* Curiosamente, seu avô, como o pai de Churchill, fora ministro de Estado da Índia.

coloridos de todas as partes da Índia: branco de Jodhpur, verde de Baroda, preto de Gaya, rosa de Alwar e amarelo de Jaisalmer.[29]

Manter o palácio do vice-rei em funcionamento exigia uma equipe de 6 mil empregados, mais quatrocentos jardineiros, incluindo cinquenta cujo único trabalho era espantar os pássaros.[30] A esposa de Irwin, certa vez, estimou que, nos meses de frio, eles jamais se sentavam para uma refeição sem pelo menos 42 servos. Muitos jantares oferecidos a convidados requeriam mais de 120 empregados. Todas as refeições eram transformadas em rituais cerimoniais, pois o vice-rei coordenava inúmeras mesas de distintos funcionários públicos, generais, diplomatas estrangeiros e visitantes, príncipes nativos e marajás. Quando ele comparecia a um evento formal, as senhoras inglesas deveriam reverenciá-lo ao menos sete vezes, em sinal de respeito.*[31]

O palácio do vice-rei era também o eixo de um vasto círculo burocrático cujo raio estendia-se a todos os cantos do subcontinente. Andando pelo Caminho do Rei, um visitante passaria pelos outros edifícios oficiais do governo britânico na Índia, pelos inúmeros ministérios — desde o Florestal e de Correios ao das Ferrovias — e pela Casa da Moeda Imperial. Era um governo construído sobre a suposição de que faria tudo que os indianos não podiam fazer por eles mesmos. Na parede do escritório do vice-rei estava pendurada uma placa de bronze onde se lia:

A LIBERDADE NÃO DESCENDE A UM POVO
UM POVO DEVE ESTAR À ALTURA DA LIBERDADE
ELA É UMA BÊNÇÃO QUE DEVE SER MERECIDA
ANTES DE SER DESFRUTADA

Irwin não acreditava mais que isso fosse verdade. Em 1926, ele fora enviado principalmente como um mensageiro da paz, um "linha-branda" sucessor de linhas-duras, como lorde Reading e o amigo de Churchill, George Lloyd. Irwin considerava-se um idealista, mas um idealista sem ilusões. Uma das ilusões que rejeitava era a ideia de que o Raj poderia permanecer na Índia. Ele pertencia a uma geração pós-guerra, altiva em princípios morais, mas desiludida e convicta de que a autonomia nacional não podia ser evitada, na Europa ou em qualquer lugar. "O Congresso", argumentou Irwin, "era

---

* Irwin reduziu esse número para três.

uma força que tinha atrás de si a onda da história."[32] Os indianos queriam autonomia e os britânicos não tinham o direito de negar-lhes isso. Irwin via como sua função enquanto vice-rei ajudar a inevitável transferência de poder e "manter os ânimos" e a paz.[33]

No exato dia em que chegou à Índia, teve início um tumulto em Calcutá que durou duas semanas e resultou em cem mortes. Somente em 1926, houve 35 conflitos entre hindus e muçulmanos qualificados como "graves".[34] Assim como Gandhi, Irwin sabia que os indianos estavam diante de uma potencial ruptura sectária. Ele realizou um feito indispensável durante seu exercício: foi o primeiro vice-rei a considerar publicamente o que aconteceria quando os britânicos deixassem a Índia. As respostas não eram encorajadoras. A menos que os britânicos ajudassem os indianos a alcançar reconciliação religiosa e social, concluiu Irwin, o resultado seria uma catástrofe.

Devoto anglo-católico, Irwin esperava que sua fé religiosa conquistasse a confiança de indianos como Gandhi. "O que a Índia precisa hoje é de uma mudança na alma", disse em seu primeiro discurso público na Índia, em um encontro com indianos e bretões no Chelmsford Club de Simla, em julho de 1926. Ele tinha a esperança (ou talvez presumisse) que fosse o homem certo para viabilizar isso.[35]

Por essa razão, Irwin arrependia-se amargamente por ter concordado em barrar os indianos na Comissão Simon. Agora tinha de descobrir outra forma de atar laços, antes que a próxima onda de desobediência civil, ou algo pior, atingisse o Raj. A maioria dos indianos, supunha ele, sentia o mesmo. "Em quase todos os bairros", escreveu em janeiro de 1929, quando começava a contagem regressiva do Congresso, "haverá verdadeiro alívio se encontrarmos um honroso mecanismo que justifique a introdução de conselheiros mais equânimes."[36]

Apesar de ser um *tory*, Irwin percebeu uma chance com a eleição do governo trabalhista de julho de 1929. Ele e o novo ministro de Estado William Wedgwood Benn concordavam nos assuntos sobre a Índia, bem como o primeiro-ministro Ramsay MacDonald. Então, enquanto a Comissão Simon preparava seu relatório para o Parlamento, Irwin habilmente conseguiu que a versão final incluísse um plano de constituição federal para a Índia e uma série de conferências com representantes indianos para discutir os detalhes.

Por fim, em 31 de outubro de 1929, ele publicou uma longa e importante declaração de Nova Délhi. "Estou autorizado, em nome do Governo de Sua

Majestade, a afirmar claramente que, em seu julgamento, está implícito na declaração [Montagu] de 1917 que a preocupação natural do progresso constitucional da Índia é *o alcance do status de protetorado*." Em resumo, Irwin afirmou que a Índia estava oficialmente no caminho da independência, um estágio em que apenas antigas colônias brancas como Canadá e Austrália haviam estado antes.[37]

Mas isso era verdade? Os indianos não se sentiam seguros. Desde o episódio em Amritsar, poucos estavam dispostos a confiar na palavra do Raj sobre qualquer assunto.[38] Entretanto, Irwin alertara os líderes indianos sobre seu plano antecipadamente e, assim, despertou um otimismo cauteloso entre os moderados e os liberais nacionais. Um deles, M. A. Ansari, encontrou-se com Gandhi em particular e assegurou ao vice-rei que, embora não estivesse entusiasmado com o anúncio, o Mahatma, "no geral", estava satisfeito com as palavras de Irwin.[39] Ele, como todos os outros, aguardava para ver o que aconteceria na Grã-Bretanha.

O que aconteceu foi uma explosão política que agitou Whitehall e, especialmente, o grupo *tory*. A maioria dos políticos entendia que as palavras de Irwin eram, afinal, apenas palavras. O momento e as circunstâncias em que aconteceria e a forma final que tomaria o status da Índia permaneciam indefinidos. O primeiro-ministro MacDonald aventurou-se a dizer que o anúncio de Irwin não representava novidade na política britânica em relação à Índia.

Contudo, os lordes Birkenhead e Reading, antigos ministro e vice-rei, estavam "horrorizados". Eles sabiam que o termo "protetorado" ganhara novo sentido sob a chamada fórmula Balfour, de 1926 (depois incorporada ao Estatuto de Westminster); seria, na prática, dar carta branca à Índia nos assuntos estrangeiros e de defesa — precisamente os temas nos quais a Índia era tão vital aos interesses britânicos.[40] Sir John Simon estava furioso com Irwin por suplantar o relatório de sua comissão antes mesmo que ele fosse divulgado. O líder liberal Lloyd George também agitou-se diante das notícias. Quanto aos *tories*, Baldwin, a princípio, endossou a declaração de Irwin, pois presumiu que estivesse combinado com Simon. (Não estava.) Quando descobriu a verdade, Baldwin percebeu que passara por tolo e também lamentou todo aquele incidente.

Porém, nada disso se comparava à reação de Churchill quando voltou à Grã-Bretanha no Dia de Guy Fawkes, em 5 de novembro de 1929.

Ele já estava com um humor beligerante. Primeiro, teve de confessar a Clementine que todos os seus investimentos norte-americanos haviam desaparecido na quebra de Wall Street. Agora, o anúncio de Irwin fazia-o sentir que todos os seus temores sobre a Índia estavam-se concretizando. Apenas dez dias antes, em 26 de outubro, ele publicara um artigo na revista *Answers* profeticamente intitulado "O Império Britânico durará?" Nele, afirmava: "a ideia de que a Índia é uma nação, ou de que poderia ser transformada em uma, é sabidamente ilusória para qualquer um familiarizado com os fatos". Infelizmente, os políticos britânicos de lá têm a tendência de acreditar que "eles são apenas a retaguarda [...] arrastando-se continuamente para trás, como parte da retirada final".

Era hora de reverter esse fatalismo passivo, declarava Churchill. "A menos que a raça britânica tenha confiança em sua missão de guiar os povos orientais" em direção aos avanços morais e materiais da civilização, o Império estará condenado.[41] O governo trabalhista já havia demitido Lloyd George e retirado as tropas britânicas do Egito e de Suez — "um tremendo golpe em nosso prestígio por todo o leste". Churchill previra, com ódio, que a capital egípcia logo "se afundaria em uma favela oriental", e o país, em um caos.[42] Agora a Índia mostrava que teria o mesmo fim.

No mesmo dia em que chegou de volta a Londres, Clementine informou a Churchill que meia dúzia de colegas preocupados o aguardava na sala de desenho. Assim que Winston entrou, eles levantaram e expressaram suas inquietações quanto à declaração de Irwin. Baldwin estava enganado sobre a Índia, pensavam eles, mas temiam enfrentar uma represália da liderança do partido. Winston disse que não se preocupassem. Ele falaria por todos que acreditavam que a Índia deveria permanecer sob domínio britânico.[43]

No dia 8 de novembro, Winston foi até a Câmara dos Comuns para o primeiro debate sobre a política do governo na Índia. De acordo com um observador, ele estava "louco de fúria". Enquanto Baldwin falou em apoio à declaração Irwin, ele permaneceu sentado com o rosto vermelho e furioso. Quando Lloyd George discursou em contrário, ele aplaudiu ruidosamente. Não estava sozinho em sua raiva. Quando Baldwin declarou "se chegar o dia em que o partido que lidero deixe de atrair homens do calibre de lorde Irwin, então encerrarei minha relação com o partido", o restante de seus colegas *tories* reagiram com um silêncio gélido.[44]

Uma batalha estava-se fermentando — não apenas sobre a Índia, mas para o coração e a alma do Partido Conservador. De um lado, estavam Baldwin, a maior parte da liderança do partido e o vice-rei lorde Irwin, que certamente não se arrependia da decisão ou do alvoroço que causara. Ao contrário, Irwin acreditava que suas palavras uniriam a "opinião moderada" da Índia e da Grã-Bretanha, como disse a seu pai, e colocariam os "extremistas em um dilema".[45] Aqueles "extremistas" eram Churchill e outros *tories* determinados a nunca entregar o governo à Índia, incluindo antigos oficiais indianos e funcionários civis como George Lloyd.

No meio dos dois lados, estavam as longas fileiras dos novos *tories*. Não eram homens de grande intelecto ou profunda reflexão. Pouco sabiam sobre a Índia; a maioria fora eleita por seções rurais e não se ligavam a cidades como Manchester e Liverpool, as quais tinham interesse comercial nos negócios entre a Índia e a Grã-Bretanha — que lhes rendiam 500 milhões de libras esterlinas anuais.[46] Baldwin acreditava que, na pior das hipóteses, aqueles homens lhe dariam apoio no tópico da Índia. Lealdade partidária era uma tradição *tory*; seguramente, a maioria dos membros em 1929 acreditava na obediência. Durante a guerra e depois dela, eles haviam seguido a liderança de um governo de coalizão guiado pelos liberais. Haviam acatado a decisão de abrir mão da Irlanda. Mais tarde, concordariam em apaziguar a Alemanha nazista.

A Índia, porém, era distinta. A presença britânica no subcontinente era um legado ainda palpável, herdado de seus pais e avós. Todos conheciam alguém que lá houvesse servido, no Exército ou nos cargos civis. Todos eles tinham lido, na escola, versos de Kipling sobre solitários postos britânicos em Hindu Kush e sobre o "fardo do homem branco". Haviam entrado em paróquias adornadas com bandeiras dos regimentos que lutaram e morreram em Lucknow, Assaye e Cawnpore.

Quando meninos, colecionaram figurinhas de cigarros de "uniformes militares dos britânicos d'além mar", que mostravam as coloridas indumentárias cerimoniais de regimentos indianos chamados Poona Horse e Infantaria do Maharaja Holkar. Encantaram-se com histórias de *The Boy's Own Paper* sobre subalternos heroicos, oriundos de escolas públicas como as deles, conquistando destemidamente tribos selvagens na fronteira noroeste, enquanto leais *sowars* dos Lanceiros de Bengala ajudavam-nos a evitar outro ataque do mal contra o Raj.

Agora, na meia-idade, aqueles homens estavam preparados para abrir mão da Índia se seus líderes assim lhes pedissem. Entretanto, nunca se poderiam livrar do sentimento de que algo precioso, até romântico, estava saindo de suas vidas — e de que havia sido a Índia o que fizera a Bretanha grande.

Hoje em dia, essa visão é, compreensivelmente, desprezada. Na época, a ideia de que a Índia existia para satisfazer a nostalgia de homens brancos não estava, porém, restrita aos *tories* imperialistas. Estendia-se a adeptos New Age, como Romain Rolland. De maneira profunda, chegava a incluir figuras de altos princípios, como lorde Irwin. Deplorável ou não, aquele sentimento romântico estava muito vivo em 1929 e não apenas no Partido Conservador. Ele daria a Churchill e seus "teimosos" companheiros uma vantagem elusiva, mas palpável, na grande batalha que estava por vir.

Eles também desfrutavam de outra vantagem: a derrota em julho havia, paradoxalmente, aumentado sua influência no Partido Conservador. Em vez de ocuparem sessenta de quatrocentos assentos, eles somavam cinquenta de 261.[47] Além disso, tinham um líder de tremenda energia e determinação, chamado Winston Churchill, que faria da disputa pela Índia o marco definitivo de sua carreira.

Os bretões comuns de classe média viviam essa ligação com a Índia de forma indireta; Churchill a conhecia na pele. Ele não apenas *lera* sobre o jovem destemido na fronteira noroeste: ele *fora* aquele jovem 35 anos antes. O Raj era o legado de seu pai, literalmente. Não havia chance de que fosse entregá-lo, sem batalha, a Irwin, Gandhi ou a qualquer outro. Mobilizaria toda sua habilidade e vigor para convencer os indecisos, *tories* e liberais, a lutar também.

Sua declaração de guerra à política de Irwin apareceu no *Daily Mail* em 16 de novembro. Ele criticou a cessão do protetorado à Índia como sendo nada menos que um "crime" e enumerou todas as razões pelas quais o domínio britânico não era apenas bom, mas essencial para a Índia.

"O resgate da Índia de gerações de barbárie, tirania e guerra interna e sua lenta, mas incessante, marcha rumo à civilização constituem o maior feito de nossa história", escreveu Churchill. Graças aos britânicos, "a guerra foi banida da Índia; suas fronteiras foram defendidas de invasões do norte; a fome foi controlada [...] a justiça foi concedida — igual entre as raças e imparcial entre os homens. A ciência, clínica e criativa, tem sido usada a serviço da enorme e, se deixada à própria sorte, indefesa população." Tudo isso foi alcançado "pelo sacrifício voluntário do melhor de nossa raça".

Essa herança, porém, estava ameaçada "em nosso país, por uma crescente falta de confiança na franqueza de nossa missão" e pela "repercussão negativa dessas dúvidas sobre os oficiais britânicos na Índia" — uma referência (apesar de Churchill não o ter dito) ao próprio vice-rei. A partir dessas dúvidas, surgiu um plano de entregar a Índia para uma elite hindu com "verniz de política e filosofia europeias",*[48] para que o subcontinente pudesse ser transformado na vítima indefesa de seus "sonhos utópicos, apetite predador e movimentos subversivos". Essa era uma alusão inequívoca a Gandhi e seus seguidores.

Churchill encerrou declarando que o status de protetorado nunca deveria ser concedido a um povo que não fosse merecedor. Certamente, tal status não se adequava a uma sociedade que excluía sessenta milhões de intocáveis, "cuja simples presença é poluição"; ou que era "vítima de crueldade racial e divergência religiosa"; ou que contasse em suas classes políticas educadas com apenas uma ínfima fração dos "350 milhões por cujo bem-estar somos responsáveis". Esse "maligno e criminoso plano" exigia "a mais séria resistência da nação britânica" e completa mobilização das "forças sóbrias e determinadas do Império", a fim de salvaguardar "a vida e o bem-estar de todos os povos do Industão".[49]

O artigo despertou rusgas em seu partido. Entretanto, não trouxe nenhuma surpresa a um colega *tory*, Leo Amery. Por 25 anos, ele e Churchill confrontaram-se sobre o futuro do Império Britânico. A opinião de Amery era mais próxima da de Irwin: era hora de o Império modernizar-se e atender às demandas nacionalistas dos povos que o compunham. Na verdade, Amery antevia o momento em que a "missão imperial" da Grã-Bretanha existiria apenas no nome, como um laço de origem comum e influência cultural, nada mais.[50]

No entanto, "a chave para compreender Winston é aceitar que ele é um vitoriano", escreveu Amery em seu diário, e "firma-se na política do período de seu pai". Churchill "só pode pensar em frases, argumentos completos lhe

---

* Essa frase é, na verdade, de um artigo posterior de Churchill, mas capta sua visão em ambos.

escapam". Sua "exuberância verbal e abundante vitalidade" conseguiram disfarçar aquele fato dos outros, admitiu Amery. Mas, "na essência, ele ainda está onde estava há 25 anos atrás", concluiu Amery, inclusive no que se refere à Índia.[51]

Outros *tories* atentos pensavam o mesmo. Naquele fim de semana, Winston compareceu a uma festa em uma casa de campo em Hertfordshire, "muito envaidecido por seu artigo no *Daily Mail*". Seu anfitrião e companheiro conservador, lorde Lytton, classificou o artigo como "inteiramente nocivo" e disse, em tom severo, que Churchill estava apenas alimentando a desconfiança dos indianos em relação à Grã-Bretanha — a qual Irwin tentava dissipar. Lytton afirmou que havia uma diferença entre um médico dizer ao paciente que ele estava no caminho da recuperação e dizer que a recuperação pode ser lenta, mas é segura. A primeira oferecia esperança; a segunda, apenas um clichê sem valor.

Winston não aceitaria a opinião de Lytton. "Pode ser legítimo encorajar um paciente doente com esperança", respondeu ele, "mas é muito diferente iludir pessoas vãs com falsas promessas."[52]

Lytton nunca perguntou de que pessoas vãs Winston estava falando. Eram os indianos ou, talvez, os próprios britânicos? Durante os seis anos seguintes, à medida que o debate sobre a Índia intensificava-se, Churchill nunca sanou essa dúvida. Nunca conseguiu decidir quem era mais iludido: os indianos, que imaginavam poder governar-se sem a ajuda dos britânicos, ou o povo britânico e o Partido Conservador, que acreditavam poder abrir mão da Índia sem terríveis consequências.

Essa desanimadora percepção, de que os bretões podiam ceder sua herança duramente ganha sem batalha, não lhe veio imediatamente. Ainda assim, enquanto participava da festa de lorde Lytton naquele fim de semana em Hertfordshire e argumentava, sentado à mesa para ao café da manhã, em favor da necessidade de bloquear o protetorado para a Índia, as sementes de um novo plano, maior e mais ousado, começavam a brotar em sua mente.

Churchill queria um confronto final na Índia. Aparentemente, todos queriam o oposto. Todos, exceto Gandhi.

Gandhi esteve estranhamente silencioso durante os dias após o pronunciamento histórico de Irwin, em 29 de outubro. Historiadores e biógrafos todos especulam sobre seu estado de espírito. Suas palavras não ajudam a desvelar o motivo. Por certo, sentia uma enorme pressão para concordar com moderados como M. A. Ansari e seu velho amigo Motilal Nehru. Eles achavam que a ruptura era iminente; Irwin parecia ter oferecido a última esperança para um acordo sobre a independência antes que os radicais tomassem as "ruas indianas". Se o Congresso Nacional Indiano cooperasse, poderia ganhar concessões significativas na primeira das chamadas Conferências de Mesa-Redonda, marcadas para o ano seguinte.

Gandhi entendia a posição deles. Quando se encontraram em Délhi, nos dois primeiros dias de novembro, trabalhou duro para preparar um acordo que todos, inclusive os radicais Jawaharlal Nehru e S. C. Bose, pudessem assinar. O resultado foi a Declaração de Délhi, de 2 de novembro. Não chegou a ser uma vitória para lorde Irwin, nem tampouco para os indianos. A declaração exigia que todos os prisioneiros políticos fossem libertados; que o status de protetorado fosse concedido *antes* das Conferências de Mesa-Redonda; que o Congresso Nacional Indiano fosse o principal representante da opinião indiana nas conferências; e que todas as discussões estivessem centradas em preparar uma adequada "Constituição de Protetorado para a Índia".[53]

Os moderados acharam o acordo muito intransigente, mas o assinaram mesmo assim. Bose e o jovem Nehru acharam-no muito suave, e Gandhi teve de usar toda a sua influência para fazê-los assinar. Ambos demitiram-se do Comitê de Trabalho do Congresso imediatamente após o episódio, para registrar quão insatisfeitos estavam com a declaração e com a atitude de Gandhi.[54]

A imagem que se tem de Gandhi é a de um homem preparado para caminhar sozinho e não comprometer seus princípios. Na verdade, a Declaração de Délhi revelou sua grande capacidade de negociação. Os membros de sua casta, bania, tinham fama de ser negociantes sagazes. A maioria dos observadores indianos, e também dos britânicos experientes, atribuíam a habilidade de Gandhi à origem bania, bem como à criação em Kathiawar, há muito considerada a casa dos mercadores obstinados e dos impetuosos homens de negócio.[55] Esse era um aspecto crucial da personalidade de Gandhi, o qual admiradores sentimentais como Romain Rolland, bem como cineastas modernos, deixam escapar. Gandhi possuía princípios claros, habilidades de advogado para a comunicação verbal, profunda empatia para entender a posição dos oponentes, infinita paciência e uma vontade de ferro — todos os atributos de um grande negociador.

Dessa perspectiva, a declaração de novembro de 1929 é sua obra-prima. Sem dívida, Gandhi conseguiu unir, mesmo que temporariamente, os líderes indianos em torno de um assunto sobre o qual não havia consenso. Ainda assim, não está claro se ele pensava que isso tinha importância. Ele não leu o artigo de Churchill no *Daily Mail*, mas tal leitura apenas o teria feito alimentar as suspeitas de que o Partido Trabalhista não era forte o bastante para aprovar o status de protetorado no Parlamento. A oposição derrubaria as promessas de Irwin, as quais, apesar de bem-intencionadas, eram inúteis: "um pedaço de papel desperdiçado, para ser jogado na lata de lixo". No fim, os indianos teriam de conseguir por si mesmos a independência, como Gandhi sempre quisera. "A vitória do Swaraj", reiterou ele em *Navajivan*, em 10 de novembro, "depende apenas de nossa própria força."[56]

Naquela semana, lorde Irwin recebeu notícias de um visitante norte-americano a Sabarmati chamado Sherwood Eddy. Eddy tivera a impressão de que Gandhi recusaria qualquer outro acordo sobre a independência. A Declaração de Délhi era sua palavra final sobre o assunto, Eddy disse a Irwin. Se suas exigências não fossem atendidas até 31 de dezembro, Gandhi estava pronto para começar mais uma onda de desobediência civil, estivessem seus amigos moderados e liberais prontos ou não.[57]

Eles suspeitavam o mesmo. A princípio, escreveu Srinivasa Sastri, "eu pensei que ele estivesse verdadeiramente lutando do nosso lado. Agora, entretanto, começo a ter dúvidas. Estará ele, por fim, apenas sedento por uma grande oportunidade para sua poderosa arma?" — ou seja, o *ahimsa* de massa.[58]

A verdade era que Gandhi estava ávido para testar sua nova abordagem da *satyagraha* como um movimento nacional de massa. A experiência Bardoli reforçara sua confiança de que os problemas haviam sido resolvidos; de que líderes locais habilidosos e motivados poderiam mobilizar apoio local sem violência; e de que a disciplina de seus satyagrahis poderia influenciar pessoas comuns pelo exemplo. Por que deixar para amanhã o que pode ser realizado hoje? Por que permitir que falsas promessas de acordo adiem a vitória final? Gandhi decidiu que o lugar perfeito para realizar sua seguinte investida seria o próximo congresso, a ser realizado em Lahore durante a semana do Natal — no mesmo período em que expirava o prazo de Calcutá.

O vice-rei Irwin pensara que sua declaração uniria os moderados de todas as opiniões. Na verdade, ela estava encorajando esses homens a assumirem posições mais extremas: primeiro Churchill, agora Gandhi. Na noite do congresso, em um último esforço para evitar o desastre, Irwin organizou um encontro com Gandhi e outros líderes. As notícias da Grã--Bretanha eram igualmente desencorajadoras. Seu amigo George Lane--Fox confessou que "Baldwin enfiou-se em um buraco incômodo" com seu apoio a Irwin e que a militância de Churchill prometia uma briga feia na Câmara dos Comuns.[59]

Outros estavam igualmente interessados em entrar em cena.

Nas primeiras horas do dia 22 de dezembro de 1929, lorde Irwin embarcou no trem vice-real em Hyderabad. Ia em direção a Nova Délhi, para transferir a residência oficial para o novo palácio do vice-rei. Naquela mesma tarde, ele encontraria Gandhi e os outros políticos para discutir a declaração sobre o protetorado.

O cintilante trem branco deslizou pela escuridão. Quando o sol se levantou, o trem chegava à estação em Délhi, rompendo a densa neblina que ofuscava os trilhos. Eram quase oito horas da manhã. Irwin estava confortavelmente acomodado em seu assento de veludo, lendo os sermões de Richard Challoner, um bispo do século XVII e um de seus autores preferidos.

O trem reduziu para 55 quilômetros por hora para realizar uma curva fechada em uma encosta, próximo a Old Fort, ou Purana Qila, nos arredores de Délhi. Quando virou a página, Irwin ouviu um estrondo.

Ele repousou o livro para ouvir com atenção. "Deve ter sido uma bomba", disse a si mesmo. Em meio aos gritos estridentes dos freios, o cheiro acre de cordite invadiu o corredor do vagão. O trem parou. Homens e soldados desceram para os trilhos, de armas em punho.

Logo encontraram um grande buraco nos trilhos onde houvera uma explosão de dinamite. Terroristas haviam colocado o detonador dentro do próximo Old Fort, que explodiu sobre a linha do trem. A bomba estava programada para explodir quando a locomotiva chegasse à curva. O plano era descarrilar o trem e derrubá-lo pela encosta de 9 metros, matando o vice-rei e todos os outros a bordo.

No entanto, a explosão atrasou. A locomotiva e os três primeiros carros passaram antes da detonação, e o resto do trem pôde passar pelo buraco sem avarias.

Irwin, com calma, voltava a ler Challoner, quando um de seus assistentes o interrompeu para sugerir que fosse ver algo. Ele desceu do vagão e caminhou lentamente ao longo dos trilhos, ouvindo o assobio da máquina ao fundo. Encontrou um vagão danificado. A explosão empurrara o piso em direção a um arco de aço torcido, que atravessou o teto e despedaçou-se em todas as direções. Vários metros de trilhos haviam desaparecido. Milagrosamente, o único ferido era um empregado indiano, que foi levemente machucado pela explosão. Todos os outros a bordo estavam bem. Os terroristas hindus tentaram virar o Raj de cabeça para baixo matando seu vice-rei, mas falharam.[60]

Irwin inspecionou com tristeza o dano. "É mesmo impressionante", escreveu mais tarde a seu pai, "que existam pessoas a pensar sinceramente que esse tipo de coisa pode beneficiá-las."[61] Porém, parte dele estava satisfeito com o atentado. Ele quase se transformou em um mártir da moderação. Gandhi sempre dizia que nada une um povo como o sofrimento. Halifax não chegara a sofrer no ataque, mas, com certeza, pensou ele, esse acidente deveria convencer Gandhi e seus aliados de sua sinceridade e de que era hora de chegarem a um acordo.

Com a firmeza característica dos britânicos, Irwin chegou ao encontro no palácio do vice-rei pontualmente. Gandhi, Motilal Nehru, os liberais T. B. Sapru e V. B. Patel,* e o líder muçulmano Muhammad Jinnah, todos o aguardavam. Gandhi o parabenizou por sua milagrosa escapada, mas, logo depois, ficou "insuportável", como escreveu Irwin. O quase martírio de Irwin não o ajudou em nada.

Ao contrário, Gandhi e os outros disseram que não poderia haver mais concessões. Se o governo britânico não estava preparado para atender às demandas da Declaração de Délhi, não lhes restava nada a não ser pôr em prática o plano da desobediência civil. Gandhi acrescentou que não compareceria à Conferência da Mesa-Redonda em Londres, uma vez que o governo britânico recusou a participação de "uma única voz" indiana em todo o congresso. Motilal Nehru concordou, dizendo que não eram os membros do Parlamento que deveriam construir o futuro da Índia, mas os indianos. O objetivo de qualquer conferência deveria ser a "passagem de poder" da Grã-Bretanha para a Índia — e para o Congresso Nacional Indiano.

Por fim, Irwin perguntou diretamente se Gandhi acreditava que os britânicos estavam sendo dissimulados sobre o desejo de conceder a autonomia

---

* Nenhuma relação com o discípulo de Gandhi, "Sardar" Vallabhbhai Patel.

aos indianos. Gandhi respondeu que ainda acreditava na sinceridade de indivíduos, como Irwin, mas não do governo como um todo. Jinnah e Sapru tentaram ser mais conciliadores, mas o encontro era de Gandhi. Depois de duas horas e meia, eles foram embora. O generoso gesto de Irwin, sua declaração sobre o protetorado, fora descartado bruscamente.[62]

"Eles são mesmo impossíveis", disse Irwin, irritado, ao seu secretário, Wedgwood Benn, "e deixaram-me mais deprimido que de costume com a usual falta de senso político revelada pelos políticos extremistas." Porém, com muita astúcia, ele adivinhou que a truculência de Gandhi surgiu em parte pelo medo que tinha de que uma Conferência da Mesa-Redonda aberta fosse apenas expor as rivalidades e divisões indianas, que poderiam ser exploradas pelos britânicos: "em suas mentes, parecia melhor inventar uma razão para não participar". Contudo, se Gandhi e seus seguidores fizessem, mais uma vez, uso não cooperação, avisou ele, "não perderemos tempo para detê-los" — apesar disso, Irwin, piedoso, acrescentou, "sou um pacifista por natureza".[63]

Uma semana antes do Ano-Novo, os preparativos para o Congresso em Lahore tiveram início. Era o congresso mais conturbado da carreira de Gandhi. Os moderados imploraram que ele fosse mais razoável e permitisse lorde Irwin negociar. A única abertura de Gandhi era o voto de congratulação pelo vice-rei ter escapado do assassinato. Ao mesmo tempo, entretanto, a tentativa de S. C. Bose de conseguir apoio para formar uma oposição independente também fracassou.

Essa foi a atitude de Gandhi: rejeição aos moderados e depois veto aos radicais. As possibilidades eram o acordo de Gandhi ou nada. A resolução que ele propôs, e forçou para que fosse aceita, era a de que, a menos que o governo britânico cedesse o protetorado até a meia-noite da noite de Ano-Novo, o Congresso mobilizaria todos os meios para alcançar Purana Swaraj, ou seja, independência completa. Na sessão final, a resolução foi aprovada por maioria esmagadora, com gritos acalorados de *Mahatma Gandhi ki jai!*"

Gandhi venceu. Mestre da situação, ele estava confiante na batalha — apesar de um policial espião ter notado que "cada ponto do programa era amargamente desagradável para uma ou outra seção importante".[64] Quase ao mesmo tempo, Winston Churchill escrevia uma carta ao vice-rei. Mais cedo, ele lhe enviara um telegrama, parabenizando-o por escapar do assassinato. Irwin escrevera de volta, agradecendo e dizendo que entendia a posição de Churchill acerca do protetorado. Irwin acrescentou, de modo irônico, "não estou totalmente insano" por acreditar que ainda há como acalmar a opinião pública indiana. Acreditava que "metade do problema é psicológico, um caso de sentimentos feridos", e que, ao assegurar a Gandhi e aos outros líderes indianos as intenções britânicas, conseguiria chegar a um acordo final.

"Eu acredito", escreveu Irwin, que "assim que Edwin Montagu colocar--nos no caminho" o governo britânico será obrigado a ir até o fim — "a menos que estejamos preparados para perseguir métodos os quais não acho que os britânicos tolerarão por muito tempo", como forte repressão e violência.[65]

Churchill recusou-se a ficar abalado. "Eu não acho que precisemos temer nenhum choque de violência na Índia", escreveu no dia de Ano-Novo. "A força nos será dada à medida que precisemos dela." Se os indianos rejeitaram reformas razoáveis, os britânicos não deveriam hesitar em reassumir o domínio direto. "Quando os elementos perversos" dos indianos nacionalistas encontrarem a força de vontade dos britânicos, "nossa tarefa será bem menos formidável e difícil."

Churchill chegou a dizer a Irwin: "acredito que tenha uma grande oportunidade nas mãos" para mostrar a determinação britânica e destruir qualquer tentativa de desobediência civil. Churchill esperava que o acordo falhasse, mesmo que os ditos moderados estivessem vencidos e silenciosos. "Estou convicto", escreveu, "de que, no que tange ao assunto supremo da Índia, o Império Britânico erguer-se-á em sua velha força e de que aqueles que, como você, estão arriscando as vidas para manter a bandeira hasteada agirão com crescente confiança."[66]

Enquanto Churchill escrevia essas linhas, no entanto, outra bandeira era desenrolada nas margens do rio Ravi. Era meia-noite em Lahore e começava o Ano-Novo. Com a multidão dançando e cantando, Jawaharlal Nehru, o presidente do Congresso, hasteou a nova bandeira nacional da Índia. A bandeira tinha o design básico para Gandhi, tricolor, com uma listra de açafrão para os hindus, uma verde para os muçulmanos e uma branca para todos os outros, além de uma *charkha* no centro.

Gandhi também compôs uma contundente Declaração de Independência.

Nós acreditamos ser direito inalienável do povo indiano, como de qualquer outro povo, ter liberdade e usufruir dos frutos do trabalho e satisfazer as necessidades da vida [...]. O governo britânico na Índia não apenas privou o povo indiano de sua liberdade, mas se baseou na exploração das massas e arruinou a Índia econômica, política, cultural e espiritualmente. Nós acreditamos, portanto, que a Índia deve cortar os laços britânicos e obter Purana Swaraj, a Independência Completa.

A batalha começava.

17. SAL

1930

Essa é a graça de Deus, vamos permanecer
inertes e assistir aos Seus milagres.
(MOHANDAS K. GANDHI, 5 DE ABRIL DE 1930)

A batalha havia começado, mas, por seis semanas, quase nada aconteceu.

Muitas cidades indianas celebraram o Dia da Independência da Índia, cuja data Gandhi definira como sendo 26 de janeiro de 1930. Algumas bandeiras britânicas foram queimadas; algumas novas bandeiras indianas, hasteadas. No dia 30, Subhas Chandra Bose e alguns companheiros foram condenados a um ano de cadeia. Seu crime não foi cometer atos de desobediência civil ou não cooperação; foi organizar um desfile não autorizado como parte do Dia dos Mártires Políticos de Bengala, no último mês de agosto.[1]

De fato, poucos atos de desobediência civil ocorreram nas diferentes regiões da Índia — ou, pelo menos, poucos que fossem significativos. Isso não deveria ser uma surpresa para Gandhi. Em Lahore, de maneira muito relutante, ele concordara em cortar os boicotes a escolas, universidades e cortes judiciais de seu programa *satyagraha*, liberando, assim, a classe média urbana da desobediência civil. Escolas, lojas e fábricas permaneceram abertas. Os membros do Congresso ainda deveriam renunciar às legislaturas provinciais, mas poucos o fizeram.[2]

Enquanto isso, Gandhi estava de volta a Sabarmati, tecendo fios de algodão e pensando. Em Lahore, seus seguidores do Congresso mais pareciam uma desorganizada multidão do que uma elite forte e disciplinada.[3] Ele concluiu que não podia esperar que tomassem qualquer iniciativa ou seguissem ordens complexas. Gandhi queria uma campanha *satyagraha* que desse aos indianos o sentimento de unidade e elevação moral: Swaraj no mais verdadeiro sentido. Porém, como admitiu livremente, não tinha ideia de como fazer isso. "Talvez seja impossível propor desobediência civil a essa altura", escreveu ele em 9 de janeiro. "Agora, tudo está em estado embrionário."[4]

Gandhi também percebeu que não podia repetir os erros do passado. Em 1920, suas esperanças haviam perecido nas chamas de Chauri Chaura. Dessa vez, ele tinha de encontrar um novo caminho; algo que fosse, ao mesmo tempo, mais eficiente e menos suscetível a sair dos limites da ahimsa. No dia 9, disse aos leitores do *Young India*: "estou concentrando todas as minhas forças em descobrir uma fórmula de ação". Somente no meio de fevereiro, ele encontrou uma resposta.

Houve diversas razões pelas quais Gandhi finalmente decidiu transformar a abolição da taxa do sal no tema de sua próxima (e, em essência, mais famosa) campanha *satyagraha*. A primeira era que a venda de sal vinha sendo monopólio governamental desde os tempos do Império Mogol. Robert Clive usou o imposto como recompensa para seus amigos em Bengala e, em 1878, ela passou a valer em toda a Índia e nos principados.[5] A taxa do sal era um símbolo de soberania desde os tempos de Akbar e, desde 1878, simbolizava a submissão da Índia aos britânicos.

Isso significava que todos na Índia, ricos ou pobres, pagavam a taxa. Isso fez dela um alvo inequívoco e incontestável da ação popular. Mesmo os muçulmanos, que pouco participaram das celebrações de independência no dia 26 de janeiro, pagavam-na. Gandhi esperava que o protesto contra a taxa do sal pudesse unir hindus e muçulmanos contra o Raj. Poderia atrair também os camponeses, a quem a taxa mais indignava.[6] Os indianos mais pobres haviam-se unido a ele em suas campanhas *satyagraha* mais bem--sucedidas, em Champaran e em Kaira e, mais recentemente, em Bardoli. Antes disso, eles o haviam salvado da humilhação na África do Sul. Cada vez mais, Gandhi via-os como seus verdadeiros seguidores. Essa era a chance de livrá-los de uma taxa que diminuía seus já miseráveis salários, em especial no momento em que a depressão mundial assombrava a Índia.

Gandhi também encontrara uma outra abordagem para a desobediência civil, testada em Bardoli. Apenas os satyagrahis envolvidos e treinados deveriam realizar atos públicos de resistência. Ele escolhia a elite e esta liderava, enquanto as pessoas comuns apenas assistiam e testemunhavam. Gandhi estava determinado a não ser o culpado, e não culpar seus satyagrahis, por qualquer eventual onda de violência.

Seu plano foi debatido e aprovado no encontro da AICC, em Sabarmati, em meados de fevereiro. "É incrível", confessou Motilal Nehru a M. A. Ansari no dia 17, "que ninguém tenha pensado nisso."[7] Porém, o verdadeiro golpe de mestre de Gandhi veio mais tarde. Ele decidiu que andaria com uma cópia do *Bhagavad Gita* nas mãos, de Sabarmati Ashram à cidade de Dandi, na costa oeste de Guzerate, e quebraria a lei sozinho, ao fazer sal com água do mar.

Nenhum documento escrito conta-nos como ou quando ele chegou a seu extraordinário plano. Ele certamente sabia que Mumbai, Madras e os principados centrais e do sul adquiriam sal de salinas do governo instaladas ao longo da costa. A mesma costa onde os residentes produziram seu próprio sal durante séculos. Gandhi usara a fórmula da marcha em campanhas *satyagraha* anteriores, e Dandi ficava no mesmo distrito (Jalalpur) onde fora lançada a *satyagraha* Bardoli. "Ainda tenho doces lembranças de minha experiência naquele lugar", escreveu ele. A estrutura organizacional para a desobediência civil em Jalalpur estava de pé e em funcionamento.*[8]

Em 27 de fevereiro, em um artigo no *Young India* intitulado "Quando eu for preso", Gandhi levantou o assunto da *satyagraha* sem mencionar marcha alguma. No dia 2 de março, ele enviou uma carta ao lorde Irwin. Começando com "Querido Amigo", ela continha os Onze Pontos, ou onze queixas, contra o domínio britânico que o forçariam, se não corrigidas, a quebrar a lei do sal. Mesmo naquele momento, a marcha para o mar poderia ser apenas uma vaga ideia — a carta de Gandhi não a mencionava — mas ele avisou Irwin: quando ele quebrasse a lei, estaria dado um sinal para seguidores de toda a Índia fazerem o mesmo.

Dar início a um novo ciclo de desobediência civil significava correr um "risco que eu temia", admitiu ele, um risco até mesmo "louco". Entretanto, "as vitórias da verdade nunca foram alcançadas sem riscos, frequentemente

---

* Ainda assim, todas as evidências indicam que Dandi não era a primeira opção como local de término da marcha. Aparentemente, era Badalpur, no rio Mahisagar, a apenas oito dias de caminhada de Sabarmati. Porém, um dos assistentes de Gandhi, Kalianji Mehta, propôs estender a marcha para maximizar o benefício da publicidade. Gandhi concordou, e um comitê informal, composto por Patel, Mehta, Narhari Parikh e Lakshmidas Asare, escolheu Dandi.

dos mais graves". A campanha, disse ele, começaria no dia 12 de março. A carta foi um aviso cavalheiresco, mas também uma provocação. Gandhi estava, na prática, desafiando o vice-rei e toda a máquina do Raj a detê-lo.[9]

A carta foi entregue por um amigo quaker ao palácio do vice-rei, lugar para o qual Irwin acabara de retornar de uma viagem a Meerut, onde assistira a partidas de polo.[10] Irwin, sensível mas indiferente como sempre, enviou uma resposta de quatro linhas. Apenas expressava pesar pela intenção de Gandhi de quebrar a lei. Gandhi ficou desapontado. "De joelhos, eu pedi por pão", disse aos seguidores, "e, ao invés disso, recebi pedra." No dia 11, ele começou as preparações finais para a marcha. Naquela noite, disse aos membros do *ashram*: "nossa causa é justa, nossos meios são fortes e Deus está conosco".[11]

Ele escolheu 79 acompanhantes para a jornada de 390 quilômetros, em plena estação de seca. Os escolhidos estavam contentíssimos; os outros, incluindo Narayan Desai, então com seis anos de idade, e as outras crianças, estavam arrasados por terem sido deixados para trás. Contudo, todos se levantaram antes do amanhecer para despedir-se dele.

Uma multidão da cidade havia-se reunido durante a noite. Antes da primeira luz do dia, já somavam centenas de milhares. "Embaixo da centenária tamarindeira do *ashram*", lembrou Desai cinquenta anos depois, "estava estacionado o que parecia o conjunto de todos os carros de Ahmedabad".[12] Lá estavam correspondentes e fotógrafos de jornais indianos, europeus e norte-americanos. Por causa da multidão, as rezas matinais não puderam ocorrer no lugar usual. Eles mudaram a atividade para o leito seco do rio Sabarmati. Pandit Khare, que conduzia as rezas todas as manhãs, mal podia ser ouvido por todas aquelas pessoas.

As vozes logo se uniram em canto, "*Raghupati Raghave Rajaram*". Pouco antes de partir, Gandhi visitou algumas das crianças doentes. Três haviam acabado de morrer de varíola, dentre as quais estava o filho mais novo de Pandit Khare — um indício revelador do estado geral de saúde no *ashram*. Ainda assim, Khare, como Sarojini Naidu e os secretários de Gandhi, Desai e Pyarelal, seguiriam na marcha.

Reuniram-se no pátio. Os que marchariam haviam sido cuidadosamente selecionados, como um arco-íris de seguidores que incluía muçulmanos, sikhs, intocáveis e cristãos. Todos homens, de diversas idades. O mais jovem tinha 16 anos; Gandhi era o mais velho, com 61.[13] Vallabhbhai Patel não estava entre eles; fora preso quatro dias antes. Nem os Nehru. Cada selecionado carregava uma cópia do *Gita* e trajava roupas de algodão, feitas em casa, presas em volta do pescoço, como animais para o abatedouro. Muitos, inclusive Gandhi, pensaram que a polícia podia recebê-los a tiros assim que deixassem o *ashram*. Muitos presumiram que Gandhi seria preso antes do início.

Gandhi levou consigo uma vara de bambu com uma ponta de ferro para apoiar-se. A professora das crianças prendeu um distintivo em seu xale e deu-lhe um beijo de despedida. Outra mulher fez um ponto vermelho em sua testa, o *bindi*, para desviar a má sorte. Depois, chorando e cantando "*Vaishnav Jan*"* e o *Ramanama*, Gandhi partiu.[14]

A marcha para o mar pode ter sido heroica, ou mesmo santa; mas também foi cuidadosamente planejada e executada. Além de seus 78 companheiros peregrinos, Gandhi era seguido, todo o tempo, por um enorme grupo de repórteres jornalísticos, fotógrafos e outros observadores. *Navajivan* e *Young India* haviam publicado a rota proposta até Dandi e a informação de que ele viajaria nas primeiras horas da manhã e no final da tarde. Isso tornou mais fácil que espectadores e seguidores encontrassem e aumentassem a multidão.[15]

O objetivo de Gandhi era parar ao menos em uma vila durante a manhã e em outra à noite. Ele não buscava acomodações para ele ou seus amigos. Dormiriam ao relento. O grande grupo de repórteres e observadores deveria arrumar sua própria estada. Gandhi solicitava apenas um lugar para lavar a si e a comida crua que comeria. Também queria informação: sobre a população e as condições sanitárias da vila, sobre a quantidade de álcool que era consumida (o Gandhi New Age ainda estava determinado a fazer da Índia uma nação totalmente abstêmia) e sobre quanto pagavam os camponeses em taxas da terra e de sal.[16] Como a marcha por Chaparam em 1917, essa caminhada seria uma lição sobre as condições da Índia, uma educação peripatética para ele e seus seguidores, bem como para o *Times* de Londres, o *Bombay Chronicle* e outros agentes da mídia que seguiam seus passos.

A marcha para a costa foi a introdução da Índia à arte das relações públicas em grande escala. O seu ritmo era de passeio e ela durou um mês. Em cada vila, Gandhi falou sobre a *satyagraha*, deu entrevistas para a imprensa e

---

* "Saudação a Vishnu."

ditou artigos para seus jornais *Navajivan* e *Young India*, enquanto a multidão não parava de aumentar. Em Nadiad, a maior cidade de Kaira, ele atraiu 20 mil pessoas; em Anand, 10 mil; em Broach, quase 15 mil. Depois, em Surat, a apenas 40 quilômetros de Dandi, ele atraiu mais de 30 mil pessoas.[17]

No dia 3 de abril, ele estava perto de seu objetivo, em Navsari. Naquela noite, ele falou para uma multidão de 9 mil ouvintes (os organizadores afirmam terem sido 50 mil), em um palco improvisado, sob luzes pagas por um negociante pársi do local. Gandhi agradeceu os pársis pelo apoio e enfatizou a importância das mulheres na campanha *satyagraha*, já que viviam "incorporando a renúncia e a compaixão, ou seja, a não violência". Em Vanji, ele disse a seus seguidores que estivessem preparados para um confronto violento: "preparemo-nos para a morte diante de canhões e armas".[18] Com efeito, à medida que a marcha aproximava-se do fim, Gandhi secretamente perguntava-se o que o governo *estava* fazendo e por que Irwin e os oficiais de polícia não haviam interferido.

A verdade era que a marcha pegara Irwin de surpresa. Em seu íntimo, ele estava impressionado de ver como um homem de 61 anos, conhecido por ter coração frágil e pressão alta, era capaz de tudo aquilo: "a força de vontade do homem deve ser enorme". O primeiro impulso do vice-rei foi não reagir ao que considerava ser uma armadilha. Chegou a alimentar a esperança de que a saúde de Gandhi fosse esgotar-se: um Gandhi incapacitado, ou mesmo morto, resolveria os problemas de todos.[19] Irwin assumiu o que um biógrafo chama uma "abordagem comedida" e conteve os oficiais que queriam dispersar a multidão com bombas de gás lacrimogêneo e jogar Gandhi na cadeia de uma vez. Ele não desejava dar a Gandhi a "auréola de mártir", como disse, ou arriscar-se a enfrentar maiores problemas quando os indianos soubessem de sua prisão.

Portanto, quando Gandhi finalmente chegou a Dandi, não havia um policial à vista.[20] Ele disse à multidão que não estava seguro de que o governo o deixaria chegar tão longe. Mas, sugeriu: o governo está muito envergonhado para tentar impedir. Esse sentimento de vergonha era prova do poder da não violência. "Amanhã quebraremos a lei do sal", anunciou Gandhi com voz clara. Se o governo não o parasse, significaria a abolição da taxa do sal. Se não fosse abolida, não teria importância: "esse movimento é baseado na crença de que, quando uma nação inteira está reagindo e em marcha, não há necessidade de um líder."

Gandhi disse que seu objetivo era que todos os indianos fizessem sal em casa, "como nossos ancestrais faziam", até o estoque do governo passar a ser inútil. Mas ele lembrou a multidão de um objetivo maior, por trás daquele: Swaraj, "a deusa". "Nossas mentes não estarão em paz, e nem daremos paz ao governo, até que tenhamos *darshan*."[21]

Para Gandhi, Dandi representava, por diversas razões, o fim de uma jornada. Ele estava dando um definitivo adeus a sua ligação com os ingleses, a sua "paixão" pelo domínio britânico que o levara, por meio século, a pensar que o Império pudesse tratar seus súditos com justiça. Os dias de confiança e negociações razoáveis estavam terminados, disse ele. Chegava a hora de agir e de os indianos unirem-se.

"Essa não é uma batalha de um homem, mas de milhões de nós", gritou ele. "Meu coração agora é tão duro quanto pedra. Estou nessa batalha por Swaraj, pronto para sacrificar milhares ou centenas de milhares de homens se necessário." A calada multidão ouviu suas últimas palavras: "essa é a graça de Deus; vamos permanecer inertes e assistir aos Seus milagres."[22]

Na manhã seguinte, Gandhi vagueou até a praia. Ele estava acordado, como de costume, desde as quatro da manhã. Ao lado dele, estava a poetisa Sarojini Naidu e Mahadev Desai. Gandhi foi ao mar para lavar-se: 6 de abril era um dia tradicional de penitência e purificação. Além disso, disse ele, todas as guerras religiosas começam com um ritual de banho. Ele então voltou, com seu *dhoti* pingando água, e levou todos para uma mina de sal. Por volta de 6h30, ele parou e, cuidadosamente, juntou um pouco de sal em uma pequena bola de lama. Naidu exclamou "Saudação ao Salvador". De acordo com Desai, Gandhi murmurou: "com esse sal, estou estremecendo a estrutura do Império".[23]

A proeza estava feita. A partir daquele momento, outros na multidão inclinavam-se e pegavam um pouco de sal na palma das mãos, rindo e cantando como se fosse um feriado. Gandhi disse a um repórter: "agora que uma quebra técnica e cerimonial foi cometida na lei do sal, qualquer um está liberado para [...] fabricar o quanto desejar", em vez de comprá-lo do governo.

"E se o governo não prender você?", perguntou o correspondente do *Free Press*.

"Ah, continuarei a produzir sal ilícito", respondeu Gandhi alegremente.[24]

De fato, o governo não o prendeu por mais um mês. Eles prenderam todos os outros satyagrahis que puderam encontrar quando a *satyagraha* do sal espalhou-se pela Índia. No mesmo dia, 6 de abril, seu filho Ramdas foi preso com um grupo de *ashramites*. Mais tarde, Devadas Gandhi e Mahadev Desai também foram presos. Bem como o prefeito de Calcutá, quando encorajou os cidadãos a boicotar a roupa estrangeira, o que lhe rendeu uma sentença de seis meses. Ao todo, havia mais de 5 mil atos de *satyagraha* por toda a Índia. Foi o maior e mais organizado movimento de protesto que o subcontinente conheceu.

O círculo próximo a Gandhi liderou o episódio. Rajendra Prasad foi presa com um grande grupo de satyagrahis quando a polícia montada os deteve e eles deitaram-se diante dos cascos dos cavalos. Milagrosamente, ninguém foi ferido, mas os manifestantes tiveram de ser erguidos pelos policiais e atirados em caminhões para serem levados à prisão.[25] Em 16 de abril, Gandhi soube que Jawaharlal Nehru fora preso por quebrar a lei do sal. Ele enviou um telegrama extático a Motilal Nehru, parabenizando-o e a sua esposa pela ação do filho: "Jawaharlal mereceu a coroa de espinhos."[26]

Enquanto isso, na vila de Aat, Gandhi supervisionou pessoalmente aldeões que recolhiam sal ilícito e recusaram-se a parar quando a polícia chegou para prendê-los. Aquele dia foi seu "dia de silêncio", mas, como disse depois a um repórter do *Bombay Chronicle*, "não houve violência. Para eles, o sal era tão precioso quanto o sangue". Ele esperava que, com tal paciência e sofrimento, pudessem mudar os corações até mesmo dos homens da polícia.[27]

Em pouco tempo, mesmo aqueles que não seguiam Gandhi uniram-se ao movimento. Nirad Chaudhuri era um editor do *The Monthly Review*, em Calcutá. Ilustrado intelectual e liberal bengalês, ele sempre fora céptico a respeito de Gandhi. Porém, as notícias da marcha produziram "uma repentina conversão". Em uma tarde, com pássaros cantando e voando sobre sua cabeça, ele foi até as marchas do sal de Calcutá. Assistiu a um seguidor bengalês de Gandhi, Satis Chandra Das Gupta, ferver, à beira-mar, uma panela de água do mar para extrair sal. Chaudhuri sentiu-se na obrigação de participar e pegar um pequeno pacote de sal — mas nunca o usou. "Talvez", escreveu muitos anos mais tarde, "ele [fosse] sagrado demais para ser consumido."[28]

Outra testemunha assistiu aos satyagrahis ferverem água do mar na Esplanada Maidan, em Mumbai, cercados de voluntários do Congresso, todos de braços dados, em círculo. "Em uma ocasião", lembrou ele, "havia não menos que trinta rodas, três formadas por sikhs e três por mulheres." Tal

disposição forçava a polícia a quebrar cada círculo para pegar os criminosos, o que resultou em muitas cabeças quebradas e ferimentos de cassetete,
"pois a multidão, na maioria das vezes, tornava-se violenta e atirava pedras
nos policiais".[29]

A despeito das esperanças e avisos de Gandhi, a violência da multidão
estava difundida, apesar de branda. A alegação do biógrafo Louis Fischer,
de que "Chauri Chaura, em 1922, havia ensinado uma lição à Índia", é
falsa. Na noite de 17 para 18 de abril, cem homens armados da Hindustan
Republican Association atacaram um depósito do Exército em Chittagong,
leste de Bengala, e mataram um sargento britânico. Depois, em 23 de abril,
alguns tumultos começaram em Pexauar. Foram enviadas ao local tropas
britânicas e gurkhas, que abriram fogo, matando trinta manifestantes e
ferindo 35. O Royal Garwhal Rifles também foi incumbido de acabar com
o motim; ao se recusarem a cumprir a ordem, seus soldados tiveram de ser
desarmados pelos regimentos gurkhas.

As tropas britânicas foram retiradas, e Pexauar passou por dez dias de
intensa desordem. Quando os britânicos partiram, homens das tribos pathan
e afridi desceram das montanhas em busca do que saquear. Bem longe dali,
na Inglaterra, Churchill disse aos colegas que todo o incidente "marcava o
mais baixo declínio de autoridades britânicas na Índia já visto".[30] Ainda
assim, Irwin recusava-se a prender Gandhi.

Por fim, até Gandhi estava farto da inação do lorde Irwin. Ele estava ávido
para mostrar que sua prisão não interromperia a campanha, a qual estava
no auge. Então, anunciou que seus satyagrahis invadiriam a Dharasana
Salt Works, 240 quilômetros ao norte de Mumbai. Dois mil e quinhentos
voluntários reuniram-se sob a névoa da manhã. Liderando o grupo estava a
própria Sarojini Naidu, que disse aos voluntários: "vocês não devem resistir;
nem mesmo levantem as mãos para evitar um golpe".

Um repórter da United Press descreveu o que se passou em seguida:
"Ao ouvir uma voz de comando, grande número de policiais nativos"
apressou-se para agir com seus cassetetes. "Nenhum dos participantes
da marcha levantou sequer um braço para defender-se dos ataques. Eles
caíram como pinos de boliche. De onde eu estava, ouvi o som repugnante
dos cassetetes batendo nos crânios desprotegidos." Os satyagrahis ainda
avançaram, grupo após grupo, como ondas. Mesmo assim, "não houve luta
ou confronto; os participantes da marcha apenas prosseguiam até serem

derrubados". Enquanto isso, padioleiros carregavam um fluxo contínuo de "corpos inertes e ensanguentados". Mais tarde, o repórter visitou a estação de assistência provisória. Ele contou 320 feridos; muitos ainda estavam desacordados. Dois acabaram morrendo.[31]

Enquanto isso, o sol subia no céu claro e a temperatura chegava a 46°C. A investida fora não violenta, mas inútil; as baixas foram equivalentes às do primeiro dia de Somme. O filho de Gandhi, Manilal, e o filho de Naidu foram presos. Gandhi permanecia inabalável. Como dissera, "em um governo satânico, pessoas inocentes devem sofrer". Irwin percebeu que não podia esperar para ver o que Gandhi faria a seguir.

Na noite do dia 5 de maio, apenas poucos minutos depois da meia-noite, Gandhi estava confortavelmente acampado embaixo de uma mangueira, em Karadi, uma vila próxima a Dandi, quando ouviu um ruído nas folhagens. Trinta policiais indianos armados abordaram-no.

Gandhi acordou e encarou as figuras solenes que se agigantavam na escuridão. Ele perguntou: "vocês me querem?"

"Você é Mohandas Karamchand Gandhi?", inquiriu o magistrado, para cumprir a formalidade.[32]

Gandhi admitiu que era. Ele então soube que seria encarcerado com base em uma obscura norma de 1827, a qual permitia ao Estado efetuar uma prisão sem julgamento ou mesmo acusação. Irwin queria evitar a auréola de mártir de Gandhi, mas as circunstâncias forçaram-no a fazê-lo. Diferentemente da campanha de não cooperação de 1920, a *satyagraha* do sal abalava as fundações do Raj. Prender Gandhi parecia ser a única alternativa para não perder o controle do subcontinente.

A chegada de Gandhi à prisão Yeravda foi, na verdade, uma celebração de retorno. À espera no portão estava um antigo policial que se lembrava do Gandhi de oito anos antes. Eles cumprimentaram-se como velhos amigos; o oficial observou que Gandhi parecia mais saudável e mais jovem do que da última vez que o vira. A vida lá fora deve concordar com você, brincou. Ele entregou a Gandhi uma barra de sabonete Sunlight e deixou-o tomar um merecido banho.[33] Gandhi e seus carcereiros preparavam-se para uma longa estada.

Se Irwin e seus policiais pensavam que a prisão de Gandhi pudesse terminar com os problemas, como havia ocorrido em 1922, estavam profundamente enganados. A não cooperação intensificou-se ao longo dos dez meses seguintes. A chegada da monção foi o que deu termo à *satyagraha* do sal.[34] Porém, outras formas de resistência explodiram em todas as províncias da Índia, à medida que dezenas, ou mesmo centenas de milhares de pessoas uniam-se à causa. Em fevereiro de 1931, o governo contabilizava cerca de 24 mil rebeldes nas cadeias. Mais de 60 mil foram aprisionados no decorrer de toda a campanha. Algumas estimativas mais altas chegam a 100 mil.[35]

Saber quem eram esses prisioneiros revela quão extenso passou a ser o centro ativista de Gandhi. A maioria vinha de cidades como Mumbai e das grandes províncias hindus. Graças a Rajaji, a área ao redor de Madras passara a ser uma fortaleza de Gandhi.[36] Os rebeldes também costumavam ser jovens, algumas vezes muito jovens. Quase 700 dos 4.700 detidos nas prisões de Bengala tinham menos de 17 anos. Muitos eram também estudantes. Em Calcutá, a greve forçou a escola de Direito a adiar as provas. Na Scottish Church College, ocorreu a primeira ocupação do mundo, quando os estudantes se deitaram em frente às portas e não permitiram a entrada de outros estudantes.[37]

O outro grupo numeroso era o de mulheres. Gandhi veio a considerá-las o coração e a alma da campanha: ele acreditava que as mulheres possuíam o instinto mais voltado para o autossacrifício que os homens e "mais coragem do tipo certo".[38] Disse às mulheres de uma vila em Umber: "se o movimento obtiver sucesso, a parcela de vocês terá que ser igual à dos homens, talvez maior".[39] Com modos de cavalheiro, Gandhi ainda não queria as mulheres "na linha de frente", onde as pessoas poderiam ser feridas. Ele queria que os homens satyagrahi defendessem as salinas e atacassem as produções do governo. Em vez disso, ele via as mulheres rebeldes dedicando-se a fiar o *khadi* e realizar boicotes. Entre outras coisas, elas deveriam fazer piquetes em lojas de bebidas e visitar as casas de pessoas viciadas para insistir em que parassem de beber. "Eu já vi mulheres do Exército da Salvação fazerem isso", disse ele. "Por que as mulheres indianas não poderiam fazer o mesmo?"[40]

Gandhi fez do álcool um alvo da *satyagraha* não apenas por razões morais, mas porque o governo dependia dos impostos das bebidas para fazer receita. Narayan Desai lembrou-se de quando se uniu às mulheres do *ashram* em frente à loja de bebidas alcoólicas da vila Sabarmati, cantando "beber já destruiu tudo, ó viciado. Desista / pare já!". Outras mulheres do *ashram* foram para a linha de frente. Desai recordou a já idosa Gangabehn

Majumdar, que dera a Gandhi sua primeira *charkha* e que tinha fama de ter mais de cem anos de idade, voltando para casa depois de um encontro com a polícia em seu sari caseiro pintado de sangue.[41] Em suma, a *satyagraha* de Gandhi deu às mulheres indianas um novo papel no ativismo social, especialmente quando a campanha mudou o foco para as cidades e os boicotes contra estrangeiros.

As mulheres faziam piquetes regulares em frente a lojas que vendessem roupas britânicas. Chegavam a seguir outras mulheres que saíam das lojas para tentar persuadi-las a devolver as compras. De maneira mais ameaçadora, organizavam *siapa*, ou manhãs de zombaria, onde retratos de comerciantes que descumprissem a promessa do boicote eram queimados em frente de suas casas.[42]

Em Mumbai e Guzerate, o boicote colocou os comerciantes indianos, já atingidos pela depressão mundial, em uma situação muito difícil. Para os satyagrahi, isso não importava. Um oficial britânico confessou que "o Congresso realmente governa Mumbai". Ativistas de Gandhi enchiam as ruas, e os piquetes eram realizados com a eficiente regularidade de um efetivo policial.[43] Como disse o governador-geral de Mumbai ao vice-rei Irwin, "a população como um todo parece ter sido tomada por uma onda de entusiasmo semi-histérico". Pársis e cristãos, mulheres e crianças, estavam "todos possuídos pela mania de martírio". Mesmo os mais antigos oficiais da polícia nunca haviam visto um sentimento antigoverno tão forte ou tão difundido.[44]

Em Calcutá, o apoio da classe média a Gandhi também estava forte, apesar de os revolucionários nacionalistas bengaleses também estarem exigindo seus direitos e de a desobediência civil tornar-se, por vezes, violenta. Nirad Chaudhuri lembrou-se de que, nas semanas após a prisão de Gandhi, multidões de pessoas ansiosas corriam de um lado para o outro pelas ruas, como ondas no oceano, enquanto carros blindados, com policiais de turbante e suas armas a postos, patrulhavam as ruas.[45] Os editores de *Monthly Review*, companheiros de Chaudhuri, foram fortemente afetados pela prisão de Gandhi. Eles publicaram um editorial citando uma passagem de São Mateus: "quando procuraram colocar as mãos sobre ele, temeram a multidão porque o tomaram por profeta".

O próprio Chaudhuri colecionava fotos das prisões e dos espancamentos que saíam todos os dias nos jornais. Quis publicar um número da revista dedicado àquelas imagens chocantes, mas o governo confiscou os exemplares. Ele disse ao seu irmão, um rico advogado, que queria fazer algo mais drástico e ser preso; seu irmão apenas riu e lhe respondeu que ele estava agindo como uma criança.[46] Porém, a reação de Chaudhuri foi mais semelhante à da elite indiana educada; e cépticos como seu irmão eram cada vez mais escassos. Um movimento político de sucesso nunca exige mais que uma boa dose de "mania para o martírio"; apenas precisa que a maioria silenciosa assista e demonstre simpatia. Após 15 anos de tentativas, Gandhi provocara uma mudança sísmica na política indiana.

Havia, entretanto, limites nessa mudança. As cortes judiciais, os conselhos e o poder legislativo desobedeceram ao boicote (apesar de muitos membros terem permanecido afastados por medo de uma represália da multidão). Muitas vezes, manifestações resultavam em conflitos quando os seguidores de Gandhi queriam incluir intocáveis nos protestos. E o silêncio das comunidades islâmicas era ominoso: menos de um em cada vinte rebeldes presos era muçulmano.[47]

Ainda assim, Gandhi podia ficar satisfeito. Em Yeravda, ele voltou para suas duas celas. Recebeu permissão para manter consigo a *charkha* portátil, na qual trabalhava cerca de seis horas por dia, e uma cabra para produzir seu leite. Ele podia ter inclusive um secretário para manter em dia as correspondências incessantes, e os jornais, incluindo o *Times of India*, para acompanhar o progresso dos eventos. Estava contente, relaxado até: "tenho estado bastante feliz e compensando o sono atrasado", disse a Mirabehn depois de uma semana — e ele estava totalmente indiferente ao embaraço do governo.[48] No que lhe dizia respeito, tinha dado sua última opinião sobre o assunto. "Esse Império Indiano foi construído sobre a imoralidade", escreveu antes de ser preso. "Não há outro caminho para o povo a não ser encerrar um sistema cujas próprias bases são imorais."[49] Todos os dias, os protestos pareciam ficar mais ousados e eficientes. Que melhor caminho poderia haver para contribuir com a purificação da Índia do que ignorar os apelos por acordo e seguir com a campanha até o fim?

Devido ao término da seca e à chegada das monções, a única perturbação à calma de Gandhi era o fluxo de distintos visitantes enviados por Irwin a Yeravda, para tentar persuadi-lo a falar com o governo. T. B. Sapru, M. Jayakar, o enfermo Motilal Nehru, o recém-saído da prisão Jawaharlal e Sapru e Jayakar novamente. Todos saíram de mãos vazias. O diretor de

Yeravda entendia Gandhi melhor do que lorde Irwin. "Ele é fiel a suas opiniões", notou ele, "e não escuta conselho de outros."[50]

Sapru esteve com Gandhi no início de setembro de 1930. Advogado e pilar da fundação da National Liberal Federation, Sapru considerava-se o verdadeiro guardião da bandeira moderada de Gokhale. Durante anos, desconfiara dos motivos de Gandhi e não acreditava que a não cooperação pudesse alcançar muita coisa. No entanto, quando os participantes do boicote no Congresso tomaram as cidades, os legisladores foram forçados a demitir-se por seus vizinhos, e, na medida em que mesmo os camponeses dos distritos remotos recusavam-se a pagar os impostos, "fui obrigado por minha experiência pessoal a rever algumas de minhas opiniões", confessou ele ao vice-rei no dia 19 de setembro.

"O Congresso conseguira, sem dúvida, grande influência sobre o pensamento popular", admirou-se Sapru, inclusive sobre um grande número de pessoas que jamais tivera qualquer opinião política antes. "O sentimento popular é intensamente estimulante, alimentado dia a dia por contínua e persistente" propaganda do Congresso. Entretanto, Sapru estava preocupado com o perigo de que isso gerasse não apenas um ímpeto por Gandhi e pelo Congresso, mas um contentamento por governança como um todo, inclusive com o risco de se apagar o "sentimento racial". Quebrar a lei em nome da desobediência civil estava virando um hábito. Se esse hábito não fosse interrompido, o resultado seria o colapso não apenas do Raj, mas da Índia que Sapru e seus colegas da elite desejavam governar em seu lugar.[51]

Não havia, contudo, nada que Irwin pudesse fazer. A força para mudar o curso dos eventos na Índia fora transferida para Londres. E lá não havia nenhum homem particularmente interessado em obter sucesso naquilo que Irwin e todos os outros haviam falhado.

Em janeiro de 1930, Harold Nicolson encontrou-se com Churchill em Stornoway House, propriedade rural do barão da imprensa lorde Beaverbrook. Winston parecia muito diferente "desde a última vez que o havia visto", observou Harold. Estava "incrivelmente envelhecido", com "uma grande face branca, como uma bolha". Nicolson notou que o antigo *menino travesso* da política britânica havia-se transformado em seu mais idoso homem de estado: "seu espírito também declinou, e ele parece ter perdido o velho poder de combate".[52]

No entanto, com ondas e mais ondas de más notícias vindas da Índia para os jornais, Churchill encontrou uma nova causa para reviver sua antiga energia. Antes do fim do verão, ele passara a ser o principal porta-voz da Grã-Bretanha sobre a política de não rendição da Índia. Em pouco mais de um ano, ele usaria o tema para derrubar a liderança *tory* e colocar-se à frente do partido. A batalha pela Índia que estava por vir seria o ensaio de Churchill para sua luta pelo rearmamento no meio da década e contra a conciliação no fim. E, exatamente como o fantasma de Adolf Hitler o perseguiria em 1940, a sombra do Mahatma atravessaria tudo que ele dissesse ou fizesse a respeito da Índia nos cinco anos seguintes.

A princípio, Churchill pensou que a prisão de Gandhi significava que o governo estivesse, por fim, fechando o cerco contra o movimento nacionalista. Depois, chegou a notícia das negociações em Yeravda. Winston teve ataques de fúria. Acusou Irwin e o governo de permitirem a direção por "esse fanático malevolente" de "um Conselho de ministros com seus companheiros conspiradores na cadeia", enquanto o governo "esperava, educadamente, do lado de fora da cela". Tudo o que fazia o vice-rei era mandar os sinais errados de que "o governo estava saindo da Índia", lutando apenas como ação de retaguarda. Tumulto e violência eram, evidentemente, o resultado natural.[53]

Esse ataque, em agosto de 1930, disparou os alarmes nos corredores *tories*. Um membro da Comissão Simon, George Lane-Fox, avisou ao lorde Irwin que Churchill estava deliberadamente alienando a "opinião indiana", bem como "repelindo os conservadores ao alardear que os socialistas estão entregando a Índia". Lane-Fox achou as palavras de Churchill exaltadas e demasiado repreensivas, "exatamente o tipo de frase que tentamos, ao máximo, evitar em nosso relatório".[54] Lane-Fox, como T. B. Sapru, sentiam que Gandhi e Churchill podiam, entre eles, causar sérios problemas. Não pela última vez, "moderados de todas as opiniões" discordavam de ambos.

O tão aguardado relatório da Comissão Simon tentou ajustar os parâmetros do equilíbrio em junho e julho. Sobre o assunto da autonomia indiana, recomendava uma política cautelosa — ou, aos desconfiados olhos dos indianos, protelação deliberada. Nada foi dito sobre o protetorado.[55] Em lugar disso, Simon e seus colegas recomendaram permitir aos indianos autonomia de governo no nível provincial: um grande passo. Mas também argumentaram que o governo britânico precisaria manter plenos poderes sobre o Exército e a polícia. Mesmo depois de as províncias e os principados unirem-se em um futuro governo único, asseverava, um forte vice-rei deveria permanecer em Nova Délhi, com poder de veto.

Essa fórmula para o equilíbrio ou divisão de poderes entre o legislativo indiano e o executivo britânico, conhecido como "diarquia", nunca significou um acordo final para a Índia. Deveria ser apenas mais um marco na Longa Marcha pela Independência (que mais e mais indianos começavam a acreditar ser uma jornada sem fim). Porém, como fórmula política, criou mais problemas do que resolveu. Os indianos estavam mais felizes do que os conservadores de Churchill, os quais viam todo o esquema como uma permissividade. O vice-rei Irwin, por exemplo, chamou o parecer de "mágica" e "fraude" e estava furioso por sua concessão no princípio do protetorado ter sido ignorada.[56]

Entretanto, os eventos já haviam deixado para trás a diarquia. Pouco depois de Gandhi ser preso, Irwin anunciou seu plano para uma Conferência da Mesa-Redonda, encontro de cúpula dos políticos britânicos e indianos, agendada para o outono. Irwin deixou claro que a pauta seria estabelecida por Nova Délhi, não pela Comissão Simon — apesar de Irwin ter falsamente reafirmado ao rei que o relatório seria a base principal da discussão.[57] Simon sentiu-se humilhado ao saber que sequer fora convidado. O tema do debate deixou de ser *se* a Índia receberia o protetorado e, subitamente, passou a ser *quando* e *como* isso aconteceria — mas a recusa de Gandhi em comparecer prometia arruinar a conferência antes mesmo de ela começar.

Enquanto isso, as terríveis explosões de violência na Índia lembravam o público britânico do que estava em jogo. Em Solapur, Maharashtra, apenas três dias depois da prisão de Gandhi, três policiais muçulmanos foram perseguidos por uma multidão hindu, amarrados e incendiados após serem embebidos em gasolina. Irwin declarou que esse "episódio desconfortável" era um lembrete do que aconteceria "se viermos a perder as rédeas da situação".[58] E era exatamente isso que Churchill e seus aliados temiam estar acontecendo.

Somente no final de agosto os distúrbios violentos em Pexauar foram reprimidos. Churchill murmurou que, no seu tempo, as tropas britânicas teriam sido, de imediato, enviadas para exterminar os rebeldes pathan que haviam atacado a cidade ou acossá-los de volta para as montanhas. Ao contrário, "o espírito de derrotismo dos altos cargos" hesitou para usar a força; o resultado era o caos. E agora, Irwin e seus aliados socialistas, avisou Winston, estavam prestes a usar a chamada Conferência da Mesa-Redonda para entregar a Índia a um grupo muito restrito de "hindus politicamente argutos, altamente educados" que aprisionariam a Índia "nas profundidades da tirania e do despotismo orientais".[59]

Entretanto, o líder do partido de Churchill, o partido do Império, não parecia disposto a fazer qualquer coisa para frear o curso dos acontecimentos. Em outubro, Stanley Baldwin anunciou que haveria uma delegação *tory* na conferência. Então, Winston decidiu que ele mesmo teria de demover o derrotismo e salvar a Índia.

18. MESAS-REDONDAS E FAQUIRES NUS

1930-1931

*A verdade é que o Gandhi-ismo e tudo o que ele representa
terão de ser destruídos.*
(WINSTON CHURCHILL, 1930)

Os recursos de Churchill para a batalha que estava por vir eram escassos, mas sólidos. Seu aliado George Lloyd, agora lorde Lloyd, estava preparado para mobilizar apoio na Câmara dos Lordes. Lloyd era um dos fundadores da India Empire Society: amplamente formada por antigos oficiais do Exército indiano e homens do Serviço Civil (inclusive diversos membros do Parlamento), ela esperava despertar a opinião pública em torno do assunto da "não rendição" e de tudo que estava em perigo. Em março, Lloyd publicou uma série de artigos no *Daily Telegraph*, tendo em vista mostrar quanto o domínio britânico havia melhorado as vidas de indianos comuns e como as minorias — muçulmanos e intocáveis — confiavam neles para protegê-los da elite brâmane hindu.

Entregar a Índia não resultará em progresso, argumentou Lloyd, será um retorno aos tristes e velhos tempos anteriores à chegada dos britânicos, da lei, da ordem e da civilização ao subcontinente. Um passo como esse seria "o auge da covardia". A queixa de Lloyd era a mesma de Churchill: "o que aconteceu com nossa velha capacidade de dominar e nosso instinto para entender, melhor que todos, as necessidades de nosso Império Indiano?"[1]

Um poderoso aliado com quem Churchill contava, lorde Birkenhead, morrera no dia 30 de setembro. Ele então buscou dois apoios liberais: Sir

John Simon, que estava ofendido por ter sido excluído da Conferência da Mesa-Redonda; e o antecessor de Irwin como vice-rei, lorde Reading. O que faltava a esses liberais em número sobrava em prestígio. Além disso, muitos outros liberais temiam pelo futuro da Índia sem o Raj, inclusive David Lloyd George. Quando um embaixador alemão, príncipe von Bismarck, chegou em outubro, ouviu Churchill e lorde Reading expressarem "grande ansiedade pela Conferência indiana que se aproxima". Ambos culpavam Irwin pela desordem na Índia e pelo que chamavam "política de apaziguamento" — marcando a primeira vez que tal palavra passou a ser parte do vocabulário político de Churchill.[2]

Winston também esperava mobilizar os mais poderosos lordes da imprensa britânica, Rothermere e Beaverbrook. Rothermere e o imperialista *Daily Mail* já estavam a seu lado. Então, em 23 de setembro, Winston aproximou-se de Beaverbrook, pedindo que "ajude nossa ilha a sair desse estado podre em que se encontra". O perigo era que, depois dos sacrifícios da Primeira Guerra, "nós agora vamos jogar fora nossas conquistas e nossa herança".[3]

Churchill afirmou que seu único desejo naquele momento era evitar que tal coisa acontecesse. Disse também que precisava da ajuda de Beaverbrook para lançar "uma nova e forte asserção do direito da Grã-Bretanha a viver e governar seu Império esplêndido e unido". Churchill e Beaverbrook tiveram profundas diferenças quanto ao livre-comércio e à Preferência Imperial, mas agora, assinalava ele, todos "devemos nos ajudar". Para Winston, tratava-se de "assunto supremo": a Índia.[4]

Ele também avisou a Stanley Baldwin: "nosso problema mais sério é a Índia [...] devo confessar que me preocupo mais com esse tema que com qualquer outro da vida pública".[5] Em meio a tudo isso, muitas cartas de simpatizantes chegaram. Lorde Burnham, antigo proprietário do *Daily Telegraph*, disse a ele que entregar a Índia seria "um crime contra a civilização". O marechal Sir Claud Jacob enviou um testemunho de como "nós estamos indo morro abaixo" em Mumbai e em todos os outros lugares na Índia. T. E. Lawrence assegurou a Winston que "você permanecerá parte indispensável do início do século XX". Até seu antigo comandante na Índia, Sir Bindon Blood, de 88 anos, escreveu "estou cheio de esperança de que o caminho para Downing Street esteja claro para você".[6]

No dia 13 de novembro de 1930, a Conferência da Mesa-Redonda começou em Londres. Dezesseis delegados britânicos e 56 indianos (incluindo 16 muçulmanos e 16 dos principados) tentaram discutir os detalhes da devolução do poder em um grande Império. Discutiram, por simples comparação, sobre o futuro do Império Habsburgo após a Primeira Guerra Mundial, com tchecos, poloneses, húngaros, eslovacos, eslovenos e alemães, todos clamando por autodeterminação. Nesse caso, muçulmanos, hindus, sikhs, bengaleses, punjabis, pársis, eurasianos anglo-indianos e representantes dos intocáveis (ou do que viria a ser chamado de classes oprimidas), sem falar nos poderosos grupos religiosos hindus, como o Mahasabha, estavam todos lutando por voz em um *único* estado — e uma voz decisiva.

Como na maioria das conferências, os delegados logo acharam um slogan em vez de uma solução. O slogan era "uma Federação de Toda a Índia". Como ela seria, ninguém podia imaginar. Mas, rapidamente, este passou a ser o "princípio dominante" das nove semanas de discussão.[7] O governo da Índia e os delegados britânicos gostaram da ideia de uma federação indiana, porque oferecia uma forma de preservar o papel do vice-rei como uma figura executiva com "direito de reserva". Sem dúvida, isso parecia melhor para uma Índia democrática e governada pela maioria, que deveria eleger legisladores prontos para reclamar plenos poderes, inclusive sobre o Exército.

Os delegados indianos ficaram igualmente entusiasmados. T. B. Sapru estava apostando toda sua carreira política em conseguir aprovar um plano de federação. Jinnah e outros muçulmanos indicaram que poderiam concordar. Mesmo os príncipes indianos, que costumavam ser grandes obstáculos para qualquer mudança constitucional, endossaram-no.

Churchill ficou "em profunda tristeza", escreveu Baldwin alegremente, quando a conferência falhou em entrar em colapso e os delegados pareciam prontos para prosseguir nos trabalhos. Porém, todo o exercício parecia perda de tempo, já que a delegação do Congresso não estava presente — e nem Gandhi. Como disse o próprio Gandhi, era *Hamlet* sem o príncipe. Só por essa razão, era possível imaginar que o Mahatma se oporia a qualquer fórmula que não incluísse o Congresso Nacional Indiano como principal representante do povo indiano, ou qualquer "Federação de Toda a Índia" que deixasse o poder britânico em grande medida intacto. E ele não estava sozinho. Os protestos que continuavam por toda a Índia revelavam o que estava por vir. Mesmo antes de o mês de novembro terminar, os dois principais negociadores, Jinnah e Sapru, "viram-se desprezados por muitos dos próprios correligionários".[8]

Churchill e seus seguidores opinavam do outro lado. No dia 11 de dezembro, a India Empire Society realizou seu primeiro grande encontro público, em Cannon Street. Winston era o principal orador.

Um mar de pessoas assistia àquela figura solene, quase careca, de terno preto e gravata-borboleta, pronunciando ao microfone a sentença de um processo que já não tinha vida. "De muitas partes, ouvimos relatos de que a opinião na Índia tem avançado com violenta velocidade", disse ele. De todos os lados, ouve-se o clamor por "total protetorado e pelo direito de separar-se do Império Britânico".

Entretanto, avisou ele, "nenhum acordo alcançado na Conferência [da Mesa-Redonda] será válido" no Parlamento, moral ou legalmente. Aquele órgão, e apenas ele, teria a palavra final sobre o futuro da Índia. E "a nação britânica não tem, acreditamos nós, absolutamente nenhuma intenção de ceder o controle efetivo sobre a vida e o progresso indianos".[9]

Quando as estrondosas palmas silenciaram, audaz, ele continuou. "Tantos acontecimentos na Inglaterra! Quais são os acontecimentos na Índia?" A Índia não mudara desde os tempos de seu pai, disse ele aos espectadores. A elite de educação ocidental, que aspirava ao poder no país, sequer mantinha alguma "relação com a vida e o pensamento da Índia": sua pobreza anônima, seus 60 milhões de intocáveis, sua minoria muçulmana deixada à mercê do "despotismo hindu apoiado por um exército de mercenários europeus" — uma referência a um comentário espontâneo de Gandhi de que o único serviço que os brancos ainda poderiam oferecer à Índia livre seria treinar e equipar o Exército.[10] Para reforçar o argumento, Churchill ainda citou seu pai, dizendo que o Raj britânico serviu como "uma fina camada de óleo espargida sobre a superfície que mantém calmo, quieto e imperturbado pelas tempestades um imenso e profundo oceano de humanidade". No entanto, se "o Raj britânico tiver de ser substituído pelo Raj de Gandhi", então os governantes nativos devem esperar ser extirpados do poder; muçulmanos e intocáveis, despojados de direitos; e a polícia e os soldados indianos, privados de qualquer apoio do novo governo.[11]

Então, Churchill levou a incitada multidão ao argumento principal. "Se Gandhi tivesse sido preso e julgado no instante em que infringiu a lei", se o Congresso em Lahore, onde a bandeira britânica fora incendiada, tivesse sido interrompido e seus líderes deportados, então, três quartos do sofrimento que agora toma conta da Índia poderiam ter sido evitados. Ao contrário, "envergonhados, pensamos que nossa condução moral e intelectual não deveria ter sido exercida tão firmemente quanto nosso poder material". A fraqueza e "a tendência ao derrotismo de nossa política atual" encorajaram Gandhi e os outros a concluírem que os britânicos estavam de partida.

Agora, o Parlamento tinha de deixar claras as suas intenções de "guiar os destinos do povo indiano em lealdade aos interesses indianos", e não às exigências da classe política. "A ousada experiência" das reformas de Montagu e os esforços de Irwin para alcançar um acordo haviam falhado. Os últimos dez anos, declarou Churchill, "têm sido anos de fracasso". Era hora de o Parlamento recuperar seu "direito e poder de restringir as liberdades constitucionais da Índia" até que novos "organismos, mais próximos e representativos do governo autônomo", pudessem criar raízes.[12]

Churchill não especificou como isso aconteceria. Mas concluiu com uma terrível previsão. "A verdade é que o Gandhi-ismo e tudo o que ele representa terão, mais cedo ou mais tarde, de ser combatidos e destruídos", declarou. "Não há por que alimentar um tigre com ração de gato. Quanto antes percebermos isso", melhor. A alternativa era ter de aceitar a queda do Império Britânico:

> Aquele grande organismo passaria, subitamente, da vida para a história. Não há recuperação para tamanha catástrofe (...) a raça e a nação que alcançaram tantas maravilhas e desempenharam, com empenho, tantas tarefas difíceis [...] serão transformadas na vítima da própria falta de autoconfiança e força moral.[13]

O discurso recebeu ampla cobertura da mídia, em grande parte, com críticas. O editor do *Times* de Londres, Geoffrey Dawson (que havia conhecido Gandhi e o admirado), lamentou o ataque de Churchill, feito em busca "de uma solução para a situação mais difícil e perigosa que o Império Britânico enfrentou". Dawson observou que as opiniões retrógradas de Churchill ainda refletiam, fortemente, suas ideias de quando era um jovem oficial na Índia, registradas em *My Early Life*. "O subalterno onisciente de 1896 não está, afinal, muito distante do homem de estado que não tem nada mais a aprender de 1930."[14]

Lorde Irwin dinamitou o discurso, chamando-o de "monstruoso", e especulou se Winston não estava "em dissintonia com a política [...] fazendo apenas uma bravata". Ele avisou que "estão no passado os dias em que as nações viviam isoladas [e] também os dias em que o instinto possessivo de Winston poderia ser aplicado a impérios e coisas semelhantes". Praticar o tipo de imperialismo de Churchill era como querer "voar em um balão que não segura o gás [...] simplesmente não funciona".[15]

Talvez, mas Winston e os linhas-duras que lorde Irwin e Dawson despediram, como o velho coronel Blimps, estavam seguindo em frente com outro encontro de massa em Manchester. Em 24 de dezembro, Sir Malcolm Hailey avisou Irwin de que "a influência do sr. Winston Churchill foi forte" nos *tories* locais e estava crescendo. Preocupava-o a possibilidade de que Stanley Baldwin estivesse subestimando a destreza de Churchill em convencer todo o partido. Por certo, muitos concordavam com o antigo governador-geral de Mumbai, lorde Sydenham, que adorara o discurso de Churchill e lhe dissera que o colapso da Conferência da Mesa-Redonda era o melhor resultado para a Grã-Bretanha. De fato, qualquer plano de federação "partiria a Índia em pedaços", e, ao encorajar tal pensamento, disse Sydenham, o governo "está entrando em um jogo muito perigoso".[16]

Contudo, a indignação dos linhas-duras e de Churchill era pouca se comparada à sua fúria ao saber que lorde Irwin havia não apenas libertado Gandhi da cadeia, mas também selado um acordo com o Mahatma.

O primeiro dia de 1931 rompeu claro e radiante sobre a Índia. Quase nada tinha mudado desde o verão. Gandhi continuava na prisão, sem dizer palavra; assim como milhares de seus seguidores. As ruas de Mumbai e outras grandes cidades estavam tranquilas e desertas. O fracasso da Conferência da Mesa-Redonda de Londres não despertara grande surpresa ou comoção e não contribuíra para dissipar aquela atmosfera sombria. Foi lorde Irwin, sozinho, que decidiu quebrar o impasse, primeiro libertando Gandhi e, seis semanas mais tarde, concordando em encontrá-lo no palácio do vice-rei.

No que se refere àquele momento da carreira de Gandhi, como é comum, a verdade histórica e a lenda popular são bem distintas. Livros e filmes retratam o encontro de Gandhi e Irwin como um evento estupendo ou mesmo único, um triunfo particular para Gandhi. A verdade é que ele se encontrara com muitos vice-reis antes, inclusive Irwin. Com certeza, Irwin parecia diferente. Quando o vice-rei ordenou sua libertação de Yeravda, em 26 de janeiro de 1931, e deixou claro não ser um ato de rendição, mas um gesto de boa vontade para reabrir as negociações, Gandhi sentiu-se pessoalmente comovido.

Entretanto, Gandhi lidara com sagazes negociadores europeus antes, inclusive com o general Smuts. Ele deve ter percebido que lorde Irwin era um homem de princípios, mas sem convicções; um homem cuja sensibilidade e inteligência não acompanhavam uma proposta de trabalho positiva. Ele era, nas palavras do historiador Alan Taylor, "fértil em negações" e contente em deixar os outros assumirem a liderança, fosse no palácio do vice-rei, em 1931, ou em Berchtesgaden, em 1938.[17] Irwin era o clássico produto de uma classe dominante que perdera a fé em si mesma. Gandhi, o advogado, entendeu que poderia conduzi-lo na direção em que bem entendesse.

Outra verdade era que o próprio Gandhi estava sob a pressão de seus seguidores para fechar um acordo. Depois do sucesso sem precedentes de 1930, a campanha de desobediência civil mostrava sinais de enfraquecimento. Exceto em Guzerate, Províncias Unidas e Bihar, a campanha vinha desvanecendo desde outubro.[18] No dia após sua soltura, Gandhi encontrou Patel e seus amigos de negócios em Mumbai, que lhe repreenderam pelo desastre dos negócios em consequência do boicote. Ele ouviu as mesmas queixas de seguidores em Ahmedabad.[19] Jawaharlal Nehru, também solto no dia 26, e seu pai Motilal, bastante doente, insistiram para que Gandhi permanecesse firme. Gandhi admitiu que sua voz interior não oferecia rumo a tomar, mas o advogado bania percebeu que o momento era oportuno para prosseguir, e não para ficar parado.

No dia 7 de fevereiro, ele enviou uma carta a Irwin, solicitando um encontro: "gostaria de encontrar não o vice-rei da Índia, mas o homem que há em você". Irwin concordou; às 14h30 de 17 de fevereiro de 1931, o encontro histórico aconteceu. Chegando a 2 metros de altura, lorde Irwin media quase 30 centímetros a mais que seu convidado, o qual chegou em seu traje habitual, *dothi* e xale, parecendo "pequeno, decaído e macilento, sem os dentes da frente", disse Irwin ao rei George V mais tarde. Gandhi causava uma estranha impressão nos esplêndidos corredores do palácio de mármore. "Ainda assim", Irwin acrescentou, "não há como não sentir a força de caráter por trás dos pequenos olhos atentos e da mente ativa e incessante".[20]

Srinivasa Sastri dissera a Irwin que "nada é impossível" quando se lida com Gandhi, contanto que se atinja o ponto certo.[21] Sendo um cristão devoto, Irwin dividia um lado espiritual com Gandhi; e também simpatizava profundamente com as aspirações nacionalistas da Índia. Ao menos no nível pessoal, os dois entenderam-se bem. Quando Gandhi ia partir, depois da primeira conversa, Irwin despediu-se dizendo "boa noite, sr. Gandhi, minhas orações vão com o senhor".[22] Um gesto gracioso que Gandhi jamais esqueceu.

No entanto, chegar a um acordo final exigia muitos regateios, o que durou quase duas semanas. Gandhi hospedou-se na casa de seu amigo Ansari, em Délhi. Encontrou-se regularmente com os indianos que apoiavam Irwin — Sapru, Jayakar e Sastri. Sapru, em particular, estava desesperado para que as negociações tivessem êxito. A Conferência da Mesa-Redonda explodiu tão logo terminou — em 13 de janeiro —, mesmo que o primeiro-ministro MacDonald continuasse prometendo um governo responsável para a Índia. O detonador fora a "questão comunal", um eufemismo para a inimizade entre hindus e muçulmanos. Sapru voltou à Índia determinado a protelar o colapso de suas esperanças. Ele e outros liberais pressionaram Gandhi para que chegasse a um "acordo honroso", o que significava um ajuste que Irwin pudesse vender para seu partido e seus superiores em Londres.[23]

O resultado final, o chamado pacto Gandhi-Irwin, foi anunciado em 5 de março de 1931. Ele não apontava um grande avanço; ao menos um historiador descreveu-o como o anticlímax. Gandhi concordou em suspender todas as ações de desobediência civil em troca da libertação de todos os prisioneiros, embora os oficiais das vilas que se haviam demitido devessem retornar apenas se seus postos não estivessem ocupados. Gandhi também concordou em participar da Conferência da Mesa-Redonda seguinte, sem insistir no papel do Congresso como principal representante dos indianos. Também abriu mão das investigações dos casos de brutalidade da polícia durante a *satyagraha* do sal. O mais irônico de tudo foi que o monopólio governamental do sal e os impostos sobre o produto permaneceram intactos (apesar de o governo ter concedido o direito às populações litorâneas de recolher sal para uso próprio).

Os seguidores de Gandhi em todo o país ficaram chocados. Eles haviam lutado duramente, ido para a cadeia e arriscado tudo por um objetivo: independência. Porém, o acordo não dizia nada sobre independência, muito menos sobre Purana Swaraj. Longe de sentirem-se triunfantes, eles sentiam, nas palavras de Jawaharlal Nehru, "um grande vazio, como se algo precioso lhes faltasse e não pudesse ser recuperado". Depois de todas as manifestações e batalhas, alguns temiam que Gandhi estivesse perdido e que, como os moderados, fosse deixar que os britânicos ditassem o passo da Longa Marcha para a Independência.

"Vocês estão cometendo um grande erro", disse-lhes Gandhi. No dia 6 de março, ele deu uma entrevista para a imprensa e respondeu se os indianos estavam de volta à posição onde haviam começado, na noite de Ano-Novo de 1929. "Não é a mesma posição", insistiu ele. "Hoje, o protetorado é uma certeza e está em nosso poder fazer dele o mais abrangente possível, como também fazê-lo significar independência completa" na próxima Conferência da Mesa-Redonda.[24]

Muitos no Congresso pensavam diferente, mas ninguém estava pronto para desafiar o líder. A única pessoa que talvez o fizesse, Motilal Nehru, morrera em 30 de janeiro. Jawaharlal podia apenas enterrar a cabeça no ombro de Gandhi e derramar lágrimas furiosas de desapontamento.[25] Pela primeira vez, os seguidores mais veementes de Gandhi sentiam que seu Mahatma os havia decepcionado.

Se a reação dos indianos ao pacto Gandhi-Irwin foi de profundo desengano, a dos britânicos foi rancorosa. Churchill estava à frente.

O homem velho e cansado do último janeiro transformara-se em um dínamo humano. No dia 8 de janeiro de 1931, ele escreveu uma carta ao filho Randolph, enviada como "secreta" e profundamente reveladora. Primeiro, dizia que assegurara o apoio do *Daily Mail* e do lorde Rothermerepor para sua campanha; depois, que ele acreditava que o governo trabalhista cairia nas eleições seguintes e que Baldwin seria, outra vez, primeiro-ministro. Mas Winston se recusaria a fazer parte do governo. Não havia mais políticos como antigamente. Ele estava amargo e desapontado, pois Lloyd George e o antigo vice-rei lorde Reading, que, segundo imaginava, seriam seus aliados, haviam-se subscrito para a próxima Conferência da Mesa-Redonda e para o plano de Federação Indiana.

Winston estava convencido de que sua posição permanecia firme. "É reconfortante encontrar uma questão pela qual se sinta mais interesse que pelo governo, ou o partido, ou as amizades", escreveu ele. "Irei combater esse problema indiano até o final." Ele e a India Empire Society (que "come na minha mão") estavam planejando outro comício no final do mês; juntos, reuniriam a nação contra a entrega da Índia e derrotariam o "Irwinismo" de uma vez por todas.[26]

Lorde Irwin, por sua vez, preocupava-se com o risco de que Winston pudesse "causar intriga" sobre a soltura de Gandhi; e estava certo.[27] Em 26 de janeiro, no mesmo dia em que Gandhi foi libertado, Churchill discursou na Câmara dos Comuns.

Censurou a recente Conferência da Mesa-Redonda e "a histérica unanimidade de opinião" que a antecedeu. "Enquanto o mundo inteiro espantava-se", anunciou ele, "o poder soberano, que criara a Índia moderna e fora seu único apoio e defesa", entrou em negociações sem precedentes para entregar "os títulos de propriedade dos britânicos na Índia". Poderia haver "pior forma de lidar com um problema tão grave?". Não é de se impressionar que uma tempestade de violência e ilegalidade tenha atingido a região. E agora "que o sr. Gandhi está novamente à solta, não há dúvida que ele contribuirá ainda mais com as propostas do governo" e fará os indianos de todos os grupos políticos acreditarem que o Raj britânico estava a ponto de ser substituído pelo "Raj de Gandhi".[28]

Churchill acrescentou que todos esperavam que a Índia estivesse, um dia, pronta para o protetorado; porém, não em um futuro próximo. Churchill estivera intimamente envolvido com a entrega do poder na África do Sul e depois na Irlanda, "mas nada disso é possível na Índia". Entretanto, "as iscas de poder foram oferecidas diante dos olhos brilhantes de milhões" que tinham expectativa de que faltasse apenas ajustar uns detalhes para a entrega do poder.[29]

O resultado foi um subcontinente à beira do caos, o que levou o vice-rei "a impor restrições civis não vistas na Índia desde a Grande Rebelião". A elite política indiana radicalizara-se e "o que fora aceito até então, era, agora, rechaçado". Um legado de "dois séculos de esforço e realizações, de vidas encerradas nos diversos campos, de mais vidas concedidas e consumidas em fiel e devoto serviço ao próprio povo indiano" estava prestes a ser descartado.[30]

"O grande navio está afundando", gritou Churchill, e estava afundando em um mar calmo. À medida que os compartimentos inundavam, um depois do outro, os bretões espremiam-se no salão, dançando jazz ao som da banda. Mas Churchill recusava-se a crer que "nosso povo consentirá em ser, gradativamente, empurrado para fora, persuadido a sair da Índia". Quando o povo britânico que lá vive despertar para o perigo, com "seus compatriotas espalhados, suas mulheres e filhos, por toda aquela enorme terra, em ameaça constante em meio a multidões indianas", asseverava Churchill, a "força sem limite da Grã-Bretanha será usada uma vez mais" e o Império estará seguro.[31]

O comentário sobre as iscas de poder sendo "oferecidas diante dos olhos brilhantes" foi, certamente, uma ofensa racial. Como também foi uma deliberada provocação às memórias raciais do massacre de Cawnpore e da Rebelião a referência a mulheres e crianças europeias em perigo diante de multidões indianas. Churchill afastou seus ex-aliados com as mordazes alusões à traição de lorde Reading e Lloyd George, que apoiaram a Conferência da Mesa-Redonda justo quando ele superestimou seu impacto.

No entanto, o discurso tocou em preocupações genuínas dentro da Câmara dos Comuns sobre a perda da Índia. George Lane-Fox escreveu para Irwin que estava sentado ao fundo e, "quando Winston começou a falar, ele não tinha muito apoio". Porém, à medida que prosseguia, outros *tories* "começaram a sentir que ele representava suas próprias dúvidas" sobre a libertação de Gandhi. "Gradativamente, um grande número de presentes começou a murmurar e depois a aplaudir." Quando Baldwin levantou-se para responder, ele conseguiu arrancar aplausos dos membros trabalhistas, mas nenhum "de nossos bancos", onde havia apenas um "silêncio ominoso".[32]

Lane-Fox ficou frustrado com a "fraqueza e confusão" que Baldwin mostrara no debate. Ele parecia dar demasiada razão a Irwin e foi muito cooperativo com o Partido Trabalhista. A paixão, a energia estavam claramente do outro lado. Ainda assim, Baldwin recusava-se a agir. Ele chegou a anunciar que, caso os *tories* voltassem ao poder, a "única tarefa" deles seria implementar os acordos do antecessor na próxima Conferência da Mesa-Redonda.[33]

No dia 27, Winston enviou uma breve mensagem ao líder do partido. "Agora que nossas divergências sobre a política indiana tornaram-se públicas", disse ele, "sinto que não devo mais comparecer aos encontros do seu Comitê", que, na verdade, determinava o programa do gabinete dos conservadores.[34] Baldwin não objetou a demissão do comitê. Winston Churchill voltaria ao governo ou a ter um cargo em seu partido somente em setembro de 1939.

Aquilo, por certo, não era o que havia planejado. Como falou em outro comício em Manchester, no Free Trade Hall, em 30 de janeiro de 1931, sua mente já estava a todo vapor. O evento estava abarrotado de espectadores;

segundo um dos organizadores do encontro, o discurso de Churchill foi "tremendo". Ele lembrou ao público, muitos deles trabalhadores das minas de carvão, que sua sorte dependia da Índia como mercado para as exportações. "A determinada declaração de Gandhi para excluir para sempre, pelo boicote ou tarifa proibitiva", todos os bens estrangeiros significaria a ruína de Manchester e da economia de Lancashire como um todo. A perda da Índia seria "final e fatal" para a Grã-Bretanha, acrescentou Churchill, e também fatal para a Índia.[35]

Essa era a nota seguinte que Churchill acrescentaria a sua campanha contra o governo: o futuro da Índia, bem como o da Grã-Bretanha teriam de ser salvaguardados acima das vontades de Gandhi. Gandhi era "um fanático e um asceta do tipo faquir, bem conhecido no Ocidente", disse Churchill, cujo encarceramento o fez "um mártir sob condições bem confortáveis e um herói nacional sem correr nenhum risco". Com sua libertação, "ele agora entra em cena como um vencedor triunfante". Uma retirada britânica deixaria a Índia em suas mãos. Em muito pouco tempo, Gandhi e seus amigos radicais a reduziriam ao tipo de anarquia no qual a China encontra-se então. Churchill declarou: "se, guiados pelos conselhos da loucura e da covardia disfarçadas de benevolência, vocês voltarem da Índia, deixarão para trás o que John Morley chamou 'um caos sangrento'; e, quando retornarem, encontrarão a penúria a recebê-los".[36]

Ao voltar para Londres, os aplausos de Manchester ainda reverberavam no ouvido de Churchill e ele sentiu que, naquele momento de perigo, a Grã-Bretanha precisava de um líder. Outros concordaram. Inclusive os seguidores de Baldwin vinham queixando-se, havia meses, de que a liderança, especialmente na Índia, estava "nada inspiradora". Lorde Rothermere estava convencido de que a Índia seria o tema que levaria Winston a ser primeiro-ministro. Randolph Churchill escreveu ao pai: "estou entusiasmado com sua posição sobre a Índia [...] talvez os *tories* recobrem o juízo e você seja líder do partido" — o que significaria, eventualmente, a própria Downing Street.[37]

Tais ideias também haviam passado pela cabeça de Churchill, mas ele sabia que precisava avançar passo a passo. A maior incerteza sobre a liderança, disse ele a Rothermere, ainda está em "um futuro remoto". Primeiro, teria de conquistar um voto de confiança dos eleitores, agora que se havia posicionado contra a hierarquia de seu partido. Depois, deveria fazer o Comitê da Índia discutir o apoio de Baldwin à segunda Conferência da Mesa-

-Redonda. Se Baldwin perdesse nesse ponto, a fé do Partido Conservador em seu líder ficaria abalada. Finalmente, precisaria intensificar os discursos e a pressão na imprensa. Ele implorou para que Rothermere prometesse o apoio do *Daily Mail*: "caso contrário, Baldwin, com o suporte do *Times* [de Londres], será o senhor do destino da Índia".[38]

Winston estava seguro de que o plano funcionaria. "Contanto que esteja lutando por uma causa", disse ele, "eu não tenho medo de nada." Ele tinha certeza de que muitos membros *tories* do Parlamento o apoiariam, mas temia falar e ser rotulado de desleal. Porém, lealdade a Baldwin e ao partido eram "meras irrelevâncias" se comparadas ao vital tema da Índia. "Vença lá", disse Winston, "e vencerá em todos os lugares."[39] Quando chegasse o momento da próxima conferência geral do partido, Baldwin estaria enterrado como líder — e Winston, perfeitamente pronto para assumir seu lugar.

De fato, por quase um mês, a posição de Baldwin ficou cada vez mais frágil, estando o grupo *tory* à beira de uma grande reformulação. Como Winston previra, o debate no Comitê da Índia, em 9 de fevereiro, terminou mal para Baldwin. Winston não compareceu, mas lorde Lloyd fez "um discurso poderoso e inflexível", como Leo Amery registrou em seu diário, e os outros apoiaram sua opinião de que qualquer acordo com a Índia seria resultado de "covardia e conformismo". Nenhuma decisão foi tomada, mas os membros concordaram em realizar um encontro especial do Comitê de Membros Conservadores sobre o assunto.

Nos corredores, podia-se ouvir Churchill declarando à imprensa que ele não deixaria a Índia ser traída sem contar tudo à Inglaterra. "Temo que estejamos diante de reais dificuldades a respeito da Índia", escreveu Amery para Baldwin. "Winston escolheu o momento e o assunto para separar-se do partido muito habilmente."[40]

Outros discursos inflamados ocorreram em Edinburgh e na West Essex Conservative Association. O Comitê da Índia do Partido Tory aumentou de oitenta para cem membros, todos eles, segundo disse um dos amigos pessoais de Baldwin, obstinados. Brendan Bracken assegurou a Randolph que seu pai havia "reunido todos os *tories* com espírito de luta" e "voltado a ser um líder em potencial".[41] O *Daily Mail* e o *Evening News* estavam, com efeito, "exagerando no apoio", disse o próprio Churchill. Até mesmo Sir Jihn Somin concordou em comparecer no comício seguinte da India Empire Society, no Albert Hall.

No dia 25 de fevereiro, Winston escreveu à esposa: "é impressionante olhar para as últimas seis semanas e ver como minha posição mudou [...] se a opinião tiver tempo de desenvolver-se, qualquer coisa pode sobrevir." Confidencialmente, muitos membros do Parlamento já falavam sobre a possibilidade de Baldwin demitir-se, diante das circunstâncias. "Tudo o que preciso é de tempo", disse Winston.[42]

Então, quase subitamente, o tempo se esgotou.

No dia 5 de março, o pacto de Irwin com Gandhi foi anunciado. De uma só vez, a notícia estragou qualquer chance de Churchill chegar à liderança e assegurou que o próximo primeiro-ministro conservador seria Stanley Baldwin.

À primeira vista, o pacto deveria ter causado o efeito oposto. De fato, quando a notícia do primeiro encontro privado entre Irwin e Gandhi vazou, Churchill tratou com escárnio a ideia de Irwin selar um acordo privado com "esse subversivo malévolo e fanático".

"Ao lidar com raças orientais", disse ele na West Essex Conservative Association, em 23 de fevereiro, "é um erro tentar encobrir nossas diferenças" ou "ignorar e ocultar fatos desagradáveis". Mas era exatamente isso o que o vice-rei estava tentando fazer, disse Churchill. Depois, ele transferiu sua raiva para Gandhi, expressa em palavras que viriam a ser famosas:

> É assombroso e também nauseante ver o sr. Gandhi, um subversivo advogado do Middle Temple, agora posando de faquir, um tipo bem conhecido no Oriente, subindo seminu as escadas do palácio vice-real, enquanto ainda organiza e conduz uma campanha de desobediência civil, para negociar, em igualdade de condições, com o rei imperador. Tal espetáculo pode apenas aumentar a agitação na Índia e o perigo ao qual estão expostos os brancos que lá vivem.[43]

Churchill, com certeza, havia dito coisas piores sobre Gandhi. Gandhi, por sua vez, quando soube do que Churchill dissera, achou mais graça do que outra coisa. Anos depois, chegou a mencionar a frase na única carta pessoal que enviaria ao líder britânico.* Tal ardor, entretanto, vinha da

---

* Ver capítulo 28.

equivocada crença de Churchill de que Gandhi fosse mais poderoso do que realmente era. Nunca lhe ocorreu que também o Mahatma estivesse sofrendo pressão para fechar um acordo. Ignorando amplamente o cenário do período, não percebeu que os políticos indianos sofriam de uma versão particular de "Irwinismo". Eles estavam bastante tentados a aceitar metade do que exigiam em troca de alguma paz de espírito, e os conservadores do Parlamento estavam dispostos a fazer o mesmo.

Contra as expectativas, o pacto Gandhi-Irwin reconciliou Baldwin com o partido e salvou o líder *tory* das garras de Churchill. De fato, as evidências sugerem que Irwin preparara o acordo com isso em mente.[44] Geoffrey Dawson e o coronel Herbert Spender-Clay haviam avisado a ele que a renúncia de Baldwin não poderia mais ser adiada. Porém, quando o pacto foi anunciado, a posição de Baldwin ficou fortalecida. "Não pense que eu imaginava que Winston pudesse um dia ser o líder do partido", disse Spender-Clay, apesar de ser esta a afirmação de alguns membros dias antes.

Outro aliado de Irwin estava em êxtase. "Todos os trapaceiros" — ou seja, Churchill e Rothermere — imaginaram que Irwin não poderia chegar a um acordo com Gandhi. "Agora, nós que acreditamos em você [Irwin], fomos justificados e nossos líderes — você e Baldwin — estão coroados."[45]

Winston recusou-se a acreditar que era o fim, e continuou firme em seu entusiasmo característico, mesmo depois de ter soado o gongo. Ele e George Lloyd falaram no encontro do Comitê, em 9 de março, e tentaram forçar Baldwin a não legitimar a Conferência da Mesa-Redonda. Baldwin, no entanto, aparou habilmente o golpe. Então, no dia 12 de março, ocorreu o último confronto na Câmara dos Comuns. O assunto do debate era a política do governo de Sua Majestade na Índia; a disputa em jogo era entre Baldwin e Churchill, pela liderança do Partido Tory.

Quando Baldwin entrou na sala, ainda não estava certo de que Churchill não pudesse triunfar. Ele conhecia a explosiva habilidade oratória de Churchill. Também sabia, como confessou a Thomas Jones, que "nenhum partido está tão divido quanto o meu". *Tories* antigos, que um dia odiaram Winston, estavam reunidos em volta dele. Os aliados de Baldwin eram fracos. "Sam Hoare é um coelho tímido", reclamou Baldwin. "Oliver Stanley é um pé-frio [...] é o partido dos tolos."[46] Porém, seus companheiros políticos, inclusive Churchill, haviam passado suas vidas subestimando Stanley Baldwin. Ele, mais uma vez, provaria que estavam errados.

A atmosfera no dia 12 era tensa. Os dois homens sentaram-se a poucos metros um do outro. Churchill, sentado com "uma aparência ruborizada e mãos agitadas, dava a impressão de que poderia irromper". Baldwin, ao contrário, passava a "impressão de uma paixão transformada em obediência, o que era seu trunfo".[47]

Churchill fez um discurso longo e tempestuoso, enfurecendo-se contra a iminente Conferência da Mesa-Redonda e a extensão do convite a Gandhi. "Uma vez estabelecido como alvo da alta política persuadir os extremistas a comparecerem à conferência", declarou ele, todos devem esperar apenas o pior. Gandhi não cancelara a campanha de desobediência civil, e os boicotes estavam apenas suspensos. "Eles podem ser desfechados a qualquer momento, basta que o sr. Gandhi levante o dedo mindinho."[48]

Graças ao lorde Irwin, disse Churchill, "Gandhi transformou-se em um símbolo, quase um herói divino, de todas aquelas forças que agora trabalham para tirar-nos da Índia" e quebrar as leis e a ordem por todo o subcontinente. "Quando o sr. Gandhi foi para a costa, há um ano, para fazer sal, ele não queria sal", vociferou Churchill, "queria criar problema." Em vez de prender Gandhi quando ele, de forma clara, infringia a lei, o vice-rei decidiu confiná-lo "sob algum velho estatuto, como prisioneiro do Estado". Depois, Irwin tentou negociar com Gandhi enquanto ele ainda estava em Yeravda. Por fim, soltou-o, incondicionalmente, e abriu novas negociações "como se ele fosse o vencedor de algum tipo de guerra" e não um criminoso cafajeste.[49]

Foi uma boa lição, disse Churchill, sobre como construir a reputação de um político ou de um líder revolucionário. A política de Irwin transformara o que deveria ser a mais desonrosa derrota de Gandhi em um "troféu de vitória", que seria saudado dos Himalaias ao Ceilão. O pacto Gandhi-Irwin, disse ele, representou "uma vitória dos infratores da lei", ou seja, Gandhi, o Congresso e o "círculo dos homens ricos" que provia apoio financeiro a Gandhi e que "viu ao alcance das mãos a aquisição dos recursos de um império".[50]

Ele encerrou com uma história de Gibbon sobre como, nos derradeiros dias do Império Romano, um senador comprara o trono por míseras 200 libras esterlinas. "O preço foi bem barato, mas", avisou Churchill, "dou minha palavra que, nos termos em que o Império está sendo oferecido a esse grupo que cerca o sr. Gandhi, nosso preço é ainda mais baixo."[51]

O discurso de Churchill foi bom, mas o de Baldwin, segundo a avaliação de todos, foi melhor. De fato, Thomaz Jones chamou-o de "o discurso de sua

MESAS-REDONDAS E FAQUIRES NUS   405

vida".[52] Baldwin falou de como "o imutável Oriente está mudado" e como o mundo precisa reconhecer o poder do sentimento nacionalista indiano. "Fomos nós que impregnamos a Índia de ideias ocidentais", como a liberdade nacional, apontou ele, "para o bem ou para o mal, estamos colhendo os frutos de nosso próprio trabalho". O plano para uma Federação de Toda a Índia, disse ele, era a melhor chance de concretizar o autogoverno da Índia "como parte integrante do Império Britânico"; lorde Irwin assumira, com coragem, a "tarefa sobre-humana" de negociar um acordo "de cujo sucesso ou fracasso depende todo o futuro — a prosperidade e mesmo a duração — do Império Britânico".[53]

Ele também falou de Churchill e, sagaz, citou as palavras usadas por este em um discurso dez anos antes, condenando o massacre em Amritsar. "Nosso domínio na Índia ou em qualquer outro lugar nunca se baseou apenas na força física", dissera Churchill na ocasião, mas na "cooperação e boa vontade" entre as duas raças. Tal cooperação e boa vontade, disse Baldwin, eram a base do pacto Gandhi-Irwin. Os parlamentares sorriram e abafaram as gargalhadas ao reconhecer as palavras de Churchill. Se tirarmos isso, disse Baldwin, tudo o que sobrará será a força — e a assustadora perspectiva de manter o domínio sobre a Índia por meio da lei marcial.

Finalmente, Baldwin falou de si mesmo. "Se há, em meu partido, uma maioria que trata esse assunto com o espírito mesquinho, que forçaria relutantes concessões uma após a outra", em vez de abraçar a autonomia para a Índia, "se, eu digo, eles são a maioria, então, em nome de Deus, deixe-os escolher um homem para guiá-los!". Baldwin virou-se e encarou Churchill. E prosseguiu: "se eles são a minoria, então, deixe-os, ao menos, não colocar dificuldades no caminho".[54]

Churchill falou depois de Baldwin, mas era tarde demais. Estava sendo oferecida uma opção simples aos colegas *tories*: apoiar o líder na Índia ou escolher um novo líder. Poucos estavam prontos para preferir Churchill a Baldwin. (Na verdade, muitos relutariam em fazer isso quase uma década depois, em uma crise muito pior.) As esperanças de Churchill de substituir Baldwin estavam mortas, como também o estavam as perspectivas de arrancar, pela raiz, a política de Irwin na Índia.

No dia 18 de março, no Albert Hall, na terceira grande reunião pública da India Empire Society, Churchill disparou uma última flecha de fúria. Após denunciar Gandhi por ser um agitador antibritânico e o governo pelo "detestável ato de humilhação, chocando todas as nações do mundo" ao convidá-lo para ir a Londres, Churchill preveniu seus espectadores de que havia mais forças sinistras além do Mahatma. Revolucionários, como Jawaharlal Nehru (cujo primeiro nome Churchill mal conseguia pronunciar), e barões industriais usurpadores, como Ambalal Sarabhai, usariam a vitória de Gandhi para seus próprios e escusos interesses.

Churchill pronunciou um desesperançoso aviso de terríveis eventos que estavam por vir, caso os indianos recebessem o status de protetorado. Uma "oligarquia brâmane triunfante" expulsaria a minoria muçulmana e transformaria os intocáveis em pó; os seguidores ricos de Gandhi extrairiam suas fortunas do suor dos pobres; suborno e corrupção passariam a ser regra; e as vidas dos bretões na Índia estariam em grande perigo.

"É nosso dever salvar aqueles milhões de pessoas de tal destino", exclamou Churchill. "Nossa luta é árdua. Também será longa [...] mas, vencendo ou perdendo, temos de cumprir nosso dever."[55]

Contudo, conforme Baldwin previra, Churchill representava a visão da minoria, mesmo dentro do próprio partido. Depois de 12 de março de 1931, ele e seus aliados poderiam lutar apenas contra a ação de retaguarda, na esperança de postergar o amargo dia em que o Parlamento passaria o poder soberano para as mãos dos indianos. O resto de Westminster aguardava por aquele dia com esperançoso alívio. Tanto trabalhistas quanto liberais e *tories* ridicularizaram as profecias cassandrescas de Churchill. Nunca lhes ocorreu que, como Cassandra, ele pudesse estar certo. Ou que o processo teria início na mesma cidade que fora o epicentro da violência e dos horrores do passado imperial, a chamada Cawpore.

Em 24 de março, comerciantes hindus da cidade organizaram uma paralisação, em luto pela morte de um revolucionário punjabi que fora executado por matar um policial britânico. Alguns comerciantes muçulmanos recusaram-se a participar. Uma multidão hindu invadiu suas lojas e uma onda de incêndios, saques e assassinatos se seguiu. Pela primeira vez em quase 75 anos, viam-se corpos feridos e mutilados pelas ruas de Cawnpore. Ao final do mês, mais de mil pessoas estavam mortas.[56]

Churchill, com ódio, avisou que "a batalha por poder irá começar entre muçulmanos e hindus".[57] Churchill era uma das duas únicas pessoas que entendiam os terríveis perigos que a Índia enfrentava naquele momento. A outra pessoa era Gandhi.

19. CONTRA MUNDUM
1931-1932

A perda da Índia será o sopro de morte do Império Britânico.
(WINSTON CHURCHILL, ABRIL DE 1931)

Em um dia frio e úmido de meados de setembro de 1931, um homem pequeno, careca e de óculos, vestido em um *dhoti* e um xale caseiro, desceu da prancha de desembarque no porto de Folkestone. Ele foi saudado por uma multidão de repórteres e admiradores, inclusive membros do Parlamento e o deão de Canterbury. Estavam todos entusiasmados para conhecer o santo hindu New Age, uma sentinela exótica do Oriente espiritual. Mohandas Karamchand Gandhi, o Mahatma, não os desapontou. Pelos dois meses e meio seguintes, sua cabeça careca, suas pernas desnudas e o que a imprensa chamou "sua tanga e xale" tornar-se-iam uma visão familiar nas ruas de Londres.[1]

Essa foi a quinta e última visita de Gandhi a Londres, a cidade que uma vez admirara por ser o centro da civilização. Na primeira visita, ele era um ambicioso estudante de Direito. Na segunda, em 1906, um determinado peticionário da África do Sul, que encontraria o subsecretário Winston Churchill, de sobrecasaca e colarinho rígido. Ele foi como peticionário novamente em 1909, embora já desiludido. Na sua penúltima visita, em 1914, sua presença quase não foi notada.

Agora, Gandhi era uma figura mundial. A cobertura da imprensa internacional sobre a Marcha do Sal e a campanha de desobediência civil tornaram-no famoso. O livro de Romain Rolland (ele e Gandhi finalmente se conheceriam nessa viagem) e biografias admiráveis como *Gandhi: The*

Dawn of Indian Freedom e *Naked Fakir*, junto com os livros *Mahatma Gandhi at Work*, de Charles Andrews, e *Mr. Gandhi: The Man*, escrito pela filha de Henry Polak, Millie, prepararam o terreno. Centenas de pessoas reuniram-se sob uma chuva torrencial na recepção a Gandhi na Friends House, na Euston Road.

"Eu represento, sem medo de contradição, os milhões de silenciados e famintos do meu país, Índia", disse-lhes Gandhi. "O Congresso quer a liberdade, exige a liberdade para a Índia e seus milhões de famintos." Outro enorme grupo de jornalistas e fotógrafos encontrou-o no Kingsley Hall, um posto comunitário pacifista, fundado pelo ex-peregrino de Sabarmati, Muriel Lester. O lugar seria a casa de Gandhi, Sarojini Naidu e do secretário Desai pelas dez semanas seguintes.[2]

Para os admiradores ocidentais, Gandhi parecia uma presença serenamente segura, triunfante até. Mas ele estava assolado por dúvidas; sentia, desde o início, que a viagem seria um fracasso. Cada vez mais, percebia que o que desejava e o que o resto do mundo queria eram duas coisas diferentes. O mesmo valia para o homem que surgira como seu mais violento adversário, Winston Churchill.

"E se?" é um jogo que historiadores gostam de jogar, mas com um sério propósito. Imaginar o que poderia ter acontecido, mas não aconteceu, pode, às vezes, revelar como pequenos acontecimentos ou grandes personalidades transformam, subitamente, o equilíbrio das forças históricas e guiam-nas por uma nova direção.

Se, por exemplo, os *tories* houvessem ganhado as eleições de 1929, em vez dos trabalhistas, Winston Churchill provavelmente seria ministro de Estado da Índia.[3] Consequentemente, a tendência da política indiana nos dois anos seguintes teria sofrido uma mudança brusca. No momento em que Gandhi ameaçasse a desobediência civil, Churchill teria insistido para prendê-lo de imediato, contrariando as objeções do vice-rei Irwin. Em resumo, não teria existido a Marcha do Sal, nem a imagem icônica de Gandhi em Dandi para galvanizar a Índia ou ser transmitida ao mundo.

Da mesma forma, se Churchill houvesse conseguido forçar a demissão de Baldwin na segunda semana de março de 1931, ele, provavelmente, emergiria não apenas como líder do partido, mas como sua personalidade dominante. Ninguém mais o poderia afrontar. Austen Chamberlain estava aposentado e seu irmão, Neville, alcançara certa ascensão, mas ainda pequena. A primavera de 1931 foi o mais perto que Winston Churchill já chegou de deixar sua marca pessoal no Partido Conservador — mais perto até que durante a Segunda Guerra Mundial.

Os resultados teriam sido monumentais. Com Churchill no leme, os *tories* dos anos 1930 seriam o partido do Império; o partido do rearmamento e de uma vigorosa resistência contra as ascendentes forças totalitárias da Europa; o partido de combate ao bolchevismo fora do país e ao subterrâneo socialismo dentro dele. Eles poderiam não vencer outra eleição, mas teriam impedido a mácula do apaziguamento.

Além disso, se os políticos e negociadores tivessem usado o pacto Gandhi-Irwin para acelerar o processo de aprovação de uma lei para o protetorado indiano no Parlamento, no verão de 1931, Bangladesh, Paquistão e Índia seriam um só país hoje. As notícias do pacto teriam paralisado, temporariamente, Churchill e seus aliados linhas-duras. Todos os outros, inclusive os conservadores, teriam, aliviados, subscrito. Em 1931, os muçulmanos continuavam muito apartados para impedir a gênese de uma federação indiana com maioria hindu. Gandhi ainda era o único porta-voz nacionalista relevante.

Um dia depois do pacto, Gandhi parecia apoiar a ideia de que a Índia permanecesse no Império. Nos anos 1920, ele dissera a um estudante: "Eu poderia ficar bem satisfeito com o status de protetorado dentro do Império Britânico, se ele fosse uma realidade e não uma simulação."[4] Em 1931, disse aos jornalistas que "hoje, o protetorado é uma certeza". Fazer parte da Commonwealth não contradizia a independência completa (Purana Swaraj), contanto que significasse "igualdade absoluta" entre os dois poderes. Gandhi chegou a prever que, um dia, Délhi substituiria "Downing Street" como centro do Império.[5]

Isso, porém, não aconteceu. O rosto da rainha da Inglaterra não adorna moedas e selos indianos hoje, como o faz nos australianos e canadenses. A bandeira britânica não está no canto superior esquerdo da bandeira indiana. No outono de 1931, dois homens impediram que isso acontecesse. Um foi Churchill; o outro, Gandhi.

Gandhi chegou a Londres em uma posição enganosamente forte. Antes de partir, ele obtivera uma resolução do Congresso Nacional Indiano unificado, declarando que somente o Congresso poderia falar em nome da

Índia, e Gandhi, em nome do Congresso. Entretanto, ele sabia que aquela
união era uma quimera. Apenas sua própria força de vontade e reputação de
santo poderiam reverter os rachas dentro do Congresso e por toda a Índia.
No mesmo dia em que chegou a Karachi, foi recepcionado na estação de
trem por uma multidão de jovens marxistas, furiosos por sua "traição" no
pacto com Irwin. Eles gritavam com raiva "Fora Gandhi!", "Fora o traidor
Gandhi!" e agitavam bandeiras em seu rosto. Um manifestante quase o feriu
com o mastro da bandeira.

Depois disso, ocorreu a pior explosão de violência comunal desde a
Grande Rebelião de 1857, justamente em Cawnpore. Enquanto o Congresso
se reunia em Karachi, mais de 150 muçulmanos e 110 hindus foram mortos.
Quando o repórter norte-americano William Shirer chegou a Cawnpore,
vindo de Karachi, corpos de homens, mulheres e crianças ainda se putrefa-
ziam nas ruas. "Os relatos das atrocidades [eram] tão repugnantes" que ele
não os incluiu em sua correspondência.[6] E, no mesmo dia em que Gandhi
chegou a Londres, 12 de setembro, novos tumultos explodiam em Punjab.

Gandhi nunca se havia sentido tão desmembrado. Shirer vira-o no dia
11, em Marselha, quando chegou da Índia no SS Rajputana. O Mahatma
estabeleceu rapidamente seus objetivos para a conferência que estava por
vir. Dentre eles, não estava mais o protetorado. Ele aceitaria apenas a completa independência e igualdade de direitos com a Grã-Bretanha. Somente
assim, afirmou, ele e o Congresso considerariam quaisquer "reservas e salvaguardas", uma frase eufêmica usada por Londres para manter a presença
britânica na Índia.

Shirer estava chocado. Não ao protetorado na Índia? Gandhi estava
rejeitando esse ponto, ironicamente, baseado em fundamentos raciais,
como Churchill o fazia. Os indianos pertenciam a raças e culturas díspares,
afirmou Gandhi. Eles eram distintos dos brancos anglo-saxões que dominaram outros países e, portanto, tiveram destino diferente. "O mundo está
farto de sangria", diria ele mais tarde em uma transmissão da rádio CBS de
Londres. "Sinto-me lisonjeado pelo privilégio que será para a antiga Índia
mostrar a saída" do labirinto da violência com uma forma de vida ligada à
verdade maior.[7]

Por fora, Gandhi projetava confiança e conciliação. Disse à Associated
Press acreditar que a Grã-Bretanha, "diante de tais problemas domésticos
desconcertantes", teria de ceder às suas exigências. Chegou a dizer ao *Daily*

Mail que esperava encontrar Winston Churchill "e todos aqueles que falam ou escrevem contra mim". No entanto, Shirer sentiu que Gandhi estava, na verdade, determinado a arruinar a conferência.[8]

De fato, como aponta a historiadora Judith Brown, a II Conferência da Mesa-Redonda transformou-se em um mal necessário à luta de Gandhi pela permanência no comando do Congresso Nacional Indiano. Sua menção anterior ao Congresso, em discurso na Friends House, foi planejada. Sua liderança dependia de fazer do Congresso a única voz "autêntica" do nacionalismo indiano em todo e qualquer fórum. Gandhi percebeu que a imagem das discussões das conferências de mesa-redonda como acordos mútuos e equânimes era uma fantasia. Os indianos podiam fazer propostas todo o tempo, e o faziam, mas eram os britânicos, e apenas eles, que determinavam o futuro da Índia.

Os indianos trabalharam com a ilusão de que conseguiriam ganhar a independência na conversa ou, ao menos, na intriga. Mas Gandhi também sabia que os britânicos tinham sua própria ilusão, a de que, de alguma forma, poderiam manter a Índia ao concordar em libertá-la. "O povo britânico", disse Gandhi, "tem a capacidade de se autoiludir como nenhum outro povo".[9] Foi uma de suas observações mais profundas e apenas ele e Churchill entendiam suas implicações. O que os indianos precisavam para ser livres, os britânicos não podiam entregar. E o que os britânicos podiam entregar, os indianos não queriam.

Churchill, nesse ínterim, continuou a atacar Gandhi na Câmara dos Comuns. No dia 9 de julho, lamentou o fato de Gandhi ter recebido permissão para ir a Londres em encontros "dos quais nada além de maiores rendições britânicas podem sair", em vez de ter permanecido na cadeia.[10] Mais uma vez, classificou o pacto Gandhi-Irwin como uma farsa. Dessa vez, para reforçar seu argumento, citou "a maior autoridade de todas, o sr. Gandhi". Churchill leu um artigo do jornal em que o repórter perguntava ao Mahatma se o pacto com o vice-rei marcava uma trégua ou a paz. Gandhi respondeu: "Nunca será a paz." Churchill ergueu os olhos do papel em suas mãos. "Esse é o sr. Gandhi", afirmou. O estranho é que Churchill havia de concordar com ele.[11]

Então, Churchill passou às atrocidades em Cawnpore. Não teve escrúpulos ao remexer memórias carregadas de preconceito racial do primeiro massacre de Cawnpore e descreveu como muçulmanos e intocáveis, mas especialmente bretões na Índia *e suas esposas*, foram deixados "tremendo de medo e ansiedade" diante das ameaças da multidão hindu. "Eu não me surpreendo com isso", disse ele, pois os ataques em Cawnpore foram uma "explosão de fúria primitiva" e "instinto animal e bestial". Foram uma prova amarga, indicou Churchill, do que acontecerá se Gandhi chegar aonde quer.[12]

Ainda assim, Gandhi tinha a esperança de que pudesse combinar um encontro com Churchill, por intermédio de "amigos em comum".[13] Tal encontro, quase 25 anos depois do último, teria sido notícia em toda a imprensa. Se seria capaz de mudar algumas opiniões, é questionável. Churchill, entretanto, recusou-se a sair de sua fortaleza em Chartwell para se encontrar com o Mahatma.[14] Outros (incluindo seu filho Randolph), porém, foram encontrá-lo. O fluxo de visitantes em Kingsley Hall e no escritório temporário aberto para Gandhi em Knightsbridge, para hospedar seus secretários e sua equipe, passou a ser uma torrente. "Em todos os cantos da sala", lembrou-se uma testemunha, "havia escultores e outros artistas famosos tentando fazer um modelo ou um retrato desse homem elusivo." Cercado pelos visitantes, com secretários a sua volta murmurando uns com os outros, e cartas e telegramas espalhados pelo chão, sentava-se o imperturbável Mahatma, fiando, serenamente, em sua *charkha* portátil. Quando avisado que era hora de ir para a conferência, "ele saía apressado, seguido por pintores e parte de sua equipe, que carregava a famosa roda de fiar e a cesta verde que continha sua comida".[15]

Malcolm Muggeridge cobriu a abertura da conferência para o *Manchester Guardian*. Muggeridge era professor em Alwaye quando Gandhi foi dar uma palestra na faculdade, nos anos 1920. Lembrava-se de Gandhi falando um inglês "sutil e distinto", enquanto os estudantes gritavam exultantes: "*Mahatma Gandhi ki jai!*" — as lições de Ruskin e Dryden logo esquecidas. Gandhi, agora, parecia diferente, "de alguma forma esperto e calculista", entre ministros e marajás, inclusive um Aga Khan incrivelmente gordo, representando os muçulmanos da Índia. Lá estavam "cavaleiros brancos e pardos, turbantes e carecas reluzentes", 112 delegados ao todo. Eles ouviram, educadamente, ao monótono discurso introdutório do primeiro-ministro Ramsay MacDonald, que incluía um bizarro apelo para que o "leão deitasse com o cordeiro", apesar de MacDonald, por certo, não saber qual era qual. Daquele momento em diante, notou Muggeridge, os delegados levaram a sério a metáfora, "todos tentando decidir a que categoria pertenciam".[16]

Todos, é claro, exceto Gandhi, que comparecia a todas as sessões da conferência,[17] mas sequer parecia ouvir. Fotografias mostram-no enrolado em seu xale, com aparência de entediado e distante. Quando ele falou, a reação dos observadores britânicos, incluindo o mais solidário, foi de profundo desapontamento. Eles esperavam ouvir um homem "com o dom de liderar", que fosse hipnotizar seus espectadores com verve espiritual e elevada sabedoria. Tal expectativa, declarou o *Times*, "não foi concretizada. Ele não tinha domínio dos detalhes [...], suas intervenções na discussão [...] frequentemente, tinham pouca conexão real com o assunto em pauta. Problemas constitucionais não lhe interessavam".[18] Contudo, era com essas questões constitucionais que deveria lidar. Gandhi renovou o chamado para uma parceria igualitária entre Grã-Bretanha e Índia, mas foi um ato *pro forma*. Sua tarefa era deixar bem claro que o Congresso, e apenas o Congresso, sabia o que era melhor para a Índia — a fim de manter a frágil coalizão estável. Fora disso, assumiu pouco interesse na discussão mais ampla. Os outros delegados, como Aga Khan e T. B. Sapru, tinham agendas diferentes. Entretanto, o chão sob seus pés mudara antes mesmo de a conferência começar.

Em 24 de agosto, uma eleição geral derrubou o governo trabalhista e deixou, em seu lugar, um governo nacional multipartidário. MacDonald permaneceu no cargo de primeiro-ministro, mas agora tinha um enxame de *tories* em seu gabinete, inclusive um novo ministro de Estado da Índia, Sir Samuel Hoare. Hoare visitara a Índia e tinha amigos indianos. Era muito mais próximo de Irwin que de Churchill em relação à independência; ele amparava, entusiasticamente, o apoio do governo a Baldwin. E, sendo descendente de quakers, Hoare tinha raízes emocionais no ativismo social não conformista. Contudo, o primeiro encontro de Hoare e Gandhi foi insatisfatório e deu pistas das dificuldades que estavam por vir.

Era um dia úmido, frio e tempestuoso; os dois se encontraram na India House. Gandhi chegou trajando o costumeiro *dhoti* com xale, totalmente inadequados tanto para o clima quanto para a ocasião. Hoare, entretanto, estava determinado a ser agradável. Convidou Gandhi a sentar-se perto da lareira, para secar sua roupa e suas pernas nuas. "Ele [...] parecia ainda menor e mais arqueado do que mostravam as fotografias", lembrou Hoare muitos anos depois. "Seus joelhos ossudos e sua boca sem dentes teriam feito dele uma figura ridícula, se não estivesse completamente ofuscado pela impressão dominante de uma grande personalidade."

Sentaram-se ao som do assobio do carvão queimando, e Hoare tentou fazer com que Gandhi tocasse no assunto mais urgente. "Acredito que, se tivesse podido dizer 'tome de uma vez o protetorado, sem salvaguardas', teríamos tido nele um de nossos melhores aliados", escreveu Hoare, mas Gandhi recusou-se a ser persuadido. O encontro foi amigável. Antes de partir, Gandhi apertou a mão de Hoare cordialmente e agradeceu. Hoare, porém, não se deixara enganar. Disse ao novo vice-rei, lorde Willingdon: "Não será possível fazermos um acordo com ele." Encontros subsequentes e a conduta de Gandhi na conferência confirmaram tal opinião.*[19]

O tema principal era o problema sectário e a necessidade de assegurar às múltiplas minorias da Índia o respeito aos seus direitos em um Estado democrático dominado por 250 milhões de hindus. Gandhi dirigiu a reunião do Comitê das Minorias no final de setembro e início de outubro, onde representantes de muçulmanos, sikhs, anglo-indianos e intocáveis disputavam, em eleições separadas, província por província. Era um exercício entediante e desanimador. Fórmulas prontas eram propostas para decidir quem votaria por quantos assentos em Punjab, Províncias Unidas e Bengala.[20] Por horas, e sem nenhum proveito, o debate inflamou-se sobre o que passou a ser um elaborado jogo de dança das cadeiras constitucional. Nenhum grupo estava disposto a ceder suas reivindicações por assentos ou votos reservados, nem mesmo em troca de mais assentos e votos no futuro, por medo de que outros pudessem roubar sua porção original.

Gandhi consentiria eleitorados separados apenas para dois grupos, muçulmanos e sikhs. Entretanto, outras minorias insistiram em receber representação separada; Gandhi então horrorizou os delegados hindus, sugerindo que eles dessem aos muçulmanos "carta branca" na questão da votação separada. Os delegados muçulmanos, por sua vez, exigiram que todos os assuntos comunais fossem decididos antes de a Constituição ser elaborada — mas outros, inclusive Gandhi, viam aquele tema como *parte* da elaboração da Constituição.[21]

Por fim, a discussão entrou em colapso quando tratava do que fazer sobre Punjab, onde hindus, muçulmanos e sikhs competiam por um poder legislativo provincial que sequer existia. Em 8 de outubro, Gandhi e o Comitê das Minorias tinham que reportar seu fracasso à conferência geral.

---

* Hoare ajudaria, inadvertidamente, a arquitetar o assassinato de Gandhi. Um livro que escreveu sobre a conspiração russa para assassinar o grão-duque Sergei, *The fourth seal*, viria a ser um guia inestimável para os homens que planejaram a morte do Mahatma, em 1948. O próprio Gandhi havia lido *The fourth seal* na prisão Yeravda e gostado, chegando a recomendá-lo a seu secretário Desai.

William Shirer assistiu a tudo consternado: "Hindus, muçulmanos, sikhs, cristãos e intocáveis voando no pescoço uns dos outros."²² Se alguma coisa parecia ensaiada para mostrar aos delegados britânicos que os indianos eram incapazes de comandar um autogoverno pacífico, era essa cena.

As palavras mais amargas dirigidas a Gandhi partiram do dr. B. R. Ambedkar. Nascido no alojamento militar de Mhow, filho de um soldado intocável, Bhimrao Ramji Ambedkar fora educado nos Estados Unidos, onde frequentara a Universidade de Colúmbia. Dalit mahar de casta, "o mais baixo dos baixos", ele era agora o principal porta-voz dos estimados 50 milhões de intocáveis da Índia.²³ Respeitava o desejo de Gandhi de aliviar o peso da vergonha e da discriminação das classes oprimidas da Índia, mas também rejeitava sua atitude de saber o que era melhor para eles. Ambedkar conhecia, por experiência própria, o sofrimento de ser um intocável; Gandhi, não. Como apontou Muriel Lester, "quem pode saber melhor onde o sapato aperta?".²⁴

No entanto, Gandhi argumentava que os intocáveis eram parte indissolúvel da nação hindu e, portanto, parte do Congresso. Proteções eleitorais especiais eram desnecessárias. Ambedkar discordava veementemente, acusando Gandhi de cometer uma "quebra de confiança" ao lidar de modo desonesto com o tema e tratar do problema das minorias de maneira "irresponsável". A situação era uma desgraça; Gandhi murmurou um sarcástico "obrigado, senhor" em resposta. Porém, naquela noite, confessou: "Esse foi o dia mais humilhante da minha vida."²⁵ Ele escreveu uma nota para lorde Irwin: "Isso não me apavora. Eu devo persistir." Contudo, sabia que não havia esperanças.²⁶

O impasse estava completo. O único árbitro possível eram os britânicos, mas Gandhi rejeitou tal solução de imediato. Culpava os britânicos por todo o problema dos confrontos comunais na Índia, bem como por sua pobreza, fome e dependência econômica e cultural. "Não tenho sombra de dúvida", disse ele no dia 8 de outubro, "de que o iceberg das diferenças comunais irá derreter sob o calor do sol da liberdade". Essa era uma simplificação grosseira da história, mas parecia ganhar crédito quando, no fim de semana de 18 de setembro, o governo britânico, sem aviso prévio, desvalorizou a rupia.²⁷ Indústrias, comércios e pensionistas, todos padeceram. Mesmo os indianos ricos foram levados a concluir que, quanto antes a Índia se separasse da Grã-Bretanha, melhor.

O tempo para chegar a uma solução amigável estava acabando. Menos de duas semanas depois de Gandhi ter admitido seu "fracasso" em encontrar uma solução para a briga sectária, a Grã-Bretanha realizou outra eleição geral. O resultado foi uma lavada dos conservadores — os trabalhistas perderam quase 236 assentos. Ramsay MacDonald ainda se agarrava ao cargo de primeiro-ministro, mas, dos 554 membros do governo nacional, 473 passaram a ser *tories*. A eleição de 27 de outubro de 1931 resultou no "Parlamento mais conservador do século".[28] O próprio Churchill quase dobrara seu eleitorado. As chances de a Grã-Bretanha "entregar" a Índia no futuro próximo pareciam se esvair.

A Conferência da Mesa-Redonda prosseguiu por mais um improdutivo mês. No dia 1º de dezembro, o primeiro-ministro MacDonald falou na sessão de encerramento. Afirmou que o governo de Sua Majestade continuava compromissado com o processo de conceder à Índia "governo responsável" e autonomia na federação, mas a Grã-Bretanha poderia ter de decidir sozinha como lidar com os muçulmanos e as outras minorias.

Gandhi ouviu friamente e disse: "Nós chegamos a uma encruzilhada." MacDonald, de pronto, advertiu: "Meu querido Mahatma, deixe-nos prosseguir nesse caminho; é o melhor, e você verá que é o único." Naquela noite, Gandhi voltou a Knightsbridge e sentou-se perto do fogo, tecendo em sua *charkha*, horas seguidas, sem dizer nada.[29]

Winston Churchill, ao contrário, tinha muito a dizer. Dois dias depois de a conferência terminar, fez um discurso triunfante na Câmara dos Comuns. A essência de sua fala era que o Parlamento não deveria endossar quaisquer dos encaminhamentos da Conferência da Mesa-Redonda: nem a ideia de federação; nem a cessão do protetorado (especialmente agora que o Parlamento já havia estendido a autonomia pelo Estatuto de Westminster, para incluir assuntos estrangeiros e de defesa); nem mesmo a promessa de negociações futuras. Durante quase uma hora, Churchill revisou a história das tentativas da Grã-Bretanha de conceder à Índia o autogoverno, desde a primeira e importante declaração de Montagu, em 1917. A cada vez, a Grã-Bretanha fez uma concessão, vociferou Churchill, e os indianos reivindicaram mais. E, a cada vez, a Índia mostrou-se mais instável e ingovernável.

Falou então de Gandhi. "Nós vimos o espetáculo do sr. Gandhi e alguns de seus tenentes negociando quase em termos igualitários com o vice-rei" até chegar ao pacto Gandhi-Irwin. Esse foi um "golpe profundamente prejudicial à autoridade britânica, não apenas na Índia, mas por todo o planeta". Churchill chegou a culpá-lo pela recente desvalorização da libra esterlina: "O mundo todo pôde ver [...] uma clara e completa ausência de determinação em nossos assuntos imperiais."[30] O governo dissera que, a menos que aos indianos fossem prometidos os mesmos direitos anunciados aos neozelandeses e sul-africanos brancos, a Índia se dissolveria em um caos sangrento. Então, o governo prometeu. O resultado foi o caos sangrento.

Churchill voltou uma vez mais ao massacre de Cawnpore, quase com odioso regozijo. Descreveu os corpos de homens, mulheres e crianças apodrecendo nas ruas, as atrocidades, a consequência da fúria bestial. "Há séculos", disse ele, "as relações entre hindus e muçulmanos não eram tão envenenadas quanto têm sido desde que a Inglaterra foi perdendo sua força e acreditou-se que ela estaria pronta para deixar a cena assim que fosse ordenada a sair". Agora, o governo estava pedindo à Câmara dos Comuns para endossar seus acordos fajutos com Gandhi e seus coconspiradores. Somente recuando nos planos para o protetorado indiano, avisou Churchill, o Parlamento seria capaz de "sustentar os direitos dos bretões e dizer a verdade para a Índia", ou seja, que o autogoverno ainda estava muito distante.[31]

Esse foi o ataque mais poderoso de Churchill contra Gandhi até aquele momento e durou quase uma hora e meia. A Câmara, porém, não se impressionou. Samuel Hoare retirou-se para o corredor e escreveu um recado ao vice-rei. Admitiu que estivera "muito nervoso" antes de entrar no plenário, mas depois, mesmo antes de o debate acabar, convencera-se de que "pelo menos três quartos da Câmara aceitarão nossa posição".[32]

Ele estava certo. Os *tories* podem ter ficado inquietos em suas cadeiras enquanto Churchill atacava a submissão dos colegas à liderança trabalhista na Índia. Eles podem ter concordado que o plano de criar "450 eleitorados tão grandes quanto a Escócia, cada um contendo meio milhão de eleitores iletrados", em um subcontinente "com mais divisões nacionais, raciais e religiosas que a Europa", e forjar uma espécie de Estados Unidos da Índia, sem uma pista sobre como unir os principados, proteger os intocáveis e outras minorias ou preservar a lei e a ordem, era um convite ao desastre.[33] Eles devem ter estremecido com as lembranças de Cawnpore; devem, inclusive, ter pensado que, ao deixar a Índia livre, estavam entregando algo poderoso e significativo e minando o que Churchill chamou de "a grande posição histórica da Grã-Bretanha" no Oriente.

Ao final, porém, não compensava desafiar a liderança do partido para ficar ao lado de Churchill. Mais uma vez, Baldwin prevaleceu. O esforço de Churchill para emendar a resolução atraiu exatamente 46 votos. O empenho de George Lloyd para interrompê-lo na Câmara dos Lordes perdeu por uma proporção de dois para um. Apenas quatro dias antes, Churchill havia escrito um artigo para a revista *The Strand*, intitulado "Great Fighters for Lost Causes" (Grandes combatentes por causas perdidas).[34] Agora, suspeitava que se uniria a eles. Curou seu desapontamento partindo em direção aos Estados Unidos no dia seguinte, a bordo do navio *Europa*.

Gandhi estava partindo também. No dia 5 de dezembro, depois de um último encontro com Hoare e o primeiro-ministro MacDonald, embarcou no trem para Folkestone. O dia estava claro, e a temperatura, quente — "verão em dezembro". Ele disse a um repórter: "Minhas últimas palavras à Inglaterra serão 'adeus e tome cuidado!'. Eu vim sedento por paz. Volto sem medo da guerra."[35]

Em termos pessoais, sua última visita a Londres havia sido um sucesso de relações públicas. Viajara até Lancashire para encontrar trabalhadores das fábricas têxteis — Churchill disse que perderiam o emprego se Gandhi conseguisse o que queria. Receberam-no com cordialidade e até afeição. Ele encontrara com quakers e admiradores da New Age; conhecera Charlie Chaplin. Chegara a tomar chá com o rei no palácio de Buckingham.* Conversara com intelectuais de esquerda em Oxford, como Gilbert Murray e Edward Thompson, desfazendo suas preocupações de que a Índia não estivesse pronta para o autogoverno. "Dê-nos a liberdade de cometer erros", disse-lhes Gandhi. "Confie-nos a nós mesmos."[36]

---

* Foi Sir Samuel Hoare quem realizou tal façanha, como parte da recepção oficial para a Conferência da Mesa-Redonda. No primeiro momento, o rei recusou-se a conhecer o homem que considerava um "faquir rebelde" (ecos de Churchill). Gandhi, por sua vez, recusou-se a encontrar o rei-imperador vestindo qualquer coisa além de seu *dhoti* e xale. No fim, entretanto, Hoare convenceu Sua Majestade, e o encontro correu bem, embora Hoare tenha declarado que ouvira George V murmurar algo sobre o "pequeno homem" com "roupas inapropriadas".

O rei não resistiu a um golpe final, quando se encerrava o encontro: "Lembre-se, sr. Gandhi, não aceitarei ataques ao meu Império!" Gandhi sorriu e respondeu: "Eu não entrarei em uma discussão política no palácio depois da hospitalidade demonstrada por Vossa Majestade." Todos os presentes, inclusive Hoare, consideraram o encontro um sucesso. O sentimento de Churchill e outros da linha-dura pode ser imaginado. George Lloyd chamou o encontro de "chá com traição" (*tea with treason*).

No caminho para casa, ele teve, por fim, a chance de conhecer Romain Rolland e visitou Roma para um desconfortável encontro com Benito Mussolini. O enaltecimento de Gandhi a Mussolini foi pouco menos efusivo que o de Churchill, seis anos antes. Ele notou que o ditador tinha "uma grande personalidade" e patriotismo e que Mussolini "nunca interfere em atividades voluntárias para a melhoria do país" — diferentemente dos britânicos com o Congresso Nacional Indiano.[37]

Entretanto, os problemas de Gandhi começaram quando desembarcou em Mumbai. Irwin fora embora no último mês de outubro. O novo vice-rei, lorde Willingdon, era uma figura muito diferente. Ao contrário de Irwin, contava com extensa experiência oficial na Índia como governador-geral de Mumbai e Madras. Apesar de ter sido um parlamentar liberal e estado em oposição ao radicalismo de Churchill quanto à Autonomia, ele não estava disposto a suportar "maluquices" de políticos nativos, muito menos de Gandhi.

Conheceram-se em Simla, no mês de abril anterior, antes de Gandhi ir para Londres. Willingdon havia rejeitado a mudança das regras municipais que baniam todos os carros em Simla, exceto aqueles do vice-rei e do chefe do Estado-Maior. Já que Gandhi se recusava a andar em riquixás — "eu jamais permitirei que meus irmãos se transformem em burros de carga para mim", disse —, ele tinha de andar mais de 9 quilômetros até o gabinete vice-real e voltar todos os dias, frequentemente, sob chuva forte.[38]

Os indianos estavam furiosos, mas Willingdon deixara claro o que pensava. Ele respeitava Gandhi. "Talvez seja um santo", disse a Sir Samuel Hoare, "talvez seja um homem sagrado." Mas "estou certo de que é uma das mentes políticas mais astutas e um dos cavalheiros mais regateadores que eu já conheci". Willingdon estava determinado a não lhe dar vantagem.[39] Os dias de comovente acordo mútuo entre o Mahatma e Irwin, o companheiro "homem de Deus", estavam acabados.

O outro problema era que a violência continuava a se espalhar. Ataques terroristas estavam se tornando comuns em Bengala. Na Fronteira Noroeste, grupos de nacionalistas camisas-vermelhas confrontaram a polícia. Nas Províncias Unidas, Jawaharlal Nehru liderou um protesto contra os impostos da terra, o que deflagrou batalhas campais com as autoridades. Willingdon tomou medidas severas contra a violência e chegou a se preparar para uma guerra. No dia 17 de dezembro, redigiu um mandado para o caso de Gandhi e seus seguidores resistirem. A ordem incluía repressão policial geral e invocava o estado de emergência. Havia também um decreto que consideraria ilegal qualquer encontro da liderança do Congresso; Gandhi deveria ser preso imediatamente. De fato, quando Gandhi desembarcou em Mumbai, sua cela em Yeravda estava pronta para recebê-lo.[40]

Gandhi, é claro, não sabia de nada disso. Ele estava descontente com os distúrbios e com o papel de Nehru em incitá-los. No entanto, sentiu obrigação de apoiar seu tenente rebelde, especialmente porque Nehru estava a caminho para vê-lo. As tensões para manter o Congresso unido começavam a ficar evidentes; depois do desastre da II Conferência da Mesa-Redonda, Gandhi não poderia arcar com outra derrota. No dia 29 de dezembro, ele escreveu ao vice-rei lorde Willingdon, esperando iniciar um diálogo. Entretanto, o Conselho de Willingdon o fez jurar que não se encontraria com o Mahatma enquanto durassem os tumultos nas Províncias Unidas. Willingdon, por sua vez, disse a Gandhi que não haveria encontro até que ele denunciasse a violência; e que também não discutiria as medidas de emergência que já estavam sendo tomadas.[41]

Gandhi sentiu que não tinha escolha. No dia de Ano-Novo, ele e o Comitê de Trabalho do Congresso aprovaram uma resolução autorizando a continuidade da desobediência civil até que o governo revogasse o estado de emergência. "Minha consciência está limpa", disse Gandhi a Sapru.[42] O governo, entretanto, moveu-se primeiro. Pouco antes do amanhecer do dia 4 de janeiro de 1932, a polícia atacou sua caserna no prédio Mani Buvan, em Mumbai. A prisão dos outros membros do Comitê de Trabalho ocorreu pouco depois.

Outros começaram a campanha de não cooperação sem eles, com atividades habituais, como passeatas, boicotes e piquetes. Cerca de 15 mil pessoas foram para a cadeia no primeiro mês, e outras 17 mil, em fevereiro. Porém, em março, o número caiu para 7 mil.[43] Sem a liderança de Gandhi, a campanha não trouxe resultados. Em meados de 1932, todo o movimento havia se estagnado.

A Conferência da Mesa-Redonda também foi uma confusão. O pacto Gandhi-Irwin estava oficialmente "morto" (palavras de Willingdon). A desobediência civil fora destruída, e uma possível lei marcial estava na ordem do dia. O Mahatma saía da prisão pela segunda vez em menos de um

A trincheira destruída do general Wheeler em Cawnpore, após a Grande Rebelião de 1857. O massacre de mulheres e crianças na cidade e a brutal retaliação que se seguiu deixaram cicatrizes permanentes nas relações entre indianos e britânicos. (Hulton/Getty Archives)

Lorde Randolph Churchill (no centro) em visita à Índia, em 1885, pouco antes de se tornar ministro de Estado dessa colônia. "Sem a Índia", argumentou, "a Inglaterra deixaria de ser uma nação". Seu filho Winston concordava. (Broadwater/Churchill Archives)

Mohandas Gandhi com membros da Sociedade Vegetariana de Londres, incluindo seu mentor Henry
Salt (de pé, à esquerda), 1890. Foi como estudante
de Direito em Londres que Gandhi descobriu suas
raízes hindus. (V. Jhaveri/Peter Rühe)

Winston Churchill na Índia, em 1896, como subalterno do 4º Regimento de Hussardos. As experiências ali
vividas seriam o fundamento de suas visões sobre o Império Britânico por toda a vida. (Broadwater/Churchill
Archives)

Gandhi e companheiros das unidades de ambulância indianas durante a Guerra dos Bôeres (1899-1900). "Naquele tempo", escreveu mais tarde, "eu competia com os ingleses em lealdade ao trono". (V. Jhaveri/Peter Rühe)

O *Illustrated Police News* e a versão heroica da fuga de Churchill de uma prisão bôer, em dezembro de 1899 (a verdade foi um pouco diferente). Mais tarde, na Batalha de Spion Kop, Churchill e Gandhi se cruzariam a poucos metros um do outro, sem perceberem. (Broadwater/Churchill Archives)

A aparência de Gandhi na época em que conheceu Churchill, em Londres, outubro de 1906. (V. Jhaveri/Peter Rühe)

Churchill (à direita) como ministro das Colônias, após seu primeiro e único encontro com Gandhi. Quando perguntado sobre como proceder diante da demanda de Gandhi por direitos iguais para os indianos na África do Sul, a resposta de Churchill foi: "Enrolem." (Broadwater/Churchill Archives)

Uma rara fotografia da ação de um policial sul-africano interrompendo a dramática marcha de Gandhi para o Transvaal, em novembro de 1913. Gandhi (ao centro, com uma vara) usa um típico traje indiano, que adotara depois de sentir-se traído por Churchill e pelo governo britânico. (Local History Museum, Durban/Peter Rühe)

O fracasso da campanha de Galípoli, em 1915, e a morte desnecessária de 200 mil soldados britânicos, australianos e neozelandeses forçaram Churchill a renunciar ao cargo de primeiro lorde do Almirantado. Ironicamente, o desastre de Galípoli ajudou a lançar a carreira política de Gandhi na Índia. (Hulton/Getty Archives)

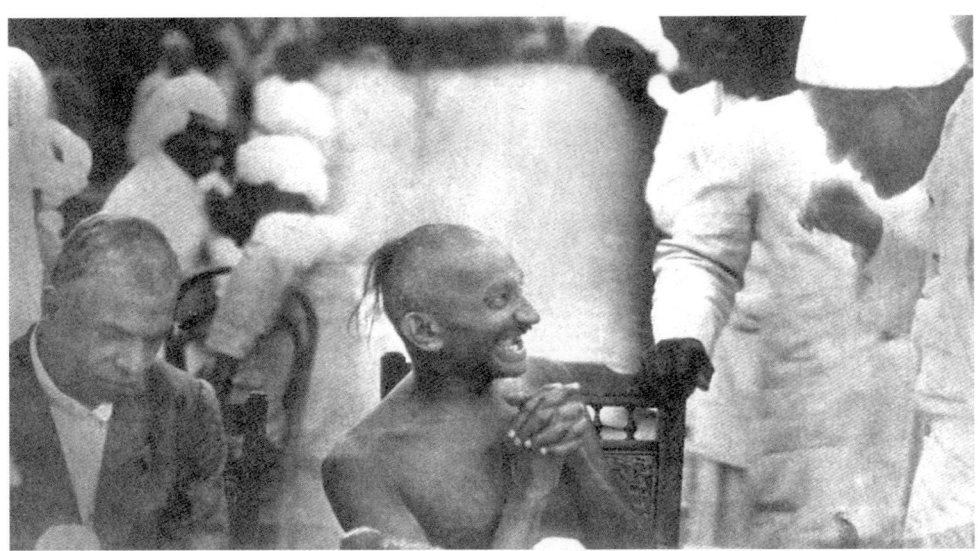

O radiante Mahatma: Gandhi reunido com os partidários do Congresso Nacional Indiano, em setembro de 1921, assim que seu movimento de não cooperação teve início. "Impressiona-me", disse Churchill ao ministro de Estado da Índia um mês depois, "que Gandhi tenha permissão para continuar minando nossa posição mês após mês, ano após ano". (V. Jhaveri/Peter Rühe)

O triunfante Churchill: o novo conselheiro do erário público a caminho da primeira apresentação do orçamento à Câmara dos Comuns, 1925. Como "conselheiro sorridente", Churchill transformou o dia do orçamento em um grande evento para a mídia. Entretanto, as decisões que tomou sobre os gastos militares deixaram a Grã-Bretanha enfraquecida nos anos que antecederam a Segunda Guerra Mundial. (Broadwater/Churchill Archives)

Gandhi usando sua *charkha*, ou roda de fiar, no Sabarmati Ashram, 1926. "A roda de fiar é tão necessária à vida indiana quanto o ar ou a água", escreveu. No entanto, sua crença de que a *charkha* seria a chave para o futuro da Índia fez com que ele perdesse alguns de seus aliados políticos. (V. Jhaveri/Peter Rühe)

Mohandas e Kasturbai Gandhi depois da chegada à Índia, em janeiro de 1915. Quando Kasturbai morreu, em 1944, "uma parte de Bapu se foi", escreveu um discípulo. (V. Jhaveri/Peter Rühe)

Winston e Clementine Churchill retornam dos Estados Unidos para a Inglaterra, 1929. Uma semana antes, ele testemunhara o *crash* de Wall Street, em Nova York. Quando essa foto foi tirada, ele havia acabado de saber que o governo estava planejando dar independência e status de protetorado à Índia. (Hulton/Getty Archives)

O início da Marcha do Sal de Gandhi, março de 1930. As chaminés de Ahmedabad podem ser vistas ao fundo. (GandhiServe/Peter Rühe)

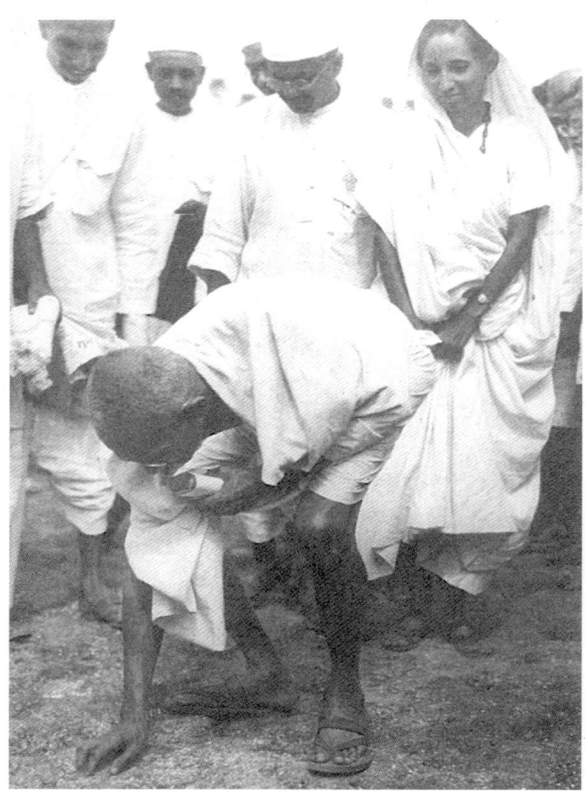

Essa fotografia é, normalmente, identificada como: Gandhi produzindo sal em Dandi, ao final de sua épica marcha, em 6 de abril de 1930. Na verdade, ela foi tirada quatro dias depois, em Bhimpur. (V. Jhaveri/Peter Rühe)

Satyagraha do sal em Mumbai, quando a polícia indiana, de roupa escura, atacou com lathis. (Daily Herald Archive/Peter Rühe)

Churchill discursando contra a independência indiana no encontro da Indian Empire Society, em 10 de dezembro de 1930. "É preciso deixar claro que a nação britânica não tem intenção de abandonar sua missão na Índia ou de falhar no cumprimento de seu dever para com as massas indianas." (Fox Photos/Getty Archives)

Gandhi com o primeiro-ministro Ramsay MacDonald (o sexto da esquerda para a direita) e sir Samuel Hoare (no centro, sentado à direita do Mahatma) na II Conferência da Mesa-Redonda, em Londres, 1931. As discussões na ocasião convenceram Gandhi de que apenas a resistência pacífica, ou *satyagraha*, poderia dar à Índia a independência completa. (V. Jhaveri/Peter Rühe)

A visão de um cartunista de esquerda sobre a luta de Churchill contra o Projeto de Lei do Governo da Índia, 1933. Sua amarga batalha de cinco anos contra o projeto de lei afastou-o de seu próprio Partido Conservador e levou-o ao isolamento político. (Broadwater/Churchill Archives)

Gandhi com o *enfant terrible* da política nacionalista indiana, Subhas Chandra Bose (ao centro), no encontro do Congresso Nacional Indiano, em 1938. Gandhi temia o radicalismo de Bose e tentou, sem sucesso, impedir que ele fosse reeleito presidente do Congresso. Na foto, ele tenta parecer feliz com o relacionamento. O rosto do assessor de Gandhi, Vallabhbhai Patel (à direita), conta uma história diferente. (Hulton/Getty Archives)

Winston Churchill e o visconde Halifax, 1940. Como ministro de Relações Exteriores, o ex-vice-rei da Índia usou sua experiência em negociar com Gandhi para justificar sua tática de apaziguar Adolf Hitler e opor-se a Churchill. (Getty Images)

Churchill visita as ruínas bombardeadas da catedral de Coventry, 1940. A habilidade de Churchill em incitar o povo britânico contra a tirania nazista impressionou profundamente Gandhi. (Broadwater/Churchill Archives)

Gandhi (fotografado com seu secretário de longa data, Mahadev Desai) ansiava despertar os corações de seus compatriotas quando anunciou seu movimento "Deixem a Índia" no Congresso de Mumbai, em agosto de 1942. (V. Jhaveri/Peter Rühe)

Churchill e o presidente Franklin Roosevelt em um domingo de trabalho no HMS Prince of Wales, em agosto de 1941. Desentendimentos sobre a Índia e Gandhi tornaram-se fonte de tensão na outrora estreita aliança de guerra. Churchill chegou a ameaçar demitir-se do cargo de primeiro-ministro. (Imperial War Museum)

Apenas quatro meses depois, aviões japoneses afundariam o Prince of Wales na costa de Cingapura, enquanto o Império Britânico na Ásia cambaleava e as tropas nipônicas dirigiam-se para as fronteiras da Índia. (Imperial War Museum)

Índia insurgente: levante "Deixem a Índia" em Mumbai, outubro de 1942. A mulher socorrida pelo homem acabara de ser atingida por gás lacrimogêneo. (Kanu Gandhi/Peter Rühe)

Lealdade indiana na Segunda Guerra Mundial: soldados sikhs, no Cairo, presenteiam Winston Churchill em seu 69º aniversário, novembro de 1943. (Imperial War Museum)

Churchill diante da multidão em júbilo no Dia da Vitória na Europa, 8 de maio de 1945. Ele presumiu que a vitória na Segunda Guerra Mundial salvaria o domínio britânico sobre a Índia. Os eleitores britânicos pensavam diferente. (Imperial War Museum)

General Archibald Wavell, vice-rei da Índia (1943-1946). Enquanto tentava encontrar uma solução para o impasse político indiano, durante e depois da guerra, considerou as tentativas de negociação com Gandhi e com Churchill igualmente frustrantes. (Time & Life Pictures/Getty Images)

Consequências dos massacres em Calcutá, 1946. A retirada britânica e a ruptura entre o Paquistão muçulmano e a Índia hindu encetaram a violência em escala jamais vista desde a Grande Rebelião de 1857 — exatamente como Churchill previra. (Margaret Bourke White; Hulton/Getty Images)

Gandhi chega com sua sobrinha-neta Manubehn (de óculos, à esquerda) à estação de trem em Délhi, março de 1947. O Mahatma viajou pela Índia para tentar conter a violência, sem sucesso. Um ano antes, dissera ao vice-rei Wavell: "Se a Índia quer seu banho de sangue, ela o terá." Ironicamente, a última vítima seria ele próprio. (V. Jhaveri/ Peter Rühe)

Funeral de Gandhi, 31 de janeiro de 1948. (V. Jhaveri/Peter Rühe)

Funeral de Churchill, 30 de janeiro de 1965. (Hulton/Getty Archives)

ano. Se alguém era o perdedor dessa batalha, era Gandhi. E se alguém era o vencedor, deveria ser Winston Churchill.

Contudo, mais uma vez, as aparências enganaram. Nos anos 1920, suas respectivas sortes haviam sofrido uma estranha e súbita reviravolta; agora, isso acontecia novamente. Gandhi deixaria a prisão Yeravda politicamente mais forte que nunca, enquanto Churchill afundava no limbo parlamentar, do qual muitos pensaram que nunca emergiria.

Com certeza, os meses de janeiro e fevereiro de 1932 foram triunfantes para Churchill. Ironicamente, ele quase não sobreviveu para vê-los.

No dia 13 de dezembro, ele estava em Nova York, planejando visitar seu amigo, o milionário Bernard Baruch, depois do jantar. Churchill chamou um táxi no Waldorf Astoria e pediu que o motorista o levasse à casa de Baruch, mais adiante na Quinta Avenida. Churchill, no entanto, não lembrava o número da casa ou o nome da rua transversal mais próxima. Como a maioria dos visitantes de Nova York, ele achava as ruas muito parecidas, especialmente no escuro. Portanto, durante cerca de uma hora, ele e o taxista andaram inutilmente para cima e para baixo na Quinta Avenida.

"Deixe-me aqui", gritou, por fim, Winston. Ele desceu na calçada do Central Park, sob as formosas copas das árvores. Decidiu que andaria na avenida até reconhecer a casa de Baruch. Apenas esperava que o milionário e seus convidados ainda estivessem à sua espera.

Quando Winston foi atravessar a Quinta Avenida, sabia que deveria olhar o tráfego vindo da esquerda. (O instinto da maioria dos bretões seria olhar para a direita.) Porém, ao fazer isso, não notou um motorista que ia na direção oposta, que também não viu a distinta figura que atravessava. O carro bateu em Churchill a 55 quilômetros por hora e jogou-o para o outro lado do pavimento.

No mesmo instante, um grupo de curiosos aglomerou-se. Churchill estava bastante machucado, mas ainda consciente. Murmurou ao primeiro policial presente que ele mesmo fora o culpado pelo atropelamento.* Depois, um taxista levou-o para o Lenox Hill Hospital, onde passou cerca de uma semana recuperando-se de fraturas, machucados e um corte na cabeça. Passou mais duas semanas em repouso no Waldorf Astoria.

---

* O motorista, Mario Constasino, passou a integrar o grupo de amigos de Winston e chegou a comparecer a sua primeira palestra em Nova York.

Tranquilo, Churchill reduziu o acidente a um "machucado feio" e chegou a escrever um relato para o *Daily Mail*, que circulou por todo o mundo e rendeu-lhe 600 libras esterlinas.[44] Deitado na cama, podia ler nos jornais ingleses sobre eventos na Índia, os quais pareciam justificar seus avisos prévios. "É óbvio que o governo precisa crescer e calar Gandhi." Essa foi a previsão de lorde Beaverbrook no dia 2 de janeiro. Dois dias depois, tornou--se realidade.

Enormemente aliviado, Churchill escreveu uma carta ao filho: "Quantos problemas [o governo] trouxe para si mesmo, para os indianos e para todos nós!" Agora, "um Parlamento conservador forte e unido logo exporia o vazio" das demandas que, não fossem por Gandhi e o Congresso, tirariam da Inglaterra divisões de tropas inteiras. "Como eu sempre disse, tudo o que era preciso era um esforço de força de vontade." O humor de Churchill passou a ser cordial e conciliador. Agora que MacDonald, Baldwin, Hoare e o restante haviam feito a coisa certa, parecia "não haver mais nada sobre o que brigar com eles".[45]

Um mês depois ele escreveu outra carta do Waldorf Astoria: "parece-me que o governo tem sido forçado, pelo curso dos eventos, a assumir, na Índia, exatamente a postura pela qual sempre advogamos. Agora que estão mantendo a lei e a ordem", assegurou ele a Sir James Hankley, "o tema constitucional está, por enquanto, em segundo plano".[46] Foi apenas quando retornou à Inglaterra, em 17 de março, que percebeu o quanto estava equivocado.

Na Índia, as prisões prosseguiam e medidas de emergência continuavam em vigor. Contudo, ao final do mês, Ramsay MacDonald estava, lastimosamente, questionando até quando teriam de continuar prendendo membros do Congresso e quanto tempo Gandhi teria de passar na cadeia até que "venha às conversações políticas com o propósito de chegar a um acordo".[47] O ministro Hoare pensou ter a resposta: avançando seu plano para a constituição, em consulta ao comitê dos moderados de fora do Congresso, como Sapru e Jayakar, os britânicos poderiam driblar o Congresso Nacional Indiano, e seus líderes, encarcerados. Hoare, com astúcia, sugeriu, como isca, oferecer a entrega de certas responsabilidades de Nova Délhi para os indianos nas províncias. Então, os britânicos poderiam envolver príncipes indianos, minorias e importantes interesses comerciais em um completo Projeto de Lei do Governo da Índia. Enquanto isso, o governo também anunciaria um plano para apresentar um acordo a respeito do problema comunal. Este seria oferecido aos muçulmanos e outros grupos não hindus, para que unissem forças com os britânicos enquanto planejavam "a transferência do poder" — a nova frase que expressava devolução da Índia aos indianos.

Em resumo, a prisão de Gandhi não mudara nada. A Índia seria entregue aos indianos com ou sem ele. A única pergunta era se seria feita com um ou dois projetos de lei parlamentares. (No fim, foi apenas um.) Do outro lado do Atlântico, Churchill interpretara mal o desenvolver dos fatos. Ele e suas tropas linhas-duras teriam de enfrentar, sozinhos, uma batalha difícil.

A primeira parte de sua campanha foi despertar a atenção da mídia e do público. Para isso, Churchill concentrou-se cada vez mais em seus ataques a Gandhi, tendo-o como o gênio do mal por trás da rendição. Isso era injusto e falso. Por outro lado, Gandhi era um alvo irresistível e útil. Muitos *tories* e bretões comuns haviam ficado chocados com as negociações diretas de Irwin e Gandhi, um homem "subversivo, na intenção e na prática, e diretamente responsável pela perda de centenas de vidas".[48] Ficaram igualmente chocados ao verem Gandhi caminhando livremente pelas ruas de Londres em seus trajes estranhos ("cubra sua nudez!", foi a mensagem que um coronel britânico aposentado e irritado passou a Gandhi) e ainda tomando chá com o rei — "chá com traição", como George Lloyd denominou o episódio.[49]

Winston não mais se limitava a chamar Gandhi de o "subversivo advogado do Middle Temple" ou "faquir seminu". O Mahatma havia-se transformado em um inimigo poderoso, uma ameaça multiforme. Em um discurso, Gandhi aparecia como o publicitário perspicaz, tramando a substituição do Raj por seus amigos brâmanes e explorando a ignorância das massas indianas em seu proveito próprio e egoísta. Em outro, Churchill acusava Gandhi de usar "métodos de Moscou", retratando-o como um tipo de camarada vestido em *dhoti*, que após cada concessão simplesmente fazia mais exigências.[50] Churchill podia ainda descrever Gandhi como um porta-voz atávico de um hinduísmo pagão, com seus "santuários, seus padres e ascetas, suas práticas e rituais misteriosos [...] inalterados através dos séculos, intocados pelo Ocidente".[51]

Em outros debates, ele brincou com os elos entre Gandhi e as lideranças industriais indianas, os "comerciantes e donos de minas de carvão de Mumbai" que eram "o poder por trás" das paralisações e boicotes. "Nenhuma classe de capitalistas nesse mundo, em um ano de depressão como o que estamos vivendo, conseguiu tão vastos lucros", acusou Churchill. Esses homens sisudos de turbante fizeram suas fortunas nas costas dos pobres da Índia e lucrariam ainda mais com as tarifas aos produtos britânicos quando "a fraude" da independência fosse alcançada. "Superstição e ambição", concluiu ele, "caminham lado a lado com a espoliação de milhões de pessoas."[52]

Finalmente, Churchill retratou Gandhi como aspirante a ditador da Índia, um Mussolini hindu que pregava a não violência por um lado da boca, e, pelo outro, falava em contratar europeus brancos (janízaros brancos, como Churchill os chamava) para treinar o novo Exército indiano Swaraj. Ele chegou a acusar Gandhi de fomentar uma guerra racial, onde brancos e indianos iriam ou "exaurir ou destruir um ao outro".

"Esse é o homem", concluiu Churchill com desdém, "que vocês e sua política tornaram na maior liderança com quem se deve agora negociar o futuro." Mas ele perguntava: que futuro a Índia poderia de fato ter sem os britânicos? "A Índia é um termo geográfico", disse ao Constitutional Club. "Não é uma nação mais unida que o Equador." Ao fingir que era, a Grã-Bretanha estaria entregando 300 milhões de pessoas à benevolência de uma elite hindu desmembrada e seu monstruoso líder.[53]

Erguer a nação era uma coisa; bloquear ou atrasar a independência era outra. Os parlamentares de Churchill eram poucos, porém ávidos. Estavam determinados a lutar pela Índia "até a última esperança", como colocou Alfred Knox, e acreditavam que a maioria silenciosa da Grã-Bretanha se uniria à sua causa. Em 25 de maio de 1932, Winston deu início à sua campanha com um discurso para a Indian Empire Society, no Carleton Club. Ele lembrou seus seguidores de que, em 1930, dissera: "mais cedo ou mais tarde, teremos de destruir Gandhi e o Congresso, e tudo que eles representam". Ele fora censurado por haver dito tal coisa naquela ocasião; mas, agora que Gandhi estava na cadeia e que a ordem fora restaurada, todos percebiam que ele estava certo. Tudo que era preciso era força de vontade para agir, afirmou Churchill, e disposição para enfrentar o fato de que a Índia, sem os britânicos, estaria indefesa.

"Posso assegurar a todos que o Parlamento não irá tolerar sandices sobre a Índia", disse enquanto a audiência o aplaudia. "Quando esse Parlamento agir, [o] governo obedecerá e a Índia será salva."[54]

Os membros terminavam seu vinho do Porto, Winston acendia seu segundo charuto e os planos do governo para conceder o status de protetorado para a Índia avançavam. Apesar de não ter dito nada a ninguém, esse era o maior medo de Churchill. Não se preocupava com Gandhi, ou os industrialistas, ou os sacerdotes brâmanes. A despeito de toda retórica, ele sequer dava importância à possibilidade de os indianos se unirem em uma segunda Rebelião e expulsarem os britânicos.

Seu real temor era que os próprios britânicos simplesmente desistissem, a partir de uma combinação de fraqueza, passividade, medo e falta de consciência. Ler Gibbon na varanda, em Bangalore, havia-lhe ensinado que tal derrotismo era "o veneno lento e secreto" que condenara o Império e destruíra o "sentido de honra nacional" e o "hábito do comando" dos romanos. Se isso acontecera a Roma, poderia também acontecer à Grã-Bretanha.

"Qual é o mal de que estamos padecendo nessa ilha?", perguntou ele, queixosamente, à multidão que estava no Liverpool's Philharmonic Hall, em fevereiro de 1931. "É um mal de força de vontade." Churchill achava incrível que "o leão britânico de dias passados, tão feroz e corajoso, [...] pode agora ser perseguido por coelhos dos campos e florestas de sua antiga glória" — ou que os bretões pudessem esquecer sua missão de permanecer na Índia.[55]

Churchill sabia que, se isso acontecesse e Gandhi vencesse, seria o fim para a Grã-Bretanha.

Para sempre.

20. ÚLTIMA TRINCHEIRA

1932-1935

*Quando um homem jejua, não são os galões de água que ele bebe
que o sustentam, mas Deus.*
(MOHANDAS K. GANDHI)

Se Churchill sentia um crescente desencanto perante os eventos, o mesmo acontecia com Gandhi. A vida na prisão Yeravda seguia o padrão comum de rezas, leituras e horas a fiar em sua *charkha*. Ele tinha a companhia de outro satyagrahi, Vallabhbhai Patel. Patel gostava de preparar o "coquetel" matutino de Gandhi, com mel, limão e água, e de descascar as frutas para ele. Também achava curioso ver quanto tempo Gandhi gastava escovando os dentes (por vezes, duas horas ao dia), mesmo que lhe restassem apenas dois em toda a boca. Patel também oferecia conselhos para Gandhi responder o enorme número de cartas recebidas, muitas escritas por estranhos. Certa vez, um homem perguntou o que podia fazer em relação à sua mulher nada atraente. "Diga-lhe que mantenha os olhos fechados" foi a resposta de Patel.[1]

O humor de Gandhi estava longe de ser jovial ou sereno. Com sua campanha *satyagraha* destruída e seus seguidores na cadeia ou profundamente divididos, as coisas pareciam muito além de seu controle. Ele enviava, regularmente, reclamações para o diretor da prisão e seus superiores em Mumbai e Nova Délhi. Patel sentia que ele fazia isso "para que não pensassem que estava derrotado". Yeravda parecia menos com uma luz inspiradora e mais com uma jaula dourada. Gandhi percebeu que estava perdendo a capacidade de influenciar a política indiana — exatamente o que o governo esperava que acontecesse.

Essa realidade apresentou-se para ele em agosto de 1932, quando o governo MacDonald anunciou seu Communal Award, ou o plano para a representação da minoria na futura Constituição da Índia. Preparado pelo ministro de Estado em parceria com vários liberais indianos, o plano era denso e detalhado e variava de província para província. Os muçulmanos foram os grandes vencedores: sikhs de Punjab e hindus, além dos hindus de Bengala, ficaram chocados ao descobrir que os muçulmanos estariam em maior número que eles nas legislaturas de suas províncias. (De 250 assentos em Bengala, os muçulmanos receberiam 111, e os hindus, apenas 88, com outros 25 reservados para as províncias europeias.)[2]

Contudo, a parte mais impressionante do plano era a criação de um eleitorado distinto para os intocáveis — eles conquistavam o direito de concorrer a assentos inclusive em nível nacional. A mudança assinalava uma revolução cultural e política para a Índia. E Gandhi, dessa vez, não tinha participação nela.

Outros compartilhavam sua raiva. O que, na visão dos britânicos, era uma divisão eleitoral para atender a interesses políticos (e preparar aliados que manteriam a Índia no Império com segurança) era, para os hindus, uma vital questão de identidade religiosa. Conceder aos intocáveis uma posição diferente significava, na verdade, cindir a nação hindu. Para o bem ou para o mal, a existência dos dalits, dos indigentes e de outras castas baixas servia para lembrar aos outros hindus a inexorável lei do carma e os benefícios de que desfrutavam. Além disso, conceder direitos *políticos* às chamadas classes oprimidas abriu a possibilidade para que exigissem outros direitos na nova Índia, tais como igualdade de emprego, educação e moradia.

Para Gandhi, o assunto era particularmente complicado. Ele considerava a intocabilidade abominável, e sua erradicação era fundamental para o sonhado Swaraj. "Eu bem preferiria que o hinduísmo morresse", disse ele durante a II Conferência da Mesa-Redonda, "a que a intocabilidade sobrevivesse." Mais de uma vez, dissera: "Remover a intocabilidade é uma penitência que os hindus de casta devem ao hinduísmo e a eles mesmos."[3] Entretanto, resolver esse problema dependia dos hindus, disse ele na Conferência, não de advogados constitucionais. "Aqueles que falam de direitos políticos dos intocáveis não conhecem a Índia e não sabem como a sociedade indiana é constituída hoje." Gandhi sentia que aceitar eleitorados separados seria um desastre. Mais que isso, provavelmente, romperia a aliança do Congresso com a ultraortodoxa irmandade hindu Mahasabha, a qual tinha uma história de apoio a extremistas violentos como Savarkar, mas que era agora dirigida pelo amigo de Gandhi, Madan Mohan Malaviya.[4]

Em março, Gandhi avisou a Sir Samuel Hoare que resistiria, "jejuando até a morte", a qualquer concessão de eleitorados separados, pois argumentava que o resultado seria a "secção e o rompimento" do hinduísmo.[5] No dia seguinte ao anúncio da decisão, Gandhi começou a preparar seu próprio manifesto: no dia 20 de setembro, começaria um jejum para convencer as autoridades britânicas a mudar de ideia. "Pode ser que meu julgamento esteja distorcido", escreveu ele para MacDonald, "e que eu esteja inteiramente errado sobre os eleitorados separados para classes oprimidas serem nocivos a eles mesmos e ao hinduísmo." Nesse caso, disse ele, com simplicidade, "minha morte em jejum será a penitência por meu erro".[6]

Foi uma carta muito estranha, mesmo para os padrões de Gandhi. Quando a missiva vazou para a imprensa, antes do jejum, o governo ficou assustado, pois isso fez com que o público se alarmasse e o pressionasse. Hoare, MacDonald e o vice-rei Willingdon estavam confusos quanto ao que fazer. Conversava-se sobre tentar tirar Gandhi de Yeravda, caso adoecesse ou morresse. Mas ninguém duvidava, nem por um instante, da determinação de Gandhi, nem mesmo aqueles que não entendiam por que ele estava fazendo aquilo. O jovem Nehru, em particular, estava bravo por Gandhi estar gastando energia e talvez se matando por algo que parecia um problema periférico. Nehru estava ficando farto do que chamava "abordagem religiosa e sentimental a problemas políticos" de Gandhi. Ele enviou uma nota ao Mahatma, explicando sua "agonia mental e confusão" diante da decisão do jejum, mas esclarecendo que, agora, aguardava com paz de espírito.[7] Em seu íntimo, estava preocupado com o risco de que o querido líder estivesse perdido no caminho.

Contudo, Gandhi nunca mudara de rumo. Após quarenta anos, ele permanecia fiel à sua busca New Age. Em sua mente, as questões políticas estavam sempre subordinadas a questões morais e religiosas. Assuntos de independência, constituições, impérios e guerras, todos se encaixavam em uma perspectiva única, como cacos de vidro em um caleidoscópio, que ele girava e girava até que formasse uma imagem que o satisfizesse. Aquela imagem, algumas vezes, inspirava outros, mas, com a mesma frequência, confundia a todos, com exceção dos seus seguidores mais fiéis.

O jejum contra o Communal Award era um bom exemplo. De dentro de sua cela na cadeia, Gandhi disse a todos que quisessem escutar que seu real propósito era influenciar seus companheiros hindus, não os britânicos, convencê-los a se livrar da "antiga superstição" da intocabilidade. Sua esperança declarada era que, ao sofrer, talvez até morrer, pudesse mudar as mentes de dezenas de milhões de hindus "e incitar a consciência hindu ao fazer o que é certo".[8] Era um sacrifício altruísta, como entendia o *Gita*: talvez o último ato de serviço ao país.

Outros, talvez não sem razão, viam o gesto como um ato evidentemente político e até mesmo publicitário. Ninguém esperava que o governo britânico fosse recuar. Render-se diante da ameaça de Gandhi seria como jogar fora todo o processo constitucional e dar espaço a uma tempestade de raios disparados por aqueles como Churchill e George Lloyd. Ramsay MacDonald escreveu uma última carta, pedindo que Gandhi reconsiderasse. Gandhi agradeceu, mas disse que manteria sua decisão. Muitos outros aspectos do Communal Award, antecipou ele, também davam margem a "objeções muito graves", mas nenhuma justificava "autoimolação para a qual minha consciência empurrou-me tanto quanto o problema das classes oprimidas".[9]

No dia 15 de setembro, ele escreveu uma carta emocionada para Kasturbai, que estava em Sabarmati. "Você deve ter ouvido sobre meu jejum", dizia. "Não se deixe assustar pelas notícias e também não permita que as outras mulheres temam." Esperava que ela pudesse entender que havia decidido jejuar em nome do que era certo, ou seja, o *dharma*: "Se, entretanto, eu tiver de carregá-lo até o fim, você deve, sim, agradecer a Deus. Apenas um em um milhão se depara com o tipo de morte que desejou. Que sorte seria se eu tivesse esse destino!" Depois de cinquenta anos vivendo juntos, ela, acima de tudo, deveria entender seu empenho e sua necessidade de fazer esse "serviço".[10]

No dia 20, Gandhi levantou-se, como de costume, antes do amanhecer. O jejum deveria começar ao meio-dia. Na noite anterior, ele havia comido sua refeição habitual, como descrevera a Mirabehn — "pão integral, leite, um vegetal, algumas tâmaras (nada mal) e *musambis*".[11] Ele rezou e cantou seu hino hindu favorito com seus companheiros, "Vaishnava Jana", e, das 6 horas às 8h30, recitaram o *Bhagavad Gita* juntos. Gandhi também recebeu um telegrama de Rabindranath Tagore, que apoiava seu jejum em nome da "unidade da Índia e sua integridade social". Trinta minutos antes do meio-

-dia, Patel preparou para Gandhi seu último copo de limonada com mel. Então, Gandhi deitou-se na cama e aguardou seu destino.

Por toda a Índia, havia manifestações de apreensão e medo. Tagore disse aos seus alunos em Santiniketan que uma sombra atravessara o sol.[12] Médicos britânicos examinavam o estado de Gandhi todos os dias. Gandhi havia previsto que duraria duas semanas. Devido à sua saúde frágil e à pressão arterial, a maioria esperava que durasse apenas uns dias, no máximo uma semana.

No dia seguinte, um grupo de homens preocupados reuniu-se na prisão. Entre eles, estavam Sapru, o amigo de Gandhi G. D. Birla, Rajagopalachari, Patel e Mahadev Desai. Gandhi sentou-se em silêncio e ouviu a proposta de oferecer condições ao único homem que talvez pudesse acabar com o impasse: o líder intocável dr. Ambedkar. Se ele e Gandhi chegassem a um acordo, analisando as complexidades de assentos e eleitorados reservados, talvez o governo pudesse reconsiderar, e o jejum, terminar.

Gandhi escutou, mas não disse nada para encorajá-los. Contudo, não rejeitou a possibilidade de um acordo. Então todos se apressaram em pegar um trem para Mumbai. Gandhi foi ao jardim (o carcereiro havia, gentilmente, permitido que ele instalasse sua cama sob uma mangueira) e sentou-se, bebericando água e sem falar, pois isso o exauria muito. Desai, Patel e Sarojini Naidu sentaram-se com ele, enquanto o sol forte passava sobre suas cabeças.

Veio o dia seguinte, e depois o outro. Gandhi estava cada vez mais fraco e não podia mais ficar sentado. Temendo o pior, as autoridades mandaram levar Kasturbai de Sabarmati a Poona, para estar perto do marido. No dia seguinte, os portões da prisão foram abertos e o dr. Ambedkar entrou no prédio.

Distinto, com ombros largos e usando um par de óculos, o dr. Ambedkar estava ali contra sua vontade. Se ele odiava algum homem vivo, era Mahatma Gandhi. De fato, junto com Jinnah e S. C. Bose, formava o trio de líderes indianos que, com imensa fúria, atrapalhava e impedia as investidas de Gandhi havia uma década. Ele também fora o primeiro a desafiar a visão New Age de Gandhi sobre a Índia.

Bhimrao Ambedkar era tão determinadamente moderno quanto Gandhi era deliberadamente reacionário. Ele não tinha escolha. Sendo um intocável, a Índia que Gandhi reverenciava não havia feito dele uma pessoa. Mas ele encontrara benfeitores cristãos que pagaram por seus estudos na escola não confessional de Elphinstone College, em Mumbai, e depois na Universidade de Colúmbia, onde adquiriu um diploma de doutorado em finanças indianas.

Ambedkar estava convencido de que o problema das castas na Índia não era religioso nem filosófico, mas sociológico.[13] Durante séculos, argumentou Ambedkar, a Índia tradicional vinha se apoiando em um sistema de exploração disfarçado de hierarquia espiritual, "uma ordem progressiva de reverência e uma ordem graduada de desprezo". Tal sistema excluía aqueles que realizavam o trabalho braçal que mantinha a sociedade viva, os dalits e sudras, e oferecia todos os benefícios aos brâmanes.

Com sua perspectiva transatlântica, Ambedkar via estreita analogia entre a intocabilidade na Índia e a escravidão no sul da América. A figura política que mais reverenciava era Abraham Lincoln. Ele dizia que os intocáveis da Índia precisavam do equivalente a uma declaração de emancipação para se libertar do cativeiro do hinduísmo tradicional. A gênese de um eleitorado separado seria um primeiro e crucial passo.

Para Ambedkar, a posição de Gandhi parecia, na melhor das hipóteses, ilusória e, na pior delas, hipócrita e egoísta. A ideia de que os intocáveis sairiam perdendo ao ser separados de outras castas hindus o indignou. Ele podia lembrar-se de como, quando criança, as pessoas horrorizavam-se e se afastavam ao menos cinco passos ao descobrir sua casta. E de como, na escola, ele fora forçado a se sentar no chão para não "poluir" as cadeiras. Seus professores e colegas recusavam-se a dar-lhe água, a não ser que pudessem jogar diretamente em sua boca, sem que seus lábios tocassem o copo.[14] Ambedkar estava determinado a impor aos hindus uma robusta série de proteções para aqueles de quem abusavam havia séculos. E estava furioso com Gandhi por colocar-se no caminho.

Ele ouviu o pedido para salvar a vida de Gandhi enquanto participava de uma convenção de outro porta-voz dos intocáveis em Mumbai. Seu primeiro impulso foi não fazer nada. Quem o Mahatma pensava ser? "Se ele quer comer", disse com desdém, "deixe-o jantar comigo". Foi outro líder dalit, M. C. Rajah, quem o convenceu.

"Durante milhares de anos", disse-lhe Rajah, "fomos humilhados, insultados e desprezados. O Mahatma está colocando a vida em risco por nós e, se ele morrer, pelos próximos milhares de anos, deveremos continuar onde estamos, talvez até pior." Os hindus culpariam os intocáveis pela morte de

Gandhi; seria uma catástrofe para a causa. Ambedkar ouviu e, finalmente, disse: "Estou disposto a fazer um acordo."[15]

Ambedkar foi a Poona e, no quinto dia do jejum, encontrou Gandhi. O homem graduado em Columbia estava com um humor amargo. "Quero minha recompensa", disse à figura deitada na cama. Gandhi ergueu a cabeça e olhou para ele; seus olhos brilharam.

"Você está dizendo que está interessado na minha vida?", murmurou ele, com uma pontinha de sarcasmo. Sabia que não, mas não lhe deixara escolha. Juntos em sua cela, na cadeia, prepararam uma fórmula que ficou conhecida como Pacto de Poona. O pacto aumentou os assentos reservados para os intocáveis no futuro Conselho Legislativo para 148, em vez dos 71 afirmados pelo Communal Award de MacDonald; e reservou-lhes assentos no Conselho Federal. Entretanto, aboliu o princípio de eleitorado separado de uma vez por todas. Apenas os muçulmanos e os sikhs de Punjab teriam tal distinção.

Gandhi venceu. "Ao aceitar o Pacto de Poona", disse ele a Ambedkar, "você aceita o fato de ser um hindu." Ambedkar (que se converteu ao budismo depois disso) apenas disse: "Mahatmas vêm e Mahatmas vão, mas os intocáveis permanecem intocáveis", e partiu de volta a Mumbai.[16]

No dia 26 de setembro, Gandhi recebeu a notícia de que o governo britânico aceitara o pacto. Uma hora depois, duzentas pessoas reuniram-se no jardim da prisão para ver Gandhi quebrar o jejum. Rabindranath Tagore chegou para comandar as orações e depois cantar "Vaishnava Jana". Gandhi tomou um único copo de suco de laranja. Terminava o jejum de seis dias. Ele disse ao amigo quaker Horace Alexander: "Deus nunca esteve tão perto de mim quanto durante o jejum."[17]

Ainda assim, Gandhi havia se prejudicado tanto quanto ajudado a causa. Até hoje, seus admiradores gostam de celebrar o "jejum para a morte" como um ato heroico. Seu adorável secretário, Pyarelal, escreveu um livro sobre o ocorrido chamado *The Great Fast*, no qual ele, como outros seguidores de Gandhi, retratou Ambedkar por um prisma sinistro. Mesmo um historiador equilibrado como R. J. Moore chamou o jejum de Gandhi de "uma experiência bem-sucedida da *satyagraha* em nome da unidade indiana".[18] Porém, aquela união era ilusória; até mesmo os admiradores de Gandhi tiveram de admitir que o jejum fora nada mais que uma chantagem. Jejuar para impedir que as pessoas matassem umas às outras, como em 1922, era uma coisa. Jejuar para mantê-los em dívida com um sistema que lhes negava sua própria humanidade era outra.

As intenções de Gandhi eram nobres — elas sempre o eram. Tão logo recuperou sua saúde, ele se dedicou a elaborar uma campanha de um ano para erradicar a intocabilidade. Chegou a inventar uma nova designação para suas vítimas, *Harijans* ou Crianças de Deus, e fundou um jornal com esse nome para continuar a campanha. Contudo, o esforço provou-se vão. Durante seu jejum e algumas semanas depois, os hindus abriram seus templos e poços para os dalits, agregando publicamente homens, mulheres e crianças intocáveis e até promovendo jantares entre castas. Porém, com o tempo, os hábitos de 3 mil anos se reafirmaram. No momento que os intocáveis saíam, os templos eram purificados; em pouco tempo, foram fechados novamente. A Liga Anti-Intocabilidade de Gandhi, dirigida por seu amigo G. D. Birla, angariou enormes somas de dinheiro, mas não mudou a cabeça de ninguém. A euforia da reconciliação e do perdão passou rápido.

O estrago foi ainda pior. A pressão de Gandhi fez de Ambedkar um inimigo amargo para a vida toda. O título de seu livro, *What Gandhi and the National Congress Have Done to Untouchables* (O que Gandhi e o Congresso Nacional fizeram aos intocáveis), de 1945, revelou a intensidade dessa amargura. Ao mesmo tempo, hindus ortodoxos de alta casta, como V. Savarkar e outros, estavam magoados pelo que sentiam ter sido um acordo desprezível. Eles também preparavam sua vingança.

Jawaharlal Nehru ficou furioso com o episódio por diversas razões. "Enquanto assistia à sublevação emocional durante o jejum", confessou ele ao seu diário, "eu me perguntava, cada vez mais, se esse era o jeito certo de se fazer política [...] toda a Índia, ou a maior parte dela, olha com admiração para o Mahatma e espera que ele realize milagre após milagre, e ponha um fim à intocabilidade, e alcance o Swaraj, e assim por diante — mas não faz nada para ajudar!" Ele acrescentou: "Suas constantes referências a Deus irritam-me excessivamente." O problema era que ele ou mesmo os aliados mais próximos de Gandhi nunca podiam adivinhar para onde o Mahatma estava indo, ou para onde ele pretendia guiá-los. Sua liderança era um mistério. E Nehru perguntava se Gandhi "havia pensado qual deveria ser o objetivo, o ideal". A desconcertante resposta era: "Muito provavelmente, não."[19]

Nenhuma dessas dúvidas ou a raiva impotente de Ambedkar perturbava o Mahatma. O fato permanecia sendo que a campanha Harijan de 1933-1934 era uma distração bem-vinda para sua decadente influência nos eventos políticos. Uma terceira e última Conferência da Mesa-Redonda ocorreu em novembro. Então, em março de 1933, o governo divulgou um relatório que provia um plano completo para a Constituição indiana. E o Congresso Nacional Indiano, graças à intransigência de Gandhi, não teve nenhum papel nesse processo.

Tal exclusão surpreendeu e afligiu os membros do Congresso. Eles se perguntavam por que Gandhi os refreava, enquanto outros grupos e políticos na Índia faziam fila para brigar por seu futuro em um governo pós-Raj. Para provar que ainda estava no comando, Gandhi anunciou outro jejum em abril. Então, sem aviso prévio, o governo libertou-o da cadeia e ele se viu de volta às ruas — fraco fisicamente e impotente politicamente.

Por fim, Nova Délhi encontrara uma forma de neutralizar o temível Mahatma. Se ele tentasse organizar outra campanha de desobediência civil — como tentaria em agosto de 1933 —, o governo reagiria de imediato, colocando-o na cadeia, privando seus soldados de inspiração e liderança. Se ele, então, tentasse influenciar os acontecimentos com um jejum ou outro gesto dramático — como faria duas semanas após sua prisão, em agosto —, eles o libertariam. Para qualquer coisa que tentasse, o vice-rei Willingdon e o ministro Hoare pareciam ter previsto uma resposta.

Foi um período de constante frustração para Gandhi, como o fora na África do Sul durante a agitação em torno do Black Act. Em janeiro de 1934, um terremoto atingiu o norte de Bihar, afetando 78 mil quilômetros quadrados e deixando milhares de pessoas mortas ou desabrigadas. Vilas que havia visitado durante a campanha Champaran estavam destruídas. Gandhi anunciou que era a punição de Deus ao castigo da intocabilidade hindu. O comentário despertou uma reação furiosa. Multidões começaram a agredi-lo verbalmente, quando viajava pela Índia, e a agitar bandeiras pretas quando seu carro passava. Em Jassidi, sul de Bihar, hindus ortodoxos jogaram pedras no vidro traseiro de seu carro. Quando parou em Poona, cenário do jejum do Communal Award, alguém chegou a atirar-lhe uma bomba.[20]

Enquanto isso, crescia a impaciência dos membros do Congresso. Desesperados, queriam assumir papel significativo na nova distribuição. No Congresso de Mumbai, em 1934, Gandhi, enfim, teve de ceder: permitiu que os membros concorressem na eleição da assembleia que estava por vir, a última sob a velha Constituição indiana. A razão declarada era permitir que o Congresso expressasse sua oposição oficial ao acordo do governo para um status diferenciado para as minorias. A razão real que os homens que haviam esperado tanto tempo por um cargo político não podiam esperar mais. Homens como Patel, o bengalês B. C. Roy e o mais importante muçulmano do Congresso, M. A. Azad, achavam-se na posição de George Washington Plunkett no Tammany Hall: viam a oportunidade, era hora de aproveitá-la.

Era um impulso que Gandhi não podia entender ou criticar. Ao final, ele decidiu se retirar por completo do Congresso. "Tenho certeza de que fará bem ao Congresso e a mim."[21] O Mahatma começava seus anos de isolamento quase um ano antes de Churchill e pela mesma razão: a opinião pública e os acontecimentos estavam deixando-o para trás.

Enquanto isso, Churchill passou o fim de agosto e o início de setembro de 1932 no continente, visitando os campos de batalha de seu ancestral, o duque de Marlborough. Em 1929, ele começara a escrever uma biografia de dois volumes sobre seu ilustre predecessor para o editor britânico Hoddard. O projeto envolvia tudo o que ele amava: história militar, orgulho familiar e história de bravos ingleses derrotando inimigos da Grã-Bretanha. Em um amplo e confortável carro de passeio, Winston visitou os principais campos de batalha onde o duque não apenas havia construído sua reputação como o melhor general de seu tempo, mas também edificado as fundações do Império Britânico: Ramillies, Malplaquet e Blenheim.

Era uma revelação tanto pessoal quanto histórica. Winston caminhou pelos verdes campos onde seu ancestral comandara exércitos e de onde balas de canhão do tamanho de bolas de críquete ainda podiam ser desenterradas.[22] Ele atribuiu sentido renovado ao destino da Grã-Bretanha e notou como esse destino contava com gerações dos Churchill, primeiro nos campos de batalha e agora na Câmara dos Comuns. Voltou para a Inglaterra quando a disputa pela Índia entrava em sua fase final e crítica.

Em julho, tornou-se evidente que o governo forçaria a aprovação, no Parlamento, de um acordo final para o autogoverno da Índia. Churchill apareceu para o primeiro debate com "páginas de injúrias datilografadas contra tudo e todos", de acordo com Stanley Baldwin. Porém, nem mesmo Winston podia confrontar o governo em um ponto crucial: o Parlamento, e ninguém mais, teria a derradeira palavra sobre o futuro da Índia. Na verdade, Hoare e o governo submeteriam o plano a um comitê conjunto, composto por membros dos Comuns e dos Lordes, *antes* de apresentar o projeto de lei para o Parlamento completo — um procedimento que, segundo Churchill comentou com seu aliado, lorde Salisbury, era "mais vantajoso do nosso ponto de vista".[23]

Para alívio de Churchill, Gandhi não tinha mais voz no assunto; sua traquinagem na ocasião do Communal Award havia lhe custado qualquer possibilidade de participação futura. A esperança de Churchill agora era conseguir o apoio dos *tories* e destruir o plano do governo antes que este saísse da mesa de Hoare.

O momento capital aconteceu em uma conferência do Partido Conservador, em Blackpool, em outubro de 1932. Churchill desejava desesperadamente estar lá, mas uma súbita febre paratifoide deixou-o de cama em Chartwell. Então, foi George Lloyd quem comandou o ataque de abertura à política do governo na Índia, com um discurso retumbante que atraiu "uma ovação tão longa e entusiasmada que indicou, claramente, que ele e suas convicções tinham o apoio da maioria", como descreveu um repórter do *Morning Post*.[24] "Não havia dúvida sobre de que lado estava o sentimento do encontro", confessou o ministro Hoare em uma carta ao vice-rei Willingdon. "Quando ele se sentou, muitas das pessoas teriam dito que a resolução de Winston seria aprovada com ampla maioria."

Contudo, Hoare e um jovem parlamentar por Saffron Walden, chamado Richard A. Butler, contra-atacaram. Apesar do apoio a Lloyd, os conservadores que se reuniram no grande salão do hotel não podiam ignorar o fato de que sua liderança estava agora completamente atrelada ao plano do governo nacional para "entregar" a Índia. Hoare, na verdade, era seu principal arquiteto. Abandonar esse plano seria abandonar a liderança. Isso deixaria o partido para Churchill, atitude que poucos *tories* mais velhos estavam dispostos a tomar. Além disso, Hoare insinuou para seus companheiros conservadores que, se eles rejeitassem o Projeto de Lei do Governo da Índia agora, um governo trabalhista poderia vir a assumir o poder e preparar um plano ainda mais abrangente.

A política nem sempre é a arte do possível. Algumas vezes, é a arte de escolher entre o detestável e o desastroso. Assim foi em Blackpool: a conferência do Partido Conservador, relutantemente, apoiou Baldwin e o governo, e, pela primeira vez, Churchill viu um desastre inevitável.

Com o passar do Ano-Novo de 1933, Churchill, assustado, preocupava--se com o risco de que o "irwinismo subterrâneo" houvesse "apodrecido a alma do Partido Tory". Ele sabia que Baldwin e Hoare haviam mobilizado toda a máquina do partido e o governo nacional para silenciar a oposição a qualquer projeto de lei para a Índia — eles chegaram a fazer com que a BBC não transmitisse mais suas palavras.[25] Com os líderes *tories* pressionando, e seus chicotes estalando, ele temia que os parlamentares conservadores "votassem em qualquer medida, não importando quão desastrosa fosse".

"Ainda assim, é nosso dever lutar com todas as forças que tivermos", disse a seus fiéis seguidores.[26] O ministro de Estado Hoare estava tão firme quanto ele. "Meu percurso está definido", disse a Baldwin em 9 de janeiro. "Nem Winston nem George Lloyd irão desviá-lo." Parte de toda essa confiança vinha do fato de que ele e lorde Willingdon haviam conseguido, finalmente, calar Gandhi; se também conseguissem calar Churchill, teriam concluído seu trabalho.[27]

Alfred Knox, assistente de Churchill, prometera lutar contra o protetorado indiano até a "última trincheira". Porém, uma a uma, as trincheiras começaram a desmoronar.

A Casa debateu, primeiro, uma moção para limitar as reformas no governo indiano apenas às províncias. Churchill foi capaz de reunir apenas 42 votos a favor. Então, no final de fevereiro, realizou-se um encontro da União Nacional de Associações Conservadoras, onde "o grupo de Winston foi muito ativo com encontros, almoços e propagandas de todo tipo", disse Hoare a Willingdon. "Winston está disposto a criar o máximo de problema. Está determinado a destruir o governo nacional e acredita que a Índia seja o aríete." Winston fez um discurso que, segundo admitiu Hoare, foi o melhor de todos que fizera, mas, quando as cédulas foram contadas, os conservadores haviam perdido mais uma vez, embora tenha sido por uma pequena diferença de 25 votos.[28]

Em março, o governo publicou um relatório, recomendando que um comitê conjunto esboçasse uma Constituição indiana. Churchill lançou uma ofensiva, criticando não apenas a ideia de um eventual governo autônomo na Índia, mas também o momento em que se pensava em realizá-lo. Gandhi estava na cadeia; a Índia estava em paz — por que a pressa para entregar o subcontinente? "É uma tragédia que a maior herança que a Grã-Bretanha tenha dado à Índia não tenha sido a batalha de que ela mais precisava", concluiu ele. "Você não pode desertá-los, nem abandoná-los", disse sobre as massas de trabalhadores anônimos da Índia. "Eles são como nossos filhos [...] é impossível entregá-los ao opressor, ao espoliador e, simplesmente, perder o interesse pelo futuro deles." Mas foi isso que a Câmara dos Comuns fez. Ao final de três dias de debate, a votação foi impressionantemente a favor da recomendação: 475 a 42.[29]

Winston permaneceu irredutível. "Vou enfrentar essa luta até o fim", escreveu ele em 31 de março. "Você pode ter certeza de que qualquer obstáculo ou desapontamento apenas me faz mais forte para lutar." Mas as decepções estavam chegando mais rápido; e uma nova ameaça aparecia no horizonte. No dia 30 de janeiro, na Alemanha, Adolf Hitler foi nomeado chanceler, o mais jovem da história do país. Em duas semanas, Hitler estabeleceu medidas especiais de emergência que fizeram dele um dirigente absoluto. O regime ditatorial criava raízes na Alemanha e na Itália, assim como na Polônia, Iugoslávia e Áustria. De fato, notou Churchill, "três quartos dos povos da Europa vivem sob ditaduras".[30] Protestos cívicos irrompiam na França e na Espanha. E o fim do Raj estava à vista. Para Churchill, a luz da civilização parecia estar se esvaindo como a chama de uma vela.

Depois disso, ocorreu algo ainda mais devastador. No dia 17 de fevereiro, a Oxford Union, local de preparação de líderes da Grã-Bretanha, aprovou a resolução de que seus homens "não lutariam pelo rei nem pela pátria". Essa "declaração desprezível, imprudente e sórdida", como a chamou Churchill, surgiu no momento em que potências como Alemanha e Itália estavam "avidamente procurando as mais terríveis armas de guerra".[31] O que pensaria o mundo agora se a Grã-Bretanha demonstrasse tal fraqueza, "despindo-se gratuitamente, sem necessidade ou coerção", de seu Império na Índia e "do título de propriedade de seu poder e fama"?[32]

Tudo estava se desenrolando. Churchill percebeu que sozinho não podia frear o processo de desintegração do caráter nacional, mas poderia, ao menos, deixar clara sua posição contra o projeto de lei que entregava a Índia para os indianos — e para Gandhi.

Em 28 de junho de 1933, ele levou essa briga para o Conselho Conservador, que fora convocado para passar uma resolução aprovando o projeto de lei que estava tramitando. Churchill disse aos delegados que se render na Índia significava render-se em todos os lugares. "A forma como esse problema está sendo conduzido pela nação britânica será o pretexto para eles resolverem defender seus direitos e interesses em todos os cantos do globo." A votação final ficou em 838 a favor e 316 contra. Foi o maior repúdio a Baldwin jamais visto em seu partido. Hoare declarou que os votos contrários eram "a marca da influência de Winston".[33] Apesar disso, foi uma derrota. As opções de Churchill estavam se esgotando.

Até seus seguidores admitiam que muitas das dificuldades de Winston haviam sido criadas por ele mesmo. Seu talento para afastar partidários e reforçar inimizades permanecia notadamente ímpar.[34] Seu discurso no debate de março incluíra um ataque gratuito ao Serviço Civil indiano: "O caminho das promoções tem se mostrado mais fácil para aqueles que se jogam, prontamente, no que é tido como tendência irresistível da nação britânica." Era uma crítica àqueles que estavam no topo, inclusive a lorde Irwin. O comentário fez o bigode de muitos ex-funcionários do Serviço Civil eriçar. Até mesmo o presidente do Comitê Conservador da Índia estava indignado.[35]

Então, ele e Lloyd recusaram-se a fazer parte do Comitê Conjunto para a elaboração do projeto de lei, temendo que sua opinião minoritária fosse simplesmente descartada em qualquer relatório final. Foi um grave erro tático. Em vez de ajudar a formular o futuro projeto, Churchill limitou-se a atacá-lo de fora. Isso convenceu muita gente, inclusive o presidente do comitê, lorde Linlithgow, de que os críticos de Winston sempre estiveram certos: Churchill estava interessado apenas em derrotar o governo com a ideia de assumi-lo ele mesmo. "Acredito que, no fundo, ele pense que não somente derrotará o governo, mas que a Inglaterra passará a ser fascista", escreveu Hoare maldosamente, "e que ele ou alguém como ele estará apto a reger a Índia como Mussolini governa o norte da África."[36]

A acusação era injusta, mas compreensível. A velha reputação amoral de Churchill, de alguém que não se preocupava para onde ia, contanto que estivesse no comando, voltava a assombrá-lo.

Retornava também seu passado como reformador liberal que levara o autogoverno para a África do Sul e a Irlanda uma década antes. Então por que não a Índia?, perguntavam seus oponentes. A resposta de Churchill: porque a Índia era "incompatível com a democracia" devido ao seu atraso cultural e seu analfabetismo irrestrito. Entretanto, muitos suspeitavam que a real causa para a sua resistência fosse racial. O homem que declarou que "não é possível fazer concessões aos orientais" e, sem se acanhar, evocou memórias do massacre de 1857 em Cawnpore parecia valer-se de argumentos raciais de um modo que causava repulsa a muitos partidários.[37] Particularmente, esses mesmos partidários poderiam até concordar, mas os tempos haviam mudado e não era mais possível vencer um debate sobre a Índia usando, em público, tal argumentação.

"Nossa luta será longa e árdua", admitiu Churchill ao capitão Diggle, da Liga de Defesa Indiana, em abril de 1933. Victor Cazalet jantou com ele e achou-o bastante sombrio. "Ele era apaixonado pelo tema da Índia; contudo, acho seus argumentos muito fracos", confessou o jovem discípulo. Winston admitiu que gostaria de massacrar algumas pessoas e que as odiava "como nunca havia odiado em sua vida". Ele previa um "mundo muito nacionalista — um mundo de nações armadas e independentes". O Império seria mais necessário que nunca, ainda que estivesse esmorecendo.[38] Winston chegou a dizer a Linlithgow que, se não fosse pela causa da Índia, estava pronto para sair da vida pública.

Outro grande problema explodiu sobre o Comitê Conjunto, que se recusou a ouvir uma delegação de produtores de Manchester. Winston sentiu cheiro de problema: acusou o comitê e Samuel Hoare de negar voz aos produtores porque estavam obrigados a contrapor qualquer esquema que permitisse à Índia impor tarifas aos produtos britânicos. A batalha longa, cansativa e sem propósito arrastou-se até 1934 e foi parar no Comitê de Privilégios do Parlamento. Churchill perdera novamente. Ele então lançou um ataque feroz ao comitê, acusando-o de encobrir a verdade e apontando Hoare e lorde Derby, um *tory* altamente respeitado, como mentirosos.

Mesmo seus seguidores ficaram perplexos. Leo Amery, que não era um deles, falou depois de Churchill e disse ser um "feito único" de Winston mexer em casa de marimbondo onde não havia nenhum. Insinuou que todo o objetivo de Winston era forçar Hoare a demitir-se do cargo de ministro para a Índia e "destruir o Partido Conservador". Era, disse Amery, um bom emprego do ditado favorito de Winston, "*Fiat justitia ruat coelum*" (Deixe a justiça ser feita mesmo que os céus caiam).

Churchill deu um salto. "Traduza-o!", gritou ele, tentando marcar um ponto retórico.

Amery, com a fisionomia impassível, virou-se e disse: "'Se eu derrubar Sam [Hoare], o governo estará acabado.'"

A Câmara dos Comuns desfez-se em uma risada rouca e sarcástica. Toda a campanha de Winston para despertar seus companheiros para os perigos de entregar a Índia a Gandhi e ao Congresso desaparecera em um surto patético. Tudo que ele poderia fazer então era preparar-se para a última e vã batalha, quando o Projeto de Lei do Governo da Índia fosse apresentado.

Antes de começar, ele recebeu uma visita inesperada. Era Madeleine Slade, ou Mirabehn, a filha do almirante, vinda do *ashram* de Gandhi.

Depois de chegar a Londres, no dia 10 de setembro, ela escrevera uma carta a Churchill. "Você se perguntará quem está a escrever-lhe essa carta", começou ela, timidamente. Então explicou que passara os últimos nove anos com Gandhi e "gostaria de dividir essa experiência com você [...]. Pode ser que pergunte: 'Por quê? Nossos pontos de vista são opostos.' Talvez sim, mas temos uma grande coisa em comum, que é um profundo interesse pela Índia." Ela esperava poder conhecer Churchill antes de partir.[39]

Esse era o tipo de coisa que Gandhi poderia ter feito, e Churchill estava afoito para vê-la. Quando se encontraram na Câmara dos Comuns, ele "me cumprimentou muito gentilmente", recordou ela mais tarde, e conversaram sobre a Índia. "A nação indiana não existe", disse ele, com ênfase. "Simplesmente não existe." Mirabehn riu e assegurou-lhe que havia uma cultura mais unificadora em todo o território do que se podia supor de fora e que "de norte a sul, de leste a oeste, aonde quer que você vá, poderá ver o anseio por liberdade". Churchill resmungou, descrente, mas não retrucou.

Depois, conversaram sobre Gandhi. Churchill disse que o admirava por seu "trabalho em favor da elevação moral e social" e por seu papel como líder religioso; "porém, não o escolheria para pilotar o mais moderno dirigível" — o que significava duvidar da liderança política de Gandhi. Mirabehn disse a ele que, ao contrário, "Bapu era uma das pessoas mais práticas do mundo e adorava ser chamado de idealista prático", apesar de expor sua verdadeira essência somente quando não estava "tolhido pelos laços políticos". Churchill, escreveu ela, "agarrou-se a esse raciocínio intensamente".

Eles discutiram sobre o projeto constitucional, que, em breve, estaria na Câmara dos Comuns. "É algo ridículo e inútil", declarou Churchill. "Ele não nos agrada, nem a vocês. Não alcança nenhum dos objetivos e, para que serve uma Constituição [...] se não é apoiada pelo povo do país para o qual é escrita?" Churchill disse que teria preferido algo diferente, "um tipo de sociedade entre hindus, muçulmanos e cristãos, com um domínio forte para mantê-la unida. O Oriente precisa de um tipo diferente de governo", acrescentou ele de forma dogmática. "O domínio forte é necessário para o bem do povo."

Mirabehn queria saber de detalhes, mas ele não tinha nenhum a dar — idêntico a Gandhi. Tudo que sabia era que seu conceito de Índia estava desmoronando. "Quem sabe o que vai acontecer?", disse ele, referindo-se ao projeto de lei. "Eu fiz o melhor que pude, agora teremos de aguardar." E murmurou uma frase em hindustâni que ela não entendeu. Mirabehn pediu-lhe que repetisse em inglês, para que pudesse traduzir para o híndi. A frase era: "O que tiver de ser, será." Churchill disse, com orgulho, "eu estive na Índia, você sabe", e sorriu.

Terminada a conversa, Churchill pediu a ela que levasse seus cumprimentos a Gandhi e dissesse que sentia por não terem podido se encontrar durante a visita de Gandhi para a Conferência da Mesa-Redonda. "Politicamente, não seria possível." Mirabehn deixou o prédio do Parlamento. Uma frase de Churchill não saía de seu pensamento — uma que ele repetiu inúmeras vezes: "Eu acredito na verdade, na pura verdade." Não a esqueceu porque era exatamente o que Gandhi teria dito.[40]

Em janeiro de 1935, o governo apresentou o Projeto de Lei do Governo da Índia. O texto era tremendamente longo — o projeto de lei mais longo que o Parlamento aprovaria — e profundamente complicado. Durante os seis meses seguintes, seria submetido a inúmeras emendas e muitas horas de debates tediosos. Contudo, sua forma básica nunca seria alterada.

Em primeiro lugar, ele concedia à Índia status de protetorado em uma Federação de Toda a Índia (All-India Federation) que excluía a Birmânia, mas incluía os principados. Os governantes daqueles estados escolheriam seus representantes para a legislatura da federação, enquanto hindus e muçulmanos da Índia britânica e sikhs de Punjab votariam nos seus.

Em segundo lugar, o projeto estabelecia uma administração provincial e um governo para a Índia britânica inteiramente autônomos, com ministros e legisladores escolhidos por votantes indianos — quase um sexto da população (um grande avanço se comparado aos eleitorados anteriores). Os governadores-gerais britânicos ainda presidiriam, junto com o Serviço Civil. Um vice-rei britânico permaneceria com certo poder de "veto", sobre assuntos do Exército e da polícia, por exemplo. Ele também poderia aumentar os impostos para sustentá-los.* Fora isso, a Índia seria governada pelos próprios indianos. O projeto assinalava o fim do Raj e o início de um protetorado autônomo na Índia.

Ao menos assim o governo esperava. Durante três longos anos, Churchill e seus aliados haviam lutado para retardar esse processo. Tudo que podiam fazer agora eram emendas — para, por exemplo, proteger a indústria têxtil de Lancashire ou as minorias religiosas sob a Constituição, a qual dava à maioria hindu sua primeira prova de real poder. "Há uma terrível guerra diante de nós", avisou Winston a suas tropas cada vez menores. Ele já estava longe de qualquer possibilidade de reconciliação com o partido ou sua liderança. Durante um discurso na rádio, denunciou a medida como "um monstruoso projeto de lei erguido por pigmeus" e previu que sua aprovação seria "uma catástrofe que abalará o mundo".[41]

Ninguém mais acreditava nele. Quando o projeto passava pela segunda leitura, no dia 6 de fevereiro, a impaciência e a raiva dos parlamentares por Churchill ter atrasado o processo ficaram palpáveis. O discurso de abertura de Hoare foi mordaz na denúncia às táticas de Churchill. O trabalhista Herbert Samuel disse que, se Churchill tivesse nascido indiano, "teria sido um congressista e, quando comparado a Gandhi, seria um tigre diante de um pombo". O filho de Winston, Randolph, substituto na eleição complementar em Wavertree, tentou somar mais um voto para a coluna do pai, como candidato declaradamente contrário ao projeto da Índia. Ele conseguiu apenas dividir o voto conservador — e o candidato trabalhista venceu.

No dia 11 de fevereiro, Churchill fez um último discurso para tentar impedir o fim de uma era. "Estamos agora no início desses longos debates sobre a Índia", declarou. "Como iremos terminá-los? [...] Ninguém pode dizer." Na verdade, todos podiam e disseram. Ele recebeu uma salva de palmas quando terminou, mas a votação foi concluída com 404 votos a favor do projeto e apenas 133 contra, incluindo os 84 *tories*. (O restante dos opositores eram radicais trabalhistas que sentiam que as reformas não eram suficientes.)

A aprovação do projeto era certa agora. No dia 21, uma emenda de Churchill foi negada por 308 votos a 50. Mesmo quando os príncipes indianos, um

---

* Incluindo, ironicamente, a taxa do sal.

tanto atrasados, encontraram-se em Mumbai para denunciar o esquema da Constituição federal, eles não puderam frear o trem do projeto de governo para a Índia. Hoare e R. A. Butler disseram aos príncipes que era tarde demais; eles teriam de aceitar o que era oferecido e negociar os detalhes depois. O movimento de Winston para suspender o projeto foi derrotado, e o que ele chamava de "um dos mais melancólicos, perversos e desnecessários capítulos de toda a história do povo britânico" estava prestes a tornar-se lei.[42]

A terceira e última leitura aconteceu somente no dia 4 de junho. Na última contagem, o governo alcançou a maioria com 264 votos; mesmo com o apoio trabalhista, Churchill reuniu apenas 122.

Churchill reservou suas últimas palavras amargas para Sir Samuel Hoare: "Ele conseguiu vencer, conseguiu vencer a batalha na qual lutou bravamente, durante muito tempo e com habilidade. Entretanto, na nossa opinião, não é uma vitória para os interesses do país, tampouco para o bem-estar dos povos da Índia." Ele esperava apenas que não fosse o toque do sino "de luto do Império Britânico no Oriente".[43]

Como sempre, em se tratando de Churchill, a amargura não durou muito. "Precisamos, agora, olhar para a frente, não para trás", disse a um aliado no dia 2 de julho. Ele escreveu uma carta aberta a seus eleitores, agradecendo o apoio ao longo daquele extenso e árduo processo: "Fizemos o nosso melhor e cumprimos com nosso dever. Não há mais o que fazer." Ele recordou as palavras do antigo chefe de seu pai, lorde Salisbury: "'É dever de todo homem e todo partido inglês aceitar cordialmente uma derrota política e aplicar seus maiores esforços para garantir o sucesso, ou para neutralizar o malefício, dos princípios aos quais foram forçados a sucumbir.' Não desejamos ser infiéis a uma tradição tão saudável",[44] acrescentou Churchill. Independentemente do que sentisse por Baldwin, Irwin, Butler e todos os demais, Winston estava disposto a esquecer e perdoar.*

Seu senso de magnanimidade estendia-se aos seus oponentes do outro lado do mundo e até ao homem que ele pensava ter prejudicado sua vontade mais que nenhum outro. Assim, convidou um dos parceiros indianos mais próximos de Gandhi, G. D. Birla, para almoçar em Chartwell.

---

* Com uma exceção: Samuel Hoare. Mais tarde, como primeiro-ministro, Churchill foi muitas vezes encorajado a mandar Hoare para a Índia como vice-rei. Churchill recusou-se a considerá-lo, naquela ocasião ou em qualquer outra.

Ghanshyam Das Birla era um dos típicos homens que receberiam a Índia dos britânicos. Seu avô, Seth Shivnarain Birla, nascera na casta comerciante marwari e fora contador de uma instituição bancária em Hyderabad. Em 1862, Seth Birla viajou em um camelo para Mumbai, com o objetivo de aventurar-se sozinho como corretor no comércio de sementes e barras de ouro — e ópio. A fortuna que somou cresceu ainda mais com seus filhos. Seu neto era ainda jovem quando decidiu expandir os negócios de Birla, da corretagem para a indústria, e construir a primeira fábrica de juta sob propriedade de indianos.[45]

As fibras rígidas da juta eram material indispensável para os fardos de aniagem de todo o mundo. Nenhuma indústria ou negócio, das plantações de café da América do Sul às fábricas de pólvora da Europa, podia funcionar sem eles. Fazendeiros indianos plantavam juta havia séculos, mas até G. D. Birla, processá-la era considerada atividade dos britânicos. A hostilidade e o preconceito que Birla sofreu de seus competidores brancos levaram-no a se interessar por política e pelo movimento nacionalista. Por iniciativa própria, chegou a ter de ir para a clandestinidade por um tempo, devido à sua excessiva aproximação com uma célula terrorista hindu.[46]

Então, em 1916, ele conheceu Gandhi e, como acontecera com tantos outros indianos, esse encontro mudou sua vida. Quando se tornaram amigos e correspondentes, Birla tinha apenas 30 anos, mas já era um dos homens mais ricos da Índia. Ele amava o Mahatma como amava qualquer outro homem. "Em todas as minhas ações", escreveu ele mais tarde, "sentia-o perto de mim, eu era sua sombra."[47] Apesar de ser um hindu fiel, Birla passou, a pedido de Gandhi, a ser presidente da Liga Anti-Intocabilidade (All-India Anti-Untouchability League). Na mansão de Birla, em Délhi, Gandhi passaria os últimos dias de sua vida; no jardim, daria seu último suspiro.

Por isso, Birla aceitou o convite para almoçar com Churchill com um pouco de medo. Eles não se conheciam. Quando o carro de Birla atravessou o portão de pedra de Chartwell e sua figura alta e magra pôs-se de pé diante da entrada, ele deve ter se perguntado se teria de lidar, uma vez mais, com a arrogância e o preconceito racial dos bretões que se consideravam peritos sobre a Índia.

Ao contrário, Birla passou momentos maravilhosos. Ele encontrou Churchill trabalhando no jardim, usando um enorme chapéu com uma pena e vestindo um avental, com o qual continuou durante o almoço. Churchill levou-o para conhecer Chartwell, mostrando-lhe o jardim, a piscina aquecida e os muros e cômodos que havia construído com as próprias mãos. Também mostrou alguns quadros que pintara.

O almoço durou duas horas. Churchill "falou 75% do tempo". Quase sempre sobre a Índia e Gandhi. Birla foi polido, mas ficou impressionado ao ver quão pouco Churchill realmente sabia sobre a Índia moderna: nada sabia sobre sua grande malha ferroviária e acreditava que as vilas indianas ainda vivessem isoladas das cidades. Birla teve de explicar que sua fábrica empregava 25 mil homens e todos visitavam suas casas nas vilas pelo menos duas vezes ao ano. "Ele pensava que os carros motorizados ainda não tivessem chegado às vilas. Novamente, eu o corrigi."[48]

Em resumo, Birla achou a visão de Churchill sobre a Índia "bem peculiar". Ao mesmo tempo, sua conversa "nunca o entediava" e ele era "tão eloquente em particular quanto em seus discursos públicos".

Churchill perguntou sobre Gandhi. Birla descreveu em pormenores a campanha Harijan do Mahatma. Churchill ficou admirado. "Meu apreço pelo sr. Gandhi subiu muito desde que ele defendeu os intocáveis", disse. Churchill perguntou sobre o trabalho de Gandhi. Ele estava propenso a destruir a Constituição? Birla disse que não, que Gandhi era indiferente a constituições. O que importava para ele era liberdade, e Gandhi acreditava, firmemente, que o futuro da Índia deveria depender apenas dos indianos.

Churchill concordou em absoluto. "Minha tarefa é melhorar a vida das massas", declarou ele, "tanto moral quanto materialmente." Gandhi, sem dúvida, teria dito a mesma coisa, e Birla deve ter ficado atemorizado quando Churchill acrescentou: "Não me importa se você é mais ou menos leal à Grã-Bretanha. Não me preocupo com educação, mas com dar mais manteiga às massas. Eu defendo a manteiga."

Quando o almoço terminou, Winston parecia estar mais gentil, até mesmo melancólico. "Diga ao sr. Gandhi que use os poderes oferecidos e faça da coisa toda um sucesso", disse. E repetiu o quanto sentia por não ter encontrado Gandhi quando de sua estada em Londres. "Eu gostaria de vê-lo agora. Adoraria ir à Índia antes de morrer." Ele seria bem recebido? Birla assegurou-lhe que sim.

As últimas palavras de Churchill, entretanto, foram plenas de maus presságios — não para a Índia, mas para a Grã-Bretanha.

"Temo que a Índia seja um fardo para nós", confessou ele. "Temos de manter um exército e, pelo bem da Índia, temos de manter Cingapura e o Oriente Próximo fortalecidos. Se a Índia pudesse se proteger, ficaríamos satisfeitos." Ele disse esperar, de verdade, que as reformas funcionassem. "Faça delas um sucesso", pediu a Birla. "Se o fizer, vou advogar em seu favor para que consiga muito mais."[49]

Foi um comentário gentil e inesperadamente simpático. Porém, quando saiu, Birla espertamente deve ter percebido que havia pouco que Churchill pudesse fazer por qualquer um. Em nome da manutenção do Raj, Winston havia queimado suas últimas cartas com a liderança do partido, com os parlamentares e com a opinião pública britânica.

Começavam os anos de isolamento. A derrota de Churchill diante do Projeto de Lei do Governo da Índia confirmava o que observadores perspicazes e versados, como Lady Astor, já sabiam havia três anos. Ela liderara uma delegação para encontrar Joseph Stálin, em Moscou. Stálin indagara sobre os políticos britânicos. Lady Astor respondeu que o homem em ascensão era Neville Chamberlain. Stálin, então, perguntou: "E Winston Churchill?"

"Churchill?!", ela, surpresa, riu com os olhos arregalados. "Ah, não. Ele está *liquidado*!"[50]

21. Contra a corrente

1936-1938

Estamos, realmente, correndo grande perigo.
(Winston Churchill, 1936)

G. D. Birla voltou à Índia em setembro de 1935 e foi visitar Gandhi. Contou--lhe sobre o encontro com Churchill. O Mahatma estava satisfeito e profundamente interessado. Chegou a falar sobre seu próprio encontro com Churchill quase trinta anos antes. "Tenho boa recordação do sr. Churchill quando estava no Ministério das Colônias", disse Gandhi a Birla, "e, de alguma forma, ou desde então, tenho a sensação de que sempre posso contar com sua simpatia e boa vontade." Foi um elogio cortês e cauteloso. Ele devia saber que chegaria aos ouvidos de Churchill. (E chegou.)[1]

Com o ano de 1935 chegando ao fim, Churchill via-se isolado e sozinho. Lutara por sua posição na Índia — e havia perdido. Sua recompensa foi quase quatro anos de ostracismo político. Gandhi também lutara pelo que defendia, e vencera — ou assim parecia. Sua recompensa foi veneração nacional, quase elevação à categoria de santidade. Entretanto, tudo isso o deixou igualmente isolado e infeliz.

Para um homem comum, a aprovação do Projeto de Lei do Governo da Índia teria parecido uma incrível vitória. Graças a seus incansáveis esforços e atos de *satyagraha*, pelos quais chegou a arriscar a vida, o Mahatma obrigou os britânicos a fazerem o que jamais haviam seriamente vislumbrado. Contra sua vontade, eles conduziram 300 milhões de indianos à Autonomia.

Contudo, foi uma vitória de Gandhi? Ele não estava tão certo disso. Começava a notar que os britânicos estavam concedendo o autogoverno não porque estivessem convencidos pela mensagem de não violência, mas porque temiam *mais* violência caso não concordassem. Os irlandeses haviam conseguido a liberdade por estar dispostos a lutar uma sangrenta guerra civil. Os indianos conseguiram a sua (ao menos em um sentido técnico) porque os britânicos queriam evitar que algo semelhante acontecesse.

Isso não era o que Gandhi desejava. Nenhum político britânico, nem mesmo lorde Irwin, capturara, corretamente, a mensagem fundamental de Gandhi. Todos o haviam classificado como um negociador inteligente, com o dom de mobilizar as massas; em pouco tempo, diriam o mesmo sobre Adolf Hitler. O sonho de Gandhi de 26 anos antes, descrito no *Hind Swaraj*, com britânicos e indianos encontrando bases espirituais comuns por meio da *satyagraha*, permanecia não concretizado.

Para sua tristeza, ele percebia que os indianos estavam igualmente distantes de compreender sua mensagem. A nova geração de líderes indianos não partilhava de sua visão de mundo vitoriana e New Age. Suas prioridades eram bem diferentes. O antigo círculo mais próximo a Gandhi chegara a contar com discípulos como Rajendra Prasad, V. Patel e Rajagopalachari, ou "Rajaji", mas estes eram, agora, expoentes políticos autônomos, com suas próprias bases regionais e, frequentemente, seguidores servis.

O jornalista Nirad Chaudhuri conheceu todos eles quando Gandhi esteve em Calcutá para o encontro do All-India Congress Committee, em 1937. Mais tarde, Chaudhuri descreveu a agitação anterior à chegada de Gandhi na casa de seu empregador, Sarat Bose: a lista "terrivelmente longa" das comidas que Gandhi precisava ter ao alcance da mão todas as horas do dia ou da noite, a busca por cabra para prover leite ao Mahatma, o incessante fluxo de visitantes e os aglomerados de indianos comuns nas ruas em volta da casa esperando para dar uma espiada no grande homem. Enquanto isso, os anglo-indianos de classe média olhavam das janelas dos flats do lado oposto do quarteirão "com clara expressão de repulsa e raiva".[2]

Entretanto, acima de tudo isso, Chaudhuri se lembrava da aparência física dos homens do círculo de Gandhi e dos pesos-pesados do Comitê de Trabalho. "Eu jamais vira semblantes tão severos e impassíveis", escreveu Chaudhuri "ou tamanho esnobismo nos rostos de homens". Eles carregavam "uma exagerada expressão de arrogância" que excedia mesmo aquelas dos políticos britânicos mais conservadores; ela "cobria seus rostos como uma maquiagem nas bochechas e na testa". A expressão de Gandhi, ao contrário, "era de extraordinária inocência e bondade, como dois raios de luz irradiando de seus olhos [...]. Devo dizer que me senti fascinado, apesar de desaprovar suas ideias". Já seus seguidores "eram todos homens silenciosos, fortes e secos, com olhos de aço".[3]

Mesmo o homem que passara a ser o mais novo protegido de Gandhi e que, provavelmente, seria seu sucessor, Jawaharlal Nehru, permanecia impérvio à mensagem do Mahatma. Nehru enxergava o futuro da Índia mais em termos de socialismo e planejamento pelo modelo ocidental do que de renúncia e rodas de fiar. Winston Churchill havia alertado sobre Nehru: "Ele já está arquitetando substituir [Gandhi] no momento em que tiver espremido a última gota do limão britânico."[4] Essa dura previsão estava extraordinariamente correta.

Em 1935, o sonho do Swaraj de Gandhi deparou-se com mais dois desafios. Muhammad Ali Jinnah, da Liga Muçulmana, estava na política havia mais tempo que Gandhi e fora um antigo aliado. Porém, o curso de todo o processo em busca da autonomia fortaleceu a crença de Jinnah em um Estado separado para garantir justiça aos muçulmanos da Índia. Nenhum assunto angustia-va mais Gandhi que o perigo de uma ruptura entre hindus e muçulmanos: "Minha alma se revolta diante da ideia de que o hinduísmo e o islamismo representem culturas e doutrinas antagônicas."[5] Porém, ao insistir que o Con-gresso, o qual havia criado, fosse a única voz dos indianos e ao abraçar seu papel tanto como sábio político quanto como figura religiosa hindu, Gandhi afastava Jinnah e outros nacionalistas muçulmanos à medida que o objetivo pelo qual trabalhavam juntos desde 1916 aproximava-se da concretização.

O nacionalista bengalês Subhas Chandra Bose lutou na direção oposta. Jovem, expressivo e carismático, ele seria eleito duas vezes presidente do Congresso Nacional Indiano — na segunda vez, contra a vontade de Gandhi. Ele era como um Hotspur para o príncipe Henrique* de Nehru: o tempera-mental oponente na disputa pela sucessão do manto de Gandhi. Junto com Jinnah e o líder intocável Ambedkar, Bose fez dos anos 1930 um martírio para o Mahatma, pois a imagem de uma Índia livre espiritualmente e unida politicamente ameaçava se dissolver diante de seus olhos.

Contudo, é provável que ninguém tenha deixado Gandhi mais aborrecido que seus próprios seguidores no Congresso Nacional Indiano. A *satyagraha*

---

* Personagens rivais de *Henrique IV*, de William Shakespeare. (*N. do E.*)

do sal e as campanhas anteriores haviam trazido, literalmente, milhares de homens e mulheres para o cenário público pela primeira vez. Eles achavam que participar da desobediência civil fora uma experiência estimulante e unificadora, mas poucos para além do círculo do *ashram* viam a *satyagraha* de Gandhi como uma forma de autopurificação ou de caminho para a verdade.[6] A maioria enxergava apenas seus termos práticos. Se funcionasse para obrigar os britânicos a fazerem concessões, eles participariam e mobilizariam os vizinhos para ajudar. Caso contrário, se afastariam.

A Lei do Governo da Índia parecia provar que *havia* funcionado. Então, os congressistas queriam colher os frutos do ativismo político: cargos, status, influência, a chance de ajudar os amigos e ferir os inimigos — em uma palavra, poder. Especialmente após a Lei do Governo da Índia, essas recompensas tornaram-se foco principal da discussão em sucessivos congressos. Na primavera de 1934, Gandhi teve de aceitar um acordo segundo o qual os membros do Congresso poderiam concorrer a cargos nas eleições legislativas subsequentes. A razão proclamada era expressar melhor a oposição ao Communal Award do governo. A verdade era que eles, simplesmente, desejavam ganhar assentos.[7]

Durante os quatro anos seguintes, Gandhi descobriria, para sua tristeza, que os políticos indianos, mesmo seus discípulos escolhidos a dedo, eram muito semelhantes aos políticos de qualquer lugar. Em parte, ele desistiu porque estava cansado demais para lutar. Depois de catorze anos, sentiu que era hora de deixar o Congresso Nacional Indiano. Em outubro de 1934, cortou, formalmente, os laços, a fim de continuar seu trabalho sozinho. "Devo influenciar melhor o Congresso estando de fora", insistiu ele com os discípulos, que se mostravam preocupados. Ele trabalhara por fora em 1919 e novamente em 1928. Contudo, dessa vez, sabia que ele e os políticos da Índia haviam chegado a uma bifurcação.

O sinal mais seguro de que Gandhi estava à procura de um novo rumo foi a criação, em 1936, de um novo *ashram*, nos arredores de Wardha, no coração das Províncias Centrais. Sabarmati continuava em funcionamento e Gandhi permanecia sendo seu guia espiritual, escrevendo memorandos e diretrizes que, algumas vezes, confundiam seus discípulos. Porém, em 1931, ele jurara que não voltaria para lá até que a Índia obtivesse a independência.[8] Após sua libertação da cadeia, ele ficou com parentes e amigos. Entretanto, ainda precisava de um lugar onde pudesse pensar, fiar, meditar e conduzir os negócios, inclusive os de sua nova organização, a All-India Village Industries Association; e onde Kasturbai e seu círculo de amigos mais próximos pudessem unir-se a ele. Por isso, no final de abril de 1936, ele e Mirabehn passearam por alguns campos inférteis ao norte da vila Segaon e escolheram áreas para construir o novo *ashram* que ele chamou de Sevagram, ou "Vila de Serviço".[9]

Sevagram era uma vila de verdade — ou, ao menos, Segaon era — em uma das partes mais pobres da Índia. Gandhi estava lançando uma campanha do que ele chamava trabalho de vila, para melhorar a vida das massas rurais empobrecidas, vilarejo por vilarejo. Era uma extensão natural da campanha Harijan: os indianos mais pobres tinham origem quase que exclusivamente nas castas mais baixas. Misturava-se com a esperança de que a *charkha* reconstruiria a economia política indiana, uma vez que enxergava a produção de *khadi* essencial para fazer das vilas fortes e autossuficientes.

Em 1936, as vilas camponesas haviam se tornado o foco de todas as esperanças de Gandhi para a Índia — podia-se até dizer sua última esperança. "A Índia vive de suas 700 mil vilas", disse Gandhi aos seguidores. "Não é possível construir a não violência em uma civilização industrializada, mas ela pode ser construída em vilas autossuficientes."[10] Portanto, ele decidiu, aos 66 anos, como Tolstói fizera antes dele, viver como um camponês. Sua primeira casa em Sevagram era apenas uma cabana de 4 metros por 8 e paredes de barro. Entretanto, a área foi rapidamente ampliada à medida que os devotos e suas famílias se mudaram — e também Kasturbai (que estava horrorizada pela falta de privacidade e insistia que o benfeitor de Gandhi, o comerciante de algodão Jamnalal Bajaj, construísse-lhe uma casa separada).[11] No fim, chegou a ter uma estrada e fios de telégrafo.

Sevagram, contudo, nunca proporcionara a mesma paz de espírito e serenidade que Sabarmati trazia para seu fundador e seguidores. Quase todos, inclusive Gandhi, sofreram de malária ou disenteria. O mato denso ao redor da construção estava infestado de kraits, uma cobra muito venenosa, cuja picada era dezesseis vezes mais mortal que a de uma cobra comum. Devido a um episódio de malária, Gandhi foi internado no hospital de Wardha, e sua pressão alta já tornava impossível qualquer atividade física prolongada. Um visitante disse a Nehru que achou o Mahatma cansado e deprimido.[12] De fato, aqueles foram anos de padecimento, tanto pessoal quanto físico.

A agonia pessoal começou com o inesperado reaparecimento de seu filho mais velho, Harilal, na ocasião com 47 anos. Por três décadas, Harilal tentara atrair a atenção do pai, ora agradando-lhe, ora horrorizando-o. Quase destruíra sua saúde física em consequência de uma moléstia contraída na cadeia, durante as *satyagrahas* da África do Sul. A morte repentina de sua mulher, em 1918, e depois a morte de seu filho, de febre tifoide, em Sabarmati, em 1929, ajudaram a destruir o que sobrara de sua saúde mental. Tornou-se alcoólatra, cambaleante, com fama de envolver-se com mulheres libertinas e usurpar os empregadores. Escreveu cartas grosseiras para seus irmãos Manilal, Devadas e Ramdas, acusando-os de charlatães por tentar emular o pai.

Em 1934, ele apareceu na soleira da porta de Gandhi como um filho pródigo. Apesar dos anos de amargura, Gandhi estava satisfeito por tê-lo de volta. Ele se culpava pelos fracassos de Harilal. O menino fora concebido em uma época em que Gandhi era muito indulgente consigo mesmo, segundo confidenciou a outros. Evidentemente, seus próprios pecados haviam feito de Harilal o que ele era. Porém, mesmo na presença do pai, Harilal recusou-se a mudar. Tornou-se uma vergonha para a campanha de Gandhi pela temperança. "Ele sai por aí bêbado, pedindo esmola", escreveu Gandhi de maneira bastante direta. Esperava que seu filho mais velho se casasse novamente, mas a única combinação provável, uma união com a devota europeia de Gandhi, Margarete Spiegel, logo falhou.[13]

Depois, Harilal voltou a Rajkot, onde tentou a vida vendendo relógios de pulso. Gandhi, com veemência, desaprovou a atividade, mas estava mais preocupado com a embriaguez do filho, que piorava. Por fim, Harilal escreveu uma série de cartas irritadas e acusatórias ao pai. Nenhuma perdurou ou foi entregue ao destinatário, mas o próprio Gandhi anotou: "Este capítulo está ficando cada vez mais doloroso." Logo depois, Harilal desapareceu. Gandhi escreveu ao primo Narandas: "Deixe-o seguir seu destino." Ocasionalmente, chegavam notícias de que Harilal estava pobre e desabrigado, viajando de uma cidade para outra em vagões de terceira classe.[14]

Quase dois anos mais tarde, Gandhi e Kasturbai passavam pela cidade de Katni, viajando, como de costume, em um compartimento de terceira classe. Uma figura sem dentes, maltrapilha, com o cabelo emaranhado até os ombros, parou-os na plataforma. De repente, perceberam que era Harilal — parecendo uma caricatura do *sadhu* hindu no qual seu pai havia se tornado. Harilal, trêmulo, cumprimentou Kasturbai, mas não a Gandhi. Puxou uma laranja de um bolso esfarrapado e sujo e deu de presente à mãe.

"Não tens nada para mim?", perguntou Gandhi.

"Não, eu trouxe a laranja apenas para a Ba", disse Harilal gaguejando. "Tenho apenas uma coisa a lhe dizer: se você é tão notável, deve isso a Ba."

Kasturbai, aos prantos, suplicou que Harilal voltasse com eles, mas ele se recusou. Assim que se afastaram da estação, ouviram-no gritar bem alto: *"Mata Kasturbai ki jai!"*

Ela nunca mais viu o filho.[15]

Menos de um mês depois de fundar Sevagram, Gandhi recebeu o golpe mais amargo. Em 29 de maio de 1936, Harilal foi a uma das maiores mesquitas de Délhi, Jama Masjid, e converteu-se formalmente ao islamismo. Ele assumiu um novo nome, Abdullah, e discursou para uma multidão entusiasmada. Uma irmandade muçulmana descreveu o que se passara a Gandhi e, em tom de zombaria, perguntou se ele pensava em converter-se também.[16]

Gandhi ficou profundamente ferido, mas não porque Harilal se tornara muçulmano. Harilal dissera ao pai que devia dinheiro a credores muçulmanos, e missionários de várias crenças o estavam acossando para que se convertesse. Ele disse, com franqueza, que considerava ceder à maior proposta.[17] Para Gandhi, a quem nada importava tanto quanto a fé religiosa, a notícia da venda do filho era uma humilhação pessoal.

"Devo confessar que tudo isso me machucou", escreveu em uma longa carta. "Conversão sem pureza de coração pode apenas ser motivo de pesar para um devoto, não de alegria."[18] Como era esperado, Harilal não permaneceu muçulmano por muito tempo. Mas o incidente ajudou a tensionar as relações de Gandhi não apenas com seu instável filho, mas com o maior grupo minoritário da Índia. Tais relações já se achavam complicadas graças ao homem que emergiria como o castigo muçulmano de Gandhi, Muhammad Ali Jinnah.

Um estranho poderia dizer que Jinnah era o irmão mais novo e mais alto de Gandhi. Eles tinham muito em comum. Magro e comprido como Gandhi, ele veio de Guzerate, apesar de ter nascido em Karachi. Seus avós haviam vivido a apenas 50 quilômetros da casa de Gandhi, em Rajkot. Como o Mahatma, Jinnah era um advogado formado em Londres e protegido por D. Naoroji e G. K. Gokhale. Ironicamente, nunca fora simpático à unidade hindu-muçulmana. Sua participação como membro do Congresso Nacional

Indiano (onde entrou em 1896) e o apoio ao Pacto de Lucknow de 1916 renderam a Jinnah muitos inimigos nos círculos pan-islâmicos mais radicais.

Entretanto, conforme o movimento dos muçulmanos indianos mudava ao longo dos anos 1920 e 1930, Jinnah também se modificava. Jinnah podia dizer com muitos outros políticos: lá vão meus seguidores e eu preciso guiá-los. E, em 1930, a direção para onde apontavam não era apenas um eleitorado muçulmano separado, mas uma nação muçulmana separada.

A ideia de uma nação muçulmana não era inteiramente nova — chegara até mesmo a ocupar a mente de alguns hindus.[19] Para os muçulmanos, entretanto, tornou-se mais e mais atraente à medida que os britânicos pareciam prontos para sair da Índia, deixando-os à mercê de uma ampla maioria hindu. O foco desse medo e ressentimento era a Liga Muçulmana de Jinnah. Com seus ternos e colarinhos elegantes, e até um monóculo, Jinnah, se comparado a Gandhi, parecia uma figura pomposa ou mesmo antipática. Gandhi e seus seguidores achavam-no um alvo fácil de ser ridicularizado. Mais tarde, durante a partição, historiadores indianos o fariam parecer sinistro — e até satânico.

Muhammad Jinnah também era, contudo, um homem apaixonado e, dessa forma, queria proteger os interesses muçulmanos por todo o subcontinente depois que os britânicos partissem. Sentia que, em todas as etapas, Gandhi e o Congresso contradiziam-no. Ele saiu do congresso de Nagpur, em 1920, após ter sido calado, dizendo "eu *não* tenho voz ou *poder*".[20] Sua contraproposta ao plano do protetorado de maioria hindu, feita por Motilal Nehru, foi ignorada. Ficou tão aborrecido com as discussões inúteis da Conferência da Mesa-Redonda que deixou a Índia, insatisfeito, em 1931.

Foi o poeta caxemiriano Muhammad Iqbal quem primeiro atraiu Jinnah para a ideia de criar um Estado muçulmano separado a partir das quatro províncias do noroeste da Índia. Iqbal havia crescido em Punjab, onde os muçulmanos tratavam o domínio britânico como um presente de Deus que os libertara da tirania dos sikhs.[21] Em um encontro da Liga Muçulmana, em 1930, quando a possibilidade da saída britânica agigantava-se, Iqbal levantou a ideia de criar duas nações na Índia, uma hindu e outra muçulmana. Três anos depois, um estudante muçulmano de Cambridge, Chaudhuri Rahmat Ali, sugeriu um nome para esse suposto Estado. Ele escolheu a letra P, de Punjab; a letra A, da Nova Província da Fronteira Oeste, ou Afghania; K de Kashmir (Caxemira); S, de Sind; e TÃO, de Baluquistão. Juntas formam a palavra "Paquistão", que significava "terra dos puros", em urdu. O nome passou a ser "um símbolo e um slogan" para os muçulmanos politicamente ativos da Índia, os quais perceberam que, se o Paquistão fosse mesmo formado, seria a maior nação islâmica do mundo.[22]

Jinnah foi um dos homens a quem Iqbal conseguiu convencer. "Por que os muçulmanos do noroeste da Índia e de Bengala", perguntou ele em uma carta crucial a Jinnah, em junho de 1937, "não devem ser considerados uma nação com direito à autodeterminação" como outras nações e povos o são?[23] Para Jinnah, tal pergunta tinha apenas uma resposta. Paradoxalmente, isso também o levou a enxergar a Índia e o Congresso de maneira semelhante a Churchill. A Índia não era e nunca seria uma nação única. A unidade indiana era um "mito", um disfarce para a tomada de poder pelos hindus, ou algo pior. De fato, muitos nacionalistas hindus consideravam os muçulmanos do subcontinente hindus tortos. Alguns falavam abertamente em conversão pela força ou, pelo menos, expulsão. Um ideólogo, Madhav Golwalkar, chegou a recomendar que se lidasse com os muçulmanos na Índia como Hitler lidou com os judeus na Alemanha: "Uma boa lição para aprendermos e lucrarmos com ela."[24]

Havia outro problema com o acordo que os britânicos estabeleceram. Jinnah (e também o dr. Ambedkar) percebeu que "eleitorados separados" definiam não apenas um mínimo, mas um máximo de influência política para as minorias e seus representantes. Sob o esquema da Federação de Toda a Índia, nenhum muçulmano jamais viria a ser primeiro-ministro da Índia, não importava quão convenientes fossem seus princípios ou honrada sua pessoa. Esse prospecto não atraía Muhammad Ali Jinnah; e ele voltou para a Índia em 1934 por isto: para tornar-se presidente da Liga Muçulmana e preparar-se para a batalha.

O campo da batalha seria o primeiro turno das eleições legislativas sob a nova Constituição, programado para 1937. Naquele ano, pouco antes de morrer, Iqbal escreveu a Jinnah: "Você é o único muçulmano na Índia hoje a quem a comunidade pode recorrer em busca de segura orientação diante da tempestade que está por vir."[25] Em apenas dois anos e meio, Jinnah foi capaz de reorganizar a Liga Muçulmana e transformá-la em uma eficiente máquina política. Por ironia, adotou o modelo do Congresso de Gandhi. Definiu quadros parlamentares provinciais e um Conselho Parlamentar

Central baseado no Comitê de Trabalho do Congresso. Esforçou-se para alcançar a mesma dedicação e disciplina partidária. Jinnah até mesmo refez sua imagem. Abandonou os colarinhos e os ternos de Savile Row e passou a vestir os ternos pretos *sherwani* de Punjab, justos, mas confortáveis, compridos até os joelhos, a vestimenta da corte do Império Mogol. Ele chegou a criar um quepe feito de pele de carneiro persa para contrapor-se ao quepe de *khadi* de Gandhi. Os muçulmanos entraram na campanha eleitoral de 1937 preparados e organizados como nunca antes.[26]

A eleição de 1937 foi um divisor de águas também para o Congresso Nacional Indiano. O organismo encontrava-se em uma estranha situação. Oficialmente, ainda era contrário à Lei do Governo da Índia, mas, ao mesmo tempo, permitia que seus membros concorressem à primeira eleição legislativa do novo ato. Os homens que haviam sido os discípulos mais próximos de Gandhi, "o círculo Mahatmaji" — Prasad, Patel, Rajagopalachari e J. B. Kripalani —, mobilizaram suas "máquinas políticas" locais e enfrentaram a votação com a habilidade e a autoconfiança dos chefes do Tammany Hall. Mesmo o mais feroz opositor ao ato de 1935, Jawaharlal Nehru, considerou prudente partir para a campanha eleitoral.

O Congresso conseguira muitos votos na última eleição anterior ao ato, em 1934, conquistando 44 de 88 assentos. Seus membros pressentiam nova vitória no pleito que estava por vir — e derrota para a Liga Muçulmana, que acabara de alcançar destaque. Assim, enquanto Gandhi observava, silenciosamente e a distância, o Congresso Nacional Indiano fez sua primeira investida séria para o sucesso eleitoral.

Os dirigentes provaram estar certos. Do total de 1.585 assentos, o Congresso assumiu 716, com ampla maioria dos eleitorados de cinco províncias: Madras, Bihar, Orissa, Províncias Unidas e Províncias Centrais. Em outras três, tiveram alto índice de votação.[27] A Liga Muçulmana, ao contrário, saiu-se bastante mal. Apenas um entre cada vinte muçulmanos, em toda a Índia, marcou o símbolo da lua crescente com a estrela na cédula de votação. (O símbolo do Congresso era, obviamente, a *charkha*.) A Liga ganhou apenas 109 assentos dos 482 reservados para os muçulmanos e, em nenhum lugar, garantiu poder — nem mesmo na província natal de Jinnah, Sind.[28]

Paradoxalmente, o fracasso da Liga funcionou a seu favor a longo prazo. Ao ver o resultado da eleição, muitos muçulmanos passaram a temer, mais que nunca, a destruição de seus direitos e identidades pela força compressora do Congresso. Quando Nehru anunciou que havia "apenas duas forças na Índia hoje, o imperialismo britânico e o nacionalismo indiano, representado pelo Congresso", a retaliação de Jinnah foi rápida e furiosa. "Há um terceiro partido nesse país", reagiu ele, "são os muçulmanos."[29] Muitos muçulmanos atentos à política viam o apoio ao partido como último recurso. O objetivo de Jinnah era claro: fazer da Liga Muçulmana a única voz dos muçulmanos da Índia, da mesma forma que o Congresso alegava falar por todos os hindus.

A Nehru, então presidente do Congresso, Jinnah propôs um plano de divisão de poderes, com a Liga e o Congresso repartindo os benefícios assim que a Índia alcançasse a independência. Nehru rejeitou a bajulação imediatamente. Nesse assunto, sua posição era a mesma de Gandhi. O Congresso representava todos os indianos, não apenas os hindus (e, por extensão, dalits e outras castas excluídas), mas muçulmanos, cristãos e todo o resto. Para Nehru, um socialista de mente secular, o desacordo com Jinnah era um simples conflito "entre aqueles que queriam uma Índia livre, unida e democrática, e certos elementos feudais e reacionários" que exploravam a diferença religiosa para proteger seus privilégios.[30]

Ainda assim, Jinnah sabia que não havia muitos muçulmanos no Congresso. Apenas um, o amigo de Gandhi, Maulana Abul Kalam Azad, compunha a liderança; e a única razão pela qual o Congresso fora bem votado nas províncias islâmicas era o racha ocorrido no voto muçulmano. Por isso, Jinnah interpretou a rejeição de Nehru filosoficamente. "Oitenta milhões de muçulmanos não têm nada a temer", disse a seus seguidores. "Eles têm o destino nas próprias mãos." Acreditava que, em qualquer caso, havia apenas uma pessoa cuja visão realmente importava no Congresso, e essa pessoa era Gandhi. Depois do Ano-Novo, seu objetivo era fechar um acordo privado com o Mahatma, exatamente como fizera o vice-rei Irwin após a Marcha do Sal.

Entretanto, o Gandhi de 1938 era diferente do homem que subira os degraus do palácio do vice-rei sete anos antes. Ele estava preocupado com seu trabalho da vila; sua pressão alta deixava-o facilmente cansado e disperso. Estava saturado de política. Mas o Congresso não abriria mão dele. Seus seguidores congressistas pediram-lhe ajuda para resolver se deveriam ou não *aceitar* os cargos para os quais haviam acabado de ser eleitos. Nehru e seus amigos mais radicais diziam não; eles queriam que a eleição fosse uma demonstração da força do Congresso, nada mais. Prasad e o círculo Mahatmaji assumiam a posição oposta: queriam, naturalmente, recompensar seus seguidores pela lealdade e pelo trabalho duro. Gandhi foi forçado a preparar um acordo. Por fim, elaborou um plano com o novo vice-rei, lorde Linlithgow, para permitir que os membros do Congresso assumissem seus cargos sem que precisassem cumprir com as medidas de emergência do governo.[31] O episódio foi uma tediosa distração para Gandhi, que considerava todo o assunto irrelevante. Agora, seu velho nêmesis, Jinnah, queria ultrapassar Nehru e diretamente falar com ele.

Gandhi sentia a obrigação de apoiar seu discípulo mais jovem, que lhe era como um filho. Porém, no final de fevereiro de 1938, ele escreveu para Jinnah: "Estou à sua disposição." Um mês depois, em 28 de abril, Gandhi tomou o trem para Mumbai e chegou à magnífica casa de Jinnah, em Malabar Hill. (Jinnah casara-se com uma rica herdeira pársi.) Os dois sentaram-se e discutiram por três horas e meia. Se Jinnah esperava um extraordinário acordo ao estilo Irwin, então ficou decepcionado. Gandhi fez alguns comentários, mas estava muito cansado e deprimido para decidir qualquer coisa. Depois, confessou a Nehru: "Perdi a autoconfiança que tinha há um mês." Ele deixaria qualquer decisão final para Nehru. Isso confirmava que a resposta à oferta de Jinnah sobre uma aliança Liga-Congresso era não.[32]

Outro inútil encontro de cúpula aconteceria em maio, mas Jinnah já estava decidido. Gandhi o havia decepcionado pela última vez. Agora, os muçulmanos da Índia teriam de assumir, por si mesmos, o problema. Ele disse aos seguidores: "Devemos contar com nossa própria força e construir nosso próprio poder." Pela primeira vez, falou aos muçulmanos sobre alcançar o "objetivo nacional": o primeiro sinal de que ele acreditava na existência de duas nações, não apenas uma, após a saída dos britânicos.[33]

Em 9 de outubro de 1938, a Liga Muçulmana de Sind reuniu-se em Karachi, cidade natal de Jinnah. A Câmara de Sind e seus governantes presentearam Jinnah com a chave da cidade em uma bandeja de prata. Sobre suas cabeças estava hasteada a bandeira da Liga Muçulmana: verde, com a lua crescente e a estrela ao centro. No encontro, a liga aprovaria uma resolução formal, que rejeitava a Federação de Toda a Índia e classificava a suposta nação indiana unida como uma "realização impossível".[34]

A bandeira da liga não era ainda uma bandeira nacional. Porém, uma semana antes, do outro lado do mundo, ocorrera um episódio que, apesar de improvável, deixou o objetivo da partição um pouco mais perto da realidade.

No último dia de setembro, uma multidão reuniu-se no campo do aeroporto de Heston, 16 quilômetros a oeste de Londres. Esperançosos, todos ergueram a cabeça diante do som de um avião que se aproximou e aterrissou. Inúmeros fotógrafos e repórteres amontoaram-se, preparando seus microfones e câmeras — inclusive a primeira câmera para televisão.[35] A multidão assistia a tudo com grande expectativa à medida que a porta do avião se abria e um homem magro, de óculos e com um pequeno bigode, descia a rampa. Quando se aproximou dos microfones, tirou do bolso uma única folha de papel agitada pela brisa de outono.

"Consegui", disse ele com um sorriso. A multidão vibrou de alegria.

O primeiro-ministro Arthur Neville Chamberlain impetrara o que todos desejavam, mas acreditavam ser impossível: chegara a um acordo final, assinado de próprio punho por Adolf Hitler, para evitar que a crescente crise nos Sudetos tchecos despertasse uma guerra geral na Europa. Quando a multidão se acalmou, Chamberlain completou a declaração: "Meus bons amigos, pela segunda vez em nossa história, um primeiro-ministro britânico retorna da Alemanha trazendo paz com honra. Acredito que haverá paz em nosso tempo."

A multidão continuava agitada e aplaudindo quando ele entrou no carro que o aguardava. Então, "a ovação de Londres ao sr. Chamberlain", como reportou o *Illustrated London News*, "alcançou seu clímax quando ele foi do aeródromo de Heston para o palácio de Buckingham". Lá, "ele conheceu os apartamentos privados de Sua Majestade, onde [a sra. Chamberlain] o aguardava, e recebeu congratulações reais". O rei queria conhecer Chamberlain pessoalmente em Heston, para dar-lhe as boas-vindas após seu triunfo diplomático.[36] Todavia, foi persuadido a deixar que o primeiro-ministro se encaminhasse ao palácio de Buckingham, onde Chamberlain recebeu honras sem precedentes para um plebeu. Teve permissão para ficar ao lado do monarca e da rainha na sacada do palácio, enquanto uma imensa multidão espremia-se e aplaudia lá embaixo.

Mais tarde, no número 10 da Downing Street, Chamberlain repetiu a frase que usara em sua declaração em Heston: "Acredito que haverá paz em nosso tempo." Então disse à multidão: "Vão para casa e tenham um bom descanso." Tanto o ministro do Exterior, antes lorde Irwin e agora visconde de Halifax, quanto o conselheiro do erário público, Sir John Simon, ofereceram-lhe excessivas congratulações. Ninguém estava particularmente preocupado com o fato de que o acordo de Munique significava a partição da Tchecoslováquia e a transferência dos Sudetos para o Terceiro Reich. O acordo foi aplaudido por todos os jornais na Inglaterra, exceto pelo *Reynolds News*.[37] O *Times* de Londres chegou a vender cartões de Natal que mostravam Chamberlain sorrindo ao lado do rei e da rainha.

A única observação acerba a respeito do que se passava partiu de Winston Churchill. Naquela noite, ele parou com um amigo em um restaurante próximo ao Savoy Hotel. A multidão lá dentro estava satisfeita, extática até, com o fato de que Chamberlain e Hitler haviam concordado em prescindir de uma guerra. Os dois pararam na porta de entrada, observando por um momento. "Eu estava bastante consciente da figura taciturna ao meu lado", notou sua companhia. "Assim que nos viramos para partir, [Churchill] murmurou: 'Aquelas pobres pessoas! Elas mal sabem o que terão de enfrentar.'"[38]

A tristeza de Churchill era comparável apenas com sua frustração. Por quase cinco anos, ele lutara contra a ideia de que a ambição de Hitler pudesse ser satisfeita com negociação e concessão — estratégia chamada, até hoje, de "política de apaziguamento". O Acordo de Munique era a obra-prima do apaziguamento.[39] E também marcou o seu fim.

"Esse é apenas o começo do acerto de contas", disparou Churchill na Câmara dos Comuns, no dia 6 de outubro. "Esse é apenas o primeiro gole, o primeiro gosto de uma bebida amarga que nos será oferecida ano a ano." Muitos começavam a perceber a grandiosidade do que havia acontecido e dar-se conta de que, apesar da declaração de Hitler — "isso marca o fim da demanda territorial da Alemanha" —, o acordo não valia a repercussão que causara.

O subsecretário de Relações Exteriores Oliver Harvey notou as "amplas multidões" e o "entusiasmo histérico", mas também viu que "muitos sentiam uma grande humilhação". Quase uma semana antes, Leo Amery, que não era fã de Churchill, escreveu para lorde Halifax: "Quase todos com quem me encontrei estão horrorizados pela chamada 'paz' que impusemos aos tchecos."[40] O próprio Chamberlain percebeu que a maré emocional estava prestes a virar já quando se deslocava do aeroporto de Heston. "Tudo isso estará encerrado em três meses", disse ao encarar a multidão, sorridente.

De fato, os seis meses seguintes testemunhariam uma mudança na opinião pública tão devastadora e chocante que transformaria Chamberlain de herói em desacreditado bode expiatório, e Churchill, de pária político em salvador nacional.

Aqueles amargos anos antes de Munique foram contabilizados na lenda de Churchill como os anos de isolamento, em que ele foi um profeta sem honras em seu próprio país. Por certo, a sequência de avanços totalitários e retrocessos democráticos daquele período é bastante conhecida.

Começou em 1935, com a invasão da Abissínia por Benito Mussolini, a que a Liga das Nações e as potências ocidentais opuseram-se, mas não se decidiram como impedir. Em 1936, explodiu a guerra civil na Espanha, com a Itália fascista, a Alemanha nazista e a União Soviética influenciando e encorajando o massacre. Naquele mesmo ano, Hitler rasgou o Tratado de Versalhes ao remilitarizar a Renânia e as fronteiras da Alemanha com a França; Grã-Bretanha e França não fizeram nada. No ano anterior, Hitler repudiara todos os tratados que impunham restrições aos armamentos germânicos. A única resposta britânica foi assinar um acordo naval com Hitler, esperando, em vão, limitar o tamanho de qualquer futura esquadra alemã ao assinar um acordo com um homem para quem, manifestadamente, as convenções não significavam nada. "Essa investida parece ser o auge da ingenuidade", comentou Churchill, colérico.[41]

No ano seguinte, em julho de 1937, pouco depois de Neville Chamberlain ter se tornado primeiro-ministro, o Japão declarou guerra à China. Em março de 1938, Hitler ocupou a Áustria — as potências ocidentais só assistiram, sem tomar nenhuma atitude; em 30 de setembro, as partes assinaram o Acordo de Munique, dividindo a Tchecoslováquia. Em cada passo, a cada negociação e conferência, os primeiros-ministros britânicos Baldwin e Chamberlain e seus colegas da França fizeram todas as acomodações e flexibilizaram todos os princípios, a fim de evitar ser sugados para a guerra. A cada passo, no entanto, o apetite dos ditadores tornava-se mais insaciável, e suas exigências, mais ousadas — justamente como Churchill e um grande grupo de seguidores haviam previsto.

Durante quatro longos anos, Churchill empenhava-se na Câmara dos Comuns, dia após dia, para manifestar seus avisos sobre Hitler, Mussolini e a necessidade de rearmar a Grã-Bretanha. No mais das vezes, falava para uma sala vazia, com apenas Brendan Bracken ou Bob Boothby sentado, lealmente, a seu lado. Em outras ocasiões, a sala podia estar cheia, mas apenas de conservadores que compareciam para zombar da impotente fúria de Churchill ou para ouvir o primeiro-ministro Chamberlain e o ministro da Guerra Leslie Hore-Belisha proferirem críticas contundentes que lhes arrancariam muitas palmas. O rei e a rainha consideravam as falas de Churchill perigosas e detestáveis. Na ocasião do Acordo de Munique, um movimento estava sendo tramado por seus não mais fiéis seguidores para expulsá-lo dos bancos parlamentares.[42]

Em retrospecto, a tenaz persistência de Churchill tem uma irresistível qualidade heroica. O poema "Se", de Kipling (o preferido de Gandhi), contém estes versos:

> *Se consegues manter a confiança em ti próprio quando todos*
> *duvidam de ti...*
> *Se consegues esperar sem te cansares com a espera...*
> *Ou, sendo odiado, não cederes ao ódio...*
> *Se consegues preencher cada implacável minuto*
> *Com sessenta segundos que valham a pena ser vividos,*
> *É tua a Terra e tudo o que nela existe,*
> *E — o que é ainda mais — serás um homem, meu filho!*

Nesse sentido, esses foram os anos em que o homem Churchill primeiramente alcançou a grandiosidade.

Ele talvez tenha superestimado a Força Aérea alemã e a velocidade e a dimensão do rearmamento de Hitler.[43] Inegavelmente, sua própria política no erário público, nos anos 1920, havia enfraquecido de maneira crítica a Marinha e o Exército britânicos.* Também é verdade que seu prolongado respeito por Mussolini levou-o a se esquivar da questão sobre como evitariam o avanço italiano na Abissínia e que sua simpatia pelo líder nacionalista general Francisco Franco o fez vacilar na Espanha, em vez de insistir que a Grã-Bretanha interferisse juntamente com todas as potências estrangeiras, inclusive a União Soviética.

---

* Somente a invasão da Manchúria pelo Japão, em 1932, forçou o governo a rescindir a Regra dos Dez Anos com respeito a conflitos futuros, a qual Winston, imprudentemente, havia estendido.

Contudo, persiste o fato de que o argumento básico de Churchill contra o apaziguamento estava correto. Nenhum acordo ou acomodação seria suficiente para satisfazer o apetite por território e poder dos Estados totalitários, especialmente da Alemanha. Sendo um estudante de história, Churchill via em Hitler uma peculiar força sinistra que outros não enxergavam. Mesmo em 1930, quando Hitler ainda era um político de segunda categoria, Churchill alertou o emissário do Ministério das Relações Exteriores alemão de que Hitler queria muito mais que apenas remediar as "injustiças" de Versalhes.[44] Em novembro de 1932, depois de Hitler ter obtido maioria no Reichstag e sido convidado para o governo, Churchill profetizou: "Não creia que tudo o que os alemães anseiam seja status igualitário [...] todos esses bandos da firme juventude teutônica, marchando pelas ruas e estradas da Alemanha [...], não estão à procura de status. Estão em busca de armas [...] e, quando as encontrarem, exigirão territórios e colônias perdidas e destruirão as fundações da Europa."[45] Em 1934, ele advertia que o povo alemão era "a nação mais poderosa e perigosa do mundo ocidental".[46]

O problema era que ninguém acreditava nele. Quando preveniu o terrível "conflito de ideias espirituais e morais" que se aproximava, os britânicos queriam apenas ficar em paz. Quando argumentou que somente a ameaça de uma força armada poderia frear Hitler — "devemos nos armar para que a boa causa não se encontre em desesperançada desvantagem contra o agressor" —, os outros interpretaram como uma incitação desnecessária à guerra. Mesmo em 1938, a maioria das pessoas achava a retórica de Churchill e suas advertências contra os nazistas exageradas. (E alguns historiadores ainda acham.)[47]

Esse ceticismo predominava, em especial, entre seus companheiros conservadores. "Eles encaram W. C. com total desconfiança", escreveu Nancy Dugdale, esposa de um líder *tory*, resumindo o sentimento dos colegas do marido. "W. C. é, de fato, o equivalente de Göring na Inglaterra [...], inflado pelo ego e pela gula, a mesma infidelidade correndo nas veias, acentuada por pretensões heroicas e palavras vãs." Essas linhas foram escritas em 12 de maio de 1940, exatamente quatro dias depois de Churchill tornar-se primeiro-ministro.[48]

Ao contrário do mito, a desconfiança e a descrença em Churchill *não* partiram do descaso pela ameaça germânica. Muitas pessoas, especialmente das Forças Armadas, estavam preocupadas com os preparativos bélicos alemães e com a fraqueza britânica, apesar de poucos estarem dispostos a expressar-se tão abertamente quanto Churchill. O major Desmond Morton, do Centro de Inteligência Industrial, passou-lhe estimativas confidenciais sobre o crescimento do poderio aéreo alemão. O general encarregado das forças táticas da Grã-Bretanha relatou-lhe pessoal e detalhadamente quão ultrapassados e obsoletos estavam seus tanques. Um fluxo de "vazamento" de informações como essas, vindas de fontes confiáveis, dera a Churchill munição valiosa para seus ferozes discursos na Câmara dos Comuns.*[49]

Tampouco a elite política britânica virou-se contra Churchill porque tinha alguma simpatia pelos nazistas. É um mito a ideia de que o apaziguamento era dirigido por "homens culpados", que estavam dispostos a vender a Grã-Bretanha e apoiar Hitler a fim de proteger a si mesmos da esquerda. Poucos, notavelmente Oswald Mosley e o duque de Windsor, aprovavam Hitler de forma aberta, mas nenhum deles tinha influência direta sobre a política. Outros pensavam que, caso não tivessem escolha, poderiam aceitar que a Europa Oriental fosse dominada pelos nazistas, como uma útil proteção contra o bolchevismo. (Churchill, o maior antibolchevique, não estava entre eles.) Contudo, nenhum deles, menos ainda Neville Chamberlain, estava disposto a aceitar tal domínio sem tentar combatê-lo, ou estaria, deliberadamente, traindo os interesses britânicos.

A verdade era que a exclusão de Churchill dos meios de influência e poder era resultado direto de sua conduta nos debates sobre a Índia. Ele fizera alarde por cerca de cinco anos, prevendo ruína e destruição caso o Projeto de Lei do Governo da Índia fosse aprovado. "Uma catástrofe que abalará o mundo", anunciou ele. O projeto então foi aprovado e nada aconteceu. Poucas vezes um político esteve tão irremediavelmente equivocado depois de quase ter destruído seu partido político no processo. Quando previu outra tragédia, com a Alemanha, poucos estavam inclinados a dar-lhe crédito, especialmente os conservadores.

Também ao contrário do que diz o mito, ele nunca fora um completo pária político. Por vezes, seu nome aparecia na lista dos possíveis ocupantes de

---

* Há evidência, inclusive, de que Baldwin e seu ministro da Guerra sabiam dos vazamentos e os aprovavam. Eles devem ter visto a "instigação à guerra" de Winston como um modo indireto, mas proveitoso, de preparar o público britânico para a necessidade de mais gastos com defesa: é difícil confirmar que Churchill tenha se tornado um pária político permanente.

cargos no governo. Esteve mais perto em 1935, quando o posto de ministro de Coordenação da Defesa foi criado. (Em vez dele, Thomas Inskip recebeu o cargo.) Em março de 1938, ele estava sendo considerado para ministro do Espaço Aéreo, ou mesmo para retornar ao Almirantado.[50]

Os acertos, contudo, nunca foram agendados. Anos depois, quando o biógrafo de Stanley Baldwin, G. M. Young, perguntou ao ex-primeiro--ministro o que havia mantido Churchill fora da corrida por um posto em qualquer gabinete e o afastado de seu partido, Baldwin respondeu com uma palavra: "Índia."[51]

A longa batalha de Churchill contra o status de protetorado para a Índia enfraquecera sua eficiência no momento em que era mais necessária. Ao mesmo tempo, salvaguardou a reputação de homens que ele havia atacado. Os seguidores da Lei do Governo da Índia, Baldwin, Sir Samuel Hoare e lorde Irwin, tornaram-se os principais arquitetos do apaziguamento. Os *tories* que afrontaram Churchill nos rancorosos debates sobre a Índia, jovens políticos em ascensão, como R. A. Butler, voltaram a enfrentá-lo com a mesma disposição quando debatiam sobre Hitler.

Seus princípios também permaneciam os mesmos. Eles acreditavam que nacionalismo, não importava se entre indianos, irlandeses ou alemães, era a tendência do futuro. Não havia como impedir. O uso da repressão ou da ameaça com as Forças Armadas apenas inflamava as paixões e despertava mais raiva e descontentamento. A única solução era negociar cara a cara e fazer acordos com concessões mútuas. O sucesso da nova Constituição na Índia parecia provar que "as nações tornam-se calmas e pacíficas quando suas reivindicações justas são atendidas".[52] Nesse sentido, o fruto final do pacto Gandhi-Irwin foi o acordo Hitler-Chamberlain, em Munique.

Sem dúvida, lorde Halifax usou sua experiência em lidar com Gandhi como parâmetro para lidar com Hitler. Em julho de 1936, logo após as tropas alemãs entrarem novamente na Renânia, o ex-secretário particular de Sir John Simon, Thomas Stopford, levantou-lhe uma questão. "Não há certa similaridade" entre Hitler e Gandhi?, perguntou ele.

Halifax concordou entusiasticamente. Ambos tinham o mesmo "forte complexo de inferioridade, o mesmo idealismo, a crença na missão divina de guiar seu povo e a mesma dificuldade com tenentes incontroláveis" — como se Nehru e Prasad fossem versões em *khadi* de Hermann Göring e Ernst Röhm. Halifax disse a outro amigo que Hitler o fazia "lembrar de Gandhi, pois vem difundir uma mensagem [...] profética". Porque conseguira persuadir um homem difícil e cheio de razão como Gandhi a assinar um acordo, estava certo de que conseguiria fazer o mesmo com um homem "bastante detestável", mas "inspirado", como Hitler.[53]

Mesmo dois anos mais tarde, com uma decepção após a outra, o ponto de vista de Halifax não havia mudado. Escreveu ao governador de Madras, lorde Erskine: "É inevitável comparar o período em que estive à frente do Ministério da Índia com o trabalho que realizo agora", preparando um acordo com Hitler. Para Halifax, ambos envolviam lidar com o mesmo tipo de problema, acalmar os mesmos sentimentos feridos. "A principal diferença entre as duas nações é que um hindu moderado é, provavelmente, menos preocupante que um prussiano vigoroso."[54]

Para Halifax e os defensores do apaziguamento, estabelecer a paz na Europa não parecia ser diferente do preparo do Communal Award. Ao dividir os benefícios do poder, precisavam certificar-se de que ninguém fosse excluído. E, se fora possível chegar a um acordo justo na Índia, separando a Sind muçulmana da Mumbai hindu, ou Orissa de Bihar, como foi feito em 1935, por que não fazer o mesmo para os alemães nos Sudetos da Tchecoslováquia? Durante anos, críticos haviam lastimado a submissão de 3 milhões de alemães a uma maioria estrangeira tcheca ou eslovaca. Um desses críticos fora o destacado socialista H. N. Brailsford. Dessa perspectiva, como notou o historiador A. J. P. Taylor, Munique fora "um triunfo para aqueles que pregavam igualdade e justiça entre os povos".[55] Sem dúvida, o mesmo valia para a Lei do Governo da Índia.

Seguindo o mesmo raciocínio, a oposição de Churchill ao apaziguamento era a extensão lógica de sua luta contra Gandhi e a Lei do Governo da Índia. Ele chegou a usar o mesmo termo para isso. Seu amigo, lorde Birkenhead, foi quem primeiro usou "apaziguamento" em um sentido político depreciativo, em 5 de novembro de 1929, quando falou na Câmara dos Lordes contra os "pacificadores de Gandhi".[56] Em 1930, Churchill pegou o termo emprestado quando discutiu, com um diplomata alemão, a "política de apaziguamento" do governo na Índia. Em 1933, ele já o usava para descrever a política britânica em relação a Hitler.

Churchill também enxergava paralelos entre Gandhi e Hitler, mas outros bem distintos. O que o assustava em todos os movimentos nacionais de massa do século XX, inclusive no de Gandhi, era o fato de faltar-lhes amarras em qualquer ordem social ou política preestabelecida. Churchill rejeitava a compreensão convencional de que os movimentos por "autodeterminação nacional" eram as vozes da liberdade. Acreditava que, desde o Tratado de Versalhes, eles provavam ser mais uma fórmula para o caos. O caminho para a paz era preservar os impérios, o acúmulo histórico de séculos de domínio legítimo e estabilidade — e não destruí-los. Apesar disso, a Grã-Bretanha estava planejando derrubar um império na Índia justamente quando encerrava os últimos rituais de outro na Europa Central, o velho Império Habsburgo. Em ambos os casos, o resultado foi uma nova e terrível barbárie solta sobre uma humanidade impotente.

Churchill notou algo de novo e moderno, mas também temivelmente antigo e familiar no movimento nazista. Em um artigo de outubro de 1935, ele escreveu que a "triunfante carreira [de Hitler] avançara não por amor à Alemanha, mas por correntes de ódio tão intensas que eram capazes de queimar as almas daqueles que nadassem em suas águas".[57] Hitler transformara a Alemanha em um "acampamento armado", onde "campos de concentração espalhavam-se pelo solo germânico". O poder absoluto fora confiado a um único homem cruel. Nada era novidade com relação a essa forma "odiosa, perniciosa e degradante" de domínio individual, disse Churchill: "Pode ser vista na história de qualquer déspota." Ele a vira inclusive em Gandhi e sua condição de "quase-deus" entre os nacionalistas indianos.[58]

Contudo, as multidões furiosas em marcha, as desumanas medidas antissemitas aplicadas a todos os judeus, de famosos cientistas a "pequenas e devastadas crianças judias", o atropelamento da inocência e das convenções de piedade, tolerância e decência, e, especialmente, a sede por armas e guerra — tudo sugeria o ressurgimento da barbárie que havia destruído, em outra ocasião, a civilização na Europa. Agora, equipada com armas modernas e o "poder irresistível do totalitarismo", a barbárie ameaçava fazer tudo de novo.

Churchill acreditava que o único antídoto eram as "grandes teorias de governo desenvolvidas pela raça britânica" e que refletiam o caráter essencial do inglês. A democracia constitucional, concluiu ele, era "o fundamento sobre o qual está a civilização [moderna] e sem o qual ela não sobreviverá". Os britânicos precisavam valorizar "esses tesouros — chamo-os de glórias — como valorizamos nossas vidas; e não deve haver sacrifício que não façamos [...] para entregá-los inteiros e sem danos às nossas crianças".[59] Ele confessou a George Bernard Shaw: "Espero morrer" antes que essas glórias sejam "arruinadas".[60]

Tais glórias da civilização pareciam fazer soar o sino de luto na Índia. Gandhi deu as costas a elas explicitamente. Churchill temia que o mesmo estivesse ocorrendo na Europa. Anos antes, na Índia, Edward Gibbon lhe havia ensinado que o binômio destruidor do Império Romano fora a barbárie e o fanatismo. Da mesma forma que Churchill tentara salvar o Império Britânico do fanatismo de Gandhi, agora teria de unir a Inglaterra contra a barbárie de Hitler.

Assim que terminou os vários volumes da biografia de Marlborough, em 1934, decidiu iniciar seu projeto historiográfico seguinte, uma saga épica sobre o surgimento da civilização anglo-saxã. Receberia o título de *Uma história dos povos de língua inglesa*.[61] Para Churchill, "aquelas instituições, leis, [aqueles] costumes e características nacionais que são, ou deveriam ser, a herança comum do mundo de língua inglesa", que ele acreditava ser a última esperança para a Índia, iriam transformar-se agora no último fio de esperança para o resto do mundo.[62]

Sua dedicação ao trabalho historiográfico e o fluxo constante de artigos de revistas, ensaios e comentários de viagem que escreveu foram uma distração bem-vinda naqueles anos. "É reconfortante", confessou ao historiador Mortimer Wheeler quando começou a escrever *Uma história dos povos de língua inglesa*, "colocar mil anos entre os meus pensamentos e o século XX."[63] Isso porque, além do isolamento político, ele passava por decepções pessoais.

No dia 30 de novembro de 1935, celebrou seu aniversário de 61 anos. Como Gandhi, ele tinha um claro sentimento de que a nova geração o estava deixando para trás. Antigos amigos estavam morrendo e não podiam ser substituídos. O falecimento de lorde Birkenhead, em setembro de 1930, fora-lhe especialmente difícil. Austen Chamberlain, um dos poucos aliados relevantes na luta contra o apaziguamento, sofreria um derrame e morreria em março de 1937. T. E. Lawrence sofreu um acidente de motocicleta e morreu em 1935. Antes disso, o querido primo de Churchill, "Sunny" Marlborough, morrera subitamente de câncer. "Há apenas um mês", escreveu Churchill, melancólico, "ele estava saindo para assistir a seus cavalos em Newmarket ou preparando um discurso para a Câmara dos Lordes." Eles haviam sido amigos desde a infância; sua morte apenas lembrava Winston de que ele também pertencia a um "tempo anterior". Atravessou uma de suas notórias depressões e falou da sua própria obsolescência. Um amigo teve de lhe dizer: "Por favor, não fale de si mesmo como um homem muito velho. Você está deixando todos nós para baixo."[64]

As cadeiras da mesa de jantar de Chartwell estavam vazias por outros motivos. "Agradeço a Deus por não ser um homem vingativo", disse ele depois dos debates acerca da Índia.[65] Entretanto, mesmo os antigos amigos podiam sentir o vigor de sua raiva e amargura se apoiassem uma política estrangeira que ele considerasse um convite à catástrofe. Patrick Donner lealmente apoiara Churchill no tema da Índia, mas brigou com ele quando se tratava do apaziguamento. Anos depois, Donner disse: "Após dez anos, eu não era mais 'Patrick'." As alegres e frequentes visitas a Chartwell haviam chegado ao fim. "Se alguém tomasse uma atitude que fosse, na avaliação [de Churchill], contrária aos interesses nacionais", lembrou Donner, "ele deixaria de ter qualquer relação com aquela pessoa [...]; ele era, ao mesmo tempo, o juiz e o executor".[66]

No entanto, a maior decepção de Winston fora seu filho, Randolph. Não chegava a ser como Harilal (apesar de que, ironicamente, também sucumbiria ao alcoolismo). Visto de longe, Randolph era dedicado ao pai, talvez dedicado até demais. (Suas acusações contra Chamberlain e os apaziguadores chegavam a ser desequilibradas e faziam Winston parecer moderado.) Randolph tinha muitos talentos. Além de magro e incrivelmente bonito, era muito bem-articulado, chegando ao ponto de ser desmedido. Contudo, tinha mais entusiasmo que habilidade, mais paixão que energia. Tentou, com desespero, seguir os passos do pai, mas o resultado foi, quase sempre, um fracasso.

Sua corrida independente pelo assento parlamentar de Wavertree, em janeiro de 1935, foi "um mergulho precipitado e irrefletido", disse Winston a Clementine, prevendo exatamente o que aconteceria: Randolph dividiu o voto *tory*, e um trabalhista venceu.[67] No mês seguinte, Randolph lançou um candidato contrário à Lei do Governo da Índia em uma disputa em Norwood, contrariando desejos expressos de seu pai. O homem, por fim, mostrou ser um fascista britânico; mais tarde, durante a guerra, precisou ser internado. Ele não apenas perdeu de forma abissal; a imprensa usou-o para difamar toda a campanha de Churchill contra o projeto de lei.[68] Mais tarde, pai e filho tiveram uma discussão muito violenta à mesa do jantar.

Randolph saiu enfurecido. Foi a primeira de muitas brigas similares, ocorridas, frequentemente, na presença de ilustres convidados.

Randolph bebia, jogava e perseguia mulheres, o que rendeu notícias escandalosas nos jornais e constrangimento na família. Suas sessões de bebedeira, na maior parte das vezes, terminavam em violência, inclusive contra amigos de seu pai. Certa vez, ele lançou os óculos de Brendan Bracken ao mar.[69]

Clementine acreditava que Winston havia mimado Randolph; ele, acanhadamente, concordava.[70] Pagava regularmente as dívidas que o filho contraía com seu extravagante estilo de vida. Randolph tinha um luxuoso flat em Westminster Gardens, dava festas regadas a champanhe e fazia cruzeiros de iate pelo Caribe e Mediterrâneo. Em 1933, Winston abriu um fundo fiduciário de 10 mil libras esterlinas para Randolph (o equivalente a um milhão de dólares atuais). Pouco mais de um ano depois, Randolph teve de pedir ao pai e ao tio um saque adiantado de 6 mil libras esterlinas para cobrir dívidas de jogo, que incluíam quase 2 mil libras de dívida a um cassino em Cannes. Ambos o fizeram assinar um documento, afirmando que nunca mais apostaria além de suas possibilidades. Ainda assim, mais tarde, ele e o pai foram vistos juntos em mesas de bacará na Riviera.[71]

O acordo era que, se Randolph se casasse e tivesse filhos, Chartwell seria dele. Porém, a agitada agenda social de Randolph nos anos 1930 não dava espaço para casamento, muito menos para aventuras formadoras de caráter, como as idas de Winston para a Índia e para a Guerra dos Bôeres.[72] Não ocorreu a Winston que a relação dos dois reproduzia sua própria relação com *seu* pai — ou que, enquanto lorde Randolph havia morrido antes de Winston chegar aos 20 anos, Randolph Junior nunca pôde fugir da sombra do pai famoso.

Outros, mesmo alguns inimigos, reconheciam a difícil relação dos dois e condoíam-se. Se muitos achavam Winston arrogante, classificavam seu filho como odioso. Quando Randolph precisou remover um tumor benigno do tubo digestivo, a reação de Evelyn Waugh foi típica. "Confie naqueles médicos tolos", disse ele, "para tirar de Randolph a única parte dele que não é malígna."[73]

O comentário mais bondoso partiu de um oponente político, lorde Londonderry. Ele avisou a Winston que Randolph era "justo como você" em sua "ousadia, coragem e força", mas também muito diferente, "pois não parecia reconhecer que conhecimento é o segredo do poder".[74] Certa vez, alguém perguntou a Winston quanto tempo levava para preparar um discurso de 45 minutos para a Câmara dos Comuns. "Dezoito horas", disse ele.[75] Aquele tipo de dedicação era demais para Randolph (e para a maioria das pessoas). Destruía qualquer relação entre um filho e um pai que ainda era, depois de meio século, "um jovem apressado".*

Contudo, se alguns velhos amigos e convidados não giravam mais na órbita de Winston, a batalha contra o apaziguamento havia lhe trazido novas companhias. O último mito é que Winston tenha lutado sozinho contra tal política durante os anos de isolamento. A verdade é que seu nome, reputação e destemidos discursos fizeram dele o símbolo de um crescente número de pessoas convencidas de que, "certamente, valia a pena um esforço supremo [...] para controlar a terrível corrente e suspender essa calamidade [...] AGORA é a hora de parar com isso!".[76]

Chartwell e Morphet Mansions (onde Winston e Clementine mantinham seu apartamento em Londres) eram os locais de encontro desse grupo. Um dos participantes era Desmond Morton, o devorador de números do Centro de Inteligência Industrial que se preocupava com os preparativos militares germânicos tanto quanto Churchill. Dois outros eram Sir Robert Vansittart e Ralph Wigram, do Ministério das Relações Exteriores. Wigram, a quem Churchill chamava de "vulcão ministerial", havia sido vítima de paralisia infantil e ainda frequentava Chartwell para fornecer a Churchill os textos, na íntegra, dos discursos de Hitler, até sua prematura morte, em 1936.

Outro visitante naqueles anos fora G. D. Birla. Na verdade, mesmo com o crescimento da sombra de Hitler sobre a Europa, a Índia nunca esteve longe da mente de Winston. Preocupava-se com a ascensão do Japão na Ásia e a possível ameaça à Índia. Os dias em que alegava que "não havia a menor possibilidade" de uma guerra contra o Japão haviam ficado no passado. "Devemos considerar" que a Alemanha e o Japão, disse para sua mulher em janeiro de 1936, "estão trabalhando em sintonia." (Ele insistiu nesse comentário por quatro anos antes de Japão, Alemanha e Itália assinarem o Pacto do Eixo.)[77]

No mês de abril seguinte, ele confidenciou preocupações semelhantes a Birla. "Você certamente deveria considerar o atual estado do mundo",

* Referência ao livro *Young Man in a Hurry*, de Ted Morgan, sobre a trajetória do jovem Churchill. (*N. do T.*)

escreveu ele. "Se a Grã-Bretanha for persuadida ou forçada por qualquer motivo, indiano ou europeu, a deixar de oferecer proteção à Índia, esta se transformará em presa das nações fascistas — Itália, Alemanha ou Japão", e sofrerá sob uma tirania "ainda pior que a de épocas passadas".[78] Churchill achava esse um argumento poderoso para manter os indianos próximos à Grã-Bretanha. Birla sabia que os indianos tinham outras coisas com que se preocupar, mas, em julho de 1937, concordou em comparecer a outro almoço em Chartwell.

Eles conversaram por duas horas. "Bom, teve início um grande experimento", declarou Churchill, referindo-se à nova Constituição indiana. Birla assentiu, mas acrescentou que "ela precisa de todo o seu apoio e bons sentimentos".

Churchill jurou que os oferecia aos indianos, acrescentando que não dissera uma palavra contrária à Lei do Governo da Índia desde que o rei o havia assinado. Ele torcia pelo melhor para a Índia. "Você sabe como a democracia tem sido atacada pelo mundo", disse Churchill, em mau agouro. "Apenas a Grã-Bretanha tem preservado a democracia e, se puder mostrar por meio de suas ações que pode fazer da democracia um sucesso, você não terá dificuldade em avançar."

Mais uma vez, Birla insistiu que ele fosse à Índia ver tudo pessoalmente. Churchill admitiu que o vice-rei, lorde Linlithgow, o convidara. "Mas se o sr. Gandhi também o desejar", disse ele, leviano, "eu irei." Ele, sem dúvida, tinha grande respeito por Gandhi. Chegou a dizer a Birla: "Diga a ele que lhe desejo todo o sucesso."

Depois, conversaram sobre a Europa, e Churchill perdeu o bom humor. "Ele não esperava guerra por mais um ano", disse Birla a Gandhi mais tarde, "mas não tinha certeza quanto a um futuro mais distante."[79]

Outro fator que contribuía para a tristeza de Churchill naquela primavera era o destino de Philip Cunliffe-Lister, lorde Swinton. Ele era ministro do Espaço Aéreo e dividira informações valiosas com Churchill sobre a expansão do poderio aéreo alemão. Swinton lutara duramente, mas em vão, para convencer a Grã-Bretanha a cobrir o abismo que a distanciava da Força Aérea alemã. Por fim, em março de 1938, Chamberlain vetou, mais uma vez, os planos de Swinton para a expansão da Força Aérea Real; seus colegas anunciaram que só lhe restava renunciar. A única voz restante no governo a favor do rearmamento era silenciada. Ele uniu-se a Winston no crescente grupo dos dissidentes na Câmara dos Comuns.[80]

No entanto, a renúncia mais espetacular — e a mais importante conversão à causa de Churchill — acontecera um mês antes. Anthony Eden apresentava uma semelhança superficial com Randolph: era magro e bonito, com uma testa larga e vasta cabeleira. Porém, também era gracioso, tranquilo e dotado de apurada inteligência. Pode ter sido o filho que Winston sempre desejou (mais tarde, ele se referiria a Eden como se de fato fosse seu filho). Sem dúvida, Eden era a glamourosa estrela ascendente do Partido Tory nos anos 1930.

Tornara-se ministro do Exterior com apenas 38 anos, mantendo-se firme ao lado do partido e contrário a Churchill em relação à Índia, e apoiando a política externa *tory* para a Alemanha e a Itália. Chegou a usar o termo "apaziguamento" em sentido *positivo* — aceitando as reivindicações razoáveis dos ditadores, na esperança de que abandonassem as não razoáveis.[81] Entretanto, ano após ano, Eden assistia ao contrário acontecer, hesitante em concluir que Churchill estivera certo, não mais podendo se furtar a ver que Chamberlain, Halifax e o restante estavam equivocados.

O momento crítico veio não com Hitler, mas com Mussolini. No início de 1938, o primeiro-ministro Neville Chamberlain estava ávido para reabrir as negociações com a Itália, esperançoso de que Mussolini pudesse prover um contrapeso a Hitler. Dada a prévia traição do ditador à Grã-Bretanha — a respeito da Abissínia e das tropas italianas na Espanha —, o artifício era desprezível e nada promissor. Eden, entretanto, estava no polo receptor daquelas promessas inúteis. Ele declarou ao Gabinete, na presença de Chamberlain, que não poderia suportar tal política na Câmara dos Comuns. O governo votou a favor de Chamberlain e, em 21 de fevereiro, Anthony Eden renunciou ao cargo no Ministério das Relações Exteriores. Foi um passo importante, a principal ruptura no apaziguamento. Churchill apressou-se para a Câmara dos Comuns e fez um discurso. "Essa foi uma semana boa para os ditadores", declarou Winston. "Uma das melhores que já aconteceram." Não apenas Hitler consolidava seu poder sobre a Áustria, mas também Mussolini via seu mais feroz inimigo ser removido do gabinete de Chamberlain. "Que preço teremos todos de pagar por isso?", perguntou Churchill.[82]

A resposta chegou no final de abril. Era a Tchecoslováquia.

22. À BEIRA DA ESCURIDÃO

1938-1939

Para que a não violência tenha algum valor, ela deve agir
sob a face das forças hostis.
(MOHANDAS K. GANDHI, JANEIRO DE 1937)

Em 1938, a Tchecoslováquia era provavelmente o lugar mais favorável para, enfim, pôr um freio às ambições de Hitler. O país tinha um tratado de defesa formal com a França e a União Soviética; um Exército eficiente — talvez ainda melhor que o alemão; e, ao contrário da Áustria, não tinha simpatias nacionalistas com a Alemanha, com exceção de uma população de 3 milhões de germânicos nos Sudetos. Ainda em oposição à Áustria, antes do *Anschluss*, havia uma democracia na Tchecoslováquia. O presidente tcheco Edvard Benes também estava disposto a mobilizar uma guerra em vez de permitir que Hitler se apossasse de um palmo do território tcheco.

Porém, se os tchecos estavam preparados para lutar, o mesmo não pode ser dito dos governos francês e britânico. O primeiro-ministro Chamberlain não era fraco nem tolo. Tinha um traço de realismo mais forte do que o de lorde Halifax, substituto de Eden como ministro dos Assuntos Exteriores.[1] Porém, se Halifax foi o arquiteto do apaziguamento, Chamberlain foi quem comprou a ideia. Como todos aqueles que pagaram um alto preço por uma comodidade duvidosa, Chamberlain colocou de lado todas suas dúvidas sobre ela. No final do verão de 1938, mesmo Halifax tinha suas desconfianças sobre uma política de infinitas acomodações. Ele aprendeu que o que funcionara com Gandhi só engendrava desgraças diante de um homem como Adolph Hitler.[2]

Mas Chamberlain ainda permanecia fiel. Foi ele que, de modo resoluto, colocou-se no caminho de Churchill, impedindo-o de entrar no ministério — justamente porque Churchill fora severo em suas críticas aos princípios com os quais Chamberlain ainda esperava trazer a paz. Era Chamberlain que insistia que "o melhor modo de se chegar a um acordo" sobre a Tchecoslováquia era ir à Alemanha e conversar com Hitler, mesmo que muitos de seus conselheiros, incluindo Halifax, achassem isso uma péssima ideia.[3]

Foi Chamberlain quem convenceu os franceses a abandonar a aliança com os tchecos (não que isso tivesse sido uma tarefa difícil). Também foi Chamberlain, e não Hitler, quem forçou o presidente Benes a consentir com o desmantelamento de seu país. E ainda foi Chamberlain quem pôs sua assinatura no acordo final do dia 30 de setembro, que envergonharia a Grã-Bretanha — em vez de trazer "a paz aos nossos tempos", como prometera Chamberlain nos campos de Heston, fez com que o mundo desse um passo importante em direção à guerra.

Tudo isso ficou claro quando o Acordo de Munique foi debatido, no dia 3 de outubro, no Parlamento. O líder do Partido Trabalhador, Clement Attlee, chamou o episódio de "humilhação" e "vitória da força bruta". O líder do Partido Liberal, Archibald Sinclar, chamou-o de "rendição". Anthony Eden, agora sentado na bancada *tory*, ao lado de Churchill, proferiu a seguinte advertência: "Redenções sucessivas só trazem humilhações sucessivas."[4]

Mas o discurso de Churchill do dia 5 de outubro superou todos os demais. Foi uma altaneira obra-prima da destruição. Um dia antes, ele escrevera no *Daily Telegraph* que "é um crime se desesperar [...]. O momento agora não é de desespero, mas de coragem e de reconstrução". Seu discurso diante da assembleia legislativa não poupou ninguém.

"Estamos na presença de um desastre de primeira magnitude", proclamou Churchill. "Não nos deixemos nos cegar diante disso", assim censurava a década de recuo ininterrupto, sentada no prumo dos ombros de Baldwin, Chamberlain e de outros líderes do governo. "Eles não impediram que a Alemanha se rearmasse, e também não nos rearmou em tempo hábil", disse ele. Agora, "o sistema de alianças na Europa Central, do qual dependia a segurança da França, foi varrido do mapa [...]. A estrada que leva do vale do Danúbio ao mar Negro, às reservas de milho e óleo, a estrada que se estende até a Turquia foi aberta". Ele poderia ter adicionado: até mesmo a estrada que leva à Índia.

Churchill percebeu as celebrações exultantes do povo britânico e não as regateou de seu "ímpeto natural e espontâneo de alegria e alívio". Mas eles "deveriam saber que sustentávamos uma derrota sem guerra, cujas consequências nos acompanharão nesta caminhada por muito tempo. Deveriam saber que passamos por um marco horrível em nossa história". Ele advertiu, com ênfase solene, que "estas terríveis palavras são, por ora, declamadas contra as democracias ocidentais: *Fardos pesados na balança e lá se descobriu vossa insuficiência*".[5]

Tivesse proferido um discurso como esse seis meses antes, Churchill seria motivo de chacota e vaias. Mas não foi o que ocorreu. Pela primeira vez em quase uma década, suas palavras receberam o peso da credibilidade. Ele ainda não se dava conta disso, como ocorrerá em seguida; agora estava apenas focado na magnitude desse revés. No dia em que Chamberlain foi a Munique, Churchill e Harold Nicolson se encontraram no elevador de Morpeth Mansions.

"Isso é um inferno", comentou Nicolson, referindo-se à notícia de que Chamberlain iria novamente implorar por um acordo de paz.

"Isso é o fim do Império Britânico",[6] respondeu Churchill.

Para dois homens na Índia, a notícia de Munique foi como um raio. Porém, cada um deles reagiu de maneira distinta. Um era Gandhi. "A paz foi preservada, mas teve de ser paga com a honra", escreveu no dia 4 de outubro. Ele estava a caminho da Fronteira Noroeste para se encontrar com os seguidores pathans de Khan Abdul Ghaffar Khan, quando ficou sabendo do que Chamberlain havia feito. "A Europa vendeu sua alma por amor a sete dias de existência terrena", escreveu ele com tristeza.[7]

Aos 41 anos, Subhan Chander Bose, por contraste, recebeu a notícia com implacável satisfação. "Essa abjeta rendição dos governos ocidentais, França e Inglaterra, à Alemanha nazista", notou ele, dava a Hitler o controle da Europa "sem que um tiro fosse disparado". Graças a Munique e uma multidão de outros contratempos ao redor do mundo, os imperialismos britânico e francês "sofreram fortes reveses". Era chegada a hora, dizia ele, de os indianos tirarem proveito da situação.[8]

Bose não era um observador qualquer. Àquela altura, era presidente do Congresso Nacional Indiano. Ele vivera na Europa, inclusive em Viena, e conhecia bem os jogadores e a aposta em questão. Surpreendentemente, concordava com Churchill. As democracias ocidentais *estavam* enfermas. Uma nova e grandiosa força *hasteava-se* sobre o mundo. E estava nos objetivos de Bose fazer com que a Índia participasse disso.

S. C. Bose — conhecido por *Netaji* entre seus seguidores — nasceu no mesmo ano que Anthony Eden, 1897. Intelectualmente precoce, ele desfrutou de êxito tanto no Scottish Church College, em Calcutá, como em Cambridge. Em 1920, ficou em quarto lugar nos exames para o Serviço Civil Indiano e tinha tudo para desenvolver ali uma carreira magnífica, talvez a mais magnífica de todas. Mas ele renunciou a tudo para se entregar à política nacionalista indiana, que, na época, significava política de Gandhi.

O fervoroso e eloquente Bose irritou-se com a liderança de Gandhi desde o princípio. Seu primeiro encontro com o Mahatma foi um desastre; e então passou a se indignar com o fato de Gandhi e seu círculo íntimo terem deixado de fora seu mentor, C. R. Das, líder do movimento nacionalista de Bengala.[9] Como os virginenses dos primórdios da república norte-americana, os bengaleses viam-se como líderes naturais da nação. Graças ao renome internacional do poeta Rabindranath Tagore, eles até mesmo se proclamavam líderes da civilização indiana. A presença do presunçoso guzerate* desviava o sentido inato da superioridade de Bengala.[10] Isso certamente incomodava Bose. Paradoxalmente, ele se ressentia dos fortes laços entre o Mahatma e o presumido sucessor, J. Nehru, mesmo estando mais próximo ideologicamente a Nehru do que Gandhi jamais esteve. Durante um período, no começo da década de 1930, Bose até mesmo se aliou a Nehru na tentativa de conduzir o Congresso em uma direção mais moderna e radical.

Tanto Nehru como Bose achavam que a Índia não tinha escolha senão caminhar em direção ao futuro, ao mundo industrializado, em vez de olhar para trás, para a Índia idealizada por Gandhi, com seus pequenos vilarejos e seu delicado trabalho artesanal, tão distante da tendência que se alastrava por todo o mundo. Nehru acreditava que o futuro da Índia estava na União Soviética. Uma visita de quatro dias à União Soviética, em 1927, foi o suficiente para convencê-lo de sua crença no marxismo como única solução para os males da Índia.[11] Para Bose, o futuro do planeta estava nos emergentes Estados ditatoriais da Alemanha e Itália. Aquilo que Churchill

---

* Nirad Chaudhuri recordaria que nacionalistas bengaleses tratavam Gandhi por *napumsaka*, palavra bengali para "idiota efeminado": "Um verdadeiro fracassado."

mais temia, o poder do Estado totalitário, despertava um fascínio irresistível no jovem Bose.

Bose nunca se viu como fascista. Em vez disso, o termo que usou para referir-se a si mesmo, por ocasião da publicação de seu livro *The Indian Struggle* (A luta indiana, em tradução livre) em 1934, foi "nacionalista de esquerda".[12] Ele rejeitava certos aspectos do nazismo, como a política racial. Nazistas, como Heinrich Himmler, encantaram-se com os antigos laços indo-europeus entre os arianos da Índia e da Europa germânica. Mesmo Gandhi se interessou por eles em dado momento. Para Bose, isso nada significava. Todavia, sua visita à Alemanha ocorreu cedo, em 1933, quando Hitler começava a transformar o país de uma concha fragilizada na mais temida nação da Europa. Bose conheceu muitos intelectuais alemães e se encontrou com oficiais do Ministério das Relações Exteriores da Alemanha. Conheceu até mesmo o braço direito de Hitler, Hermann Göring. Esses encontros deixaram uma aura que anos de desapontamentos e desilusões não foram capazes de suprimir por completo. Também abriram uma tentadora janela para futuras alianças contra o Império Britânico.

Um pouco mais tarde, perguntaram a Bose como ele podia cogitar uma aliança com rufiões nazistas, mas ele apenas deu de ombros e respondeu: "É algo terrível, mas tem de ser feito." Se esse era o único modo de se livrar dos britânicos, ele estava disposto a pagar o preço que fosse necessário. "O colapso da Europa", disse ele, não me preocupa. "É uma Europa apodrecida e, portanto, não me diz respeito." Dois anos mais tarde, ele escandalizou Romain Rolland ao dizer que uma guerra entre potências europeias não poderia ser um mal por completo a um povo não caucasiano que lutava pela sua liberdade.[13]

Bose fez uma segunda viagem à Europa, de novembro de 1937 a janeiro de 1938, na qual se encontrou com Benito Mussolini e com políticos alemães e austríacos. Ao regressar à Índia, ele estava determinado a torná-la uma nação iluminada. Sua intenção era mobilizar as massas para uma "completa libertação política e econômica" da Índia. Os encontros com as novas lideranças europeias revelaram o caminho do futuro, tal como ele descreveu em *The Indian Struggle*.

De acordo com Bose, uma Índia verdadeiramente livre seria capaz de usar "um governo forte e centralizado com poderes ditatoriais" para reorganizar sua estrutura social e econômica. Esse governo rejeitaria "a democracia no sentido austero e vitoriano do termo"; em vez disso, seria conduzido "por um partido forte, unido por uma disciplina militar. Esse seria o único meio de manter a Índia unida e prevenir o caos". Bose condenou o desejo de Gandhi de criar uma Índia *Swaraj* autossuficiente, como sendo uma esperança paroquial e fora de moda. "A próxima fase da história do mundo produzirá uma síntese de comunismo e fascismo", previu Bose; e ele queria que a Índia fizesse parte disso.[14]

The Indian Struggle foi o *Mein Kampf* de Bose. Os britânicos proibiram sua circulação assim que chegou às ruas da Índia; mas ele logo fez de Bose um herói para a juventude radical indiana, insatisfeita com a liderança de Gandhi e seu envelhecido círculo. Bose teve até mesmo a ousadia de dizer que "o Congresso não terá vez" no futuro da Índia, pois lhe faltava uma ideologia coerente ou um programa revolucionário. Como o próprio Gandhi, o Congresso fazia parte dos despojos da era vitoriana que seriam postos de lado com o choque das potências mundiais.

No entanto, Gandhi, assim como Bose, fez do Congresso o principal veículo das forças políticas na Índia. Bose não poderia ter feito nada sem ele, ou mesmo sem o apoio de Gandhi. Assim, com a ajuda de seus companheiros nacionalistas de Bengala, ele se candidatou à presidência do Congresso em 1938.

A velha guarda tinha fortes suspeitas em relação a Bose; naquele momento, assim como em tempos posteriores, R. Prasad entre outros estavam preocupados com os contatos nazistas de Bose. Mas Gandhi não fez caso disso. Oficialmente, Gandhi estava fora do Congresso, mas mandava a tradição que nomeasse o próximo presidente, que então viria a ser eleito por votação unânime.[15] Em 1936 e 1937, ele indicou Nehru para ser o porta-voz da próxima geração. Em fevereiro de 1938, no Congresso de Haripuri, fez o mesmo por Bose.

O primeiro discurso presidencial de Bose talvez tenha levado Gandhi a se perguntar se não cometera um erro. Por toda a Índia, milhares de delegados ouviram Bose falar da lei dos impérios, que rege a ascensão, a expansão e a queda das grandes potências. Foi essa lei, disse ele, que arruinou Roma, depois a Turquia e, em 1917, a Rússia. Agora essa ruína, ele asseverava, pairava sobre o Império Britânico.

"No presente momento, o Império Britânico está sendo distendido em muitos pontos", observou Bose, e não apenas na Índia. Era fevereiro de 1938; um alvoroço tomava conta da Palestina, do Egito, do Iraque e do Extremo

Oriente. "Por quanto tempo o Império Britânico conseguirá conter o efeito acumulativo dessa tensão e distensão?", perguntava ele aos delegados da assembleia. Não por muito tempo, foi sua resposta. "Os pés de argila de um vasto império se expõem tal como nunca antes ocorreu."

"Essa ação de forças recíprocas que se espalham pelo mundo" vem ao encontro da Índia, argumentava Bose. "Nosso país é vasto" e tem uma imensa população. A Índia estava prestes a realizar grandes feitos. Mas ela só poderia concretizar esse destino se rompesse relações com uma decadente Grã-Bretanha que ainda tentava impor sua vontade atrofiada sobre mais de 300 milhões de seres humanos, por um esquema de protetorado e federação. "O estágio derradeiro de nosso progresso", afirmou Bose, "será o rompimento das relações com a Grã-Bretanha." Bose queria que o Congresso fosse mais do que o partido de *Swaraj*. Ele o via como o partido das forças do futuro. Um Congresso novo e disciplinado assumiria o cargo da administração e da economia e lançaria um programa de reconstrução social. "Só assim ele realizará sua tarefa."

Ele solicitou ao Congresso que olhasse para a Europa e visse que os únicos países de "progresso ordenado e contínuo" eram aqueles "em que os partidos assumiram o poder" e se incumbiram da tarefa de governar. Bose achava que o Congresso na Índia deveria ser como foram os "camisas-marrons" na Alemanha ou os "camisas-negras" na Itália.[16]

Era uma esperança desamparada; Bose se decepcionaria com a normalidade absoluta dos colegas de Congresso, tal como ocorrera com Gandhi, e por algumas das mesmas razões. Políticos do Congresso não estavam mais interessados na versão de Bose de um disciplinado partido de massa do que estiveram na versão de Gandhi. Tudo que queriam era repartição pública e influências. O ano da presidência de Bose testemunhou um estranho desacordo entre líderes e liderados. Nas províncias e nas cidades, os membros do Congresso estabeleceram aos seus mandatos a função de conselheiros e administradores. Começaram a pressionar os principados da Índia (com o incentivo de Gandhi) a abrir os corredores do poder aos métodos e aos candidatos do Congresso. Uma revolução silenciosa estava ocorrendo à medida que os indianos, encabeçados pelo Congresso, assumiam cada vez mais controle do país.

Mas em seu centro, no Comitê de Trabalho, ocorria uma majestosa batalha de interesses e personalidades. Bose queria que o Congresso dispensasse todos os acordos constitucionais e forçasse a Grã-Bretanha a um ultimato. Já os gandhianos da velha guarda não queriam o mesmo. No final daquele ano, Gandhi foi forçado a intervir.

Em seu foro íntimo, o programa ideológico de Bose horrorizava Gandhi, embora este nunca o tivesse contestado em público. Havia um eco doloroso do leitor arrogante e ultranacionalista de *Hind Swaraj*. A Gandhi também preocupava que o bengalês Bose estivesse tentando constranger o governo muçulmano eleito em sua província natal. A perda de Bengala para as forças do islã fora um acontecimento humilhante para os bengaleses hindus.[17] Para Gandhi, Bose somava mais confusões a uma situação já tensa entre o Congresso e a Índia muçulmana.

Em 1938, Gandhi desaprovou rispidamente a investida de Bose em declarar suas intenções aos britânicos. "Discordo de suas frequentes ameaças de federação e ultimato", escreveu-lhe Gandhi. "Em minha opinião, a ideia de um ultimato é prematura." Mas Gandhi acrescentou, com modéstia, que "esta voz que te fala é de um moribundo", e "não é minha responsabilidade, mas sua, moldar o destino desta nação".[18] Quando chegou a hora de nomear o próximo presidente, alguns achavam que Bose seria a melhor opção; contudo, Gandhi nomeou o recém-chegado dr. Pattabhi Sitaramayya.[19]

As forças de Bose explodiram. Ele ficou sabendo que muitas províncias já tinham apontado sua nova indicação à presidência. Não havia motivos que o impedissem de se candidatar à reeleição. "Não faz sentido ter no Congresso uma constituição democrática", disse ele, "se os delegados não têm a liberdade de pensar e votar como querem."[20] Essa oposição pública a Gandhi não tinha precedentes. Uma calorosa controvérsia desabrochou na reunião do Congresso, em fins de janeiro de 1939, com discursos raivosos, gritarias, empurrões e gestos de insulto. Gandhi mobilizou todos que o apoiavam, incluindo o relutante Nehru, para se alinharem contra a reeleição de Bose. Bose contra-atracou, acusando de má-fé tanto as ações de Gandhi quanto as de Nehru. Era uma crise de primeira magnitude. Nunca, desde 1924, o prestígio pessoal de Gandhi era tão posto à prova.

O acordo final deu-se em 29 de janeiro. Delegados de ambos os lados ficaram atordoados ao ver Bose sair vencedor. O candidato de Gandhi, escolhido a dedo, perdeu por mais de 2 mil votos. O Mahatma reconheceu que seus inimigos tiveram uma "vitória decisiva" não apenas sobre Sitaramayya, mas sobre ele mesmo. "A derrota", disse ele, "é antes minha do que dele."

Não obstante, cortesmente parabenizou Bose pela vitória, embora com frieza; "afinal de contas, Subhas Babu não é um inimigo desse país". Ele ainda acrescentou que aqueles que não fossem capazes de apoiar Bose e seu programa por completo deveriam deixar o Congresso. E então reuniu seus pertences e se retirou.[21]

A muitos dos congressistas isso pareceu um gesto de rendição. Com efeito, era uma prova da discórdia promovida por Bose. Ele vencera a eleição, mas perdeu todo o apoio do Comitê de Trabalho, formado em sua maioria por partidários de Gandhi. A situação ainda se agravou quando Bose acusou o Comitê de forjar um acordo secreto com os britânicos para aceitar o Projeto de Lei do Governo da Índia.[22] Em 22 de fevereiro, doze dos quinze membros do Comitê de Trabalho pediram afastamento, afirmando que não mais trabalhariam para Bose.

Para seu desespero, Bose viu-se batido pelo velho homem que ele subestimava como uma relíquia do passado. Gandhi "me fez um mal ainda maior do que os doze intransigentes membros" do Comitê de Trabalho, disse Bose, enraivecido, a um parente.[23] Em março, ele e seus partidários bengaleses iniciaram a sessão do Congresso em Tripur como uma última resistência.

Durante uma semana, eles se debateram com seus oponentes. Jawaharlal Nehru assumia cada vez mais o papel de paladino de Gandhi contra Bose. Por fim, os bengaleses se deram conta de que sua posição era irrealizável. Nirad Chaudhuri recordou-se do irmão de Subhas, Sarat, ao retornar posteriormente a Calcutá, com uma aparência enferma e pálida: "Pude ver pelo que passou por amor ao irmão."[24] Subhas estava realmente enfermo. Sua saúde estava acabada, como ocorria com frequência em épocas de crise, e ele saiu de Tripur, por um mês, para cuidar de seu corpo e abrandar sua ira.

No fim de abril de 1939, Bose renunciou à presidência do Congresso. Gandhi vencera. Porém, assim como Jinnah, Bose estava decidido a tomar uma ação unilateral. Dentro de poucos dias, ele anunciou a formação de seu próprio partido político, o Bloco Progressista (Forward Bloc), que levaria adiante sua luta. "Dai-me sangue e vos darei a liberdade", diria ele posteriormente a seus seguidores. "A última fase do gandhismo, com sua hipocrisia carola", como também escreveria, "sua democracia ultrajante [...] está adoecendo. As pessoas estão sendo forçadas a se perguntar qual a pior das ameaças ao futuro político da Índia — a burocracia britânica ou a hierarquia gandhiana".[25] A luta de Bose, tanto contra Gandhi quanto contra os ingleses, estava apenas começando.

Gandhi, no entanto, permaneceu altivo e despreocupado. Ele já partira para a causa seguinte. No final de fevereiro, foi para Rajkot, a fim de buscar sua "*satyagraha* principesca". V. Patel o convencera de que integrar os principados remanescentes da Índia ao seu movimento seria uma forma decisiva de expandir a base política do Congresso e frustrar as chances de Bose fazer o mesmo.

Quase um terço da Índia era governado pelos 532 principados ainda autônomos. Dos maiores (como Hyderabad e Caxemira) aos menores (alguns de poucos quilômetros quadrados), não representavam ameaça alguma ao Raj desde a Grande Rebelião. Mas ameaçavam o nacionalismo indiano, pois, sem a cooperação de seus governantes, nenhuma federação, nenhuma verdadeira unidade indiana seria possível.

Até então, os principados permaneciam intatos pela maioria das correntes políticas indianas. Mas, "se os estados (principescos) persistirem em sua teimosia e acalentarem sua ignorância em relação ao despertar que se espalha por toda a Índia", advertiu Gandhi no último mês de setembro, "eles fazem um cortejo ao desastre".[26] De volta agora à sua natal Rajkot, Gandhi tentava trazê-los a bordo.

Mais de sessenta anos antes, o pai de Gandhi fora a Rajkot para servir a seu governante como *diwan*. Agora o filho ditaria os termos ao governante. A menos que o príncipe, ou *thakur*, permitisse aos membros do Congresso assumir postos de oficiais locais, disse Gandhi, ele continuaria com o jejum. Essa era uma decisão inteiramente espiritual, disse ele, mas, com sagacidade, advertiu o vice-rei do que estava por vir.

Em 1939, lorde Linlithgow não podia arcar com a morte de Gandhi, nem com uma Índia tomada por revoltas. Assim, com o apoio do chefe de Justiça da Índia, o vice-rei conseguiu um acordo com o desafortunado príncipe. Gandhi suspendeu o jejum — embora muitos de seus seguidores se sentissem traídos com isso — e, mais uma vez, aceitou um acordo que ignorava os esforços de longos meses.[27]

Foi a segunda vitória de Gandhi em três meses e sua última *satyagraha* antes da guerra. Ambas as vitórias revelaram uma nova impaciência e até mesmo certa impiedade em um homem prestes a completar 70 anos. Após resistir às ameaças de Bose, ele voltara à política violentamente. Mais tarde, admitiu que a ameaça de um "jejum até a morte" fora coerciva, não havia sido conduzida com o verdadeiro propósito *satyagraha* de converter o oponente.

Mas, aos 70 anos de idade, seu tempo estava acabando assim como sua paciência. "Tornei-me velho, perdi a paciência", confessara a um velho amigo, exatamente um ano antes. "Não estou preparado para escutar ninguém sobre nada." Daí em diante, Jinnah, Bose e Churchill enfrentariam Gandhi por sua própria conta e risco.[28]

No dia 7 de março de 1939, Gandhi oficialmente quebrou seu jejum. Uma semana depois, os tanques alemães invadiam a cidade de Praga.

Winston Churchill estava sentado no salão de fumar da Câmara dos Comuns junto a Anthony Eden quando os jornais vespertinos anunciaram as notícias da capital tcheca. Fazia apenas seis meses que Hitler assinara um acordo com Chamberlain garantindo que a Alemanha não tinha mais exigências territoriais. "Mesmo aqueles que, como nós, não se haviam iludido", escreveu Churchill posteriormente em seu *Gathering Storm*, "ficaram surpresos com a súbita violência dessa atrocidade".[29]

Em Praga, uma multidão taciturna e silenciosa assistia às tropas alemãs marcharem pelas ruas, enquanto os sinos das igrejas anunciavam a morte de seu país. Dentro de poucos dias, a República da Tchecoslováquia, a última república autônoma do Leste Europeu, foi substituída pelo comando nazista. A segregação de judeus aconteceria logo após, tal como ocorrera na Áustria.

Finalmente, e agora tarde demais, Chamberlain parecia acordar do sono do apaziguamento. "Quem seria incapaz de sentir seu coração disparar em simpatia por esse povo orgulhoso e corajoso, que foi, de súbito, sujeitado a uma invasão?", disse ele a uma multidão em Birmingham, no dia 17 de março. "Seria isso, de fato, um passo em direção à tentativa de dominar o mundo pela força?", perguntou Chamberlain. Se o é, concluiu, então "ele deve ser detido pelas democracias".[30]

O governo ensaiou os primeiros passos para mostrar seu engajamento. Exigiu a volta do embaixador britânico de Berlim. No final de abril, apresentou um recrutamento limitado do Exército. No entanto, se Chamberlain queria dar mais credibilidade à sua nova posição desafiadora, a pessoa que devia ter ao seu lado era Winston Churchill.

No governo, Churchill batera firmemente, e durante cinco meses, na mesma tecla, mas sem produzir efeito algum. Após a queda de Praga, o público, por fim, começou a ouvi-lo. "A opinião britânica foi incitada, como se a absorção da Áustria e a capitulação de Munique não tivessem acontecido", escreveu o historiador Alan Taylor. Churchill e seus adeptos advertiram que a ambição de Hitler era insaciável e que não poderia ser contida senão pelo uso da força armada. "Como a água que goteja em uma pedra, suas palavras finalmente quebraram a crosta da incredulidade."[31]

Churchill recebeu telegramas de aprovação, como se houvesse conquistado uma grande vitória. Um candidato liberal de Cornwall disse a ele que, em todos os seus discursos, dizia que Winston Churchill era o homem que a Grã-Bretanha precisava ter como primeiro-ministro. Eram necessários alguns minutos "para que a ideia penetrasse no espírito", escreveu T. L. Horbain, e então "explodisse em um surto de aplausos".[32]

Durante a primavera e o verão, uma onda de sentimento público começou a espalhar-se lenta e firmemente. Ela trazia consigo uma mensagem: queremos Winston no ministério. Em 22 de abril, o *Evening News* sugeriu que ele assumisse o Almirantado ou o Ministério da Força Aérea. A nova Lei de Treinamento Militar (Military Training Act) provocou apenas um leve abalo no ministério e, por isso, "houve enorme decepção em ambos os lados do Parlamento", relatou o *British Weekly*. "As mudanças ministeriais não incluíam figuras eminentes como a do sr. Winston Churchill e do sr. Anthony Eden."[33]

Em maio, o *News Chronicle* relatou que 56% da população, segundo a pesquisa de opinião pública, queria Churchill no ministério. Em junho, estava claro que o próximo confronto de Hitler estava por vir: desta vez seria contra a Polônia, em Danzig. O clamor para trazer Churchill a bordo foi quase ensurdecedor, com a participação do *Evening Standard*, do *Daily Mail* e do *Spectator*.

Ninguém, talvez com a exceção do sr. Horbain, via em Churchill um líder em potencial, quanto mais um primeiro-ministro. A sabedoria popular havia simplesmente concluído que pôr Churchill no Almirantado ou no Ministério das Forças Aéreas seria mostrar a Hitler que os britânicos estavam finalmente dispostos a preparar um ataque, mesmo que deficiente. Um importante ministro alemão do gabinete de Hitler estava ávido pela mesma notícia e comunicou secretamente seu desejo a um oficial do Ministério das Relações Exteriores: "Churchill é o único inglês que Hitler teme. O mero fato de dar-lhe um importante cargo ministerial convenceria Hitler de que [os ingleses] realmente estão dispostos a se voltar contra ele."[34]

A maioria ainda esperava que, de algum modo, a Grã-Bretanha evitasse a guerra ao fazer suas declarações e enviar os sinais corretos. Se Churchill estava ciente de tais esperanças, ele, no entanto, não se preocupava com elas. Previu que a Polônia seria a próxima área de tensão (uma previsão não muito difícil) e tentava ferozmente apressar o estado de prontidão na Grã--Bretanha, como se já estivesse no ministério. Harold Nicolson viu-o na sala para fumantes da Câmara dos Comuns, obrigando o embaixador soviético a escutá-lo resmungar: "Agora preste bem atenção, senhor embaixador, se quisermos ter sucesso com essa nova política, precisamos do apoio da União Soviética."[35] Enquanto isso, velhos amigos, como Reggie Barnes, dos tempos da Guerra dos Bôeres, enviavam-lhe cartas e telegramas, afirmando com firmeza que "a Inglaterra lhe deve muitas desculpas".[36]

Ao perceber que os caprichosos ventos da opinião pública sopravam em sua direção, Winston sentiu vontade de comunicar aos homens que menosprezara por seu invertebrado apaziguamento que estava disposto a deixar o passado para trás. Essa generosidade estendeu-se até a Índia, como notou o próprio Churchill em um discurso proferido no 1900 Club, no dia 21 de junho. O convidado de honra era lorde Halifax, e Churchill estava contente em poder falar em nome do ex-vice-rei. "Se permanecem diferenças", disse ele aos membros da assembleia, dirigindo-se ao antigo vice-rei, "elas concernem unicamente à ênfase e ao método, à escolha do momento adequado e ao grau." Talvez ele estivesse se referindo ao Congresso indiano ou a Hitler; na cabeça misericordiosa de Churchill, já não fazia mais diferença.[37]

A ameaça de guerra se aproximava. Em julho de 1939, os membros do Gabinete, em especial os mais jovens, clamavam a Chamberlain que trouxesse Churchill. Mas ele ainda se recusava. "A nomeação de Winston Churchill para o ministério", disse ele a um amigo ainda em abril, "seria uma evidente declaração de guerra a Berlim." Chamberlain trabalhou junto com Churchill desde a década de 1920; vira seus audaciosos e imprudentes planos serem postos em prática de modo enviesado no Erário e durante a greve geral. "Se o senhor não concordasse com ele", confessou Chamberlain a lorde Camrose no dia 3 de julho, "ele seria capaz de perder o controle, e muitos de seus colegas descobriram que o caminho mais fácil era não se opor a ele", pois o resultado seria desastroso. Chamberlain não estava disposto a repetir os mesmos erros. Além disso, disse Chamberlain a Camrose, "não perdi minhas esperanças de que a paz seja instaurada".[38] Chamberlain agarrava-se àquela desesperada perspectiva, mesmo após Hitler ter assinado com Stálin um pacto de não agressão, no dia 26 de agosto, que assegurava a não expansão da Alemanha no front oriental, e mesmo depois de o Exército blindado alemão ter se aglomerado em volta da fronteira polonesa, no dia 31 de agosto.

Enquanto isso, Churchill, com afinco, preparava-se para a guerra mais conscienciosamente que o próprio governo. Durante os preparativos para o combate, ele terminou de escrever a *Uma história dos povos de língua inglesa*, uma prodigiosa façanha de fôlego e concentração. Ao longo de um tenso verão, este tema o animou: "O desenvolvimento da liberdade e da lei, dos direitos do indivíduo, da subordinação do Estado às concepções fundamentais e morais de uma comunidade sempre disposta a agregar." Eram esses os princípios em jogo na guerra por vir, pensava Churchill. "Os povos de língua inglesa foram os autores dessas ideias e, depois, seus garantidores; agora devem pegar em armas para defendê-las", assim escreveu a seu assistente Maurice Ashley.[39]

Em agosto, ele fez uma última visita à França, para inspecionar as defesas na Linha Magnot e se encontrar com vários comandantes militares. Durante uma pausa em Dreux, ele e um amigo fizeram algumas pinturas. Naquele mesmo dia, 375 membros do corpo docente de todas as universidades britânicas assinaram um requerimento no *Times* pedindo a Chamberlain que colocasse Churchill no governo.

Do outro lado do canal, Winston e seu amigo Paul Maze pintavam lado a lado, silenciosamente. O sol estava cintilante e forte; o ar, puro e inspirador. Na Europa, o verão de 1939 foi um dos mais bonitos em muitos anos. Churchill observou: "Este é o último quadro que pintaremos em paz por um longo tempo."

Ele deu mais algumas pinceladas, com o olhar semicerrado de sua costumeira concentração. Então disse, referindo-se aos alemães: "Eles são fortes, escute o que lhe digo; eles são fortes." Algumas outras retocadas e então franziu o queixo e empunhou o charuto em um gesto de determinação. "Ah", disse, com um suspiro profundo, "mesmo com tudo isso, nós os derrotaremos."[40]

Alguns dias depois, Churchill retornou à Inglaterra. Às 8h30 da manhã do dia 1º de setembro, o embaixador polonês ligou para Chartwell para avisar Winston de que a invasão alemã havia começado. Às 10 horas, Churchill ligou para o general Edmund Ironside, do Ministério da Guerra. "Começou", disse Churchill. "Varsóvia e Cracóvia estão sendo bombardeadas neste momento." Naquela tarde, ele foi a Londres.

Na capital, o Ministério da Guerra ordenou o início de uma completa mobilização às 14 horas. Estava prevista uma reunião na Câmara dos Comuns às 18 horas. A pedido de Chamberlain, Churchill deveria reunir no máximo dez pessoas para um rápido encontro. Chamberlain disse: "O dado foi lançado." Disse também que pretendia criar um Gabinete de Guerra composto por ministros sem departamentos e pediu a Churchill que participasse. Winston concordou de imediato e saiu às pressas para a Câmara dos Comuns.[41]

Por toda aquela noite e por todo o dia seguinte, Churchill ficou à espera do chamado final, indo de um lado para o outro no salão de fumar da Câmara dos Comuns. Sir Maurice Hankey avistou-o conversando com seu círculo de camaradas. "Ele transbordava ideias, algumas boas, outras nem tanto", escreveu Hankey no dia seguinte. "Só espero que não dê a impressão que frequentemente passa aos outros!" Mas mesmo Hankey admitia que a presença de Churchill era "inspiradora e imponente".

Durante horas e horas, Churchill caminhou de um lado para o outro, "como um leão numa jaula", assim notou sua secretária, a sra. Hill. Ele esperava por um chamado que teimava em não chegar.[42]

Apenas no último minuto, Chamberlain fraquejou. Mesmo com os *stukas* (caças alemães) destruindo os campos de aviação e com o Exército blindado alemão devastando o território polonês, Chamberlain anunciou, naquela noite, à Câmara dos Comuns que, "se o governo alemão concordasse em retirar suas tropas, então o governo de Sua Majestade estaria disposto a fazer o mesmo", como se nenhum ataque sequer houvesse ocorrido.

O apaziguamento fazia seu último lance. A Câmara dos Comuns ficou consternada. "Não havia dúvida de que a disposição da Casa era favorável à guerra", relembrou Churchill mais tarde. "Supus que estava mais resoluta e unida do que no outro episódio similar, do dia 3 de agosto de 1914, do qual também fiz parte."[43] Ninguém podia crer que Chamberlain fazia um último e inútil gesto para deter o inevitável.

Então uma única figura colocou-se de pé. Não era Churchill, mas seu velho antagonista em assuntos indianos, Leopold Amery. Eles haviam estudado na mesma escola, na África do Sul; haviam discordado acerca de temas como o livre-comércio (Amery era um devoto protecionista imperial), o Império e a Índia — e viriam a discordar novamente. Em seu foro íntimo, Amery considerava Churchill um anacronismo inconsequente, uma relíquia de um extinto passado *whig* que antes faria mal, em vez de bem, à Grã-Bretanha.

Mas Amery também se posicionara firmemente contra o apaziguamento e, apesar de tudo, aplaudira alguns dos furiosos discursos de Churchill contra o governo. Agora, ter de escutar, mais uma vez, a tímida e monótona voz de Chamberlain dizer por que era melhor não fazer nada era algo que Amery não podia mais suportar. Quando Arthur Greenwood colocou-se de pé para falar em nome da oposição trabalhista, Amery subitamente gritou:

"Fale em nome da Inglaterra!"

Um silêncio estonteante e ensurdecedores gritos de aplauso irromperam por todos os lados. Com essas simples palavras, Amery salvou a situação — e a carreira de Churchill. Um pouco antes da meia-noite, Chamberlain reuniu-se novamente com seus ministros. "Nunca vi o primeiro-ministro tão perturbado", lembrou Halifax. O ministério, inclusive Halifax e Sir John Simon, concordou que não poderia mais haver ambiguidade.[44] A Grã-Bretanha enviou à Alemanha um derradeiro ultimato (o último de três), exortando-a a interromper o ataque à Polônia. Quando ficou claro que a Alemanha não o faria, às 11h15 do dia 3 de setembro, Chamberlain, relutante e deprimido, anunciou à nação britânica que estavam em guerra.

Depois do discurso, uma sirene de ataque aéreo soou por toda a cidade de Londres — a primeira de muitas nos cinco anos seguintes. Churchill subiu ao telhado de Morpeth Mansion para ver "o que estava acontecendo", como escreveu mais tarde. Para sua alegria e surpresa, uma barragem de trinta ou quarenta balões de defesa antiaérea já se erguia sobre sua cabeça, "sob a luz clara e fria de setembro". Então, "munido com um copo de conhaque e outros apropriados confortos medicinais", ele e Clementine se dirigiram ao abrigo antibombas no final da rua.[45]

"Fui tomado por um forte sentimento de calma", disse ele ao sentar-se na Câmara dos Comuns naquela mesma noite. Chamberlain anunciou, com uma alegria ressoante: "Espero viver para ver o dia em que o hitlerismo será derrotado."* Então, depois de falarem os líderes dos partidos Trabalhista e Liberal, foi a vez de Churchill.

"Não devemos subestimar a gravidade da tarefa que se encontra diante de nós", disse ele, "ou a severidade do ordálio para o qual não nos deveremos achar despreparados."

---

* Ele não viveu o suficiente. Morreu em 9 de novembro de 1940, em decorrência de um câncer, no período sombrio da Blitz.

Não está em questão aqui lutar por Danzig ou pela Polônia. Lutamos para salvar o mundo da pestilência da tirania nazista e em defesa daquilo que é mais sagrado no homem. Esta não é uma guerra de dominação, de engrandecimento imperial ou de ganhos materiais; não é uma guerra para impedir os meios de um país vir à luz do progresso. É uma guerra para gravar em uma rocha indelével os direitos do indivíduo e uma guerra para restabelecer e reviver o estatuto do homem.

Mais tarde, Leo Amery admitiu em seu diário: "Depois de tudo isso, acho que vejo Winston emergir como PM [primeiro-ministro] até o final deste ano."[46]

Àquela altura, Churchill já sabia qual seria seu posto no gabinete de Chamberlain: primeiro lorde do Almirantado, o mesmo de 1914. Naquela tarde, a notícia ecoou por todo o território inglês: "Winston está de volta." A esposa de Duff Cooper, Diana, acompanhou-o em sua ida ao Almirantado no final daquela tarde.

Ao dobrarem a esquina da Horse Guards Parade, eles logo viram rolos e rolos de arame farpado em frente ao edifício. No instante em que a guerra foi declarada, por precaução, todo o entorno de Whitehall foi protegido. A visão, no entanto, surpreendeu a companhia de Churchill.

"Por Deus!", exclamou Diana Cooper. "Mas para que tudo isso?"

Churchill sorriu e então resmungou:

"Isso é para me manter afastado."[47]

As sentinelas já reconheciam seu mais novo senhor, saudando-o e acenando-lhe em todo o trajeto. Logo o carro aproximou-se do portão de entrada, onde sua secretária Kathleen Hill o aguardava. Ela o acompanhou até o gabinete do primeiro lorde e o viu se aconchegar na mesma cadeira que ocupara 24 anos antes.

Atrás de sua escrivaninha havia um armário. Winston subitamente pôs-se de pé e, com força, abriu a porta, em um gesto dramático. Ali havia um grande mapa que ainda mostrava a localização dos navios alemães no mar do Norte no dia em que ele deixara a Marinha, em 1915 — como que congelado no tempo.

"Mais uma vez devemos lutar pela vida e pela honra contra o poder e a fúria dos valentes, disciplinados e implacáveis alemães", pensou consigo mesmo. "Mais uma vez, assim o será!"[48]

Ele estava errado. Essa guerra seria muito diferente daquela que a antecedera, muito mais complicada e destrutiva. Ao contrário da anterior, atingiria os confins do Império Britânico — até a Índia. De fato, quase naquele mesmo momento, na Casa Vice-Real, em Simila, um homem firmava seu nome em um documento que viria a produzir tumultos e disparos naquela parte do mundo; uma cadeia de episódios que colocaria Churchill em seu último embate com um velho adversário, Mahatma Gandhi.

23. ROTA DE COLISÃO

1939-1940

A palavra "derrota" não está no meu vocabulário
(MOHANDAS K. GANDHI, 1940)

Victor Alexander John Hope, marquês de Linlithgow, não se parecia com um homem que estava prestes a mudar a história. Era um escocês tímido, alto e magro que havia sofrido de pólio quando criança.* Estava na Índia não para iniciar um diálogo aberto com os nacionalistas indianos, como fizera lorde Irwin, nem para preservar o *status quo*, como lorde Willingdon. Em vez disso, fora enviado, em abril de 1936, para fazer com que a nova Constituição indiana funcionasse.

Em certo sentido, a Constituição era obra sua. Como presidente do Comitê Seletivo, estabelecera suas linhas gerais — tendo lutado ferozmente contra Churchill no processo. Longe de ser um linha-dura, Linlithgow via uma federação patrocinada pelos britânicos como a melhor forma de manter a Índia dentro do Império. Durante três anos cansativos, ele se debatera com os problemas que a Lei do Governo da Índia não havia tratado: os problemas comunais; a questão do destino dos principados; e a batalha sobre a decisão do Congresso Nacional Indiano de aceitar ou não a existência de ministérios nas várias províncias e sob quais condições. Gandhi o ajudara a resolver o último ponto. Seus debates levaram Linlithgow a gostar do

---

* Hope mais tarde apontaria que ele e Franklin D. Roosevelt, que também sofrera com a pólio, foram responsáveis pelas vidas de mais seres humanos do que quaisquer outros líderes na Terra.

Mahatma, a quem considerava "cativante e extremamente astuto", ainda que pensasse nele como alguém "implacável em sua hostilidade ao controle britânico na Índia".[1]

No entanto, os outros assuntos pareciam quase fora do alcance de uma solução humana, ou pelo menos de uma solução britânica. "Quanto mais reflito sobre a situação política como um todo", confessou a seu ministro, lorde Zetland, "mais impressionado fico com a importância de definirmos a federação o quanto antes." Ele foi o primeiro vice-rei, mas não o último, a perceber que o Raj havia se tornado uma bomba-relógio e que, à exceção de Gandhi, todos os principais envolvidos — Jinnah, Nehru, Bose e até mesmo príncipes dirigentes — esperavam somente um pretexto para detoná-la, na esperança de construir sua própria ordem a partir dos escombros.[2] Certamente jamais imaginara que, em 3 de setembro de 1939, seria ele próprio quem lhes daria aquela oportunidade.

Concordara com Zetland que, caso a guerra eclodisse na Europa, despacharia uma declaração à Assembleia Legislativa em Nova Délhi afirmando que o estado de guerra também existia entre Índia e Alemanha. Não havia a necessidade de uma consulta prévia aos líderes dos vários partidos ou ao voto parlamentar. Por lei, se a Grã-Bretanha entrasse em guerra, a Índia também entraria — automaticamente. Domínios como a Austrália (que declarou guerra no mesmo dia 3 de setembro) e África do Sul (6 de setembro) contavam com um mecanismo de consulta a ministros eleitos, mas isso não existiria na Índia até que a federação estivesse plenamente estabelecida, o que só viria a acontecer pelo menos dois anos mais tarde.

Além disso, Linlithgow sabia que, caso solicitasse uma votação, o Congresso Nacional Indiano, nesse momento governando oito das onze províncias indianas, provavelmente o decepcionaria.[3] Então, a primeira noção que tiveram os indianos de que estavam em guerra foi quando ouviram o pronunciamento do rei, por meio do Serviço Estrangeiro da BBC, seguido pelo anúncio do vice-rei que dizia que um estado de emergência de guerra estava agora em vigor na Índia.

Amiúde são feitas acusações de que Linlithgow arrastou os indianos para a guerra sem seu consentimento e que essa "humilhação" envenenou as relações entre Grã-Bretanha e Índia nos derradeiros anos do Raj. Alguns chegam a sugerir que a decisão de Linlithgow foi um "erro fatal".[4] Na verdade, não havia decisão a ser tomada. Se havia alguém a quem culpar, esse alguém era Winston Churchill. Por quase quatro anos, ele arrastara a batalha sobre a Lei do Governo da Índia, adiando sua implementação até 1937. A primeira fase, que consistiria na entrega do poder nas províncias, praticamente não fora testada quando a guerra começou. A Assembleia não tinha um papel consultivo porque ainda não existia uma federação indiana. E, com a guerra em curso, era muito improvável que a situação mudasse. Churchill assentara as rígidas fundações do que estaria por vir — juntamente com Gandhi.

Diferentemente de outros líderes indianos, em setembro de 1939, Gandhi estava muito envolvido com o assunto da entrada na guerra. No dia anterior à declaração formal da Grã-Bretanha, Linlithgow enviara uma mensagem ao Mahatma, em Sevagram, que lhe respondeu de um posto telegráfico em Wardha. "LAMENTÁVEIS E TERRÍVEIS NOTÍCIAS", Gandhi telegrafou. "TOMO O PRÓXIMO TREM. CHEGO A SIMLA DIA QUATRO PELA MANHÃ." Naquela noite ele viajaria a toda velocidade sobre os trilhos em direção ao palácio do vice-rei.

"Terríveis notícias." De Sevagram, Gandhi assistira à aproximação da guerra na Europa com profundo agouro. A ascensão do fascismo só havia confirmado sua sombria avaliação sobre o terrível destino que aguardava o materialismo ocidental. De acordo com o biógrafo Robert Payne, a traição em Munique levara-o à beira de um completo colapso.[5] O único fio de esperança ao qual Gandhi se apegava era que os europeus pudessem descobrir o poder da não violência antes que fosse tarde demais.

Em 1938, ele incitara os tchecos a usar a não violência contra os alemães em vez de balas. Estimulou os judeo-alemães a fazerem o mesmo. "Os judeus da Alemanha podem oferecer *satyagraha* sob auspícios infinitamente melhores do que os dos indianos na África do Sul", escreveu no *Harijan* em 11 de novembro de 1938. "Eles são mais talentosos que os indianos da África do Sul." Uma "resistência calma e determinada, oferecida por homens e mulheres desarmados", transformaria seu "inverno de desespero" em "verão de esperança", previa Gandhi. Ganharia a admiração mundial e talvez até a do povo alemão: "Os judeo-alemães anotarão uma vitória duradoura sobre os gentios alemães, no sentido de que terão convertido os últimos para uma apreciação da dignidade humana."[6]

Gandhi até incitou os judeus a desarmar seus perseguidores rezando por Hitler. "Se um só judeu agisse desse modo", disse ele com segurança, "salvaria seu autorrespeito e deixaria um exemplo que, caso se tornasse contagiante, salvaria a totalidade dos judeus." Até mesmo seu velho amigo Hermann Kallenbach tinha objeções. "[Hermann] quer ser não violento" era a explicação de Gandhi para a divergência, "mas os sofrimentos de seus companheiros judeus são demais para se suportar." Gandhi acrescentou: "Não discuto com ele sobre seu ódio", para então repetir o aforismo que diz que "a vingança é doce, [mas] o perdão é divino".[7]

Até mesmo depois da guerra, quando a extensão completa do holocausto se tornou conhecida, Gandhi ainda sentia que "os judeus deveriam ter se oferecido à faca do açougueiro [...]. Deveriam ter se jogado ao mar desde penhascos [...]. Isso teria despertado o mundo e o povo da Alemanha [...]. Da forma como ocorreu, eles sucumbiram aos milhões da mesma maneira".[8]

Sob a sombra de Treblinka e Auschwitz, ou mesmo da *Kristallnacht*, as observações de Gandhi parecem extraordinárias e até indecentemente ingênuas. Na mesma medida, suas visões ambivalentes sobre Hitler chocaram até seus seguidores. Em 23 de julho de 1939, ele escreveu uma carta aberta a Hitler, implorando-lhe que renunciasse à violência. "Está claro que atualmente o senhor é a única pessoa no mundo capaz de prevenir uma guerra que pode reduzir a humanidade à barbárie", dizia. "Escutará o apelo de um homem que deliberadamente marginalizou o método da guerra?"[9]

Hitler, naturalmente, não escutou. No entanto, isso não impediu Gandhi de enviar mais cartas ao ditador, em maio e junho de 1940, ou de dizer a Linlithgow, naquele mesmo mês, que "Hitler não é um homem mau". Enquanto os *panzers* de Hitler rugiam sobre a França, Gandhi escreveu que as futuras gerações de alemães "honrariam Hitler como um gênio, um bravo, um organizador incomparável e muito mais".[10] Em sua última missiva a Hitler, escrita na véspera do Natal de 1941, Gandhi louvou "sua bravura [e] devoção à pátria [...]. E não acreditamos que seja o monstro descrito por seus oponentes" — sendo Winston Churchill um dos mais francos.

O que poderiam esperar os críticos? Aos 70 anos, Gandhi não estava nem perto de mudar sua opinião sobre o imperativo moral da *ahimsa* e o poder espiritual da não violência. "Um homem pode derramar seu próprio sangue para demonstrar o que considera 'correto'", escreveria ele, mas "não pode derramar o sangue de seu oponente" pelo mesmo motivo. Para Gandhi, essa era uma regra primordial.[11] Essa ideia levou-o a uma de suas mais conhecidas máximas, proferida a um grupo de clérigos norte--americanos: "A fim de ser verdadeiramente não violento, devo amar [meu adversário] e rezar por ele até mesmo quando me golpeia." Para Gandhi, essa não era uma fórmula para a passividade ou a covardia, mas a sublime expressão da mais alta forma de coragem. Para outros, contudo, parecia um convite à rendição.

Um grupo de missionários metodistas norte-americanos reuniu-se com Gandhi em Sevagram, em dezembro de 1938, após os acontecimentos de Munique e da revolta antijudeus na *Kristallnacht*. Na Abissínia, o Exército italiano usava gás venenoso contra tribos da resistência. Assim como outros cristãos da New Age, os norte-americanos admiravam Gandhi profundamente, mas imploravam que ele entendesse que a não violência seria inútil contra ditadores cruéis, como Hitler e Mussolini, e que acabaria sendo usada em seu benefício. "São incapazes de qualquer reação moral", disse um deles. "Não têm consciência e se fizeram impenetráveis à opinião mundial."

Em resposta, Gandhi demonstrou desinteresse, quase desprezo: "Seu argumento pressupõe que homens como Hitler e Mussolini estão além da redenção."[12] Gandhi jamais pôde aceitar um julgamento tão definitivo contra outro membro da raça humana, nem mesmo contra o pior deles. No entanto, o que parecia racional e humano para Gandhi era visto como loucura para outros, e vice-versa.

Sem dúvida, em algum sentido ele tivera sorte até o momento. Jamais teve de tratar com um inimigo verdadeiramente fanático como um Hitler ou um Himmler, para quem o assassínio em massa era um meio para se atingir um fim, e o terrorismo, um fim em si mesmo. Fossem seus próprios adversários mais motivados por ideologias e mais fanáticos, a afirmação de Gandhi de que "sob a não violência, somente seriam mortos aqueles que treinaram a si próprios para ser mortos" teria sido reduzida a um odioso absurdo.

A verdade é que os britânicos na Índia e os brancos na África do Sul ao menos professavam um conjunto de princípios morais consistentes e um padrão de justiça objetivo ao qual Gandhi poderia efetivamente recorrer. Ele agira dessa maneira por mais de quarenta anos. Aquilo que ele próprio denominara "senso de justiça britânico" o salvara mais de uma vez. O que quer que pensassem Willingdon, Irvin, Reading e outros adversários de Gandhi sobre o Mahatma, todos tinham vivido de acordo com a moral cristã dos "povos de língua inglesa" de Churchill. Até mesmo o general Dyer fora descartado após Amritsar — e não promovido, como teria feito Stálin ou Hitler —, e Yeravda não era um *gulag*. Sem esse contrato moral

GANDHI E CHURCHILL

implícito entre governante e governados, a carreira de Gandhi como líder nacionalista teria sido desagradável, estúpida e curta.*[13]

Paradoxalmente, a força espiritual de Gandhi era também seu ponto cego intelectual. Um mundo sem Deus era inimaginável para Gandhi e, no entanto, esse mundo o rodeava por todos os lados. Em sua perspectiva, Gandhi não podia ver diferenças fundamentais entre os valores do Raj e os de Hitler. Em sua mente, ambos haviam sido fundados sobre a violência ou *himsa*.

Churchill, no entanto, era capaz de ver tais diferenças e assim o fez. Em um mundo sem deus, Churchill agarrou-se à civilização ocidental como a maior esperança dos homens porque teve total consciência de suas alternativas passadas e presentes. Se Hitler vencesse e a Grã-Bretanha perdesse, diria ele em seu discurso "Finest Hour", "então o mundo todo, incluindo os Estados Unidos, incluindo tudo que conhecemos e prezamos, afundará no abismo de uma nova era de trevas, tornada mais sinistra e mais longa pelas luzes da ciência pervertida".[14] Ele era capaz de conceber o desastre da vitória totalitária com derrota democrática em termos históricos, não somente em termos morais. Essa percepção deu-lhe energia espiritual para convocar toda uma nação a se opor ao mal, assim como Gandhi convocara toda uma nação a se opor ao Raj.

Gandhi e Churchill tinham outra surpreendente diferença que biógrafos e historiadores frequentemente deixam escapar. Gandhi tinha o dom de ver a bondade em todos os seres humanos, até mesmo em Hitler. Churchill tinha o dom de ver a maldade, porque reconhecia essa condição em si mesmo. O homem que denunciou Hitler como ditador e assassino foi o mesmo que ordenou o lançamento de bombas incendiárias em cidades alemãs. Foi o primeiro-ministro que ordenaria aos médicos que deixassem Gandhi morrer na prisão e que permitiria que milhões de indianos morressem de inanição, em 1943, para evitar o risco de desvios no esforço de guerra.

Ao mesmo tempo, contudo, Gandhi não tinha ilusões sobre o que Hitler representava ou sobre as consequências de seu triunfo. A mesma carta de Natal que louvava a "bravura e devoção" de Hitler dizia também que "não há dúvida de que muitos de seus atos são monstruosos e impróprios da

---

* Hitler propusera a solução final para o problema da Índia britânica a lorde Halifax, quando se encontraram em 1938. "Mate Gandhi", disse ao surpreso ex-vice-rei.

dignidade humana". O nazismo por si só, dizia Gandhi a seus seguidores, é "uma força crua e cruel reduzida a uma ciência exata e trabalhada com precisão científica".[15] Então, em 4 de setembro de 1939, durante uma reunião de Gandhi com o vice-rei Linlithgow, parecia que, enfim, ele e Churchill estavam na mesma sintonia.

Os dois conversaram por duas horas. O Mahatma enfatizou que falava por si só e não pelo Congresso Nacional Indiano, mas declarou seu comprometimento incondicional à causa britânica. "Parece até que o sr. Hitler não conhece nenhum Deus que não a força bruta", disse Gandhi a Linlithgow, "e, como disse o sr. Chamberlain, ele não escutará nada além disso."

Então, Gandhi confessou que contemplava a guerra com "um coração inglês" e que não podia pensar na destruição de Londres "sem sentir perturbação nas profundezas" de seu ser. Enquanto o Mahatma fazia surgir, do nada, uma imagem da Abadia de Westminster e do edifício do Parlamento destruídos por bombas alemãs, um atônito Linlithgow assistia a Gandhi baixar a cabeça e derramar lágrimas.[16]

Foi um momento extraordinário. Assim como a defesa de Gandhi à não violência contra ditadores, a emoção era compatível com uma história de quarenta anos. Gandhi ficara ao lado do Império em 1899 e novamente em 1914. Apesar de toda uma vida de frustrações, estava pronto para apoiá-los pela terceira vez em 1939. Winston Churchill, que chorava com facilidade e desembaraço, teria compreendido suas lágrimas. Se, naquele momento, Churchill fosse o primeiro-ministro e pudesse convocar Gandhi a Londres, eles poderiam ter formado uma aliança tão ampla e significativa como as que posteriormente seriam feitas com de Gaulle ou Roosevelt. Uma grande catástrofe poderia ter sido evitada e, talvez, uma grande amizade tivesse início.

No entanto, Churchill não era o primeiro-ministro em 1939, e Linlithgow não era Churchill. Ele não soube como responder e o momento se perdeu. Gandhi então enxugou seus olhos e novamente enfatizou que não tinha o direito de falar em nome da nação. Ele se foi. Depois, declarou à imprensa que a decisão final sobre o apoio da Índia à guerra, "esse terrível drama", cabia ao Congresso, o que significava Jawaharlal Nehru.[17]

Nehru vinha se preparando para ser herdeiro legítimo de Gandhi por mais de uma década. O relacionamento deles era inegavelmente próximo, íntimo até, especialmente após a morte do pai de Nehru, em 1931. Nehru sempre fora cuidadoso em relação a ser visto e fotografado ao lado do Mahatma. Na verdade, eram homens muito diferentes, até mesmo antagônicos. As mais profundas diferenças não apareceriam até que fosse tarde demais, quando o legado de Gandhi para a Índia se tornara uma tragédia.

Como Churchill, Nehru fora educado em Harrow. Como Bose, era um graduado de Cambridge. Contudo, enquanto Bose (apesar de sua educação clássica) continuou sendo indiano e bengali, Nehru era inegavelmente um homem da esquerda britânica. O próprio Gandhi disse que Nehru era "mais inglês que indiano em seus pensamentos e constituição física e moral" e que se sentia "mais em casa com ingleses que com os próprios compatriotas",[18] em especial entre ingleses leitores de jornais com inclinações de esquerda, como o *New Statesman* e o *Guardian*, e votantes do Partido Trabalhista.[*] Nehru fazia do entusiasmo deles *seu* entusiasmo: pela nacionalização das indústrias, pelo planejamento socialista e pela derrota do capitalismo e do colonialismo.

Um desses entusiasmos era em relação à União Soviética de Stálin. Uma multidão de socialistas europeus e ingleses nos anos 1930, incluindo os antigos mentores de Churchill, os Webbs, havia se iludido em crer que a União Soviética era o modelo da perfeição social. Desse modo, ela se tornou o nirvana também para Nehru. Assim como outros esquerdistas ingleses, Nehru aceitaria os falsos julgamentos em Moscou, transformados em espetáculo, como reais. É na União Soviética de Stálin, escreveu em 1936, que "encontramos a essência da democracia presente nas massas em níveis muito superiores aos vistos em qualquer outro lugar". Isso no período após a Grande Fome, quando as consequências ainda eram visíveis, e pouco antes de os expurgos de Stálin serem feitos em marcha acelerada.[19]

Nehru nunca se tornou um comunista, apesar de ter colaborado com o inexperiente Partido Comunista Indiano. Contudo, ele de fato via o mundo e a Índia através de simplificadores estereótipos marxistas de imperialismo, capitalismo e "democracia socialista", expressão codificada para uma ditadura de cima para baixo no estilo soviético. Se S. C. Bose via a Alemanha e a Itália como projetos para o futuro de seu país, o projeto de Nehru era o "paraíso dos trabalhadores" da União Soviética.

---

* Nirad Chaudhuri notou um revelador esnobismo na maneira como Nehru falava inglês. Em qualquer debate, Nehru escutava cuidadosamente o sotaque de seu interlocutor e, então, ajustava o seu próprio, para que soasse ao menos uma classe social acima.

Assim, ao mesmo tempo que defendia o diagnóstico de Gandhi, para quem as aflições da Índia eram resultado do "imperialismo britânico", Nehru rejeitava as soluções do Mahatma. Sem dúvida, simulava apoio aos princípios de desobediência civil e *satyagraha*, mas os via puramente em termos de alavancagem política, e, em seu íntimo, irritava-se com sua dimensão religiosa. Se Gandhi acreditava na lei de *ahimsa*, Nehru acreditava na lei das lutas de classe. As "contínuas referências [do Mahatma] a Deus me irritam sobremaneira", confessou Nehru ainda em 1933, e, nesse momento, ele estava igualmente irritado com os sentimentos pró-britânicos de Gandhi.[20]

De imediato, Nehru viu que a guerra oferecia uma oportunidade de pressionar os britânicos pela independência, assim como Annie Besant tentara fazer durante a Primeira Guerra Mundial. Nehru precisou de quatro dias de hábeis debates para elaborar a declaração que ele e os líderes do Congresso lançariam em 14 de setembro. Estava repleta de lugares-comuns sobre democracia, combate à opressão e reprovações ao nazismo e ao fascismo. Colocava a culpa pela crise diretamente nos ingleses e franceses e denunciava seus impérios coloniais. "A verdadeira medida para a democracia está no término tanto do imperialismo quanto do fascismo", dizia a declaração; "o horror será colocado em xeque na Europa e na China, mas não terminará até que suas origens, o fascismo e o imperialismo, sejam afastadas" e até que a Índia fosse finalmente livre.[21]

A declaração de 14 de setembro (ou Manifesto de Setembro, como preferia chamá-la Nehru) ofereceu aos britânicos uma escolha, ou melhor, um ultimato. O Congresso apoiaria o esforço de guerra em troca de uma declaração de que a Índia teria assegurada sua total e completa independência. A não ser que o Congresso conquistasse os objetivos, tomaria providências para garantir que a Grã-Bretanha não atingisse os seus.

Nem o pensamento nem o ultimato refletiam a visão de Gandhi. Ele tinha esperança de convencer o Congresso a endossar seu plano de apoio incondicional, não violento, aos britânicos, que, no entanto, foi rejeitado. Ele sentiu que não tinha alternativas senão seguir em frente. "De todas as organizações do mundo", escreveu no *Harijan*, "o Congresso é a mais adequada para mostrar o melhor caminho, realmente o único caminho, para a verdadeira vida". Sentia que romper publicamente com Nehru e a liderança nesse momento nada mais faria além de expor quão dividido estava o Congresso em relação à guerra e a tudo mais.[22]

502 GANDHI E CHURCHILL

De fato, o Congresso indiano estava *realmente* dividido, talvez mais do que em qualquer outra ocasião durante uma década. Se o governo britânico recusasse o ultimato, o próximo passo de Nehru seria fazer com que todos os seus membros deixassem os cargos para os quais haviam sido eleitos nas legislaturas provinciais. Entretanto, eles estavam, na verdade, bastante satisfeitos com seu trabalho e seu sucesso na governança. Nas palavras de um historiador, a experiência britânica de cooperação com o Congresso no final dos anos 1930 fora "espetacularmente bem-sucedida".[23]

A princípio, políticos britânicos estavam céticos quanto à habilidade do Congresso em governar. No entanto, sua disciplinada estrutura proporcionou governos mais estáveis em suas oito províncias do que os governos não ligados ao Congresso nas outras três. O próprio Linlithgow considerou-o um "distinto registro de realização pública". De fato, dois governadores de províncias dominadas pelo Congresso, Madras e Províncias Unidas, publicaram artigos sobre o extraordinário êxito, para que servissem de referência para o governo indiano no futuro. Eles revelaram como era mais fácil manter a lei e a ordem, organizar serviços públicos e manter o saneamento com o auxílio de uma legislatura eleita pelo povo. Experientes homens do funcionalismo público indiano aprenderam a respeitar e a gostar de suas contrapartes indianas no campo. Pela primeira vez, graças à nova Constituição, os indianos exercitaram uma "verdadeira influência sobre o governo". Enquanto isso, o recrutamento de ingleses para a administração pública em vez de arrefecer após a Lei do Governo da Índia, como Churchill e outros haviam previsto, permaneceu forte.[24]

O Manifesto de Setembro ameaçava subverter esse próspero estado dos acontecimentos e provar que os críticos estavam certos: o Congresso Nacional Indiano *estava* pronto para apunhalar a Grã-Bretanha pelas costas. Justamente quando a experiência de autogoverno entrava em curso, Winston Churchill demonstrou apreensão a Linlithgow, a respeito da cooperação com inimigos da Grã-Bretanha, como o Congresso. Linlithgow, no entanto, duvidava. "Minha forte impressão é que esses homens são sinceros no que dizem", escreveu. As tendências apontavam para mais cooperação, até mesmo nos principados. "Acredite em mim", disse a Churchill, "a antiga ordem [...] está morrendo depressa". Linlithgow, contudo, também advertiu que Nehru ainda poderia pôr em risco qualquer nova ordem e que os legisladores "são duramente caçados pela ala da esquerda".[25] Nesse momento, os temores de Linlithgow pareciam se confirmar.

Ansioso por encontrar uma maneira de responder ao Manifesto de Setembro, Linlithgow reuniu-se com nada menos que 52 políticos indianos, incluindo Nehru, Gandhi, R. Prasad e Muhammad Jinnah. O resultado foram 52 opiniões diferentes sobre o que fazer a seguir. Linlithgow acreditava que Gandhi estava disposto a organizar um acordo, talvez até a aceitar o plano da Federação Indiana. Entretanto, a pressão de Nehru era muito forte. "Quaisquer que sejam suas hesitações quanto à solidez das diretrizes de Nehru", escreveu Linlithgow a lorde Zetland, Gandhi sentia-se preso ao dever de apoiá-lo, até mesmo nas coisas "que jamais seriam recomendadas por ele mesmo, caso ainda estivesse com o comando exclusivo e efetivo".[26]

Em 17 de outubro, Linlithgow sentiu que não tinha opção a não ser rejeitar publicamente a proposta do Congresso. A reação de Gandhi foi inflamada e imediata. "A declaração do vice-rei é decepcionante ao extremo", disse à imprensa. Ele rejeitou a oferta de Linlithgow de convocar uma conferência de todos os partidos para que acertassem suas diferenças com "a antiga diretriz de dividir para governar". Escreveu para o *Harijan* no dia 30 de outubro: "O apoio do Congresso colocaria a causa britânica numa base moral inatacável [...]. Mas Deus quis de outra maneira."[27] Enquanto isso, todos os políticos do Congresso, a maioria com relutância, haviam renunciado do gabinete provincial. Nehru alcançou o que secretamente desejara seis meses antes: forçar uma disputa final contra o Raj. A declaração de guerra fora um pretexto útil. Ao mesmo tempo, no entanto, a "experiência potencialmente frutífera" do autogoverno da Índia sob supervisão britânica entrava em colapso.[28]

Somente mais uma pessoa estava realmente satisfeita com esse resultado: Muhammad Ali Jinnah. Quando soube que os membros do Congresso estavam deixando seus cargos, o rosto sombrio de Jinnah abriu-se em um de seus raros sorrisos, e ele declarou oficialmente o dia 22 de dezembro de 1939 como um dia de ação de graças para os muçulmanos. Ele havia ignorado os apelos de Nehru e Gandhi para que aderisse ao Manifesto de Setembro. Sabia que o Congresso cometia um erro grave, possivelmente fatal. O fim do Congresso Nacional Indiano era uma nova oportunidade para a Liga

Muçulmana e uma nova alvorada para a ideia de um Estado muçulmano independente.

Ele estava agora totalmente convencido de que não haveria condições para uma reconciliação. "Hindus e muçulmanos pertencem a duas civilizações diferentes que se baseiam em ideias e conceitos conflitantes", dizia a seus seguidores.[29] Já não tinha razões para fingir o contrário. Assim, com a chegada da estação seca, a retirada de Gandhi para Sevagram e os debates entre Nehru e o Congresso em relação a seus próximos passos, Jinnah fez seu movimento.

Em 22 de março de 1940, mais de 60 mil homens reuniram-se em Lahore e ocuparam uma gigantesca tenda no parque Minto (hoje Allama Iqbal) para uma reunião da Liga Muçulmana. No dia seguinte — enquanto a Alemanha preparava-se para invadir a Noruega, e o Japão, para instalar um regime fantoche em Nanquim — Jinnah e a Liga divulgaram uma resolução pública clamando um Estado muçulmano independente.

A Resolução Lahore chegou como uma surpresa para o vice-rei, uma amarga derrota para Nehru e uma mágoa pessoal para Gandhi. Não obstante, Gandhi, mais do que ninguém, ajudara a preparar o caminho para que isso ocorresse. Sua emergência como o Mahatma havia solidificado seu apoio entre os hindus e, passo a passo, fez dele a autoridade espiritual de toda uma nação. Também passo a passo, contudo, indispôs os muçulmanos. Quando Gandhi descreveu a si mesmo como hindu dos hindus, os muçulmanos se agitaram. "Tudo em relação a ele, seus hábitos alimentares, suas roupas, sua abstinência sexual, suas orações, seus *ashrams*" elevavam seu status de homem santo entre as massas hindus, mas criavam uma aversão profunda entre os muçulmanos.[30]

Na mente de Jinnah, o instigador da criação de duas nações, uma hindu e outra muçulmana, não eram os britânicos nem ele próprio, mas sim Gandhi. Nessas circunstâncias, Jinnah só precisava aguardar que os britânicos se retirassem para fazer os retoques finais no processo. A guerra praticamente não havia entrado nos cálculos do líder muçulmano.[31] Qualquer declaração de uma Índia independente seria letra morta nesse momento e traria severas recriminações — ou pior — dos seguidores da Liga Muçulmana.

A linha-dura de Jinnah deixou o Congresso Nacional Indiano desamparado. Frustrado pelos britânicos, traído pelos muçulmanos e desesperadamente dividido em relação ao que fazer em seguida, o Congresso se voltou para o único homem que ainda o poderia salvar.

Mas Gandhi havia se retirado para Sevagram. "Fiquei desconsolado", admitiu quando a guerra irrompeu. "Nas profundezas de meu coração estou em permanente discórdia com Deus por Ele ter deixado que coisas assim continuassem ocorrendo. Minha não violência parece quase impotente." Contudo, ele sabia que não era Deus ou a não violência que estavam sem esperança, mas sim o homem. "Devo tentar [seguir] adiante", concluiu, "sem perder a fé, mesmo que me despedace nessa tentativa."[32] As batalhas sobre o Manifesto de Setembro só serviram para aprofundar a melancolia de Gandhi.

No entanto, ele jamais deixou que as notícias da guerra, os distúrbios relacionados às renúncias ou as amargas rivalidades do Congresso dominassem sua mente. Com o passar do ano, Gandhi retornou aos trabalhos que considerava mais significativos: encorajar a fiação caseira do *khadi*, apoiar a campanha pelos Harijans e pregar a mensagem de ahimsa.

Ele encontrou tempo para aconselhar um colégio em Baroda quando soube que os alunos não estavam utilizando a *charkha*; escreveu sobre a violência pública em Sukkur e Shikarpur; e abraçou a causa do consumo de *ghee*, ou manteiga líquida não adulterada. Enviou uma nota reprovando os membros do *ashram*: "Todos devem observar as restrições alimentares. Pouco mais de 200 gramas de folhas por vez devem ser considerados suficientes."

Ele providenciou alguém para acompanhar um amigo que teria um dente extraído e aconselhou outro sobre como relaxar. "Não dedique mais do que vinte minutos à massagem", alertou. "Você deve ler, descansar ou fiar durante o restante do tempo."[33] Seu estímulo ao *khadi* permanecia incansável e ele organizou uma grande feira de artesanato que faria parte da próxima reunião do Congresso, quando os delegados se reunissem em Ramargh no final de março.

Gandhi discursou em Ramargh, em uma sessão aberta, pela primeira vez desde 1934. O Congresso carecia de líderes; ele queria seguidores. No entanto, chegou totalmente receoso em relação aos membros: "Não há dúvida de que muitos são corruptos", dissera um ano antes.[34] Também se preocupava com o futuro da não violência, e não somente por causa dos eventos que ocorreram na Europa. Afirmara a Nehru que ouvira dizer que homens estavam espalhando cartazes pela Índia "pedindo às pessoas que cortassem cabos e destruíssem trilhos". Ele disse: "Se as pessoas tomarem a lei em suas próprias mãos, devo desistir do comando do movimento de desobediência civil."[35] Em 13 de março, um estudante punjabi que estudava em Londres assassinou o ex-governador Michael O'Dwyer e feriu o ministro Zetland, além de outras duas pessoas.* Enquanto Gandhi montava o palanque, sentia que a *satyagraha* poderia estar fazendo sua última defesa.

A citação de abertura, do evangelho de São Mateus — "Nem todo aquele que me diz 'Senhor, Senhor!' entrará no Reino dos Céus" —, confundiu os delegados, mas eles responderam com uma enorme aclamação. Gandhi os interrompeu. "Não necessito de aplausos", disse em reprovação. "Quero ganhar seus corações e mentes, e sua aclamação coloca-se no caminho para essa vitória."

A multidão ficou em silêncio, e ele continuou. "Sinto que vocês não estão preparados [para] a desobediência civil adequadamente lançada e conduzida", disse. "Todos compreendemos que teremos de lutar pela liberdade." Os delegados aplaudiram, mas ele, irritado, novamente os interrompeu.

"Suas palmas demonstram somente que vocês não entendem o que essa preparação significa", repreendeu. "Seu general acredita que vocês não estão preparados, que vocês não são verdadeiros soldados e [...] que estamos fadados à derrota." Então Gandhi leu suas ordens de marcha. O Congresso Nacional Indiano, ele disse, teria de seguir sua fórmula para *satyagraha*, com rigor e sem questionamentos. Todos os membros do Congresso deverão estar pessoalmente comprometidos com o kadhi e utilizar a roda de fiar diariamente — "ninguém que não acredita na *charkha* pode ser um soldado sob meu comando", disse, com dureza. Eles devem manter um absoluto posicionamento de ahimsa: "Junto a mim não há alternativa para a não violência." Acima de tudo, todos os membros do Congresso devem ter amor, e não ódio, em seus corações.

"Todos os sermões que vocês escutaram hoje contra o imperialismo britânico", advertiu, não ajudarão. "Eles somente os deixarão irados." Mas "nós não temos disputas contra o povo britânico [...]. Nós queremos ser seus amigos e conservar sua boa vontade, não baseada em dominação, mas em uma Índia livre e igual".

Caso o Congresso seguisse à risca sua fórmula, como um paciente obedecendo ao médico, disse, "eu marcharei adiante e então não terei dúvidas quanto à vitória". Contudo, "se vocês não estiverem preparados para seguir

---

* Foi a última represália ao massacre de Amritsar, ocorrido vinte anos antes, o qual O'Dwyer havia sancionado para em seguida aplicar severas medidas de lei marcial em Punjab.

esse caminho", adicionou com palavras que ressoaram pela multidão, "por favor, me deixem só". Ele disse aos surpresos delegados que não veria tal saldo como uma derrota: "A palavra 'derrota' não está em meu dicionário." No entanto, "não estou preparado para fazer qualquer coisa da qual tenha de me arrepender".[36]

Os membros do Congresso poderiam aplaudi-lo. Eles o veneravam. Entretanto, já não podiam segui-lo. Eles queriam e precisavam dele para liderar a campanha de desobediência civil, mas somente como vantagem política, não como um prelúdio a uma transformação moral nacional. Seu vigoroso chamado à ação, tão similar aos de Churchill, encontrou ouvidos moucos. Em vez de aceitar o programa de Gandhi, eles optaram por estender a mão a um acordo. Três dias depois, a Liga Muçulmana anunciou a Resolução Lahore. Gandhi assistia a tudo impotente, enquanto mais dois meses de debates e equívocos, por fim, culminaram em uma oferta ao governo britânico, na primeira semana do julho de 1940.

Rajagopalachari, Nehru e o Congresso garantiram apoio total ao esforço de guerra em troca de uma declaração da Grã-Bretanha de que a Índia seria libertada após o fim do conflito e de que seria criado um Ministério do Governo Nacional Indiano. Gandhi disse: "Se o esboço de Rajaji reflete a mentalidade do Congresso, ele deve ser aceito." Como de costume, no último instante, Nehru trocou "esforço de guerra" por "defesa do país" — uma oferta muito mais restrita. No entanto, Gandhi disse ainda: "Sinto que será aceito pelo governo."[37]

Era tarde demais. Se a oferta tivesse sido feita dois meses antes, Neville Chamberlain e lorde Zetland até poderiam levá-la em consideração. Mas, com o novo primeiro-ministro que assumira o posto em 10 de maio, não existia essa possibilidade. Ele era ninguém menos do que o nêmesis de Gandhi, Winston Churchill.

24. DE NARVIK A BARDOLI

abr. 1940–dez. 1941

*Mesmo se as legiões nazistas triunfassem no mar Negro, ou até
no Cáspio, mesmo se Hitler estivesse nos portões da Índia, ele
não teria ganhado nada.*

(WINSTON CHURCHILL, 1940)

Quando finalmente abriu a porta do número 10 da Downing Street como primeiro-ministro, em maio de 1940, então com 65 anos, Churchill já enfrentava uma séria crise na guerra na Europa. Por ironia, era uma crise em grande parte provocada por ele mesmo.

Em setembro do ano anterior, quando a guerra ainda não completara cinco horas de duração, ele assumira o posto de Chamberlain no Gabinete de Guerra. Sentado a seu lado estavam seus antigos oponentes da Lei do Governo da Índia. Sir John Simon era agora ministro do Tesouro e Sir Samuel Hoare era lorde do Selo Real. Estavam também à mesa Sir Kingsley Wood (ministro do Ar), Leslie Hore-Belisha (Guerra) e Maurive Hankey, além de Neville Chamberlain: homens a quem ele havia denunciado violentamente por seu apoio ao apaziguamento, primeiro na Índia e, em seguida, na Europa. Eles, por sua vez, viam-no com profunda desconfiança, quando não ódio. "Jamais perdoarei Winston", escrevera Hoare após a disputa pela Índia. "Ele e seus amigos são completamente inescrupulosos. Não se apegam a nada."[1] Winston, porém, estava disposto a esquecer o passado em benefício do esforço de guerra.

O novo primeiro lorde do Almirantado chegara pronto para a ação. Infelizmente, havia pouca ação a ser realizada. A única batalha era na Polônia, onde os alemães já estavam obtendo sólida vantagem. Os aliados franceses da Grã-Bretanha resistiram, compondo uma firme demonstração contra os alemães em sua fronteira ocidental; por medo, os Aliados se sairiam tão mal quanto os poloneses.

Em questão de três semanas, a Polônia caiu. França e Grã-Bretanha estabeleceram o que ficaria conhecido como *phony war* (guerra falsa), sem atividades perceptíveis em qualquer um dos lados da fronteira ocidental. Enquanto a paralisação prolongava-se por semanas e depois meses, Churchill, não de forma surpreendente, ficava cada vez mais irrequieto.

No Almirantado, Churchill mantinha-se ocupado, organizando a maior frota do mundo para a guerra. Contudo, "eu não poderia estar satisfeito com a política de 'comboio e bloqueio'", escreveria anos depois. "Sinceramente, busquei formas de atacar a Alemanha por meios navais." Na verdade, ele procurava por seu próximo momento Galípoli. O que outros consideravam o maior desastre da Primeira Guerra Mundial, ele ainda considerava uma oportunidade perdida e um modelo de como "fazer o inimigo questionar--se onde seria atingido em seguida".[2] Winston não estava disposto a deixar essa oportunidade passar novamente.

Dessa vez, seus dedos e seu charuto se moveram para o norte sobre o mapa do Almirantado, em direção à Noruega. O Gabinete já tinha em ação um plano de envio de tropas para reforçar os finlandeses na luta de vida ou morte contra o aliado de Hitler, Stálin. Churchill instigou um prolongamento da operação para que fossem minados os portos noruegueses, em especial Narvik, inviabilizando o acesso alemão ao minério de ferro da Suécia. Os finlandeses renderam-se antes mesmo que a expedição de alívio fosse enviada, mas o plano da Noruega tornara-se uma ideia fixa na cabeça de Churchill.

Aquilo que Chamberlain mais temia que pudesse acontecer, caso Churchill ingressasse no Gabinete, aconteceu. Seus fortes argumentos puseram de lado as dúvidas de Hore-Belisha, Wood e os outros. Quando a frota alemã se direcionou a Narvik para limpar as minas, ele vaticinou, confiante, que a Marinha Real poderia lançar-se sobre eles. Tropas britânicas e francesas poderiam ocupar os principais portos noruegueses, e o destino de Hitler no norte estaria selado. Ele até mesmo convenceu Chamberlain a indicá--lo como chefe do Comitê de Coordenação Militar, de forma que pudesse inspecionar todos os detalhes do que se tornaria o Plano R-4: a colocação de minas em águas norueguesas e o envio de tropas para ocupar Narvik e Trondheim, assim que os alemães violassem a neutralidade da Noruega. O Gabinete estabeleceu para o início da operação a data de 8 de abril de 1940.

Na verdade, era uma nova Galípoli. O que o Gabinete não sabia, e não tinha como saber, é que os alemães planejavam fazer exatamente a mesma coisa. Hitler, com astúcia, imaginara que os profundos fiordes e os bem-construídos e protegidos portos da Noruega atrairiam os irrequietos olhos de Churchill.[3] Desse modo, organizou sua própria força de invasão da Noruega — que partiu em 9 de abril, um dia antes dos britânicos. As duas expedições, com suas frotas de destróieres, cruzadores e transportadores, desencontraram-se no mar do Norte, embora suspeitassem da presença uma da outra. Os alemães, contudo, chegaram primeiro à costa norueguesa.

Eles sofreram alguns percalços iniciais. A atenta artilharia na costa norueguesa atingiu o pesado cruzador Blücher, que afundou levando à morte 2 mil soldados e marinheiros. Um submarino britânico afundou outro cruzador alemão e avariou os aviões de um pequeno couraçado de batalha, o Lützow. O capitão da Marinha Real, Henry Wartbuton-Lee, liderou uma imponente arremetida com sua pequena frota de destróieres para manter os alemães fora de Narvik, o que lhe custou a vida, mas afundou dois destróieres alemães e danificou outros cinco. Tropas britânicas e francesas encaminhavam-se para o início do desembarque.

Então, tudo começou a dar errado. Os alemães levaram suas tropas a terra firme antes e tomaram as principais cidades da Noruega; ao mesmo tempo, ocuparam a Dinamarca. John Colville, então com 25 anos, era o secretário de gabinete de Chamberlain naquele tumultuado mês de abril, quando a campanha de Narvik fora anunciada. Ele, como todos os outros na Downing Street, vigiava com atenção obsessiva o enorme mapa da Escandinávia pendurado na parede do escritório do primeiro-ministro, ávido por qualquer notícia. Já no dia 9, ele descobriu que "nós, que iniciamos todo o trabalho, aparentemente perdemos a iniciativa". Sem dúvida, "se pudermos garantir uma vitória marítima, o equilíbrio será restabelecido em nosso favor". No entanto, "a visibilidade ruim e o mar agitado" estavam obstruindo as embarcações britânicas. De acordo com um integrante do governo, "tudo parecia ser 'uma neblina'".[4]

E a neblina poderia piorar, em todos os sentidos. Durante os vários dias subsequentes, Colville soube que o desembarque de tropas francesas e inglesas fora comprometido desde o início; que os alemães haviam retomado e restabelecido posições estratégicas; e que o Conselho Supremo de Guerra se via, por fim, forçado a considerar a retirada com o rabo entre as pernas.

Em 24 de abril, Colville assistia a um desenganado Chamberlain encarar o grande mapa onde alfinetes coloridos eram movidos minuciosamente. Chamberlain estava mais "deprimido pelos ataques de fúria de Churchill" do que pelos crescentes problemas na Noruega. "Tenho um sentimento inquietante", escreveu Colville, "de que nada está sendo controlado da forma mais competente quanto poderia." Caso uma retirada completa se tornasse necessária, "creio que o custo psicológico seria considerável".[5]

Colville estava certo. A retirada teve início. Os alfinetes coloridos foram removidos do mapa e guardados. O povo e o Parlamento demandavam que alguém pagasse pela malfadada expedição. Churchill já podia sentir os dedos apontados para ele, como ocorrera após Galípoli. "Certamente suportei uma excepcional carga de responsabilidade pela breve e desastrosa campanha da Noruega", escreveu após a guerra, "se é que pode ser chamada de campanha."[6] Ela havia resultado em muito menos baixas do que Galípoli e em nenhuma perda grande o bastante para perverter as relações com uma possessão como a Austrália. Não obstante, Churchill preparou-se para os inevitáveis ataques que sofreria na imprensa e na tribuna da Câmara dos Comuns.

No entanto, dessa vez, os dedos não apontaram para ele, mas para Chamberlain. O público vira a campanha da Noruega — longe de ter sido audaciosa — como uma pancada nas medidas hesitantes e pouco inspiradas, típicas de um homem para sempre marcado como "o apaziguador de Hitler". Na opinião de Colville (que não admirava Churchill), "o país acredita que Winston é o homem de ação que está ganhando a guerra". Colville discordava, mas, no fim das contas, o país estava certo.[7] Churchill ao menos tinha um desejo de vitória, mesmo que ainda não contasse com a estratégia certa. Chamberlain tinha aspiração somente para a paz e isso ficou claro durante o fracasso na Noruega.

Então, em 3 de maio, quando a realidade do fracasso tornara-se evidente, os líderes dos partidos de oposição solicitaram um debate sobre a campanha da Noruega e sua liderança. Churchill achou que aceitar tais demandas seria um erro. Contudo, Chamberlain considerou "inadmissível cancelar um debate público" sobre assunto tão significativo e concordou — selando, assim, seu próprio destino.[8] Na terça-feira, 7 de maio, uma enxurrada de acusações atingiu-o por todos os lados, vindas até mesmo de seu próprio partido. O deputado Arthur Greenwood, líder do Partido Trabalhista, reconheceu: "Jamais vira a Câmara em um ânimo tão sombrio."

O dia seguinte ao debate adquiriu a atmosfera de uma moção de censura ou de desconfiança. Em gesto dramático, o almirante Roger Keyes, membro por North Portsmouth, apresentou-se em seu uniforme naval repleto de condecorações para criticar o governo por ter desperdiçado "uma chance inestimável" graças à procrastinação e à timidez.[9] Em seu favor, Churchill tentou atrair uma parte da culpa pelo que acontecera. "Assumo a mais total responsabilidade", disse, por ter escutado os conselhos dos especialistas sobre a incursão à Noruega. "Julguei que estavam certos naquele momento [...] e não tenho razões para mudar minha visão por tudo que aprendi desde então."[10]

Entretanto, a fúria da Câmara não estava direcionada contra ele, mas contra Chamberlain. Mais uma vez, a intervenção do velho conhecido de Churchill, Leo Amery, provou-se decisiva. Ele descartou as cuidadosas explicações de Chamberlain sobre os motivos pelos quais a campanha na Noruega falhara: "Sempre é possível fazer isso após cada insucesso. Justificar-se e ganhar uma guerra não são a mesma coisa." Ele, então, finalizou citando Oliver Cromwell, que disse, quando o Rump Parliament foi dissolvido, em 1653: "Você esteve sentado aqui tempo demais por quaisquer benfeitorias que tenha feito. Afaste-se, eu lhe digo, e deixe-nos livre de você. Em nome de Deus, vá!"

Era o que todos estavam pensando. "Eu o enviara para casa", percebeu Amery, e, no dia seguinte, Chamberlain lutava por sua vida política.[11] Churchill concluiu o debate com 45 minutos de eloquente defesa a Chamberlain, novamente tentando colocar a culpa em suas próprias costas. Contudo, os outros membros não estavam interessados. Duff Cooper, que renunciara em protesto após Munique, disse que Churchill estava "defendendo, com sua eloquência, aqueles que por tanto tempo recusaram-se a ouvir seus conselhos e trataram suas advertências com desprezo" — referindo-se não só à Noruega, mas também a Munique e aos acontecimentos anteriores.

Após o discurso de Churchill, os parlamentares dispuseram-se em fila no corredor, organizando o voto para a moção de censura. Quando retornaram, a atmosfera estava elétrica. Ouvidos e cabeças esforçavam-se enquanto o representante do governo lia o resultado com voz hesitante. Chamberlain vencera, mas somente por 81 votos. Especialistas haviam estimado que ele precisaria de pelo menos cem votos para permanecer no cargo. Trinta e três *tories* votaram contra o líder de seu próprio partido e outros sessenta se abstiveram deliberadamente.

Houve um espantoso suspiro, seguido de gritos de "renúncia, renúncia". Chamberlain levantou-se — "ereto, inflexível, sardônico", lembrou Leo Amery — e saiu sem dizer palavra. Por todo o entorno, a Câmara estava em caos, e membros do Partido Trabalhista entoavam sem parar: "Vá, em nome de Deus, vá!"[12]

Chamberlain estava liquidado. Na manhã do dia 9, tentou, sem sucesso, convencer o Partido Trabalhista a unir-se a ele em um governo nacional. Os trabalhistas recusaram secamente: serviriam com qualquer outro, mas não com ele. Depois disso, Chamberlain confessou a Churchill que talvez tivesse de renunciar.[13] A pergunta em sua cabeça e na de todos os demais era: quem tomaria seu lugar?

Chamberlain e muitos outros conservadores tinham um candidato: lorde Halifax. Ele era o ministro do Exterior e sua reputação, de modo inexplicável, sobrevivera ao desastre de Munique. Era popularmente reconhecido como uma rocha de integridade e sabedoria diplomática — em acentuado contraste com o homem que muitos temiam que fosse o outro candidato principal, Winston Churchill. "Não se pode falar dos dois com o mesmo fôlego", escreveu lady Alexandra Metcalfe, uma amiga de Halifax e filha de lorde Curzon. "Tenho medo de Winston."[14] Muitos patriotas concordavam, incluindo o rei e a rainha da Inglaterra.

Uma das pessoas que não concordava era Kingsley Wood, o ministro do Ar. Monótono e pouco atraente, um dos piores oradores da Câmara dos Comuns, sua principal qualificação para o cargo fora sua lealdade, primeiro a Baldwin, depois a Chamberlain. Ele não sabia praticamente nada sobre guerra ou aviões. Contudo, na manhã do dia 9 de maio, sentou-se para almoçar com Churchill e Anthony Eden e anunciou que, se Chamberlain tinha de sair, então Winston assumiria o lugar.[15] Foi um extraordinário reconhecimento, uma indicação de que a sabedoria convencional começava a mudar. Isso dever ter ecoado na mente de Churchill quando recebeu, naquela tarde, uma convocação para reunir-se com Chamberlain no gabinete.

Chamberlain e lorde Halifax estavam presentes quando ele chegou. O primeiro-ministro disse que não havia esperança de que se formasse um governo nacional; ele teria de renunciar. Seu "comportamento era impassível, sereno e aparentemente bastante desligado dos aspectos pessoais da questão", lembrou Churchill mais tarde. A única questão era quem o deveria substituir como primeiro-ministro.

Chamberlain olhou para os dois homens do outro lado da mesa. Em seguida, perguntou com um olhar penetrante: "Há algum motivo, Winston, para que, nos dias atuais, um nobre não possa ser primeiro-ministro?"

Churchill percebeu, de imediato, que essa era uma armadilha sutil.* Por um lado, caso respondesse que não, então o manto de poder recairia quase que certamente sobre Halifax. O homem que o havia superado quanto à Índia ainda desfrutava da completa fé e confiança do Partido Tory, mas ele seria um líder de guerra tão desastroso quanto fora Chamberlain. Por outro lado, caso Churchill respondesse que sim, revelaria sua própria ambição pelo posto — e, ao mesmo tempo, pareceria utilizar-se de uma resolução constitucional secundária para garanti-lo.

Era uma situação da qual não poderia sair vitorioso. Desse modo, Churchill decidiu não dizer nada. Por longos dois minutos, a sala ficou quieta. "Certamente pareceu mais do que os dois minutos que observamos durante as comemorações do Dia do Armistício", lembrou Churchill. Ele olhou fixamente pela janela para a Horse Guards Parade e esperou que alguém quebrasse o silêncio.[16]

Por fim, Halifax limpou a garganta. Pela segunda vez em sua vida, realizou um ato puramente abnegado para proteger seu país. O primeiro impulsionara Gandhi à liderança nacional; o segundo faria o mesmo por Winston.

"Seria um posicionamento desesperado", disse Halifax, aceitar o cargo de primeiro-ministro. "Se eu não fosse o responsável pelas operações de guerra e não liderasse a Câmara [dos Comuns], seria somente um número. Acredito que Winston seja uma escolha melhor."

Churchill, como Halifax sarcasticamente apontou em suas notas após o histórico debate, "*não* fizera objeção".[17] Alguns minutos depois, o principal

---

* A Grã-Bretanha não tinha um primeiro-ministro proveniente da Câmara dos Lordes desde lorde Rosebery, em 1892. Desde então, a tradição, embora não fosse regra, era que um assento na Câmara dos Comuns constava como pré-requisito para qualquer ocupante do número 10 da Downing Street.

representante do Partido Tory entrou, e os quatro homens instalaram-
-se para planejar o governo seguinte. Por volta das 18 horas daquele dia,
Chamberlain foi ao palácio de Buckingham para apresentar sua renúncia.
Uma hora mais tarde, Winston Leonard Spencer Churchill foi ao palácio,
onde o rei George VI (sem dúvida, com algum receio) disse estas palavras
decisivas: "Quero que você forme um governo."[18]

Churchill era o primeiro-ministro. Muitos ficaram horrorizados; alguns,
desesperados. Chamberlain e Halifax haviam se "entregado facilmente a
um mestiço norte-americano",* reclamou R. A. Butler com John Colville.
Outro parlamentar escreveu em seu diário: "Talvez o dia mais sombrio da
história inglesa [...]. Sentei-me, entorpecido pela amargura."[19] Talvez ninguém estivesse mais pasmado que o próprio Churchill. "Foi uma surpresa",
observaria mais tarde. Por ter planejado um grandioso desastre militar, ele
pôde alavancar sua carreira à liderança do país.

Não obstante, toda a sua vida fora uma preparação para aquele momento. Aos 65 anos, era o único membro do governo que servira em *ambas* as
guerras britânicas de grande escala anteriores: o conflito com os Bôeres
e a Primeira Guerra Mundial. Era o único personagem proeminente que
trabalhara em um Gabinete de Guerra por duas vezes contra o adversário
alemão (uma em 1914 e novamente em 1939). Enquanto rascunhava a lista
de cargos para o Gabinete e decidia quais representantes dos partidos Trabalhista e Liberal seriam convidados a integrar o governo nacional, sua mente
já atacava a imensa tarefa de decidir a estratégia de guerra e os objetivos.

O primeiro objetivo era derrotar Hitler — a qualquer custo. No dia 10
de maio, esse objetivo era não somente uma meta estratégica, mas um imperativo. No mesmo dia, Hitler lançou suas forças em direção à Holanda e
Bélgica. A guerra no Ocidente começava; e, no instante em que, sob permanente ataque aéreo alemão, a Marinha Real evacuava o restante da expedição
norueguesa, *panzers* alemães rompiam as linhas de defesa na França.

Churchill passou suas primeiras semanas no cargo em um ciclone de
desastres. Em 27 de maio, tornou-se claro que a França estava condenada.
O Exército francês, que apenas quatro anos antes servira de proteção contra
Hitler, tendo Churchill agradecido a Deus por isso, havia desmoronado. A
Força Expedicionária Britânica teve de retirar-se para as praias de Dunquer-

---

* A mãe de Winston, Jennie Jerome Churchill, era norte-americana.

que para que fossem evacuadas. Com um enorme esforço heroico, a Marinha Real conseguiu salvar o Exército britânico; contudo, como apontou Winston em discurso subsequente, "guerras não são vencidas com evacuações".[20]

Na terceira semana de junho de 1940, a guerra estava muito próxima de ser perdida. A França solicitara um armistício. A Grã-Bretanha e Churchill viram-se sozinhos contra a máquina de guerra nazista. O objetivo de Churchill, derrotar Hitler, teria de sofrer um desvio dramático para atingir um novo escopo: salvar a própria Grã-Bretanha.

Mesmo nesse momento, Churchill não esqueceu o imperativo de proteger o Império. Numa frase sua, que ficaria famosa, ele afirmou: "Não me tornei o primeiro-ministro do rei para presidir a liquidação do Império Britânico." Em sua mente, esse objetivo não era separado daquele de vencer Hitler. Eram partes essenciais da mesma coisa. Assim como Hitler representava as forças das trevas, o Império Britânico representava as forças da iluminação, mesmo na Índia. Os povos do Império contavam com "as principais mostras do progresso" e da "civilização cristã", o que, para Churchill, equivalia ao padrão moral que governava a vida moderna.[21]

"O Império Britânico permanece invencível", disse a uma apinhada Câmara dos Comuns, em 20 de agosto, após o mais intenso ataque até então sobre os aeroportos britânicos por bombardeiros alemães. Permanecendo firmes contra Hitler, proclamou, o Império "acenderá novamente a fagulha de esperança nos corações de milhões de homens e mulheres esmagados e em desespero por toda a Europa", o que "em breve [tornar-se-á] uma ávida chama de purificação". Países "nascidos sob instituições de liberdade" irão "provar-se mais duradouros e resistentes do que qualquer coisa que possa se originar da mais eficiente e reforçada disciplina mecânica".[22] Gandhi tinha um nome para tal poder espiritual: *satyagraha*. Para Churchill, o Império Britânico não era uma negação da força espiritual, mas sua viva personificação.

Ele jamais duvidou de sua derradeira vitória. Falava do Império como uma força irresistível, quase uma força da natureza — e o resumia na noção de povos de língua inglesa. Isso incluía os protetorados e também a América, onde o presidente Franklin Roosevelt fizera a primeira tentativa de apoio aos britânicos em seu momento de maior desespero, concluindo um discurso, em 20 de agosto, com uma comparação entre a futura cooperação anglo-americana e o poderoso rio Mississipi: "Deixe correr!", disse com estrondo.

No caminho de volta ao número 10 da Downing Street, John Colville podia ouvir Churchill cantando "Old Man River" no banco de trás.[23]

Churchill também acreditava no Império em aspectos mais específicos: "Inglaterra imperial, enfeitada, estrelada e esplêndida, vivendo em majestosa profusão até o momento imediatamente anterior à guerra."[24] Manter o Império intacto era um objetivo crucial para Churchill, ainda que mais incerto. Seu receio era que a fraqueza momentânea da Grã-Bretanha pudesse provocar efeitos sobre as possessões, o Oriente Médio e o próprio coração daquele Império na Índia.

A Índia nunca esteve longe de suas preocupações, nem nos piores períodos. Em seu segundo pronunciamento na rádio, em 12 de novembro de 1939, quando ainda era primeiro lorde do Almirantado, mencionou que "centenas de milhões de pessoas na Índia e na China, desconsiderando outros sentimentos, observariam um triunfo nazista com evidente temor, sabendo bem qual seria seu destino". Depois de Dunquerque, o Exército indiano seria decisivo para a reconstrução do Exército britânico — unidades indianas substituiriam forças britânicas na Palestina. Em seu famoso discurso do dia 20 de agosto de 1940, enquanto a Batalha da Grã-Bretanha cobria os céus de fúria, ele prestava tributo à Força Aérea Real, dizendo que "nunca nos campos da realização humana tantas pessoas deveram tanto a tão poucos". E acrescentou: "Mesmo se estivesse nos portões da Índia, Hitler não teria ganhado nada" — contanto que a Grã-Bretanha permanecesse firme.[25]

Três semanas antes, ele tomara a primeira grande decisão como primeiro-ministro quanto à Índia. Em 22 de julho, soube da oferta de setembro do Congresso. As notícias anteriores, sobre o conflito entre o Congresso e a Liga Muçulmana, haviam soado como música para seus ouvidos. Sir John Simon reportou que "a visão simples e masculina" de Churchill era que o conflito ajudaria a Grã-Bretanha a permanecer com o controle da Índia e disse que "[Churchill] esperava que fosse mais dolorosa e sangrenta e ficou satisfeito com a sugestão do status de protetorado, a qual funcionaria como um gato em meio a pombos".[26] Lorde Zetland renunciara como ministro de Estado da Índia tão logo soube que Winston seria primeiro-ministro: sabia que suas propostas moderadas e conciliadoras não agradariam mais no número 10. Linlithgow e o novo ministro Leo Amery logo descobririam o mesmo.

Aquele foi um dos meses mais tensos até então. Em 3 de julho, Churchill arriscou entrar em guerra total com a nova França de Vichy quando ordenou que navios de guerra britânicos disparassem contra a frota de seus antigos aliados em Mers-el-Kebir. Em 10 de julho, as frotas inglesas e italianas colidiram no Mediterrâneo e, no dia 17, Churchill foi a Portsmouth visitar as defesas costeiras, enquanto especialistas militares tentavam adivinhar onde e quando a invasão alemã teria início. A obrigação de lidar com desagradáveis notícias da Índia o irritava. Disse a seu secretário que a oferta do Congresso era, "como sempre, enfadonha, uma obra de hipocrisia do começo ao fim".[27] Havia algo ainda mais irritante: Linlithgow e Amery mantinham conversas sem seu conhecimento.

Leo Amery era tão imperialista quanto Winston, talvez até mais. Durante anos, ele sonhara transformar o Império de um aglomerado de territórios separados em um "arco de influência britânica estendendo-se [...] desde o Egito, pelo Oriente Médio, até a Índia, pelo sudoeste da Ásia", tendo sua área de domínio (África do Sul, Austrália e Nova Zelândia) como sua base.[28] À exceção do preconceito racial, não via motivos para que a Índia não se unisse a eles.* No entanto, considerava as opiniões de Churchill sobre o assunto "românticas, falsas e perigosas", e os dois haviam travado amargos debates sobre o Projeto de Lei do Governo da Índia. Amery notou que a anexação do Raj era um dos "sentimentos mais profundos e sinceros" de Churchill. Contudo, "não tenho certeza quanto à sua sanidade em relação aos assuntos da Índia", e especulou que "a Índia, ou qualquer forma de autogoverno de 'povos de cor', desperta nele uma incontrolável teimosia".[29]

Essa desconfiança confirmou-se em 26 de julho. Amery pressionou Linlithgow a tomar um posicionamento encorajador sobre a independência indiana um ano após a guerra, com o intuito de atender metade das demandas do Congresso. Como ministro de Estado da Índia, Amery consultava o gabinete sobre o assunto não mais do que talvez fizesse o pai de Winston. Quando soube disso, entretanto, Churchill explodiu. John Colville anotou em seu diário que havia "uma disputa sangrenta" entre os dois ex-alunos de Harrow e pensou que Amery talvez tivesse de renunciar. (Ele não o fez.) Enquanto isso, Churchill enviou um furioso aviso a Linlithgow.[30]

---

* Ou os judeus e árabes na Palestina. Amery foi um importante autor da Declaração de Balfour.

"[Amery] me mostrou os telegramas que foram enviados", dizia, "e, pela primeira vez, percebi o que tem acontecido". Churchill pediu que ele o autorizasse a mostrar as mensagens ao restante do Gabinete: "Não me parece possível ocultar os fatos de meus colegas." Enquanto isso, disse, o Gabinete estava comprometido com as diretrizes do passado: não faria promessas quanto à independência no pós-guerra ou (como desejava Amery) a uma assembleia constitucional para a Índia. Ele finalizou o telegrama declarando que a guerra impedia qualquer decisão sobre a Índia. "Você deve lembrar que enfrentamos constante ameaça de invasão", escreveu. "Nessas circunstâncias, grandes temas constitucionais não podem ser discutidos, de modo apropriado, pelo Parlamento, mas apenas pelo Gabinete e em prejuízo a assuntos decisivos que dizem respeito à vida e à segurança do Estado." Churchill fez John Colville levar pessoalmente a mensagem ao Ministério da Índia, para que Amery não a visse. "Tive de persuadir um dos homens da sala de despachos telegráficos", confidenciou Colville a seu diário, "e cifrar o telegrama com ele."[31]

Então, sem que ninguém notasse, à exceção de Amery e Linlithgow, outro caminho deixou de ser seguido — ao mesmo tempo que os eventos aproximavam Churchill e Gandhi de uma colisão final. O governo não cederia; a oferta do Congresso de apoiar o esforço de guerra fora rejeitada. Por certo, não se pode culpar Churchill em excesso — ele tinha outros assuntos em mente. O resultado da Batalha da Grã-Bretanha ainda pesava na balança. Ele agora acreditava firmemente que Hitler só poderia ser derrotado com a ajuda dos Estados Unidos e da União Soviética, mas ainda não imaginava como isso ocorreria.

Ele tinha outra dificuldade naquele verão: apesar de sua popularidade nacional, a maioria de seus colegas *tories* ainda desconfiava dele ou até o desprezava. Um membro escreveu no final de maio que Churchill estava "lutando uma guerra em dois fronts, contra Hitler e contra inimigos muito mais próximos, em casa", referindo-se a seu próprio partido. Rancores da disputa pela Índia, a sensação de que Churchill "traíra" Chamberlain e a esperança de que Halifax ainda pudesse substituí-lo prolongaram-se nas fileiras e lideranças do Partido Tory (conforme argumento do historiador Andrew Roberts) até o verão seguinte. Ironicamente, os mais leais partidários de Churchill estavam nas bancadas dos partidos Trabalhista e Liberal.[32]

Sob essas pressões, Churchill estava mais relutante do que nunca em liberar a Índia. "A joia da coroa" do Império, como ele a chamava, tornara-

-se o realçado símbolo da grandeza britânica. Sete anos antes, ele dissera ao vice-rei que, com a ascensão de ditaduras e a retração de democracias por todo o globo, a "crux" do posicionamento da Inglaterra no mundo "não será a posse da Índia, mas uma afirmação muito mais forte de [nossos] direitos comerciais [na região]". Contanto que os britânicos estivessem agindo em função dos melhores interesses indianos, "nós justificaremos a utilização de nosso inegável poder em favor de seu bem-estar e do nosso próprio".[33] O que fora verdadeiro em 1933 o era ainda mais em 1940.

Além disso, Churchill, implacável, lutou contra a visão fatalista de que a perda da Índia para Gandhi e os nacionalistas era inevitável. Como disse a Linlithgow, "creio que divergimos principalmente nisto: você supõe que o futuro é uma mera extensão do passado, ao passo que julgo que a história é repleta de viradas inesperadas e retrocessos". Ele expressou essa visão de forma um pouco distinta a Antonhy Eden durante um dos períodos mais obscuros da guerra: "Ninguém pode prever como o balanço de poder se assentará ou como os exércitos vencedores se posicionarão ao final da guerra."[34] Estava determinado a garantir que, quando a guerra chegasse ao fim e a poeira baixasse, a Índia ainda seria britânica.

No verão de 1940, Churchill e Gandhi compartilhavam uma convicção: a de que poderiam moldar o destino de suas respectivas nações por meio da pura força de vontade. No caso de Churchill, era a determinação de resistir às agressões de Hitler e dos opositores no próprio governo;* no de Gandhi, a de usar a *satyagraha* para finalmente compelir a retirada dos britânicos.

Em 8 de agosto, Gandhi e o Congresso Nacional Indiano foram informados da resposta negativa de Churchill à sua proposta. "Eu li cuidadosamente o pronunciamento", disse o Mahatma a Linlithgow, em nota de Sevagram. "Entristeceu-me." As implicações da recusa do governo em ceder "me assustam e não posso deixar de sentir que um profundo erro foi cometido".[35]

Políticos indianos, abalados pela recusa de Churchill, voltaram-se para Gandhi uma vez mais, em desespero. Na metade de setembro de 1940, eles

---

* Ao final de maio de 1940, Halifax acenou com a possibilidade de tentar um acordo com Hitler. (Ele acreditava que a Grã-Bretanha não poderia seguir adiante com a França derrotada.) Churchill demorou quatro dias para convencer o Gabinete a recusar a proposta de forma definitiva e inequívoca. Em 26 de junho, ele teve de recordar a Halifax que a posição do governo era "lutar até a morte" — até mesmo sob a sombra de Dunquerque.

o convocaram para reassumir a liderança do Congresso e liderar outra campanha de desobediência civil — apesar de duvidarem que pudesse ser eficaz. Desconfianças em relação a Gandhi, especialmente entre membros mais jovens e da esquerda, eram evidentes. Contudo, em um aspecto importante, o Congresso não tinha outra direção a tomar. Os paralelos com a elevação de Churchill a primeiro-ministro são notáveis. Assim como Churchill, Gandhi passara a simbolizar a determinação de resistir ao inimigo comum, nesse caso os britânicos. E, assim como Churchill, Gandhi concordara em assumir a responsabilidade porque ansiava testar seu próprio método de vencer essa "guerra" — método que ele mesmo promovera, de uma forma ou de outra, por vinte anos.

Antes de começar a nova campanha *satyagraha*, Gandhi solicitou uma conferência final com Linlithgow. Explicou ao vice-rei que ele e o Congresso não mais discordavam quanto à oposição à guerra e revelou sua estratégia. Encorajaria cada indiano a recusar apoio ao esforço de guerra, disse Gandhi, da mesma forma que a consciensiosos opositores na Grã-Bretanha era permitido se recusar a servir nas Forças Armadas ou a trabalhar nas indústrias de guerra. Dessa vez, não haveria demonstrações de massa nem gestos dramáticos de rebeldia. Cada indiano simplesmente escutaria sua "voz interior" e escolheria livremente o caminho da não violência. Era uma "experiência nunca antes tentada no campo político", disse, e ele estava ansioso para começá-la.[36]

A campanha começou em outubro de 1940. Bombas alemãs despencavam na Catedral de St. Paul, exatamente como Gandhi temera. Agora, contudo, "é equivocado ajudar os britânicos no esforço de guerra com homens ou dinheiro", dizia Gandhi a seus seguidores. "O único esforço honrado é o de resistir ao esforço de guerra."[37] Ele insistiu ainda que sua nova postura era coerente com o apoio à Grã-Bretanha. "Falei que não atrapalharia", enfatizou a um repórter inglês. "Não desejo o infortúnio para as armas britânicas."[38]

Se a guerra era sobre o fim do fascismo e do imperialismo, acreditava Gandhi, então sua campanha infligiria um golpe no segundo. Ao evitar a ação coletiva, o Mahatma esperava que a *satyagraha* "individual" prevenisse distúrbios violentos ou qualquer confronto entre hindus e muçulmanos. Acima de tudo, considerava essa *satyagraha* "individual" decisiva para o despertar espiritual da Índia, conforme a consciência interior de cada pessoa a colocasse no caminho para a ahimsa e a honradez.

Ele supervisionou cada passo de sua organização e até mesmo examinou pessoalmente a lista de indivíduos que perpetrariam atos públicos de desobediência civil, descartando os nomes daqueles que não considerasse comprometidos o bastante.[39]

Visto por essa perspectiva, a campanha de outubro de 1940 foi o mais pessoal de todos os seus esforços de *satyagraha*. Foi também o mais desastroso. Tornou-se a Narvik de Gandhi: um grave erro estratégico e tático. Longe de se recusar a participar do esforço de guerra, os indianos, pelo contrário, se alistaram no Exército e na Marinha em número recorde — mais de 2,5 milhões antes do fim da guerra. O governo informou que a campanha de desobediência civil praticamente não tivera apoio; o povo indiano logo perdeu o interesse. Em seu estágio final, em maio de 1941, apenas 14 mil manifestantes *satyagraha* estavam presos — menos de 0,001% da população da Índia. Em agosto, o antigo liberal T. B. Sapru exultou: "Uma boa quantidade de líderes do Congresso está farta do improdutivo programa do Mahatma."[40] Com os líderes do Comitê de Trabalho na prisão, inclusive Nehru, o Congresso ficou sem norte.

Gandhi recusava-se a ser desencorajado. Onde outros viam um fracasso quixotesco, ele enxergava uma grande oportunidade. Em Sevagram, estabeleceu-se para uma longa campanha — cinco anos, se fosse necessário, disse.[41] Enquanto isso, grandes eventos estavam ocorrendo na Europa e ao redor do mundo. Tropas britânicas e indianas entravam em conflito com os *panzers* de Rommel no norte da África. Insurgentes muçulmanos irrompiam no Iraque em apoio aos nazistas. Em 22 de junho, Hitler invadiu a União Soviética, e os Estados Unidos davam seus primeiros passos em direção à entrada no conflito ao lado dos britânicos.

A Índia estava distante dos pensamentos de todos. No entanto, quando Rajendra Prasad visitou seu antigo mentor em Sevagram, em outubro de 1941, encontrou-o com excelente saúde e "completamente satisfeito. Eu jamais o vira tão otimista em relação ao futuro". Sem dúvida, ninguém restara para forçar uma estratégia de retomada de negociações com os britânicos. Gandhi disse que qualquer sugestão de acordo poderia provocar mais rancor e desarmonia. Secretamente, ele preferia a inatividade a qualquer movimento que pudesse levar o Congresso a um colapso total.[42]

No início de dezembro, o governo começou a libertar os prisioneiros da *satyagraha* — um sinal inegável de que não mais considerava a campanha ameaçadora. Naquele mês, Gandhi viajou de trem de Wardha a Bardoli, para comparecer à próxima sessão do Congresso. Viagens de trem sempre pareceram ter um efeito catalítico na mente de Gandhi. Sua primeira grande realização espiritual havia ocorrido na plataforma de Maritzburg. A leitura de Ruskin, em um trem de Durban a Johanesburgo, o inspirara a criar a Fazenda Phoenix. Agora, enquanto os quilômetros passavam monotonamente, ele começava a escrever um documento que, a seu modo, era mais revelador que *Minha vida e minhas experiências com a verdade* e tão significativo quanto o *Hind Swaraj*.

Ele o chamou de Programa Construtivo. Era um projeto completo sobre como uma campanha de âmbito nacional poderia alcançar "independência plena por meio da verdade e da não violência". O livro foi organizado em dezoito seções, entre elas "Unidade Comunal", "Remoção da Intocabilidade", "*Khadi*", "Saneamento dos Povoados", "Educação Básica" (com a intenção de transformar crianças em aldeões modelo) e "Estudantes". ("Estudantes não devem participar da política partidária. Eles são estudantes, aprendizes, pesquisadores, não mestres" e "serão cuidadosamente corretos e corteses em seu comportamento em relação às estudantes do sexo feminino".)[43]

É surpreendente notar que as ideias básicas de Gandhi haviam mudado muito pouco desde o *Hind Swaraj*, de trinta anos antes. A não violência ainda era mais poderosa que a violência; saneamento e esgoto limpo ainda eram essenciais ("em vez de graciosos povoados pontuando a terra, nós temos montes de esterco"); e as máquinas ainda eram más. Parlamentos eram uma perda de tempo: a desobediência civil era a verdadeira fonte de poder: "Tem sido meu esforço nos últimos 21 anos convencer as pessoas dessa verdade." Ecos de Tolstói ("imagine todo um povo relutante em obedecer às leis da legislatura; eles levariam todo o maquinário legislativo e executivo a uma paralisia completa") misturados a novos temas, como a liberação das mulheres e a capacitação da classe camponesa.[44]

No entanto, as versões de não violência e desobediência civil, notou ele, poderiam estar ficando obsoletas. Gandhi admitiu que sua ideia de vilarejos mantendo bens unidos em caráter fiduciário havia sido ridicularizada; seus planos para vilas cooperativas poderiam ser "impossíveis em um país como o nosso". O Leitor poderia até "cometer o erro de rir" de todos os elementos que ele insistia em incluir em uma campanha de desobediência civil. Frequentemente, recordava a *satyagraha* Champaran com nostalgia de seu êxito — ainda que, em duas décadas, tenham ocorrido pelo menos outras oito campanhas *satyagraha*.

O último parágrafo é o mais revelador:

> Essa pelo menos é a minha visão. Pode ser a de um louco. Caso não atraia nenhuma simpatia no Congresso, eu devo ser rejeitado. Porque meu controle sobre a desobediência civil sem o Programa Construtivo será como uma mão paralisada tentando levantar uma colher.[45]

Quando o trem chegou a Bardoli, Gandhi deitou a caneta. Remeteu uma breve nota a Mirabehn: "Estava mergulhado na escrita do trabalho que acabo de terminar."[46] Perdido em seus pensamentos, ele deve ter sentido que a guerra estava muito longe. Na verdade, porém, eventos estavam prestes a trazê-la para as portas da Índia.

25. DEBACLE

1941-1942

*Existe algum homem que não faça trabalhos malfeitos? O que mais
Churchill está fazendo? E o que eu estou fazendo?*
(MOHANDAS K. GANDHI, 25 DE ABRIL DE 1941)

Em 10 de dezembro de 1941, o dia de trabalho de Churchill começou, de
forma habitual, na cama, conforme abria as caixas de despacho. O telefone tocou. Era Sir Dudley Pound, primeiro lorde do Mar. Ele e Churchill
tinham um relacionamento incômodo. Muitos dentro do Almirantado,
levando em conta os dois anos anteriores, sentiam que Pound deveria
estar mais empenhado em controlar as extravagantes noções estratégicas de Churchill — as quais resultavam, muitas vezes, em malogros ou
desastres.*

Contudo, naquela manhã, Pound mal podia falar — Churchill teve dificuldade de entendê-lo. O ponto principal do caso era que os dois grandes
navios que Churchill enviara a Cingapura em novembro, o Prince of Wales
e o Repulse, haviam sido afundados por ataques aéreos japoneses no golfo
da Tailândia. O almirante no comando, Tom Phillips, um protegido de
Churchill, estava morto.

"Você tem certeza de que isso é verdade?", perguntou Churchill.

"Não há dúvida", respondeu uma fraca voz do outro lado.

---

* Esses fracassos incluíam não só a Noruega, mas também a invasão da Grécia em
março de 1941, que culminara em uma sangrenta evacuação de Creta e em sérias perdas
à Marinha Real.

Churchill recolocou o telefone no gancho. "Fiquei agradecido por estar só", escreveria mais tarde. "Durante toda a guerra eu jamais recebi um choque mais direto."[1]

Três dias antes, ele e o resto do mundo tomaram conhecimento do ataque japonês a Pearl Harbor. O Gabinete de Guerra declarara guerra ao Japão imediatamente em apoio aos Estados Unidos, que eram agora aliados formais da Grã-Bretanha contra o Eixo.* Churchill disse ao Parlamento que não deveriam subestimar "a gravidade dos novos perigos que temos de enfrentar, aqui ou nos Estados Unidos".

No entanto, o naufrágio do Repulse e do Prince of Wales teve maior importância que Pearl Harbor, não só para os britânicos, mas para o mundo. Durante mais de um século, a Grã-Bretanha fora a potência dominante na Ásia. A supremacia da Marinha Real no Pacífico havia defendido um Império que se espalhava de Hong Kong e Cingapura até a Austrália e a Nova Zelândia. Em um só golpe, sob o claro céu de dezembro, aviões torpedeiros e bombardeiros japoneses, em rasantes, despojaram o Império de sua principal defesa: "Por sobre toda a extensão das águas, o Japão foi superior e, em todos os lugares, nós estávamos fracos e desprotegidos."[2]

Em nenhum lugar o Império estava mais desprotegido do que na Malásia, onde desembarcavam, naquele momento, tropas japonesas. Em menos de um mês, eles se aproximariam da fortaleza britânica em Cingapura. Em menos de três meses, estariam às portas da Índia. "O horror total" das notícias sobre o Prince of Wales e o Repulse em dezembro de 1941, como descrito por Churchill, não era somente a abertura de um novo front de guerra, mas uma guerra contra a mais dinâmica e ascendente potência asiática. O Império Britânico subitamente viu-se à beira do abismo. Em 1942, Churchill e Gandhi duelariam pelo maior prêmio de todos: o destino do Império propriamente dito.

Por ironia, o ataque ao Prince of Wales e ao Repulse ocorreu no final do que havia sido, após vacilante início, um ótimo ano. Após a vexatória retirada da Grécia e de Creta, o leste Mediterrâneo estabilizara-se. O avanço de Erwin Rommel em direção ao Egito e a Suez, a porta de entrada da Índia, fora contido. A Batalha do Atlântico, pela passagem de comboios pelas

---

* Em 11 de dezembro, Hitler declarou guerra aos Estados Unidos.

matilhas de submarinos alemães, continuava, mas com reduzidas perdas: somente 35 navios haviam sido perdidos em novembro, contra 109 em junho.[3] A derrota de um levante pró-nazista no Iraque, em maio, encerrara a chance de qualquer incursão alemã em direção às riquezas petrolíferas do golfo Pérsico.*

Então, em 22 de junho, Hitler lançou seu decisivo e fatídico ataque à União Soviética. Com um suspiro de alívio, Churchill percebeu que Hitler não invadiria a Inglaterra. A divisão de tanques *panzers* do Exército alemão seria deslocada para uma guerra que não poderia ser vencida na União Soviética. "Qualquer homem ou Estado que lute contra o nazismo terá nosso auxílio", disse naquela noite aos ouvintes de uma rádio nacional. "Nós devemos dar toda a ajuda que pudermos à União Soviética e a seu povo."

John Colville perguntou como Churchill se sentia, após toda uma vida de antibolchevismo, aliando-se a um homem como Stálin. "Se Hitler invadisse o inferno", respondeu Churchill, "eu faria, no mínimo, uma referência favorável ao diabo na Câmara dos Comuns."[4] A invasão representava também um momento de virada na guerra interna: o Partido Comunista Britânico e os sindicatos simpatizantes à causa soviética, para não mencionar o Partido Comunista na Índia, estariam agora ao lado dos britânicos, por completo.

No entanto, a maior realização de Churchill naquela primavera foi a solidificação dos vínculos de confiança e cooperação entre ele e o presidente norte-americano Franklin Roosevelt. O relacionamento teve início com o programa Lend-Lease — o qual Churchill descreveu, em março de 1941, para a Câmara dos Comuns como "uma segunda Carta Magna" que garantia a liberdade da Grã-Bretanha — e cresceu com o encontro

---

* O levante foi liderado por Rashid Ali, o primeiro-ministro antibritânico e pró-nazista que encenara um golpe de Estado em abril de 1941. A 10ª Divisão da Infantaria Indiana, em resposta, desembarcou em Basra, no dia 18 de abril. O ultimato de Rashid aos britânicos conduziu a um contraultimato. Em 2 de maio, bombas britânicas caíram sobre tropas iraquianas que cercavam a base da RAF em Habbaniya. Após vários dias de batalha feroz, a cidade de Fallujah foi tomada por forças britânicas e indianas, a despeito de a Luftwaffe ter enviado aviões de uma base em Mosul para atingir instalações britânicas. Os britânicos conquistaram Bagdá logo em seguida e, em 1º de junho de 1941, Rashi Ali fugiu, primeiro para o Irã, depois para a Alemanha. Seu colega, Yunis El-Sabawi, que traduzira o *Mein Kampf* para o árabe, foi capturado e enforcado. Outro jovem oficial que combateu por Rashid foi Khairallah Talfah. Ele escapou e passaria suas lições da guerra do Iraque e da causa nazista para seu sobrinho de 4 anos de idade, Saddam Hussein.

dos dois a bordo do HMS Prince of Wales, naquele mesmo mês, quando assinaram a Carta do Atlântico, com a promessa de extensão daquela liberdade aos povos oprimidos pelas potências do Eixo. Ironicamente, nove meses depois, o mesmo Prince of Wales estaria submerso no fundo do golfo da Tailândia.

Como qualquer aliança, o "relacionamento especial" entre a Grã-Bretanha e os Estados Unidos e o vínculo entre Roosevelt e Churchill tiveram seus momentos incertos. Quase todos originados na Índia. A disputa começou com a própria Carta do Atlântico, que incluía uma declaração conjunta clamando pelo "direito de todos os povos de escolher a forma de governo sob a qual vivem" e pela restauração do autogoverno para aqueles que haviam sido privados desse direito. Churchill tomou por certo que essa declaração se aplicava às nações europeias conquistadas por Hitler e Stálin. Contudo, outros políticos, incluindo Leo Amery, temiam que as palavras fossem um ataque furtivo, ao estilo de Pearl Harbor, às fundações do Império Britânico.[5] Eles sabiam que os norte-americanos consideravam os impérios europeus ultramarinos uma relíquia perversa de um desacreditado passado colonial (ao contrário de suas próprias possessões, como Porto Rico e Guam). Churchill fora ludibriado a apoiar o colapso do Império onde o sol nunca se põe. Em 16 de agosto, o jornal *Daily Herald* parecia confirmar as suposições ao estampar a manchete: "A Carta do Atlântico: refere-se também às raças escuras."

O Ministério das Colônias mostrou-se oficialmente preocupado. Leo Amery disse que a declaração "deixa em aberto muitas questões quanto à sua aplicação ao Império", em particular quanto à Índia, e sugeriu que os Ministérios da Índia e das Colônias escrevessem um memorando conjunto.[6] Pelo menos dessa vez, Churchill concordou com Amery. Ele falou sobre o assunto na Câmara dos Comuns em 9 de setembro, reassegurando aos membros que a declaração não dizia respeito ao Império Britânico ou à Índia. "Estamos empenhados", anunciou, "em ajudar a Índia, para que obtenha parceria livre e igualitária junto a nós na Commonwealth Britânica, sujeita, é claro", adicionou, "ao cumprimento das obrigações originadas em nosso longo relacionamento com a Índia e às nossas responsabilidades para com seus diversos credos, raças e interesses."[7] Em suma, nada na aliança com os norte-americanos havia transformado a mentalidade de Churchill em relação à Índia ou ao autogoverno para as "raças escuras".

Na verdade, seu humor naquele outono era decididamente otimista. A guerra parecia ter sofrido um giro significativo — ainda que, como ele disse a John Colville, "não possamos suportar fracassos militares".[8] Em outubro, visitou sua antiga escola, Harrow, e fez um de seus discursos mais celebrados e inspiradores.

Contou à plateia que estiveram juntos, nos mesmos assentos, um ano antes, durante os dias mais sombrios da Blitz. "Poderá alguém, sentado hoje aqui", disse, "neste dia de outubro, não se sentir agradecido pelo tempo que passou e pela situação de progresso na qual nosso país se encontra?" Disse aos garotos, mestres e outros observadores ali reunidos: "Certamente, desse período de dez meses, esta é a lição: nunca se render, nunca se render, *nunca, nunca, nunca, nunca*... nunca se render, exceto para convicções de honra e bom senso [...]. Temos somente de persistir para vencer."[9] Apenas seis semanas depois, um grande desastre naval colocaria à prova aquela autoconfiança e determinação, trazendo urgência espetacular aos temas da Índia.

Gandhi também pensava que a Grã-Bretanha tinha menos aflições do que transparecia. A opinião convencional das elites intelectuais e políticas da Índia em 1940 era de que Hitler venceria e a Grã-Bretanha estava condenada.[10] Em 1941, aquela visão fora revertida de forma silenciosa e constante. A inflexível resolução de Churchill havia impressionado e angustiado nacionalistas que viam a derrota da Grã-Bretanha como um caminho para a independência. Quando Hitler atacou a União Soviética em junho, comunistas indianos e outros radicais transformaram-se, da noite para o dia: de opositores passaram a declarados apoiadores da guerra. Líderes comunistas até tentaram persuadir Gandhi a mudar de opinião e apoiar o que se tornara "a guerra contra o fascismo", mas ele não cedeu.[11]

Enquanto isso, as severas sanções sobre o Congresso e outros dissidentes continuaram. "A Índia está sendo esmagada sob o calcanhar britânico", reclamou Gandhi à imprensa no final de abril, com pouca eficácia. Nehru e outros líderes do Congresso continuaram na prisão até o início de dezembro, enquanto a Liga Muçulmana permanecia obstinadamente contrária à cooperação com sua contraparte hindu. Gandhi, como sempre, não responsabilizou Jinnah pela intransigência, mas os britânicos: "'Dividir para governar' tem sido a orgulhosa e malconcebida regra da Grã-Bretanha", disse à imprensa.[12] No entanto, ele não podia negar que, conforme o ano passava, dividir e governar pareciam trazer bons resultados. Ele e o Congresso definhavam em irrelevância.

Os naufrágios do Prince of Wales e do Repulse mudaram tudo. Em Madras, os preços dos grãos e de outras commodities essenciais dispararam.[13] Em Calcutá, Nirad Chaudhuri estava sentado no escritório da Monthly Review quando seu assistente pessoal lhe avisou que os navios haviam desaparecido. "A princípio, não pude acreditar, mas ele disse que ouvira claramente os nomes no rádio." Chaudhuri ficou "estupefato"; "senti novamente a dor no peito que sentira após a derrota da França em 1940" — um prenúncio do desastre por vir.[14]

Ele estava certo. Em 8 de dezembro, as primeiras bombas japonesas caíram em Cingapura. No dia 11, seus aviões atacaram Penang, na costa noroeste da península Malaia. Ninguém na Malásia testemunhara uma guerra durante gerações. Europeus, malaios, chineses e indianos viraram-se para observar, como se assistissem a um show aéreo. A curiosidade tornou-se horror quando os japoneses passaram a metralhar a multidão; os espectadores morreram às centenas. Um médico inglês apontou em seu diário que era como se A guerra dos mundos, de H. G. Wells, estivesse invadindo a realidade.[15]

Por todo o Império Britânico na Ásia, brancos e não brancos eram igualmente acossados por uma incompreensível onda da destruição, na medida em que o tsunami japonês arrasava o mundo. Os brancos de Penang, em pânico, retiraram-se (em embarcações tripuladas por marinheiros resgatados do Prince of Wales), deixando seus criados, empregados e inquilinos à própria sorte. "O fardo do homem branco" foi esquecido. Restou ao editor de língua tâmil do Straits Echo, o jornal de língua inglesa de Penang, recolher a última bandeira do Reino Unido. Após um século e meio, o controle britânico sobre a península Malaia havia chegado ao fim.[16]

Indianos vivendo em outros postos avançados na Ásia perceberam que o Império que eles podiam odiar, mas no qual também confiavam para sobrevivência e proteção, dissolvia-se diante de seus olhos. Em 16 de dezembro, bombardeiros japoneses atingiram Rangum, capital da Birmânia. Ao mesmo tempo, soldados japoneses equipados com 6 mil bicicletas desciam como enxames pelos dois lados da península, convergindo em Cingapura. No dia de Natal, Hong Kong sucumbiu. Em Bangkok, o líder da Liga da Independência

Indiana invocou todos os indianos no estrangeiro a unir-se aos japoneses para expulsar "os anglo-saxões da totalidade da Ásia". Na véspera do Ano-Novo, um oficial da inteligência japonesa começou a recrutar colaboradores entre prisioneiros de guerra indianos, formando, desse modo, o núcleo do que viria a ser o Exército Nacional Indiano (INA — Indian National Army).[17]

Enquanto isso, outros soldados indianos lutavam e morriam em um esforço desesperado para manter os japoneses fora de Cingapura. Assim como o restante das forças britânicas da península Malaia, eles estavam despreparados e sem liderança. Ao final, eles e seus companheiros britânicos e australianos tiveram de abandonar o continente e retirar-se para uma resistência final, na ilha de Cingapura — ironicamente, o local do último motim do Exército indiano, 27 anos antes.[18]

Em 27 de janeiro de 1942, engenheiros explodiram a estrada que ligava a ilha ao continente. O diretor inglês do Raffles College perguntou a alguns garotos que passavam o que tinha sido aquele barulho. Um deles respondeu prontamente: "É o fim do Império Britânico."*[19]

Churchill estava determinado a salvar esse Império. Em 26 de dezembro, estava visitando Roosevelt em Washington. Naquela tarde, discursara para uma sessão conjunta do Congresso, dissolvendo seu público em risadas incontroláveis quando observou: "Não posso deixar de refletir que, se meu pai fosse norte-americano e minha mãe britânica, e não o contrário, eu poderia ter chegado aqui por conta própria."

Naquela noite, em seu quarto na Casa Branca, Winston despertou com uma janela aberta. Ao reposicionar o caixilho, sentiu uma pesada dor no coração, que passou para o braço esquerdo. Ele convocou seu médico, Sir Charles Wilson (mais tarde, lorde Moran). Wilson trouxe o estetoscópio e confirmou a suspeita de Churchill. Um ataque cardíaco, resultado das duas piores semanas como primeiro-ministro, do afundamento do Repulse e do Prince of Wales e do abandono da península Malaia. O primeiro-ministro, contudo, exigiu sigilo absoluto de seu médico. Nem mesmo Roosevelt deveria saber do ocorrido. (Na verdade, ninguém saberia do ataque cardíaco até após a morte de Churchill, quando o diário de guerra de lorde Moran foi lançado.) "Ninguém mais pode fazer esse trabalho", disse ao desconfiado

---

* O garoto era Lee Kuan Yew, futuro presidente da República de Cingapura.

médico. "Eu é que devo fazê-lo." Churchill tinha medo de ser substituído justo quando seu Império estava à beira do colapso.[20]

Não foram só os japoneses que lhe causaram a dor. Antes que Churchill fosse a Washington, ele recebera um telegrama de Linlithgow. Devido à magnitude da crise, o vice-rei queria reabrir as negociações com Gandhi e o Congresso. Churchill, nervoso, recusou, usando a oposição da Liga Muçulmana como justificativa. "Pessoalmente, eu preferiria que acordássemos com a independência da Índia a que tivéssemos de manter um exército lá para conter as raças belicosas [ou seja, muçulmanos] em benefício do clero e dos políticos hindus", disse de forma confusa. Em janeiro, ele ainda estava enfurecido e reiterou que não haveria mudança constitucional na Índia "no momento em que o inimigo está em direção à fronteira".[21]

Contudo, palavras desafiadoras não podiam conter a crescente onda japonesa. Em 9 de fevereiro, tropas do Japão desembarcaram na ilha de Cingapura e estavam expandindo sua cabeça de ponte. Churchill demandava freneticamente que se estabelecesse uma última linha de defesa. "Não deve haver intenção de salvar as tropas ou poupar a população", disse a Archibald Wavell, o comandante-chefe. Com os norte-americanos e soviéticos observando, "toda a reputação do nosso país e de nossa raça está em jogo". Ele garantiu a FDR, cujas tropas estavam ocupadas com o mesmo tipo de problema nas Filipinas, "que a batalha deveria ser lutada até seu amargo fim".[22]

No entanto, a resistência britânica já estava se desintegrando. O general Arthur Percival, com 85 mil homens e fortes posições defensivas, enfrentava um exército que fora reduzido a um terço do tamanho do seu e que estava ficando sem munição. Contudo, durante a caótica retirada, Percival perdera o ânimo e a honra, como apontou, irritado, um de seus oficiais. A seu modo, enganador mas civilizado, Percival não desejava prolongar a carnificina, em especial entre civis. Jamais lhe ocorrera que, após a rendição, os japoneses matariam milhares, principalmente chineses estrangeiros em Cingapura. Os soldados de Percival, abalados e desmoralizados, resumiram a situação em um quarteto que zombava das palavras de Churchill:

Nunca antes tantos
Foram arruinados por tão poucos
E nem os poucos nem os muitos
Têm qualquer ideia do que fazer.[23]

Apenas quatro dias depois da última frenética ordem de Churchill, Cingapura rendeu-se. Em uma transmissão de rádio, o primeiro-ministro pintou a melhor imagem sobre o ocorrido. "Esse", ele disse, "é um dos momentos em que a raça e a nação britânica podem demonstrar sua qualidade e seu gênio [...]. Até o momento, nós não falhamos. Não falharemos agora. Seguiremos adiante, unidos e imperturbáveis, em direção à tormenta."[24] Em particular, contudo, foi mais sincero, decretando esse como o pior desastre na história das armas britânicas.

Foi também o maior desastre na história do Exército indiano. Para literalmente milhares de prisioneiros de guerra indianos, o mundo havia caído. Um oficial britânico disse a seus homens: "Vocês agora pertencem ao Exército japonês" — palavras que depois assombrariam Churchill e o Raj.[25] Curiosamente, os soldados japoneses foram instruídos a separar os prisioneiros indianos fazendo uma pergunta simples: "Gandhi?" Aqueles que acenassem com a cabeça em reconhecimento eram postos de lado. Alguns eram recrutados para unir-se ao farsesco Exército Nacional Indiano. Outros, inclusive oficiais, eram mortos.

Um capitão indiano disse a seus captores que seu pai era amigo de Gandhi — e foi poupado. Ele assistiu ao segundo no comando britânico ser decapitado por uma espada samurai. No entanto, o capitão Prem Sehgal não sentiu arrependimento. "A queda de Cingapura, por fim, me convenceu da degeneração do povo britânico", escreveu mais tarde, "e pensei que os últimos dias do Império Britânico haviam chegado."[26]

A Birmânia seria a próxima a entrar em colapso. Em 27 de fevereiro, o novo comandante do Exército britânico ou CIGS* (chefe do Estado-maior imperial), general Alan Brooke, confidenciou em seu diário: "Não vejo como conseguiremos manter Rangum por muito mais tempo."[27] Na Birmânia, espalhava-se um medo bastante real de que, naquele passo, os japoneses poderiam alcançar o leste de Bengala antes das monções. Dezenas de milhares de indianos que viviam e trabalhavam na Birmânia, alguns por gerações, pareciam não ter escolha a não ser recolher seus pertences e fugir. A retirada da Birmânia transformou-se em uma debandada e em um desastre humanitário: cerca de 8 mil morreram na fuga, de fome e privação, a maioria pobres indianos comuns que "se arrastavam como rebanhos de

---

* CIGS: Chief of the Imperial General Staff. (N. do T.)

animais diante de um incêndio na floresta", relatou uma testemunha.[28] Uma vez mais, os colonos britânicos fugiam em pânico, deixando para trás o caos. O grande motivo de orgulho para Randolph Churchill, a anexação do centro-norte da Birmânia, tornou-se a maior humilhação da Grã-Bretanha.

A guerra que parecera tão distante estava agora na porta de entrada da Índia. A pergunta que se fazia era se a Índia iria lutar e de que lado. Muitos indianos questionaram seriamente se ainda restaria um lado britânico a ser apoiado. Gandhi fazia a mesma pergunta a si mesmo. Em 22 de janeiro, ele disse a um funcionário do Congresso, "Jawaharlal [Nehru] acredita que o Império Britânico está liquidado. Todos nós desejamos que esteja liquidado, mas não creio que esteja". Ele sabia, por experiência própria, do que Churchill era feito. "O sr. Churchill disse que [os britânicos] não são 'meigos' e que são capazes de enfrentar brutalidade com brutalidade. Assim sendo, muito tempo se passará até que o Império esteja liquidado."[29]

Ainda assim, a velocidade e a sordidez com que ocorrera o colapso do leste asiático impressionaram até mesmo Gandhi. Quando Cingapura capitulou, ele sentira-se compelido a emitir uma declaração, pedindo calma à população. "Os recentes contratempos dos britânicos não devem criar pânico no território", escreveu enquanto viajava de trem para Calcutá, em 17 de fevereiro, para um editorial que apareceu no *Harijan*. "Fracassos não diminuem ou desmoralizam [os ingleses]. Eles os recebem com calma [...] Guerras, para eles, são como jogos de futebol. O time derrotado cordialmente felicita o bem-sucedido, quase como se fosse uma vitória conjunta, e afoga as mágoas da derrota em um copo de uísque."[30]

Gandhi superestimou a firmeza britânica: o trauma da guerra provocara demasiados colapsos morais em colonos britânicos. A visão de Gandhi sobre os bretões em guerra, assim como a de Churchill, ainda tinha uma estrutura vitoriana, construída pelas memórias da Guerra dos Bôeres. Contudo, ambos estavam corretos quanto ao povo britânico estar preparado para lutar e resistir. Com inquietante inspiração, Churchill fora capaz de direcionar os sentimentos para um programa de guerra que desafiara a derrota e o desengano antes e agora o faria de novo. Gandhi era capaz de admirar esse empenho, ainda que pressentisse uma tragédia mais profunda: que a Índia não poderia participar dele. "Nós somos uma casa dividida contra si mesma e não há vínculo restante entre governantes e governados", lamentou. "A tragédia é aprofundada pelo fato de que todos os partidos sentem-se desamparados."[31]

Os indianos comuns apoiariam a causa britânica? Essa era a crucial pergunta para Churchill e seu Gabinete de Guerra durante o precipitado voo saído da Birmânia. A possibilidade ainda mais aterradora era que os indianos não só permitiriam que seu país fosse dominado, mas que se levantariam contra os senhores britânicos, unindo-se aos japoneses. Um homem já estava trabalhando para que isso ocorresse: Subhas Chandra Bose.

Bose fora preso durante a *satyagraha* "pessoal" de Gandhi e depois conduzido para uma prisão domiciliar. Furioso por ter sido posto de lado enquanto eventos mundiais se desdobravam, em 17 de janeiro de 1941 Bose escapou de seus guardas. Como um personagem de um romance de Kipling ou John Buchan, viajou incógnito pela Índia em direção a Kabul. Lá, encontrou-se primeiro com a legação russa (e naquele tempo Stálin ainda era aliado de Hitler) e depois com os italianos, que lhe deram um passaporte siciliano com o nome Orlando Mazzota e um visto russo.

Em 2 de abril de 1941, Bose aterrissou em Berlim. Seu plano era fazer da Índia o segundo front da guerra nazista contra a Grã-Bretanha. "Em interesse de meu país, eu arrisquei minha vida para vir à Alemanha", disse aos anfitriões. "Confio que a Índia ganhará sua liberdade nessa guerra." Ele queria ajuda alemã para tanto.[32]

Oficiais da inteligência alemã escutaram educadamente, mas seus planos de colocar Bose para trabalhar foram adiados por meses. Eles permitiram que Bose estabelecesse uma estação de propaganda híndi em Berlim, a Rádio Azad Hind, que transmitia para a Índia notícias das vitórias alemãs e dos desastres britânicos.* Com o tempo, os alemães deram-lhe dinheiro, uniformes e equipamentos militares para formar sua própria Free India Corps com ex-voluntários do Exército indiano.[33]

As notícias sobre o ataque japonês e a queda de Cingapura capturaram a imaginação de Bose e renderam-lhe um novo destino. "A queda de Cingapura

---

* O propósito era contra-atacar as notícias pró-britânicas transmitidas pela BBC, com auxílio do Ministério da Informação. O homem que compunha os textos para a BBC (que a Azad Hind chamava de "Bluff and Bluster Corporation" [Corporação Enganadora e Ruidosa]) e que depois lia pessoalmente alguns deles no ar era um ex-policial da Birmânia, Eric Blair, mais conhecido por seu pseudônimo, George Orwell.

significa o colapso do Império Britânico", proclamou extaticamente, "e o nascimento de uma nova era na história indiana."[34] Quando soube que os japoneses estavam recrutando tropas indianas entre prisioneiros de guerra e indianos estrangeiros, ele ficou alucinado para ir à península Malaia. Disse ao embaixador japonês em Berlim que "uma nova ordem no grande leste asiático somente será alcançada com a cooperação de 350 milhões de pessoas na Índia". Para construir essa ordem, os japoneses precisavam de Bose.

Eles, ao menos, não repudiaram a ideia — os recrutas indianos em Cingapura "adoravam Bose como a Deus". Enquanto faziam planos para levar Bose de volta à Ásia, seu Exército Nacional Indiano (INA) tornava-se uma verdadeira força. Seus membros foram divididos em três regimentos, cada um nomeado em homenagem a nacionalistas indianos: Gandhi, Nehru e Azad.* O INA celebrou sua primeira exibição em Cingapura, no dia 2 de outubro de 1942.

A data foi escolhida por ser o aniversário de Gandhi.[35]

Em Londres, naquela primavera, enquanto os japoneses corriam para a fronteira indiana, o nome de Gandhi era invocado pelos inimigos da Grã-Bretanha e Bose convocava o auxílio alemão e japonês para uma insurreição armada, todos perceberam que algo urgente tinha de ser feito. "A Índia é vital para nossa existência", disse a Churchill o general Claude Auchinleck, agora comandante das forças britânicas no Deserto Ocidental. "Nós ainda poderíamos manter a Índia sem o Oriente Médio, mas não podemos manter o Oriente Médio sem a Índia."[36]

Churchill não podia discordar. Em fevereiro, ele contava com um novo gabinete. Halifax estava agora em Washington como embaixador britânico; Anthony Eden tomou seu lugar no Ministério das Relações Exteriores. O líder da oposição trabalhista, Clemente Attlee, tornou-se vice-primeiro-ministro e outro inflexível trabalhista, Sir Stafford Cripps, era oficialmente líder da Câmara dos Comuns e lorde do Selo Real. Juntos com o colega Ernest Bevin, eles passaram a pressionar Churchill pela retirada da Índia.

Este "é o momento para um ato de diplomacia", disse Attlee ao Gabinete, em 2 de fevereiro, ainda antes da queda de Cingapura. "Um esforço renovado deve ser feito para convencer os líderes dos partidos políticos indianos a se

---

* Maulana Abul Kalam Azad, o mais proeminente membro muçulmano do Congresso.

unirem." Attlee sentia que o vice-rei Linlithgow não era o homem certo para o trabalho; tampouco o era o ministro para a Índia, Leo Amery. Amery e Linlithgow estavam paralisados e temiam que qualquer movimento pudesse pôr em risco o arranjo original de 1935. Até mesmo uma oferta do político liberal T. B. Sapru — que, em conjunto com outros 12 líderes ausentes do Congresso no início de 1942, prometera apoio à guerra em troca da paridade imediata da Índia com as outras possessões e da formação de um governo nacional — foi recebida com hesitação em Nova Délhi e Londres e, em seguida, recusada.[37]

Attlee sentiu que era o momento de romper o nó górdio e enviar um único representante do gabinete com plenos poderes para negociar um arranjo final com todos os partidos, inclusive com a Liga Muçulmana. "Há um precedente para essa ação", escreveu em seu memorando. "Lorde Durham salvou o Canadá para o Império Britânico.* Precisamos de um homem para fazer na Índia o que Durham fez no Canadá." Attlee tinha em mente Stafford Cripps, que era profundamente simpático à causa indiana e fora a referência do Partido Trabalhista no Projeto de Lei do Governo da Índia. Cripps era socialista como Nehru e, também como Nehru, acreditava que os problemas da Índia não eram religiosos ou étnicos, mas de classes. Havia-se encontrado e negociado com Jinnah em dezembro de 1939. Ele era até mesmo vegetariano, como Gandhi. Para o líder de seu partido, Cripps parecia o homem ideal para agregar todas as opiniões da Índia e incitar-lhes para a luta contra o fascismo, em troca da liberdade.

Podem-se imaginar os sentimentos de Churchill ao ler a proposta, mas o memorando de Attlee se provou decisivo.[38] Após a queda de Cingapura, as mãos de Churchill estavam mais fracas do que em qualquer ocasião desde que assumira o posto de primeiro-ministro. Logo em seguida, ele insistiu em promover moção de confiança, a qual foi aprovada de forma esmagadora; contudo, pela primeira vez desde que a guerra começara, sua confiança interna estava abalada. John Colville, naquele momento servindo em Pretoria com a Força Aérea Real, notou isso tão logo ouviu na rádio o anúncio feito por seu antigo chefe sobre a rendição de Cingapura. "Toda

---

* John Lambton, lorde Durham, foi enviado para o Canadá como governador-geral em 1838. Ele retornou cinco meses depois para recomendar um governo unido e autônomo para a possessão.

a habilidade de sua oratória estava ali", apontou Colville em seu diário, "mas também um novo tom de apelo, carente da usual confiança no apoio." Alguns dias antes, Churchill havia buscado sua amiga de tempos antigos, Violet Bonham Carter. Ela jamais o vira tão deprimido, ainda pior do que ocorrera após Galípoli. Ele confessou seu medo de que os atuais soldados britânicos não fossem tão bons quanto seus predecessores. "Nós temos tantos homens em Cingapura", repetiu algumas vezes, "tantos homens, que eles deveriam ter feito mais". Parecia um epitáfio, tanto para um império quanto para um exército.[39]

Churchill também sentia pressão inexorável dos americanos e de Roosevelt. "A Índia", escreveu o editor da revista americana *Foreign Affairs*, "tornou-se uma medida" da aliança anglo-americana. O ponto de debate não era mais o sentimento anti-imperialista norte-americano ou mesmo a admiração por Gandhi como "um homem de paz", como havia sido em abril de 1941. A Índia estava se tornando uma vital base de apoio logístico para os reforços dos Estados Unidos que apoiavam Chiang Kai-shek na China. Caso a estrada de mais de 2 mil quilômetros na Birmânia ficasse permanentemente interrompida, ou a Índia se retirasse da guerra, a batalha de Chiang contra a ocupação japonesa estaria condenada.

O próprio Chiang percebeu isso e, na segunda semana de fevereiro, o generalíssimo fez uma repentina visita à Índia, para tentar convocar a opinião pública. Os encontros, incluindo uma conversa de quatro horas com Gandhi, não foram promissores. Um Chiang completamente deprimido reportou a Churchill e FDR que "se os japoneses soubessem da situação real e atacassem a Índia, quase não enfrentariam oposição".[40]

Em 25 de fevereiro, Roosevelt sentou-se à escrivaninha e compôs uma longa carta a Churchill. "Sinto que há perigo real na Índia agora" e "muita desconfiança e insatisfação em muitos lugares". Roosevelt continuou: "durante muitos anos tenho estado atento ao problema das relações entre europeus e americanos, por um lado, [e] entre a variedade de raças no leste e no sul da Ásia e indianos, por outro. Não há dúvida, em minha mente, de que o antigo relacionamento deixou de existir dez ou vinte anos atrás e que nenhum substituto foi construído, exceto a política americana de liberdade possível." Sob esse ponto de vista, a Roosevelt preocupava que a resistência indiana contra os japoneses vacilaria, a não ser que a Grã-Bretanha fizesse uma firme oferta de novo arranjo constitucional.[41]

Ao final, Roosevelt decidiu não enviar a carta. No entanto, seguiu adiante com seu próprio plano para a Índia — ele não era o primeiro nem seria o último estadista que pensava conhecer as necessidades dos indianos melhor do que eles mesmos. O plano envolvia a formação de um "governo temporário", nos moldes dos Artigos da Confederação Americana, liderado por "um pequeno e representativo grupo, abrangendo diferentes castas, ocupações, religiões e geografias", o qual governaria interinamente a possessão, até que se convocasse uma assembleia para esboçar uma constituição definitiva. "Talvez a analogia com alguns dos métodos de trabalho e com os problemas dos Estados Unidos entre 1783 e 1789 possa dar um novo ponto de vista para a Índia", concluiu Roosevelt, "e possa fazer com que aquele povo esqueça os ressentimentos, sinta-se mais leal ao Império Britânico e afaste os perigos da dominação japonesa."[42]

Era um plano empolgante por sua ousadia — e por sua simplicidade. Refletia o consenso público norte-americano de que Churchill e os britânicos eram responsáveis pelos descontentamentos na Índia, graças a sua "má vontade em conceder os direitos de autogoverno aos indianos".[43] Aquele consenso, assim como o plano de Roosevelt, ignorava as realidades dos últimos dez anos, assim como dos duzentos anos do Raj, sem mencionar ainda os milhares de anos de história indiana. Entretanto, era uma tentativa sincera de romper a estagnação. O médico de Churchill notou que discordâncias com FDR "exigiam-lhe mais do que qualquer outro desastre nos campos de batalha".[44] No entanto, caso Churchill estivesse reticente em acolher o plano norte-americano, teria de aceitar o de outra pessoa, antes que a Índia se tornasse o próximo campo de batalha.

Em 6 de março de 1942, o general Harold Alexander ordenou a evacuação de Rangum. Churchill escreveu a FDR: "o ônus da guerra é muito pesado agora e eu devo supor que piore constantemente nos tempos por vir". No dia 10, ele recebeu a proposta de FDR para a Índia, nos moldes dos Artigos da Confederação. Ele e o Gabinete, porém, já tinham decidido agir.

Como lhe era típico, o instinto inicial de Churchill foi o de ir, ele mesmo, à Índia. Anunciou ao Gabinete que iria arrancar um entendimento com Gandhi e com os outros líderes em uma assembleia nacional, que criaria uma constituição para a Índia ao término da guerra. Alexander Cadogan, do Ministério das Relações Exteriores, considerou a ideia "brilhantemente imaginativa e ousada". Eden e seu secretário particular, Oliver Harvey, concordaram. Churchill era "a única pessoa que podia fazer tudo [...] Que decisão e que valentia do velho garoto".[45]

Em seguida, contudo, eles se juntaram ao primeiro-ministro de 67 anos para um almoço. Observaram-no beber seus usuais uísques pré-almoço, algumas garrafas de cerveja, três taças de vinho do Porto e três de conhaque.[46] A bizarra imagem de Churchill sentado diante de uma refeição de lentilhas e leite de cabra em Sevagram, enquanto Gandhi enrolava sua *charkha*, deve ter passado por suas cabeças. Estaria Churchill realmente pronto para os desafios de uma discussão sobre o futuro do subcontinente com homens como Gandhi, Nehru e Muhammad Ali Jinnah, argumentando dia após dia e colocando o futuro do Império — sem mencionar a própria reputação de Churchill e o curso da guerra — em risco?

Dada a deficiência no coração de Churchill, seu médico opôs-se à viagem, mas ele estava inflexível. Somente a queda de Cingapura forçou Churchill a, a princípio, postergar e, por fim, cancelar a viagem que o teria colocado frente a frente com o Mahatma pela primeira vez em 35 anos.[47]

Ao final, Cripps foi enviado. Em 3 de março, Oliver Harvey anotou em seu diário: "o Gabinete está prestes a dar um grande passo [em relação à Índia], oferecer a completa independência de protetorado ao término da guerra". Esboços da declaração foram rebatidos, de lado a lado, dentro do comitê ministerial para a Índia, por uma semana; Churchill e Leo Amery resistiram contra as propostas mais radicais de Attlee e Cripps. Linlithgow ameaçou renunciar por causa do que via como usurpação de seu papel constitucional. Foram necessários todos os poderes persuasivos de Churchill para fazê-lo retroceder.[48]

Em 7 de março, Churchill disse a Roosevelt, "nós ainda estamos tentando encontrar um processo conciliatório e inspirador". No final, os linhas-duras cederam mais do que receberam. O resultado foi a assim chamada Oferta de Cripps, que prometia aos indianos independência imediata após a guerra e liberdade para escrever sua própria constituição. Em um aceno para a Liga Muçulmana, províncias que se recusassem a acatar a nova constituição estariam livres para separarem-se individualmente. Até os principados teriam permissão para rejeitá-la. A antiga fórmula, segundo a qual indianos deveriam juntar-se em união antes da independência definitiva, hipótese por trás da Lei do Governo da Índia de 1935 e que remontava a Edwin Montagu, sofreu uma morte rápida e necessária.

Tudo estaria sobre a mesa de negociação, contanto que a Índia estivesse disposta a lutar contra os japoneses. Churchill não estava nem um pouco satisfeito, percebendo que seria praticamente impossível anular uma oferta de independência, mesmo que ela fosse recusada.[49] No entanto, ele não tinha alternativa. Os americanos e o melancólico encontro de Gandhi com Chiang Kai-shek haviam-no deixado sem espaço para manobras.

Foi com essa proposta no bolso que um esperançoso Stafford Cripps rumou para a Índia em 14 de março de 1942. Atingiu o destino no dia 22. Dias depois, um representante norte-americano, coronel Louis Johnson, chegou para auxiliar na aceitação do acordo. Foi o ponto mais baixo da experiência da Grã-Bretanha na Ásia. Os japoneses haviam entrado em Rangum. Em poucos dias, fecharam a estrada da Birmânia, isolando o Exército de Chiang na China. No dia após a chegada de Cripps, tropas japonesas ocuparam as Ilhas Andamão e o golfo de Bengala. A Marinha japonesa navegava livremente pela costa da Índia, afundando embarcações indianas e neutras.

Aos indianos sempre lhes foi ensinado que um controle britânico, quaisquer que fossem seus defeitos, ao menos os manteria a salvo de invasores estrangeiros. Essa suposição, que fortalecera o Raj por mais de um século, ruiu de forma deplorável da noite para o dia. Milhares de pessoas fugiram de Madras, temendo o iminente ataque japonês. Outros milhares chegaram ao Ceilão como refugiados. Churchill e o Almirantado fizeram planos sombrios para a batalha definitiva pelo controle de Trincomalee, a mais importante base naval do Ceilão. Então, em 5 de abril, porta-aviões japoneses deslocaram-se em direção à ilha. Bombardeiros japoneses levantaram voo e afundaram os cruzadores pesados *Dorsetshire* e *Cornwall* juntamente com outros dois navios de guerra britânicos. No dia seguinte, os japoneses torpedearam também o porta-aviões *Hermes*. "Nossas forças navais não são potentes o bastante para se opor a isso", disse a FDR um exausto Churchill. O desastre alastrou-se pela Índia, assim como ocorrera com Cingapura no mês de dezembro.[50]

Se houve um momento em que os assuntos extraordinários da Índia tinham de ser resolvidos, o momento foi esse. Contudo, para seu assombro, Cripps percebeu que não poderia obter progressos. O Congresso estava furioso porque a oferta incluía o direito individual das províncias de renunciar — um claro convite à criação de um Paquistão autônomo. A Liga Muçulmana estava furiosa porque o Congresso estava furioso. O vice-rei estava furioso porque não teve participação nas negociações que ocorreram, não às suas costas, mas diante de seus olhos. Enquanto isso, o chefe do Estado-Maior, general Wavell, preocupava-se com o risco de o tempo se esgotar sem que nada fosse feito e com a possibilidade de, uma vez digeridas suas conquistas na Birmânia e na Península Malaia, os japoneses se lançarem através da fronteira em direção a Assam.

Apesar dessas imensas dificuldades e pressões, Cripps, Johnson e o Congresso conseguiram estabelecer um acordo preliminar. Envolvia complicados arranjos para que ministros nativos assumissem cargos e até supervisionassem a defesa da Índia, como parte de um genuíno governo nacional indiano, superficialmente disfarçado de novo Conselho executivo para o vice-rei.

Isso ocorreu em 9 de abril. Naquela mesma tarde, negociadores do Congresso tiveram uma longa conversa telefônica com Gandhi em Wardha. Eles retornaram à mesa de negociações e anunciaram que teriam de rejeitar completamente a proposta. Cripps ficou devastado — e enfurecido com Gandhi, por considerar que o acordo fora sabotado. Em 12 de abril, ele deixou a Índia; deixou também sua amizade com Nehru em frangalhos e sua confiança na boa-fé dos indianos destruída.

Seis dias antes, as primeiras bombas japonesas haviam caído perto de Calcutá.[51] Parecia agora que somente um milagre poderia impedir o Japão de conquistar a Índia.

26. Deixem a Índia

1942

*Eu não me tornei primeiro-ministro do rei para presidir a liquida-
ção do Império Britânico.*
(WINSTON CHURCHILL, 1942)

Alguns ainda duvidavam que os japoneses fossem capazes. Nirad Chaudhuri, por exemplo, trabalhava agora para a rádio All-India em Délhi, como
parte do esforço de propaganda dos Aliados. "Antes de deixar Calcutá, tive
certeza de que os japoneses não tentariam uma invasão do leste da Índia a
partir da Birmânia", escreveu anos mais tarde.* Nem mesmo as notícias do
desastroso naufrágio de navios britânicos no oceano Índico, que agradaram
a seus amigos bengali antibritânicos, haviam-no perturbado. Ele percebeu
que um desembarque japonês não traria um levante em massa contra o Raj,
mas somente mais refugiados.[1]

Desde 1940, Chaudhuri passara a admirar Winston Churchill por sua luta
decidida e solitária contra os nazistas, os quais considerava genuinamente
maus em comparação com os senhores britânicos da Índia e suas suaves
falhas. No entanto, até mesmo Chaudhuri estava espantado. "Não é fácil",
escrevera Churchill a FDR, "apontar limites para a agressão japonesa."[2] Se
os japoneses estivessem livres para vagar pelo oceano Índico segundo sua

---

* Ele estava certo. Os japoneses haviam-se expandido em excesso com a velocidade do
avanço. A monção antecipada de abril de 1942 também pôs fim a qualquer plano de invasão. Além disso, a Índia não representava grande importância em suas ambições imperiais.
Eles precisavam do petróleo da Birmânia e das Índias Orientais Holandesas, e não da dor
de cabeça de suceder o Raj.

vontade, quanto tempo levaria até que os britânicos tivessem de abandonar a Índia a fim de proteger seus interesses em outros lugares?

Em Londres, outros tinham uma preocupação diferente. Por que Gandhi minara a Missão Cripps? O consenso entre os estudiosos de hoje é que ele não o fez. Gandhi, de fato, encontrara-se com Cripps, mas estava inflexível em relação a deixar todas as negociações aos representantes oficiais do Congresso, Nehru e Azad. O próprio Gandhi negou ter tido qualquer contato com membros do Comitê de Trabalho do Congresso após deixar Délhi em 5 de abril.

Contudo, outros acreditavam que sim.[3] Com efeito, duas pessoas estavam verdadeiramente aliviadas com o fracasso do plano Cripps. Um deles era Churchill, que acreditava que o colapso do debate teria, no final das contas, um impacto "benéfico" sobre as relações com os americanos e, consequentemente, sobre a guerra. Os americanos desejavam que os britânicos oferecessem a independência aos indianos. Os britânicos fizeram isso, e os indianos recusaram. Churchill podia ecoar as palavras que Cripps lhe enviara em sua última comunicação, em 11 de abril: "Agora, prosseguimos com o trabalho de defender a Índia."[4]

Outro homem que desejava o fracasso da missão era, sem dúvida, Gandhi. Ele pode não ter tido participação na sabotagem do plano, mas considerava a oferta de Cripps uma "nota promissória de um banco falido" — muito pouco e tarde demais. Dias após a partida de Cripps, outro plano tomava forma na mente de Gandhi. Formara-se em seu dia de silêncio, com o mesmo golpe intuitivo que inspirara a campanha contra a taxa do sal. Esse plano, no entanto, era muito mais audacioso. Ele confessou ao amigo Horace Alexander que o plano "iria requerer coragem de ordem superior" — talvez superior ao que a própria Índia pudesse alcançar. Assim como Churchill, contudo, Gandhi atingira um estágio em que não havia muitas opções a escolher.[5]

Sua ideia era que os britânicos deviam deixar a Índia. Agora. Completamente, imediatamente e para sempre. "A Grã-Bretanha não pode defender a Índia, muito menos a si mesma em solo indiano, com qualquer força", disse a Alexander. "O melhor que podem fazer é deixar a Índia a sua própria sorte. Sinto que, de alguma maneira, a Índia não decepcionará."[6]

Era uma ideia de tirar o fôlego. Mesmo que os britânicos concordassem, só a logística para tal seria assustadora. No entanto, os britânicos — e

Winston Churchill — jamais concordariam. Ainda assim, Gandhi sentia ser esse o próximo passo na campanha para tirar o pesadelo britânico de sobre os ombros da Índia. Demonstrações de lealdade haviam falhado; a não cooperação havia falhado; as negociações com vice-reis e mesmo com membros do Gabinete britânico haviam falhado. O que ainda existia, de fato, exceto a opção de forçar os britânicos a arrumar as malas e partir — especialmente em face do irresistível avanço japonês? Já na primavera de 1942, Gandhi estava convencido de que o Eixo não poderia ser debelado. (Ele não estava só.) Bose e seus seguidores pareciam certos: os britânicos perderiam. E afundariam a Índia junto consigo, a não ser que ele e o povo indiano agissem primeiro.

Gandhi tampouco acreditava que a partida britânica deixaria a Índia desamparada perante o inimigo japonês. Ele, na verdade, considerara essa hipótese durante sua primeira campanha de não cooperação. Em dezembro de 1920, alguns haviam dito que, caso os britânicos se retirassem, a Índia cairia sob o domínio estrangeiro. "Imagine o pior", argumentara Gandhi contra eles, com misteriosa premonição, "os japoneses nos subjugando pela baía de Bengala, os gurkhas, pelas colinas, e os pathans, pelo noroeste." A Índia teria de defender a si mesma, disse Gandhi, e resistir ao invasor de forma não violenta — que era exatamente o que deveriam fazer contra os britânicos. E se o inimigo se recusasse a retroceder? Então os indianos teriam de ir às armas para expulsá-los. De uma maneira ou de outra, acreditava Gandhi, "será um caminho mais valoroso que a submissão indefesa" ao Raj.[7]

Não obstante, Gandhi havia-se convencido de que os japoneses não queriam conquistar a Índia. Uma vez que os britânicos partissem, as razões para que os japoneses atacassem desapareceriam. Ele inclusive previra uma Índia livre negociando um tratado formal de não agressão com o Japão imperial.[8]

Ele também rejeitava a noção de que a retirada das tropas britânicas e do comando da polícia levaria à anarquia e ao caos. "Nossa ahimsa permanecerá pouco convincente enquanto não nos livrarmos do medo da anarquia", respondeu impaciente. "Nós temos de aceitar o risco da violência para abalar a grande calamidade da escravidão." A Índia precisava ter "fé inabalável" na não violência e esperar o melhor, em vez de temer o pior: "Esse é o momento para provar que não há poder maior no mundo do que a ahimsa."[9]

Longe de virar a Índia de cabeça para baixo, Gandhi esperava que um movimento concertado para forçar a saída britânica unificaria o Congresso

Nacional Indiano, o qual fora despedaçado pelo fracasso da Missão Cripps e precisava, desesperadamente, de uma causa em torno da qual se unir. Era também o tipo de *satyagraha* que ele acreditava que abriria as portas para uma reconciliação entre hindus e muçulmanos. De fato, uma de suas maiores preocupações em relação à oferta de Cripps era que, se o Congresso endossasse o esforço de guerra, podia precipitar uma nova onda de violência pública. Uma vez que os britânicos partissem, Gandhi seguia afirmando para si mesmo, tudo se resolveria. Como disse a jornalistas, "eu devo esperar que a não violência erga-se em meio ao caos".[10]

Havia ainda mais uma razão pela qual Gandhi optara por esse rumo audacioso e até mesmo quixotesco. Em seu coração, ele queria provar a Churchill e aos britânicos que os indianos não eram "docinhos". Churchill reunira um povo e uma nação para lutar uma guerra pela liberdade que outros diziam não poder ser vencida. (Na verdade, alguns, incluindo Gandhi, ainda acreditavam que não podia ser vencida.) Gandhi estava determinado a mostrar que era capaz de reunir um povo e uma nação para ganhar sua liberdade *sem uma guerra*.

No último outubro, ele compusera um editorial que é profundamente revelador de seu estado de espírito. "Minha fé na natureza humana cresce progressivamente", escreveu. "Concluí, baseado em meus experimentos, que a natureza humana pode facilmente ser moldada." No momento, "Churchill e Hitler se esforçam para mudar a natureza de seus compatriotas, forçando e impondo métodos violentos sobre eles"; Gandhi buscava provar que "a ahimsa [...] pode mudar a natureza humana e *mais rápido do que podem homens como Churchill e Hitler*".[11]

Ao contrário do que acreditava Churchill, era a humanidade, e não a história, que mudava constantemente para melhor. Com efeito, o movimento "Deixem a Índia" (Quit India) seria a última tentativa de Gandhi de provar que Churchill e aqueles que pensavam como ele estavam errados. Agora com 73 anos, teria seu último lance de dados — um teste definitivo de sua fé nos companheiros.

Em junho de 1942, ele formulou a resolução e, em julho, submeteu-a ao Comitê de Trabalho do Congresso. As reações foram mistas, para dizer o mínimo. Rajagopalachari estava horrorizado — uma súbita e completa retirada britânica poderia significar "a dissolução do próprio Estado e da sociedade". Ele implorou ao Mahatma que cancelasse a proposta.[12] Nehru também ficou profundamente perturbado. Acreditava que Gandhi estava sendo ingênuo ao supor que os japoneses deixariam a Índia livre quando os britânicos se retirassem. Além do mais, uma campanha como essa poderia taxar os membros do Congresso de sediciosos ou talvez membros de quinta-coluna. O irmão de C. S. Bose, Barat, havia sido preso em dezembro e encarcerado sob suspeita de ter mantido contato com os japoneses. Como reagiriam os britânicos diante de uma ameaça tão direta e maciça ao esforço de guerra?

Em resposta a essas negativas, Gandhi fez uma concessão: durante as hostilidades, permitiria a presença das forças britânicas na Índia, mas não do governo britânico. Ele também concedeu que a Índia livre pudesse entrar na guerra ao lado dos Aliados. A Índia transformada em um campo armado seria uma situação perigosa, mas, ainda assim, ele não queria que os britânicos perdessem. "Estou mais interessado do que os britânicos em manter os japoneses afastados", disse ao jornalista norte-americano Louis Fischer. No entanto, "estou certo de que a Grã-Bretanha não pode vencer, a menos que o povo indiano se torne livre". Ele indicou abertamente que um novo governo, agradecido por sua liberdade, ficaria satisfeito em permitir que soldados britânicos e americanos permanecessem em solo indiano. Por ora, "não é a pedido da Índia e nem com o consentimento da Índia que eles aqui permanecem".[13]

De fato, Gandhi sugeriu que a saída da Índia serviria aos britânicos como uma vantagem, tanto estratégica quanto moral: "Se a dominação britânica terminar, esse ato moral salvará a Grã-Bretanha." Em todo caso, não cabia a Churchill ou a Amery, ou a quem quer que fosse, dizer aos indianos como viver suas vidas: "Deixe-os confiar a Índia a Deus ou, em linguagem moderna, à anarquia."[14]

Deus ou anarquia. Gandhi pressentiu uma campanha cuja escala era muito maior do que aquela da *satyagraha* do sal. Envolveria não cooperação em massa em todos os níveis da sociedade e do governo, com paralisações, greves, piquetes, passeatas e manifestações de estudantes, tudo sob a direção do Congresso e sob as ordens diretas de Gandhi. De forma austera, ele esperava problemas e até violência: "Quero preveni-los quanto à explosão da anarquia ou de um estado de acontecimentos que seria um convite calculado à agressão japonesa." E os britânicos, indubitavelmente, resistiriam, utilizando-se de quaisquer meios necessários, inclusive a violência. Contudo, "estou convencido de que seria algo bom se um milhão de pessoas fossem mortas em uma resistência corajosa e não violenta à dominação britânica".

Ele mostrava-se, da mesma maneira, despreocupado (ou endurecido) com o futuro pós-britânico da Índia. "Todos os partidos lutarão uns contra os outros como cães", reconheceu. "Pode levar anos até que possamos criar ordem em meio ao caos." De tudo isso, porém, no devido tempo, chegaremos a um "acordo justo" e a uma Índia pela qual vale a pena viver e morrer.[15]

A seu modo imperioso, Gandhi derrubava as objeções e hesitações, uma a uma. Afastado e assistindo inquietamente, o vice-rei Linlithgow admitiu que "o velho homem não perdeu nenhuma de suas habilidades políticas com o passar dos anos".

Assim como acontecia com Churchill, o poder de persuasão de Gandhi seria capaz de arrastar tudo diante de si — até mesmo precauções razoáveis. Linlithgow advertiu a Londres que Gandhi quase certamente obteria o que buscava, apesar de que, se a campanha falhasse, o golpe ao prestígio do Congresso seria imenso.[16] A Grã-Bretanha e o Raj enfrentariam o equivalente a uma rebelião de massa, ainda que desarmada, em meio à conjuntura mais crucial da guerra. Enquanto o All-India Congress Comittee (Comitê Toda a Índia do Congresso — AICC) reunia-se em Mumbai para estudar a resolução "Deixem a Índia", Linlithgow e seu Conselho executivo faziam agitadas preparações.

O debate em Mumbai foi curto e até brando. O Congresso não tinha mais nenhum caminho para o qual se voltar e ninguém a quem seguir. Em 7 de agosto, o AICC aprovou uma resolução, conclamando os britânicos a deixarem a Índia imediatamente, "para a manutenção do direito inalienável da Índia à liberdade e à independência", e sancionando, caso a resolução não fosse aceita, "o início de um esforço de massa em linhas de não violência na escala mais ampla possível". Entre os 250 delegados, somente 13 votaram contra a proposta. Os delegados pediram então a Gandhi que liderasse e direcionasse a nação indiana (apesar de a resolução prever a formação de um novo governo nacional formado por todos os partidos, inclusive os muçulmanos, assim que os britânicos saíssem).

No dia seguinte, Gandhi retornou ao palanque. O discurso de 8 de agosto foi um dos seus mais cativantes — foi o seu "Few" ou "Finest Hour". Primeiro, ele parabenizou os delegados por terem aprovado a resolução. Então, convocou todos os partidos, inclusive a Liga Muçulmana de Jinnah, a unirem-se ao Congresso na campanha "Deixem a Índia". Finalmente, tratou da questão do significado da campanha.

"Não é um faz de conta o que estou sugerindo a vocês", assegurou-lhes. "É a própria essência da liberdade. O vínculo do escravo é rompido no momento em que ele considera a si mesmo um ser livre." Prometeu que, dessa vez, o Congresso não tentaria barganhar com o vice-rei, nem negociar concessões. Caso lorde Linlithgow perguntasse a Gandhi o que ele desejava, "eu direi 'nada menos que a liberdade'".

Enquanto os gritos de aprovação se dissipavam, os olhos de Gandhi brilhavam por trás dos óculos. "Apresento-lhes este mantra curto", disse. "Vocês podem gravá-lo em seus corações e deixar que cada respiração que deem o esteja expressando. O mantra é: *'Do or die'* (Realizar ou morrer). Nós podemos libertar a Índia, ou morrer na tentativa." Essa campanha, ele completou, era uma "rebelião aberta".[17]

Ainda durante a reunião do AICC, Mirabehn fez uma discreta viagem a Nova Délhi. Ela implorou para ver o vice-rei, mas ele se recusou. Ela se reuniu, então, com seu secretário particular por mais de uma hora, dizendo: "Gandhiji está mortalmente determinado. Dessa vez, lhes será impossível contê-lo. Nenhuma cadeia o deterá, nenhuma força esmagadora o silenciará." O governo enfrentava duas alternativas, disse ela: declarar a independência da Índia ou assassinar Gandhi. "E, uma vez que o tenham matado, terão matado, para sempre, qualquer esperança de amizade entre a Índia e a Inglaterra."

Ela deixou que suas palavras ressoassem e perguntou: "o que vocês farão a respeito disso?".[18]

O secretário sabia muito bem de tudo aquilo, mas não disse nada. Naquela tarde, Mirabehn tomou o trem para Mumbai. A verdade era que, apesar de suas palavras desafiadoras, Gandhi esperava poder encontrar-se com o vice-rei, antes do início da paralisação nacional, para forçá-lo a convencer Churchill e o Gabinete a desistir antes do "estouro da rebelião". Por Mirabehn, no entanto, Gandhi soube que tal encontro estava fora de cogitação. Era mais de meia-noite. Enquanto as bandeiras eram enroladas e os delegados saíam, ele e os outros membros do Comitê de Trabalho parabenizavam-se mutuamente.

No dia seguinte, eles rascunhariam planos, escreveriam cartas e mobilizariam a *satyagraha* por todo o país.

Gandhi estava sereno, mas inquieto. A citação de Tennyson — "*Do or die*" — repercutia forte em sua mente. "Acreditem em mim, amigos, eu não desejo morrer", disse. "Quero viver a extensão completa da vida. Segundo meus pensamentos, isso levaria pelo menos 120 anos", brincou. "Quando a Índia estiver livre, o mundo estará livre." Como dissera aos delegados, "o que vocês pensam é no que vocês se tornam".[19] Foi para a cama cheio de esperança em relação ao futuro e à batalha que se aproximava.

Ele nunca viu a batalha. Às quatro horas da manhã, enquanto Gandhi, Nehru e uma dúzia de outros membros do Comitê de Trabalho do Congresso ainda dormiam, a polícia britânica invadiu suas casas e prendeu todos. Dessa vez, eles não foram levados a Yeravda, mas para o palácio de verão de Aga Khan, em Poona, adaptado para o propósito, onde uma dupla fileira de arames farpados e guardas com metralhadoras guardavam o perímetro. Gandhi imaginara que levaria duas ou três semanas até que o governo agisse.[20] No entanto, eram tempos de guerra e Winston Churchill estava no comando, e não lorde Irwin e Stanley Baldwin. Em um golpe rápido, o governo decapitou o movimento "Deixem a Índia" antes mesmo que fosse iniciado.

Enquanto isso, a Índia entrava em erupção. As notícias do encarceramento de Gandhi despertaram uma onda de tumulto e violência. Houve duas semanas de paralisações agressivas nas maiores cidades. Gandhi os animou com uma mensagem do palácio de Aga Khan: "todos estão liberados para agir de forma ampla sob a *ahimsa*", escreveu. "Que todos os soldados não violentos da liberdade escrevam o slogan '*do or die*' em um pedaço de papel ou tecido e fixem-no em suas roupas para que, caso sejam mortos em ação de *satyagraha*, possam ser diferenciados de outros elementos que não se submetem à não violência."[21] Ele presumiu que seu encarceramento daria início a uma onda de violência ainda maior.

As notícias da resolução "Deixem a Índia" e da prisão de Gandhi pegaram Nirad Chaudhuri de surpresa. Délhi balançou. Em certo momento, alguém invadiu o escritório e anunciou que o Escritório de Contas das Estradas de Ferro estava pegando fogo. Chaudhuri desceu correndo e juntou-se à multidão que assistia às chamas saírem das janelas. Por trás de tudo isso, ele podia ver outros prédios queimando. A seu lado estavam alguns de seus amigos bengali que trabalhavam no Escritório de Contas das Estradas de Ferro. Eles sorriam — "eu poderia supor que não estavam completamente desligados do ocorrido". Eles observavam silenciosamente o prédio que queimava até às fundações. O feito deles "não só satisfazia sua raiva patriótica, mas também os poupava muito trabalho".[22]

Contudo, no dia seguinte, Délhi estava de volta ao normal, ainda que os tumultos seguissem explodindo em outras partes da Índia, em especial em Bihar, Mumbai e nas Províncias Unidas. Em certo momento, dois oficiais da RAF canadense foram arrastados de um trem e assassinados por uma multidão em Fatwah, na província de Bihar. No entanto, para surpresa de quase todos, fora esse acontecimento, a insurreição "Deixem a Índia" praticamente não cometeu violências contra brancos, soldados britânicos ou americanos. Em vez disso, a crescente onda de vandalismo, sabotagem e incêndios criminosos foi direcionada contra os escritórios do governo e as estradas de ferro. Gangues organizadas removiam trilhos e dormentes; quebravam sinais e cabines de controle; cortavam cabos telegráficos e derrubavam postes de telefonia. Em dado momento, o Bihar Flying Club teve de levar mensagens por avião a partes distantes do distrito, uma vez que todas as outras formas de comunicação haviam-se tornado impossíveis.

Turbas também invadiram delegacias de polícia e postos de correio. Ao todo, 208 delegacias foram queimadas até o chão. Quase 750 outros prédios governamentais foram destruídos, inclusive 50 postos de correio e 250 estações de trem. Policiais e soldados foram obrigados a disparar centenas de vezes, matando e ferindo cerca de 2.500 pessoas. No auge da desordem, Linlithgow e Wavell foram forçados a empregar mais de 50 batalhões de tropas britânicas e indianas para impor a ordem.[23]

Em 31 de agosto, Linlithgow enviou um tenso telegrama a Churchill. "Estou engajado aqui em combater a mais séria rebelião desde 1857", dizia, "tendo sua gravidade e extensão sido ocultadas do mundo por razões de segurança militar." O que Linlithgow não dizia era que alguns oficiais do Exército indiano recusavam-se a enfrentar os manifestantes. Como resultado, os britânicos temiam que pudessem enfrentar um motim generalizado em suas fileiras — o primeiro na Índia em 85 anos.[24]

Contudo, enquanto Linlithgow enviava o telegrama, as piores manifestações já haviam terminado. No espaço de um mês, os britânicos foram capazes de dispersar as turbas, reabrir as linhas férreas e reconectar os cabos telefônicos. Exceto em Bihar, tudo retornara praticamente à normalidade em 21 de setembro. Trens circulavam no horário; oficiais do governo e ministros retornaram a seus gabinetes — ou encontraram novos para substituir os que haviam sido completamente incendiados. Linlithgow disse ao ministro Amery que as coisas estavam "bastante confortáveis". Em somente seis semanas, o movimento "Deixem a Índia" — e com ele o espectro de uma segunda rebelião — fora esmagado.

Em seu diário, Amery escreveu que as ações de Gandhi haviam sido "ditadas pela convicção de que [os britânicos] estavam arruinados" na Ásia e abandonariam a Índia para reduzir as perdas.[25] Trabalhando juntos, Churchill, Amery e Linlithgow provaram que ele estava errado. Milhares permaneceriam presos, possivelmente 60 mil (embora alguns insistam que o total era mais próximo de 100 mil). Dez meses depois, em junho de 1943, Amery poderia escrever a Linlithgow, "parece que a Índia nunca esteve tão calma politicamente quanto nesse momento".[26]

Enquanto a última revolta em massa esmorecia, Gandhi ainda estava na gaiola dourada de Aga Khan. Vira o "Deixem a Índia" como a campanha decisiva em sua vida. Mas ela ficou entre as suas mais infrutíferas empreitadas. Logo de início, a violência foi sua grande marca, em lugar da não violência prometida. Como exercício de *satyagraha* ela se havia provado um fracasso infeliz.

Havia sido também, segundo a estudiosa de Gandhi, Judith Brown, "irregular" e "desordenada". A verdade era que Gandhi subestimara grosseiramente as forças organizadas contra ele. Falhara em antecipar não só a rapidez e a crueldade da resposta britânica, mas também a oposição dos muçulmanos à campanha — eles ainda estavam ultrajados pela sabotagem à Missão Cripps.[27] Gandhi também interpretara de forma equivocada o humor do público indiano — o que não era uma façanha muito difícil, estando ele na estabilidade de Sevagram. Poucos compartilhavam de seu delicado entendimento dos riscos morais envolvidos na Segunda Guerra Mundial. Muitos, e talvez a maioria dos intelectuais indianos, eram abertamente pró-Eixo. Os estudantes de Mumbai e Calcutá que se haviam unido às manifestações viam Subhas Chandra Bose, e não Gandhi, como modelo e inspiração.

A maioria dos indianos moradores de cidades, por outro lado, reconhecia que, para eles, a guerra representava uma oportunidade econômica. Os militares britânicos e americanos compravam bens alimentícios e equipamentos em quantidades nunca antes vistas; requisitavam uma ampla gama de serviços, desde barbeiros e riquixás até navios de transporte e navios-

-tanque, bem como botas de couro e uniformes de algodão. Todos os dias, os Aliados transportavam toneladas de suprimentos da Índia por sobre o Himalaia (ou "o Calombo") para as forças de Chiang Kai-shek. Quase toda a carga era suprida por mercadores e fabricantes indianos. Durante o curso da guerra, a Índia proveu 286,5 milhões de libras em suprimentos.[28] A classe média indiana talvez não amasse o Raj, mas amava o dinheiro que um Raj em tempos de guerra podia colocar em suas carteiras.

Nem o Serviço Civil Indiano respondeu ao chamado de Gandhi. Em 1940, pela primeira vez, o serviço público tinha mais membros indianos do que britânicos (614 a 587). Quaisquer que fossem seus sentimentos em relação aos britânicos ou à independência, a grande maioria permaneceu em seus postos durante os dias do "Deixem a Índia". Assim como o Exército indiano. À sua maneira silenciosa, nos anos 1920 e 1930, o Exército sofrera uma constante "indianização". VCO nativos, sigla em inglês para oficiais comissionados pelo vice-rei, estiveram presentes no Exército indiano durante décadas. Contudo, a partir dos anos 1920, uma nova classe de oficiais nativos surgira, os KCIO, sigla em inglês para oficiais indianos comissionados pelo rei. Oficialmente indistintos de suas contrapartes inglesas, os KCIO compartilhavam a desordem com os oficiais britânicos, desfrutavam de precedências e promoções similares e alguns participavam do mesmo treinamento em Sandhurst.

Os KCIO tornaram-se a espinha dorsal do Exército indiano na Segunda Guerra Mundial. Eram os últimos soldados do Raj, bem como a "guarda avançada da nova nação indiana". Para cada subalterno descontente ou desencorajado que se unia ao Exército Nacional Indiano — títere dos japoneses — uma dúzia de KCIO e VCO servia com distinção em todos os fronts do esforço de guerra britânico, da Birmânia e Eritreia ao norte da África e Itália.[29]

E o ministro de Guerra que criara os KCIO, em 1920, foi Winston Churchill. Sem perceber, ele havia garantido, com um golpe de caneta, a participação indiana na futura causa aliada e instituído um legado militar independente para a Índia. Churchill jamais compreendeu toda a magnitude do que fizera, mas Gandhi quase o conseguiu. Muitas vezes, com o passar dos anos, ele falou sobre os bravos soldados indianos que defenderiam seu país e depois retornariam para carregar o futuro peso da liberdade. "Há uma nova comoção e um novo despertar em todas as fileiras atualmente", diria Gandhi mais tarde a respeito do Exército indiano.[30] E os KCIO eram o núcleo dessa agitação.*

Um deles era Ajit "Jick" Rudra, que provinha de uma família bengali. Seu pai era o homem que patrocinara a viagem de Gandhi da Inglaterra para a Índia em 1915. Ele e o Mahatma mantiveram amizade desde então. Ajit entrou no Exército, serviu com distinção na Primeira Guerra Mundial e recebeu uma comissão do rei. No entanto, sentiu-se intimidado pelo massacre em Amritsar. Decidiu consultar Gandhi. Deveria ele permanecer no Exército? Gandhi recusou-se a dar uma resposta direta, mas disse que um dia a Índia seria livre e precisaria de um exército de homens fortes e hábeis com oficiais como Rudra.[31] Gandhi jamais imaginou que fora Churchill quem oferecera tais oficiais à Índia.

O próprio Churchill reconheceu, mais tarde, a dívida que ele e a Grã--Bretanha haviam adquirido com o Exército indiano durante a Segunda Guerra Mundial. Dependendo de seu humor, ele podia ser cínico quanto a onde sua lealdade se fixaria. Mas reconheceu que o Exército era indispensável para sua visão estratégica. Quando regimentos indianos anotaram grandiosos êxitos em expulsar os italianos do leste da África, ele enviou um telegrama pessoal a Linlithgow. "Todo o Império foi chacoalhado por essa conquista", escreveu. "O ardor e a perseverança [dos indianos] evocaram memórias da Fronteira Noroeste de muitos anos atrás." Sendo um dos que "teve a honra de servir em campo com soldados indianos de todas as partes do Hindustão", sentia ser um privilégio passar adiante "o orgulho e a admiração com os quais seguimos suas façanhas heroicas".[32]

Após a guerra, Churchill prestou um tributo ainda mais elaborado aos indianos. "A lealdade do Exército indiano ao rei-imperador"; o "heroísmo glorioso" de seus soldados em campanhas desde a Abissínia e o Norte da África até a Birmânia e a Itália; e a "insuperável bravura dos soldados e oficiais indianos, tanto muçulmanos quanto hindus, brilham para sempre nos anais da guerra". Notou, com orgulho, que 2,5 milhões de homens haviam sido voluntários no Exército, em uma razão de cinquenta mil por

---

* Quando a guerra teve início, em 1939, o primeiro lorde do Almirantado, Churchill, estendeu o mesmo procedimento para a Marinha indiana. Ele disse a Tom Phillips que os oficiais indianos deveriam ser tratados com o mesmo reconhecimento e as mesmas promoções que os brancos — até ao posto de Almirante. "Mas", completou de forma característica, "não muitos deles, por favor".

mês — mesmo enquanto Gandhi insistia que "a Índia deveria permanecer passiva e neutra no conflito mundial".[33]

Sem dúvida, Churchill sentiu sinistra satisfação com as notícias da prisão de Gandhi e da derrota da insurreição "Deixem a Índia". O tema indiano fora um ponto incômodo desde a primavera. Mesmo depois do fracasso da Missão Cripps, os americanos haviam confiado em Churchill para garantir ao mundo que a Grã-Bretanha tinha intenções verdadeiras de garantir a independência da Índia após a guerra. A pressão trouxe uma contenda em grande escala entre Roosevelt e Churchill. De fato, o alardeado "relacionamento especial" ficou à beira da imobilidade por causa da decisão sobre o destino da Índia.

O que quase colocou o relacionamento em total paralisia foi a sugestão de Roosevelt de que a Cripps não deveria ser permitido deixar a Índia até que alguma forma de governo nacional fosse formada. Essa mensagem inocente, porém incendiária, chegou a Churchill às três horas da manhã, enquanto ele se reunia com o conselheiro especial de Roosevelt, Harry Hopkins. Churchill tentava explicar a Hopkins a importância de se manter a Índia, mesmo quando a América e a Grã-Bretanha focavam suas forças no inimigo principal, Hitler. "Nós não podemos enfrentar a perda de 600 mil homens e de toda a força de trabalho da Índia", seguia afirmando.[34]

A intrusão de Roosevelt, a qual Anthony Eden chamou de "amadorismo sinuoso acendido por lampejos discursivos", sobre o que Churchill considerava assuntos internos do Império foi além da conta. Primeiro, ele tivera de suportar, em março, uma lição improvisada sobre história americana. Agora lhe era dito que Cripps deveria fazer o impossível.

Churchill imediatamente tentou, sem sucesso, contatar FDR. Em seguida, enviou um telegrama franco. "Você sabe o peso que dou a tudo que me fala", dizia, "mas não senti que poderia tomar a responsabilidade pela defesa da Índia caso tudo tivesse de ser mais uma vez jogado no caldeirão dessa conjuntura crítica". Ele prometeu que manteria particular o telegrama de Roosevelt. "Eu não proponho que seja levado ao Gabinete oficialmente, a não ser que você me diga que assim o deseja. Qualquer coisa próxima a uma diferença séria entre nós dois partiria meu coração" e prejudicaria a aliança "no auge dessa terrível disputa".[35]

Roosevelt logo percebeu o erro e, diante da insistente recomendação de Hopkins, recuou. Contudo, a reação de Churchill era indicativa do quão sensível ele se tornara em relação ao tema da Índia e às ingerências de estrangeiros, os quais, segundo acreditava, desconheciam os riscos envolvidos. Na verdade, como apontou o historiador Christopher Thorne, a resposta original de Churchill a Roosevelt fora ainda mais penetrante e ameaçadora.

"Não sinto que a causa comum possa ser beneficiada", escreveu Churchill, caso ficasse evidente que "estamos agindo de acordo com a opinião pública dos Estados Unidos em um assunto que diz respeito ao Império Britânico." Caso Roosevelt insistisse em consultar o Gabinete, advertiu Churchill, ele próprio teria de renunciar. "Pessoalmente, não faria objeção alguma a retirar-me para a vida privada", completou, "e expliquei tudo isso a Harry [Hopkins] agora mesmo." Ainda assim, mesmo que renunciasse, Churchill tinha confiança de que o Gabinete rejeitaria a proposta de Roosevelt.[36]

Foi a única ocasião durante a guerra em que Churchill de fato ameaçou renunciar ao cargo de primeiro-ministro. Se estivesse blefando, ninguém jamais saberá. Certamente Hopkins compreendeu a mensagem e a repassou a Roosevelt. Nada mais seria dito sobre a Índia, pelo menos por enquanto. Mas o incidente era prova de que, em relação ao tema indiano, Churchill era inflexível. Nenhum deles — nem os alemães, nem os japoneses, nem Leo Amery, nem Clement Attlee, nem Franklin Roosevelt, nem Harry Hopkins — era capaz de fazê-lo entregar o Raj.

E, por certo, nem Gandhi. Churchill soube da resolução "Deixem a Índia" em 14 de junho de 1942, ao mesmo tempo que chegavam notícias da grande batalha naval entre forças americanas e japonesas em Midway e em que os ferozes combates entre os tanques de Rommel e o 8º Exército britânico no deserto da Líbia atingiam o clímax. O chefe do Estado-Maior da Índia, general Wavell, ainda tinha de se preocupar com os ataques japoneses na costa indiana. Então, Churchill disse a Amery, "se Gandhi tentar dar início a um movimento realmente hostil contra nós, sou da opinião de que ele deveria ser preso; e creio que tanto a opinião pública britânica quanto a americana apoiariam tal decisão. Se ele quer morrer de fome", adicionou o primeiro-ministro, sarcástico, "não temos como evitar" — palavras sinistramente proféticas.[37]

As notícias da prisão de Gandhi vieram quando Churchill estava deixando Moscou após seu primeiro encontro com Stálin para decidir estratégias de guerra. "Temos Gandhi algemado na cadeia", contou alegremente a seu médico.[38] No Cairo, ele recebeu notícias dos crescentes distúrbios na Índia.

Disse a Linlithgow, "minha conclusão é que, se a situação for controlada com a estabilidade e a força que o governo da Índia está demonstrando sob o seu comando, veremos, em breve, o fraquíssimo controle que o Congresso tem sobre as massas e as forças dominantes da sociedade indiana". No dia seguinte, seu médico pôde ouvir "o PM cantando no banho".[39]

De volta a Londres, Churchill reportou à Câmara dos Comuns: "o sr. Gandhi e outros líderes importantes foram encarcerados sob acusações de grandes distúrbios e atividade paralela e serão mantidos fora de perigo até depois de as desordens serenarem". Os seguidores de Gandhi haviam abandonado as teorias de não violência de seu líder e revelavam-se um "movimento revolucionário" destinado a "promover a desordem" e prejudicar o esforço de guerra, removendo trilhos e canais de comunicação, saqueando lojas e atacando a polícia — provavelmente com a ajuda de quinta-colunistas pró-Eixo.

Por felicidade, o partido do Congresso e seus seguidores "não representavam toda a Índia", sustentou Churchill. Acima de tudo, o Congresso "não tinha influência alguma sobre as raças guerreiras" do Exército indiano, que permanecia firmemente leal. O que mais claro emergiu dos distúrbios, declarou Churchill, foi quão pouca autoridade tinha de fato o Congresso "e a impotência que atirou na desordem a calma e pacífica vida da Índia".[40]

O sólido posicionamento de Churchill justificou-se. Todas as tonalidades de opiniões na Grã-Bretanha, e mesmo na América, tornaram-se pálidas quando souberam da quixotesca resolução de Gandhi e do derramamento de sangue que se seguiu. As pressões políticas por mais concessões evaporaram, mesmo depois de circularem histórias a respeito de oficiais e soldados britânicos que açoitaram manifestantes e incendiaram vilarejos insurretos em Bihari.[41] No início de outubro, a crise parecia encerrada. Com o movimento "Deixem a Índia" esmagado, Gandhi ainda na prisão e as coisas voltando à normalidade, Churchill podia retomar a tarefa principal de vencer a guerra.

E, em novembro de 1942, os Aliados estavam vencendo-a. A Afrika Korps de Erwin Rommel fora decisivamente derrotada em El Alamein; desembarques anglo-americanos da Operação Tocha no norte da África asseguraram a vitória. No Oriente, forças do Eixo achavam-se atoladas diante de Leningrado e Stalingrado. Submarinos alemães estavam na defensiva no Atlântico Norte e reduziam-se as baixas de comboios aliados.

Graças às vitórias navais americanas no mar de Coral e em Midway, a situação no Pacífico também se acalmou. Soldados britânicos e australianos reverteram um avanço japonês em Porto Moresby, na Nova Guiné, no meio de setembro, e as moções afogaram as chances de uma incursão japonesa da Birmânia para a Índia durante a insurreição "Deixem a Índia". Os Três Grandes concordaram em abrir um segundo front contra Hitler. Os Aliados estavam próximos de reverter a guerra.

Churchill também podia pesar o sucesso de 1942 em termos imperiais. A derrota de Rommel preservou o controle britânico sobre Suez e impediu os alemães de alcançarem o Império rico em petróleo que Churchill construíra no Irã e no Iraque nos anos 1920 — assegurando, desse modo, a fronteira oeste da Índia. Os Exércitos de Stálin e de Hitler estavam envolvidos em batalhas a leste do Dnieper, longe do coração da Europa. E, com o Japão na defensiva e Gandhi preso, a Índia estava segura. Pela primeira vez, Churchill podia planejar reaver territórios britânicos perdidos mais a leste, inclusive a Birmânia.

O leste da Ásia era o "segundo front" que realmente interessava a Churchill. Já em março, ele contemplara esse movimento, comentando sobre o plano de ofensiva da Birmânia para o outono ou inverno de 1942.[42] Quando chegou ao Cairo, conversou com os generais Bernard Montgomey e Harold Alexander sobre a execução de "um ataque decisivo" antes que os americanos chegassem ao norte da África. Então, em 21 de setembro, mesmo dia em que as linhas férreas eram reabertas na Índia, foram vistas as manobras iniciais do que seria a primeira ofensiva de Arakan à Birmânia. Tropas britânicas, indianas e leste-africanas concentraram-se ao longo da fronteira de Assam. Quando começaram os ataques, em dezembro, o ânimo de Churchill podia ser resumido por suas desafiadoras palavras: "Eu não me tornei o primeiro-ministro do rei para presidir a liquidação do Império Britânico."

Churchill sabia que qualquer operação militar seria difícil ao longo dos mais de 11 mil quilômetros de acidentado terreno do front. "Você poderia também comer um porco-espinho, um espinho de cada vez", disse ao CIGS Alan Brooke.[43] A Birmânia era um mundo de selvas densas, colinas e montanhas proibitivas e um adversário duro e implacável. A primeira ofensiva de Arakan, entre dezembro de 1942 e fevereiro de 1943, seria um fiasco, mas seu malogro forneceria aos britânicos poderosas lições sobre como combater e vencer uma guerra terrestre moderna na Ásia. Introduziria também uma nova geração de líderes militares britânicos e um trio de homens que se tornariam heróis nacionais: os generais William Slim e Orde Wingate e o lorde Louis Mountbatten, comandante supremo no Sudeste Asiático.

Ainda assim, enquanto as esgotadas tropas britânicas e indianas marchavam de volta pela fronteira, Gandhi fazia mais uma tentativa de deslocar a atenção do mundo da guerra para a não violência.

27. CONFRONTAÇÃO
1943

Nunca desistam!
(WINSTON CHURCHILL, 1941)

Em aspectos físicos, o confinamento de Gandhi no palácio de Aga Khan não foi muito penoso. Os aposentos eram espaçosos e bem ventilados, com amplos terrenos e jardins — apesar de todo o arame farpado. Gandhi tinha toda a comida e livros que quisesse (mas não acesso a repórteres ou visitas, o que lhe era frustrante). Ele recebia massagens duas vezes ao dia e tinha atenção médica dia e noite. Até Kasturbai estava lá, unindo-se ao marido por escolha própria.

No entanto, em termos mentais e espirituais, Gandhi considerava seu confinamento uma tortura. Durante as 91 horas seguintes à prisão, ele recusou-se a falar — um claro indício de que o ato do governo fora um choque e uma humilhação. Gandhi fora inegavelmente convencido de que o vice-rei solicitaria um diálogo com ele antes do início do movimento "Deixem a Índia". Ainda que não pudesse fazer com que Linlithgow, de alguma maneira, convencesse Churchill a iniciar a evacuação britânica da Índia, ele poderia ao menos explicar seu posicionamento de forma mais detalhada. "O Governo da Índia deveria ter esperado pelo menos até o momento em que eu desse início às ações de massa", queixou-se em carta a Linlithgow no dia 14.[1]

Em vez disso, a polícia havia sido agressiva e seu movimento ficara sem líder e sem direção. Se o governo houvesse esperado, disse ele, "a deplorável destruição descrita teria sido evitada quase que com certeza". Gandhi era torturado pelas constantes notícias sobre violência, vandalismo e desordem que vinham do lado de fora — exatamente o que ele esperara e planejara impedir. Ele importunou Linlithgow para interromper as medidas repressivas, libertar os líderes do Congresso e permitir que este acalmasse o país. Em 26 de setembro, enviou uma emocionante carta, detalhando sua proposta. Tudo que recebeu em retorno foi uma seca nota confirmando o recebimento.

Ainda que tentasse manter os hábitos de fiar, rezar e ler jornais, alguém crucial para aquela rotina estava ausente. Mahadev Desai fora detido junto com Gandhi e os outros. Contudo, apenas seis dias depois, sofreu um ataque repentino e faleceu. "Os médicos da prisão fizeram tudo que foi possível", escreveu Gandhi a um amigo, "mas Deus desejava de outra forma." Kasturbai lamentou, "Bapu perdeu sua mão direita *e* esquerda".[2] A posição de Desai como secretário seria tomada por outros; mas não sua presença serena e tranquilizadora que ajudava a manter Gandhi ancorado ao mundo real. Algumas das dificuldades que estariam por vir poderiam ter sido evitadas se Desai estivesse vivo e a seu lado.

Perturbadoras histórias sobre maus-tratos a prisioneiros, manifestantes e satyagrahis nas várias prisões indianas chegaram a Gandhi. Outro entre os detidos, o professor Bhansali, lançara uma greve de fome para protestar contra os espancamentos em uma prisão em Chimur. Gandhi pediu permissão a Linlithgow para encontrar Bhansali e dissuadi-lo. O governo recusou. Então, na véspera do Ano-Novo, Gandhi disse ao vice-rei que talvez ele próprio tivesse de entrar em greve de fome. "Não quero usar esse artifício se puder evitá-lo", escreveu. "Essa é a maneira de evitá-lo: convença-me de meu erro, ou erros, e eu farei amplas correções."[3]

Gandhi estava desesperado para abrir algum tipo de diálogo, para encontrar uma maneira de tornar-se mais uma vez relevante, enquanto a Índia escorregava para a apatia sob o controle britânico em tempos de guerra. Linlithgow deixara claro que o governo considerava Gandhi pessoalmente responsável pela violência e pelas mortes nos distúrbios do "Deixem a Índia", uma ideia que atormentava Gandhi. "Pareço ser o *fons et origo* de todo o mal imputado ao Congresso", escreveu sarcástico. "Vocês atiram em minha cara os fatos dos assassínios perpetrados por supostos congressistas [...] Minha resposta é que o Governo instigou as pessoas à loucura."[4]

Linlithgow respondeu que o governo poderia ceder, caso Gandhi renunciasse à resolução "Deixem a Índia". Isso Gandhi não poderia fazer e não faria. Então, em 29 de janeiro de 1943, ele disse que iniciaria um jejum de 21 dias, a terminar em 2 de março.

Nem mesmo seus seguidores mais próximos puderam compreender por que ele faria isso. Ele disse explicitamente que não era um "jejum até a morte", como o que utilizara para arruinar o Communal Award em 1932. Porém, com o coração fraco e a alta pressão sanguínea, ninguém acreditava que pudesse suportar um jejum por dez dias, muito menos por 21. Linlithgow escreveu de volta irritado, acusando Gandhi de usar de chantagem. A acusação talvez fosse justa. Gandhi disse ao vice-rei que jejuava porque "não posso obter um bálsamo calmante para minha dor", frase ambígua que ele optou por não esclarecer.[5] Por certo, ele se referia à dor de ver a Índia ainda em sujeição aos britânicos e de saber das novas ondas de violência e das recentes prisões. Contudo, ele também, muito provavelmente, referia-se à dor de estar isolado em sua confortável prisão, incapaz de guiar os eventos para os triunfantes resultados que previra.

Por trás da decisão de jejuar estava outro cálculo cuidadoso. Os jejuns anteriores de Gandhi haviam determinado sua soltura imediata. Ele supôs que o mesmo aconteceria dessa vez. Não contou, porém, com a intransigência de Linlithgow — ou a de Winston Churchill.

Na verdade, dois dias antes do início do jejum de Gandhi, o governo ofereceu deixá-lo ir, mas somente pelos 21 dias. Ele poderia ir aonde quisesse e com quem quisesse, disse o vice-rei, contanto que estivesse jejuando. Depois ele teria de voltar a Poona. De forma pouco surpreendente, Gandhi recusou. "Vocês não me deixaram nenhuma brecha para escapar do ordenamento que estabeleci para mim mesmo", lamentou. Então, Linlithgow, com efeito, disse: o que quer que aconteça, deixe que seja em sua cabeça. Nesse meio-tempo, Gandhi poderia ver qualquer médico e qualquer visitante que escolhesse. Em 10 de fevereiro, um dia depois do originalmente planejado, Gandhi iniciou o jejum.[6]

Churchill soube das intenções de Gandhi enquanto estava em Casablanca, comparecendo a outra conferência de cúpula dos Aliados.* Ele encarava agora o desafio que sucessivos governos britânicos haviam enfrentado em relação a Gandhi. Churchill estava resolvido a mostrar firmeza onde eles

---

* Essa foi a conferência na qual Roosevelt e Churchill concordaram quanto a uma política de rendição incondicional para pôr fim à guerra contra o Eixo.

(de acordo com seu ponto de vista) haviam demonstrado fraqueza. Estava certo de que o jejum era um teatro de rua sem nenhum sentido, feito pelo homem a quem os indianos reverenciavam por suas "qualidades de santo", mas a quem Churchill considerava um faquir e um charlatão espiritual.

Um homem decidiu corrigir sua visão sobre o último ponto. Era o general Jan Christian Smuts, agora marechal de campo Smuts e presidente da África do Sul. Ele e Churchill haviam-se conhecido em Londres em agosto de 1942, pouco depois de Gandhi ter sido preso. Churchill admirava Smuts mais do que a qualquer outro líder de possessões, talvez mais do que a qualquer outro homem vivo. Eles haviam sido oponentes na Guerra dos Bôeres; haviam sido colegas de gabinete durante a Primeira Guerra Mundial. Compartilhavam muitos valores, inclusive uma profunda aversão ao nazismo e ao fascismo e o desejo de ver a Commonwealth segura e a guerra terminada.

Eles não tinham, contudo, a mesma opinião sobre Gandhi. Smuts lidara primeiro com o Mahatma e sentira o impacto de sua mente penetrante e de suas aptidões negociadoras, bem como de sua apaixonada inflexibilidade. Ele francamente advertiu Churchill para que não o subestimasse.

"Ele é um homem de Deus", disse o presidente sul-africano. "Você e eu somos pessoas mundanas. Gandhi apelou para motivos religiosos. Você nunca o fez. É nesse ponto *que você falhou*."

Era uma observação extraordinária em agosto de 1942. Graças a Churchill, a Grã-Bretanha sobrevivera à ameaça de invasão e à Blitz. Muitos viam a guerra se revertendo, novamente graças a Churchill. Mas Smuts não se referia à guerra, e sim ao futuro da Grã-Bretanha na Índia.

Churchill optou por entender a observação de Smuts como uma piada. "Eu fiz mais bispos do que qualquer pessoa desde Santo Agostinho", disse com um sorriso. Smuts, porém, não estava brincando.

"Existe um padrão na história", completou Smuts, "mas não é fácil segui-lo", querendo dizer que seria difícil para qualquer mortal.[7] Após anos de esforços, Smuts finalmente compreendia o segredo da contínua determinação de Gandhi e o fato de que, apesar de preso, Gandhi ainda era o homem mais poderoso da Índia.

O que o filósofo Smuts podia ver, e Churchill não, era a espiritualidade suprema do Mahatma, a qual o fez ser reverenciado por toda a Índia e até mesmo no Ocidente. Era um poder que outros poucos compreendiam. A maioria das pessoas no círculo próximo de Gandhi desistira de tentar. Em vez disso, eles aprenderam a obedecer-lhe por uma questão de princípios. Outros simplesmente o seguiam por uma questão de instinto, como se obedecessem a um líder natural.

Era com esse poder que Churchill não se confrontara. Durante seus quarenta anos de encontros e conflitos, jamais compreendera Gandhi, menos ainda do que Gandhi compreendera a *ele*. A razão era simples. O confronto em fevereiro de 1943 não era somente entre dois homens obstinados, nem entre imperialismo e liberdade, nem entre o que Louis Fischer mais tarde chamaria de "o passado da Inglaterra e o futuro da Índia". Não era nem mesmo um confronto entre duas diferentes concepções de império.

O confronto era antes entre duas diversas concepções sobre a vida. Uma baseava-se em tradições seculares e humanistas que haviam sido testadas pela história em séculos de conflitos humanos; a outra, em uma visão de pureza espiritual em que a história e as coisas materiais (incluindo o próprio corpo de Gandhi) não significavam nada. Churchill valorizava a liberdade individual como o produto de um esforço, como a suprema realização do homem. Gandhi, em contraste, valorizava a liberdade como a realização suprema de *Deus*. Era uma obrigação do homem viver de acordo com aquele preceito. Sem isso, acreditava Gandhi, a vida não tinha nenhum significado, inclusive a sua própria. "Eu preferia muito mais que a Índia perecesse", observou certa vez, "que recebesse a liberdade à custa da verdade" — aludindo à verdade de Deus.[8]

Em suma, ambos amavam a liberdade e a autonomia, mas de duas formas distintas em essência. Ambos eram capazes de grande impiedade na busca por seus objetivos, precisamente por causa de sua confiança naquelas visões gêmeas, ainda que opostas, as quais os haviam sustentado através de derrotas e decepções que teriam destruído seres humanos mais frágeis. Juntos, eles poderiam ter unido forças e amparado fraquezas. Em vez disso, em fevereiro de 1943, eles enfrentaram-se em um confronto final de vontades, com o destino da Índia e da Segunda Guerra Mundial em jogo.

Churchill ainda se recusava a acreditar na sinceridade de Gandhi. Escreveu a Linlithgow em 13 de fevereiro: "Ouvi dizer que Gandhi costuma colocar glicose em sua água quando faz suas várias farsas de jejum. Seria possível verificar isso?" Linlithgow verificou que isso *não* era verdade.[9] Ele sabia que Gandhi era sério demais e que, se Gandhi morresse, teria início uma reação cataclísmica por toda a Índia.

Durante os três primeiros dias do jejum, Gandhi estava animado. Cumprimentava amigos e até mesmo fazia caminhadas de manhã e à noite nos terrenos do palácio, ainda que estivesse sobrevivendo à base de nada além de água com algumas gotas de suco de limão. Então, ele começou a ficar menos ativo. Depois de um tempo, passou a achar custoso e difícil até mesmo falar.

Em 16 de fevereiro, seis médicos britânicos examinaram-no e declararam que sua condição havia "piorado ainda mais". Linlithgow transmitiu as notícias a Londres. Ele e seu Conselho concordaram que não deveriam deixar Gandhi morrer na prisão.[10] Mas poderiam eles convencer Churchill do mesmo?

Por uma extraordinária coincidência, no mesmo instante em que o estado de saúde de Gandhi ficava grave, o mesmo acontecia com Churchill. Uma semana após ter retornado de Argel, em 1º de fevereiro, o primeiro-ministro sentira-se mal com um forte resfriado. Na noite de 16 de fevereiro, sua temperatura subiu inesperadamente. O médico examinou seu peito e disse-lhe que havia encontrado uma "mancha" na base de seu pulmão esquerdo.

"O que você quer dizer com 'mancha'", perguntou Churchill irritado. "Estou com pneumonia?"[11]

Na manhã seguinte, exames de raios X confirmaram o diagnóstico. Para um homem que se aproximava dos 70 anos, a pneumonia era um assunto muito sério. Trazia consigo a real possibilidade de morte, assim como o prolongado jejum fazia a um homem de 73. E, no caso de o primeiro-ministro de um grande país em meio a uma guerra mundial, poderia significar um desastre.

Churchill foi mandado para a cama, onde sua temperatura continuou a subir. Apesar de insistir em continuar trabalhando, claramente não estava apto a seguir sua rotina regular. Por fim, seus auxiliares fizeram com que concordasse em olhar apenas os boletins mais importantes e urgentes. A única outra coisa que lhe permitiram ler era um romance.* Durante quase duas semanas, Churchill e Gandhi assistiram a seu duelo de vontades deitados na cama, cercados por médicos e políticos que temiam o pior.

---

* Ele escolheu *Moll Flanders*, de Daniel Defoe.

Enquanto isso, a condição de Gandhi continuava a piorar. No dia 17, os membros indianos do Conselho executivo do vice-rei marcharam em protesto contra a condição do Mahatma. A Legislatura Central promoveu um grande debate sobre o jejum e emitiu uma resolução, solicitando a soltura imediata de Gandhi. No entanto, Linlithgow nada faria. Ele tinha instruções de Churchill: Gandhi ficaria exatamente onde estava.

De 19 a 25 de fevereiro, Churchill estava quase completamente fora de ação. Ele teve uma febre alta e sentiu-se mais doente que nunca. Contudo, não tão doente para deixar de remeter uma mensagem a Linlithgow, agradecendo "sua ação firme e resoluta [...] enquanto o episódio Gandhi aproxima-se do clímax. É um grande conforto para mim".[12] Churchill também recebia notícias de lorde Halifax, agora embaixador em Washington, D.C.: Roosevelt estava preocupado com a condição de Gandhi e tinha a forte impressão de que não deveriam permitir que o Mahatma morresse na prisão.

Apesar da febre, Churchill disparou uma furiosa resposta. Não havia maneira de o governo britânico "alterar, quaisquer que sejam as circunstâncias, o curso que perseguia em relação a Gandhi". Churchill advertiu, irritado, que qualquer interferência "provocaria um grande constrangimento entre os dois governos".[13] Mais uma vez, os americanos entenderam a mensagem. "Não podemos ter um rompimento sério, pessoal ou político, [com Churchill] nesse instante", concluiu o ministro de Estado Cordell Hull, "ainda que estivéssemos dispostos a isso."[14] Ele, Roosevelt e todos ao redor do mundo podiam somente aguardar para ver se Gandhi sobreviveria a seu autoimposto ordenamento.

Multidões de pessoas reuniam-se ao redor do palácio em Poona. Centenas de telegramas bombardeavam o vice-rei, implorando ou exigindo que Gandhi fosse libertado. Enquanto isso, médicos britânicos examinavam a forma quase inerte de Gandhi. Ele agora ingeria apenas água. Estava quase sempre nauseado. Os médicos recomendaram, com insistência, que fosse imediatamente nutrido por via intravenosa. Os médicos indianos de Gandhi recusaram. Isso o mataria, diziam eles. Gandhi entendia qualquer injeção — ainda que fosse para salvar sua vida — como uma forma de violência. Eles não poderiam consentir. Os médicos britânicos, por fim, desistiram.[15] Linlithgow permitiu que a multidão do lado de fora entrasse no palácio e fizesse fila para passar, um a um, pela cama do Mahatma. Seus

CONFRONTAÇÃO   567

filhos Devadas e Ramdas chegaram. Kasturbai ficava no quarto dia e noite. Ao menos ela estava convencida de que Bapu morreria.

Em 23 de fevereiro, 13º dia de jejum, os rins de Gandhi começaram a falhar. Seu pulso estava tão fraco que os médicos mal podiam senti-lo e sua pele estava fria e úmida. Kasturbai ajoelhou-se em oração. Despedia-se do marido.

Do outro lado do mundo, Churchill estava ainda nas garras de uma forte febre. Sua filha Mary foi visitá-lo no dia 21 e ficou chocada com sua condição. "Ele parecia tão velho e cansado — deitado na cama", disse em seu diário. O trabalho tornara-se impossível. Oliver Harvey observou: "Ele não está recebendo nenhum papel." Contudo, Churchill ainda seguia o progresso do jejum de Gandhi com intensidade frenética. Uma pergunta ardia em sua mente: quando morreria aquele homem? Em 22 de fevereiro, Churchill sentiu-se forte o suficiente para ditar uma longa carta ao rei, a qual terminava dizendo: "A baboseira de Gandhi está durando muito mais do que nos foi assegurado que seria possível [...] Começam os questionamentos sobre a legitimidade de seu jejum."[16]

Mais uma vez, iniciaram-se os rumores sobre as infusões secretas de glicose.* O cirurgião-geral da província de Mumbai, que prestava assistência constante, passou a suspeitar que o Mahatma de fato recebera, secreta e inconscientemente, alguma glicose de seus médicos indianos.[17] De qualquer forma, Gandhi recuperou-se o bastante para concordar em beber suco de frutas junto com a água. Da noite para o dia, no dia 23, ele recuou da beira da morte. Por toda a Índia, soldados e policiais que estiveram em alerta, caso "o velho zelote morra", como colocou um preocupado oficial, puderam relaxar.

Então, em 24 de fevereiro, a febre de Churchill enfim cedeu. Sua esposa disse à filha: "Eu mesma posso ver que ele está melhor. Seu rosto parece bem diferente. Ele perdeu aquele olhar cansado." Churchill escreveu a Harry Hopkins: "Sinto-me definitivamente melhor agora. Assim como Gandhi." Depois: "Uma vez que percebeu que sua farsa não teria saldo, ele fez uma curva acentuada para a melhora. Fico muito contente por você não se ter deixado seduzir."[18]

Escreveu também uma nota a Linlithgow: "pelos boletins, parece que ele pode se recuperar". Havia um claro tom de desapontamento. Certamente

---

* Mais tarde, lorde Linlithgow disse a seu sucessor, o general Wavell, que acreditava que os rumores eram verdadeiros.

um daqueles médicos hindus deve ter-lhe dado disfarçadamente glicose ou algo do tipo![19] Para o general Smuts, em 26 de fevereiro, ele quase soou triunfante: "Não acredito que Gandhi tenha qualquer intenção de morrer, ele tem comido refeições melhores do que eu na última semana" (isso é, se copos de água acrescidos de suco de limão sejam considerados refeição). "Parece agora muito provável que ele suportará o jejum até o fim." Churchill deu vazão a um irritado pensamento final: "Que tolos seríamos de hesitar diante desse blefe sentimentalista."[20]

Na verdade, Gandhi estava se recuperando, mas sua saúde continuava precária e ele estava muito fraco. Perdera quase 10 quilos. "Tive de escolher entre a morte de um lado e suco de limão doce de outro", foi sua explicação por ter cedido aos médicos. "Eu prometi viver; devo tentar viver." No dia seguinte, 27 de fevereiro, os médicos encontraram-no de bom humor quando o visitaram às dez horas. Ele passou o dia sentado na varanda oriental do palácio, tomando sol. Sua nora e seu secretário Pyarelal sentaram-se em um carpete próximo a ele e leram o *Gita* em voz alta.

"Esse jejum foi feito unicamente a serviço de Deus e sob Sua presença", disse a Mirabehn. "Outras pessoas podem acreditar ou não, isso não me preocupa." Na cabeça de Gandhi, fora um sucesso. Ele sabia, entretanto, que outros o consideraram um fracasso. Não havia provocado sua libertação, tampouco forçado Churchill e os britânicos a recuar. O pretexto original para o jejum — os alegados maus-tratos a colegas prisioneiros — fora totalmente esquecido. Contudo, Gandhi não queria preocupar-se. "Nenhum de meus jejuns teve um final tão maravilhoso como esse que está ocorrendo agora. Não me refiro ao que está acontecendo no mundo exterior", apressou-se em adicionar, "mas ao que está acontecendo no meu interior. Há uma paz celestial."[21]

Em 3 de março, Kasturbai entregou-lhe um copo contendo 170 mililitros de suco de laranja diluído em água. Gandhi sorveu o líquido e imediatamente irrompeu em lágrimas. Bebericou do copo por mais vinte minutos, enquanto agradecia a seus médicos, britânicos e indianos, a atenção. Seu jejum estava encerrado. Durante os próximos quatro dias, ele iria sobreviver à base de suco de laranja. Então, estava pronto para leite de cabra, mais sucos de frutas e seu primeiro alimento sólido em quase um mês: polpa de laranja e limão.[22]

Não surpreendentemente, Churchill estava desgostoso com seu triunfo. "Parece que a velha raposa vai emergir muito bem de seu suposto jejum", comunicou a Linlithgow, agradecendo, mais uma vez, pela "maneira forte, calma e sagaz com que lidou com o assunto". Linlithgow disse-lhe que a Grã-Bretanha obtivera "uma importante vitória que ajudará a desabonar um perverso sistema de chantagem e terrorismo; e fico-lhe grato por seu fiel apoio".[23]

Mais tarde, Churchill recordaria de toda a crise como uma que "à época me causou muita ansiedade", já que a morte de Gandhi "poderia ter provocado uma profunda comoção por toda a Índia". Mas, ao final, "convencido de nosso rigor, [Gandhi] abandonou seu jejum, e sua saúde, apesar de estar muito fraca, não foi seriamente afetada". Churchill e o vice-rei "haviam julgado a situação com correção", e uma grave crise fora evitada. A Índia e o Império estavam salvos.[24]

Mas Churchill estava equivocado. Os britânicos voltavam ao início. A princípio, o gesto de Gandhi parecera, de fato, surtir efeito contrário ao desejado. Nirad Chaudhuri lembrou que, em Délhi, as notícias do jejum deixaram "uma estranha tensão no rosto de meus colegas, era como se fosse a impaciência de tigres e leões em zoológicos quando se aproxima a hora de serem alimentados". Durante duas semanas, os relatórios sobre a condição de Gandhi haviam sido alarmantes. Pessoas reagiam com indignação e fúria quando liam que Churchill dissera que o Mahatma recebia glicose junto com a água.* Chaudhuri chegou a tomar a precaução de escrever o obituário de Gandhi para o Escritório de Informação Indiano.

Então vieram as notícias de que o jejum estava encerrado. "Não houve ódio algum", recordou, "somente desengano vazio e a evaporação de uma grande esperança [...] Não houve nem mesmo expressão de alívio." Em vez disso, "ninguém falou mais sobre Gandhi". A atenção de todos estava voltada para a guerra e a contínua série de vitórias aliadas. Chaudhuri conversou com um idoso bengali em Délhi, um nacionalista que confiantemente aguardava a derrota britânica. Chaudhuri perguntou-lhe o que pensaria agora, caso a Grã-Bretanha vencesse. "Eu devo acreditar que não existe Deus", disse decepcionado o velho homem.[25]

Se Deus e Gandhi haviam desapontado os indianos, outros eventos fariam o triunfo de Churchill parecer ter curta duração.

* * *

---

* Chaudhuri, assim como Linlithgow, passara a acreditar que isso fosse verdade.

A Grande Fome de Bengala, uma das maiores catástrofes do século XX, teve tanto efeito — e talvez até mais — sobre a redução da confiança indiana no Raj quanto qualquer coisa que Gandhi houvesse planejado. Por ironia, enquanto Gandhi flertava com a morte ao voluntariamente sofrer de fome, milhares — até dezenas de milhares — morriam de inanição sem que tivessem qualquer responsabilidade.

Em meados de outubro de 1942, um ciclone devastador rasgou as regiões costeiras de Bengala Oriental, hoje Bangladesh. A tormenta matou milhares e destruiu a colheita outonal de arroz até mais de 60 quilômetros em direção ao interior. Camponeses bengalis comeram o arroz que deveria ser plantado naquele inverno. Quando chegou a estação quente, em maio de 1943, a safra era uma fração do que deveria ser para alimentar o campesinato bengali.

Para piorar o quadro, o Império Britânico perdera a Birmânia, principal fonte de importação de arroz da Índia. No intervalo de um mês, a desnutrição encarava fixamente os rostos no sudeste indiano. O governo de Bengala estava despreparado; muito arroz já fora remetido para alimentar as tropas no Oriente Médio e no Ceilão. Quando a estação quente chegou, as pessoas começaram a morrer. Em setembro, centros de apoio estavam repletos de "bebês raquíticos com braços e pernas finos como gravetos; mães amamentando com rostos enrugados; crianças com rostos inchados e olhos vazios [...] Todos eles esqueletos ambulantes".[26] Em meados de outubro, os índices de mortalidade em Calcutá chegaram a mais de 2 mil óbitos por mês. Soldados britânicos e americanos ficavam horrorizados ao sair de um cinema em Calcutá e encontrar pessoas literalmente morrendo nas ruas, enquanto abutres, corvos e papagaios circulavam sobre suas cabeças.

Foi a maior crise humanitária enfrentada pelo Raj em mais de meio século. Contudo, seja porque os políticos estavam muito distraídos (o governador de Bengala adoeceu e morreu durante os dias da crise, deixando um vácuo administrativo no topo), ou porque foram lentos demais em reagir, ou simplesmente por não se importarem, a magnitude do que estava acontecendo não chegou a Londres até que fosse tarde demais.*

---

* Tanto oficiais brancos quanto indianos tiveram culpa. Na administração bengali, a Liga Muçulmana falhou miseravelmente, e muitos dos administradores hindus obtiveram grandes lucros no comércio de arroz durante a escassez.

O ministro de Estado Leo Amery, a princípio, adquiriu uma nobre visão malthusiana da crise, argumentando que a Índia estava "superpopulosa" e que a melhor estratégia era nada fazer. Contudo, no início do verão, até Amery estava preocupado e instigou o Gabinete de Guerra a tomar drásticas decisões para prevenir a inanição em massa — e o colapso do front doméstico indiano.

De sua parte, Churchill provou-se duramente insensível. Desde o jejum de Gandhi, seu humor em relação à Índia tornara-se cada vez mais sombrio. Apesar de ele haver assistido a uma esmagadora derrota do Mahatma, aos britânicos restavam os mesmos problemas de antes. Linlithgow via pouca esperança de chegar a um acordo político, antes ou depois do fim da guerra, com ou sem Gandhi.[27] As dúvidas de Churchill quanto à lealdade do Exército indiano retornaram à tona. Em maio, Churchill pressionou Amery, acusando-o de "criar um Frankenstein ao colocar armas modernas nas mãos de cipaios". Ele até mesmo mencionou os horrores da Rebelião de 1857, observou Amery, "e foi, na verdade, quase infantil em relação a isso".[28]

Churchill provou ser tão irracional quanto Amery sobre o problema da fome: estava, em absoluto, contrário a qualquer envio de alimentos. Navios eram desesperadamente necessários para os desembarques na Itália, que estavam agendados para setembro, ainda que os americanos se opusessem à invasão. O despacho de alimentos à Índia significaria a perda de valiosos transportes. Além do mais, Churchill sentia que não haveria benefício algum. Com fome ou não, os indianos "procriarão como coelhos". Amery recordou, "naturalmente, perdi a paciência e não pude evitar dizer-lhe que não via muita distinção entre a sua perspectiva e a de Hitler, o que não o aborreceu pouco".[29]

No entanto, sem o saber, Churchill fez cessar a fome. Amery prevaleceu sobre ele quanto ao envio de alguma assistência, apesar de ter recebido apenas um quarto do necessário.[30] Em outubro de 1943, o novo vice-rei, escolhido pessoalmente por Churchill, chegava: general Archibald Wavell.

Até o momento, Wavell era mais conhecido por sua disposição em aceitar a culpa pelo fracasso de outros, uma habilidade indispensável no campo político e militar. Tendo sido chefe do comando britânico no Oriente Médio no início da guerra, ele apenas observara grandes números de suas tropas serem, sob protestos, transferidas para a abortiva campanha da Grécia. O resultado foi o colapso das forças britânicas no norte da África sob o ataque de Rommel. Isso acarretou a transferência de Wavell do comando do Oriente Médio para o Estado-Maior da Índia, aonde chegou a tempo de supervisionar a queda de Cingapura e a fuga da Birmânia, eventos os quais ele não havia causado e era incapaz de prevenir.

Wavell fora criado na Índia, filho de um major-general, e depois educado em Winchester e Sandhurst, alistando-se na Guarda Negra (3º Batalhão do Regimento Real Escocês) em 1900. Mais recentemente, conseguira fazer com que as defesas indianas ficassem unidas, apesar dos recursos escassos, e esmagara a rebelião do "Deixem a Índia" antes que esta colocasse em risco a estratégia britânica ou abrisse as portas a uma incursão japonesa. Wavell era dotado de uma mente perspicaz, penetrante e imune ao jargão e ao conhecimento convencional. Foi Wavell quem primeiro rotulou o Tratado de Versalhes, ao final da Primeira Guerra Mundial, de "paz para acabar com a paz". Entendia que políticos invariavelmente encontravam maneiras de criar desastres os quais soldados como ele teriam de pôr em ordem.

Churchill apontou-o como vice-rei sob a suposição de que o general apoiaria a linha-dura. Na verdade, Wavell emergiria como o melhor vice-rei que a Índia já teve. Ele mapearia um novo caminho para seu futuro, um caminho que evitava as armadilhas deixadas por Winston e pelo Mahatma, seus colegas veteranos da Guerra dos Bôeres.

Por certo, Wavell concluiu que as conversas com seus predecessores e colegas eram infrutíferas. Em agosto, reuniu-se com Halifax e "não conseguiu nada particularmente novo", apesar de o antigo vice-rei ter dito que "não via Gandhi como uma pessoa prática com quem lidar [...] e acredita que provavelmente está pior agora". Ele logo percebeu que Amery e Churchill batiam cabeças sobre o que fazer em relação à Índia: em uma reunião do Comitê Indiano do Gabinete em 7 de outubro, Amery falou muito tempo e Churchill "acenou com o espectro de Gandhi para todos". Por estranho que pareça, o melhor conselho que Wavell recebeu foi do filho de Winston, Randolph, o qual encontrou em Gibraltar, a caminho da Índia. "Ele disse que eu iria para a Índia com uma grande vantagem sobre os últimos vice-reis", escreveu Wavell em seu diário. "Eles tiveram de decidir se e quando prenderiam Gandhi, eu já o encontrarei encarcerado."[31]

As formalidades de sua posse como vice-rei foram um assunto muito mais modesto do que havia sido com Curzon ou Linlithgow. Era tempo de guerra e a Índia era um campo armado. Milhares de soldados britânicos, americanos, australianos e leste-africanos chegavam todos os dias. Em Ramgargh, 25 mil soldados chineses treinavam. O grupo de guerrilha de longo alcance de Orde Wingate, os Chindits, retornara recentemente de sua segunda incursão bem-sucedida à Birmânia, o que provava, acima de qualquer suspeita, que soldados britânicos e indianos eram capazes de derrotar os japoneses em condições de selva. Após uma conversa com Linlithgow, Wavell concluiu que a Fome de Bengala poderia pôr em risco todo o esforço de guerra e que ela só terminaria se os militares interferissem. Wavell denominou-a "um dos maiores desastres já ocorridos a pessoas sob controle britânico". No entanto, ninguém havia pensado em pedir ajuda ao Exército.

Sua primeira viagem após a cerimônia de juramento foi a Calcutá, onde ele e sua esposa visitaram um centro de apoio e conversaram com vítimas da fome. Wavell permitiu que seus homens transportassem arroz e outros suprimentos alimentícios de áreas onde havia excedente, como Punjab, para áreas mais necessitadas. (Em uma terrível ironia, a colheita de arroz do outono de 1943 fora a maior na história da Índia.)[32] Ele tinha de provocar Churchill para que concordasse com o envio de mais comida. O primeiro-ministro "parecia considerar o envio de alimentos à Índia um 'apaziguamento' do Congresso", percebeu Wavell com aversão. Somente sua ameaça direta de renúncia compeliu Churchill a ceder.[33] Dentro de alguns meses, Wavell trouxe a Índia de volta da beira do desastre demográfico. Ainda assim, quase 3 milhões de indianos haviam morrido e a escassez de alimentos continuaria até o fim do Raj.[34]

Wavell também percebeu que uma solução política para a Índia não poderia esperar até o fim da guerra. Ele precisava encontrar um caminho alternativo ao impasse atual. Em julho, o Congresso, de maneira obstinada, recusou-se a abandonar seu posicionamento em relação ao "Deixem a Índia". Sem a sanção de Gandhi, eles não podiam mover-se e, imóveis, não poderiam ajudar a encontrar uma solução. Linlithgow havia mostrado a Wavell a última e amarga carta que recebera de Gandhi* e disse que não haveria progresso real na Índia enquanto Gandhi estivesse vivo.[35]

---

* Uma parte da carta dizia: "De todos os altos funcionários que tive a honra de conhecer, nenhum foi, para mim, causa de tanta tristeza profunda quanto você. Corta-me o coração pensar em você como um apoiador da inverdade [...]. Espero e rezo para que Deus, um dia, coloque em seu coração a ciência de que, como o representante de uma grande nação, foi conduzido a um erro atroz.

Então Wavell, à maneira de um soldado, decidiu enfrentar o dilema de frente. Solicitou a Londres que lhe desse o poder de convocar um governo de coalizão com todos os partidos, formado por quaisquer líderes que estivessem dispostos a apoiar o esforço de guerra e a trabalhar sob a constituição existente desde 1935. Sua esperança era que tanto os líderes do Congresso quanto os liberais, juntamente com a Liga Muçulmana de Jinnah, sucumbissem à tentação do real poder e da real cooperação. Talvez até mesmo o próprio Gandhi cedesse ao defrontar-se com uma oferta concreta.

Wavell apresentara precisamente essa proposta ao Comitê Indiano do Gabinete, em 7 de outubro, antes mesmo de ir à Índia. Amery a apoiara, mas Churchill explodira. Ele iniciou uma prolongada reprimenda "contra o Congresso e todos os seus trabalhos", relatou Wavell, enquanto Anthony Eden falava "como se propusesse o coroamento de Gandhi". A maioria dos outros membros do Gabinete também ficou estática, inclusive os membros trabalhistas, que estavam igualmente assustados com o "espectro de Gandhi". (Attlee era a exceção.) A reunião toda foi "pior do que eu esperava", escreveu Wavell mais tarde, "não por causa da oposição, mas devido à falta de coragem, à falta de interesse e ao oportunismo".

O desgosto de Wavell ficaria completo no dia seguinte, quando Churchill cancelou a reunião do Comitê da Índia e convocou Wavell, sozinho, a seu escritório. Winston estava "ameaçador e desagradável" e indicava que "somente sobre seu cadáver qualquer aproximação a Gandhi tomaria forma". Suas instruções a Wavell foram sucintas. Concentrar-se em vencer a guerra, promover a paz entre hindus e muçulmanos e exprimir vagas indicações a respeito de progresso político após a guerra, mas sem oferecer nada concreto.[36]

Foi o general Smuts quem melhor explicou o posicionamento de Churchill para Wavell: "O [primeiro-ministro] não está pensando além da guerra — [nem] no caso da Índia, nem em qualquer outro." Churchill ainda esperava que, após a vitória final, a situação pudesse ser revertida — e que todos os atrasos e estratégias fabianas* aplicados em solo indiano se provariam vantajosos.

---

* Estratégias fabianas são uma série de táticas militares que têm como objetivo vencer o adversário mediante uma guerra de desgaste, evitando batalhas decisivas e perseguindo o inimigo de forma a desmoralizá-lo. (*N. do T.*)

Wavell, contudo, enxergava as coisas de forma mais nítida. A guerra transformara a Índia, para melhor ou para pior. Os problemas que enfrentaria, e as soluções necessárias para resolvê-los, haviam superado os dois homens que ainda insistiam em agarrar o destino da Índia com seus corações: Gandhi e Churchill.

28. Triunfo e tragédia

1943-1945

Um guerreiro vive de suas guerras [...]. E sofre um colapso se percebe que sua capacidade de guerrear não é mais desejada.
(Mohandas K. Gandhi)

Em 21 de abril de 1943, o submarino alemão U-180 emergiu das tormentosas águas na costa da África. Os mapas do primeiro oficial diziam que eles estavam a 640 quilômetros a sul-sudoeste de Madagascar, exatamente como planejado. Marinheiros alemães usando equipamentos para tempo chuvoso mantinham guarda na torre de comando, esforçando-se para enxergar através de seus binóculos, enquanto rajadas de vento, uma após a outra, varriam o escorregadio deque do U-180.

Então, um dos marinheiros gritou e apontou. Naquele instante, saído da névoa do amanhecer, outro submarino emergia das profundezas: o japonês I-29. O encontro previamente arranjado teria de esperar 48 horas até que a tempestade acalmasse para ocorrer. Quando o tempo enfim clareou, os observadores alemães e japoneses olharam ansiosos para os céus, em busca de aeronaves aliadas de passagem.

No dia 23, apesar da forte ondulação oceânica, o I-29 pôde lançar um pequeno barco a motor em direção ao submarino alemão. A escotilha do U-180 abriu-se e de lá saiu um corpulento jovem de óculos e roupas civis. Os marinheiros japoneses descarregaram a carga — cinquenta barras de ouro, cada uma pesando 40 quilos — e a equipe alemã a armazenou embaixo, enquanto o civil e o capitão Werner Müsenberg assistiam. Após receber um cumprimento de despedida do capitão Müsenberg, o homem desceu ao pequeno barco. Ele e dois marinheiros japoneses navegaram pelas fortes ondas de volta ao I-29, molhados até os ossos. Em poucos minutos, os dois submarinos desapareceram da vista; a missão estava cumprida.[1]

Dez dias depois, o submarino japonês chegou a Sabang, na costa de Sumatra. Marinheiros japoneses levaram seu visitante a terra firme. Esperando por eles estava o coronel Satoshi Yamamoto, da Hikari Kikan, a agência especial japonesa de inteligência montada para recrutar indianos e outros sul-asiáticos na península malaia e em Cingapura, para suprir o esforço de guerra contra os Aliados.

O coronel Yamamoto sorriu a seu último e mais distinto recruta, reverenciando profundamente e murmurando palavras de agradecimento. Subhas Chandra Bose sorriu de volta. Ele estava de volta à Ásia e pronto para trabalhar.

Bose deixara a Alemanha amargamente decepcionado. Os alemães haviam oferecido dinheiro e armas para a sua Azad Hind, ou Legião da Índia Livre, criada em setembro de 1942. Contudo, quando a Legião fracassou em atrair mais de 2 mil voluntários, os alemães perderam o interesse.[2] Ela não teria papel significativo na guerra. Bose tentou restabelecer o apreço alemão por sua causa em um encontro particular com Hitler, em março de 1942, mas logo percebeu que os alemães não tinham sequer um interesse periférico na independência indiana, até porque a maré da guerra virava-se contra eles.* Ele deixou a Europa "com sua confiança na vitória alemã muito abalada".[3] Agora, Bose colocava sua carreira em jogo com os japoneses.

"O Japão fez coisas grandiosas por si mesmo e pela Ásia", proclamara em 1937. "O Japão esmagou o prestígio do homem branco no Extremo Oriente."[4] Agora ele via a guerra do Japão contra a Grã-Bretanha e a América como uma porta abrindo-se para a independência da Índia — ou, ao menos, a *sua* forma de independência, com ele próprio e seus seguidores no comando. Da parte dos japoneses, eles esperavam que Bose fosse capaz de unir as várias facções indianas antibritânicas aquarteladas em Tóquio e injetar novo

---

* Ao contrário, Hitler admirava a habilidade do Raj britânico em subjugar e governar centenas de milhares de pessoas, as quais considerava subumanos. Ele gostava, particularmente, do filme de Hollywood *Lanceiros da Índia* (*The Lives of a Bengal Lancers*) e fez dessa a visão obrigatória de sua SS, um modelo de como governar um império de raças inferiores com apenas um punhado de homens.

ânimo na marionete moribunda, o Exército Nacional Indiano, que sofria de ausência de voluntários e moral.

Bose fez sua entrada formal em Cingapura em 2 de julho de 1943, com o general Hideki Tojo a seu lado. Indianos por todo o leste asiático estavam elétricos. Pela primeira vez, cerca de 3 milhões de indianos estrangeiros ouviram alguém falar diretamente com eles, uma figura enérgica e carismática em um uniforme de camurça que prometia um futuro brilhante para a Índia quando os britânicos fossem enfim afastados. "Foi, na verdade, o primeiro discurso [...] que ouvi em minha vida", confessou um jovem indiano após ouvir Bose em um comício em Cingapura que também atraiu ouvintes chineses e malaios. O discurso foi "como uma força magnética". Quando Bose proclamou "quando eu digo guerra, eu quero dizer GUERRA — guerra até o fim —, uma guerra que só pode terminar com a liberdade da Índia", milhões de indianos acreditaram.[5]

No final, o INA de Bose atrairia 40 mil voluntários — um pequeno número em comparação aos 2,5 milhões de indianos que serviam no Exército da Índia Britânica. Historiadores da Segunda Guerra Mundial, e mesmo alguns historiadores da Guerra da Birmânia, tendem a tratar Bose e seu movimento da Índia Livre como uma distração secundária, uma farsa; seu impacto na Índia, porém, foi incalculável. Da metade de 1943 em diante, Bose forneceu um novo modelo de ação militant para os jovens indianos, em especial entre seus companheiros bengalis. Para eles, Gandhi era reverenciado, mas também distante, e a *ahimsa* parecia uma fórmula obsoleta.

Apesar de Bose não ser soldado, ele insistia, assim como Hitler, em aparecer em todos os lugares vestindo uniforme. Ele foi o primeiro líder de guerra genuíno para os indianos em *ambos* os lados da linha de combate. Como disse um de seus oficiais do INA, "ele era como um deus para nós". De muitas formas, era um sombrio amálgama de Gandhi e Churchill, uma figura saída dos mais obscuros pesadelos e que, ao mesmo tempo, utilizava os mesmos recursos morais.

Como Gandhi, Bose falava a língua da virilidade indiana e do autossacrifício heroico. Seus discursos frequentemente citavam Gandhi. Ele enfatizava a seus soldados e seguidores que a visão da Azad Hindi marcava o estágio final da luta pela independência indiana que Gandhi havia lançado. Bose gostava de dizer que Gandhi conduzia a luta de dentro da Índia enquanto ele a conduzia de fora.[6]

Como Churchill, Bose estava comprometido em levar a guerra até o limite para vencer aquela disputa. "Eu quero a mobilização total e nada menos que isso", proclamou. "Mobilização total para a guerra total!"[7] Todo o restante, "não importa o quão nobre, tem valor secundário". Sua determinação e eloquência eram paralelas às do primeiro-ministro britânico: até sua mais famosa máxima, "Dê-me sangue e eu lhe darei a independência", contém mais do que um eco de "Não tenho nada a oferecer a não ser sangue, trabalho, lágrimas e suor".* E sua mensagem final foi também dirigida ao homem no número 10 da Downing Street. "Churchill logo perceberá", disse em uma transmissão de rádio na Alemanha, enquanto a Missão Cripps despedaçava--se, "que não é mais possível manter os indianos em troca de um pedaço de pão que lhes será jogado". A independência indiana requeria nada menos do que a completa destruição do Império. "Das cinzas da Grã-Bretanha", proclamou Bose, "emergirá uma Índia unificada."[8]

Os apelos de Bose para que se unissem a ele encontrou ouvidos moucos. Poucos indianos estavam convencidos de que ficariam em melhor situação com uma vitória japonesa do que com uma vitória britânica. Como descobriram muitos voluntários desiludidos do INA, o Império Japonês era muito mais virulentamente racista do que o inglês.[9] Ainda assim, a oferta de Bose para o envio de carregamentos de comida para uma Índia sob o imperativo da fome e ignorada pelos britânicos ganhou o respeito popular. Mesmo soldados do Exército da Índia Britânica passaram a admirá-lo como um modelo para o futuro, se não necessariamente para o presente.

Os indianos combateriam os japoneses, inclusive o INA de Bose, com uma coragem nunca antes vista: eles receberam 20 das 27 medalhas Victoria Cross concedidas na campanha da Birmânia.[10] No entanto, lutavam com os olhos fixos não em seu rei-imperador, como gostava de imaginar Churchill, mas na independência. A chegada de Bose não poderia mudar o curso da guerra, mas, assim como a fome de Bengala, demonstrava o rompimento dos últimos laços de lealdade da Índia para com a Grã-Bretanha.

---

* O mesmo ocorreu com sua observação a respeito da Batalha de Imphal: "Uma história escrita com nosso sangue e mais ainda com nosso suor."

Sinalizava também a condenação dos planos de Gandhi e Churchill para o futuro indiano.

No outono de 1943, a derradeira vitória aliada surgia tanto na Europa quanto no Pacífico, mas Churchill estava profundamente insatisfeito. Ainda que seu lado estivesse vencendo a guerra, desaparecia a esperança de preservar ou mesmo expandir o Império Britânico como resultado. Sua voz importava cada vez menos em lugares onde ele queria que tivesse peso.

Em setembro, tropas norte-americanas e da Commonwealth desembarcaram na Itália. A invasão fora ideia de Churchill. Os norte-americanos, a princípio, opuseram-se energicamente, mas depois cederam. Churchill argumentava que a Itália era a "parte frágil" do Eixo e que derrubar Mussolini modificaria o flanco de Hitler. Essa, contudo, era somente uma parte da grande visão estratégica de Churchill. Retirar a Itália da guerra, esperava ele, traria a neutra Turquia para dentro do combate. Dardanelos ficaria aberto a comboios de suprimentos para a União Soviética, e a frota britânica no Mediterrâneo estaria livre para passar por Suez e entrar na baía de Bengala a tempo de lançar a libertação da Birmânia.[11]

Era novamente o velho plano Galípoli, mas agora "ao contrário". Caso Istambul declarasse guerra ao Eixo, os Aliados poderiam direcionar um movimento em "V" em direção ao norte, fatiando o Império de Hitler ao meio e cortando o contato com seus exércitos na União Soviética. A "estratégia do Mediterrâneo" de Churchill também tinha outro propósito: ao abrir um novo front na Turquia e no leste do Mediterrâneo, garantiria que o Oriente Médio permanecesse parte do Império Britânico. Colocaria também forças norte-americanas e britânicas entre os soviéticos e a Europa Oriental.

Acima de tudo, garantiria, por fim, o grande arco de influência britânica por sobre o hemisfério oriental, da Cidade do Cabo ao leste da África e Suez, do Irã à Birmânia, Cingapura e Hong Kong, região da qual a Índia era a poderosa peça-chave. Preservar o arco do Império e a Índia britânica continuava sendo a parte vital da estratégia mundial de Churchill. A vitória no Mediterrâneo seria a forma de assegurá-la.

Contudo, em Teerã, em dezembro de 1943, Roosevelt e Stálin recusaram-se a concordar. Foi quando Churchill descobriu que Roosevelt já não considerava a aliança anglo-americana essencial para a vitória e para o pós-guerra. Em seu pensamento, Roosevelt estava reduzindo os Três Grandes a Dois

Grandes, ele próprio e Stálin. Durante toda a reunião, "Roosevelt tendeu a alinhar-se com Stàlin em detrimento de Churchill" — inclusive em relação à Índia.*¹² Churchill queria pressionar a Turquia a declarar guerra dentro de seis semanas, mas Roosevelt o ignorou. Em vez disso, norte-americanos e soviéticos empurraram para maio ou junho de 1944 a data do desembarque aliado no norte da França, sob o codinome Operação Overlord, e também de um segundo desembarque no sul do país.

Churchill tinha sérias dúvidas em relação ao primeiro desembarque e, com veemência, era contrário ao segundo. Via o desembarque na França como uma potencial repetição das infrutíferas batalhas no Front Ocidental da Primeira Guerra. Acreditava (sem razão) que os Aliados seriam contidos e jamais irromperiam. Também acreditava (agora corretamente) que a operação não deixaria recursos para seu plano na Turquia ou para uma grande ofensiva liderada pelos britânicos na Ásia. Ele barganhou duramente com Roosevelt, a fim de que lhe deixassem 68 transportes de tropas para executar a grande estratégia do Mediterrâneo em vez de redirecioná-los para a Operação Overlord, mas perdeu.

Ainda assim, Churchill apegou-se à esperança de que seu plano se concretizaria. "Não estou preparado para o abandono da operação [ou seja, a Operação Hércules, envolvendo a captura da ilha de Rodes como prelúdio para a entrada da Turquia na guerra]", disse a seus chefes de Estado-Maior em 22 de dezembro de 1943. "Abandonar a Operação Hércules é abandonar o prêmio para o qual todos os nossos esforços estão direcionados na Turquia." Contudo, sem apoio soviético ou norte-americano, o plano era apenas uma fantasiosa esperança.¹³ Os dias em que a Grã-Bretanha podia lançar uma grande ofensiva por conta própria estavam acabados.

Mesmo assim, Churchill esperava por tal ofensiva no Extremo Oriente. Ali, ele trouxera a bordo, como comandante supremo, um homem com jovial dinamismo e motivação, Louis Mountbatten, de 43 anos. No início de 1944,

---

* Em Teerã, ambos os homens mantiveram uma extraordinária discussão sobre a Índia, sem o conhecimento de Churchill. Roosevelt, de fato, apoiava a visão de Nehru e pensava que a melhor solução para os problemas indianos "seria a reforma desde a base, algo semelhante à linha soviética". Stálin, que sabia muito mais do que Roosevelt sobre como realmente funcionava o sistema soviético, discordava. Disse que "reforma desde a base significaria revolução" e que as interações de castas e classes faziam da questão indiana algo "complicado". No entanto, ambos concordavam que era melhor não levantar o tema com Churchill.

Mountbatten arregimentara quase um milhão de homens armados na Índia e uma grande frota de navios. Churchill queria que ele lançasse um grande ataque para retomar Rangum. Retomar Cingapura e a península Malaia, possivelmente movendo-se por Sumatra, era também prioridade em sua lista.

Mountbatten tinha de ressaltar, no entanto, que a Índia, ainda se recuperando da fome do ano anterior, não poderia suportar nada semelhante a tal esforço. Por certo, os norte-americanos não forneceriam auxílio para qualquer campanha de restabelecimento do Império Britânico na Ásia. Sem sua ajuda, nenhuma campanha poderia tomar forma. E, a menos que Churchill chegasse a alguma resolução em relação à Índia, o auxílio norte-americano não viria em um futuro próximo.

No Cairo, no mês de novembro anterior, Mountbatten cometeu o erro de trazer à tona as realidades da situação indiana para Churchill. Ele endossou a visão do vice-rei Wavell sobre como quebrar o impasse a partir de um novo diálogo político. "O primeiro-ministro explodiu", soube Wavell, "e amaldiçoou não só [Mountbatten] como a mim e a todos os meus trabalhos."[14]

Em abril de 1944, cessou toda a especulação sobre a montagem de um novo impulso aliado em direção à Birmânia. Os japoneses atacaram primeiro, em uma aposta desesperada para reverter sua sorte na Ásia. S. C. Bose os encorajara a acreditar que, uma vez enviado um exército ao outro lado da fronteira de Assamese, em direção à Índia, eles encontrariam milhões de colaboradores. Os Exércitos britânicos e indianos desertariam, disse Bose, assim que enfrentassem indianos livres armados. Disse a um enorme grupo de apoiadores em Cingapura que, antes do final do ano, eles estariam juntos em solo indiano.[15]

Após um ano de preparação, os japoneses atacaram a Índia. Um avanço correu rumo ao sul, em direção a Imphal, menos de 50 quilômetros a oeste da fronteira birmanesa. O outro se estendeu ao norte, em direção a Kohima; milhares de infantarias japonesas brotavam em meio à densa selva, na esperança de cercar a enorme base britânica construída em Dimapur. Enquanto isso, Bose chegava a Rangum com 40 mil voluntários do seu Exército Nacional Indiano, agitando a bandeira tricolor de Gandhi — mas com um tigre raivoso em vez de uma *charkha*. Com gritos de "*Chalo Delhi*" (Rumo a Délhi) e "*Azad Hindi!*", as tropas de Bose embarcaram em trens rumo a oeste. Bose carregava em seu colo uma pequena caixa prateada. Ela continha terra do túmulo do último imperador mogol, Bahadur Shah II, que morrera em Rangum após a Grande Rebelião e que agora retornaria cerimonialmente à sua terra natal.[16] Bose também levava maços de papel-moeda da Índia Livre e seu próprio governador-geral, para assumir o controle assim que Imphal e Kohima sucumbissem.

Em 17 de abril, Kohima quase caiu. As guarnições britânicas e indianas lutaram com desesperada coragem. Churchill telegrafou a Moutbatten: "Não deixe que nada necessário para a vitória escape à batalha. Não aceitarei recusas desse tipo de qualquer quartel e o apoiarei ao máximo." Ele até mesmo ordenou ao chefe de Estado-Maior Hastings Ismay que direcionasse imediatamente à Birmânia suprimentos e transportes estocados para sua amada ofensiva do Mediterrâneo: "Não podemos, em hipótese alguma, contabilizar derrota nessa batalha."[17]

O combate em Kohima foi corpo a corpo e com baionetas; granadas eram jogadas através de janelas ou dentro de trincheiras. Em certo momento, a linha frontal corria em ambos os lados da quadra de tênis do Kohima Club.[18] Contudo, pouco a pouco, unidades de Punjab e Gurkha da 5ª, 17ª e 23ª Divisões indianas do general Slim forçaram o resgate.

Armado com tanques e apoiado pela Força Aérea britânica — esse era um novo modelo do Exército indiano. As tropas eram formadas, em sua maioria, por hindus, não por muçulmanos, uma vez que a emergência da guerra forçou o governo a abandonar os velhos clichês de Churchill sobre as "raças marciais". Eram também ferozmente disciplinadas e motivadas, com uma forte estrutura de VCO e KCIO equivalentes aos britânicos. Na verdade, enquanto o combate arrastava-se por maio e junho, o general Slim começou a usar tropas indianas para fortalecer o moral das vacilantes unidades *britânicas* — revertendo uma tradição que remontava à Grande Rebelião.[19]

Foi o grande momento do Exército indiano. De volta a Londres, escreveu Churchill, "nós assistimos ao progresso com sentimentos de preocupação".[20] Por fim, em junho, a resistência japonesa começou a ceder e, ao final do mês, após um combate selvagem, Imphal foi salva. O Exército japonês fugiu apressado de volta pela fronteira em direção à Birmânia. Perdidos na selva, muitos soldados japoneses, percebendo que haviam sido abandonados por seu alto-comando, optaram entre lutar até a morte ou o suicídio. "Quartéis não foram exigidos", escreveu cruelmente o general Slim, "e nenhum foi cedido." Durante os meses de julho e agosto, combatentes sikhs e gurkhas vagaram pelos riachos da selva abarrotados de corpos de japoneses que morreram de fome ou pela exposição ao clima. Ao final, menos da metade dos soldados japoneses enviados à Índia retornara. Talvez um número próximo a 80 mil tenha perdido a vida — a pior derrota militar na história japonesa.[21]

Quanto ao INA, não foi nem mesmo um fator de batalha. Entre os 6 mil homens que de fato entraram em ação, somente quatrocentos morreram em combate. Outros 1.500 morreram de doenças ou de fome. Quase todos eles sofreram com o abuso ou a negligência de seus supostos aliados — oficiais japoneses os haviam tratado como *coolies* ou, pior, recusando-se até mesmo a bater continência a suas contrapartes do INA. Não surpreendentemente, mais de oitocentos voluntários do INA entregaram-se às tropas britânico-indianas e outros 750 simplesmente saíram correndo e desapareceram na selva.[22]

Bose, optando por ignorar a realidade, disse aos seguidores indianos na Birmânia que "nem o INA nem ele estavam minimamente desiludidos".[23] Mas, na verdade, ele já havia gastado toda a sua energia. Não houve nenhuma insurreição de generais indianos em seu apoio. Pelo contrário: até mesmo os mais céticos nacionalistas antibritânicos percebiam agora que os Aliados ganhariam a guerra. Em 17 de julho de 1944, o maior apoiador japonês de Bose, o general Tojo, renunciou ao cargo de primeiro-ministro. Em poucos meses, Bose estaria planejando sua fuga para a União Soviética, na falsa esperança de que Stálin pudesse fazer por seu sonho da Hind Azad o que os alemães e japoneses não puderam.

A batalha pela Índia estava encerrada. A batalha pela Birmânia estava prestes a começar. E, durante esse período, em meio ao violento combate na selva e aos ataques de artilharias e bombas, quase ninguém notou que Gandhi estava, por fim, livre.

Wavell ordenara sua soltura em 6 de maio de 1944. O vice-rei ouvira de médicos que Gandhi havia sofrido um grave ataque de malária e que "pode morrer a qualquer minuto". Além disso, ele estava anêmico e sofria constantemente de pressão alta, além de ancilostomíase e disenteria amébica. Os médicos achavam que sua falência renal poderia desencadear tromboses cerebrais ou coronárias.[24] Devido a seu estado de saúde, concluíram que ele "não seria um fator ativo na política novamente".[25]

Com o governo de Mumbai, o Departamento de Estado e outras agências pressionando pela libertação de Gandhi, Wavell dirigiu-se a Churchill, que enfim cedeu. Em 24 de maio, Churchill explicou em um telegrama a

Wavell: "Concordei em libertar Gandhi com base em seu penoso estado de saúde." Ele fora convencido de que o Mahatma realmente morreria — um evento que estava preparado para aceitar com tranquilidade. Contudo, agora que Gandhi estava solto, Churchill não queria mais contato com ele. Pela primeira vez, expressou seus sentimentos com genuína malevolência:

> Ele é uma força completamente maligna, hostil a nós com todas as fibras e em grande parte nas mãos de interesses nativos; inflexível em suas ideias sobre a roda manual e os métodos de cultivo ineficientes para a superpopulação indiana. Anseio pelo dia em que será possível chegar a um entendimento com as verdadeiras forças que controlam a Índia.[26]

A tragédia de Churchill foi supor que aquelas "verdadeiras forças" realmente existissem. Assim como Gandhi, na verdade, ele ainda não aprendera que ninguém controlava a Índia, menos ainda os britânicos. Churchill convencera a si mesmo que a origem dos problemas indianos eram os ricos proprietários de terra hindus e os "industriais opressores". Aquelas mesmas pessoas, acreditava ele, sustentavam Gandhi. Para um velho antibolchevique, Churchill chegara a uma visão estranhamente marxista, na qual o interesse econômico determinava todos os outros fatores, incluindo a religião, as castas e a cultura.

Nem mesmo uma década de experiência e aconselhamentos abalou a visão de Churchill. Essa intransigência significava que não haveria uma solução séria para o "assunto da Índia" enquanto Churchill permanecesse no Gabinete — algo que o vice-rei Wavell compreendia. Na verdade, Churchill ainda gostava de fingir que não havia assunto algum, somente Gandhi e os agitadores de um lado e o Raj de outro.

Nesse meio-tempo, Churchill se preocupava com Gandhi: talvez ele pudesse recuperar não só a saúde, mas também a "vitalidade política".[27] Mas não precisava se incomodar. Gandhi emergiu de Poona como um desastre físico e político. A doença não era apenas física. Algo mais afetara a vitalidade de Gandhi e o fizera perder seu senso de entendimento de Deus.

Ao contrário do marido, Kasturbai não apreciava a vida na prisão.[28] Preferia a rotina do *ashram*, com muitos filhos e netos, a chegada e saída de visitantes e o constante clamor da cozinha; em Poona, sentiu-se cativa e privada de uma vida interior. A súbita morte de Mahadev Desai chocou-a profundamente. Desai era um brâmane e ela se convencera de que sua morte fora, em alguma medida, culpa de Gandhi. "O pecado está em nossos ombros", disse a uma das jovens auxiliares, Sushila Nayyar. "Bapu lançou a batalha e, como resultado, Mahadev veio para a prisão e morreu aqui." Ela retomou a fé de sua infância em Vaishnava. Durante horas, fazia sua adoração em um minúsculo altar dedicado a Krishna em sua forma infantil, e o *samadhi* onde Mahadev fora cremado tornou-se um santuário para ela.

Sua saúde piorou. Em dezembro de 1943, tornou-se alarmante. Ela reclamava de dores no peito; em alguns momentos, seus lábios ficavam azuis e ela se esforçava para respirar. Tentativas de dar-lhe um cateter de oxigênio falharam e Gandhi discutiu ferozmente com seus carcereiros sobre enfermeiras e médicos. Em janeiro, Kasturbai pediu para ver os filhos. Até Harilal fez uma aparição final, apesar de estar muito alcoolizado e ter de ser expulso. Devadas implorou a seu pai que permitisse à mãe tomar penicilina, mas Gandhi se negou. "Por que você não confia em Deus?", disse ele. "Por que você deseja drogar sua mãe até mesmo em seu leito de morte?" E acrescentou: "Se Deus quiser, Ele fará com que ela melhore."[29] Mas até Gandhi estremecia diante do pensamento de que Kasturbai poderia estar deixando-o para sempre.

Em 22 de fevereiro, Devadas levou água benta do Ganges e folhas de *tulasi*. Kasturbai bebeu a água e despediu-se de todos. Naquela noite, Gandhi estava prestes a sair para sua caminhada usual quando ela o chamou: "Bapu!" Ele correu ao quarto e segurou-a em seus braços. "Estou indo agora", disse ela. "Ninguém deve chorar depois que eu me for. Estou em paz." Morreu enquanto Gandhi e todos os outros no quarto cantavam o hino *Ramadhun*.

Na manhã seguinte, ela estava deitada em sua pira funerária no terreno do palácio. Gandhi preparara uma oração retirada do *Gita*, do Corão, do Novo Testamento e do *Zend-Avesta* dos pársi.[30] Depois, Gandhi disse, "Ba está sempre comigo, ainda que seu corpo tenha sido confiado às chamas". Ela nunca fez parte do mundo dele, nem espiritual nem intelectualmente. Após 62 anos de casamento, permaneceu a garota simples com quem ele se casara em Porbandar. Ainda assim, ela fora a insubstituível companheira de toda uma vida, dos dias de África do Sul ao jejum de Poona. O vice-rei Wavell enviou uma nota de condolências. "Nós éramos um casal fora do comum", escreveu Gandhi em resposta.[31] Para outros, ele disse simplesmente: "Não posso imaginar a vida sem ela." Como Mirabehn notou mais tarde: "Com Ba, foi como se uma parte de Bapu tivesse partido."[32]

Seis semanas mais tarde, Gandhi sofreu o ataque de malária que desencadeou sua soltura. Ele foi a Juhu, um resort à beira-mar próximo a Mumbai, para recuperar-se. Deu a si mesmo duas semanas de silêncio. Então começou uma longa, demorada e tediosa recuperação, tanto física quanto espiritual. "Mas como Deus tem testado minha fé!", disse à irmã de Pyarelal, pensando não só na morte de Kasturbai, mas em todos os eventos do ano anterior.[33] Não antes do início de agosto de 1944 ele se sentiu forte o suficiente para retornar a Sevagram, após uma ausência de quase dois anos. Mesmo ali, encontrou dificuldade para se concentrar. Qualquer tipo de rotina diária tornara-se um esforço para seu corpo frágil. Não é de se espantar que seus médicos o tenham declarado incapaz de se envolver em política novamente.

Contudo, Gandhi não podia ficar de fora, mesmo que quisesse. E não queria. Ele deixara o Congresso Nacional Indiano em estado de crise aguda. Assumiu a obrigação de trazê-lo, de alguma maneira, de volta à relevância nacional. Mesmo com a guerra atingindo o clímax, sentia-se compelido a mostrar que a não violência ainda era a resposta para a Índia. Em seu coração, recusava-se a aceitar que o movimento "Deixem a Índia" havia sido um fracasso e deixado um impasse que ele agora estava ansioso por romper. Então, em junho, solicitou uma conferência com o vice-rei Wavell, a quem ainda não havia conhecido. Wavell tinha outras coisas em mente. Alguns dias antes, visitara seu único filho, um major da Guarda Negra que perdera a mão em uma violenta batalha nos arredores de Magaung e recuperava-se no hospital em Assam. Tampouco Wavell confiava em Gandhi, considerando o velho homem "prolixo, com pensamentos pequenos, completamente desprovido de qualquer habilidade construtiva de estadista" e "inclinado somente para sua autojustificação".[34]

Porém, enquanto o vice-rei, repetidas vezes, tentava explicar-se a Churchill, a Índia tornava-se mais vital que nunca para vencer a guerra. Quase 100% de sua produção de calçados e tecidos e 75% de sua produção de aço eram destinados aos Exércitos aliados. Sem o apoio material da Índia, nenhuma derrota dos japoneses na Birmânia, na península Malaia ou mesmo na China seria possível. Não obstante, a menos que 75 mil toneladas de grãos chegassem para aliviar a fome, a Índia enfrentaria uma grande catástrofe:

"uma Índia esfomeada" pode dar aos japoneses uma segunda chance.[35] Wavell percebeu que o Mahatma, apesar de seu enfraquecido poder e reputação, ainda detinha ao menos uma parte da saída para os problemas da Índia. No entanto, seguindo instruções exatas de Churchill, Wavell recusou-se a encontrá-lo.

Então, Gandhi tentou enviar uma nota particular. Era sua maneira usual de tentar abrir um diálogo frutífero com os poderes em ação, para ver que tipo de homem era Wavell e o que seria possível.[36] Wavell ainda recusava, dizendo que só poderiam reunir-se caso Gandhi tivesse um plano concreto e construtivo para apresentar. Gandhi imediatamente respondeu, oferecendo o apoio do Congresso ao esforço de guerra em troca da imediata declaração de independência — a oferta que o Comitê de Trabalho do Congresso desejara em 1942 e que Gandhi havia recusado.

Wavell notou que essa era uma possível abertura, mas, quando Churchill soube disso, explodiu em enorme fúria, acusando Wavell de entrar em negociações com Gandhi, "o amargo inimigo" da Grã-Bretanha. Wavell teria de retirar-se. Churchill "enviou-me um telegrama impertinente", notou ele em 5 de julho, "para perguntar por que Gandhi ainda não havia morrido!". O primeiro-ministro jamais respondeu à solicitação do vice-rei por mais ajuda de alimentos. "Eu me pergunto", divagou Wavell em seu diário, "se teremos qualquer chance de solução antes que os três intransigentes, obstinados e descomprometidos líderes estejam fora do caminho: Gandhi (pouco mais de 75 anos), Jinnah (68) e Winston (quase 70)."[37]

Ainda que Jinnah permanecesse ativo, a atual ansiedade de Gandhi não era apenas sobre a não violência e o Congresso. O racha entre hindus e muçulmanos permanecia uma ferida tão escancarada quanto fora antes de sua prisão. Gandhi temia que a guerra pudesse terminar com a Resolução Lahore, de quatro anos antes, ainda em vigor. A ideia de uma divisão entre Índia e Paquistão era um anátema para ele: denominava-a "vivissecção". A ideia de que isso poderia ser um resultado da religião — "que prende o homem a Deus e o homem ao homem", protestou Gandhi — era ainda mais repulsiva.[38]

Ainda assim, à exceção de alguns muçulmanos simbólicos no Congresso, como seu amigo o dr. Abul Kalam Azad, eles haviam permanecido distantes do movimento "Deixem a Índia". A Liga Muçulmana não apoiara o esforço de guerra britânico, mas quase não lhe fizera oposição. Assim como Churchill acreditava que algumas misteriosas facções controlavam o movimento de independência indiano, Gandhi estava convencido de que os britânicos eram o "terceiro poder" por trás dos problemas comunais e da resolução de separar a Índia. Como ocorria com Churchill, nenhuma quantia de argumentos ou evidências poderia fazê-lo ceder, nem mesmo as vigorosas palavras do próprio Jinnah.

Gandhi decidiu que um diálogo direto com Jinnah poderia abrir o caminho para a reconciliação. Os homens de negócios G. D. Birla e Sir P. Thakurdas haviam esperado por esse encontro desde 1940, tamanho era o poder que as palavras e a presença do Mahatma supostamente exerciam sobre o agitado líder muçulmano.[39] Em setembro, Gandhi sentiu-se forte o suficiente para iniciar os diálogos e dirigiu-se a Mumbai.

"Estou indo esperançoso, mas sem expectativas", disse ele a T. B. Sapru. Durante três semanas, ele e Jinnah discutiram sobre uma variedade de assuntos. Jinnah permanecia irredutível em sua demanda principal, que um Paquistão independente fosse aceito e declarado antes da saída dos britânicos. Gandhi buscou um comprometimento em vão. Quando sugeriu que esperassem para ver o que aconteceria quando os britânicos partissem, Jinnah rejeitou a ideia como prevaricação e perda de tempo. "O problema da divisão da Índia em Paquistão e Hindustão está somente em seus lábios e não vem do seu coração", disse, irritado, a Gandhi. Jinnah sabia que Gandhi estava desinformado após quase dois anos na cadeia e articulou sobre essa fraqueza. "Espero mostrar-lhe a realidade e a condição atual que prevalece na Índia de hoje", disse, referindo-se às comunidades hindus e muçulmanas encaminhadas em direções divergentes. "Por todos os cânones da lei internacional, nós [muçulmanos] somos uma nação", insistiu Jinnah. Não eram os britânicos os culpados; eram milhares de anos de história. Isso Gandhi não podia aceitar; e assim ele e Jinnah tomaram caminhos separados.[40]

O encontro terminou, sem acordo, em 27 de setembro. O vice-rei Wavell, que aguardava algum tipo de compromisso, ficou amargamente decepcionado. "Devo dizer que esperava mais", escreveu. "Duas grandes montanhas se encontraram e nem mesmo um ridículo rato surgiu." Encarava isso como um fracasso da liderança de Gandhi e preocupava-se com os efeitos em Churchill e no Gabinete. "Temo que isso aumente seu desgosto em relação a qualquer tentativa de movimento."[41]

Um Gandhi cansado e desencorajado retornou a Sevagram. Parecia claro para Patel e outros que ele estava exausto e, no final de novembro, concordou em submeter-se a um mês de descanso. Wavell, enquanto isso, olhava o calendário. Com o Ano-Novo de 1945 se aproximando, a guerra na Ásia chegava ao clímax. Tropas norte-americanas haviam desembarcado nas Filipinas e bombardeiros atacavam cidades japonesas. A Marinha dos Estados Unidos e os fuzileiros navais preparavam-se para o ataque a Iwo Jima. Os soldados japoneses que persistiam na Birmânia estavam desesperadamente imobilizados, mesmo com a abertura da nova rota de suprimentos para a China: a Estrada Ledo.

Na Europa, a guerra estava indo tão bem que os estadistas britânicos esperavam mover 370 mil homens e seus equipamentos para a Índia, visando a uma ofensiva em grande escala em Cingapura. Mas o fracasso da Operação Market Garden em empurrar os alemães para fora da Holanda e a ofensiva de Hitler em Ardenas, dois meses mais tarde, alteraram qualquer plano ambicioso.[42] No entanto, a ofensiva de dezembro foi a última respiração do Terceiro Reich, e o Japão caminhava para uma clara derrota.

Por ironia, quanto mais rapidamente a guerra marchava para um final vitorioso, pior parecia ficar a situação do futuro da Índia. Com a guerra em curso, todos os assuntos e todos os partidos operavam em um tipo de animação suspensa. Uma vez terminada a guerra, eles recomeçariam — e Wavell estava profundamente preocupado com os efeitos. Quase sozinho, Wavell percebeu que algo tinha de ser feito antes que a guerra terminasse, não depois — isto é, antes que a catástrofe que todos temiam, mas tentavam ignorar, de fato acontecesse.

Churchill permaneceu surdo aos apelos. Quando o inverno de 1945 tornou-se primavera, seu humor estava mais frio e obscuro do que antes. Pelo lado bom, a Alemanha estava sucumbindo; os soviéticos estavam se aproximando de Berlim; a Birmânia estava prestes a cair; e seu antigo nêmesis, Gandhi, tornara-se uma incógnita política, talvez permanentemente.

Contudo, Churchill só podia sentir uma crescente frustração e raiva. Não sem motivo, o último volume de sua história da Segunda Guerra Mundial foi intitulado "triunfo e tragédia". A Grã-Bretanha havia resistido e até triunfado. Churchill tecera a maior aliança de nações jamais vista. Mas a Grã-Bretanha estava exausta. Um quarto de sua riqueza nacional estava perdido e sua força de trabalho havia praticamente acabado. A maioria de seus armamentos, seus aviões e tanques, seus navios e transportes, era agora fabricada por norte-americanos. Por toda parte, havia lembranças de que a Grã-Bretanha perdera sua força e credibilidade no mundo.

O comando de Mountbatten no Sudeste Asiático, o qual Churchill vira como a forma de restaurar o controle britânico na região,* estava agora oficialmente comprometido em fazer o oposto. Quando os japoneses fossem expulsos, o sudeste da Ásia, começando pela Birmânia, deixaria de fazer parte do Império Britânico. Os norte-americanos também se recusavam a abrandar a pressão sobre a Índia. Em certo momento, na Conferência de Quebec, em 1944, Churchill finalmente explodiu. "Eu darei aos Estados Unidos metade da Índia para que a administrem", disse com aversão, "nós ficaremos com a outra metade e veremos quem administra melhor."[43] Isso foi dito em tom jocoso, mas a frustração era real. Sua observação não podia disfarçar o fato de que o tema da Índia, e genericamente do Império, trespassava uma estaca no coração da aliança anglo-americana.

Em fevereiro de 1945, os Três Grandes se reuniram pela última vez em Yalta. O médico lorde Moran, que viajava com Churchill, viu que ele emergia das reuniões em condição próxima ao desespero. Roosevelt era agora um doente terminal. A antiga confiança e familiaridade entre os dois líderes estava encerrada. Churchill ainda se referia à amizade como "a rocha na qual construí o mundo", mas o incomodado presidente via Churchill cada vez mais "desligado, por completo, do tempo, um obstáculo para a paz e para o progresso", em particular nos assuntos coloniais.[44]

Alternativamente, Roosevelt apostava no futuro do relacionamento da América com a União Soviética. Winston sabia que Roosevelt, assim como a maioria dos liberais norte-americanos, tinha uma visão ingênua e saudável de Stálin e da União Soviética. Contudo, em Yalta, a credulidade de Roosevelt ultrapassou todos os limites. Como observou lorde Moran, o presidente "não vê que inventou uma Rússia que não existe".[45]

Mais tarde, Churchill seria culpado pela decisão, acordada em Yalta, de entregar a maior parte da Europa Oriental para Stálin, dividida por uma linha fronteiriça que esboçava a futura Cortina de Ferro. Críticos citam

---

* Quando o Comando do Sudeste Asiático foi formado, em 1943, os norte-americanos debochadamente disseram que suas iniciais, SEAC, significavam "Save England's Asian Colonies" ("Salve as Colônias Asiáticas Inglesas").

uma tabela, que Churchill compilara para Stálin enquanto ainda estava em Moscou, em outubro, a qual dividia a Europa em porcentagens de influência soviética e britânica.[46] Mas o que esse assim chamado "documento perverso" e as concessões de Yalta sobre a Polônia realmente mostravam era que Churchill estava desesperado em recuperar o que pudesse da Europa para o mundo democrático. Ele temia profundamente que, caso fossem deixados com seus próprios mecanismos, Roosevelt e Hopkins deixariam os Exércitos de Stálin devorar tudo.

Em questões imperiais, a tensão era ainda pior. Churchill não era o único britânico que sentia os norte-americanos diretamente hostis aos seus interesses. A própria visão de Moran era que os norte-americanos pensavam estar "de volta à Guerra de Independência, lutando contra os opressores ingleses em Yorktown". Mas ele admitiu que Winston não colaborava com a questão: "Quando o Império Britânico é mencionado, ele dá vazão a seu lado histriônico, o que não traz nada de positivo."[47]

Quando um dos delegados de Yalta levantou a questão da nomeação de administradores para as "antigas colônias", isso inspirou uma explosão especialmente feroz. Winston virou o rosto para o alto, seus olhos ficaram arregalados e ele começou a gritar, rosnando sentenças tão depressa que algumas pessoas na sala não puderam compreender o que dizia.

No entanto, a essência do que foi dito era clara. Churchill se enfureceu e "não permitiria que o Império Britânico fosse controlado por um bando de atrapalhados. Recusou-se claramente a apoiar tamanha insensatez". Os atordoados delegados norte-americanos e britânicos tentaram acalmá-lo. O ministro de Estado norte-americano, Edward Stettinius, ficou "muito agitado" e apressou-se em dizer que ninguém estava falando das colônias britânicas. Os administradores seriam para antigas colônias *inimigas*. Winston percebeu seu erro, mas se recusou a amolecer. Acalmou-se, mas continuou a murmurar para si mesmo, "nunca, nunca, nunca".[48]

Seu médico notou que os norte-americanos pensavam na intransigência de Winston em relação ao Império como um grande blefe, mas lorde Moran conhecia-o melhor: "Afirmava uma fé pela qual ele estava preparado para entregar a vida." Churchill estava apenas percebendo, tardiamente, que os outros, até mesmo em seu próprio partido, já não compartilhavam daquela fé.

Em particular, Churchill também compartilhava mais dos temores de Wavell em relação ao futuro do Raj do que deixava transparecer em público. No caminho para Yalta, lera um novo livro sobre o subcontinente, intitulado *Verdict on India* (Veredicto da Índia). Disse a Clementine: "Ler sobre a Índia me deprimiu porque vejo terríveis tormentas agigantando-se." A Grã-Bretanha, acreditava ele, estava "perdendo a confiança em nossa missão", que sustentara o Raj por dois séculos e a qual Churchill esperava que sustentasse novamente após a guerra. Contudo, já não achava que isso fosse possível.

"Tenho sentido, já há algum tempo, uma sensação de desespero quanto aos laços britânicos com a Índia", confessou a sua esposa, "e mais ainda em relação ao que acontecerá caso essa amarra seja rompida subitamente. Enquanto isso, nós nos seguramos a este vasto Império, do qual não retiramos nada, em meio às crescentes críticas e aos abusos do mundo e de nosso próprio povo". Entretanto, Churchill recusava-se a desistir — ou a se entregar. "Das minhas sombras, veio uma renovada resolução de seguir lutando enquanto for possível", escreveu, "e garantir que a Bandeira não seja abandonada enquanto eu estiver no comando."[49]

Mais notícias desagradáveis o esperavam quando retornou ao número 10 da Downing Street. Wavell organizava o último esforço para fazer um grande avanço na Constituição indiana. Sua ideia era convocar uma conferência de todos os principais líderes, todos indianos, à exceção dele mesmo e do Estado-Maior, general Auchinleck. Esperava que pudessem concordar com um governo de transição naquele momento, antes do fim da guerra, formado por seis representantes hindus, seis muçulmanos, um sikh e um membro das classes oprimidas (quase certamente o antigo antagonista de Gandhi, o dr. Ambedkar) atuando como Conselho executivo. Juntamente com o vice-rei, eles assumiriam a administração total da Índia, inclusive a defesa, e fariam planos para uma Assembleia Constituinte e uma Constituição indiana após a guerra.

Wavell esperava que a sinceridade britânica quanto à entrega do poder e à insistência de que os indianos deveriam resolver seus próprios problemas forçaria, por fim, um progresso notável. Sua proposta chegou a Londres em setembro de 1944. Em dezembro, ele ainda não tinha resposta. Amery explicou-lhe que o Gabinete estava esperando a guerra terminar para que pudesse dissolver-se e, então, Churchill e Clemente Attlee, líder do Partido Trabalhista, debateriam o tema na próxima eleição. Ninguém, muito menos Churchill, estava disposto a fazer qualquer movimento definitivo em relação à Índia antes de o cenário político do pós-guerra estar montado.

Amery sabia do que estava falando. Naquele mesmo mês, enviou seu próprio plano de total e completa independência da Índia para quando a guerra terminasse na Ásia ou na Europa. Deu ao Comitê da Índia uma proposta de 6 mil palavras. Cripps foi o único a apoiá-la. Churchill e Amery tiveram então sua maior briga até o momento. O primeiro-ministro descompôs tanto Amery quanto Wavell "por trair os interesses deste país para agradar aos indianos". Amery disse-lhe de forma severa: "Pare de falar bobagens." E os dois gritavam um com o outro.

Após alguns minutos desse raivoso espetáculo, Sir John Simon passou um bilhete para Amery: "É melhor você desistir, Leo." Mais tarde, Amery desculpou-se com Churchill por sua "linguagem forte", mas reclamou em seu diário: "Eu gostaria que ele conversasse comigo sobre esses assuntos e descobrisse como realmente se posicionam." Na verdade, duvidava que Winston tivesse se dado ao trabalho de ler a proposta.[50] Sentia que a sugestão de Wavell receberia a mesma resposta, ou algo pior.

O vice-rei se recusou a postergar a situação. Solicitou uma reunião particular com o Gabinete; ele queria ir a Londres o quanto antes. Em janeiro, soube que o final de março seria a data mais próxima em que Churchill poderia recebê-lo. Algumas semanas mais tarde, ficou sabendo que seria no meio de junho. Wavell então explodiu e disse a Churchill que renunciaria. Isso, por fim, surtiu efeito e, no dia seguinte, o Gabinete deu-lhe permissão para ir à Inglaterra.[51]

Wavell chegou ao final de março de 1945 e ficaria quase dois meses em Londres à espera de uma resposta definitiva. Dia após dia, o Comitê da Índia do Gabinete empurrou o tema para trás e para a frente. Churchill, como de hábito, "deu vazão a tiradas selvagens e, na verdade, muito pouco sensatas", de acordo com Amery; estava "gastando tempo e sendo mais desesperadoramente enfadonho do que nunca". Ele despejou desprezo "no burro do Wavell e no traidor do Auchinleck" por ficarem sonhando com tal conferência e depois "falou bobagens sobre abolir os proprietários de terras e os credores" e devolver a propriedade aos camponeses — um tema estranhamente afeito a Gandhi que se tornara uma obsessão para Churchill.[52.]

Mais uma vez, Amery sentiu a pesada mão do desprezo de Churchill. O primeiro-ministro convenceu-se de que Amery colocara Wavell a par do plano, considerando que, conforme admitira Amery um ano antes, "foi principalmente Wavell quem insistiu em empurrar adiante essa concepção".[53] A desgastante luta arrastou-se semana após semana. Finalmente, na metade de abril, o Comitê da Índia concordou em deixar que todo o Gabinete escutasse a proposta do vice-rei.

No último dia de maio, Wavell foi convocado para a Sala do Gabinete. Todo o ministério estava lá, incluindo o ministro do Exterior, Anthony Eden, que dissera a Wavell, um dia antes, acreditar que todos estavam inclinados a apoiar sua proposta. Todos à exceção de Churchill, é claro, que abriu a reunião com um discurso ferozmente negativo. Advertiu Wavell de que seu projeto condenaria a Índia e os indianos.

"Você perderá um bom Conselho [Executivo] e ganhará um ruim", disse ele, adicionando que o novo governo não teria fundamentação democrática. "Os trabalhadores seriam vitimados pelos capitalistas, os agricultores pelos credores, os intocáveis permaneceriam intocáveis etc. etc.", relembrou Wavell. Então, exortou Wavell a falar.

Wavell falou. "O P.M. me passou a palavra e não me interrompeu", apesar de Leo Amery haver discorrido longamente sobre suas próprias visões sobre o tema, até que Churchill, enfim, o cortasse.[54] Então Churchill disse, de forma algo surpreendente após sua negativa inicial, que estava pronto para concordar com a conferência caso o Comitê da Índia emendasse partes do rascunho de Wavell naquela tarde.

"O clímax de minha visita foi extraordinário", anotou Wavell em seu diário. Encontrou-se com o primeiro-ministro e com todo o Gabinete por mais uma vez às 22 horas naquela noite. Churchill fez um discurso em favor da proposta que era tão poderoso quanto o que havia feito *contra* a proposta naquela manhã. Wavell exclamou para si mesmo: "Que homem extraordinário!"[55] Churchill disse, então, que Wavell podia convocar a conferência e se reunir com os líderes que desejasse, inclusive com Gandhi. A única condição imposta pelo Gabinete era que a oferta seria apresentada como "pegar ou largar". Não poderia haver novas negociações ou debates.

Então, finalmente, às 23h30, apenas doze horas antes do horário de partida de seu trem, Wavell conseguiu tudo que queria após oito meses de espera.

"Tudo acabou em uma atmosfera de boa vontade e felicitações — temo que seja temporário."[56]

Wavell estava certo. Churchill estava, sem dúvida, com um ânimo fervoroso. Em 7 de maio, a Alemanha, por fim, rendia-se. Hitler estava morto; suicidara-se nas ruínas de Berlim. A longa batalha que Churchill perseguira por quatro anos, com todas as forças de sua energia e paixão, estava finalmente terminada. Em 8 de maio, uma grande multidão reuniu-se em Whitehall no que foi chamado Dia da Vitória na Europa. Winston, Eden, Attlee e seus outros colegas apareceram na varanda do Ministério da Saúde e acenaram. A multidão gritou em aprovação.

Winston aproximou-se do microfone e falou.

"Deus abençoe a todos", disse. "Essa vitória é sua!"

Com uma só voz, a imensa multidão gritou de volta, "Não — ela é *sua*!"

Foi o tributo espontâneo e inesquecível do povo britânico ao homem cujo espírito os guiara na guerra, dos dias mais sombrios da Blitz à queda da Alemanha.

Churchill fez uma pausa e prosseguiu. "Nós fomos os primeiros, nessa terra antiga, a sacar a espada contra a tirania. Nós estivemos sozinhos durante um ano inteiro... alguém quis se entregar?"

A multidão gritou de volta: "Não!"

"Nós ficamos tristes e desencorajados?"

"Não!" — responderam.

"As luzes se apagaram e as bombas caíram", disse Churchill. "Mas cada homem, mulher e criança deste país jamais tiveram o pensamento de abandonar a luta... então retornamos, após longos meses, das garras da morte, saídos da boca do inferno, enquanto todo o mundo se questionava..."

"Agora emergimos de uma batalha mortal", disse Winston à plateia extática, "resta ainda um adversário que ocupa grandes porções do Império Britânico, um adversário manchado por crueldade e ganância — os japoneses." A União Soviética prometera entrar na luta contra a última força remanescente do Eixo, disse, unindo forças com a Grã-Bretanha e com os Estados Unidos. "Nós iremos de mãos dadas com eles. Ainda que seja um combate duro, nós não seremos aqueles que falharão."[57]

Foi um momento inesquecível. "Ainda assim", notou o médico de Churchill, "o PM não parece nem um pouco animado com o fim da guerra." Talvez fosse porque Churchill sabia que o combate estava apenas começando, e não contra o Japão. Nos acontecimentos após o Dia da Vitória, o Gabinete de coalizão se rompeu. Clement Attlee e Ernest Bevin esperavam conquistar o apoio do Partido Trabalhista e manter a aliança pelo menos até a derrota do Japão, mas o partido recusou. Estavam, como disse Churchill, "fervendo de ódio". Eles miravam a eleição geral de julho; viam o fim da guerra como uma oportunidade para lançar uma nova ordem social na Grã-Bretanha — por ironia, Churchill lutara a guerra para prevenir uma parte disso.

A relação de Churchill com seu próprio povo atingira um ponto de inflexão. Como disse seu médico, "existem duas ideias opostas no país. Existe uma gratidão praticamente universal a você, [mas] existe uma ideia sobre você não ser muito afeiçoado aos assuntos desse 'admirável mundo novo'".

"O desejo por um mundo novo não é nada universal" foi a indiferente resposta de Churchill. "A gratidão, sim."[58]

Churchill supôs, confiante, que aquela gratidão o levaria, e também o seu partido, até a eleição de julho. John Colville retornara à Inglaterra após estar em serviço com a RAF. Visitou seu antigo chefe em Whitsunday, no dia 20 de maio, e descobriu que "o PM não podia tirar a perspectiva política da cabeça e, durante todo o dia, a conversa foi sobre a eleição que estava por vir".[59] Churchill também confiava que a vitória naquela eleição o absolveria de qualquer falha em alcançar um acordo político na Índia. Por isso fora tão ávido em concordar com a proposta de Wavell de convocar uma conferência, como ele mesmo disse ao vice-rei mais tarde.[60] Outros membros do Comitê da Índia lhe haviam assegurado que nenhum acordo *era* possível. Oferecer a proposta impossível, acreditava Churchill, resolveria o assunto pelo menos até que a guerra estivesse terminada — ou até mesmo para sempre.

Em 2 de maio, o 14º Exército britânico entrou em Rangum. Quase 70% de seus soldados eram não brancos: indianos, gurkhas, birmaneses ou africanos.[61] Sua ofensiva antes das monções fora mais rápida e devastadora que a aclamada Blitzkrieg de Hitler na França em 1940. O escritor John Masters, servindo como major em um regimento gurkha na 17ª Divisão indiana, assistia ao avanço. "A poeira adensou-se sob as árvores à beira da estrada" para Rangum, escreveu mais tarde, "até que a coluna se transformou em um trovejante túnel amarelo — primeiro os tanques, infantarias a seu redor, e depois caminhões cheios de homens", gurkhas e punjabis, kachins e birmaneses, hindus e muçulmanos, "uma dúzia de religiões, uma grande contagem de línguas passou naqueles caminhões e tanques". O próprio Masters era de origem mestiça, inglês e indiano, assim como William Shepherd.

Masters pensou consigo mesmo: "Esse foi o velho Exército indiano dirigindo-se ao ataque pela última vez na história, exatamente 250 anos após a Honorável Companhia das Índias Orientais ter alistado seus dez primeiros cipaios na Costa de Coromandel." A diferença era que esses soldados logo seriam parte de um novo futuro e não retornariam a um passado imperial.[62] Um mês mais tarde, Mountbatten encenou um elaborado desfile da vitória por Rangum, uma demonstração final do triunfo britânico na colônia que Randolph Churchill transformara em parte do Império.

Contudo, a velha ordem já estava morrendo. Havia planos em andamento para garantir à Birmânia o status de protetorado, mesmo que o como e o quando ainda fossem incertos. Era exatamente a situação que Wavell esperava ser capaz de resolver na Índia quando convocou Muhammad Jinnah, Abul Kalam Azad, Chakravarthi Rajagopalachari, G. S. Motilal e dezoito outros delegados para uma reunião na residência de verão do vice-rei em Simla, no dia 25 de junho.

No último minuto, Gandhi concordou em ir. Quando apareceu em Simla, multidões se acotovelaram para vê-lo de relance. No percurso do trem, milhares permaneceram ao lado de cada estação, gritando, freneticamente, enquanto seu trem, o Frontier Mail, passava ruidoso.[63] Era o primeiro encontro de Wavell com o Mahatma; e ele estava profundamente curioso em relação a Gandhi. Em 24 de junho, eles conversaram após o almoço durante quase duas horas.[64] Wavell achou-o agradável e "amistoso, por enquanto", mas também "bastante vago e discursivo". Wavell queria que os delegados em Simla "se unissem pelo bem da Índia, e não em clima de festa". Gandhi concordou.[65]

"O sr. Gandhi fez, então, um longo, tortuoso e prolixo relato" que demorou mais de uma hora, recordou Wavell. Ele cobria a história do Congresso Nacional Indiano, assim como a dos britânicos na Índia, o caráter britânico e "as qualidades do bom soldado". Gandhi recordou que carregara o general Woodgate ferido em Spion Kop, em 1900, e que este expressara arrependimento por não lhe ser permitido dirigir o Exército indiano e pelos soldados terem de ir vê-lo "em roupas ordinárias e à noite".

Era óbvio que o Exército estava na mente de Gandhi, mas Wavell reforçou que era importante manter aquele grupo não político. Disse que eles tinham um Estado-Maior em quem confiavam totalmente (general Auchinleck) e que "sua reputação nunca esteve mais alta". Wavell queria manter a situação daquela maneira. Gandhi, outra vez, assentiu.

Em um ponto, contudo, Wavell não pôde movê-lo. Gandhi dissera que sentia ser uma má ideia participar da conferência, mas, se era o que Wavell queria, ele compareceria "e sentaria em um canto". Não representaria "ninguém a não ser ele mesmo". Gandhi deixaria todas as negociações nas mãos do presidente do Congresso, dr. Azad.

Aquilo foi um erro, como Jinnah percebeu logo que ouviu as notícias.[66] Azad era um seguidor leal de Gandhi e trabalhava duro. Contudo, em uma reunião crucial como essa, teria suas próprias ideias. Azad e outros membros do Congresso esperavam obter vantagens e ficaram agradecidos por Wavell estar disposto a trabalhar com eles e a deixar o passado no passado em relação ao "Deixem a Índia". No entanto, incumbir um muçulmano de falar pelo Congresso, como que para provar que falava por toda a Índia, não poderia ter sido mais apropriado para provocar a suspeita e a ira de Jinnah.

Seu posicionamento quanto à partição permanecia inalterado e, em quatro anos, ele jamais sugerira o contrário. Porém, caso fosse formado um novo Conselho executivo, insistia, não poderia haver membros muçulmanos que não fossem também partidários da Liga Muçulmana. Wavell não podia concordar com aquela demanda sem enfurecer o Congresso e então, após três semanas de discussões infrutíferas, a Conferência de Simla terminou — assim como muitas outras — como um evidente fracasso.

Wavell culpou a si mesmo pela ruptura. "Se fiz mais bem do que mal ao tentar", escreveu em seu diário, "somente o tempo dirá."[67] Gandhi recebeu "calmamente" a notícia do fracasso da conferência. Assim como Churchill, ele esperara pouco mais. Em seguida, enviou uma nota gentil a Wavell: "Você colocou a culpa [pelo fracasso de Simla] em suas próprias costas, mas o mundo pensará de outra maneira. A Índia certamente o faz." Ele anuiu que alguns diriam que o governo de Londres relutou em passar o poder "às mãos de seus antigos prisioneiros". Porém, era "uma pena que a altura moral que os britânicos, se não talvez as Forças Aliadas, alcançariam com o sucesso dessa conferência" não tomaria forma.[68]

Gandhi embarcou no trem com serena resignação. Em sua mente, a Conferência de Simla seria sua última atuação no cenário político. O fracasso confirmava algo em que ele sempre acreditou: a futilidade dos debates constitucionais. Retirou-se para Poona, para começar a trabalhar em sua mais recente ideia, uma clínica de cura natural para os pobres.

A conferência teve um estranho *post-scriptum* — ou melhor, pré-*scriptum*. Em 15 de junho, pouco antes de partir para Simla, Gandhi mostrou à imprensa o texto de uma carta endereçada a Winston Churchill quase um ano antes, em 17 de julho de 1944.

Fora escrita quando o ânimo de Gandhi estava no ponto mais baixo e dizia:

> Prezado Primeiro-ministro,
>
> É noticiado seu desejo de esmagar o simples "Faquir Nu", como dizem que o senhor se refere a mim. Por longo tempo, venho tentando tornar-me faquir e nu — uma tarefa muito difícil. Desse modo, reconheço a expressão como um elogio, mesmo que não intencional. Eu a recebo então como tal e peço que confie em mim e que me utilize para o bem do seu povo, do meu e, através deles, daqueles do mundo.
>
> Seu sincero amigo,
> M. K. Gandhi

Essa estranha e jocosa carta era Gandhi clássico. Era seu esforço para alcançar Churchill após a épica batalha que haviam travado. Foi a única comunicação direta entre os dois homens em quase quarenta anos. Churchill, porém, jamais a recebeu. Após esperar durante quase dois meses por uma resposta ou, ao menos, por uma notificação de recebimento, Gandhi contatou a secretária pessoal do vice-rei. Ele soube que a missiva nunca chegou a Londres; Gandhi, educadamente, pediu que fosse reenviada — embora, na metade de setembro de 1944, "o momento psicológico já houvesse passado".[69]

Na véspera do encontro de Simla, Gandhi viu, mais uma vez, a oportunidade de iniciar um diálogo aberto com Churchill e decidiu tornar público o texto original da carta. Seu conteúdo, disse ele, era de "caráter sagrado e não destinado aos olhos do público". Na esperança de estabelecer o ponto comum que os havia escapado crise após crise, em uma última tacada para tentar abrir o caminho para a amizade e a paz, ele estava, por fim, publicando-a, para que o mundo a lesse.[70]

Era, contudo, tarde demais para ambos os homens e para a Índia e a Grã-Bretanha. Churchill jamais respondeu a carta de Gandhi. Ainda que o quisesse, estava indefeso para fazer qualquer coisa. Para assombro do mundo, em 26 de julho de 1945, os eleitores britânicos colocaram Winston Churchill para fora do gabinete.

29. CAMINHE SOZINHO

1945-1947

O grande navio está naufragando no mar calmo.
(WINSTON CHURCHILL, 1946)

Se a Índia quer um banho de sangue, ela o terá
(MOHANDAS K. GANDHI, 1946)

Ninguém ficou mais surpreso que Churchill. Em junho, Jock Colville retornara ao posto no ministério e encontrou seu antigo chefe esperando, ansioso, pela eleição que se aproximava. Antes do término oficial de seu governo, em maio, Churchill, por cortesia, permitiu que seu oponente trabalhista, Clement Attlee, o acompanhasse até Yalta, para a reunião com Stálin e Truman. Mas Churchill recusava-se a aceitar a possibilidade de o fumante de cachimbo e ex-assistente social, a quem reservadamente chamava "ovelha em roupa de ovelha", chegar a primeiro-ministro ou de o público britânico escolher alguma outra pessoa que não ele próprio para liderar a vitória final.

Foi uma severa — e talvez compreensível — má leitura do sentimento da nação. O povo britânico apoiara Churchill durante as piores horas. Reverenciavam seu espírito indomável e sua perseverança. Mas, à medida que se aproximava a vitória, eles enxergavam um horizonte diferente. Depois de duas guerras mundiais em trinta anos, os britânicos perderam o gosto por riscos e sacrifícios. A visão trabalhista do futuro foi expressa no celebrado Relatório Beveridge* de 1942: sistema de saúde nacional e gratuito, pensões

---

* Escrito para o Ministério do Trabalho por William Beveridge, partidário de esquerda do Partido Liberal e, tempos depois, vice-reitor da Universidade de Londres.

de seguridade social e garantia de pleno emprego. Todo o Estado de bem-
-estar social, cujos fundamentos Churchill lançara, em 1911, com sua Lei
de Seguridade Nacional (National Insurance Act), estava para substituir a
velha ordem socioeconômica que ele tomara por certa e garantida.

Até sua esposa sabia que Churchill não estava a par das realidades da
Grã-Bretanha do século XX. Ele nunca entrou em um ônibus; nunca teve
de comprar um bilhete de trem. Raramente viajava para algum lugar sem
um mordomo e pelo menos dezesseis malas.[1] A verdade era que as antigas
certezas vitorianas, em torno das quais tanto ele quanto Gandhi haviam
construído suas vidas e até suas lideranças, desapareceram. Churchill torcia para que a vitória sobre Hitler pudesse fazer ressuscitar o velho espírito
imperial, especialmente em relação à Índia. Mas, em vez disso, a vitória
trouxe um sentimento de alívio mesclado com exaustão e um desejo de dar
"continuidade às coisas". Isso incluía descartar a Índia do Império.

Naquele momento, poucos percebiam quão crucial a Índia fora para o esforço de guerra. Seus soldados haviam preservado o domínio dos britânicos
sobre o Oriente Médio e a África. Dois milhões e meio de indianos serviram
nas Forças Armadas. Outros 8 milhões contribuíram intensamente com o
trabalho de apoio. Como possessão imperial, entretanto, o valor da Índia
para a Grã-Bretanha encolhera. O surgimento de suas indústrias fez com
que, entre 1938 e 1939, as tecelagens de Lancashire suprissem apenas 4% da
demanda da Índia por algodão, já próxima dos 86% de autossuficiência.[2]
Os dias nos quais um imperialista como Churchill podia amedrontar os
britânicos com a perspectiva de ruína econômica, caso a Índia se tornasse
independente, estavam terminados.

Agora era quase o contrário. Por duas décadas, o crescimento econômico indiano drenara grandes investimentos britânicos. Enquanto a Grã-
-Bretanha gastava um quarto de sua riqueza nacional na guerra, a Índia
emergia com um setor industrial forte e próspero. A guerra também fez da
Índia um dos maiores credores britânicos. Em novembro de 1939, Londres
permitiu que a Índia pagasse seu orçamento militar normal de tempos de
paz, adicionando-se um complemento pelos custos das tropas servindo no
estrangeiro; Londres, por sua vez, pagou por praticamente todo o resto,
inclusive pela modernização da indústria de defesa indiana. O resultado foi
que, no final da guerra, a Grã-Bretanha devia à Índia quase 1,5 bilhão de
libras esterlinas, mais de um terço de seu endividamento externo.[3]

A quantia era fonte de desespero para Churchill.[4] Ele percebeu que, se a fortuna econômica britânica definhava, a Índia iria crescer ainda mais. Mas isso também significava que os laços econômicos e financeiros entre a Índia e a Grã-Bretanha iriam permanecer, fosse a Índia independente ou não. Sem perceber, Churchill e seus colegas *tories* lançaram, em 1939, as bases para a decolagem econômica da Índia do final do século XX.

Durante os dois meses seguintes à rendição da Alemanha, porém, a cabeça de Churchill estava inteiramente focada em derrotar os trabalhistas — talvez focada demais. Em 4 de junho, Churchill deu uma infame declaração em um programa de rádio, sugerindo que, se Attlee e o Partido Trabalhista vencessem, eles iriam introduzir o socialismo como política de Estado na Grã-Bretanha. Jock Colville recordaria ter ficado impressionado com os gestos teatrais de Churchill diante do microfone, como se estivesse falando para uma sala cheia de pessoas.[5] O público britânico, entretanto, não se impressionou. A tentativa de Churchill de comparar os trabalhistas com as forças do Eixo, que haviam devastado a Europa, e com os soviéticos, que estavam invadindo o que restava, saiu pela culatra.

Antes do dia da eleição, Churchill e Clementine foram para a França, pela primeira vez desde 1940. Churchill nadou na praia de Biarritz como um "hipopótamo benevolente", com a polícia francesa em trajes de banho formando um cordão de isolamento. Ele e Clementine, então, regressaram à Inglaterra, para assistir à acachapante vitória dos trabalhistas esmagar os planos e o orgulho pessoal de Churchill.

A expulsão de um herói nacional do governo chocou aqueles que lhe eram próximos. O duque de Chandos, que era ministro da Produção, foi até o Gabinete naquela noite e assistiu aos cada vez mais depressivos resultados das eleições. Viu Churchill cercado por rostos taciturnos. Bracken, Macmillan, Beaverbrook, Eden — todos estavam fora do governo. Apesar do choque, Churchill estava determinado a encarar com otimismo o êxito trabalhista. "Eles não durarão para sempre", declarou. "Tomara Deus que não façam muito estrago antes de nós voltarmos."[6]

Naquela noite, lorde Moran encontrou Jock Colville, que lhe disse que a vitória trabalhista era tão decisiva quanto o triunfo liberal de 1906. O voto das Forças Armadas era o mais humilhante: foi solidamente para o Partido Trabalhista, inclusive o do 14º Exército britânico, que com tanto brilho lutara na Guerra da Birmânia.[7] Lorde Moran foi até o anexo do número 10 na Downing Street e encontrou Churchill sentado em uma pequena sala adjacente ao escritório do ministro, fitando, ressentido, o nada.

"Bem, você sabe o que aconteceu?", murmurou Churchill finalmente.

Seu médico disse-lhe que sim e mencionou algo sobre a ingratidão.

"Não, não", respondeu Churchill, "não chamaria isso de ingratidão. Eles [o povo britânico] passaram por tempos muito difíceis."

E, então, apontou para uma caixa vermelha cheia de documentos e despachos. "Fiz todos os meus planos", confessou Churchill, tristemente. "Sinto que poderia lidar com as coisas melhor que ninguém. Esta é a oportunidade de os trabalhistas trazerem o socialismo e eles não irão perdê-la."

Ele parou e acrescentou: "Eles irão muito longe." Talvez estivesse pensando na Índia.[8]

Outra pessoa abismada com o resultado das eleições era Clement Attlee. Anos mais tarde, ele confessou a Colville, agora seu ministro de Estado, que esperava reduzir a maioria *tory* em quarenta parlamentares. Jamais imaginou que ficaria com 393 dos 640 assentos.[9] Como novo primeiro-ministro, Attlee enfrentou grandes problemas. A Europa estava em ruínas. Todas as grandes capitais, exceto Praga e Paris, haviam sido bombardeadas ou destruídas durante a guerra. Os Exércitos soviéticos ocupavam Berlim e Viena. O caos também reinava nas capitais asiáticas. Em 6 e 8 de agosto, bombas atômicas foram jogadas sobre Hiroshima e Nagasaki, forçando a rendição japonesa, a maior capitulação de um exército ativo em toda a história (quase 1,2 milhão de soldados). Além da necessidade de arrumar a desordem causada pelas agressões japonesas no Extremo Oriente, a questão sobre o que fazer com a Índia surgia mais uma vez, de forma inconveniente.

Churchill lutara sozinho contra Hitler e também sozinho se opusera a Gandhi — segundo acreditava, pelas mesmas razões. Agora ele não estaria mais lá. Attlee e seus colegas trabalhistas estavam livres para fazer, sobre a Índia, aquilo que Churchill recusara-se sequer a vislumbrar: entregar o poder.

A trajetória de Attlee era clara. Ele sempre fora solidário a Gandhi e ao nacionalismo indiano. Até mesmo objetara a Constituição indiana de 1935, pois não era suficiente para acomodar "as forças vivas da Índia" — termo pelo qual designava a ala esquerda do Congresso Nacional Indiano.[10] Como seu colega Cripps — cuja missão de 1942 havia sido ideia sua —, via Nehru como um parente do socialismo, uma pessoa com quem um governo trabalhista poderia negociar. Attlee esperava, ao entregar o poder para Nehru e seus companheiros, poder restabelecer as relações britânicas com uma Índia independente e em bases progressistas, não imperiais.

Assim como Nehru, Attlee achava que os problemas da Índia eram de natureza social e econômica; estava inclinado a desconsiderar a realidade dos ódios sectários. Assim como Gandhi, Attlee estava convencido de que, com a saída dos britânicos, a rixa entre hindus e muçulmanos desapareceria e agitadores inconvenientes como Muhammad Ali Jinnah — a quem os islâmicos agora glorificavam como Quaid-e-Azam, ou "Grande Líder" — seriam colocados em seus devidos lugares.

Em suma, Attlee e seu novo ministro de Estado da Índia, Frederick Pethick-Lawrence, acreditavam que era hora de deixá-la, do mesmo modo como Gandhi sempre quisera. Se o Congresso estava esperando por um governo britânico favorável à sua causa, com quem finalmente fechar um pacto, este era o momento.

O vice-rei Wavell também sentiu que a eleição trouxera uma enorme mudança de rumos. "Penso que os trabalhistas são mais interessados e mais solidários com a Índia", escreveu em seu diário, mas acrescentou: "Eles terão algumas estranhas ideias sobre isso", especialmente sobre a facilidade de sair do país. Reconhecia que o desgaste da guerra e a explosão do anti-imperialismo fortaleciam o desejo de libertar a Índia.[11] E também sabia que Attlee e seus colegas subestimavam a raiz do problema muçulmano e a necessidade de contar com Jinnah no acerto final, para que a Índia escapasse da fragmentação ou de algo ainda pior.

Wavell passou quase três semanas em Londres entre julho e agosto de 1945. Assistiu à transferência de poder com uma mescla de otimismo e mau pressentimento. Attlee entusiasticamente afirmou que a próxima eleição legislativa indiana deveria ocorrer logo e que os prisioneiros detidos durante a campanha "Deixem a Índia" tinham de ser libertados; também concordava em retirar a proibição de todas as organizações do Congresso. Em 14 de agosto, o Japão capitulou. A guerra estava terminada. Talvez agora as originais propostas de Cripps, endossadas por um favorável governo trabalhista, e não pelo relutante Churchill, poderiam ser aprovadas. Ainda assim, Wavell alertou que somente boas intenções não resolveriam os problemas da Índia.[12]

O vice-rei teve um encontro de despedida com Churchill, em 2 de setembro, em Morpeth Mansions. Haviam passado os últimos dois anos discordando sobre a Índia; trocaram desagravos mais de uma vez. Wavell percebeu que, acima de tudo, Churchill considerava-o "mais um devedor que um credor". Mas enviou a Winston uma graciosa nota, agradecendo-lhe a oportunidade de servir "com um grande homem", e Churchill o convidou para almoçar.

Churchill falou sobre seus planos, agora que estava fora do poder, mencionando uma viagem ao lago de Como, na Itália, para pintar. Quando o assunto Índia veio à tona, porém, Winston entregou-se àquilo que Wavell denominou sua "costumeira lamentação".

"A âncora se foi", advertiu Churchill, aludindo a si mesmo. "Você está em uma costa de sota-vento com navegantes imprudentes", aludindo a Attlee e ao Partido Trabalhista. Ele também confessou a Wavell que só concordara com a Conferência de Simla, em junho do ano anterior, porque estava convencido de que ela fracassaria.

Apesar de tudo, o encontro terminou em tom amistoso. Wavell perguntou se Churchill pretendia escrever a história daquela guerra mundial, como fizera com a Primeira Guerra. Churchill respondeu que não, ele agora estava muito velho. (Na verdade, ele a escreveu, em cinco imensos volumes que ganhariam o Prêmio Nobel de literatura.) Porém, quando o ex-primeiro-ministro acompanhou o vice-rei até o elevador, ele tinha um último pedido a fazer. Assim que a porta se fechou, Churchill disse, com um sorriso irônico: "Fique com um pedaço da Índia."[13]

Foi a bênção final do subalterno de 1896 para o subcontinente que ele dizia amar, mas que nunca compreendeu. O construtor do Império sabia que a independência estava próxima. Sabia que seu tempo e sua Índia estavam acabados.

"Sonhei que a vida havia terminado", confessara Churchill a seu médico algumas semanas antes. "Eu vi — e era muito vívido — meu cadáver sob um lençol branco sobre uma mesa em um quarto vazio. Reconheci meus pés descalços projetados no lençol. Era muito real... talvez este seja o fim."[14]

Wavell retornou à Índia, onde as notícias sobre a queda de Churchill eram recebidas menos com alegria e mais com um desconfortável mau pressentimento sobre o que viria a ocorrer.

"Fiquei chocado", admitiu Nirad Chaudhuri anos depois. Ele não conseguia acreditar que o povo britânico iria dispensar o homem "que, de uma situação desesperadora, os guiara para a vitória". Ele sentiu que isso não era bom sinal, nem para a Grã-Bretanha, nem para a Índia. Churchill fora o "homem mais odiado da Índia", mas simbolizava a força e a determinação do Raj — uma força em favor do predomínio britânico, mas também da ordem social em tempos de crise. Ao dispensar Churchill, os britânicos haviam desistido de sua última reivindicação por respeito e poder. "O povo indiano sabia que, até aquele momento, tivera de lidar com homens de fibra", embora acomodados. Chaudhuri e outros logo perceberam que, quando chegasse a próxima crise, os indianos estariam por conta própria, para o bem ou para o mal.[15]

Gandhi considerou a derrota de Churchill nada menos que um milagre. "Para mim, é um milagre suficiente", disse ele, "que, a despeito de sua oratória e seu brilhantismo, Churchill deixe de ser o ídolo do povo britânico, que, até ontem, o ouvia com atenção e reverência." A eleição fortalecera sua fé em Deus, Gandhi disse a um jornalista britânico.[16] Fora isso, sua reação foi muda. Desde Simla, ele estava cada vez mais concentrado em si mesmo e saindo da política. Disse à imprensa que estava transferindo todos os assuntos relacionados ao futuro da Índia aos membros do Comitê de Trabalho, inclusive a Nehru, o novo presidente do Congresso.

O que, de fato, disse ao comitê foi que a derrota eleitoral de Churchill, "apesar de suas excepcionais vitórias e conquistas", era um alerta para o que pode acontecer quando os políticos "deixam de refletir a mente da nação".[17] Gandhi, depois, disse aos repórteres que não era bom que lhe perguntassem sobre política indiana, pois "meus conselhos, dados independentemente, podem colidir com as opiniões deles" e apenas "confundir a cabeça do público".[18] Ele preferia verter suas energias remanescentes em seu Programa Construtivo, o que significava promover o uso do *khadi* e da roda de fiar e trabalhar com os 60 milhões de intocáveis da Índia.

Os intocáveis eram parte da inelutável realidade do país. O termo pelo qual Gandhi os designava, *harijans*, ou Crianças de Deus, nunca pegou. Wavell e outros oficiais preocupavam-se com o futuro dos intocáveis depois da saída dos britânicos; Churchill invocou o bem-estar dessa classe como um argumento para a permanência britânica. O porta-voz dos intocáveis, dr. Ambedkar, acreditava que somente a edificação de garantias constitucionais poderia salvá-los do esquecimento em um Estado de maioria hindu. Gandhi, contudo, ainda acreditava que a pureza moral, não a legislação, era o verdadeiro caminho para alcançar a liberdade e a redenção dos *harijans*. A certa altura, ele resolveu viver entre os intocáveis, com o objetivo de se tornar um exemplo vivo para outros hindus e trazer seu Programa Construtivo até os mais baixos degraus da sociedade indiana.

De fato, em 14 de agosto, o mesmo dia da rendição japonesa, Gandhi estava muito mais ocupado com sua crônica desavença com dr. Ambedkar, que agora era conselheiro do vice-rei. "Ele quer destruir o hinduísmo", era a queixa de Gandhi, que esperava que as chamadas classes oprimidas abandonassem seus autodeclarados líderes e aderissem ao Congresso — embora Gandhi fosse o único congressista que expressasse qualquer preocupação com o bem-estar dessas camadas.[19]

A rendição japonesa não despertou nenhum comentário de Gandhi. Ele não fez qualquer menção ao fato de que a mais destrutiva guerra da história da Ásia havia terminado ou ao vital papel nela exercido pela Índia. Até mesmo a bomba atômica, que tanto impressionou Nehru, pareceu a Gandhi apenas mais um dos muitos sintomas da doentia adoração tecnológica dos ocidentais e mais uma razão para a Índia seguir em seu caminho de verdade espiritual. "Se a Índia quer sobreviver em um mundo de bombas atômicas", disse, tempos depois, a uma plateia, "ela deve, primeiro, ser disciplinada e unida; a intocabilidade e as distinções de casta devem acabar."[20]

O dia 2 de outubro de 1945 marcou o aniversário de 76 anos de Gandhi. Em sua mente, ele estava entrando no último estágio de sua vida. Gostava de dizer: "Deus me amarrou com uma corda de algodão", citando um poema de Mirabai. "Para qualquer lado que me puxe, sou Dele."[21] Mas então, com um solavanco, os eventos empurraram-no de volta para a arena política.

O primeiro acontecimento foi o anúncio de Wavell, em uma rádio indiana, no dia 18 de setembro, sobre os planos do novo governo trabalhista para a Índia. No rastro das novas eleições, ele se encontraria com os membros das assembleias legislativas provinciais para discutir a independência e a futura Constituição; formaria um novo Conselho executivo com as lideranças políticas da Índia, inclusive as do Congresso e da Liga Muçulmana. O discurso de Wavell obteve uma "recepção favorável" nos círculos políticos indianos. Ele esperava que congressistas realistas, como Vallabhbhai Patel, usassem a nova atmosfera de boas intenções para guiar a Índia por uma transição de poder pacífica. Refletindo o novo ânimo, Nerhu ansiosamente previu uma silenciosa retirada dos britânicos entre dois e cinco anos.[22]

Entretanto, Wavell e o governo indiano cometeram um imenso — e fatal — erro. Em novembro, o julgamento dos ex-membros do Exército Nacional Indiano de Bose foi aberto no Forte Vermelho, em Délhi. Bose morrera em um acidente aéreo, quando tentava voar do Japão para a União Soviética, depois da guerra.[23] Seus desafortunados seguidores foram capturados logo após a rendição japonesa. Cerca de 20 mil deles eram tecnicamente desertores. Wavell sabia que retaliar seria um risco, mas o chefe do Estado-Maior do Exército indiano, Auchinleck, veementemente argumentou que, se, no mínimo, não julgassem os ex-oficiais do INA por seus crimes (inclusive o de assassinar prisioneiros de guerra indianos), a disciplina militar ficaria debilitada.

O primeiro julgamento teve início em Délhi, com todo o fulgor da publicidade nacional, em 2 de novembro. Wavell e Auchinleck haviam previsto problemas, mas o que receberam foi um maremoto nacional de fúria e indignação. Quando Gandhi ouviu rumores sobre o julgamento, em julho, a princípio, recusou-se a acreditar que os britânicos pudessem ser tão vingativos — ou dotados de visão tão limitada. Ele exortou o Congresso a usar seus próprios fundos para encontrar advogados de defesa para os homens do INA. De fato, como os primeiros três réus eram um muçulmano, um hindu e um sikh, a Liga Muçulmana, o Congresso e os partidos políticos sikhs, todos se juntaram para defendê-los. Até mesmo o velho partidário liberal, T. B. Sapru, integrou o comitê de defesa, ficando lado a lado com Nehru. O julgamento reacendeu a "antiga disputa, Inglaterra *versus* Índia".[24]

Até a escolha do Forte Vermelho como local do julgamento foi um erro crasso. Nesse lugar, o último imperador mogol fora julgado, em 1858, no final da Grande Rebelião — ou daquilo que mais e mais indianos estavam passando a chamar de Guerra de Independência Indiana. Todo o cenário fazia dos réus um símbolo da identidade indiana como nenhum outro acontecimento desde a Marcha do Sal. Como os prisioneiros INA eram transportados por trem até Délhi, multidões juntavam-se ao longo dos trilhos para saudá-los e ostentar fotografias de "Netaji" Bose, do mesmo modo como antes haviam feito com Gandhi.[25] Com tudo isso, o INA de Bose, de repente, provava ser uma força mais poderosa do que jamais fora no campo de batalha.

Manifestações antibritânicas foram deflagradas por todo o país, muito maiores que qualquer outra realizada durante a campanha "Deixem a Índia". Todos os partidos políticos e todos os segmentos da opinião pública uniram-se à causa. Em Calcutá, membros do antigo Bloco Progressista de Bose, estudantes comunistas e congressistas radicais combinaram esforços para organizar cenas dignas da Revolução Francesa, com gigantescas paradas sob enormes cartazes e discursos exaltando os homens do INA como mártires e heróis.[26] Os protestantes confrontaram a polícia. Mais de trinta pessoas foram mortas, e centenas, feridas; carros e veículos da polícia foram virados e incendiados por toda a cidade. Quando o vice-rei iniciou as festividades oficiais do Dia da Vitória sobre o Japão, em Délhi, manifestantes incendiaram a prefeitura da cidade e a polícia abriu fogo contra a multidão, matando muitos.[27] Nesse momento, o tribunal adicionou mais combustível à fogueira ao absolver dois dos três oficiais do INA. O veredicto fez todo o processo parecer pura vingança.

Gandhi era, a distância, favorável e, como sempre, condenava a violência. Ironicamente, o único protesto de massas indiano ao qual ele não dera início causou o mais longo dano ao jugo britânico, inclusive ao Exército indiano. Até mesmo o KCIO, pedra angular da corporação dos oficiais, rachou sobre o assunto, enquanto a Força Aérea indiana apoiava "100%" os réus do INA. Então, em fevereiro de 1946, a Marinha indiana irrompeu em uma rebelião de grande escala, em Mumbai e Karachi. Houve novos assaltos de violência urbana. Em Calcutá, delegacias de polícia, agências de correios e a Associação Cristã de Moços (YMCA — Young Men's Christian Association) também foram incendiadas. Até os indianos que usavam roupas ocidentais viram-se sob ataque. Em Mumbai, multidões arrasaram lojas, *chowkis* da polícia e 1.200 lâmpadas de rua.[28] No dia 25, a violência espalhara-se por Madras.

Wavell percebeu que a situação estava fugindo do controle. "Todo dia que se passa agora leva mais e mais indianos bem-intencionados para o campo dos antibritânicos", escreveu o governador da província da Fronteira Noroeste. "Custa-me intensamente dizer isto", acrescentou ele, mas "a melhor coisa a fazer é estancar nossas perdas" e suspender os julgamentos. Wavell, por fim, teve de concordar e, em maio, os processos envolvendo ex-soldados do INA cessaram. Entretanto, navios da Marinha Real precisaram ser mandados para suprimir levantes em Mumbai e Karachi. Mais de duzentos civis morreram nos motins de Mumbai e outros mil foram feridos.[29]

De súbito, toda a dinâmica das relações Índia-Inglaterra havia mudado. No amanhecer de 1946, as ruas indianas ditavam o ritmo dos eventos e a militância estava na ordem do dia. O jugo britânico perdera seu resquício de credibilidade, mesmo entre os britânicos. Por uma década e meia, os britânicos haviam conduzido longos e cuidadosos debates e deliberações sobre o futuro da Índia após o fim do Raj. Dezenas de milhares de páginas de relatórios governamentais, os Documentos Brancos e Livros Azuis, foram escritos, mais do que em qualquer outro assunto político desde a Autonomia irlandesa.[30] Agora os britânicos procuravam pela saída mais próxima. Uma debandada parecia juntar não apenas os oficiais e britânicos da Índia, mas também os próprios indianos. Os julgamentos do Forte Vermelho eram um raio caindo perto de um rebanho já assustado. Ninguém entrou em pânico, mas todos começaram a se afastar do perigo.

Na desconfortável Londres, a resposta foi o envio de uma nova delegação Cripps para trabalhar nos detalhes finais sobre a proposta de independência. A então chamada Missão Ministerial desembarcou em março de 1946. A questão já não era sobre a possibilidade da saída dos britânicos, como nos anos 1930, nem sobre quando ou sob quais circunstâncias isso ocorreria, como nos tempos da guerra. Agora o problema era definir quão rápido os britânicos poderiam entregar tudo, inclusive a administração e o Exército, para outro governo — *qualquer* outro governo. Era a vitória que os indianos nacionalistas, Gandhi entre eles, haviam sonhado. Mas, ao mesmo tempo, os diversos partidos e personalidades políticas perceberam uma importante, embora desagradável, verdade. A batalha contra os britânicos terminara; a disputa para sucedê-los estava, no entanto, apenas começando.

Os dois principais protagonistas eram agora Nehru e Jinnah. Cada um liderava um grande e heterogêneo movimento político. Desprezavam-se profundamente; um não confiava que o outro agisse de boa-fé. Nehru supunha que o fim da guerra e a demissão política de Churchill tornavam desnecessária a ideia de um Paquistão. Ele sempre pensou que a Liga Muçulmana era uma invenção artificial dos britânicos e de sua política do "dividir para governar". Quando os britânicos partissem, a maioria dos muçulmanos certamente voltaria para o Congresso. "Marcharemos juntos e pediremos a independência juntos", disse, em janeiro, confiante. "Haverá uma Índia unida e não teremos nenhum problema."[31] Por sua parte, Jinnah chamava Nehru de "Peter Pan", o garoto que nunca crescera. Encarava o programa de Nehru simplesmente como uma camuflagem para o estabelecimento de uma ditadura da maioria hindu.[32]

O vice-rei Wavell corretamente entendeu que seu trabalho, e o trabalho dos britânicos, era fazer com que esses líderes divergentes concordassem no acerto final. Contra sua vontade, no entanto, a Missão Ministerial, em vez disso, insistia em reunir-se com Gandhi. Eles ainda acreditavam na imagem pública internacional de Gandhi como líder e salvador da Índia, o homem que poderia, magicamente, de alguma forma, unir 350 milhões de pessoas em torno de sua carismática presença.

Wavell não se enganava. Ele encontrara Gandhi depois dos distúrbios de Calcutá, em meados de dezembro de 1945. Sabia que Gandhi ainda gozava de uma mente astuta e uma surpreendente boa saúde — para um homem de 76 anos que abusara de seu corpo em jejuns, manias alimentares e muito trabalho — e que era ainda amargurado com a intransigência e as promessas descumpridas dos britânicos. Mas o grande ancião da política indiana agora estava apartado dos acontecimentos e incapaz de afetá-los. Ainda assim, Wavell permitiu que a Missão Ministerial o encontrasse uma vez mais.

O encontro, em 3 de abril, superou as piores expectativas de Wavell. Gandhi chegou usando nada mais que seu costumeiro *dhoti* e cumprimentou Cripps, Pethick-Lawrence e o primeiro-almirante, A. V. Alexander, com sua usual e evasiva humildade. Quando Gandhi pediu um copo de água, o ministro de Estado apressou-se para buscá-lo ele mesmo, em vez de mandar um dos criados. Porque Pethick-Lawrence demorava a voltar, Cripps levantou-se e correu porta afora, como se ele e o ministro de Estado fossem dois garçons tentando agradar a um freguês exigente e não os representantes de um poder superior.

"Fiquei francamente horrorizado", escreveu Wavell em seu diário; e ficaria ainda mais aturdido com as propostas de Gandhi. Estas incluíam a soltura de todos os detentos — ou seja, os prisioneiros do INA; a abolição da taxa do sal (depois de quinze anos, ainda uma ferida para Gandhi); e a demissão do dr. Ambedkar do Conselho executivo do vice-rei. Ao mesmo tempo, Gandhi confundiu todos ao propor que Jinnah fosse feito primeiro-ministro da Índia, embora insistisse que ele teria de responder à maioria hindu na Assembleia Central.

"Como de costume, G. recusou-se a mencionar detalhes", notou Wavell. Isso advinha, pensou consigo mesmo o vice-rei, "de todo esse derramamento de boa vontade por todos os lados". Então, para o horror ainda maior de Wavell, Pethick-Lawrence encerrou a reunião com um longo e divagante discurso que expressava "penitência" pelo jugo britânico. Wavell entendeu que isso enviava a mensagem errada, assim como o encontro com Gandhi não era exatamente a maneira correta de se iniciar a elaboração de uma carta constitucional.[33]

Quando Gandhi foi embora, Wavell e a delegação puderam, por fim, trabalhar. No crescente calor de Délhi, reuniram-se com praticamente todas as lideranças indianas que tivessem seguidores no país inteiro, inclusive com Ambedkar ("sincero, honesto e corajoso, mas de personalidade pouco atrativa", admitiu Wavell) e com os líderes sikhs.[34] Ao cabo de dois meses de complexas negociações, chegaram a um plano. A possessão da Índia finalmente teria sua independência, mas sob um estranho e complicado sistema de três níveis. No topo, estaria a União da Índia, forjada pela Índia britânica e pelos principados, com soberania para conduzir a política externa, a defesa e as comunicações. Abaixo de tudo, as províncias e principados poderiam gerir seus assuntos internos.

No meio, haveria três novos blocos regionais na Assembleia Constituinte. A Seção A conformaria Baluquistão, Sind, Punjab e Fronteira Noroeste, províncias de maioria muçulmana. A Seção B, as seis províncias de maioria hindu do centro e sul da Índia. Por fim, Bengala e Assam, onde a rixa entre hindus e muçulmanos era mais intensa, formariam a Seção C. Cada um dos blocos teria poder de veto sobre a legislação emanada da instância superior, forçando o governo central a reconhecer os interesses regionais e setoriais, especialmente quanto aos conflitos entre hindus e muçulmanos.[35]

A Missão Ministerial esperava, com esse projeto, dar aos indianos o melhor de dois mundos. Os hindus e o Congresso teriam sua Índia unificada, enquanto aos muçulmanos seria reconhecida sua condição de minoria e seu poder de vetar mudanças que considerassem ameaçadoras. Além disso, as províncias e os principados estariam livres para conduzir seus próprios interesses com mínima interferência das instâncias superiores.

Historiadores — em especial os indianos — vêm apontando Muhammad Jinnah como grande destruidor da unidade da Índia. Ignoram que ele e a Liga Muçulmana concordaram formalmente com os planos da Missão Ministerial, em 6 de junho, mesmo não contemplando o maior sonho de Jinnah, um Paquistão independente.[36] O Congresso frustrou o completo entendimento, mas aceitou participar de um governo interino no qual dividisse, com a Liga Muçulmana, os postos-chave do Gabinete. Nehru opunha-se a qualquer concessão a Junnah, mas a maioria do Congresso era mais realista. Estava disposta a aceitar metade, ou mais precisamente, três quartos da partilha, se isso significasse o fim do jugo britânico e das agitações internas. Com a liga e o Congresso por fim concordantes, os outros partidos políticos da Índia estavam dispostos a reclamar, mas não a recuar. Na noite de 19 de junho de 1946, a segunda Missão Cripps parecia ter alcançado o impossível: chegava a um consenso não apenas sobre a futura Constituição, mas também quanto aos catorze nomes do governo interino da Índia.

Foi Gandhi, e apenas Gandhi, quem arruinou tudo.

Ele ouvira a respeito do arranjo de três níveis em 16 de maio e logo o reduziu a nada. Sua complicada arquitetura de castelo de cartas parecia agregar tudo que ele mais desprezava sobre política e escrita de uma Constituição. Então, Gandhi fingiu que aquele não era, em absoluto, um plano formal, mas "um apelo e um conselho" que uma futura Assembleia Constituinte poderia alterar como bem entendesse. Ele disse que as províncias deveriam ser livres para tomar decisões fora dos blocos regionais — o que significava retirar todo o poder dos três agrupamentos. Apesar de tudo, afirmou: "É o melhor documento que o governo britânico poderia produzir sob tais circunstâncias." Prescreveu, no entanto, que o Congresso e o povo indiano não teriam nada a ver com aquilo. Ao final, disse a Cripps: "Você terá de decidir entre os dois — a Liga Muçulmana e o Congresso; ambas as criações são suas", acrescentou sarcasticamente.[37] Gandhi recusou-se a endossar qualquer plano britânico que proporcionasse às duas organizações uma base constitucional equânime. Assim, seguindo seus desígnios, o Congresso retirou seu consentimento ao plano.

Wavell, porém, ainda teve tempo de formar um governo interino. Em 19 de junho, ele acreditava ter chegado a um acordo em torno de catorze nomes para assumir o Gabinete. Então, no dia 20, "a situação parecia ter-se embaraçado novamente, graças a Gandhi".[38] No último minuto, Rajagopalachari contou ao vice-rei que, devido à insistência de Gandhi, o pársi nomeado para o Conselho interino já não era aceito e que o grupo muçulmano teria de incluir o dr. Azad, um membro do Congresso. Wavell logo percebeu que essa mudança iria implicar a recusa de Jinnah e o fim do pacto.

Cripps reuniu-se com Gandhi por quase 45 minutos para tentar persuadi-lo a mudar de opinião. Gandhi permaneceu irredutível. Depois de quase três meses de negociações sob um calor sufocante, o plano estava arruinado. Cripps e seus companheiros de ministério voltaram para casa decepcionados e frustrados.

Wavell encheu-se de raiva e repulsa contra o Mahatma. "Gandhi foi longe demais e foi quem verdadeiramente arruinou tudo", escreveu, em tom amargo, na nota final sobre a missão, em 1º de julho. "Estou descrente quanto às perspectivas para o futuro." Mas ainda encontrou espaço para um pouco de sarcasmo e deitou algumas linhas parodiando "Jabberwocky", de Lewis Carroll:

> Cuidado Gandhiji, meu filho,
> A satyagraha, o jejum do espírito,
> Gandhiji encurvado vai
> Tropeçando pelos caminhos de bangi
> E falando besteira enquanto cai.[39]

Por que Gandhi fora tão intransigente? Suas diversas declarações para a imprensa eram, naquele tempo, evasivas, se não deliberadamente desorientadoras. Permitir que Jinnah excluísse Azad, por certo, reforçaria a reivindicação da Liga Muçulmana para representar todos os islâmicos, coisa que Gandhi nunca aceitara — e que já havia causado cisões entre os dois líderes antes. Mas a intransigência de Gandhi também marcava o início de uma ruptura com seus companheiros mais próximos, como Rajaji e Patel. Confinava-se em sua mente a certeza de que nenhuma Constituição feita pelos britânicos poderia funcionar — ou poderia ser autorizada a funcionar. Ele acreditava que cabia aos indianos descobrir a chave para sua própria autonomia, para o Swaraj, quaisquer que fossem os riscos implicados.

Durante esses anos, seu secretário Pyarelal foi mais próximo de Gandhi que qualquer outra pessoa. Até ele, porém, estava assustado com Gandhi e sua firme "propensão a encarar o caos e a anarquia em vez de aceitar uma paz imposta pelos Exércitos britânicos" ou mesmo pelos métodos britânicos. Gandhi convencera-se de que somente ele próprio poderia "negociar diretamente com a Liga Muçulmana, ainda que isso trouxesse a guerra civil".[40] O apóstolo da não violência dissera, mais de uma vez, que preferia anarquia à escravidão; ao sabotar o plano da Missão Ministerial, estava prestes a realizar esse anseio.

Muitos indivíduos e instituições seriam responsabilizados pela tragédia que se sucederia nos dezoito meses seguintes. O Raj lidera a lista, por sua rejeição em encarar a realidade da independência indiana até que fosse tarde demais. Políticos como Nehru e Jinnah carregam a culpa por sua disposição em repartir a Índia, caso não recebessem todo o poder que desejavam. O governo Attlee e o último vice-rei, lorde Mountbatten, deixaram tudo isso acontecer.

Winston Churchill também divide a culpa.[41] Por mais de uma década, ele havia lutado para postergar a inevitável transferência de poder, semeando a discórdia e permitindo que se exasperassem os ressentimentos. Se o projeto de governo na Índia de 1935 fosse aprovado três ou mesmo dois anos mais cedo, ou se Churchill houvesse oferecido a independência pós-guerra em 1940 e não em 1942, a Índia talvez pudesse ter tido tempo para formar uma estrutura adequada, tanto para uma Constituição unida quanto para uma separação pacífica entre Índia e Paquistão. Em vez disso, porém, Churchill apostou que a protelação forçaria o povo britânico a assumir, mais uma vez, o desafio de ser um poder imperial e compeliria os indianos a se reduzirem a seu conformado destino de subordinada "raça asiática". Churchill perdeu a aposta. Os milhões de pessoas pobres e vulneráveis da Índia — população cujo bem-estar Churchill dizia ser a sua prioridade e a missão do Raj — pagaram o preço.

Entretanto, outro personagem que deve partilhar a culpa é Gandhi. Visando a um ideal irrealizável, ele minou a última chance de um acordo pacífico para a liberdade da Índia. De fato, a responsabilidade de Gandhi é ainda mais profunda. Seus quinze anos de desafio à lei por meio da deso-bediência civil haviam criado uma atmosfera de desprezo à ordem social, uma celebração da imprudência e da militância. Essa temeridade horrorizara liberais como T. B. Sapru em 1930; mas, em 1946, ela penetrava fundo na consciência indiana. O triste paradoxo era que o apóstolo da não violência consistentemente — mas talvez de forma não intencional — inspirava a selvageria dos outros.[42] Seus jejuns tornaram-se armas possantes, não por causa de sua estatura moral, mas pelo medo de que sua morte encetasse a desordem por toda a Índia. Foi a violência — em vez da não violência — que impeliu os britânicos a, primeiro, mudar de curso, depois buscar o aval de Gandhi e, por fim, deixar a Índia. Contudo, ao encorajar o povo a refletir sua louvada imagem, Gandhi ajudava a espalhar a perigosa crença de que toda ação de rua era uma demonstração de força de alma e vice-versa.

A primeira terrível indicação disso veio seis semanas depois. Jinnah foi o primeiro a seguir a conduta de Gandhi. Para ele, o colapso da Missão Ministerial confirmava que, "sem a menor sombra de dúvida, a única solução para o problema indiano é o Paquistão". Disse ao Conselho da Liga Muçulmana, quando se encontraram em Mumbai: "Sinto que esgotamos todos os nossos recursos [...]. Não há nenhum tribunal a que possamos recorrer." A Liga Muçulmana conquistara maiorias nas principais províncias nas últimas eleições; mas Jinnah não via vantagem em integrar o governo interino de Wavell. Ao contrário, o Quaid-e-Azam e o Conselho declararam 16 de agosto como dia de "ação direta para conseguir o Paquistão e organizar os islâmicos para a luta vindoura".[43]

Jinnah previra o Dia de Ação como uma série de protestos, boicotes e greves, ao estilo das manifestações do Congresso. Porém, o 16 de agosto iniciou três dias de massacres em Calcutá, onde aglomerações de muçulmanos e hindus confrontaram-se em batalhas sangrentas. Mais de 5 mil foram mortos, e outros 15 mil, feridos; cerca de 100 mil ficaram desabrigados, muçulmanos em sua maioria. Quatro batalhões de tropas britânicas passaram dias recolhendo corpos mutilados, muitos deles de mulheres e crianças.

Aquilo que Churchill alertara que ocorreria, caso os britânicos partissem, parecia haver começado. Poucas pessoas tentaram conter o morticínio. Um amigo de Nirad Chaudhuri foi salvo pelos vizinhos muçulmanos quando um bando cercou sua casa. No distrito de Bhowanipore, porém, o irmão de Chaudhuri não pôde evitar o assassinato de um quitandeiro muçulmano, que foi arrastado pelas ruas enquanto implorava por sua vida. A sede de sangue acometeu pessoas de todas as idades e níveis de instrução, separando-as somente a barreira religiosa. A população sikh de Calcutá contribuiu para alguns dos assassinatos a sangue-frio. Um homem testemunhou um garoto islâmico de 14 anos ser pego por um bando de hindus, despido para ver se era circuncidado e depois jogado em uma lagoa e submerso à força com barras de bambu; um conhecido engenheiro bengalês, com graduação em uma universidade britânica, usou seu Rolex de pulso para ver quanto tempo levaria até que o rapaz se afogasse.[44]

Longe dali, em Délhi, Wavell, incapaz de reagir, assistia à marcha da violência. Na noite do dia 18, implorou a Nehru que aceitasse um governo de coalizão com Jinnah, para que se interrompesse a violência sectária e que a ordem fosse restabelecida. Mas foi em vão. Nehru necessitava do apoio dos hindus ultraortodoxos da Mahasabha para manter sua supremacia no Congresso; assim, nenhum compromisso com muçulmanos era possível.

No dia 20, Wavell conversou com seu assessor particular, que costumava ser otimista quanto ao futuro da Índia. "Nossa única opção é sair da Índia o quanto antes e deixá-la seguir seu destino", afirmou sombriamente Ian Scott, "que será a guerra civil."[45]

Wavell, sem querer se entregar ao desespero, formulou um plano para uma gradual retirada britânica que se antecipasse à massiva e violenta separação entre hindus e muçulmanos. Ele viajou até Calcutá para verificar pessoalmente a devastação e retornou para impelir Nehru a reconciliar-se com a Liga Muçulmana, antes que fosse tarde demais. Em 28 de agosto, ele até colocou o nome de Gandhi na lista de esforços, mas isso só piorou as coisas. A discussão inflamou-se até que (segundo Wavell) Gandhi socou a mesa com seu pulso nodoso e disse: "Se a Índia quer um banho de sangue, ela o terá."

Foi um momento impressionante. Wavell disse ter ficado atônito ao ouvir o Mahatma usando tal linguagem.* Na noite seguinte, Gandhi escreveu uma carta extremamente reveladora para Wavell. "Escrevo como um amigo e depois de uma profunda reflexão", disse ele.

> Se o Exército britânico for mantido aqui para a paz e a ordem interna, seu governo interino será reduzido a uma farsa. O Congresso não pode impor sua vontade sobre elementos beligerantes da Índia por meio do uso das forças britânicas. Nem pode se curvar e seguir um rumo que considera equivocado em relação às recentes exibições de brutalidade testemunhadas em Bengala. Tais submissões acarretariam, por si sós, o encorajamento e a repetição de novas tragédias [...]. E tudo isso será devido, principalmente, à continuidade da presença de um poder estrangeiro na Índia.

Depois de ler a carta, Wavell pensou: "Isso parece uma declaração de guerra." Ainda assim, em 2 de setembro, ele consagrou Jawaharlal Nehru vice-presidente do novo governo. Depois de fazer seu juramento no Gabi-

---

* Na verdade, ele não ficou chocado. A sentença do banho de sangue apenas confirmava sua visão de que a "pregação por santidade e não violência de Gandhi são armas políticas contra os britânicos, não atributos naturais". Ele estava certo, mas não do modo que pensava.

nete, Nehru sussurrou *"Jai Hind"*, mas Wavell fingiu não ouvir.* No fim
de outubro, encontrou-se finalmente uma fórmula para possibilitar que
Jinnah integrasse o governo, mas era tarde demais para impedir a próxima
grande onda de violência a leste de Bengala, no remoto e opulento distrito
de Noakhali.

Os massacres começaram em 10 de outubro. Gangues muçulmanas
assassinaram hindus em todas as vilas por onde passaram, imolando os
homens como se fossem animais, violentando e matando as mulheres e,
depois, jogando os corpos nos poços. Quase 50 mil apavorados moradores
hindus, que haviam convivido pacificamente com seus vizinhos muçulmanos por séculos, fugiram para a vizinhança de Bihar, onde os hindus
eram maioria. (As gangues hindus, sabendo das atrocidades de Noakhali,
começaram a caçar e matar muçulmanos, em retaliação.) O isolamento do
distrito e o terreno de mata espessa faziam da restauração da ordem uma
tarefa quase impossível. Isso foi cinco dias antes de Gandhi saber o que
estava acontecendo.

As primeiras notícias alcançaram-no em Délhi, onde estava vivendo em
um bairro de intocáveis. Apenas alguns dias antes, ele havia sido fatalista
acerca da violência entre as facções. "Os homens nascem para morrer", disse
em um encontro de religiosos. "Assim, se Deus lhes enviar uma morte natural
ou se forem mortos pela faca de um assassino, eles devem partir, sorridentes,
para o fim."[46] No passado, seu instinto New Age chegara a culpar a maléfica
influência das cidades pela violência: ele não dissera que as vilas indianas
eram paraísos pacíficos que prescindiam de policiais? Agora, porém, ele
percebia que precisava de um argumento mais convincente.

"Desde que ouviu as notícias de Noakhali", reportou o *Hindustani Times*,
"na verdade, desde o banho de sangue de Calcutá, ele tem se questionado
sobre seu dever." Não violência, não apenas contra os britânicos, mas contra todos, "é a crença do Congresso. Foi o que o trouxe até aqui" e o que o
sustentaria a partir de então.[47]

Biógrafos, com frequência, relembram que Gandhi partiu para Noakhali logo que soube dos eventos, para "enxugar as lágrimas em todos
os olhos". Isso é falso. Gandhi estava completamente a par dos aconte-

---

* Essa frase era particularmente irônica, já que fora também o grito de guerra de Subhas
Chandra Bose, o homem que Nehru ajudou a expulsar do Congresso Nacional Indiano.

cimentos em 15 de outubro. Sua maior preocupação, contudo, era que o povo aprendesse a morrer sem matar os outros — e esse era o dever seu e de outros no Congresso, "ensinar às pessoas esse supremo ato". No dia 17, ele falou, mais uma vez, sobre os massacres, mas se limitou a dizer que "as mulheres precisam aprender a morrer" antes de ser estupradas ou convertidas ao islã. (Refugiados espalhavam rumores de que muitas haviam sido forçadas à conversão.) Era melhor cometer suicídio do que se submeter. Ele também discursou sobre os pecados dos jogos de azar e do mercado clandestino. Quanto à Noakhali, "ainda não há um chamado interno. Quando vier, nada me deterá".[48]

A essa altura, a retaliação hindu já havia começado em Bihar, enquanto a polícia e os soldados estavam tentando restaurar a ordem e contar os cadáveres em Noakhali e nas redondezas de Tippera. No dia 19, Gandhi estava em Sevagram. Ainda não tinha planos de partir. Ele enviou um telegrama, dizendo que talvez fosse para Bengala no dia 23 ou 24 de outubro. Não havia pressa. Disse a um amigo horrorizado pelas recentes notícias: "Não tenho nenhuma informação [...]. Vá para Bengala se quiser." Já no dia 21, disse a outro contato de Bengala, Hemprabha Das Gupta: "Você precisa ficar calmo. A ajuda virá logo."[49] Antes de fazer qualquer coisa, preferiu esperar até que Nehru voltasse de Londres, para então discutir o assunto com o Comitê de Trabalho do Congresso.

Somente em 25 de outubro, duas semanas depois do início do morticínio, Gandhi, por fim, partiu — e não para Noakhali, mas para Calcutá, a fim de consultar Nehru sobre como "calar a fúria". De fato, a polícia e o Exército já o haviam feito. Entretanto, quando Gandhi chegou a Noakhali, em 6 de novembro, a bordo de um trem especial cedido pelo governo de Bengala, ainda havia corpos carbonizados pelos jardins dos lares hindus e manchas de sangue nos muros e nas calçadas. Ele visitou um campo onde 6 mil refugiados encontraram abrigo. Disse-lhes que deveriam estar envergonhados por ter fugido. "Os homens devem temer apenas a Deus", disse, e lutar contra os inimigos ou sucumbir bravamente ao martírio.

A despeito da severa feição de Gandhi, a verdade do que se passava finalmente parecia aflorar. "A *ahimsa* está sendo verdadeiramente testada agora", ele escreveria em Noakhali. Seu tradutor bengalês era um professor da Universidade de Calcutá chamado Nirmal Kumar Bose. Bose era um nacionalista e acreditava na não violência, mas era, se muito, um admirador

menor de Gandhi.[50] Ele ficou atônito e desapontado quando Gandhi disse
às viúvas: "Eu não vim para lhes trazer consolação. Vim para lhes trazer
coragem." Contudo, depois, ele ouviu Gandhi murmurar para si mesmo,
enquanto visitavam os locais devastados: "O que devo fazer? O que devo
fazer?" O Mahatma começava a avaliar se todo o trabalho de sua vida não
teria sido em vão. "Não quero morrer como um fracassado, mas como um
homem de sucesso", confessou a Nirmal. "Talvez eu seja um fracasso." E,
pela primeira vez, falou em sua própria morte, e até em assassinato.[51]

"Tateio em busca da luz", disse Gandhi a Nirmal, mas "estou cercado pela
escuridão". Por fim, decidiu que não lhe restava nada a fazer senão viver em
Noakhali. Juntos, ele e Nirmal encontraram uma simples cabana no vilarejo de Srirampur e, na segunda semana de dezembro, a sobrinha-neta de
Gandhi, Manubehn, uniu-se a eles. Ela cozinhava todos os dias, preparando
as refeições de Gandhi, enquanto Nirmal cuidava das massagens diárias do
Mahatma. Quando veio janeiro de 1947, Gandhi começou a excursionar, a
pé, pelas vilas de Noakhali. Com um cajado de bambu nas mãos, ele saía
todas as manhãs para visitar os aldeões, pregando a reconciliação e cantando
para si um poema chamado "Caminhe sozinho", de Rabindranath Tagore:

> Se não respondem a seu chamado, caminhe sozinho
> Se estão com medo e, covardes, encaram o muro;
> Ó, má sorte vossa,
> Abra sua mente e fale alto, sozinho.

> Se vão embora e o desertam na travessia do descampado,
> Ó, má sorte vossa,
> Esmague os espinhos sob seu passo,
> E, pela trilha sangrenta, caminhe sozinho.

Enquanto isso, a violência ainda se espalhava. No vilarejo de Gar-
muktesar, nas Províncias Unidas, hindus lançaram-se sobre os vizinhos
muçulmanos e praticamente os aniquilaram.[52] Um repórter da agência de
notícias Associated Press perguntou a Gandhi se os levantes terminariam.
"Você pode ter certeza de que terminarão", retrucou ele, astuciosamente.
"Se a influência britânica recuasse, eles teriam um fim muito mais rápido."[53]
Nesse ínterim, Nehru retornara de Londres, onde os debates davam-se acerca
da retirada desse mando.

No último dia de 1946, o vice-rei Wavell preparava-se para desdobrar seu plano de finalização do controle britânico sobre a Índia. Levando o desafortunado e duvidoso nome de "Plano Colapso", era um programa para prevenir o caos, não apenas para estancar sua horrenda vazão. Wavell previu uma retirada britânica em três diferentes estágios: primeiro, das províncias do sul, as quais eram bastante seguras; depois, de Bihar e das Províncias Unidas da Índia Central, já que a violência, ali, dera trégua; e, por fim, do resto do subcontinente. Wavell consultara o Exército e Auchinleck, assim como os chefes do Serviço Civil indiano. A ideia era manter, o quanto possível, a administração britânica intacta em Estados e províncias religiosamente divididas, até que todos chegassem a um acordo que poderia incluir — embora não necessariamente — a criação de um Paquistão. Wavell sentiu que esse era um plano para todas as contingências e até estabeleceu uma data para a retirada completa: 31 de março de 1948. As chefias de seu Serviço Civil, no entanto, prediziam que o controle britânico acabaria, de fato, muito antes desse dia.[54] A alternativa, em todo caso, seria completa guerra civil.

Quando o Gabinete soube do Plano Colapso, ficou perplexo.[55] Nenhum de seus membros fazia a mínima ideia de quão ruim estava a situação na Índia. Eles tinham fé na garantia de Gandhi e Nehru de que os passos concretos para a retirada britânica diminuiriam, e não exacerbariam, a violência, e de que o problema hindu-muçulmano seria solucionado, de uma vez por todas, quando os indianos assumissem o poder. Preocupavam-se, pois o plano faria com que os britânicos parecessem pró-muçulmanos, fato que encorajaria o separatismo.

Acima de tudo, sentiam que o plano deixava a impressão de que os britânicos tinham menos controle da situação do que Attlee e o governo trabalhista gostavam de pensar.[56] Para Attlee, o Plano Colapso "evidenciava o declínio no poderio e no comando britânicos" e até "o início da liquidação do Império" — ecoando, ironicamente, Churchill. O governo trabalhista queria que a retirada da Índia parecesse um triunfo dos estadistas da Grã-Bretanha, não uma fuga precipitada.

Assim, em 8 de janeiro de 1947, Attlee disse a Wavell que o ministério não podia endossar o Plano Colapso.[57] Em seu diário, Wavell descreveu a carta como "fria, desagradável e indefinida". Mesmo sem saber, Wavell estava de saída. Um mês antes, Attlee secretamente aproximara-se do homem por quem queria substituir Wavell no vice-reinado: Louis Prince Mountbatten. Attlee acreditava que aquele que supervisionara o destino de 120 milhões de pessoas no Sudeste Asiático após a rendição japonesa era agora o homem certo para coordenar o destino de outros 400 milhões de asiáticos e encontrar uma saída honrosa para os britânicos da Índia. Políticos trabalhistas também imaginavam que o charme aristocrático e a nobre linhagem de Mountbatten poderiam compelir os líderes indianos ao entendimento, em especial os príncipes e marajás independentes, última barreira para a transmissão do poder.

Além disso, Mountbatten, não obstante (ou talvez devido ao) seu privilegiado status, era um homem de esquerda. Quando suas tropas marchavam pela Malásia e pela Birmânia, ele encorajou fortemente os movimentos nacionalistas locais e abriu, em ambos os países, o caminho para a independência. Sua esposa, lady Edwina, era uma entusiasmada militante do Congresso. "É evidente que pensamos que Gandhi e seus companheiros estão certos", disse ela a amigos. "Devemos tentar fazer aquilo que eles querem que façamos."[58] Mountbatten não hesitara em içar o Império Britânico do leste asiático; certamente não o faria na Índia.

"Dickie" Mountbatten contava com outra vantagem inestimável: era pupilo de Churchill e seu favorito. Churchill o designara como supremo comandante do Sudeste Asiático, passando-o por cima de homens mais velhos e experientes, só porque ele tinha o ímpeto e a reputação para ações corajosas que tanto agradavam a Churchill. Nessa crucial conjuntura, Attlee sentia a necessidade de guarnecer seu flanco direito. Em outubro de 1946, Churchill havia lançado massivos ataques contra o governo a respeito da escalada de violência na Índia.

"Um dia depois de nossa vitória [em 1945]", rosnou ele, com sua indefectível voz, "e de nosso empenho, sem o qual a liberdade humana não teria sobrevivido, estamos nos desfazendo do imenso e maravilhoso Império construído, na Índia, por duzentos anos de esforços e sacrifícios." O governo trabalhista colocara o destino de 400 milhões de seres humanos "nas mãos de homens que têm boas razões para ser amargamente hostis à ligação com os britânicos". E acrescentou: "Temo que a calamidade impenda sobre este vasto subcontinente [...]. Ninguém pode mensurar a tragédia e o derramamento de sangue que se abaterá sobre esses milhões de pessoas humildes e indefesas."

"Tudo isso está acontecendo a cada dia, a cada hora", alertava Churchill, enquanto as notícias de Noakhali invadiam as páginas dos jornais britânicos. "O grande navio está naufragando no mar calmo", bradava. "Aqueles que deveriam ter dedicado seus supremos esforços para mantê-lo navegando estão abrindo as escotilhas [...]. Algumas vezes, no passado, não me equivoquei. Rezo para que talvez eu esteja errado agora."[59] Attlee esperava que a indicação de Mountbatten convencesse Churchill de que o navio indiano ainda flutuava, embora em um curso muito diferente daquele que o ex-primeiro-ministro teria escolhido.

O plano funcionou. Churchill enviou suas congratulações ao governo pela escolha do novo vice-rei — um gesto do qual se arrependeria mais tarde. Somente em 20 de fevereiro de 1947 ele soube da terrível verdade: a tarefa de Mountbatten não era apenas extinguir para sempre o Raj, mas fazê-lo antes de 1º de junho de 1948, independentemente da situação local.

Churchill ficou desolado.* Subiu ao Parlamento, em 6 de março, para repreender o governo por sua "prematura e apressada recusa" das responsabilidades imperiais sobre a Índia.

Todo o princípio pelo qual hindus e muçulmanos teriam de concordar com uma solução antes de os britânicos partirem, reclamava ele, foi jogado ao mar. "Uma coisa parece ser absolutamente certa", disse. "O governo, com seus catorze meses de prazo, colocou fim a todas as perspectivas de unidade indiana." A Índia estava sujeita "não apenas à partição, mas à fragmentação". Esses catorze meses "não serão usados para enternecer os corações e unir hindus e muçulmanos em toda a Índia. Serão usados para preparar a guerra civil". As cenas desses dias, "com cadáveres de homens, mulheres e crianças cobrindo o chão, aos milhares", iriam se repetir em todas as regiões da Índia, se o plano de Attlee continuasse.

A única explicação para essa conjuntura, disse Churchill, só podia ser a adoção, pelo governo, de "uma das mais insensatas observações do sr. Gandhi", feita depois do fracasso da Missão Cripps de 1942. "*Deixe a Índia nas mãos de Deus*", dissera Gandhi, "*em linguagem moderna, na anarquia [...]. Disso nascerá uma verdadeira Índia, no lugar da falsa que agora vemos.*"

Ao estipular o arbitrário prazo,** inferiu Churchill, o governo reforçara esse anseio. Ele implorou a Attlee que reconsiderasse.

---

* Ele não sabia que Wavell propusera uma retirada ainda mais rápida.
** Não está muito claro quem definiu a data de 1º de junho. Mountbatten, tempos depois, reivindicou-a para si; de acordo com R. J. Moore, porém, a ideia de determinar uma "data fixa" para a retirada britânica, na esperança de que isso pudesse aglomerar os políticos indianos, já estava no pensamento de Attlee quando da indicação de Mountbatten.

"Não nos deixe somar ao sofrimento que tantos sentimos" pela perda da Índia, concluiu Churchill, "a mácula de vergonha" por entregar o antigo Império a Gandhi e às forças do caos.[60] Churchill ainda contava com uma carta na manga. Ele a mencionara em uma carta a Clementine, em janeiro de 1945: "Paquistão." Por meio de seu apoio secreto a Jinnah e aos muçulmanos da Índia, Churchill mantinha a esperança de negar a Gandhi uma derradeira vitória.

30. Morte no jardim

1947-1948

Guarde minhas palavras. Profetizei a presente guerra e [agora]
profetizo o banho de sangue.
(Winston Churchill, maio de 1943)

Ah! Será que todas as criaturas vivas matam umas às outras?
(Gautama Buda)

De fato, a chegada de Mountbatten estava longe de ser uma vitória para Gandhi — significava, ao contrário, o fim de suas esperanças: "Desde o momento em que Mountbatten aportou em Délhi, a partição tornou-se inevitável."[1] Nenhuma alternativa para a guerra civil entre muçulmanos e hindus parecia possível.

Enquanto o avião de Mountbatten tocava a pista de aterrissagem, a desordem e a violência tomavam todas as cidades mais importantes. A maioria dos governadores provinciais, notando que a polícia já não era fidedigna, tinha de confiar no Exército para tentar reprimir os bandos armados e contar os mortos. Mountbatten, contudo, decididamente manteve a farsa de que tudo ocorria de acordo com o plano. O novo vice-rei, de 46 anos, resplandecente em seu cintilante uniforme branco ornado com medalhas e com a Ordem da Índia, parecia transbordar vitalidade. Foi recebido por marajás, fileiras de soldados, bandeiras e saudações cerimoniais. O último vice-rei foi também o primeiro a ter sua cerimônia de posse registrada por câmeras e transmitida em cadeia de rádio internacional e simultânea.[2]

A mensagem de Mountbatten era tão otimista quanto a proferida por Neville Chamberlain ao descer do avião em Heston, em 1938. "Esse não é um vice-reinado qualquer", disse à nação. "Creio que todo líder político da Índia sente, como eu sinto, a urgência da tarefa que se nos impõe." A tarefa era a completa transferência de poder até junho de 1948.[3] "Lorde Louis", como ele era chamado, confiava que podia triunfar onde outros haviam falhado. Calculou que os debates com o Mahatma eram a parte crucial de sua estratégia.

Isso não seria fácil. Gandhi estava a muitos quilômetros de distância, em Bihar, ainda tentando refrear o morticínio — de muçulmanos por hindus, desta feita. Todos os dias, passava pelos vilarejos, onde cadáveres desentranhados estiravam-se pelas densas matas de bambus, enquanto abutres alimentavam-se dos restos.[4] Quando as convocações do vice-rei chegaram, ele, relutantemente, concordou em pegar um trem para Délhi. Porém, quando Manubehn, por descuido, reservou um compartimento duplo em vez de seu costumeiro assento de terceira classe, a frustração e a fúria de Gandhi afloraram. Como ela ousava atribuir ao governo essa despesa extra? A raiva dele a fez chorar, enquanto o trem abria caminho através da planície assolada pelo calor e pela ira.

O histórico encontro com Mountbatten ocorreu em 31 de março. A fotografia da ocasião mostra lorde e lady Mountbatten com uma feição amistosa, mas constrangida, e o Mahatma distraído e distante. Lidando pessoalmente com quase quatro décadas de vice-reis, ele os vira em profusão. Haviam passado o simpático Ampthill; o bem-intencionado Hardinge; o prestativo Minto; o sem graça Reading; o hipócrita Irwin; o altivo Willingdon; o desinteressado Linlithgow; e o sensato e resoluto Wavell.

Agora era a vez de Mountbatten: muito mais jovem que os outros e declaradamente pró-Congresso. Mas ele também era irrequieto e infinitamente vaidoso.* Gandhi nutria poucas expectativas em relação àquilo que os britânicos poderiam oferecer para o futuro, que parecia cada dia mais sombrio, com ou sem vice-rei.

Gandhi conversou com lorde Louis por mais de duas horas, principalmente sobre sua vida e sua incessante batalha contra o Raj. No dia seguinte,

---

* Segundo Andrew Roberts, enquanto os eventos e a violência chegavam ao clímax naquele julho, lorde Louis passava vários dias desenhando, de próprio punho, a bandeira que ostentaria como novo governador-geral da Índia e do Paquistão e estudando um modo de fazer sua limusine Buick chegar a Karachi para a cerimônia de posse.

Dia da Mentira, Gandhi repetiu a extraordinária proposta que espantara Wavell e a Missão Ministerial. Deixe que Jinnah seja primeiro-ministro da Índia, clamava; deixe-o escolher seus ministros, muçulmanos ou hindus; e deixe que o poder de veto do vice-rei seja a única restrição. Gandhi estava convencido de que esta era a única maneira de ganhar a confiança da Liga Muçulmana e manter a Índia intacta. O Congresso reclamaria, mas abriria mão, se Gandhi lhe mostrasse a luz.

Mountbatten sorriu e disse que achava o plano interessante. "Mas não preciso dizer que essa solução, nesse momento, me assusta", confessou em seu relatório oficial.[5] Fingiu que discutiria o assunto com Nehru; mas, na verdade, já havia decidido como proceder.

Ele e Nehru haviam conversado em 24 de março. Conheceram-se em Cingapura, no final da guerra. Nehru, quando acompanhava a parada da vitória britânica, resgatara Edwina, a esposa de Mountbatten, da frenética multidão de indianos ansiosos por apertar as mãos do Pandit. Agora aqueles dois homens estavam em Délhi; a afeição entre eles crescera — assim como a intimidade de Nehru com a esposa do vice-rei. "Quando Nehru começou a chamar Edwina e a mim de 'seus queridos amigos'", relembrou Mountbatten tempos depois, "comecei a sentir que estávamos a meio caminho de casa." A partir daquele momento, ele se tornou um descarado partidário de Nehru, vantagem que este explorava sem escrúpulos.[6]

Era uma natural afinidade entre mentes. O Pandit e Dickie compartilhavam as mesmas inclinações socialistas e os mesmos hábitos de escolas públicas de elite. Também tinham um amigo em comum, V. P. Menon, que se tornaria o mais próximo conselheiro indiano de Mountbatten. Trabalhando juntos, Mountbatten, Nehru e Menon decidiam o futuro da Índia e os deles próprios. A nenhum muçulmano era permitido participar de suas reuniões.[7]

Seu plano era simples e brutal. Jinnah e os muçulmanos seriam forçados a aceitar um Paquistão mutilado, espremido entre Bengala e Punjab. Nehru seria o primeiro-ministro do restante da Índia, incluindo os principados, tendo Menon como seu representante pessoal em Londres. Mountbatten seria governador-geral de ambos os países. Nehru ofereceu a Mountbatten outro estímulo para que este concordasse com a partição: a nova e independente Índia, prometeu ele, integraria a Commonwealth, a Comunidade Britânica de Nações, arranjo pós-imperial de ex-colônias que Mountbatten e outros ingleses esperavam que fosse a futura face do Império Britânico.[8]

Mountbatten não precisava ser persuadido. Seu primeiro encontro com Jinnah, em 5 de abril, fora um desastre. O vice-rei achou o Quaid-e-Azam "frio, arrogante e desdenhoso" — palavras brandas, se comparadas com suas descrições posteriores, "caso psicopatológico" e "bastardo", escritas quando se instalou o amargor da memória.[9] Mountbatten, tanto quanto pôde, dedicou-se a assegurar que Nehru e o Congresso viessem a ser os futuros controladores da Índia e que Jinnah e a Liga Muçulmana tivessem menos poder possível.

Como Gandhi (sem o conhecimento de Jinnah) era o mais forte aliado da Liga Muçulmana nos círculos de Délhi, isso também significava ignorá-lo. "Este não é o momento para posturas idealistas", diria Mountbatten. "Este é o momento para ação." Duas semanas após sua chegada, Mountbatten já havia excluído o Mahatma de qualquer contribuição significativa para o projeto da nova Índia. Nem Nehru, nem Patel, nem qualquer outra liderança política do Congresso jamais perceberam ou protestaram.[10]

Gandhi ficou arrasado, mas não surpreso. Uma vez mais, os britânicos desapontaram-no; o Congresso, por sua vez, informou que nunca endossaria seu plano quixotesco — a última esperança para uma Índia unificada. Então, Gandhi notificou o Congresso: não faria parte de qualquer futura negociação com o vice-rei e retirou-se novamente para Bihar. Ele acataria a partição e faria o possível para manter a Índia inteira; contudo, jamais veria o Congresso Nacional Indiano ou Nehru como aliados, muito menos como discípulos.

"Ninguém mais me ouve", confessou tristemente. "Sou um homem pequenino. É verdade que houve um tempo em que minha voz era grandiosa [...]. Agora, nem o Congresso, nem os hindus, nem os muçulmanos irão ouvir-me [...]. Estou gritando no deserto."[11]

Assim como Churchill, ele instintivamente compreendeu que a violência estava apenas começando. Em Bihar, a matança recrudesceu de novo, e em Noakhali, também. A selvageria logo se espalhou por Punjab, deixando claro que muçulmanos *ou* hindus *ou* sikhs controlariam a província — nunca os três juntos. O mesmo ocorreria em Bengala. Aqueles com sorte o bastante para não ser assassinados punham-se na estrada. A certa altura, de 5 a 6 milhões de pessoas estavam em trânsito pela Índia, a maior migração humana da história.[12]

Na Caxemira, de maioria muçulmana, o marajá prendeu o líder muçulmano local, que prometia sublevar a região. Enquanto isso, chegava a data do acordo final de separação. Jinnah tem sido apontado, de forma retrospectiva, como o grande vilão da época, mas, na verdade, ele estava de mãos atadas. Não está totalmente claro se ele desejava a completa partição.[13] Até que o antigo pupilo de Gandhi, Vallabhbhai Patel, selou o plano ao insistir na divisão de Bengala e Punjab. Em tese, isso serviria para dar ao futuro Estado muçulmano mais território. Na realidade, o objetivo era assegurar a maior parte daquelas províncias para a Índia. Jinnah percebeu que, longe de ter de forçar o tema da separação, este lhe estava sendo imposto, sendo que era o próprio vice-rei quem aplicava a máxima pressão.

O encontro final entre Mountbatten e Jinnah aconteceu em 2 de junho, à meia-noite. O conselheiro militar de Mountbatten, general Ismay, estava presente. Ismay era um velho oficial da Índia, mais um dos favoritos de Churchill. Diferente de Mountbatten, ele estava profundamente consternado com o que via acontecer a seu redor. À maneira típica dos oficiais indianos, resumiu a situação em linguagem de polo: "Estamos no último *chukka* e perdendo por doze gols." Os britânicos já não conseguiam instaurar a ordem no subcontinente que haviam governado por 250 anos. "Há massacres por toda parte", relembrou ele. "Os britânicos têm toda a responsabilidade e nenhum poder."[14] Embora contrariado, Ismay foi convencido de que a separação era a única saída. O conselheiro de Mountbatten solicitou dois anos para concluir o trabalho de desenhar as novas fronteiras; o vice-rei lhe deu apenas quarenta dias.

A princípio, o encontro com Jinnah pareceu infrutífero, já que o velho líder se entrincheirava. Jinnah se recusou a dar prosseguimento ao plano do vice-rei de dividir Bengala e Punjab em metades indianas e paquistanesas. Sua irritação era compreensível. Se o assunto fosse levado a um referendo popular, sabia ele, os votos lhe seriam predominantemente favoráveis. Um Grande Paquistão seria concretizado, não o território corroído que o vice-rei oferecia. Mas, então, Mountbatten jogou seu trunfo. Ele tinha uma mensagem secreta do único homem que poderia influenciar a mente do Quaid-e-Azam: Winston Churchill.

Os contatos de Churchill com Jinnah haviam iniciado antes da guerra. Quando Jinnah visitou Londres, em 1946, ele e seu opositor almoçaram juntos no Chartwell. O assunto foi o destino dos muçulmanos da Índia sob um governo de maioria hindu. Para Churchill, a criação de um Paquistão muçulmano, com vínculos imperiais, parecia ser a única maneira de "salvar um pedaço da Índia" para a Grã-Bretanha e arrancar a vitória das mãos de Gandhi, do Congresso e de Attlee.

"Apreciei muito nossa conversa do outro dia", disse Churchill a Jinnah em 11 de dezembro. Ele informou um endereço postal para o qual Jinnah poderia mandar-lhe mensagens secretas "sem chamar atenção na Índia. Irei sempre assinar como 'Gilliatt'" — nome do secretário de Churchill. E pediu a Jinnah que usasse um pseudônimo similar.[15] Naquelas correspondências secretas, Churchill assegurava a Jinnah que o Paquistão teria na Grã-Bretanha um forte protetor e que jamais seria expulso da Commonwealth. "Se Jinnah é tido como o pai do Paquistão", argumentou recentemente um historiador, "Churchill deve ser qualificado como seu tio."[16]

Churchill revelou seus laços com Jinnah em um crucial encontro com Mountbatten, em maio de 1947.

O líder da oposição estava acamado, recuperando-se de uma operação de hérnia, quando Mountbatten passou para vê-lo, antes de partir para a Índia. O novo vice-rei tentava angariar apoio político para seu plano de partição. Assegurou a Churchill que Nehru lhe afirmara, em uma carta, que se a separação ocorresse em 1947, e não em 1948, a Índia aceitaria plenamente o status de protetorado e não cortaria seus laços com a Grã-Bretanha. Ainda sob aqueles termos, Churchill permanecia relutante em endossar o acordo de transferência de poder para aquele verão. "Se você conseguir o status de protetorado tanto para o Industão quanto para o Paquistão", disse ele, "todo o país o apoiará."

Então, aprumando-se entre seus travesseiros, perguntou: "Você prevê algum problema com o sr. Gandhi?"

"Gandhi é imprevisível", respondeu Mountbatten, "mas duvido que ele possa criar qualquer dificuldade com a qual Nehru ou Patel não possam lidar." O maior problema, disse, seria Jinnah.

"Por Deus, ele é o único homem que não pode fazer nada sem a ajuda britânica!", explodiu o ex-primeiro-ministro. Se Jinnah se recusasse a aceitar o status de protetorado, disse Churchill, "você deve ameaçá-lo". E brandiu o charuto. "Retire todos os oficiais britânicos. Dê a eles unidades militares sem nossos oficiais. Deixe-lhes bem claro como é impossível governar o Paquistão sem a ajuda britânica."

Se tudo isso não funcionasse, continuou Churchill, "passe a Jinnah uma mensagem pessoal minha. Diga-lhe que é questão de vida ou morte para o Paquistão. Ele aceitará essa oferta com ambas as mãos!".[17]

Essa era a mensagem que agora Mountbatten passava para o Quaid-e-Azam. Jinnah admirava Churchill mais do que a qualquer outro homem vivo.[18] Ao ouvir a mensagem, ficou abismado, em silêncio. Não conseguia falar, apenas assentiu, rapidamente, com um meneio. Churchill acabava de fazer o que nem Mountbatten nem Gandhi haviam conseguido nas reuniões da primavera: demover o irredutível Jinnah de suas convicções. Graças a Churchill, a última barreira para a partição estava derrubada.

Somente Gandhi ainda era capaz de arruinar tudo. Mas ele escolheu não o fazer. O dia em que Mountbatten pediu sua opinião foi justamente seu dia de silêncio. Em um pedaço de papel, Gandhi escreveu: "Você realmente não quer dizer nada, quer?" No dia seguinte, na hora do banho, porém, disse sentir que estavam dividindo não apenas a Índia, mas desmembrando todo o seu corpo.[19]

Na manhã do dia 3 de junho de 1947, os líderes de diversos partidos, inclusive Jinnah, reuniram-se para assinar o tratado. Nehru estava assustado com a crescente violência que assolava todo o país — muito mais extensa do que ele previra. A separação era o preço que ele estava disposto a pagar para se livrar de Jinnah e dos muçulmanos e assumir pessoalmente o controle; agora, pela primeira vez, estava hesitante em relação à velocidade com que tudo ocorria. Mountbatten, por sua vez, permanecia confiante, quase alegre. Sua reputação como homem que deu a independência à Índia e retirou os britânicos estava garantida, não importando o que viesse a acontecer depois.[20]

Naquela noite, Nehru, o líder sikh Baldev Singh e Jinnah proclamaram anúncios da separação a seus respectivos seguidores em cadeia nacional de rádio. Jinnah não conseguia sequer pronunciar as palavras; apenas concordava sombriamente quando sua assinatura era mencionada. Mountbatten então lhes entregou um documento de trinta páginas que sua equipe preparara, chamado *Consequências administrativas da partição*.

"As atitudes do encontro deixaram bem claro", escreveu Mountbatten mais tarde, "que nenhum dos líderes presentes havia sequer começado a pensar nas complicações que todos nós teríamos de enfrentar."[21] Viu uma fileira de rostos apavorados com a realidade que emergia. Não havia mais Índia. Noventa milhões de muçulmanos, 250 milhões de hindus, 10 milhões de cristãos e 5 milhões de sikhs seriam divididos em dois países independentes, cada um com seu governador-geral.* No dia seguinte, Mountbatten

---

* Jinnah desfrutou sua vingança: prontamente se opôs à indicação de Mountbatten como governador-geral do Paquistão e apontou a si mesmo para o cargo, negando, assim, ao ex-vice-rei o único título que este realmente queria.

deu seu toque final. Calmamente anunciou que a independência não viria no próximo junho, como na proposta original, mas em pouco mais de nove semanas, à meia-noite do dia 14 de agosto — aniversário da rendição japonesa.[22] Até mesmo Attlee foi pego de surpresa. Depois de 250 anos, os britânicos tinham menos de 74 dias para fazer as malas e deixar o país.

Mountbatten sempre argumentou que acelerara o processo para elevar o prestígio britânico e para ter certeza de que a Índia cumpriria sua promessa de ficar na Commonwealth. Na verdade, porém, ele sentiu que os britânicos estavam sentados à beira de um vulcão. Tinham de partir antes de ele explodir. Mas, depois da saída dos britânicos, restaria alguma coisa na Índia?

O anúncio da partição só fez aumentar a violência, inclusive na Caxemira. Ao saber dos confrontos na região, Gandhi deixou Bihar e foi para a capital, Srinagar. "Vocês não devem esperar muita coisa de mim", disse às multidões quando chegou à calamitosa cidade. Visitou um hospital de mulheres em um campo de refugiados, em Jammu, e teve de espantar as moscas de sobre as feridas supuradas. "Repita o nome de Rama", dizia a todas as vítimas. "Só isso já irá ajudar."[23] Ele tomou chá com o marajá sitiado, homem em situação muito complicada. Falou a delegações de trabalhadores hindus preocupados com a possibilidade de a Caxemira se tornar parte do Paquistão. Também passou rapidamente por Punjab e sua capital, cujo nome esteve sempre ligado à carreira de Gandhi e à história da Índia: Amritsar.

Quando o trem apontou na estação, multidões de jovens hindus esperavam-no na plataforma. Gandhi pôs-se à janela para saudá-los. Em um uníssono brado de ódio, eles gritaram em inglês: "Vá embora, Gandhi!" Estavam furiosos com a partição, a qual viam como uma traição de Gandhi ao sonho do Raj de Rama. Gandhi teve de fechar os ouvidos para não escutar o canto ensurdecedor, até que o trem pudesse sair da estação.

A manifesta violência de seus companheiros hindus, impulsionada pela iminente retirada britânica, amedrontou-o. No passado, quando ele tentou incluir uma passagem do Alcorão em uma reza hindu, um homem explodiu de raiva e criou uma comoção tamanha que Gandhi teve de parar. "Não vejo nada além de maldade nesse plano de partição", disse a seu secretário Pyarelal.[24] Ele começou a pensar em viver no Paquistão, ou em Bengala Oriental ou talvez na Fronteira Noroeste.[25] Em muitos sentidos, a Índia estava se tornando um país que ele já não reconhecia.

Gandhi estava com pressa para voltar a Noakhali antes de 15 de agosto, dia da independência oficial. Recusou-se a participar de qualquer evento ou celebração. "A Índia aceitou a partição na ponta da baioneta", disse no trem que o levava para a Caxemira.[26] O dia 15 de agosto seria dedicado a jejuns, fiações e rezas para o supremo desafio indiano, argumentou ele, não a comemorações ou paradas.

Ele nunca chegou a Noakhali. Quando o trem parou em Calcutá, membros do Conselho da cidade esperavam-no na plataforma. Suas feições apreensivas diziam tudo. Calcutá testemunhara levantes quase contínuos desde o Dia da Ação, um ano antes. Agora os chefes da cidade temiam que a separação de Bengala em uma metade hindu e outra muçulmana piorasse as coisas. Um ex-prefeito, Muhammad Usman, disse temer que o dia 15 disparasse um massacre geral sobre a minoria muçulmana.[27]

Gandhi concordou em ficar, mas só se os líderes muçulmanos de Calcutá mandassem seus seguidores de Noakhali interromperem os assassinatos de hindus. (Eles obedeceram a Gandhi, mas a proibição não surtiu efeito.) Assim, ele e Shaheed Suhrawardy, o líder da Liga Muçulmana que organizara o primeiro Dia de Ação Direta e que agora temia a retaliação hindu, aceitaram cooperar. Encontraram uma casa saqueada que pertencia a uma velha senhora muçulmana na seção de Beliaghata, predominantemente hindu. Próximo dali, gangues hindus, armadas com pistolas Sten e granadas de mão, haviam realizado uma limpeza étnica em um bairro operário muçulmano, não deixando ninguém vivo.[28] Juntos, Gandhi e Suhrawardy ocuparam a casa e seu assoalho repleto de sujeira e cacos de vidro; esperaram pela tempestade que se aproximava.

Na manhã do dia 15 de agosto de 1947, Jawaharlal Nehru hasteou a bandeira indiana sobre o Forte Vermelho de Délhi. "A bandeira da Índia livre é o símbolo de liberdade e democracia não apenas para os indianos, mas para todo o mundo", proferiu ao povo extasiado. "Se devemos dar crédito a algum homem hoje, esse homem é Gandhiji."[29] Mas Gandhi não estava lá para receber a aclamação. Ele passara os dias anteriores à independência em Calcutá, literalmente cercado por uma furiosa horda hindu. Eles exigiam saber por que ele fora para Calcutá defender os muçulmanos, mas nada fizera quando os hindus estavam sendo mortos.

"Não vim para o bem dos muçulmanos somente", explicou por fim à turba raivosa. "Se devo ser morto, são vocês que podem me matar." Aquelas palavras tinham um curioso efeito animador — assim como a aceitação pública, por parte de Suhrawardy, da responsabilidade pelos assassinatos cometidos durante a Ação Direta. Na verdade, o Dia da Independência em

Calcutá foi muito mais tranquilo do que Gandhi ou qualquer outra pessoa podia esperar. No dia 14, hindus e muçulmanos marcharam, lado a lado, em uma procissão pela cidade, e os coros de *"Hindu Muslin bhai bhai!"** tomaram as ruas. Gandhi viu-se rodeado por uma multidão exultante que lhe cobria de incensos e pétalas de rosas, enquanto a bandeira nacional tremulava sobre o povo.

Mountbatten escreveu-lhe uma carta de congratulação, chamando-o de "meu único soldado da Força de Fronteira", em uma referência aos 23 mil homens que, em teoria, deveriam manter a ordem durante a partição, mas que estavam fracassando em quase todas as frentes. Gandhi, contudo, estava profundamente infeliz.

"Será que há algo de errado comigo", escreveu ele a seu discípulo, Amrit Kaur, agora ministro da Saúde de Nehru, "ou são as coisas que estão de fato no caminho errado?". Até mesmo a bandeira nacional era uma decepção. Para seu desgosto, Nehru e o Congresso haviam removido a *charka* como símbolo nacional e a substituído pelo escudo do imperador Ashoka. Com efeito, o símbolo de Swadeshi e Swaraj havia sido trocado por um emblema da grandeza imperial indiana.

Gandhi sentia-se prisioneiro em Calcutá, petrificado com a possibilidade de os assassínios recomeçarem depois de sua partida. Na verdade, Calcutá tornara-se um oásis de paz em um subcontinente imerso em sangue e tumulto. Praticamente em todo o país, centenas de milhares de pessoas amedrontadas estavam abandonando seus lares e negócios para escapar dos vizinhos, com quem haviam convivido por séculos. Hindus partiam para o leste; muçulmanos, para oeste. Em dado momento, a fila de migrantes a caminho do oeste de Punjab alongou-se por mais de 120 quilômetros. Enquanto isso, marginais em grupos perseguiam os refugiados, matando e estuprando tantos quantos podiam.

Um jornalista indiano, D. F. Karaka, foi averiguar um trem que sofrera uma emboscada de sikhs, na estação de Amritsar, enquanto transportava muçulmanos para fora de Punjab. Mais de 2 mil cadáveres ainda estavam no comboio, de dez a quinze por compartimento. Suas roupas haviam sido arrancadas, e "muitas cabeças e mãos, desmembradas do resto do corpo [...]. Cabeças pareciam ter sido arrebentadas por um quebra-nozes. Estômagos

* "Hindus e muçulmanos são irmãos!"

estavam estripados ou perfurados [...]. A plataforma e os vagões estavam cobertos de sangue". Karaka amargamente notou que, somente naquele trem, havia mais mortos do que no notório massacre perpetrado pelo general Dyer, 28 anos antes — ironicamente, na mesma cidade. "O único crime dessas pessoas era pertencer a uma religião diferente da daquelas que as imolaram."[30]

Até mesmo Nehru percebeu que as coisas estavam desmoronando. Escreveu a Gandhi: "toda essa matança chegou a um estado de completa insanidade; vastas populações estão deixando suas casas e seguindo para leste ou oeste". Ele mandara sua filha Indira e o pequeno Rajiv, seu neto, para uma distante estação nas montanhas de Mussoorie, logo ao término das comemorações do Dia da Independência, para protegê-los da onda de violência. No final de agosto, viajou para Punjab e ficou estupefato com o que viu. "Estou enojado de horror", contou a Mountbatten. "O que vimos era ruim, o que ouvíamos era pior [...]. Havia um odor de morte, um cheiro de sangue e carne humana incinerada [...]. Centenas de milhares migrando."[31]

Gandhi também soubera dos massacres de Punjab e estava determinado a ir até lá. A paz interna em Calcutá provava ser artificial. Gangues itinerantes recomeçaram os assassínios e bandos de hindus vagavam pelas ruas. Desta vez, o objeto de sua fúria era, além dos muçulmanos, Gandhi.

Se Jinnah e os muçulmanos desconfiavam de Gandhi por ele ser partidário do hinduísmo, milhares de hindus, em especial os das altas castas, não o achavam suficientemente empenhado em sua causa. Eles haviam brindado a independência indiana como um ressurgimento da grandiosidade hindu. A criação do Paquistão parecia-lhes um insulto, algo contrário à história e à natureza. Muitos grupos ultranacionalistas — como o Mahasabha e o Vishva Hindu Parishad — e milícias paramilitares associadas ao RSS* colocavam a culpa em Gandhi, embora ele, mais do que qualquer outro, houvesse tentado manter o país unido.

Um muçulmano ferido foi levado ao abrigo de Gandhi. Um bando hindu o seguiu e tentou invadir a casa. Ameaçavam a vida do Mahatma e gritavam insultos. Alguém até tentou atingi-lo com um *lathi*, mas errou o golpe. Um tijolo que deveria acertar sua cabeça atingiu um muçulmano que estava ao seu lado. As duas garotas que o acompanharam a Calcutá, suas

---

* Rashtriya Swayamsevak Sangh, predecessor do atual Partido Bharatiya Janata.

sobrinhas-netas Manubehn e Abhabehn, apavoradas, tiveram de impedi-lo de enfrentar a multidão aos gritos de "Matem-me, matem-me, não sei por que vocês não me matam!". Mais tarde, Gandhi fez uma triste caminhada pelas devastadas ruas da cidade para ver o morticínio. Voltou apoucado, trêmulo e em estado de choque. Escreveu a Patel: "Sinto-me totalmente perdido."[32]

Gandhi tinha uma última medida de não violência para tentar. Anunciou que iria "jejuar até morrer", a menos que a carnificina cessasse. Por quatro dias, ele recusou toda comida que lhe ofereciam e bebeu apenas água com gás, até que os chefes de Calcutá, assustados com a ideia de serem responsáveis pela morte do Mahatma, concordaram em tentar conter o caos. No dia seguinte, Gandhi partiu, no trem noturno, para Délhi.

Já da plataforma, ele podia ver a nuvem de fumaça pairando sobre a cidade. No mesmo dia em que interrompeu seu jejum, a capital indiana explodiu em um novo derramamento de sangue. A lei marcial foi declarada; os hospitais ficaram repletos de feridos; as ruas, cobertas de cadáveres; bandos saquearam lojas muçulmanas e atearam fogo em carros e postos da polícia. Nirad Chaudhuri testemunhou pessoalmente a violência; voltou para casa em prantos.

"Vi os levantes políticos de agosto de 1942", escreveu mais tarde, "mas nunca antes tive a sensação de colapso governamental." E os saques, incêndios e assassinatos continuavam, fora de controle, na capital da Índia. "Era como se, em termos figurativos, o chão estivesse deslizando sob meus pés [...]. Pareceu-me que a anarquia estava atada às entranhas da sociedade indiana."[33]

Assim também pareceu a Nehru, e isso o levou ao desvario. Ele fez reiterados apelos na rádio para que a selvageria tivesse termo. Quando viu que eram em vão, pegou um *lathi* (ironicamente, o símbolo do odioso jugo britânico) e tentou dispersar os desordeiros, também sem resultado. Disse a R. Prasad que a violência havia abalado "minha crença em meu povo. Não posso conceber a extrema brutalidade e o cruel sadismo a que essas pessoas se permitem [...]. Pequenas crianças estão sendo sacrificadas nas ruas. As casas, em muitas partes de Délhi, ainda estão cheias de cadáveres [...]. Sou bastante cínico, mas esse tipo de coisa é mais do que posso suportar".[34]

Somente Gandhi permanecia calmo e desafiador. Os massacres eram precisamente o que ele temia que acontecesse se seu povo desse as costas para a não violência: sabia muito bem que havia uma linha tênue entre força espiritual e força bruta. Lorde Mountbatten congratulou-o pelo "milagre de

Calcutá", mas Gandhi não estava com ânimo para congratulações.[35] "Devo aplicar a fórmula do *'do or die'* na capital da Índia", disse. A despeito de todas as ameaças à sua vida, ele visitou hospitais para oferecer rezas e consolo. Quando foi levado para visitar um campo de refugiados, onde cerca de 75 mil muçulmanos aguardavam ser transportados para o Paquistão, um bando de jovens muçulmanos, um tanto atormentados por suas provações, cercaram o carro.

O motorista entrou em pânico, mas Gandhi calmamente desceu do carro e falou com os jovens sobre a necessidade da união entre muçulmanos e hindus, embora os membros da comitiva pudessem ouvir murmúrios de *"Gandhi mordabad!"*, ou "morte a Gandhi!", por todos os lados. A multidão, por fim, se dispersou; Gandhi e a comitiva prosseguiram. Foi, provavelmente, o mais próximo que Gandhi chegou de um linchamento naquele verão. Porém, apesar de sua atitude tranquila e de sua postura inabalável, ele estava morrendo espiritualmente. A insana violência chegou até o palácio do vice-rei, onde vários dos serviçais foram assassinados. Lady Mountbatten acompanhou os cadáveres até o necrotério. Gandhi disse a ela: "Tais acontecimentos não têm paralelo na história da humanidade e me fazem afundar a cabeça em vergonha."[36] Para ele, aquele verão em Délhi marcou o fim de seu sonho de *satyagraha*.

A verdade era que havia sido só um sonho, desde o princípio. Seu poder sobre as massas indianas durou apenas enquanto ele as guiara pelo caminho da independência. Agora que esta havia chegado, ele parecia mais um obstáculo que um apoio. Assim como o Churchill de 1945, Gandhi tornou-se uma inconveniência para aquele mesmo povo que ele liderara para a liberdade.

Isso valia também para seus seguidores mais próximos. Vallabhbhai Patel fora seu mais indispensável apóstolo, quase seu São Pedro. Mas os anos de poder transformaram o progenitor da Marcha do Sal em um rígido nacionalista *realpolitik*, "silencioso, áspero [...] com olhos de aço".[37] Como ministro do Interior, "Sardar" Patel, repetidas vezes, disse a Gandhi que aquelas histórias sobre assassinatos em massa e genocídios de muçulmanos eram exageradas (ainda que Gandhi as tivesse evidenciado com seus próprios olhos).[38] Em seu íntimo, Patel não via problemas em expulsar os muçulmanos de Punjab e das Províncias Unidas. Em sua cabeça, eles eram todos traidores em potencial. Patel chegou a propalar que o Congresso cedera a partição apenas como um expediente temporário: quando os britânicos partissem, tropas indianas colocariam um fim no Paquistão, com a força das armas.[39]

No mesmo instante em que ele falava, o Exército britânico da Índia dividia-se em dois, pois suas unidades agora juravam lealdade ou ao Paquistão, ou à Índia. Mountbatten certificara-se de que a maior parte dos recursos e equipamentos ficasse para a Índia.[40] Em meio ao caos, Patel e Nehru perceberam que tinham no braço militar uma formidável ferramenta, não apenas para restaurar a ordem civil, mas também para "revisar" as fronteiras da partição a seu bel-prazer.

A prova de fogo era a Caxemira. No último 26 de julho, Mountbatten bajulara e persuadira os príncipes indianos remanescentes a aceitar a iminência da partição e se incorporarem a um ou outro dos novos Estados soberanos. Somente dois principados resistiram. Um deles era Hyderabad, o maior estado do sul da Índia, cujo príncipe insistia em uma independência absoluta.* O outro era a Caxemira. Incrustada nas montanhas, entre o Turquistão chinês e a Fronteira Noroeste, a população da Caxemira era composta por mais de dois terços de muçulmanos. Seu governante, porém, era hindu e não conseguia decidir-se por um dos dois Estados. Em outubro de 1947, Nehru e Patel decidiram tomar uma decisão por ele.

Já no mês de junho, Nehru dissera que o caminho óbvio e normal era a Caxemira integrar a Assembleia Constituinte da Índia: "É absurdo pensar que o Paquistão possa criar problemas caso isso ocorra."[41] Além do mais, o novo governo paquistanês andava ocupado. Jinnah e seus ministros estavam às voltas com a instalação da nova capital em Karachi, lidando com a inundação de refugiados do leste de Punjab e da Índia Central, e tentando estabelecer a ordem na província mais distante, Bengala Oriental, onde muçulmanos e hindus entravam em confronto. Eles tinham pouco tempo e quase nenhum recurso para se preocupar com a Caxemira.

Jinnah, contudo, não podia ignorar esse flagrante *Anschluss*. Por volta do fim de setembro, falar sobre guerra entre Índia e Paquistão era comum. Nehru convenceu-se de que, se não avançasse sobre a Caxemira, Jinnah

---

* Ele nunca a conseguiu. Uma vez decidido o destino da Caxemira, em setembro de 1948, Nehru e Menon despacharam tropas para forçar Hyderabad a aceitar a união com a Índia, sob o argumento de que, embora o governante fosse muçulmano, a população era majoritariamente hindu — ironicamente, o oposto do raciocínio usado na intervenção da Caxemira.

o abateria no final. Em 25 de outubro, ele ordenou que um batalhão sikh aterrissasse em Srinagar, alegando falsamente que tribos afridi estavam cruzando a fronteira e massacrando não muçulmanos.[42] Era o Grande Jogo, mais uma vez — exceto pelo fato de que o inimigo já não eram os soviéticos, mas os muçulmanos paquistaneses. A primeira operação militar do Exército indiano independente teve início. A primeira guerra entre Paquistão e Índia pela Caxemira começava.

Gandhi ficou horrorizado. Naquele mesmo mês, trocara desavenças com seu velho oponente, Winston Churchill, mais uma vez sobre se a Índia poderia, algum dia, viver em paz. Em um trovejante discurso, em 27 de setembro, Churchill dera seu veredicto sobre a partição. "Os medonhos massacres que ocorrem na Índia não são surpresa para mim", disse à plateia da Royal Wanstead School. "Sempre me recordarei, com gratidão, de como meus eleitores me apoiaram [...] quando, por quatro anos, entre 1931 e 1935, lutamos contra a Carta Constitucional da Índia." Suas previsões de então, sobre terríveis chacinas e caos, estavam sendo cumpridas.

"Estamos, evidentemente, apenas no início desses horrores e carnificinas", declarou, "perpetrados contra homens, mulheres e crianças, com a ferocidade de canibais, por raças dotadas da mais alta cultura e que, por gerações, viveram lado a lado e em paz, sob a ampla, tolerante e imparcial lei da Coroa e do Parlamento britânicos." O declínio da Índia em direção ao absoluto caos era, segundo Churchill, "uma das mais melancólicas tragédias que a Ásia já conheceu".[43]

Gandhi vivia os horrores na pele, mas não podia deixar que aquele julgamento ficasse incontestado. No encontro religioso do dia seguinte, ele trouxe à tona Churchill e seu discurso. O resultado foi a definição final das linhas de batalha entre eles e o derradeiro tributo de Gandhi ao velho antagonista.

"Vocês todos sabem que o sr. Churchill é um grande homem", disse aos espectadores. "Pertence a uma família inglesa de sangue azul. [A] família Marlborough é muito famosa na história britânica. Ele diz que é uma estupidez a Grã-Bretanha perder a Índia" e alerta que o mesmo ocorrerá com a Birmânia.

Por um momento, Gandhi parou. "Mas como posso dizer ao sr. Churchill que somos todos bem familiarizados com a história britânica, que sabemos como eles adquiriram a Birmânia e como consolidaram seu poder sobre a Índia? Não creio que alguém possa ter orgulho de tal história."[44]

Gandhi estava mais que empenhado em atribuir toda a importância ao comando de Churchill na recente guerra. "Sem dúvida, ele salvou o Império Britânico de um grande perigo", disse. "Que outro homem, exceto o sr. Churchill e sua aguda diplomacia política, poderia unir todos [os Aliados]" para derrotar as forças do Eixo? Mas então a guerra acabou e o povo britânico escolheu um governo trabalhista. "É a classe operária que está conduzindo a Grã-Bretanha hoje", não Winston Churchill. E o povo britânico decidiu "pôr fim ao Império e estabelecer, em seu lugar, um invisível e mais glorioso Império de corações".[45]

Gandhi confessou que aquele abnegado ato de renúncia tocava-o profundamente: "Na história moderna, não há outro episódio que possa ser comparado à cessão de poder realizada pelos britânicos." Só conseguia compará-la à renúncia do domínio imperial de Ashoka em favor da fé budista. E Gandhi sublinhou que Churchill e seu partido haviam consentido aquela transferência.

Agora, porém, "com seu discurso, o sr. Churchill prejudica o país a que grandiosamente serviu". Se a tragédia se impregnara na Índia logo após a independência, será que Churchill não considerava a hipótese de que a culpa podia recair sobre os construtores do Império, e não sobre aqueles que haviam sido subjugados?

"A meu ver, o sr. Churchill tem sido leviano" ao qualificar a transição como um fracasso, concluiu Gandhi. Ele convidou Churchill a colocar "a honra antes do partido" e trabalhar pelo êxito da partição, em vez de regozijar-se com seu insucesso.[46]

Na cabeça de Gandhi, Churchill estava mais interessado em reconquistar o poder em Westminster do que em salvar vidas em Punjab — ou em defender a reputação britânica. Mas Gandhi tinha de admitir que seus antigos aliados, inclusive Nehru, também estavam colocando o partido à frente da honra.

"Se a população da Caxemira quer optar pelo Paquistão", disse ele em um encontro religioso, "nenhuma força da Terra pode impedi-la. Mas ela deve estar livre para decidir isso por si mesma." Enquanto isso, tropas paquistanesas cruzavam a fronteira em caminhões do Exército britânico. Jinnah declarou que a Índia tomara a Caxemira em nome da "fraude e da violência" e informou a Mountbatten (que secretamente orquestrava toda a operação indiana) que o Paquistão jamais aceitaria o golpe. Com o acirramento das ações, um repórter perguntou a Gandhi se ele apoiava o posicionamento estratégico das tropas de Nehru na Caxemira. Gandhi respondeu branda e tristemente: "Se eu pudesse seguir em meu caminho de não violência e todos me ouvissem, não estaríamos enviando tropas como agora [...]. As pessoas dizem que Sardar é meu homem e que Panditji [ou seja, Nehru] também o é." De fato, Gandhi falava com infinita tristeza em sua voz: "Não sou ninguém e ninguém me ouve."[47]

O conflito prolongava-se; Mountbatten tentava, em vão, convencer tanto o Paquistão quanto a Índia a submeter o caso a um plebiscito, sob a supervisão da Organização das Nações Unidas. Gandhi passou dezembro e o Ano-Novo em uma espécie de exílio interno, em uma casa em Délhi, cedida por um amigo empresário, G. D. Birla. Segundo Pyarelal, "era o homem mais triste que alguém poderia imaginar".[48] Ele estava mesmo deprimido, mas não derrotado. Disse a uma plateia, na noite de 11 de dezembro: "Meus olhos se abriram [...]. Hoje, no Congresso, todos estão em busca de poder. Isto é prenúncio de grande perigo."[49]

A fim de prevenir o colapso de todas as esperanças sobre o futuro da Índia, Gandhi resolveu iniciar aquele que seria seu último jejum. Em 12 de janeiro de 1948, teve um nervoso encontro com Nehru e Patel. Eles tentaram explicar por que era impossível impedir os contínuos linchamentos de muçulmanos em Délhi e por que não podiam pagar ao Paquistão sua parcela das reservas de capital do Banco da Índia — quase 550 milhões de rupias. Isso levaria o país à falência, insistiram. E, de qualquer modo, o Paquistão e os muçulmanos eram culpados por toda a violência.

Gandhi não disse nada. Era seu dia de silêncio. Ele, no entanto, confidenciara à leal Manubehn que estava vislumbrando uma grande transformação em sua vida, uma mudança que tinha a ver com a crescente violência e com as esperanças de paz. Em 9 de janeiro, falou sobre os massacres em Punjab, Calcutá e todos os outros lugares: "Sou responsável por tudo isso." Talvez Deus o tivesse deliberadamente cegado para as consequências de suas ações, disse ele, mas agora, no fim de sua vida, despertava para os erros cometidos. Naquela tarde, em 12 de janeiro, ele preparou um longo discurso sobre suas razões para embarcar em mais um jejum. Se hindus e muçulmanos prometessem, juntos, viver em paz e não em guerra, ele quebraria o jejum. Caso contrário, ele não o faria. "Peço a todos que abençoem o esforço e que rezem por mim e comigo."[50]

Seu filho, Devadas, então lhe perguntou se aquele jejum era dirigido contra o Paquistão.

"Não", respondeu Gandhi, "é dirigido contra todos."[51]

O jejum começou ao meio-dia do dia 13 de janeiro. Gandhi anunciou, em rede nacional de rádio: "Só terminarei o jejum quando a paz retornar a Délhi."[52] No dia 14, o homem de 78 anos ainda tinha força suficiente para caminhar até seu encontro religioso diário e, depois, seguir para a reunião com Nehru e o ministério na Casa Birla, às 21 horas. Quando os ministros saíram, Gandhi ouviu um alvoroço na rua. Perguntou o que era. Eram sikhs da parte ocidental de Punjab, expulsos de seus lares pelos vizinhos muçulmanos durante a limpeza étnica da porção paquistanesa da província.

"O que estão gritando?", perguntou Gandhi.

"Estão gritando 'Morte a Gandhi'", responderam-lhe.

Gandhi respirou fundo e começou a recitar o *Ramanama*.

No dia seguinte, ele estava fraco e queixando-se de dores de estômago e calafrios. O médico observou que seus rins já não funcionavam. Gandhi mal podia se sentar, mas ainda conseguiu falar ao microfone de uma rádio pendurado sobre sua cama. Disse aos ouvintes que o governo indiano finalmente concordara em transferir 550 milhões de rupias ao Paquistão. Mesmo assim, ele não encerraria o jejum, até que Índia e Paquistão estivessem em paz.

Na noite seguinte, uma enorme procissão de hindus e muçulmanos marchou pela Albuquerque Road, em uma emocionante demonstração de unidade. Cantavam *"Bhai! Bhai!"* (Irmão! Irmão!) e *"Mahatma Gandhi ki jai"*, embora Manubehn pudesse ouvir gritos de *"Gandhi mordabad!"* no meio da multidão.[53] No dia 17, 130 representantes de várias comunidades da Índia reuniram-se, na casa de Rajendra Prasad, para deliberar sobre um chamado para a reconciliação. Alguns dos membros mais importantes estavam ausentes; Prasad ordenou que fossem convocados imediatamente.

Mesmo que a resolução fosse aprovada, não era certeza que Gandhi ficaria sabendo dela. Os médicos noticiavam que ele já delirava.

O Mahatma estava morrendo.

Naquela mesma manhã, em 17 de janeiro, um táxi deixou a avenida principal de Mumbai e parou junto a uma estreita rua paralela. Três homens desceram e andaram até a porta da sede da Hindu Sangathan, uma organização ultranacionalista. Tocaram a campainha. A bandeira nacional da Índia tremulava ao alto.

Um homem os atendeu. Era magro e idoso, a pele de seu rosto esticava-
-se sobre o crânio. Ele fez com que os três jovens entrassem e, depois de
verificar a rua, fechou a porta.

O homem era Vinayak Savarkar. Fora ex-presidente da Mahasabha, agora
estava aposentado. Era reverenciado nos círculos hindus ortodoxos, mais
do que Gandhi. Ele e Gandhi conheciam-se muito bem. Viram-se, pela
primeira vez, no famoso jantar Dussehra, em Londres, em 1909, quando
Gandhi discorreu sobre a paciência e a compaixão de Krishna, enquanto
Savarkar, de 26 anos, falava sobre o incrível poder de Durga, a Deusa Mãe.*
Os dois encontraram-se apenas mais uma vez depois daquela noite; Savarkar,
contudo, passou a nutrir, desde então, um ódio abrasador pelo Mahatma.

Desde a independência, ele cuidadosamente disfarçava seus sentimentos.
Elogiara o primeiro-ministro Nehru; adotara oficialmente a nova bandeira
da Índia. Em seu íntimo, entretanto, fervia-lhe a partição. Agora ele estava
planejando contra-atacar.

Savarkar recebeu os jovens calorosamente. Assim como ele, Nathuram
Godse e Narayan Apte eram brâmanes chitpavan — hindus de alta casta e
respeitáveis membros da Mahasabha. Ao terceiro jovem, Digambar Badge,
foi-lhe dito que esperasse ao pé da escada, enquanto os outros três foram
para o andar de cima.

Godse, de 38 anos, fora um fervoroso discípulo de Savarkar desde que o
conhecera, em 1929, e chegou a ser o secretário pessoal de seu mestre. Godse
era puritano, um intelectual que evitava qualquer contato com as mulheres. Apte, por sua vez, era um conquistador, bebia uísque e usava elegantes
roupas inglesas. Juntos, eles editavam o jornal nacionalista hindu *Agrani*,
o qual pregava que todos os não hindus deveriam deixar a Índia.[54] Ambos
julgavam que a partição era uma calamidade nacional e culpavam Gandhi
por isso. Em um artigo publicado naquele ano, Godse estrepitosamente
clamara pelo assassinato de Gandhi. Agora, ele e Apte estavam reunidos
com o homem que podia ajudá-los a atender aquele apelo.

Desde seu encontro com Gandhi, décadas antes, Savarkar havia pros-
seguido em seu percurso como líder defensor do terror e da violência na
causa nacionalista. Já naquela noite de 1909, ele era um homem caçado e que
mudava constantemente de endereço para escapar da polícia de Londres.

---

* Ver o capítulo 9.

Depois de capturado, foi condenado à prisão perpétua nas ilhas Andaman, por sua participação no caso Curzon-Wyllie. Ele ainda estava lá quando Gandhi lançou sua campanha de não cooperação e George Lloyd trancafiou o Mahatma na prisão Yeravda.

Então, em 1924, ascendeu o novo governo trabalhista, desejando esquecer e perdoar. Savarkar e Gandhi foram soltos. Cinco anos mais tarde, quando Godse o encontrou, Savarkar ainda expunha a palidez do cárcere e estava profundamente amargurado. Na verdade, seu ódio pelo Mahatma crescera. Exasperava-se por Gandhi ter pedido a ajuda muçulmana e rejeitado o exclusivismo hindu como base da nacionalidade. Para Savarkar, a não violência era uma filosofia de covardes e um convite à tirania. "Porque todo agente do mau é um vingador", asseverou ele certa vez, "ainda há, no coração do mundo, alguma esperança de que a injustiça não prevaleça."[55] Agora, no rastro da partição, ele estava seguro de que Durga teria a palavra final.

Muitos hindus concordavam com ele. A elite Mahasabha ostentava um milhão de membros, e seus simpatizantes somavam muito mais. A organização constituía uma forte bancada no Congresso e o paramilitar RSS vinha sendo um importante ator na violência recente. Para muitos hindus de alta casta, a versão evangélica que Gandhi dera a sua religião era indecisa e vulgar.[56] Eles acreditavam que a independência indiana deveria significar a reafirmação da força hindu depois de séculos de dominação imperial britânica e mogol. O apelo de Gandhi pela unidade entre muçulmanos e hindus e pelo fim da intocabilidade parecia-lhes vergonhoso, quase uma blasfêmia.

Esse traço militante — e até mesmo militarista — da cultura hindu marcava tanto os grandes épicos quanto a sangrenta história da Índia. Uma elite educada entre chitpavans e bengalis havia nutrido e mantido vivas essas características. Elas inspiraram B. G. Tilak, no início, e S. C. Bose, em meados do século. Em 1947, estavam corporificadas nos bravos pistoleiros do RSS e na Hindu Rastra Dal, uma sociedade secreta de brâmanes chitpavans comprometidos em alcançar a independência pela via do terror. Seu líder, Savarkar, e outros membros, como Godse, chamavam Gandhi de "o pai do Paquistão" — um pecado imperdoável. Jinnah e os muçulmanos podiam temer Gandhi ou mesmo desconfiar dele; Savarkar e seus seguidores verdadeiramente desprezavam-no.

Muitas ameaças haviam sido feitas à vida de Gandhi antes. Em 1934, lançaram-lhe uma bomba. Em uma base permanente, milicianos do RSS

entoaram "Morte a Gandhi"; muitos transeuntes espantaram-se, mas poucos levaram a agitação a sério. Afinal, quando Gandhi chegara a Délhi, as
multidões, a princípio, gritaram "*Gandhi mordabad*", mas depois acabaram
chorando a seus pés. Godse e Apte agora sabiam que, se Gandhi devia ser
punido por trair sua fé, eles deveriam fazê-lo por si mesmos. Discutiram o
plano com Savarkar. As últimas palavras do velho para Dhingra, em 1909,
quando lhe entregou o revólver, haviam sido: "Não apareça na minha frente
se você falhar desta vez." A Apte e Godse ele disse somente: "Triunfem e
voltem."

Os dois desceram as escadas. Já no táxi, contaram a Badge: "O cente-
nário de Gandhi chegou ao fim." Badge tinha uma loja que vendia armas
e facas — tudo que poderiam precisar. Se Gandhi sobrevivesse ao jejum,
eles atacariam.[57]

Gandhi sobreviveu. No dia 18, depois de vários líderes de diversas crenças
e comunidades assinarem um documento implorando para "uma vez mais,
viverem em Délhi como irmãos e em perfeita amizade", ele consentiu em
quebrar o jejum — à sua maneira peculiar, com um copo de suco de laranja. As garotas cantaram seu hino favorito, "When I Survey the Wondrous
Cross" (Quando contemplo a maravilhosa cruz, em tradução livre). Gandhi
estava pesando então menos de 50 quilos. No dia seguinte, estava tão fraco
que não pôde sair da cama; ainda assim, falou a uma rádio sobre seu último
desejo para a Índia: reconciliação.

"Não posso profetizar o futuro", disse ele, "mas Deus me agraciou com um
intelecto e um coração sinceros [...]. Se, por uma razão ou outra, falharmos
em manter relações amistosas, não apenas com os muçulmanos da Índia,
mas também com os do Paquistão e de todo o mundo, devemos saber — e
não tenho dúvidas quanto a isso — que a Índia deixará de ser nossa [...]. Nós
seremos escravos, o Paquistão cairá na escravidão, a União [da Índia] cairá
na escravidão e perderemos a liberdade que conquistamos a duras penas."[58]

O sonho de Gandhi sobre a *satyagraha* e a não violência estava acabado.
"Hoje, sou o único que ainda tem fé na *ahimsa*", frisou ele. "Confundi a não
violência do fraco — a qual, agora, vejo ser um equívoco e uma contradição
em termos — com a verdadeira não violência."[59] Além disso, os conflitos na
Caxemira e os massacres que ainda assolavam a Índia pareciam comprovar
a derrocada de outro grande sonho seu: o *Swaraj* indiano, o autogoverno,
no sentido moral. Os indianos seriam governados por seu amor à verdade

ou estariam sujeitos à paixão por poder e vingança? Gandhi preferia a primeira opção, mas deixou claro que não tinha desejo de viver mais, caso a segunda se impusesse. "Se a Índia já não serve para a não violência", disse ele a Pyarelal, "de que pode servir para mim?"

A manhã do dia 20 chegou clara e límpida. Apesar de Gandhi ainda estar fraco, ele insistiu em comparecer ao compromisso religioso diário, nos jardins da Casa Birla, acompanhado por sua sobrinha-neta Manubehn, sempre a seu lado. Cerca de trezentas pessoas apareceram para ouvi-lo; a Rádio All-India posicionou microfones para transmitir sua mensagem. Quando Gandhi começou a falar, com uma voz baixa e vacilante, houve uma súbita explosão.

As pessoas, alarmadas, voltaram-se para o fundo do jardim. Um pedaço de algodão-pólvora pusera abaixo uma pequena parte do muro. A polícia imobilizava um jovem no chão, enquanto outros quatro, não notados pelos presentes, escapavam. Manubehn ficou apavorada com o estouro, mas Gandhi permanecia impassível. "Por que você está com medo?", perguntou a ela, que se lançara a seus pés. "O que você faria se eles realmente tivessem tentado atirar em mim ou em você?" Ele prosseguiu com o encontro, como se nada tivesse acontecido.[60]

A polícia, no entanto, estava atenta. Depois de interrogar o homem detido, um punjabi, ela soube que estava em curso uma conspiração para matar Gandhi. Na medida em que os boletins policiais eram publicados, os demais conspiradores, inclusive Godse e Apte, dispersaram-se. As notícias do ataque chegaram a um professor de um dos conjurados, dr. Jain, que, de imediato, chamou a polícia. Contudo, as engrenagens da burocracia giravam tão vagarosas na União da Índia quanto haviam girado sob o Raj, especialmente quando a polícia incluía, em seus postos, membros do RSS.[61] Nenhuma outra prisão foi feita. Depois do ataque do dia 20, Patel ordenou que mais guardas escoltassem Gandhi, mas, fora isso, permaneceu indiferente. Evidências apontavam que pelo menos cinquenta pessoas sabiam do plano e que os maiores envolvidos, Apte e Godse, ainda estavam à solta.

Quanto a Gandhi, "é Rama quem me protege", dizia ele. "Estou cada vez mais convencido de que todo o resto é inútil." Recusou guarda-costas. Sentia que o momento para o qual vinha se preparando por toda a vida estava para chegar. Dois dias depois, saiu para uma caminhada com Manubehn e lhe disse que "a explosão foi feita por Ele", aludindo a Deus. "Quisera eu bravamente encarar os disparos do assassino deitado em seu colo e repetindo o nome de Rama com um sorriso nos lábios."

Ele encarou-a, ternamente. "Porém, querendo o mundo que assim seja ou não — porque o mundo tem duas faces —, digo-lhe que você deve me considerar sua verdadeira mãe. Sou um verdadeiro Mahatma."[62] Foi a única vez que Gandhi reconheceu o título formal e revelou como preferia morrer.

Oito dias depois, seu desejo foi realizado.

Sob a pressão da busca policial, o número de conspiradores caiu para três. Apte e Godse fugiram para Mumbai, na esperança de arranjar um revólver — o que, com a ajuda de um velho membro do Mahasabha, conseguiram. Então, com identidades falsas, embarcaram em um voo de volta para Délhi e se encontraram com o terceiro membro restante, Vishnu Karkare. Ao meio-dia de 29 de janeiro, o trio se reuniu no Templo de Birla, para rezar e planejar, sob uma placa que dizia: "Ele, que é conhecido como Vishnu, o Preservador, é, na verdade, Rudra, o Destruidor; e Ele que é Rudra é Brahma, o Criador."[63]

Gandhi começou o dia seguinte como de costume, levantando-se às 3h30. Acordou Manubehn como sempre fazia, com um puxão na orelha. Naquela manhã, ele estava ranzinza e inquieto. Durante o último jejum, desenvolvera uma tosse perturbadora, que piorava à noite. Manubehn quis preparar-lhe alguns tabletes de cravo-da-índia. "Quem sabe o que vai acontecer antes do cair da tarde ou se estarei vivo? Se à noite eu ainda estiver vivo, você pode sim prepará-los."[64]

Gandhi estava infeliz também porque tinha de enfrentar a usual irrupção de visitantes, trinta apenas naquele dia. Um queria discutir o estabelecimento de um asilo e um orfanato; outro, a publicação do diário de Mahadev Desai; um terceiro vinha do Ceilão apenas para pegar um autógrafo (o último de Gandhi). Vieram um fotógrafo francês e uma fotógrafa norte-americana, Margaret Bourke-White. Ela já havia conhecido e fotografado Gandhi antes. Dessa vez, ela lhe perguntou como ele enfrentaria um ataque de bomba atômica.

"Ah", disse ele com um sorriso. "O que posso responder?" Deu uma ou duas voltas em sua *charkha* e depois disse, enigmaticamente: "Eu a enfrentaria com *ação da oração*."

Isso lançou uma discussão no mundo do pós-guerra. Com considerável presciência, Gandhi disse: "Agora é uma questão de saber se os vencedores são de fato vitoriosos ou se são vítimas." E então, com uma voz baixa e calma, acrescentou: "Porque o mundo não está em paz. Está ainda mais apavorante."[65]

Às 16 horas, chegou a mais importante visita: Patel, agora vice-primeiro-ministro, querendo discutir sua crescente rivalidade com Nehru e seu temor de que isso pudesse rachar o governo. Gandhi ouviu seu mais velho e próximo discípulo polidamente, mas com o coração decepcionado. Isto era o que mais receava na política: sua inevitável degradação em sede de poder e conflito de personalidades. "Todos os que entram na política ficam contaminados", declarara em dezembro. "Fiquemos juntos, fora da política."[66] Agora era tarde demais. Enquanto conversavam, Gandhi trabalhou em sua *charkha*, tomou sopa e leite de cabra e comeu três laranjas, até que a filha de Patel lhe disse que ele estava atrasado para o encontro de oração.

Patel foi embora; Gandhi saiu para o jardim. As sobrinhas-netas, Manubehn e Abhabehn, suas "bengalas", caminhavam a seu lado. Manubehn carregava o caderno de anotações e o colar de contas para suas rezas. Era uma tarde nítida e clara. A multidão abriu caminho para deixá-lo passar; Gandhi fez uma reverência, com as mãos unidas à maneira *namaskar*, e sorriu.

De repente, um homem em um pulôver verde chamativo lançou-se sobre eles e quase derrubou Manubehn. Ela, pensando que era apenas mais uma pessoa tentando tocar os pés de Gandhi, como muitas faziam no momento da *darshan*, começou a repreendê-lo. Mas, em vez disso, o homem sacou um revólver e rapidamente disparou três vezes. Nathuram Godse teria disparado mais se o sargento Devraj Singh, da Força Aérea indiana, não estivesse por perto e lhe tomasse a arma.

Um dos projéteis de Godse perfurou o estômago de Gandhi; os outros dois, o peito. Enquanto ele caía, suas mãos ainda estavam unidas; ele já estava morrendo. Manubehn, em prantos, aconchegou-o em seu colo. "*Hai Rama! Hai Rama!*" Foram as últimas palavras de Gandhi. Morreu como desejara, com suas duas meninas ao lado.

As notícias arrebataram a Índia. Nirad Chaudhuri estava sentado à máquina de escrever quando seu filho mais velho irrompeu no escritório gritando: "Eles mataram Gandhi!" Chaudhuri não precisou perguntar quem eram "eles". Muitos de seus conhecidos achavam Gandhi um desastre para a causa nacionalista, inclusive o agora falecido Subhas Bose e seu irmão, Sarat. Chaudhuri também sabia que, "embora o povo da Índia venerasse Gandhi por sua moral, apenas o seguiu enquanto ele sustentou o ódio contra o domínio britânico". Até mesmo os mais fiéis seguidores do Congresso ouviam "os conselhos e determinações do mestre somente quando lhes interessava, desconsiderando-os totalmente nos demais casos".[67]

Esses seguidores haviam concorrido às eleições para o Parlamento da Índia em 1924, quando Gandhi pedira-lhes que não o fizesse. Haviam forçado o mestre a abrir mão de um cargo na nova Constituição de 1937. E, por fim, haviam ignorado sua súplica pelo esforço de guerra em 1939. Sobre a partição, Gandhi fora contra e, depois, constrangido a aceitar. Suas campanhas para expulsar os britânicos por meio da não violência, desde a campanha da não cooperação de 1920-1921, até "Deixem a Índia", em 1942, haviam fracassado. O grande baque nas bases do jugo britânico fora o julgamento dos oficiais do INA, não a Marcha do Sal. Fora o medo da violência, e não o respeito à não violência, o que, finalmente, colocara os britânicos para fora da Índia.

Mesmo assim, Chaudhuri tinha de reconhecer que, "na Índia, as massas, coletiva e inconscientemente, fazem de um grande homem um deus e conseguem dar perenidade à sua memória [...]. Não haverá, na futura história dos hindus, um tempo em que Mahatma Gandhi assim não seja lembrado. Ele *conquistou* seu lugar em nosso Panteão".[68]

O homem que havia sido o intermediário entre Gandhi e Churchill nos anos 1930, G. D. Birla, estava em Pilani e ouviu a notícia de seus colegas, que estavam escutando a BBC. Gandhi vinha morando na casa de Birla por quase quatro meses. "Tive o imediato impulso de ir a Délhi, de carro", relembrou ele, mas amigos o convenceram a ficar até a manhã seguinte. Naquela noite, sonhou que Gandhi aparecia para ele dizendo: "Não se preocupe comigo [...], estou indo dançar alegremente, pois minha missão acabou." No dia seguinte, Birla voltou para casa e viu a morte na face do homem que fora seu mentor por quase 32 anos: "Ah!, agora nós sentiríamos falta daquele rosto resplandecente de calor humano e bondade."[69]

O dr. Ambedkar foi menos benevolente. Quando soube da notícia, ficou em silêncio e, depois, disse: "Meu maior inimigo se foi; graças aos deuses, o eclipse acabou." Se um homem odiara verdadeiramente Gandhi, esse fora o líder dos intocáveis. As ideias de Gandhi, ele as considerava um espúrio amálgama de Tolstói, Ruskin e Rousseau: "Sempre há um tolo a pregar." Recordando a batalha sobre o Communal Award, em 1932, disse que a santa reputação de Gandhi não passava de uma mentira. "Acho que o conheço melhor do que qualquer outra pessoa", confidenciou, anos depois, a um entrevistador da rede de televisão BBC, "porque ele mostrava os dentes para mim, e assim eu podia ver dentro do homem."[70]

Jinnah, outro grande opositor de Gandhi, disse somente que "ele foi um dos maiores homens criados pela sociedade hindu" — e nada mais. Jinnah estava morrendo de câncer; viria a falecer em 11 de setembro de 1948, reduzido a um esqueleto de cerca de 30 quilos.*

Jawaharlal Nehru tinha um encontro marcado com Gandhi para aquela noite, depois do compromisso religioso. Mesmo que Nehru e Gandhi tivessem entrado em desacordo inúmeras vezes e que vissem a Índia movendo-se em caminhos diferentes, Nehru sentiu o assassinato de Gandhi como uma perda pessoal. Mountbatten ficou chocado ao ver o rosto inchado e lacrimoso de Nehru quando chegou à Casa Birla. "Amigos e camaradas, a luz de nossas vidas apagou-se", disse Nehru à rádio naquela noite, "e a escuridão está em todos os lugares." Mountbatten queria que o corpo fosse embalsamado, para preservá-lo em um memorial permanente, mas cedeu à vontade de Gandhi — a cremação, de acordo com o costume hindu.

Manubehn e outros discípulos deram ao corpo de Gandhi o banho de purificação ritual, parecido com o que sua mãe lhe dera quando ele nascera. Alguns cantavam versos do *Bhagavad Gita*. Outros choravam em silêncio.** O corpo foi exposto à visitação pública — um último *dashan* — ornado com

---

* O seu país perderia o debate sobre a Caxemira, no âmbito da ONU; Paquistão e Índia lutariam mais duas guerras pela disputada província. Uma guerra de terror prossegue ainda hoje. A nação islâmica, pela qual o Quaid-e-Azam tanto lutara contra Gandhi, atravessaria décadas de tumultos, instabilidade e até desmembramentos. Em 1971, com a conivência da Índia, a parte leste romperia a unidade para formar um novo Estado, Bangladesh.

** Ironicamente, os assassinos de Gandhi também citariam o *Gita* no julgamento, o qual teve início no Forte Vermelho de Délhi, em 27 de maio de 1948. "Meu respeito pelo Mahatma era profundo e imortal", disse Godse em sua última declaração. "Não tive qualquer satisfação em matá-lo. Na verdade, meus sentimentos pareciam com os de Arjuna quando assassinou Dronacharya, seu Guru, a cujos pés aprendera a arte da guerra." Godse, contudo, não podia perdoar Gandhi por sua inclinação pró-muçulmana. Em inglês, Godse disse: "Estou convencido de que aquele grande homem era o maior inimigo não apenas dos hindus, mas de toda a nação." O julgamento durou mais de um ano e teve 149 testemunhas de acusação. Godse e Apte terminaram culpados e sentenciados à morte; foram enforcados, lado a lado, em 15 de novembro de 1949, quase dois anos depois do assassinato de Gandhi. Vinayak Savarkar, o maior responsável pelo que acontecera, foi absolvido de todas as acusações. Viveu como um homem livre até a morte, em 1966.

rosários e laços de algodão caseiro. Devadas insistiu para que o peito de seu pai ficasse nu. "Nenhum soldado teve um peito maior do que o de Bapu", disse orgulhosamente.[71]

O funeral foi prorrogado até meio-dia, para que Ramdas pudesse chegar de Nagpur. O cortejo estendeu-se por mais de 3 quilômetros, desde a Casa Birla até as margens do rio Jamnu. A multidão somava mais de 1,5 milhão de pessoas: "Não era bem um mar de gente, mas uma enorme massa aglutinada que entupia, amorfa e difusa, as artérias da cidade."[72] Outro milhão de pessoas assistiu à procissão dos terraços e telhados das casas.

O cortejo abrangia os opulentos — Nehru, Patel, o ministro da Educação Maulana Abul Kalam Azad — e os humildes. Ajuntava hindus, muçulmanos, sikhs, pársis, brancos, intocáveis — todos caminhavam juntos. A notícia sobre a morte de Gandhi parara a violência em toda a Índia, como um toque de botão. O que Gandhi não conseguira em vida — a paz e a união da Índia —, ele alcançou com sua morte: "O martírio de Gandhi provou ser um laço muito mais poderoso entre os indianos do que o Gandhi vivo."[73]

Ironicamente, o veículo que carregava o ataúde do grande pacifista era um caminhão militar indiano, empurrado ao longo das ruas por duzentos homens das Forças Armadas. Três aviões C-47 Dakota jogavam centenas de milhares de pétalas de rosas sobre o cortejo na chegada à beira do rio. Uma pequena pira funerária fora construída na margem, sob uma plataforma de tijolos. Ramdas acendeu a pira, que queimou por catorze horas. A multidão cantava *"Mahatma Gandhi ki jai!"*, enquanto o corpo do Mahatma era reduzido a cinzas e fumaça.

Naquela noite, os restos mortais receberam uma última visita. O filho mais velho de Gandhi, Harilal, acometido pela tuberculose, retornou para render tributo ao pai que jamais o compreendera. Harilal passou a noite na casa de Devadas.

Morreria em um hospital de Mumbai, menos de cinco meses depois.[74]

31. O CREPÚSCULO DO LEÃO

1948-1965

Jogamos fora nosso glorioso Império, nosso
magnífico Império Indiano.
(Winston Churchill, abril de 1954)

Tributos a Gandhi vieram de todos os lugares. O papa, o Dalai Lama, o presidente Harry Truman, Chiang Kai-shek, o primeiro-ministro Clement Attlee e o rei George VI, todos discorreram sobre as virtudes e o legado do Mahatma. Albert Einstein disse que "em nosso tempo de absoluta decadência moral, ele foi o único estadista que defendeu um relacionamento humano mais elevado na esfera política". Até Douglas MacArthur sentiu que era necessário elogiar a grandeza de Gandhi — e nisso foi seguido por Felix Frankfurter, da Suprema Corte de Justiça dos Estados Unidos. O romancista Pearl Buck denominou seu assassinato de "outra crucificação". Sir Stafford Cripps, mais que qualquer outro no governo britânico, compartilhara o ponto de vista New Age de Gandhi, a despeito dos constantes desentendimentos sobre a Índia. "Não conheço nenhum outro homem, em nenhum outro tempo ou na história recente", escreveu Cripps, "que tão vigorosa e convincentemente tenha demonstrado o poder do espírito sobre as coisas materiais."[1]

Houve, entretanto, uma única figura pública que não proclamou nenhuma homenagem. Winston Churchill, nem naquela época, nem posteriormente, jamais expressou qualquer lamento sobre o fim do rival de longa data. Para Churchill, a morte de Gandhi era apenas mais um assassinato nas lutas que se vinham travando desde 1946. "Uma horrenda tragédia já ocorreu", disse ele na Câmara dos Comuns. "Pelo menos 400 mil homens e mulheres digladiam-se, só em Punjab." Era mais, apontou, que todas as baixas britânicas na Segunda Guerra Mundial.

"Muitos outros milhões são fugitivos, andarilhos ou exilados de suas terras de nascimento [...]. Só podemos ser gratos pelo fato de que nenhuma catástrofe como esta — ou mesmo que se aproxime a um vigésimo dessa magnitude — tenha acometido o indefeso povo indiano durante os longos anos em que esteve em paz e em segurança sob o Raj Britânico e a Coroa imperial."[2]*

Churchill não estava com humor para prestar homenagem ao homem que, segundo ainda acreditava, disparara toda aquela enorme tragédia. Nem tinha tempo para isso. Desde que assumiu o cargo de líder da oposição no Parlamento, viu-se na linha de frente de uma outra batalha, a Guerra Fria.

"Frequentemente me perguntam: 'Haverá guerra?'", disse ele na Câmara dos Comuns, apenas uma semana antes do assassinato de Gandhi. "Essa é uma pergunta que sempre me faço."[3] Menos de um mês depois, os comunistas tomaram o poder na Tchecoslováquia. Em junho, os soviéticos bloquearam Berlim. Esses eram eventos que Churchill previra em seu discurso sobre a "Cortina de Ferro", em 5 de março de 1946, em Fulton, Missouri. Na mente de Churchill, essa era uma nova guerra pela civilização. Era preciso um novo chamado para debelar "os desígnios dos homens perversos". No outono de 1948, ele conclamou a primeira grande união europeia para repelir o avanço da maré soviética — um discurso que, por consequência, inspirou o Plano Marshall norte-americano para a reconstrução da Europa.[4]

Esse surto de frenética atividade arrebatou-o da depressão em que mergulhara depois da derrota eleitoral de julho de 1945. O choque e o desconsolo de Churchill por ter sido rejeitado pelo povo britânico haviam sido mais profundos do que seus amigos poderiam prever. O desapontamento ocasionara um de seus famosos "humores de cão", os quais seu médico, o dr. lorde Moran, diagnosticou como melancolia.

Essas variações de humor, tão indicativas de uma personalidade bipolar, surgiam sem aviso e podiam durar meses. Uma atacou-o no tempo em que

* Um furioso parlamentar trabalhista levantou-se para afirmar, com correção, que milhões haviam morrido durante a fome de 1943, durante o governo de Churchill. Este replicou, também corretamente, que, sob o jugo britânico, a população da Índia cresceu em 100 milhões de habitantes e que esta era a diferença entre o fracasso na prevenção da fome e a matança deliberada.

Winston fora ministro do Interior, sob o governo Asquith, quando, muito subitamente, como o próprio Churchill descreveu, "a luz da pintura esmaeceu". Disse que eram dias em que ele preferia não passar perto dos trilhos do trem ou do curso de um navio na água, momentos em que "um gesto de um segundo poderia acabar com tudo".[5]

Uma depressão similar abateu-o em 1943, quando ficou claro que ele estava perdendo a lealdade e a confiança de Roosevelt, e sua vitória sobre Gandhi provava-se apenas temporária. Um terceiro ataque veio com os resultados da eleição de 1945. Em uma manhã daquele mês de agosto, seu médico foi vê-lo em um quarto de hotel em Londres. Churchill sutilmente apontou a varanda. "Não gosto de dormir perto de um precipício como esse", declarou. "Não tenho vontade de deixar o mundo, mas pensamentos, pensamentos desesperados vêm à cabeça."[6]

Anos depois, Churchill admitiu que houvera apenas um ponto positivo em sua derrota: ele não teve de assumir a cadeira de primeiro-ministro em 1947, enquanto a Índia conquistava a independência. Para um homem que declarara, apenas cinco anos antes, que "nós devemos nos garantir e manter como efetivos dominadores da Índia por um longo e indefinido período de tempo", isso seria a suprema humilhação.[7]

Nos dias de então, contudo, Churchill resignava-se à transferência de poder. Em 21 de maio de 1947, ele escreveu uma decisiva carta ao primeiro-ministro Attlee, prometendo o apoio do Partido Conservador ao "status de protetorado para as muitas partes de uma Índia dividida".[8] Mas a iminência da partição ainda lhe desagradava, quase tanto quanto a Gandhi. A unificação da Índia fora um grande feito do Raj, ele sempre dizia; a dissolução da primeira parecia, agora, salientar o fracasso do segundo. Churchill, porém, optou por não confrontar o governo Attlee sobre a questão da joia da coroa imperial. Mountbatten garantira-lhe que tanto a Índia quanto o Paquistão viriam a fazer parte da Commonwealth e manteriam seus laços com a coroa britânica como protetorados — uma promessa que se provou falsa.

A única concessão que Churchill solicitou, na tentativa de salvar seu orgulho, foi que o projeto de lei final do Parlamento fosse denominado "Projeto de Lei da Índia" ou "Projeto de Lei de Autogoverno da Índia" — qualquer coisa menos "Projeto de Lei de Independência da Índia". Mas Attlee permaneceu inflexível.[9] Poucos meses depois, Churchill percebeu que Mountbatten o traíra: Índia e Paquistão livraram-se do status de protetorado assim que puderam; o Paquistão até se recusou a fazer parte da Commonwealth. Winston também estava contrariado por Mountbatten ter enviado tropas treinadas pelos britânicos e aviões da RAF para auxiliar Nehru na Caxemira. "Ele me acusou de ter planejado e organizado a primeira vitória do Industão (rejeitava o nome 'Índia') contra o Paquistão", confessou Mountbatten depois. Churchill exigia de Mountbatten: "Não envolva o rei e meu país nas próximas traições."[10]

Acima de tudo, Churchill estava furioso por Mountbatten ter tentado esconder do governo e dele próprio a realidade dos massacres. Por intermédio do general Ismay, entretanto, Churchill soube da verdade.[11] Por consequência, sua exposição sobre o número de mortos, presente nos discursos da Câmara dos Comuns em 1947 e 1948, foi muito mais precisa que a asséptica versão oferecida por Mountbatten ao público britânico. Churchill escolheu aplicar a palavra "holocausto" àquilo que ocorria na Índia — e com razão. Embora ele nunca tenha culpado, em público, seu antigo pupilo pelo que ocorrera, deu vazão a seus sentimentos em um jantar, em 1951, onde seu caminho cruzou com o do ex-vice-rei e governador-geral. Churchill disse que a política indiana de Mountbatten custara, desnecessariamente, mais de um milhão de vidas. O que Mountbatten fizera, enfureceu-se Churchill, "foi um tapa na cara". Eles só voltariam a conversar muitos anos depois.[12]

Mas Churchill voltou a falar sobre a Índia em junho de 1948, cinco meses depois da morte de Gandhi, quando o rei George VI teve de formalmente renunciar ao título de rei-imperador. "Este melancólico evento", disse Winston, "é apenas um sintoma do que vem ocorrendo com nosso Império e nossa Commonwealth em tantas partes do mundo." Naquele mês de outubro, quando o novo governo indiano estava a ponto de dominar, pela força, o último principado independente, Hyderabad, ele repetiu seu aviso de dois anos antes, dizendo que o fim do jugo britânico significaria somente miséria e derramamento de sangue: "Ah!, eu não estava errado [...]. Sangue, assassínio e desintegração cavalgam triunfantes naquela terra infeliz."[13]

Entretanto, acrescentou ele, com um ar fatalista:

Nossa missão imperial na Índia chegou ao fim — temos de reconhecer. Um dia, a justiça será feita e a opinião de todo o mundo reconhecerá nossos feitos, mas o capítulo está encerrado e "O dedo move-se e escreve; e, escrevendo, / Segue em frente; nem toda a sua

Piedade ou Graça / Irão encantar ou cancelar uma única Linha, / Nem todas as suas lágrimas irão apagar uma única palavra".[14]

Por essa época, Churchill podia sentir um outro sinal — para além "desses horrores e carnificinas" e do "retrocesso da civilização" na Índia. Apenas três anos depois da guerra, na qual ele tanto havia lutado para salvar a Grã-Bretanha e o Império, a posição britânica no mundo estava, lenta e firmemente, naufragando.

Assim como Gandhi assistira, desde os confins da Casa Birla, ao trabalho de sua vida desfazer-se diante de seus olhos, também Churchill viu algo parecido em sua fortaleza de Chartwell. Seu neto, de apenas 5 anos e meio de idade, relembraria, tempos depois, das visitas matinais ao avô: "Eu o encontrava prostrado na cama, com uma montanha de travesseiros às costas, uma mesinha, feita para se acomodar ao formato de sua barriga, e uma pilha de papéis a sua frente." Um charuto empapado já estaria em sua boca, e um secretário estaria tomando notas para um discurso ou uma carta. Naqueles anos, Churchill mandara construir um cinema na casa, com dois gigantescos projetores de 35 mm, onde ele e seus visitantes podiam assistir a seus filmes prediletos, como *Oliver Twist*, *Lady Hamilton*, *A divina dama* e *E o vento levou*, tirando quinze minutos de intervalo para encher os copos de conhaque e "tirar a água do joelho", como dizia Churchill.[15]

Contudo, por trás das visitas e da diversão, crescia um sentimento nebuloso. Mais e mais sombras cobriam o mundo pós-guerra. As últimas palavras de Gandhi haviam sido uma advertência: "É uma questão de saber se os vencedores são de fato vitoriosos ou se são vítimas."[16] Talvez ele estivesse se referindo à Grã-Bretanha. Outrora a mais influente nação da Europa, a guerra reduzira-a a uma economia estraçalhada, vivendo de racionamento de pão e batatas e empréstimos dos norte-americanos. Seu povo parecia entregar-se à apatia e ao ressentimento pelos custos da responsabilidade mundial da Grã-Bretanha, inclusive os da Marinha e do Império.[17]

Churchill salvara a Bretanha dos nazistas, mas não podia salvá-la de si mesma. E, das sombras, vinham vozes familiares, plenas de reprovação e escárnio, relembrando-o de seu fracasso.

Em uma tarde do fim de novembro de 1947, Churchill estava pintando em seu estúdio. Em um cavalete estava o retrato de seu pai, feito em 1886, para o Clube Conservador de Belfast; recentemente fora para as mãos de Winston. Ele agora trabalhava em uma cópia, quando, subitamente, teve uma estranha sensação.* "Olhei ao redor, com minha palheta nas mãos", diz Churchill, "e lá, sentado em minha poltrona de couro vermelha, estava meu pai."

Esbelto e no vigor de sua juventude, com o familiar e requintado bigode e o chapéu de seda, o ex-conselheiro do erário público e ministro de Estado da Índia perguntou ao filho o que ele estava fazendo. Estava ansioso para saber que ano era aquele. "Mais de cinquenta anos se passaram", meditou Randolph. "Muito mais coisas aconteceram."

"Ah, sim, de fato", respondeu o filho. E passou a dar ao fantasma do pai um vívido relato do meio século que transcorrera desde sua morte. Começou com a Guerra dos Bôeres e o general Roberts. ("Designei-o chefe do Estado-Maior da Índia quando era ministro de Estado", exclamou o fantasma, acrescentando orgulhosamente: "Isso foi no mesmo ano que anexei a Birmânia.") Então Winston resumiu o restante: duas terríveis guerras mundiais, a ascensão da democracia e a derrocada da civilização, governos socialistas e mulheres votando, cidades bombardeadas e campos de morte que eram "arenas de combates humanos como os currais de Chicago", uma parceria norte-americana e uma renovada ameaça russa. Ele se empolgou com as últimas notícias sobre corridas de cavalos, a monarquia e a criação de uma Irlanda livre.

"E na Índia, está tudo bem? E na Birmânia?", indagou o fantasma.

"Ah!", Winston teve de responder, "elas foram pelo ralo."

Randolph suspirou.

"Para aliviar sua consternação", relembrou Winston, "eu disse: 'mas talvez elas voltem a integrar o mundo de língua inglesa'".

Mas teve de admitir: "Estão muito longe os dias da rainha Vitória e do mundo colonizado. Mas, tendo passado por tantas coisas, não nos desesperamos." No fim das contas, o desejo do povo ainda prevalecia, como Churchill achava que devia ser. "O senhor me ensinou isso", disse ele ao pai.

Isso, no entanto, causou uma erupção. "Nunca lhe ensinei nada!", explodiu o fantasma. "Eu jamais iria falar sobre política com um menino como

* O que vem a seguir é relatado pelo próprio Churchill, em um documento publicado somente após sua morte.

você. Último da escola! Nunca foi aprovado em nenhum exame, a não ser na Cavalaria! Escreveu cartas pomposas e artificiais [...]. Você brincava de soldado, então eu escolhi o Exército. Espero que tenha tido uma carreira militar de sucesso."

"Fui major em Yeomanry", respondeu Churchill, com orgulho. Seu pai não ficou muito impressionado.

O fantasma precisava partir, mas tinha algumas palavras finais.

"Winston, você me contou uma história terrível. Eu nunca poderia imaginar que tais coisas pudessem ocorrer. Estou feliz por não ter vivido para vê-las." E concluiu: "É claro que agora está muito velho para pensar nisso, mas, quando o ouço falar, realmente não acho que você sirva para a política. Você pode ter feito muito para ajudar. Pode até ter construído um nome para si." Então, o fantasma acendeu um fósforo para o charuto e desapareceu.

"A poltrona estava vazia", relembrou Churchill. "A ilusão acabara." Somente a desaprovação de um pai morto havia muito tempo e o sentimento de fracasso interior, mesclados ao de triunfo exterior, permaneciam.[18]

Por seis longos anos, Churchill cultivou os campos da oposição parlamentar. Então, de repente, em outubro de 1951, os eleitores recolocaram-no, a ele e aos conservadores, no Gabinete. Tornara-se um crítico ácido da direção que os trabalhistas estavam dando ao país: nacionalizando as indústrias britânicas de aço, carvão e transportes, criando um Serviço Nacional de Saúde, aumentando salários e expandindo o Estado de bem-estar social. "O socialismo é a filosofia da falência, o credo da ignorância, o evangelho da inveja", disse em uma palestra, em 1948. "A menos que consigamos libertar nosso país enquanto ainda há tempo [...], nosso lugar no mundo estará perdido para sempre."[19]

Milhões pensavam diferente. Depois de provações e sofrimentos da guerra total, o declínio da Grã-Bretanha, assim como a perda da Índia, não significava quase nada. Eles viam Churchill e os *tories* como sombras de um passado desacreditado, homens determinados a rodar os ponteiros do relógio para trás e a acabar com o pouco que possuíam — e que, após seis anos de economia trabalhista, contínuos racionamentos e altos índices de desemprego, era bem pouco.

Na véspera da eleição, o neto de Churchill, Winston, foi com o avô até Devonport, para acompanhar a campanha de Randolph, candidato conservador. Eles apareceram, àquela noite, no Plymouth Hoe, local onde Francis Drake aguardara, no passado, a chegada da armada espanhola e onde, agora, "uma efervescente massa de pessoas" vinha saudar seu candidato, o futuro líder trabalhista Michael Foot, e vaiar o líder *tory* e seu filho.

Anos depois, o jovem Winston recordaria como "a turba estava tão cheia de raiva e ódio" dos Churchill que "uivava como hienas sedentas de sangue". Dez policiais tiveram de escoltá-los enquanto passavam pela multidão, que chutava suas pernas e até puxava os cabelos da esposa de Randolph.[20] É desnecessário dizer que Randolph perdeu o pleito.

Mesmo com a derrota de Randolph, os conservadores conseguiram vencer. E Winston Churchill estava, subitamente, de volta ao número 10. Com velhos partidários, como Anthony Eden, Harold Macmillan e "Pug" Ismay em seu ministério, Churchill acreditava estar pronto para renovar "as glórias de nossa ilha natal". Ironicamente, contudo, a década seguinte de governo *tory* iria apenas acelerar o declínio britânico, sob a liderança relutante e desamparada de Churchill.

A explicação era amarga, mas simples. O desastre de 1945 rompera os nervos dos *tories* e, de certa maneira, os de Churchill. Nada será feito para irritar o instável e já decepcionado povo britânico, decidiram eles, em especial os sindicatos da Bretanha. Homens que haviam feito nome lutando no apaziguamento externo nos anos 1930 tornaram-se entusiasmados pacificadores internos nos anos 1950.

A agenda de Churchill como primeiro-ministro era tristemente limitada: "Moradia, carne vermelha* e não ser surpreendido."[21] Os gastos públicos continuaram a crescer mais rápido que a economia britânica, especialmente os subsídios para a habitação. Descontando-se o reverso na política trabalhista de nacionalização da indústria do ferro e do aço, o novo governo *tory* não fez nada para afrouxar o controle estatal da economia — nem para inspecionar as empresas públicas responsáveis por tal comando. O chamado "Caminho do Meio" do Partido Tory nascia — o que significava a tentativa de manter tanto um compromisso com o capitalismo norte-americano quanto uma rendição ao pleno socialismo. O "Caminho do Meio" dominaria o pensamento conservador britânico pela década seguinte e ainda além — até a chegada de Margaret Thatcher ao poder.

---

* Que estaria sob racionamento ainda em 1956.

Essa concepção satisfazia Churchill. Embora fosse um liberal na economia, ele não era um libertário. Como presidente da Câmara de Comércio, em 1909, havia sido, afinal, o verdadeiro pai do Estado de bem-estar. Ele não tinha mais admiração pelo (ou entendimento do) "capitalismo irrestrito" do que Attlee e os trabalhistas. Nos anos 1950, era o Congresso das Organizações Sindicais, com seus 11 milhões de membros, o que mais o atemorizava. O ministro do Trabalho, Walter Monckton, "tinha ordens diretas de Churchill para contentar os sindicatos", relembrou seu secretário particular, Sir David Hunt.[22] Isso significava conceder aumentos salariais, independentemente da produtividade. E também permitir associações de classe; barganhas coletivas, para que greves contra uma companhia pudessem forçar acordos com todas as outras; e poder para os sindicalistas vetarem qualquer mudança tecnológica que pudesse acarretar perda de empregos. Tudo isso viria a se tornar a marca registrada da política industrial britânica — quase todas essas iniciativas começaram no governo Churchill. Elas também lançariam a Grã-Bretanha em um forte declive rumo à obsolescência econômica e ao descontentamento social.

A desintegração da política nacional de Churchill era concomitante à desagregação de sua vida familiar. Seu filho Randolph e sua filha Sarah haviam se tornado alcoólatras incorrigíveis, vítimas daquilo que Clementine secretamente considerava o "gene da bebida", vindo de seu lado da família (embora o prodigioso exemplo do pai, com certeza, não ajudasse muito). Randolph envelheceu prematuramente; grisalho e pálido, amargurado com o fracasso de sua carreira política e de seus dois casamentos, encarava o fato de que nunca herdaria Chartwell.*

Sarah tinha a aparência, a cabeça e a ambição para construir uma carreira nos palcos. Mas "ficava petrificada diante da magnitude [do pai]", revelou uma amiga, a atriz Judy Campbell. "Era por isso que ela desejava ser uma estrela e, quando falhou, tudo à sua volta ruiu."[23] Enquanto isso, os humores "de cão" maníaco-depressivos de Churchill tomaram definitivamente sua outra filha, Diana, que sofreu um colapso nervoso, em 1953, e passaria o resto da vida entrando e saindo de clínicas para doentes mentais, submetendo-se

---

* Sabendo das dificuldades que Winston enfrentava para manter a residência, um grupo de ricos empresários a arrematou depois da guerra, como uma doação à National Trust. Depois da morte de Churchill, a herdeira seria a Trust, não Randolph.

a tratamentos de choques elétricos. Em 1963, ela tiraria a própria vida com uma overdose de pílulas para dormir.

A única luz na vida de Winston era seu infinito amor por Clemmie — "Seria impossível para qualquer homem passar por tudo que passei, em paz e em guerra, sem seu dedicado apoio", ele gostava de dizer nos últimos anos — e por seu neto, Winston Spencer Churchill. O jovem Winston passava parte de suas férias de verão e inverno em Chartwell, ajudando o avô a erguer o muro de tijolos que ainda estava construindo ao redor da casa, visitando os porcos que Churchill mantinha na fazenda ("Um cachorro olha o homem por baixo", dizia-lhe Churchill, "um gato o olha por cima, mas um porco te olhará nos olhos e te verá como um igual!") e brincando na piscina.

"Lembro-me muito bem", escreveria o neto anos depois, "do tremendo volume de água que espirrava quando vovô, já aos 76 anos, pulava do trampolim para a piscina", e de vê-lo, nas tardes de verão, "sob o imenso cedro que se ostentava no gramado atrás da casa, enrolado em uma coberta sobre a *chaise-longue*, banhado pelo sol vespertino, admirando a vista distante ou cochilando tranquilamente, com um charuto apagado e umedecido ainda firme em seus lábios".[24]

Nenhuma dessas demonstrações de vitalidade podia disfarçar o fato de que a saúde de Churchill fraquejava. Mais de um ano depois da guerra, Churchill disse a seu médico que ainda podia trabalhar o dia todo, sem se cansar.[25] Porém, em uma manhã de fevereiro de 1947, Churchill o chamou para reclamar que "respirava com dificuldade". Em dezembro, Moran visitou-o em Marrakesh e "pude ver que ele estava escorregando, quase imperceptivelmente, para a velhice". Os anos de exuberantes bebedeiras e comilanças e de artérias fortes estavam, por fim, cobrando seu preço.

O primeiro derrame acometeu-o em 23 de agosto de 1949 — enquanto ele estava, como de costume, jogando cartas, às 2 horas da manhã, em Monte Carlo. Depois, ele disse ao médico, "parecia haver um véu ao meu redor", e descreveu uma espécie de câimbra nos ombros. Apesar de tudo, ele ficou bem, e sua memória, inabalada. Moran lhe disse que aquilo fora um derrame. "Terei outro?", perguntou Churchill, ansioso. "Talvez haja uma eleição [...]. Pode ser que eu tenha de assumir de novo." E então forçou uma risada. "Parece que estou oscilando entre o palanque da Câmara dos Comuns e a morte. Mas não estou preocupado. O destino tomará seu curso."[26]

Ele parecia recuperado e o destino levou-o ao plenário do Parlamento uma vez mais. O retorno ao poder e a ascensão de uma nova monarca, a rainha Elizabeth, em 1952, reavivaram seu espírito: "Eu, que em minha juventude vivi as majestosas, imbatíveis e tranquilas glórias da era vitoriana, sinto-me emocionado por invocar, mais uma vez, a prece e o hino *God save the queen!*"[27]

Assim, em 24 de junho de 1953, Churchill estava falando em um jantar ofertado ao primeiro-ministro italiano, Alcide de Gasperi. Quando os convidados já estavam saindo, Churchill, de repente, parou e caiu sobre uma cadeira. A esposa do historiador da arte, Kenneth Clark, que estava sentada a seu lado, segurou sua mão enquanto ele murmurava: "Eu quero um amigo. Eles confiam muito em mim. Assuntos exteriores...", até que sua voz estacou.[28] Clementine soube do ocorrido e ordenou que ele fosse imediatamente levado para a cama. Jock Colville mandou os garçons irem embora, para que Churchill pudesse ser amparado. "Eu acho que pensaram que ele havia bebido demais", recordou Colville.

Na verdade, aquilo foi um derrame sério, muito pior que o primeiro. Durante meses, Churchill passou por uma lenta recuperação. O ministério, com receio de que a incapacidade do primeiro-ministro pudesse ocasionar a perda de seus poderes e cargos, fez de tudo para esconder a verdade do público. Uma pequena equipe de pessoas mais íntimas, inclusive Jock Colville e o genro de Churchill, Christopher Soames, lia despachos e tomava decisões por Winston, mesmo que apenas Soames fosse, de fato, membro do governo. As notícias sobre o derrame de Churchill eram desmentidas ou abafadas. Por quase dois meses, "nem à rainha, nem ao Parlamento, nem ao povo era permitido saber que a Grã-Bretanha estava sem um líder efetivo e legalmente constituído".[29]

Para o dr. Moran, médico de Winston, seu paciente falava em morte. "Ele não acreditava em um outro mundo; apenas em um veludo escuro — sono eterno." Ele também admitia: "Falar me cansa." Em agosto, entretanto, estava bem o suficiente para continuar trabalhando em sua história da Segunda Guerra Mundial e encontrar os ministros em seu escritório. Em setembro, estava pronto para viajar novamente para Monte Carlo. Mas o derrame abalara sua confiança e comprometera suas aptidões. Quando fez uma viagem, em novembro de 1953, para encontrar o presidente Eisenhower, em Bermuda, sua energia estava visivelmente abatida. "Às vezes, durante as refeições", contou Colville ao médico, "Winston fica muito apático. Então Clemmie lhe passa uma repreensão e ele se apruma e volta ao normal."[30]

Em 30 de novembro de 1954, Churchill e a nação celebraram seu aniversário de 80 anos. Seu médico já podia redigir um sinistro relato sobre os males a que aquele homem notável resistira desde que se conheciam. Dois derrames, um deles gravíssimo; um ataque cardíaco em 1941, após o naufrágio do Prince of Wales e do Repulse; três acessos de pneumonia, um deles durante a greve de fome de Gandhi, em 1943.[31] Com exceção de 26 membros, todo o Parlamento, incluindo membros de todos os partidos, assinou uma congratulação, e Clement Attlee proferiu um gracioso discurso na Câmara, recordando os 55 anos da carreira de Churchill.

Attlee tomou a liberdade de chamar "única estratégia imaginativa da guerra" a concepção de Dardanelos de Churchill e descreveu como, em 1940, ele fora "o piloto ousado ao extremo [...] que a Bretanha necessitava". Attlee relembrou como, por seguidas vezes, as pessoas haviam dito que "Churchill está acabado" para logo o verem retornando ao ápice, retornando ao poder, içado às alturas, "o mais distinto membro da família parlamentar".

Churchill levantou-se para agradecer a Attlee e aos colegas. "Este é, para mim, o mais memorável evento público de minha vida", disse. Agradeceu-lhes, além disso, os comentários sobre o papel essencial que desempenhara na guerra. Todavia, "eu nunca aceitei aquilo que muitas pessoas gentilmente disseram", acrescentou ele, "que eu inspirei a nação [...]. Foi a nação e a disputa ao redor do globo que arrebataram o coração do leão. Eu tive a sorte de ser chamado para dar o rugido".[32] Agora o rugido estava falhando — e o coração nacional, também.

Nenhum debate sobre quem o sucederia foi travado, pois o ministro do Exterior, Anthony Eden, era seu herdeiro tácito desde 1940. "Estou, agora, próximo ao fim da jornada", disse Churchill aos deputados, no dia de seu 80º aniversário. Apesar disso, ele resistia à inevitável transferência de poder. A verdade era que ele estava apavorado com o que seus sucessores fariam quando se aposentasse. O Exército e a Marinha britânicos estavam encolhendo progressivamente, assim como o Império. Ainda assim, o mundo parecia mais ameaçado do que nunca.

O primeiro teste da bomba de hidrogênio, em 1954, deixou-o profundamente deprimido. "A maior ameaça à civilização desde os mongóis", considerou ele. Mas isso era também um sinal de que o futuro pertenceria aos detentores dessa arma de destruição em massa, a União Soviética e os Estados Unidos. "[Os norte-americanos] tomarão as grandes decisões agora", confidenciou Winston a Eden em julho. "Sem a ajuda deles, a Inglaterra ficará isolada; ela pode virar, como a França, um satélite da União Soviética." Então sua voz se embargou e seus olhos se encheram de lágrimas.[33]

Por fim, Eden decidiu que catorze anos de espera eram o bastante. Na primavera de 1955, ficou claro que Churchill não podia continuar. Os *tories* usaram, uma vez mais, seu nome para assegurar a reeleição. Em 1º de março, Winston proferiu seu último grande discurso na Câmara dos Comuns. Passara-se quase meio século desde o dia em que ele cruzara o passadiço da bancada *tory* do partido de Asquith e Lloyd George. Agora ele falava sobre a bomba e a divisão do mundo em territórios livres e comunistas. A parceria entre a Grã-Bretanha e os Estados Unidos, dizia ele, nunca deverá ser prejudicada ou enfraquecida, enquanto as forças da escuridão continuarem a espreitar o planeta.

"Misericordiosamente, sempre haverá tempo e esperança, se nós combinarmos paciência e coragem", concluiu. "Enquanto isso, nunca hesitem, nunca desistam, nunca se desesperem."[34] Era sua mensagem de adeus ao povo britânico. Pouco mais de um mês depois, ele formalmente entregou as rédeas do poder.

Jock Colville foi seu leal secretário quando ele assumira, pela primeira vez, o cargo de primeiro-ministro, em 1940. Estivera com ele durante os dias mais sombrios da guerra e nas nebulosas semanas seguintes à eleição de 1945. Colville estivera também no dia de seu grave derrame. Agora ele acompanhava Churchill ao jantar de despedida, no número 10, com a presença de todos os membros do ministério, do futuro primeiro-ministro, Anthony Eden, e até da rainha e do príncipe Philip. Depois da festividade, Churchill retirou-se para o andar de cima e sentou-se na cama, meio despido, em silêncio e profundo pensar.

Colville estava de saída quando Churchill, de repente, olhou para cima e, com real veemência e desespero resignado, disse: "Não creio que Anthony possa fazer isso."[35]

Foi a primeira confissão expressa de seu receio de que Eden não conseguiria manter a Grã-Bretanha forte e influente no mundo — como ele desejava. De fato, o declínio do grande Império estava prestes a começar.

"Se Winston acreditou em alguma coisa durante sua longa vida", lorde Moran anotou no diário, "foi no Império Britânico e em tudo que ele significava." A Índia britânica representara sua juventude. Agora a Índia estava perdida.[36] O fim da Índia, aliás, trouxe justamente aquilo que Churchill sempre temera: o fim do resto do Império. O Raj havia sido a pedra angular do grande arco imperial, desde a África do Sul e do Egito até Cingapura, Rangoon e Hong Kong. Sem ele, as peças não se encaixavam e a estrutura já não fazia sentido.

A Palestina foi a primeira a sair, em 1947. Na sequência, a Birmânia, em 1948. Em 1954, Churchill governava quando da remoção das tropas britânicas do Egito, depois de 72 anos, fato que o *Daily Express* recriminou como "a maior capitulação [...] desde que os socialistas e Mountbatten arquitetaram a fuga da Índia". Churchill estava desapontado por ser o alvo desses ataques retóricos tipicamente churchillianos. "E imaginar o fim de minha carreira com a expulsão do Egito", murmurou ele.[37]

Suez foi o próximo. Até Churchill tinha de admitir: "Agora que já não dominamos a Índia, o canal pouco significa para nós."[38] Mesmo depois da saída das tropas britânicas do Egito, Churchill permanecera inflexível sobre mantê-las na zona do canal. Mas, em junho de 1955, Eden reverteu aquela política e ordenou a evacuação do último regimento britânico de Suez. Um mês depois, o ditador egípcio Gamal Abdel Nasser apossou-se do vital curso de água. Eden tentou, em vão, reavê-lo à força, com a ajuda de tanques e paraquedistas franceses. Quando os norte-americanos protestaram, Eden hesitou, mas, por fim, deu início à Operação Mosqueteiro. Era uma humilhação internacional tanto para a Grã-Bretanha quanto para a França. Custou a Eden sua saúde e seu emprego.

Churchill ficou horrorizado com o desastre de Suez. Sempre considerou Nasser um patife, um "porco malicioso"; mas estava igualmente decepcionado com a fraqueza e a indecisão de Eden. Em poucos meses, ele destruíra o único legado deixado por Churchill: a credibilidade britânica no Oriente Médio. Anthony Eden, o filho confiável que sempre quisera,* traiu-o no final.

E assim também o fez o substituto de Eden, Harold Macmillan — outro antigo companheiro de Churchill. A pronúncia aristocrática de Macmillan, seus modos severos e seu bigode de morsa faziam-no parecer um sobrevivente vitoriano, um retorno aos mais floridos dias imperiais. Na verdade, ele é quem estenderia a grande retirada para a África. Gana (a antiga Costa do Ouro) tornou-se independente em 1957; Nigéria, em 1960. Ambas se

---

* Para reforçar os laços familiares, Eden chegou a se casar com a sobrinha de Churchill, Clarissa.

uniram à Commonwealth, mas a diretriz agora estabelecida era que a África Britânica seria governada por prioridades nativas, não imperiais.

De fato, a cada encontro anual da Conferência dos Ministros da Commonwealth, o número de rostos negros e pardos aumentava. Macmillan, sempre uma figura popular nas conferências, fez desse crescimento um motivo de celebração, não de pesar. "O processo que deu origem aos Estados-nação da Europa repetiu-se por todo o mundo", disse a uma plateia, durante uma viagem pela África, em 1960. "Assistimos ao despertar da consciência nacional em povos que viveram, por séculos, na dependência de algum outro Poder." Em suma, aquilo que Gandhi começara na Índia não havia sido apenas o extraordinário sonho de um santo vivo ou (alternativamente) faquir sedicioso; fora parte de um inevitável processo histórico; parte daquilo que Macmillan denominava o "vento da transformação". Essa mudança de perspectiva verdadeiramente marcou, como um cronista disse, "o fim do ideal imperial".[39]

A modificação de perspectiva também assinalou a morte, pelo menos pública, das concepções sobre raça e cultura que haviam guiado a geração de Churchill e Gandhi. O racismo e as ideologias raciais eram agora vistos como equívocos completos. Nos anos 1960, até mesmo as sentenças de Gandhi sobre a preservação da "pureza racial" da Índia causariam constrangimento, senão escândalo. Longe de assumir que os não brancos eram inaptos para a autonomia, a nova visão determinava que eles deveriam governar a si próprios imediatamente, estivessem ou não preparados para a tarefa.[40]

A descolonização britânica encetaria muitos problemas e crises, em particular na África. As cenas sangrentas que findaram o jugo britânico na Índia seriam reeditadas na Nigéria, em Uganda, no Congo e em outras antigas colônias europeias. Mas a batalha que Gandhi lutara por toda a vida, acabar com a discriminação racial no Império e na Commonwealth, finalmente teve sua vitória.*

---

* Em todos os lugares, à exceção de onde ele começara a luta, na África do Sul. O último laço que ligava a África do Sul a Gandhi e Churchill, o marechal de campo Jan Smuts, morreu em 1950. O poder passou para as mãos de racistas radicais. A advertência de Macmillan, em 1960, sobre o "vento da transformação", determinou-os, ainda mais, a lutar pela preservação do sistema de segregação racial, ou apartheid (ao qual Smuts se opunha). Pouco depois, motins estouraram no distrito de Sharpeville, e a polícia matou mais de sessenta protestantes antiapartheid. Foi o prelúdio de três décadas de conflito, nas quais o nome e o exemplo de Gandhi seriam invocados, mais de uma vez, por militantes como Nelson Mandela e o arcebispo Desmond Tutu.

Não por acaso, Churchill estava insatisfeito com esses desdobramentos. Percebeu que seus pontos de vista estavam obsoletos. "Quando você aprende a pensar em uma raça como seres inferiores, é difícil se livrar desse pensamento", confessou Churchill a seu médico, em 1952. Ele também disse a Clementine que acreditava ter sido um erro de Macmillan ir à África "para encorajar os negros".[41] As convicções de Churchill sobre o Império e o fardo do homem branco já não encontravam eco no Partido Conservador. Como ele disse, muitos outonos antes: "Sou meramente um aposentado e cansado velho reacionário."

Ele também estava perdendo sua capacidade de prestar atenção nos eventos. À medida que se aproximava dos 90 anos, seu entendimento sobre o mundo foi vacilando e ele se tornava apenas a sombra do homem que havia sido. Ainda podia haver, contudo, pequenos e inesperados lampejos do velho Winston, como em um dia de abril de 1958, enquanto Clementine recitava *The Oxford Book of English Verse* na mesa do jantar.

Os olhos de Winston, de súbito, acenderam-se. "Dê para mim", disse ele, avidamente. O livro estava aberto em um poema de Arthur Hugh Clough, "Não diga que a luta nada valha". Como primeiro-ministro, em 1942, ele evocara aquelas linhas em um de seus mais famosos discursos. Agora, mais uma vez, lia, em sua voz alta, forte e vetusta, as linhas que poderiam ser o resumo de sua vida:

> *Por muito as ondas cansadas rebentam, vãs*
> *Não parecem uma dolorosa polegada ganhar*
> *Mas pelos rangidos e avanços que faz*
> *Vem, silencioso, inundando o mar*
>
> *E não pelas janelas do leste somente,*
> *Quando vem o dia, vem a luz,*
> *Adiante o sol se ergue tão vagarosamente,*
> *Mas a oeste, veja, a terra reluz.*

"Quando Winston chegou à última linha", notou um comensal, "aprumou-se e fez um gesto vago, como se direcionasse nossos olhos para a luz, como se estivesse de novo na guerra. E, então, ele desmoronou; o esforço havia sido demais para sua mente cansada."[42]

Em 1960, ele parou de pintar. Raramente falava, parecia não reconhecer amigos e tinha de ser auxiliado por enfermeiras para ir de um quarto a outro. Visitantes poderiam encontrá-lo aconchegado em uma poltrona do iate de seu mais novo amigo, Aristóteles Onassis, ou em Chartwell, onde passava horas sentado diante da lareira. Pensando, relembrando e, de repente, movendo a mão para atiçar o fogo.

Seu aniversário de 90 anos, em 30 de novembro de 1964, foi um evento muito diferente das celebrações públicas de dez anos antes. Era um "caso de amor perdido", lorde Moran, seu médico por mais de trinta anos, notou tristemente. "Aqueles mais próximos a ele faziam os comentários adequados, mas sabiam que era tudo um faz de conta e que ele não queria mais viver."[43]

Às 8 horas da manhã do dia 24 de janeiro de 1965, o desejo de Winston foi realizado. Sua filha, Mary, estava presente, bem como sua amiga de toda a vida, Violet Bonham Carter, que assistiu à "sua face de toda a idade e fraqueza se livrar", tornando-se "jovem, calma e resoluta em sua morte".

Foi exatamente setenta anos depois do dia da morte de seu pai.

Por ordens da rainha, o corpo de Churchill foi velado na Abadia de Westminster — honra não concedida a nenhum primeiro-ministro desde Gladstone. Durante três dias, sob um cortante vento invernal, uma fila sem fim de britânicos passou pelo caixão para demonstrar seus respeitos ao homem a quem a manchete do *Times* (jornal contra o qual Churchill tão amargamente lutara quanto à Índia, mas, por fim, com o qual se conciliou) chamava de "o maior inglês de seu tempo". Em certo momento, a fila estendeu-se por mais de 3 quilômetros, da Westminster Bridge e Lambeth Embankment, na margem leste do Tâmisa, pela Lambeth Bridge até a praça do Parlamento e Westminster.

A amargura, o rancor e a inveja dirigidos a Churchill durante toda a sua vida, desde todos os lados, estavam, por fim, terminados. Restava apenas a memória do homem que salvara o país na Segunda Guerra Mundial; e o reconhecimento de que ele viria a representar uma era na história britânica — e na história mundial — que acabava para sempre.

Tributos vieram de todos os países e continentes. Ao redor do mundo, bandeiras tremularam a meio mastro, lojas desceram suas portas, teatros fecharam. Três presidentes norte-americanos publicaram condolências, assim como o fez o papa. O primeiro-ministro do Canadá, Lester Pearson, escreveu que "todos os canadenses estão deprimidos". Líderes de todos os cantos do globo e do antigo Império ofereceram os mesmos sentimentos: "A morte de Sir Winston Churchill afetou profundamente o povo belga"; "Toda a população germânica compartilha a perda"; "O Nepal perdeu um grande amigo"; "É com profundo pesar que os indianos recebem a notícia de seu falecimento".⁴⁴

Então, em 30 de janeiro, aconteceu o funeral. O dia estava tacanho e cinzento, com o mesmo vento cortante. Oito mil policiais e 7 mil soldados estavam a postos para controlar a multidão, que se espremia pelas ruas e calçadas, desde Whitehall até Trafalgar Square, de Strand e Fleet Street até Ludgate. Estima-se que outros 300 milhões de pessoas — um décimo da população do mundo —, desde Vancouver até Mumbai, assistiram, pela televisão, ao cortejo lentamente seguir o caixão coberto com a bandeira da Grã--Bretanha, precedido por trezentos veteranos da RAF da Batalha da Bretanha e puxado por cem membros da Marinha Real, aos acordes da marcha fúnebre de Beethoven. Enquanto isso, no St. James Park, a Artilharia Montada Real disparava noventa salvas de tiros, uma para cada ano da vida de Churchill.

Mais de 3 mil enlutados e líderes de 110 nações presenciaram os trinta minutos de sepultamento em St. Paul. Um deles era uma figura de barba e turbante, o ministro do Exterior da Índia, Swaran Singh. Ele fora um primeiro-ministro muito próximo a Nehru, que morrera, aos 75 anos de idade, no ano anterior. No passado, Nehru havia sido o jovem e promissor rebelde que, Churchill avisara Gandhi, exploraria sua popularidade para ganhar poder e cujo governo sobre a Índia independente seria, Churchill previra, um "completo desastre".

Nos anos recentes, contudo, Churchill e Nehru haviam se reconciliado. "Pressente que os comunistas estão contra ele", brincou Winston, depois da Conferência da Commonwealth, em 1955, "e isso é capaz de mudar a opinião das pessoas."⁴⁵ Churchill conseguiu viver mais que o antigo colega de Harrow. Assim, outra era chegava ao fim e, com ela, seu amargor.

"Quando eu era um subalterno, o indiano não me parecia igual ao homem branco", recordou Churchill em 1952. Era uma atitude que — conforme ele tardiamente percebeu — feriu o Raj. Tempos depois, ele disse que, se tivesse sido reeleito em 1945, teria tentado estabelecer, mais uma vez, uma assembleia constituinte na Índia. "É óbvio que eles se livrariam de nós de qualquer modo", disse, referindo-se ao povo indiano, "mas eu não acharia ruim tentar."

Naquela época, ele disse algo muito distinto de tudo que dissera sobre a Índia: "Se nós tivéssemos feito amizade com eles e os trazido para dentro de nossas vidas, em vez de termos restringido nossas relações ao campo político, as coisas poderiam ter sido muito diferentes." Essa reflexão arrependida era o passo final de uma longa jornada. A abertura que Gandhi tanto ansiara, por fim, aparecia — mas era tarde demais para ambos.[46]

Agora, os honoráveis homens que carregavam seu caixão começavam a subir as escadas. Entre eles, distintas figuras dos tempos de guerra de Churchill: Eden, agora lorde Avon, lorde Ismay e lorde Slim. Também se achavam os lordes Mountbatten e Attlee — os dois homens que, a despeito de seus equívocos, haviam feito aquilo que Churchill não poderia fazer: dar à Índia sua liberdade. Por fim, a rainha, a rainha-mãe e o duque de Edimburgo chegaram e cantaram com a congregação os hinos favoritos de Churchill, inclusive "Fight the Good Fight" e "Battle Hymm of the Republic", enquanto o caixão coberto com a bandeira da Grã-Bretanha permanecia firme e silencioso entre as tumbas de Nelson e Wellington.

Depois, uma longa fila de Guarda-costas do rei, em casacas vermelhas e douradas, e Granadeiros, em chapéus pretos e sobretudos cinza-azulados, escoltaram o caixão até o barco Port Authority, no Festival Pier, enquanto sessenta gaitas de fole de vários regimentos Highland retumbavam um lamento. Os imensos guindastes mecânicos das docas de Londres baixaram suas "cabeças" em um tributo silencioso para ver o corpo de Winston descer o rio Londres até a Estação Waterloo. Lá, ele começaria sua última viagem, de trem, até Bladon, onde seria enterrado no Castelo Blenheim — lugar onde sua jornada havia começado.

Enquanto isso, os hinos terminaram, os tributos acabaram e as últimas notas das trombetas de Last Post e Reveille perdiam-se na Whispering Gallery. A multidão da Catedral de St. Paul dispersava-se. A família real aguardou até que a família de Churchill deixasse o local para também partir. À frente, vinha Randolph, grisalho e prematuramente envelhecido. Ele viveria apenas três anos a mais que o pai.

Então, as demais personalidades, os outros presidentes — Charles de Gaulle entre eles — e a fileira de primeiros-ministros do presente e do passado lentamente saíram. Um dos que mais se demoraram foi lorde Attlee, agora já velho e frágil. Ele havia tropeçado e quase caído ao subir os degraus da catedral, antes da cerimônia. Alguns chegaram a se preocupar com a possibilidade de ter de lidar com dois funerais de ex-premiers no mesmo dia. Attlee, entretanto, recobrou-se, embora estivesse tão fraco que quase não sobreviveu ao funeral e precisou de ajuda para ir embora depois do término.

Quando a multidão já havia deixado a catedral, levaram-lhe uma cadeira. Ele esperava pelo carro. Apoiado sobre a bengala, sentou-se sozinho, cabeça baixa, pensando e relembrando. O carro apareceu. Attlee entrou e foi embora.

Isso foi dezessete anos depois do dia do assassinato de Gandhi.

CONCLUSÃO

Triunfo e tragédia

Dois homens, nascidos a uma distância de cinco anos e 6 mil quilômetros, encontram-se apenas uma vez, quando ambos ainda são desconhecidos. Então, seguem rumos separados e tornam-se duas das mais reverenciadas figuras do século XX. De tempos em tempos, ao passar pela história, cruzam também o caminho um do outro, cada qual empenhado em sua própria rota. Encaram destinos muito diferentes. Um salva seu país e assegura a vitória na pior guerra que o mundo já conheceu. O outro convence uma poderosa nação a ceder sua mais importante colônia e funda a maior democracia da Terra.

Essa é a história de Gandhi e Churchill como a costumam contar historiadores, biógrafos e até cineastas. Mas não é a história toda. Ambos os homens, no fim da vida, conseguiram o que mais queriam, mas à custa do que mais prezavam. Gandhi e Churchill morreram como heróis para seus compatriotas e como ícones para o resto do mundo. Mas são celebrados por feitos que não eram o que se haviam dedicado a cumprir.

Winston Churchill passou a vida tentando recriar a grandeza imperial que fora a pedra de toque da geração de seu pai. Descobriu tal grandeza quando era um jovem oficial na Índia e, nas páginas de Gibbon e Macaulay, desvendou o sonho que a sustentava: o de uma civilização europeia que poderia harmonizar os conflitos da humanidade e criar um mundo de progresso e "terras iluminadas". Churchill fundou sua identidade britânica sobre esse sonho e, por isso, tanto estimava o Império que lhe dava forma.

Na juventude de Churchill, o sonho era partilhado por muitos; e então começou a lentamente evaporar, primeiro entre os intelectuais, depois entre os políticos e, por fim, entre o povo britânico — ou seja, entre todos, exceto Churchill, que o haviam nutrido e avivado durante anos de frustrações e fracassos. Ele o usou para inspirar a nação e vencer a Segunda Guerra Mundial, mas, depois disso, o sonho perdeu valor para os outros, não para ele próprio. Os britânicos preferiam permanecer seres humanos a tornarem-se heróis. Para seu pesar, Churchill foi deixado com os fragmentos de sua ilusão perdida, inclusive a do Raj na Índia.

Gandhi também vivia um sonho. Ele o concebera em Londres, enquanto ainda era estudante de Direito: o de uma Índia como lar espiritual para a humanidade, uma antiga civilização hindu que poderia superar os conflitos humanos e criar um mundo de harmonia e crescimento espiritual, de *ahimsa* e *satyagraha* ou força de alma.

Esse sonho também o conduziu por anos de frustrações e fracassos. Ele o usou para inspirar a nação e alcançar a liberdade perante a Grã-Bretanha e a independência. Então, quando o objetivo já estava no horizonte, seu sonho perdeu o valor para os outros, mas não para ele. Também Gandhi foi deixado com uma ilusão em frangalhos, enquanto a Índia dissolvia-se no caos e na violência.

A morte de Gandhi fez mais para conter a selvageria que qualquer outra coisa que ele tenha feito em vida. Porém, o desastre que assolou a Índia da pós-independência não foi interrompido até depois de 1948. O Raj havia terminado e a Índia estava livre, mas já não era uma Índia que ele — ou Churchill — poderia reconhecer. Tornou-se dois países e, por fim, três: Índia, Paquistão e Bangladesh. Seguiram-se muitos anos de lutas e derramamento de sangue. Sob as desastrosas políticas econômicas de Nehru, a pobreza indiana persistiu. Somente anos de retração e um modo de pensar muito distinto do de Gandhi, com sua noção de um país de *charkhas* e vilas autossuficientes, colocariam a Índia na trilha para se tornar uma nação estável e próspera.

Enquanto isso, golpes militares e a ascensão do fanatismo islâmico antiocidental pontuariam a triste história do Paquistão. Haveria duas outras sangrentas guerras contra seu maior rival pelo controle da Caxemira. Em 1999, Paquistão e Índia quase chegaram ao confronto nuclear. Hoje, graças à al-Qaeda, a antiga Fronteira Noroeste, ou Vaziristão, é um lugar tão perigoso e violento quanto era na época em que Churchill lá serviu, há 110 anos.

Tudo isso parece ter confirmado as piores previsões de Churchill sobre o que aconteceria se os britânicos deixassem a Índia. Mas ele não ficaria satisfeito em provar que estava com a razão. Seus sonhos também se haviam estilhaçado. Apesar de todos os esforços, Churchill não poderia restaurar o orgulho e a autoconfiança britânica no mundo; Gandhi tampouco seria capaz de recuperar as raízes pré-britânicas da Índia. E, por impressionantes meios, as identidades foram revertidas. Hoje, os democráticos, modernos e globalizados indianos são muito mais parecidos com norte-americanos, australianos e outros "povos de língua inglesa" do que Churchill jamais poderia imaginar. Bangalore, o sonolento posto militar onde ele passou um ano lendo e jogando polo, é atualmente o centro de uma economia em expansão. Porta-aviões e navios de guerra da Marinha indiana dominam as águas do sul asiático, como o fez, no passado, a Marinha Real de Churchill.

Ao mesmo tempo, a espiritualidade New Age de Gandhi encontrou um Ocidente mais receptivo do que o Mahatma jamais poderia imaginar. Desde os Beatles e os Hare Krishnas ao vegetarianismo, aos direitos civis e aos estudos sobre a paz, o impacto da imagem e do exemplo de Gandhi é gigantesco. De fato, seu nome hoje chega a ser mais reverenciado na Inglaterra e nos Estados Unidos do que em seu país natal, onde, nas palavras de um estudioso, Gandhi "continua tanto a dividir os indianos quanto a rondar seus sonhos".[1]

Essas transformações culturais refletem as complexas realidades do mundo moderno. É um mundo que Gandhi e Churchill muito fizeram para moldar, mas diante do qual suas educações vitorianas tardias reagiriam com instintiva repulsa. Eles tinham pouco tempo para gastar apreciando nuances. Ambos acreditavam que a civilização dependia da afirmação de valores eternos contra o fluxo e as marés do presente. Acreditavam que havia valores mais nobres que lucrar e gastar. Acreditavam que bravura e coragem eram atributos fundamentais do caráter humano — para um homem de guerra como Churchill ou para um apóstolo da não violência como Gandhi.

Mas, acima de tudo, eles acreditavam que o pessoal e o político eram inseparáveis. Gandhi passou a vida insistindo que o autogoverno da Índia e o autocontrole do próprio ser eram a mesma coisa: pessoas que não pudessem fazer uma seriam incapazes de realizar a outra. Talvez não estivesse equivocado. De forma similar, Churchill pensava que um país forte era o necessário produto de um povo forte, tanto por seus indivíduos, como os grandes heróis da história inglesa por ele venerados (inclusive conquistadores da Índia, como Clive e Hastings), quanto por sua nação ou "raça". Para vitorianos tardios como Gandhi e Churchill, esses termos encerravam o mesmo significado.

Ambos defenderam seus credos vitorianos com espadas em punho. Viam a arena política como o lugar onde os preceitos morais poderiam ser concretizados, e a coragem pessoal, testada. Acreditavam que, com grande força de vontade e exemplos, poderiam redirecionar o curso dos fatos na Índia e no mundo. A experiência da derrota parecia apenas lhes intensificar as energias e ambições. No fundo, os dois homens convenceram-se de que suas vidas teriam sentido somente se conseguissem angariar o apoio das massas para seus sonhos, mesmo que as elites sociais, da Grã-Bretanha e da Índia, permanecessem desconfiadas, ressentidas ou até desdenhosas.

E, até elevados graus, eles tiveram êxito em assegurar tal apoio. Ambos, porém, falharam em perceber que a força de vontade não poderia, sozinha, mudar a forma como os *outros* viam o mundo e reagiam a ele. Milhões seriam mobilizados por suas causas; os dois ganhariam respeito e admiração, e até adulação, de gerações de britânicos e indianos. Cada um veria uma parte essencial de seu projeto triunfar. Ambos receberiam, como resultado, permanente gratidão de suas nações.

Contudo, no fim das contas, aqueles milhões seguiram Gandhi e Churchill por razões particulares, assim como o fizeram seus mais próximos seguidores. Poucos estavam dispostos a ser o que Churchill e Gandhi queriam que fossem. Os britânicos queriam vencer a guerra contra Hitler e o Japão, mas não para ser novamente uma raça imperial. Os indianos queriam a independência, mas não para transcender antigas rivalidades e modernas identidades nacionais. No final, todos continuaram sendo seres humanos comuns, enquanto os rivais e seguidores de Gandhi e Churchill (Nehru, Jinnah e Patel de um lado, Attlee, Mountbatten e Eden de outro) visavam somente a seus próprios futuros políticos.

Em suma, o mundo recusou-se a ser recriado à imagem de Churchill ou de Gandhi. Foi uma consequência que primeiro desnorteou, depois enfureceu e, por fim, suplantou a ambos. Foi deles a tragédia, à altura de seu triunfo. O mundo prosseguiu impassível perante as suas cruzadas para mudá-lo. A história continuou em seu firme e desatento curso, a despeito dos esforços para levá-la a lugares aonde ela preferiu não ir: no caso de Gandhi, a um mundo sem violência ou exploração; no de Churchill, a um Império Britânico florescendo em uma robusta união de povos de língua inglesa.

Ainda assim, Gandhi e Churchill deixaram uma marca indelével em sua era e um duradouro legado às próximas gerações. Lutaram um contra o outro não apenas por um império, mas pelo futuro da humanidade. Em seus quarenta anos de rivalidade, ambos sentiram o gosto do glorioso triunfo e da humilhante derrota. Inspiraram milhões de seguidores devotos e perderam muitos outros milhões. Juntas, suas histórias são um inspirador tributo à força que têm os seres humanos para definir seu próprio destino e um alerta para os perigos da autoilusão e do orgulho.

A história deles é a grande parábola não contada do século XX.

DATAS IMPORTANTES

1857   Grande Rebelião ou Revolta dos Cipaios.

1869   Nascimento de Mohandas Gandhi em Porbandar, Guzerate. Abertura do canal de Suez.

1874   Nascimento de Winston Churchill no palácio de Blenheim, Inglaterra; Karamchand Gandhi, pai de Mohandas, muda-se com a família para Rajkot.

1885   Lorde Randolph Churchill, pai de Winston, torna-se ministro de Estado da Índia; fundação do Congresso Nacional Indiano.

1888   Mohandas Gandhi parte para estudar Direito em Londres; Winston Churchill ingressa em Harrow, recebe as mais baixas avaliações na escola.

1893   Gandhi deixa a Índia e vai para a África do Sul.

1894   Gandhi ajuda a fundar o Congresso Indiano de Natal.

1896-97 Churchill, como subalterno do 4º Hussardos, chega à Índia e assiste a ações na Fronteira Noroeste e no vale Mamund.

1899   Estoura a Guerra dos Bôeres.

1900   Churchill, com a cavalaria sul-africana, e Gandhi, com as unidades de ambulância indianas, servem na Batalha de Spion Kop; em seu retorno à Inglaterra, Churchill é eleito membro do Parlamento pela primeira vez.

1901   Morte da rainha Vitória.

1904   Churchill deixa o Partido Tory e vai para o Liberal.

1906   Gandhi e Churchill encontram-se no Ministério das Colônias, em Londres.

1907   Gandhi lança sua primeira campanha de resistência pacífica.

1908   Gandhi é preso pela primeira vez; Churchill torna-se presidente da Câmara de Comércio e integra o ministério liberal.

1909   Segunda comitiva de Gandhi a Londres; assassinato de Willian Curzon Wyllie; Gandhi escreve *Hind Swaraj*.

1911   Gandhi encerra sua terceira campanha de resistência pacífica; Churchill como ministro do Interior no "Cerco da Sydney Street".

1913   Marcha de Gandhi para o Transvaal; como primeiro lorde do Almirantado, Churchill recebe instruções de voo.

1914   Estoura a Primeira Guerra Mundial. Gandhi recruta unidades de ambulância em Londres; Churchill lidera uma força de libertação na Antuérpia.

1915   Gandhi retorna à Índia e funda Sabarmati Ashram; Churchill lança a ofensiva de Galípoli.

1917   Primeira visita de Gandhi a Champaran; Churchill torna-se ministro das Munições.

1918   Fim da Primeira Guerra Mundial.

1919   Lei Rowlatt e massacre de Amritsar.

1920   Gandhi lança sua primeira campanha de não cooperação na Índia.

1921   Churchill torna-se ministro colonial e organiza a Conferência do Cairo.

1922   Violência em Chauri Chaura; Gandhi preso em Yeravda; Churchill perde seu assento parlamentar por Dundee.

1924   Gandhi libertado da cadeia; Churchill deixa o Partido Liberal.

1926   Lorde Irwin (depois visconde Halifax) nomeado vice-rei da Índia; greve geral na Inglaterra.

1927   Comissão Simon discute o futuro da Índia.

1929   Encontro do Congresso Nacional Indiano em Lahore aprova o plano de Gandhi para a independência completa ou Purana Swaraj; Churchill, em Nova York, testemunha a Terça-Feira Negra e a quebra de Wall Street.

1930   Marcha do Sal de Gandhi; I Conferência da Mesa-Redonda em Londres; Churchill fala à India Empire Society em oposição ao status de protetorado para a Índia.

1931   Pacto Gandhi-Irwin; Gandhi visita Londres para a II Conferência da Mesa-Redonda; Churchill demite-se do comitê do Partido Conservador.

1932   Governo britânico anuncia o Communal Award; "jejum até a morte" de Gandhi e o chamado Pacto de Poona.

1933   Adolf Hitler ascende ao poder na Alemanha.

1935   Apesar da oposição de Churchill, o Projeto de Lei do Governo da Índia é aprovado no Parlamento; tratado naval anglo-alemão.

1936   Gandhi funda um novo *ashram* em Sevagram. Hitler remilitariza a Renânia.

1938   A Conferência de Munique reparte a Tchecoslováquia; Gandhi opõe-se à tentativa de reeleição de Subhas Chandra Bose como presidente do Congresso Nacional Indiano.

1939   Estoura a Segunda Guerra Mundial. Churchill torna-se primeiro lorde do Almirantado; Gandhi endossa o manifesto de Jawaharlal Nehru demandando independência em troca do apoio do Congresso ao esforço de guerra britânico.

1940   Invasão da Noruega; Churchill torna-se primeiro-ministro; o encontro da Liga Muçulmana em Lahore clama por um Paquistão independente; Gandhi lança sua campanha *satyagraha* "pessoal".

1941   Hitler invade a Rússia; ataque japonês a Pearl Harbor e invasão da Malásia.

1942   Cingapura e Birmânia caem diante de invasores japoneses; emissários britânicos, liderados por Sir Stafford Cripps, fracassam em fechar um acordo sobre o futuro da Índia; Gandhi lança a campanha "Deixem a Índia" e depois é preso e encarcerado no palácio de Aga Khan.

1943   Gandhi inicia outro jejum enquanto está na cadeia; começa a Grande Fome de Bengala; o rumo da guerra vira decisivamente a favor dos Aliados.

1944   Gandhi é solto da prisão; o 14º Exército em Imphal e Kohima resiste aos invasores japoneses; Churchill opõe-se e depois concorda com a Operação Overlord e com a invasão da França.

1945   Conferência de Yalta; Gandhi comparece à Conferência de Simla com o vice-rei Wavell; Churchill perde a reeleição para primeiro-ministro; julgamento de oficiais pró-japoneses do INA no Forte Vermelho de Délhi.

1946   Missão ministerial falha em seus esforços para um acordo entre hindus e muçulmanos; líderes muçulmanos declaram o Dia de Ação, o qual desfecha tumultos em Calcutá e outras cidades.

1947   Lorde Mountbatten é nomeado vice-rei da Índia, encontra-se com
Gandhi e outros líderes e anuncia que os britânicos deixarão a
Índia até agosto; iminente partição da Índia enceta massacres e a
guerra pela Caxemira; Gandhi luta pelo fim das limpezas étnicas.

1948   Assassinato do Mahatma Gandhi, aos 79 anos de idade.

1951   *Tories* retomam o poder no Parlamento, com Churchill como
primeiro-ministro.

1955   Com saúde frágil, Churchill renuncia ao ministério após a eleição
geral.

1963   Morte de Jawaharlal Nehru.

1965   Morte de Winston Churchill, aos 90 anos de idade.

Glossário

ahimsa: não violência (oposto de *himsa*);

ashram: comunidade religiosa ou semimonástica, normalmente centrada em torno de um guru ou homem santo;

bania: casta comercial hindu;

Bapu: "pai", um apelido de Gandhi;

Bhagavad Gita: importante texto religioso hindu, parte do poema épico *Mahabharata*;

brahmacharya: celibato;

brahmin: brâmane, a mais alta casta hindu;

charkha: roda de fiar;

chukka: um dos seis períodos de tempo de um jogo de polo;

cipaios: Exército de soldados indianos, especialmente antes e durante a Grande Rebelião de 1857;

dalit: sem casta ou intocável;

darshan: ver ou observar um homem santo ou local sagrado;

dhoti: vestimenta dobrada usada por homens indianos;

feringhi: termo depreciativo para nomear europeus;

guru: homem santo, professor;

Harijan: "Criança de Deus", termo que Gandhi usava para nomear dalits e intocáveis;

hartal: greve ou cessão do trabalho;

jati: subcasta;

khadi: tecido de algodão feito em casa;

Khilafat: movimento que apoiava as reivindicações dos sultões turcos, como os califas, ou a proteção dos locais sagrados muçulmanos;

Krishna ou Krshna: legendário herói hindu, tido como encarnação do deus Vishnu; personagem central do *Bhagavad Gita*;

kusan: camponês ou cultivador;

lakh: 100 mil;

lathi: longo cassetete revestido em ferro usado pela polícia indiana;

Mahasabha: irmandade hindu ultraortodoxa, por vezes aliada a Gandhi;

Mahatma: "Grande Alma", título honorífico dado a Mohandas Gandhi;

moksha: "libertação" ou salvação espiritual, na filosofia religiosa hindu;

mogóis: governantes muçulmanos da Índia até 1858;

nababo: homem rico, termo usado para descrever europeus que fizeram grandes fortunas na Índia do século XVIII (de *nawab*);

pársi: minoria da Índia adepta do zoroastrismo, amplamente concentrada em Mumbai;

purdah: típico véu para mulheres, comuns entre os muçulmanos, mas também em algumas castas hindus;

raj: "domínio", como em "Raj Britânico";

Ram ou Rama: legendário personagem hindu que aparece como encarnação do deus Vishnu; por conseguinte, um nome para Deus;

Ramanama: recitação do nome de Rama como parte de um rito religioso;

ramraj (ya): "o governo de Rama", usualmente projetado no futuro;

Rashtriya Swayamsevak Sangh ou RSS: organização hindu ultraortodoxa;

sadhu: homem santo asceta ou peregrino hindu;

satyagraha: literalmente, "força de alma", termo dado por Gandhi para seu programa de resistência não violenta;

Shiva: um dos mais antigos e importantes deuses hindus;

sowar: soldado da cavalaria do Exército indiano;

swadeshi: "pertencente ao país", usado para denominar os bens produzidos na Índia; por conseguinte, um símbolo da independência e autossuficiência indianas;

Swaraj: "Autogoverno"; portanto, autonomia indiana;

vaishnava: hindus praticantes de cultos religiosos privados em devoção ao deus Vishnu, e não a Shiva;

varna: casta;

varnashramadharma: termo cunhado por Gandhi para definir uma sociedade hindu ideal, em que a casta iria determinar a divisão do trabalho, não a hierarquia social;

Vishnu: importante deus hindu.

AGRADECIMENTOS

Eu estava na escola secundária quando ajudei meu pai a corrigir as provas de sua tradução do *Bhagavad Gita*. A experiência gravou Arjuna e Krishna — e termos como *bakhti yoga* e Mahatma — em minha consciência pela primeira vez. Desde então, meu pai, A. L. Herman, tem sido meu paciente e fidedigno mentor em todos os assuntos relacionados à Índia e ao pensamento indiano. Seus livros sobre hinduísmo e budismo e seus escritos sobre Gandhi são meus guias e inspiração, assim como sua biblioteca tem sido uma fonte durável para minhas leituras e pesquisas por mais de trinta anos.

Sem ele, este livro seria inconcebível. Meu pai não apenas leu rascunhos do manuscrito ou respondeu a específicas questões sobre minúcias do pensamento de Gandhi e da história indiana védica e pré-védica; ele também gargalhou de todas (ou quase todas) as minhas piadas. Nenhuma outra pessoa sabe como fazer a escrita de um livro parecer mais com diversão do que com trabalho pesado.

Também tenho uma enorme dívida com a Universidade da Virginia, com a incomparável coleção de livros e matérias sobre a Índia e Gandhi erigida pelo Centro de Estudos Sul-Asiáticos e com o bibliotecário da Biblioteca Alderman, Philip McEldowney. Phil concordou em ler alguns capítulos manuscritos e me deu conselhos expertos sobre a consulta on-line de fontes indianas. Pramit Pal Chaudhuri também leu o livro ainda em sua forma manuscrita; devo-lhe muito por suas observações sobre a natureza e o destino da Índia contemporânea e o legado de seu passado.

Peter Rühe, da Fundação GandhiServe, foi paciente e prestativo na busca das imagens. Todos os atuais estudiosos de Gandhi devem-lhe gratidão por sua dedicada sabedoria e pelas maravilhosas pesquisas que ele disponibilizou na internet.

Calorosos agradecimentos também vão para a Biblioteca Ames sobre o Sul-Asiático da Universidade de Minnesota — onde, quando garoto, assimilei minhas primeiras lições sobre a história da Índia britânica —, por me terem autorizado a consultar sua magnífica coleção de fotografias e mapas. Foi na Biblioteca James F. Bell da Universidade de Minnesota onde fiz minha primeira pesquisa sobre a geografia da penetração europeia na Índia. Os primeiros capítulos do livro devem muito à rica coleção e ao paciente e confiável pessoal da Biblioteca Pública de Nova York.

O magistral seminário de John Pocock sobre o conceito de império, realizado no Instituto Folger, em Washington D.C., teve um impacto decisivo em minha ideia sobre este livro, inclusive sobre o papel de Gibbon no pensamento de Churchill. O professor Will Hay, da Universidade Estadual do Mississipi, forneceu oportuna e inestimável ajuda, assim como o fizeram as conversas com o professor Iain Smith, da Universidade de Warwick, sobre a Guerra dos Bôeres.

Já na parte sobre Churchill, escrever este livro teria sido impossível sem a ajuda de Sir Martin Gilbert. Sua biografia de Churchill e os volumes que a acompanham permanecem como monumentos da moderna erudição histórica — e como indispensável ferramenta para qualquer estudioso de Churchill. Sir Martin, com bondade, concordou em ler os manuscritos; embora nosso trabalho no livro fosse necessariamente limitado, seus encorajamentos foram sempre um apoio moral quando as coisas ficavam frustrantes.

Carlo d'Este, graciosa e altruisticamente, concedeu-me os frutos de sua própria pesquisa sobre Churchill e teve a gentileza de ler o manuscrito, assim como o fez Richard Langworth, editor do *Finest Hour* do Centro Churchill, em Washington D.C., que me livrou de alguns equívocos preliminares. Assim como ocorreu com outros leitores — meu pai, Philip McEldowney, Pramit Pal Chaudhuri, Carlo d'Este e todos os outros — os erros remanescentes ficam por minha conta.

Agradecimentos vão também para o pessoal do Centro de Arquivos Churchill e dos Documentos Chartwell da Faculdade Churchill, em Cambridge; para Imagens Hulton Getty; para a Biblioteca Britânica; e para o Museu de Guerra Imperial. Agradecimentos especiais vão para Russell Blackwood; Jeanne Gerbus; Greg Lindsay, do Centro de Estudos Independentes de Sydney; Robert Matheson; John J. Miller; Wendy Doniger; Alice Papas; Nick Phillipson, da Universidade de Edimburgo; Ivor Tiefenbrun, do Linn Tecnologias de Glasgow; e Muhammed Sajjad Yussef. Todos eles contribuíram para fazer este livro melhor. Peço desculpas àqueles que ajudaram em uma miríade de maneiras, mas cujos nomes foram deixados de fora.

Conversas com Charles T. Matheson, Tom Veblen e Paul Koda deram forma a este livro, já em seus estágios iniciais; suas inteligentes observações, como sempre, aparecem em quase todos os capítulos. Meus agentes, Glen Hartley e Lynn Chu, foram entusiasmados defensores do projeto, desde o princípio. Minha mãe, Barbara Herman, leu o manuscrito do livro com seu usual discernimento; seus comentários surtiram um decisivo impacto, a começar pela sentença de abertura.

Agradecimentos também para meu editor, John Flicker, por seu caloroso e descompromissado apoio ao projeto e por sua brilhante habilidade em ressaltar a força e ajustar as fraquezas do livro. Sua equipe na Bantam — em particular, seu assistente, Noor Zaidi, e o designer do livro, Glen Edelstein — demonstrou tolerância e paciência quando isso foi necessário e aptidão e expertise quando lhe foram exigidas. Um especial agradecimento vai para minha revisora final, Janet Biehl. Mais uma vez, quaisquer erros remanescentes são de minha responsabilidade.

Minha esposa Beth é, como ela sabe, a mulher perfeita para um escritor e historiador. Vê tudo sob um novo olhar, faz perguntas inconvenientes, mas perspicazes, e nunca deixa que me conforme com o "bom o bastante". Ela se apaixonou pelo projeto antes de mim; sempre mostrou interesse e entusiasmo, até quando eu fraquejava. Este é, em muitos sentidos, o livro dela. Espero que seja um tributo à altura de seus vinte anos de paciência, apoio e amor.

NOTAS

Prólogo

1. Shepherd, *Personal Narrative*, 2.
2. Ibid., 11.
3. Capitão Fletcher Hayes, Collier, *Sound of Fury*, 72.
4. Citado em Hibbert, *Great Munity*, 168.
5. Duberly, *Suppression of Munity*, 156.
6. Shepherd, *Personal Narrative*, 15-17, 32-33.
7. Hibbert, *Great Munity*, 180; Shepherd, *Personal Narrative*, 47.
8. Trevelyan, *Cawnpore*, 202.
9. Thomson, *Story of Cawnpore*, 160-61.
10. Hibbert, *Great Munity*, 192.
11. Amelia Horne, "Narrative", in Ward, *Bones are Scattered*, 329.
12. Hibbert, *Munity*, 203.
13. Citado em Chunder, *Travels of a Hindoo*, 2:104.
14. Citado em Kaye, *History of Sepoy War*, 2:269.
15. Pollock, *Way to Glory*, 176.
16. Hibbert, *Munity*, 195.
17. Ibid., 207.
18. Trevelyan, *Cawnpore*, 312-13.
19. Hibbert, *Munity*, 209.
20. Ward, *Bones are Scattered*, 438-39; Bruehl, *Crisis of the Raj*, 141-43.
21. Citado em Kaye, *History of Sepoy War*, 2:399.
22. Citado em Ward, *Bones are Scattered*, 455.
23. Duberly, *Suppression of Munity*, 25.
24. Edwardes, *Battles of Munity*, 23.

25. Hibbert, *Munity*, 313.
26. O relato do tenente MacDowell está publicado em Hodson, *Twelve Years of a Soldier's Life*, 311-14.
27. Ibid., 297 e 303.
28. Pyarelal, *Early Phase*, 189.
29. Ibid., 190.
30. Meer, *Apprenticeship*, 1.
31. Ver Arnold, *Gandhi*, 17.

1. Os Churchill e o Raj

1. Citado em R. S. Churchill, *Winston S. Churchill*, 1:4-5.
2. Carta para a Sra. L. Jerome, 30 de novembro de 1874, em R. S. Churchill, *Companion*, 1:1:2.
3. Montgomery-Massingberg, *Blenheim Revisited*, 98, 105-7.
4. Isso incluía 3 mil libras esterlinas de seu sogro. Pearson, *Private Lives*, 42.
5. Ibid., 49.
6. Foster, *Lord Randolph*, 25.
7. A maioria dos homens parava de trabalhar quando as mulheres e crianças começavam, pois as fábricas não podiam funcionar sem mão de obra. Ver Mathias, *First Industrial Nation*, 183.
8. Essa coesão foi aprimorada pelo surgimento da energia a vapor e do telégrafo. Para um relato aprazível, ver Ferguson, *Empire*, 165-71.
9. Foster, *Political Life*, 66-67. As observações de Gladstone sobre a falta de princípios de Churchill pode ser encontrada em ibid., 127.
10. R. H. S. Churchill, *Speeches of Lord Randolph*, 30-31; James, *Lord Randolph*, 78.
11. Foster, *Lord Randolph*, 69.
12. Ibid., 172.
13. Ibid., 177.
14. Spear, *History of India*, 65-66.
15. Moon, *British Conquest*, 13-14.
16. Heathcote, *Military in British India*, 29-30.
17. Moon, *British Conquest*, 56; Moorhouse, *India Britannica*, 39.
18. A obra clássica é Spear, *Nabobs*, mas deve ser complementada por Jasonoff, *Edge of Empire*.

19. Moon, *British Conquest*, 606.
20. Gosh, *Dalhousie in India*, 41-42.
21. Farwell, *Armies of Raj*, 51.
22. Moon, *British Conquest*, 757.
23. Lloyd, *British Empire*, 1558-83, 177.
24. Moorhouse, *India Britannica*, 80; Moon, *British Conquest*, 781.
25. Hopkirk, *Great Game*.
26. Farwell, *Armies of Raj*, 51.
27. Ferguson, *Empire*, 216.
28. Moorhouse, *India Britannica*, 118-20.
29. Ver Cain, *Hobson and Imperialism*, 48. A frase correta era "um gigantesco sistema de seguridade social para a aristocracia da Grã-Bretanha".
30. Ver, por exemplo, Dalrymple, *White Mughals*.
31. Moorhouse, *India Britannica*, 136.
32. Ver Herman, *Idea of Decline*.
33. Citado em Hirschmann, "*White Munity*", 72.
34. Chaudhuri, *Great Anarch!*, 62.
35. Citado em Hirschmann, "*White Munity*", 142.
36. Citado em Farwell, *Armies of Raj*, 183.
37. Ibid., 180. Ver também Streets, *Martial Races*.
38. Farwell, *Armies of Raj*, 181.
39. Chaudhuri, *Great Anarch!*, 63.
40. Citado nas instruções do editor a Gandhi, *Hind Swaraj*, XIX-XX.
41. Citado em Moon, *British Conquest*, 773.
42. Ibid., 841.
43. Citado em ibid., 859. A exceção foi a crise de 1899 e 1900, que atingiu quase um terço da Índia e matou algo entre três e quatro milhões de pessoas. Seus efeitos teriam sido muito piores sem as medidas de Lytton, que, em 1883, culminaram do Código da Fome.
44. Moon, *British Conquest*, 772; Mathur, *Lord Ripon's Administration*, 237. A citação é de um dos mais fortes partidários de Ripon, o comissário-chefe de Assam, mas os sentimentos são do primeiro-ministro.
45. Citado em Hirschmann, "*White Munity*", 54, 122.
46. Ibid., 65-66.
47. Ibid., 123.

2. Lorde Randolph assume o controle

1. Churchill, *Lord Randolph*, 1:555-64.
2. Carta de 13 de dezembro de 1884, ibid., 555.
3. Ibid., 557.
4. Carta de 8 de janeiro de 1885, in Foster, *Lord Randolph*, 170.
5. A obra clássica é Buchanan, *Development*.
6. Dilks, *Curzon in India*, 1:74.
7. Carta de 14 de janeiro de 1885, em Churchill, *Lord Randolph*, 1:558.
8. Churchill, *Roving Commission*, 1-2, 4.
9. R. S. Churchill, *Companion*, 1:1:102-3.
10. Churchill, *Lord Randolph*, 1:560-61.
11. Dufferin, *Our Viceregal Life*, 1:55.
12. Churchill, *Lord Randolph*, 1:563; Foster, *Lord Randolph*, 172-3.
13. Ibid., 1:563.
14. Foster, *Lord Randolph*, 173.
15. Citado em Beloff, *Imperial Sunset*, 1:159-60.
16. Churchill, *Lord Randolph*, 1:474.
17. Ibid., 1:476.
18. Esta regra mudou em 1893. Ver Beloff, *Imperial Sunset*, 1:36.
19. Foster, *Lord Randolph*, 212.
20. Ibid., 189-90, 198
21. Churchill, *Lord Randolph*, 1:519.
22. Foster, *Lord Randolph*, 208-09; Churchill, *Lord Randolph*, 1:525.
23. McLane, *Indian Nationalism*, 49.
24. Churchill, *Lord Randolph*, 1:473.
25. R. S. Churchill, *Winston Churchill*, I:XXIX.
26. Manchester, *Visions of Glory*, 188.
27. R. S. Churchill, *Companion*, 1:1:116-19.
28. Manchester, *Visions of Glory*, 126.
29. Pearson, *Private Lives*, 66.
30. Manchester, *Visions of Glory*, 205.
31. Churchill, *Roving Commission*, 43.
32. Morgan, *Young Man in a Hurry*, 48.
33. R. S. Churchill, *Companion*, 1:1:470-71; carta de 22 de abril de 1894.
34. Churchill, *Roving Commission*, 62.
35. Foster, *Lord Randolph*, 383, 390.

36. R. H. S. Churchill, *Speeches*, 123.
37. Ibid., 136.
38. Citado em Martin, *New India*, 136.

3. Ilusões de poder: os Gandhi, a Índia e o jugo britânico

1. Arnold, *Gandhi*, 16.
2. Green, *Gandhi*, 37.
3. Citado em Payne, *Gandhi*, 16.
4. Devanesen, *Making of Mahatma*, 115.
5. Gandhi, *Autobiografy*, 1.
6. Payne, *Gandhi*, 23.
7. Green, *Gandhi*, 38.
8. Payne, *Gandhi*, 20-21.
9. Gandhi, *Autobiografy*, 28-29.
10. Ver Chaudhuri, *Great Anarch!*, 44. Sobre bramanismo e vaishnavismo, ver Lannoy, *Speaking Tree*, 206.
11. Macaulay, "Speech on Government of India", em *Prose and Poetry*, 718.
12. Como foi notado por Roberts, *History of World*, 129, 137.
13. Gandhi, *Hind Swaraj*, 90. Buda, em *Dhamma-kakka-pavathana-sutta*, in Keraly, *Gem of Lotus*, 217.
14. Keraly, *Gem of Lotus*, 35.
15. Ver Herman, *Influences*, e Pyarelal, *Gandhi*, 192.
16. Basham, *Wonder That Was India*, 146.
17. A primeira descrição do sistema de castas data do século III a.C. e foi escrita pelo viajante grego Megasthenes. Ver Ghorye, *Caste and Class in India*, 1.
18. Chaudhuri, *Continent of Circe*, 148.
19. Para exemplos, ver Fuller, *Caste Today*, especialmente a Introdução.
20. Não por acaso, isto interessava particularmente aos não brâmanes. Alguns estudiosos veem uma forte influência da Ksatriya, a casta dos guerreiros, nos *Upanishads*; de fato, outra figura central nessa rejeição à hierarquia religiosa tradicional, Gautama Buda, pertencia à classe Ksatriya. Ver Olivelle, *Upanishads*, XXXIV-XXXV.
21. Allen, *Search for Buddha*.
22. Roberts, *History of World*, 137.

23. Schulberg, *Historic India*, 82.
24. Citado em Basham, *Wonder That Was India*, 53.
25. Ibid., 55-56.
26. Allen, *Search for Buddha*, 2, 9.
27. De acordo com Ali, *Emergence of Pakistan*, 3.
28. Ver o indispensável trabalho sobre hinduísmo popular na Índia pré--Rebelião, Dubois, *Hindu Manners*, 305.
29. Moon, *British Conquest*, 236-37.
30. Citado em Moorhouse, *India Britannica*, 49.
31. Spear, *India*, 101.
32. Mill, *History of Vritish India*. Vale dizer que o jugo britânico, na realidade, tornou o sistema de castas mais rígido e estreito ao codificar as leis do Dharmasastra, com o objetivo de julgar casos envolvendo hindus em suas cortes de justiça.
33. Macaulay, "Minute on Indian Education", em *Prose and Poetry*, 722.
34. Ibid., 723.
35. Sobre o redescobrimento britânico do hinduísmo, o trabalho ainda hoje indispensável é o de Kopf, *British Orientalism*.
36. Ver Strokes, *Peasant Armed*.
37. Moon, *British Conquest*, 636.
38. Ferguson, *Empire*, 216.
39. Kopf, *British Orientalism*, 196.
40. Bahadur, *Causes of the Indian Revolt*, 15.
41. Citado em Foster, *Lord Randolph*, 170.
42. Brown, *Modern India*, 128.
43. Os hindus (com exceção dos sikhs) eram, na prática, alijados das carreiras militares, as quais haviam sido tradicionais na virilidade hindu, mas que agora eram quase totalmente preenchidas pelas "raças fortes e belicosas", como os pathans muçulmanos, punjabis e balúchis. Farwell, *Armies of Raj*, 181.

4. O despertar: Gandhi em Londres e na África do Sul, 1888-1895

1. Green, *Gandhi*, 57-58.
2. Gandhi, *Collected Works*, 71:132; Green, *Gandhi*, 58.

3. Payne, *Gandhi*, 40-41.
4. Gandhi, *Autobiography*, 10.
5. Ibid., 25, 26-27; Green, *Gandhi*, 75.
6. Isso aconteceu em julho de 1906. Arnold, *Gandhi*, 54.
7. Gandhi, *Autobiography*, 32.
8. Payne, *Gandhi*, 50.
9. Gandhi, *Autobiography*, 36-37.
10. Gandhi, *Collected Works*, 1:42.
11. Hunt, *Gandhi in London*, 1.
12. Em uma entrevista para a revista *Vegetarian*, em junho de 1891. Gandhi, *Collected Works*, 1:41.
13. Walkowitz, *City of Dreadful Delight*, 192-193.
14. Ibid., 27.
15. Gandhi, *Autobiography*, 43. Hunt, *Gandhi in London*, 16.
16. Gandhi, *Autobiography*, 40, 45-46.
17. Ibid., 40.
18. *Satapatha Brahmana*, in Doniger, ed., *Laws of Manu*, xxxiii.
19. Citado em Shulman, *King and Clown*, 29.
20. Gandhi, *Autobiography*, 42.
21. Hunt, *Gandhi in London*, 20.
22. Green, *Gandhi*, 107.
23. Hunt, *Gandhi in London*, 33-34.
24. Gandhi, *Autobiography*, 61.
25. Cranston, *HPB*, 59-60.
26. Blavatsky, *Isis Unveiled*, 2:639.
27. Cranston, *HPB*, 434.
28. Gandhi, *Autobiography*, 66.
29. Ibid., 60.
30. Hunt, *Gandhi in London*, 18.
31. Gandhi, *Collected Works*, 1:41.
32. Ibid., 1:70.
33. Green, *Gandhi*, 114-15.
34. Gandhi, *Autobiography*, 75.
35. Ibid., 88.
36. Green, *Gandhi*, 121.
37. Citado em ibid., 120.

38. Arnold, *Gandhi*, 45.

39. Swan, *Gandhi*, 91-120, 21-22.

40. Citado em Hunt, *Gandhi in London*, 89.

41. Gandhi, *Autobiography*, 93.

42. Ibid., 97.

43. Ibid., 99-100.

44. Ibid., 101.

45. See Fisher, *Life of Gandhi*, 49.

46. Carta enviada em 23 de setembro de 1893. Gandhi, *Collected Works*, 1:60.

47. Gandhi, *Autobiography*, 121.

48. Swan, *Gandhi*, 42.

49. Ibid., 41.

50. Arnold, *Gandhi*, 51.

51. Gandhi, *Autobiography*, 151.

5. O despertar II: Churchill na Índia, 1896-1899

1. Gandhi, *Collected Works*, 1:359-92.

2. Charmley, *End of Glory*, 275.

3. Churchill, *Roving Commission*, 89.

4. Ibid., 64.

5. Ibid., 74, 76.

6. Ibid., 102.

7. Manchester, *Visions of Glory*, 239.

8. Churchill, *Roving Commission*, 103, 104.

9. Ibid., 107-8.

10. R. S. Churchill, *Companion*, 1:2, 701.

11. Milburn, *Polo*, 15-16.

12. Churchill, *Roving Commission*, 111.

13. Gibbon, *Decline and Fall*, 1:31, 103, 83.

14. Macaulay, *Prose and Poetry*, 326.

15. Ibid., 372, 393.

16. Reade, *Martyrdom*, 497.

17. Churchill, *Roving Commission*, 115; Moran, *Churchill in War*, 208.

18. Churchill, *Savrola*, 78.

19. Ibid.
20. Lucacks, *Duel*, 39.
21. Gilbert, *Prophet of Truth*, 413.
22. R. S. Churchill, *Companion*, 1:2:751.
23. Citado em Louis, *In the Name of God!*, 174, 172.
24. Churchill, *Roving Commission*, 121.
25. R. S. Churchill, *Companion*, 1:2.
26. Manchester, *Visions of Glory*, 250.
27. Churchill, *Roving Commission*, 122-23.
28. Ibid., 123; Manchester, *Visions of Glory*, 251.
29. Publicado em 21 de setembro de 1897, em Churchill, *Young Winston's Wars*, 29.
30. Os artigos originais estão em Churchill, *Young Winston's Wars*. A versão de *The Malakand Field Force* é do volume combinado dos seus livros como correspondente de guerra, *Frontiers and Wars*.
31. Churchill, *Malakand Field Force*, 47.
32. Ibid., 55.
33. Churchill, *Roving Commission*, 131.
34. Ibid., 137.
35. Ibid., 140.
36. Ibid., 141.
37. Ibid., 142.
38. Manchester, *Visions of Glory*, 258.
39. R. S. Churchill, *Companion*, 1:2:703.
40. Manchester, *Visions of Glory*, 263.
41. R. S. Churchill, *Companion*, 1:2:924.
42. Churchill, *Roving Commission*, 163-64.
43. Morgan, *Young Man in a Hurry*, 99-100.
44. Churchill, *Roving Commission*, 194; 188.
45. Ibid.
46. R. S. Churchill, *Companion*, 1:2:978.
47. Ibid., 1:2:979.
48. Como visto em Churchill, *Roving Commission*, 194.
49. Churchill, "River War", em *Frontiers and Wars*, 66.
50. Churchill, *Roving Commission*, 133.
51. Churchill, *Malakand Field Force*, 48.

52. A frase vem do artigo sobre Warren Hastings em Macaulay, *Prose and Poetry*, 379.

53. R. S. Churchill, *Complete Speeches*, 1:262.

54. Gilbert, *Road to Victory*, 666.

55. Ibid., 1166.

6. Homens em guerra: 1899-1900

1. Gandhi, *Autobiography*, 164.

2. Ibid., 167.

3. Ibid., 165-66.

4. Ibid., 77.

5. Tendulkar, *Mahatma*, 3:11.

6. Gandhi, *Autobiography*, 171.

7. Ibid., 168-69.

8. Gandhi, "Nonviolence in Peace and War", em *Selected Writings*, 60.

9. Em geral, ver Mosse, *Image of Man*. As citações no rodapé são de Gandhi, *Autobiography*, 188; Churchill, *London to Ladysmith*, 394.

10. Swan, *Gandhi*, 65.

11. Entrevista para *Englishman*, 13 de novembro de 1896, em Gandhi, *Collected Works*, 1:458.

12. Swan, *Gandhi*, 68.

13. Brown, *Prisoner of Hope*, 37.

14. Recebe capítulo próprio em Gandhi, *Autobiography*, 243-45.

15. Gandhi, *Collected Works*, I; Gandhi, *Autobiography*, 151-52.

16. Citado em Ferguson, *Empire*, 228.

17. De fato, pela primeira vez com Milner, Gandhi encontrou apoio oficial para as petições no Congresso de Natal em favor do Transvaal. Apesar de Milner e o ministro colonial, Joseph Chamberlain, terem deixado valer a lei do gueto de 1895, eles forçaram as autoridades do Transvaal a não expulsarem os indianos que viviam lá até 1899. Swan, *Gandhi*, 87, 88-89.

18. Gandhi, *Autobiography*, 188.

19. Ibid., 151.

20. Gandhi, *Collected Works*, 2:316-17.

21. Citado em Morgan, *Young Man in a Hurry*, 116.

22. Celia Sandys, *Dead or Alive*, 21.

23. Sobre o uísque, ver Churchill, *Roving Commission*, 126-27. Uísque, como apontou Winston, não era a bebida de seu pai. Lorde Randolph pertencera a uma geração anterior de "conhaque e tônica". Mas Churchill concluiu, "depois de adequada experimentação e reflexão", que o "uísque em sua forma diluída é o mais aproveitável dos twin genii". Mais tarde, o consumo de álcool por Churchill seria alvo de muita especulação e fofoca. Ele, entretanto, sempre sustentou decididamente ter total controle sobre suas bebidas, que começavam normalmente no meio da manhã com um uísque com tônica. Em 1931, chegou a convencer um médico norte-americano, no auge da proibição, a prescrever para ele um consumo mínimo de 250cc de álcool por dia, necessários para sua boa saúde, "especialmente no horário das refeições". Ver Holmes, *Footsteps of Churchill*, 16.

24. Atkins, *Incidents and Reflections*, in Pearson, *Private Lives*, 102.

25. R. S. Churchill, *Companion*, 1:2:1058.

26. Gandhi, *Collected Works*, 2:332.

27. R. S. Churchill, *Companion*, 1:2:1058-99; Churchill, *Roving Commission*, 242.

28. Churchill, *Roving Commission*, 243-44.

29. Ibid., 246.

30. Ibid., 249.

31. Churchill, *London to Ladysmith*, em *Frontiers and Wars*, 395.

32. Sandys, *Dead or Alive*, 225; Churchill, *Roving Commission*, 259, 261.

33. Ele também liberou a promessa de Winston de que daria uma avaliação justa aos bôeres em sua história, se lançada, dizendo: "deve ser à moda antiga." Era uma referência ao fato de que o pai de Winston fizera uma viagem à África do Sul, com grande publicidade, antes de morrer, e disse à impressa ter achado os bôeres sujos, preguiçosos e bárbaros. Em 1900, os comentários ainda pesavam. Morgan, *Young Man in a Hurry*, 49.

34. Ibid., 127.

35. A versão de Haldane, *A Soldier's Saga*, é citada em Morgan, *Young Man in a Hurry*, 125. As dúvidas sobre a versão menos vexatória de Winston sobre sua fuga aumentaram em 1997, com a descoberta de uma carta de 1931, de Haldane para o amigo visconde Knutsford, dizendo que Churchill havia "escapado sem mim ou o terceiro homem", ou seja, o

sargento Brockie. Entretanto, Sandys, em *Dead or Alive*, 113-15, aponta que, depois da guerra, Haldane e Churchill permaneceram amigos, sem sinal de amargura pelo incidente, e Haldane chegou a dedicar uma cópia de *A Soldier's Saga*, publicado em 1948, para Winston, dizendo "com profunda admiração, de um velho aliado". O que parece ter acontecido foi que Winston agiu de maneira egoísta, mas não impensada e convenceu-se de que não estava abandonando os camaradas, mas aproveitando sua única oportunidade de escapar. Se a situação tivesse sido inversa, Haldane e Brockie provavelmente teriam feito a mesma coisa.

36. Churchill, *Roving Commission*, 272.
37. Morgan, *Young Man in a Hurry*, 127-28.
38. Farwell, *Great Anglo-Boer War*, 138.
39. Sandys, *Dead or Alive*, 137-38.
40. R. S. Churchill, *Companion*, 1:2:1153.
41. Despacho de 23 de janeiro, em Churchill, *Young Winston's Wars*, 215.
42. Citado em Payne, *Gandhi*, 119.
43. Gandhi, *Autobiography*, 188.
44. Ibid., 188-89.
45. Gandhi, *Collected Works*, 3:222-23.
46. Citado em Payne, *Gandhi*, 123.
47. Churchill, *Young Winston's Wars*, 215-16. Isso foi em junho de 1945, em uma conversa com o então vice-rei Wavell. Ver Wavell, *Viceroy's Journal*, 146.
48. Gandhi, *Collected Works*, 2:354.
49. Ibid., 2:355.
50. Gandhi, *Autobiography*, 189.
51. Sandys, *Dead or Alive*, 427.
52. R. S. Churchill, *Companion*, 1:2:1149-50, 1151.
53. Ibid., 1:2:1203.

7. Caminhos convergentes: 1900-1906

1. Swan, *Gandhi*, 90.
2. Gandhi, *Autobiography*, 223.
3. Ibid., 224.
4. Green, *Gandhi*, 148.

5. Ibid., 153-54.
6. Gandhi, *Collected Works*, 3:379.
7. Swan, *Gandhi*, 112.
8. Citado em Green, *Gandhi*, 148.
9. "Gandhi and the Black People of South Africa", em Hunt, *American Looks*, 88.
10. Gandhi, *Collected Works*, 3:323.
11. Ibid., 37:261.
12. Gandhi, *Autobiography*, 265.
13. Ruskin também reforçou a mensagem antidarwinista de outro escritor que Gandhi descobrira pouco antes, o palestrante da Scots Free Church, Henry Drummond. A obra de Drummond, *Natural Law in the Spiritual World*, publicada em 1883, argumentava que o princípio governante da evolução não era a sobrevivência dos mais aptos, como declaravam os darwinianos, mas o sacrifício dos mais altruístas, ou seja, daqueles que nutrem e ajudam os outros. A celebração do altruísmo de Drummond era um poderoso contragolpe ao mentor de Churchill, Winwood Reade, e revelava, uma vez mais, o contraste entre as visões de mundo de Gandhi e Churchill.
14. Editorial do *Indian Opinion* de 28 de outubro de 1905. Gandhi, *Collected Works*, 4:473.
15. Payne, *Gandhi*, 148.
16. Ibid., 149.
17. Ver Curzon, *Viceroy's India*.
18. Moon, *British Conquest*, 920-91.
19. Ibid., 936.
20. Ironicamente, o motivo de sua partida teve pouco a ver com a controvérsia da partição. Foi, sobretudo, em razão de seu confronto com o chefe do Estado-Maior da Índia, lorde Kitchener, sobre o futuro formato do Exército indiano. Porém, na Índia, o impacto foi o mesmo: ele partiu como a figura pública mais desprezada entre os indianos desde James Neill. Ver Dilks, *Curzon in India*, vol. 2.
21. Gandhi, *Autobiography*, 279.
22. Gandhi, *Collected Works*, 5:366-67.
23. Gandhi, *Autobiography*, 281.
24. Ibid.

25. Ibid., 181.

26. Ibid., 184.

27. Green, *Gandhi*, 240.

28. Gandhi, *Autobiography*, 182.

29. Citado em Swan, *Gandhi*, 102.

30. Gandhi, *Satyagraha*, 137.

31. Em janeiro de 1904, Gandhi havia dito aos comerciantes indianos molestados pelo governo que "a pessoa processada deveria manter-se à altura da ocasião, recusar-se a pagar qualquer multa e ir para o cárcere". Swan, *Gandhi*, 117.

32. Apesar de Haji Habib ser também o presidente do comitê, em Pretória, da BIA, Abdul Gani deu início aos procedimentos. Citado em Swan, *Gandhi*, 121.

33. Gandhi, *Satyagraha*, 146, 148.

34. Hunt, *Gandhi in London*, 64-65.

35. Gandhi, *Collected Works*, 3:426.

36. Em outras palavras, mais de um milhão de dólares em números atuais. Isso de acordo com seu filho e biógrafo, R. S. Churchill, *Winston Churchill*, 2:1.

37. Morgan, *Young Man in a Hurry*, 138.

38. Ibid., 149.

39. Bennet, *Concept of Empire*, 330.

40. Churchill, *Complete Speeches*, 262.

41. Ibid., 1:99. Quão livres e abertos estavam realmente os mercados indianos é uma pergunta aos historiadores da economia. Gandhi estava prestes a escrever uma censura afiada à declaração de que eram de fato livres e abertos. O debate foi notável, pois revelou quanto os políticos britânicos viam a Índia como *separada* do resto do Império Britânico.

42. Ibid., 1:263.

43. Bonham Carter, *Intimate Portrait*, 85.

44. Manchester, *Visions of Glory*, 359-61.

45. Williams e Ramsden, *Ruling Britannia*, 339. Ironicamente, a África do Sul e o trabalho *coolie* eram assuntos importantes na eleição de 1906. Entretanto, esses eram trabalhadores chineses, não indianos, importados pelo comissário superior Milner para trabalhar nas minas da África do Sul. Trabalhistas e liberais classificaram isso de "escravi-

dão chinesa", e cartazes de campanha mostravam homens de rabo de cavalo acorrentados. Churchill opôs-se ao programa de Milner, mas não fez campanha contrária. Para ele, o assunto crucial sempre foi o livre-comércio.

46. Morgan, *Young Man in a Hurry*, 187.
47. Churchill, *London to Ladysmith*, 393.
48. Citado em Morgan, *Young Man in a Hurry*, 197.
49. Citado em ibid., 198.
50. Hunt, *Gandhi in London*, 56; Gandhi, *Collected Works*, 6:85.
51. Gandhi, *Collected Works*, 6:95.

8. Breve encontro: 1906-1909

1. Hunt, *Gandhi in London*, 69.
2. Ibid., 68-69.
3. Uma das razões era o fato de ter havido uma petição dirigida por dr. William Godfrey. Godfrey, um médico anglo-indiano de Johanesburgo, trabalhara com Gandhi durante os surtos de peste em 1904 e falou no encontro do Empire Theater. Entretanto, ele agora denunciava Gandhi como um advogado radical, perseguidor de ambulâncias que lucrava pessoalmente com as agitações contra o governo, "enquanto os indianos da África do Sul não ganhavam, nada". Cópias da petição chegaram a Londres antes de Gandhi; Elgin e outros as haviam visto. Godfrey complicara consideravelmente a missão de Gandhi e, apesar de ter conseguido aliviar suspeitas em Londres, a petição mostrou quão afiadamente divididos estavam a comunidade indiana e seus apoiadores. Hunt, *Gandhi in London*, 58, 71-73. Como de costume, Gandhi nunca mencionou o assunto nos livros *Satyagraha* ou *Autobiography*.
4. Gandhi, *Collected Works*, 6:88.
5. Payne, *Gandhi*, 167-68.
6. Citado em Hunt, *Gandhi in London*, 76.
7. Gandhi, *Collected Works*, 6:188.
8. Ibid., 6:259.
9. Hunt, *Gandhi in London*, 77.
10. Gandhi, *Satyagraha*, 173.
11. Ibid., 172.

12. Arquivos de correspondência do Ministério das Colônias, CO 291/103/39670, in Hunt, *Gandhi in London*, 80.
13. Gandhi, *Satyagraha*, 174.
14. Citado em Hunt, *Gandhi in London*, 66.
15. Churchill, *Complete Speeches*, 707.
16. Ver Herman, *Community, Nonviolence*.
17. Ele chega a dizer em *Satyagraha*: "não tenho ideia de quando a frase 'resistência pacífica' foi usada pela primeira vez em inglês ou por quem" (153).
18. Hardiman, *Feeding the Baniya*.
19. Herman, *Community, Nonviolence*; Green, *Tolstoy and Gandhi*; e Green, *Origins of Nonviolence*.
20. Hunt, *Gandhi and Nonconformists*; Gandhi, *Satyagraha*, 153.
21. Hunt, *Gandhi in London*, 96.
22. Ibid., 97.
23. Gandhi, *Satyagraha*, 156.
24. A citação é de "Yeravda Mandir", em Gandhi, *Selected Writings*, 46. Maganlal ganhou o prêmio.
25. Ibid., 156.
26. Citado em Swan, *Gandhi*, 147.
27. Payne, *Gandhi*, 171-72; Hunt, *Gandhi in London*, 96.
28. Green, *Gandhi*, 171.
29. Gandhi, *Collected Works*, 356.
30. Payne, *Gandhi*, 174.
31. Green, *Gandhi*, 171-72.
32. Payne, *Gandhi*, 194.
33. "Further Considerations", 29 de fevereiro de 1908, Swan, *Gandhi*, 161-62.
34. Gandhi, *Satyagraha*, 217.
35. Gandhi, *Satyagraha*; Payne, *Gandhi*, 181-83.
36. Swan, *Gandhi*, 163.
37. Gandhi, *Satyagraha*, 249-50.
38. Morgan, *Young Man in a Hurry*, 218.
39. Bonham Carter, *Intimate Portrait*, 4.
40. Morgan, *Young Man in a Hurry*, 220.
41. Gilbert, *Companion*, 2:2, 820.

42. Brown, *Prisoner of Hope*, 343.
43. Citado em Manchester, *Visions of Glory*, 403.
44. Bonham Carter, *Intimate Portrait*, 131.
45. Citado em Morgan, *Young Man in a Hurry*, 255.
46. Ver Roberts, *Eminent Churchillians*, 213.
47. Ibid., 212.
48. Morgan, *Young Man in a Hurry*, 289. Sobre a eugenia e a lei do salário mínimo, ver Freeden, "Eugenics and Progressive Thought".
49. Masterman, *C. F. G. Masterman*, 144.

9. A ruptura: 1909-1910

1. Srivastava, *Five Stormy Years*, 147.
2. As descrições mais detalhadas do tiroteio estão em ibid. e Datta, *Dhingra*.
3. Srivastava, *Five Stormy Years*, 25.
4. Carta para Hermann Kallenbach, 7 de agosto de 1909, in Hunt, *Gandhi and Nonconformists*, 125.
5. Prabu e Rao, *Mind of Mahatma*, 335; Tendulkar, *Mahatma*, 2:6.
6. Srivastava, *Five Stormy Years*, 81.
7. Wolpert, *Morley and India*, 124.
8. Blunt, *My Diaries*, 2:288.
9. Carta de 7 de agosto de 1909, em Pyarelal Collection, in Hunt, *Gandhi in London*, 125.
10. Payne, *Gandhi*, 186.
11. Gandhi, *Satyagraha*, 174.
12. Citado em Payne, *Gandhi*, 190.
13. Ibid., 191.
14. Swan, *Gandhi*, 174-75.
15. Ibid., 174.
16. Ibid., 175.
17. Srivastava, *Five Stormy Years*, 150-51.
18. Ibid., 64-65, 127.
19. Hunt, *Gandhi in London*, 125, 126-27.
20. Gandhi, *Collected Works*, 10:190.
21. Ibid., 10:159.

22. Ibid., 10:63.
23. Em 10 de agosto. Ibid., 10:24.
24. Gandhi, *Satyagraha*, 313.
25. Hunt, *Gandhi and Nonconformists*, 133.
26. Carta de 12 de novembro de 1909, em Gandhi, *Collected Works*, 10:234-35.
27. Gandhi, *Collected Works*, 10:108, 9.
28. Gandhi, *Collected Works*, 35:245-58.
29. "Letter to a Hindoo" ["Carta para um hindu"], em Tolstói, *Complete Works*, 35:245-58.
30. Maine foi um destacado historiador e antigo membro do Conselho do vice-rei nos anos que se seguiram à Rebelião. Sua tese seria essencial para a visão de Gandhi acerca da Índia rural para o resto da vida. Ver Iyer, *Moral and Political Thought*.
31. Gandhi, *Collected Works*, 10:168-69.
32. Ibid., 10:201-2.
33. Ibid., 10:315.
34. A melhor edição encontra-se em Gandhi, *Hind Swaraj*, que inclui o prefácio à edição original em inglês, publicada em Johanesburgo em 1910.
35. Ibid., 19.
36. O texto completo e revisado está em ibid., 5-125.
37. Ibid., 28.
38. Ibid., 33, 36-37.
39. Essas foram as palavras de Chesterton, não de Gandhi, no artigo do *Illustrated News*.
40. Ibid., 69.
41. Ibid., 47.
42. Carta ao lorde Ampthill, em 30 de outubro de 1909, em Gandhi, *Collected Works*, 10:202.
43. Ibid., 10:90.
44. No prefácio, Gandhi, *Hind Swaraj*, 7.
45. Srivastava, *Five Stormy Years*, 127.
46. Gandhi, *Hind Swaraj*, 5n2.
47. Blunt, *My Diaries*, 2:270. É extremamente duvidoso que Churchill tivesse ideia do que Gandhi planejava. Mas alguém dever ter dito a ele sobre a "Carta para um hindu", de Tolstói, que propunha coisa semelhante.

48. Gandhi, *Collected Works*, 10:143-44.

49. Gandhi, *Hind Swaraj*, 113.

50. Green, *Gandhi*, 198-99.

51. Swan, *Gandhi*, 226.

52. Ibid., 231.

10. Bifurcação no caminho: 1911-1914

1. Churchill, *Amid These Storms*, 68.

2. Morgan, *Young Man in a Hurry*, 291.

3. Manchester, *Visions of Glory*, 420-21.

4. R. S. Churchill, *Companion*, 2:2, 1033.

5. Churchill, *Complete Speeches*, I:1028.

6. Como indica Manchester em *Visions of Glory*, 416.

7. Gandhi, *Collected Works*, 10:188.

8. Citado em Morgan, *Young Man in a Hurry*, 303.

9. Churchill, *Complete Speeches*, 2:1877.

10. Ibid., 1878.

11. Discurso de 13 de maio, 1901, em Churchill, *Complete Speeches*, 1:82.

12. Visões semelhantes são refletidas na concepção de império de Leo Amery, discutida em Louis, *In the Name of God*, 68-69.

13. Citado em Arnold, *Gandhi*, 155.

14. Ver Herman, *To Rule the Waves*.

15. Churchill, *World Crisis*, 1:123-24.

16. Bonham Carter, *Intimate Portrait*, 188.

17. O exemplo clássico foi sua feroz oposição ao aumento do orçamento naval pelo Almirantado em 1909, a resolução foi descrita por Churchill da seguinte forma: "O Almirantado exigiu seis [navios de batalha]; os economistas ofereceram quatro; nós, finalmente, acordamos oito." Ver também Ben-Moshe, *Strategy and History*, 11-12.

18. Jablonsky, *Great Game*, 50-51.

19. Carta de 30 de novembro de 1913, em R. S. Churchill, *Young Statesmen*, 684.

20. Morgan, *Young Man in a Hurry*, 364.

21. Payne, *Gandhi*, 264.

22. Como observado por Swan, *Gandhi*, 233.

23. Gandhi, *Collected Works*, 12:147.
24. Swan, *Gandhi*, 236.
25. Arnold, *Gandhi*, 63.
26. Citado em Brown, *Prisoner of Hope*, 90.
27. Gandhi, *Collected Works*, 11:359.
28. Ibid.
29. Swan, *Gandhi*, 236.
30. Carta sem data de Sarvodaya Library, Phoenix, Natal, citada em Swan, *Gandhi*, 242.
31. Ibid., 114.
32. Ibid., 19, 114; Arnold, *Gandhi*, 45.
33. Sobre a taxa, ver Swan, *Gandhi*, 23-24, 194.
34. Payne, *Gandhi*, 258.
35. Entrevista para o *Rand Daily Mail*, 22 de outubro de 1913, em Gandhi, *Collected Works*, 13:375.
36. Swan, *Gandhi*, 245.
37. Gandhi, *Collected Works*, 13:372.
38. Swan, *Gandhi*, 250.
39. Payne, *Gandhi*, 259.
40. Ver Gandhi, "Nonviolence in Peace and War", em *Selected Writings*, 61.
41. Citado em Green, *Gandhi*, 216; Gandhi, *Collected Works*, 3:223.
42. Carta não terminada de 22 de abril de 1914, em Gandhi, *Collected Works*, 14:154.
43. Green, *Gandhi*, 214-15.
44. Citado em Swan, *Gandhi*, 250.
45. Ibid., 251.
46. Gandhi, *Collected Works*, 13:399.
47. Swan, *Gandhi*, 251-52.
48. Ibid., 251-54.
49. Payne, *Gandhi*, 265.
50. Ibid.
51. Citado em Green, *Gandhi*, 140.
52. Citado em Fisher, *Life of Gandhi*, 125.
53. Swan, *Gandhi*, 255-56.
54. Ibid., 254-55.
55. Como apontado por Swan, *Gandhi*, 256.
56. Citado em Fisher, *Life of Gandhi*, 124.

11. Uma distante cabeça de ponte: 1914-1915

1. Churchill, *Complete Works: Early Speeches*, 7. A citação de F. E. Smith está em Manchester, *Visions of Glory*, 20.
2. Confessions of Faith, point 15; ver Payne, *Gandhi*, 216.
3. Gandhi, *Autobiography*, 311.
4. Citado em Hunt, *Gandhi in London*, 165.
5. Gandhi, *Collected Works*, 12:531; in Green, *Gandhi*, 208.
6. Hunt, *Gandhi in London*, 169.
7. Citado em Wolpert, *India*, 289.
8. Ibid., 173-74.
9. Citado em Jablonsky, *Great Game*, 47.
10. Churchill, *World Crisis*, 1:225.
11. Que surgiu pela primeira vez em 1911, Ben Moshe, *Strategy and History*, ibid., 16.
12. Gilbert, *Companion*, 3:2:850.
13. Jablonsky, *Great Game*, 49.
14. Citado em Bonham Carter, *Intimate Portrait*, 275.
15. Manchester, *Visions of Glory*, 500.
16. Ele era o capitão (e mais tarde, almirante) Herbert Richmond, depois, diretor assistente de operações e também crítico severo das políticas de Churchill na Segunda Guerra Mundial. Citado em d'Este, *Warlord*.
17. Gilbert, *Companion*, 3:1:180.
18. Gilbert, *Companion*, 1:395.
19. Citado em Addison, *Unexpected Hero*, 74.
20. Gilbert, *Companion*, 3:2:188, 191.
21. Asquith, *Letters to Venetia*, 345-46.
22. Keegan, *First World War*, 234.
23. Bonham Carter, *Intimate Portrait*, 262.
24. Farwell, *Armies of Raj*, 240.
25. Best, *Churchill and War*, 56.
26. Steel and Hart, *Galípoli*, 6-7.
27. Gilbert, *Companion*, 3:1:436.
28. Ibid., 463.
29. Como observado em Wallin, *By Ships Alone*.
30. Gilbert, *Companion*, 3:2:547-48.
31. Citado em Fromkin, *Peace to End All*, 149.

32. Ibid., 131-33.
33. Fromkin, *Peace to End All*, 154; mas também, Wallin, *By Ships Alone*, e o próprio julgamento de Churchill em *World Crisis*.
34. Citado em Keegan, *First World War*, 242.
35. Citado em ibid., 244-45.
36. Carta de 29 de abril de 1915, em Gilbert, *Companion*, 3:2:835.
37. Ibid., 3:844.
38. Bonham Carter, *Intimate Portrait*, 330.
39. Gilbert, *Companion*, 3:2, citado em ibid., 341.
40. Gilbert, *Companion*, 3:2:1250.
41. Churchill, *Amid These Armies*, 101, 103.
42. Keegan, *First World War*, 248.
43. Churchill, *World Crisis*, 168.

12. A guerra de Gandhi: 1915-1918

1. Gandhi, *Collected Works*, 14:53 versão antiga, in Green, *Gandhi*, 266.
2. Ver carta para Gokhale, 30 de outubro, 1911, em Gandhi, *Collected Works*, 12:84-86.
3. Payne, *Gandhi*, 288, 293; Arnold, *Gandhi*, 73.
4. Arnold, *Gandhi*, 73.
5. Brown, *Modern India*, 108.
6. Moon, *British Conquest*, 139.
7. Brown, *Modern India*, 139.
8. V. S. Srinivasa Sastri, citado em Brown, *Rise to Power*, 42.
9. Gandhi, *Collected Works*, 14:413.
10. Srinivasa, *Five Stormy Years*, 8-9.
11. Citado em Beloff, *Imperial Sunset*, 1:37.
12. Quase todos foram eleitos por municipalidades ou outros grupos oficiais. A outra concessão importante para o futuro foi dar aos muçulmanos assentos eleitos reservados nos conselhos provinciais, baseado na proporção da população. Ver Wasti, *Lord Minto*.
13. Spear, *History of India*, 2:179.
14. Moon, *British Conquest*, 959-60.
15. Ver capítulo 10 e Spear, *British Conquest*, 179-80.
16. Brown, *Rise to Power*, 30.

17. Como observado em Naipaul, *Wounded Civilization*, 167.

18. Gandhi, *Autobiography*, 243.

19. Citado em Brown, *Rise to Power*, 44-45.

20. Gandhi, *Autobiography*, 157.

21. Gandhi, *Collected Works*, 15:28.

22. Green, *Gandhi*, 184.

23. Citado em ibid., 287.

24. Montagu, *Indian Diary*, 57.

25. O conteúdo integral do discurso, com a edição de Gandhi das passagens que "em uma impressão fria faria do discurso uma leitura ruim" está em *Collected Works*, 15:148-55.

26. Payne, *Gandhi*, 300.

27. Brown, *Rise to Power*, 27.

28. Wolpert, *Jinnah*, 28.

29. Shukla teve uma chance de falar ao Congresso e, por insistência do advogado Prasad, aprovou uma pequena resolução, convocando um quadro oficial de investigação das condições em Champaran. Porém, o assunto teria sido deixado de lado não fosse a decisão de Shukla de aproximar-se de Gandhi. Payne, *Gandhi*, 305.

30. Brown, *Rise to Power*, 55.

31. Ibid., 62-63; Basu, *Rift and Reunion*, 178-79.

32. Brown, *Rise to Power*, 76.

33. Gandhi, *Autobiography*, 364.

34. Carta datada de 10 de abril de 1917, em Gandhi, *Collected Works*, 15:328-29.

35. Gandhi, *Autobiography*, 366.

36. Prasad, *Gandhi and Bihar*, 5.

37. Ibid., 15.

38. Citado em Brown, *Rise to Power*, 65.

39. Gandhi, *Collected Works*, 15:335-36.

40. Payne, *Gandhi*, 310; Gandhi, *Autobiography*, 372.

41. Brown, *Rise to Power*, 67.

42. Citado em ibid., 68.

43. Gandhi, *Autobiography*, 370.

44. Brown, *Rise to Power*, 79.

45. Gandhi, *Autobiography*, 372.

46. Ibid., 373.

47. Citado em Brown, *Rise to Power*, 82.

48. Por exemplo, o discurso em Surat, de 31 de janeiro de 1922, em Gandhi, *Collected Works*, 26:56.

49. Brown, *Rise to Power*, 83-88, 101.

50. Gandhi, *Autobiography*, 388; Payne, *Gandhi*, 324-25.

51. Citado em Brown, *Rise to Power*, 103.

52. Ibid., 27.

53. Comumente, Westminster pagava expedições além-mar envolvendo forças indianas. Entretanto, Nova Délhi votou um subsídio extraordinário para arcar inteiramente com as despesas. Moon, *British Conquest*, 968-69.

54. Wolpert, *India*, 294.

55. Moon, *British Conquest*, 979.

56. Citado em Beloff, *Imperial Sunset*, 1:161.

57. Gandhi, *Collected Works*, 15:509.

58. Ibid., 15:467.

59. Editorial de Young India, 17 de setembro de 1925. Citado em "Nonviolence in Peace and War", em Gandhi, *Selected Writings*, 36.

60. Citado em Brown, *Rise to Power*, 149.

61. Ibid., 146.

62. Montagu, *Indian Diary*, 58.

63. Carta de 30 de abril de 1918, em Gandhi, *Collected Works*, 17:12.

64. Citado em Brown, *Rise to Power*, 126.

65. Discurso em Naidad, 21 de junho de 1918, em Gandhi, *Collected Works*, 17:79.

66. Gandhi, *Collected Works*, 17:86.

67. Carta de 29 de abril de 1918, em Gandhi, *Collected Works*, 17:8.

68. Green, *Gandhi*, 268.

69. Gandhi, *Collected Works*, 17:88.

70. Carta de 6 de julho de 1918, em Gandhi, *Collected Works*, 17:123, 124.

71. Gandhi, *Selected Writings*, 56; Gandhi, *Collected Works*, 17:124.

72. Payne, *Gandhi*, 328.

73. Citado em Brown, *Rise to Power*, 127.

74. Moon, *British Conquest*, 980.

75. Citado em Brown, *Rise to Power*, 131, 129.

13. Derramamento de sangue: 1919-1920

1. Em Províncias Unidas, por exemplo. Ver Hasan, *Nationalism and Communal Politics*, 181-82.
2. Churchill, *Complete Speeches*, 3:2875.
3. Moon, *British Conquest*, 987.
4. Ibid., 987.
5. Brown, *Rise to Power*, 163; Wolpert, *India*, 298.
6. Brown, *Rise to Power*, 166.
7. Ibid., 169.
8. Citado em ibid., 171.
9. Ibid., 174.
10. Collett, *Butcher of Amritsar*, 253.
11. Ibid., 430.
12. Ibid., 261; Johar, *Heritage of Amritsar*, 135.
13. De acordo com o depoimento do próprio Dyer à Comissão Hunter. Ver Johar, *Heritage of Amritsar*, 35. Collett, *Butcher of Amritsar*, 261, diz durante dez a quinze minutos. Dyer e seus homens gastaram cerca de 1.650 projéteis; baseado nesse cálculo, muitos acreditam que o verdadeiro total de mortos tenha sido perto de quinhentos ou até mil.
14. Payne, *Gandhi*, 341-42.
15. Brown, *Rise to Power*, 176.
16. Ibid., 232.
17. Johar, *Heritage of Amritsar*, 142; Rao, Sastri: *Political Biography*, 58.
18. Chaudhuri, *Unknown Indian*, 404.
19. Collett, *Butcher of Amritsar*, 387.
20. Brown, *Rise to Power*, 233.
21. Ibid, 232-33.
22. Citado em Brown, *Rise to Power*, 235.
23. Ibid., 236-37.
24. O texto "The Congress Report on the Disorders in the Punjab" está em Gandhi, *Collected Works*, 20:1-182; ver também Johar, *Heritage of Amritsar*, 136, 137.
25. Gandhi, *Collected Works*, 20:178, 179.
26. Hunter Report, in Brown, *Rise to Power*, 240-41.
27. Editorial, *Young India*, 20 de julho de 1920, em Gandhi, *Collected Works*, 21:71.

28. Ibid.

29. Ibid., 20:376.

30. Charmley, *End of Glory*, 146.

31. Jablonsky, *Great Game*, 61. Em 1915, Churchill imaginou a criação de veículos com bandas de rodagem blindadas grandes o suficiente para destruir cercas de arame farpado, bem como "varrer as trincheiras [alemãs] com metralhadoras automáticas". Churchill foi, certamente, indispensável para o desenvolvimento, produção e, finalmente, uso do veículo (apelidado de tanque) na Batalha do Somme, em 1916. Entretanto, segundo o próprio Churchill, "nunca houve uma pessoa sobre quem se pudesse dizer 'esse homem inventou o tanque'".

32. Citado em Charmley, *End of Glory*, 150.

33. Raymond, *Uncensored Celebrities*, 102, 105, 106.

34. As mulheres acima de 21 anos não puderam votar até 1928. Williams e Ramsden, *Ruling Britannia*, 379.

35. Ibid., 382.

36. Curtis, *Commonwealth of Nations*.

37. Citado em Herman, *Idea of Decline*, 272.

38. Citado em Manchester, *Visions of Glory*, 690.

39. Citado em ibid., 605; Blunt, *My Diaries*, 276

40. Manchester, *Visions of Glory*, 671-73.

41. Especialmente com o rearmamento da Alemanha nos anos 1930. Na verdade, a Regra dos Dez Anos não foi revertida até 1935. Manchester, *Visions of Glory*, 691.

42. Diário de Wilson, 21 de maio de 1920, em Gandhi, *Companion*, 4:2:1104.

43. Ibid., 4:2:1214.

44. Manchester, *Visions of Glory*, 683.

45. "A minha opinião é a de que a ofensiva destinou-se a assassinar." Carta ao lorde Crewe, 17 de julho de 1920, citada em Collett, *Butcher of Amritsar*, 382.

46. Churchill, *Complete Speeches*, 3:2983.

47. Collett, *Butcher of Amritsar*, 379.

48. Diário de Wilson, 17 de maio de 1920, em Gilbert, *Companion*, 4:2:1098.

49. Collett, *Butcher of Amritsar*, 374.

50. Bonar-Law para Churchill, 8 de julho de 1920, em Gilbert, *Companion*, 4:2:1140.

51. Citado em Collett, *Butcher of Amritsar*, 379-80.
52. Ibid., 381.
53. Morgan, *Young Man in a Hurry*, 183: "Ele lamentava o antissemitismo sempre que este surgia." Ver também Feith, "Palestine and Zionism", 210-62, especialmente 261-62, e Gilbert, *Churchill and the Jews*.
54. O texto está em Churchill, *Complete Speeches*, 3:3005-14.
55. Sir William Sutherland para Lloyd George, 9 de julho de 1920, em Gilbert, *Companion*, 4:2:1141.
56. Diário de Fisher, ibid., 4:2:1141.
57. Collett, *Butcher of Amritsar*, 384.
58. Gilbert, *Companion*, 4:2:1136.
59. Gandhi, *Autobiography*, 116.
60. Churchill, *Complete Speeches*, 3:2946.
61. Nehru, *Toward Freedom*, 50.
62. Citado em Collett, *Butcher of Amritsar*, 401.
63. Ibid., 401.
64. Gandhi, *Collected Works*, 21:47.
65. Brown, *Rise to Power*, 252.

14. Não cooperação: 1920-1922

1. Hasan, *Communal Politics*, 9.
2. Minault, *Khilafat Movement*, 5.
3. Brown, *Modern India*, 127.
4. Citado em Hasan, *Communal Politics*, 107.
5. Para exemplo, ver Gandhi, *Collected Works*, 26:26. Esse foi, mais uma vez, o resultado da ideia de indianos unidos pela raça — que, na verdade, era mais inclusiva em relação às minorias, como os muçulmanos, do que as ideologias moderadas ou extremistas de Tilak.
6. Brow, *Rise to Power*, 156, 202.
7. Gandhi, *Collected Works*, 20:283.
8. Citado em Payne, *Gandhi*, 349.
9. Green, *Gandhi*, 303.
10. Hasan, *Communal Politics*, 121.
11. Brow, *Rise to Power*, 263.
12. Ibid., 264.

13. Ibid., 266; Hasan, *Communal Politics*, 134.
14. Hasan, *Communal Politics*, 135.
15. As mudanças estão resumidas em Arnold, *Gandhi*, 115-17.
16. Gandhi, *Collected Works*, 22:252.
17. Blunt, *My Diaries*, 276.
18. Churchill, *Complete Speeches*, 3:2942; encontro do Conselho de Ministros, 9 de fevereiro de 1922, em Gilbert, *Companion*, 4:3:1762.
19. Ibid., 4:3:1119. Manchester, *Visions of Glory*, 70
20. Clayton, *British Empire as Superpower*, 112-14.
21. Ibid., 121.
22. Catherwood, *Churchill's Folly*, 81.
23. Haldane, *Insurrection in Mesopotamia*, 215.
24. Ibid., 217-18; Catherwood, *Churchill's Folly*, 86.
25. Churchill e Trenchard, 29 de agosto de 1920, em Gilbert, *Companion*, 4:2:1190.
26. Os números estão em Busch, *Britain, India, and Arabs*, 408-9.
27. Citado em Fromkin, *Peace to End All*, 452.
28. Citado em Catherwood, *Churchill's Folly*, 87.
29. Heathcote, *Military in British India*, 239.
30. Como visto em Keegan, *First World War*, 218.
31. Catherwood, *Churchill's Folly*, 104.
32. Manchester, *Visions of Glory*, 701, 703.
33. Fromkin, *Peace to End All*, 499.
34. Churchill, *Complete Speeches*, 3:3259.
35. Churchill não via problema na ideia de uma nação judia, como prometido pela Declaração Balfour, apesar de um Estado nacional judeu independente parecer uma criação improvável em 1922. Ver Feith, "Palestine e Zionism", 262.
36. Como prometido no Tratado de Sèvres de 1922. Catherwood, *Churchill's Folly*, 136, 150.
37. Fromkin, *Peace to End All*, 424-26, 562.
38. Clayton, *British Empire as Superpower*, 41, 295.
39. Gilbert, *Companion*, 4:3:1644-45.
40. Citado em Chaudhuri, *Great Anarch!*, 23, e Pearson, *Private Lives*, 228.
41. Carta de 19 de setembro de 1922, em Gilbert, *Companion*, 4:3:1986.
42. Brown, *Prisoner of Hope*, 147.

43. Krishnadas, *Seven Months*, 30.
44. Keer, *Mahatma Gandhi*, 425.
45. Brow, *Rise to Power*, 257; Rao, *Sastri*, 87; Payne, *Gandhi*, 350.
46. Brow, *Rise to Power*, 309.
47. Ibid., 312.
48. Brown, *Prisoner of Hope*, 145.
49. Brow, *Rise to Power*, 316-17.
50. Moon, *British Conquest*, 653-54.
51. Citado em Payne, *Gandhi*, 354.
52. Krishnadas, *Seven Months*.
53. Hasan, *Communal Politics*, 165.
54. Resolução 25:59, 5 de novembro de 1921, em Gandhi, *Collected Works*.
55. Ibid., 25:127.
56. Ibid., 22:1.
57. Payne, *Gandhi*, 359-60.
58. Gandhi, *Collected Works*, 26:55.
59. Citado em Brow, *Rise to Power*, 328.
60. Gilbert, *Companion*, 4:2:1762-63.
61. Carta de 10 de fevereiro de 1922, ibid., 4:2:1764-65.
62. Ibid., 4:2:1765.
63. Gandhi, *Collected Works*, 26:295.
64. Editorial, *Young India*, 26 de janeiro de 1922, em ibid., 20:20.
65. Payne, *Gandhi*, 361.
66. O conteúdo da declaração está em Gandhi, *Collected Works*, 26:381-85.
67. Citado em Brow, *Rise to Power*, 343.

15. Revés da sorte: 1922-1929

1. Citado em Manchester, *Visions of Glory*, 745.
2. Citado em Gilbert, *Churchill IV*, 890.
3. Viscount Templewood, *Nine Troubled Years*, 42-43.
4. Bonham Carter, *Intimate Portrait*, 382. Churchill admitiu em *Painting as a Pastime* que as cores eram "deliciosas de espremer."
5. Churchill, *Painting as a Pastime*, 222, 226.
6. Pearson, *Private Lives*, 200-1.
7. Carta de 24 de fevereiro de 1924, em Gilbert, *Companion*, 5:1:114.

8. Charmley, *End of Glory*, 197.

9. Citado em Gilbert, *Prophet of Truth*, 42.

10. Williams e Ramsden, *Ruling Britannia*, 384.

11. Gilbert, *Prophet of Truth*, 57-58.

12. Ibid., 59.

13. Gandhi, *Collected Works*, 27:6.

14. Ibid., 27:7-8.

15. Brown, *Prisoner of Hope*, 182-83.

16. Carta de 15 de setembro de 1924, Gandhi, *Collected Works*, 29:155-56.

17. Citado em Brown, *Prisoner of Hope*, 176.

18. Mais tarde, ele escreveria: "dos livros ingleses que gostei [lidos em Ye-ravda], Gibbon está, facilmente, em primeiro lugar". Gandhi, *Collected Works*, 29:134.

19. Ibid., 27:8.

20. Ibid., 29:408.

21. Ibid., 27:9.

22. Gandhi, *Autobiography*, 442.

23. Payne, *Gandhi*, 321.

24. Citado em ibid., 376.

25. Como visto em Muggeridge, *Green Stick*, 110.

26. Entre os livros que ele leu, estavam *Leaves from the Companions of the Prophet*, de Mansar Ali e o Alcorão.

27. Curiosamente, também para os intocáveis da Índia. Ver Ahmed, *Jinnah, Pakistan*, 101-3, 65-67.

28. Citado em Brown, *Civil Disobedience*, 24. Os números da violência estão na página 10.

29. Brown, *Prisoner of Hope*, 207.

30. O bigode era um símbolo da masculinidade hindu. Ver Naipaul, *Wounded Civilization*, 123.

31. Citado em Mayo, *Mother India*, 155.

32. Gandhi, *Collected Works*, 34:322.

33. Keer, *Gandhi*, 224.

34. Green, *Gandhi*, 296.

35. Desai, *Bliss It Was*; Green, *Gandhi*, 294.

36. Desai, *Bliss It Was*, 4.

37. Ibid.

38. Fisher, *Life of Gandhi*, 73-74, 75.
39. Brown, *Rise to Power*, 42.
40. Keer, *Gandhi*, 85, 509.
41. Desai, *Bliss It Was*, 4.
42. Ibid., 19.
43. Ibid., 20.
44. Citado em Fisher, *Life of Gandhi*, 375.
45. Ver Green, *Gandhi*, 336.
46. Slade, *Spirit's Pilgrimage*; Green, *Gandhi*, 304. O papel de Churchill na criação de Anglo-Iranian, ancestral da atual British Petroleum, ver Herman, *To Rule the Waves*, 486.
47. Rolland, *Mahatma Gandhi*, 3, 5.
48. Ibid., 62, 97.
49. Ibid., 6-7, 247.
50. Ibid., 246, 33.
51. Gandhi e Rolland, *Correspondance*, carta de 22 de março de 1922, 14; Green, *Gandhi*, 246.
52. Payne, *Gandhi*, 452.
53. Citado em Gilbert, *Prophet of Truth*, 116.
54. Citado em Charmley, *End of Glory*, 212.
55. Como apontado por Johnson, *Modern Times*, 164.
56. Citado em Charmley, *End of Glory*, 208.
57. Gilbert, *Companion*, 5:1:305.
58. Ver Herman, *To Rule the Waves*, 520-21; Gilbert, *Companion*, 5:1:306.
59. Ver o mesmo memorando, ibid., 5:1:304.
60. Gilbert, *Prophet of Truth*, 159.
61. Charmley, *End of Glory*, 218.
62. Gilbert, *Prophet of Truth*, 217-19.
63. Ibid., 226.
64. Charmley, *End of Glory*, 202.
65. Ibid., 221.
66. Manchester *Alone*, 14.
67. Ibid., 10; Gilbert, *Prophet of Truth*, 301.
68. Gilbert, *Prophet of Truth*, 302.
69. Ibid.
70. Citado em Charmley, *End of Glory*, 84.

71. Gandhi, *Collected Works*, 26:463-64. O correspondente era o colunista norte-americano Drew Pearson.

72. Ibid.

73. Ibid., 26:464, e Charmley, *End of Glory*, 84.

74. Gilbert, *Prophet of Truth*, 273-78.

75. Ibid., 326.

76. Diário de Thomas Jones, em Gilbert, *Companion*, 5:1:1473.

77. Manchester, *Visions of Glory*, 250.

78. Gilbert, *Companion*, 5:2:86-87.

79. Gilbert, *Prophet of Truth*, 350.

80. Ibid., 595-96.

16. Véspera de batalha: 1929

1. Citado em Chaudhuri, *Great Anarch!*, 262.

2. Ibid., 263.

3. Moon, *British Conquest*, 1027.

4. Carta de 8 de novembro de 1927, citada em Birkenhead, *Halifax*, 241.

5. Mayo, *Mother India*, 49, 96-97.

6. Ibid., 34-35, 38.

7. Ibid., 268.

8. Ibid., 195.

9. Citado em Gilbert, *Prophet of Truth*, 243.

10. Crítica de Gandhi a Mayo no Young India, 15 de setembro de 1927, em *Collected Works*, 40:105-14.

11. Chaudhuri, *Great Anarch!*, 256.

12. Moon, *British Conquest*, 1028.

13. Citado em Brown, *Civil Disobedience*, 26.

14. Brown, *Prisoner of Hope*, 217.

15. Gandhi, *Collected Works*, 41:447.

16. Arnold, *Gandhi*, 140.

17. Brown, *Prisoner of Hope*, 218-19.

18. Chaudhuri, *Great Anarch!*, 261.

19. Citado em ibid., 264.

20. Chaudhuri, *Great Anarch!*, 263.

21. Brown, *Civil Disobedience*, 35.

22. Uma província sozinha, Bengala, devia cerca de 140 mil rupias, enquanto sete províncias haviam deixado de pagar as contribuições regulares de 1929 ao fundo central. Ver Brown, *Prisoner of Hope*, 256.
23. Ibid., 223.
24. Gandhi para Nehru, 17 de janeiro de 1929, in Brown, *Civil Disobedience*, 39.
25. Brown, *Prisoner of Hope*, 224.
26. Gandhi, *Collected Works*, 46:377.
27. Citado em Roberts, *Holy Fox*, 4-5.
28. Ibid., 20.
29. Moorhouse, *India Britannica*, 177.
30. Ferguson, *Empire*, 215.
31. Roberts, *Holy Fox*, 23.
32. Ibid., 24.
33. Templewood, *Nine Troubled Years*, 43-44.
34. Roberts, *Holy Fox*, 20.
35. Citado em Birkenhead, *Halifax*, 224.
36. Citado em Brown, *Prisoner of Hope*, 230.
37. Johnson, *Viscount Halifax*, 222.
38. Nirad Chaudhuri lembrou-se: "eu estava totalmente convencido de que a oferta não era sincera." *Great Anarch!*, 270.
39. Brown, *Civil Disobedience*, 64.
40. Templewood, *Nine Troubled Years*, 45; Low, *Britain and India Nationalism*, 22.
41. Gilbert, *Companion*, 5:2:40n2.
42. Ibid., 5:2:27.
43. Manchester, *Visions of Glory*, 845.
44. Gilbert, *Prophet of Truth*, 355.
45. Birkenhead, *Halifax*, 274.
46. As estimativas estão em Mayo, *Mother India*, 20.
47. De acordo com Charmley, *End of Glory*, 241.
48. Essa frase, na verdade, vem de um artigo posterior de Churchill, em Gilbert, *Companion*, 5:2:40n2.
49. Gilbert, *Prophet of Truth*, 356-57.
50. Louis, *In the Name of God*, com frequência.
51. Gilbert, *Companion*, 5:2:34-35.

52. Ibid., 5:2:115.
53. Gandhi, *Collected Works*, 47:348-49.
54. Brown, *Prisoner of Hope*, 232.
55. Por exemplo, o comentário do oficial de polícia de Punjab sobre o Congresso de Lahore, registrado em Brown, *Prisoner of Hope*, 234; Brown, *Civil Disobedience*, 79; e Chaudhuri, *Great Anarch!*, 44-45.
56. Gandhi, *Collected Works*, 47:381, 405.
57. Brown, *Prisoner of Hope*, 232 e Brown, *Civil Disobedience*, 70.
58. Sastri, *Letters of Sastri*, 183-84.
59. Gilbert, *Companion*, 5:2:110.
60. Johnson, *Viscount Halifax*, 277, 275.
61. Birkenhead, *Halifax*, 276.
62. A descrição é de Nanda, *Nehrus*, 322-24.
63. Birkenhead, *Halifax*, 277, 275.
64. Citado em Brown, *Civil Disobedience*, 79.
65. Gilbert, *Companion*, 5:2:126.
66. Ibid., 5:2:128-29.

17. Sal: 1930

1. Keer, *Gandhi*, 518.
2. Brown, *Prisoner of Hope*, 234-35.
3. Brown, *Civil Disobedience*, 80.
4. Gandhi, *Collected Works*, 48:206-7.
5. Gandhi, *Hind Swaraj*, 20n24.
6. Brown, *Prisoner of Hope*, 236.
7. Brown, *Civil Disobedience*, 95.
8. Gandhi, *Collected Works*, 48:390.
9. Ibid., 48:362, 365.
10. Fischer, *Life of Gandhi*, 271.
11. Payne, *Gandhi*, 389.
12. Desai, *Bliss It Was*, 11.
13. Payne, *Gandhi*, 389.
14. Desai, *Bliss It Was*, 11-12.
15. Gandhi, *Collected Works*, 48:392-93.
16. Brown, *Civil Disobedience*, 101.

17. Ibid., 104.
18. Gandhi, *Collected Works*, 49:6.
19. Ver a carta de Irwin para o ministro de Estado da Índia, India Office Library, Mss. Eur. C 152/6, 73, citada em Birkenhead, *Halifax*, 282.
20. Roberts, *Holy Fox*, 34.
21. Gandhi, *Collected Works*, 49:13-17.
22. Ibid., 49:15-18.
23. Weber, *On Salt March*, 345-46.
24. Gandhi, *Collected Works*, 49:34-35.
25. Fischer, *Life of Gandhi*, 275.
26. Gandhi, *Collected Works*, 49:102.
27. Ibid., 46.
28. Chaudhuri, *Great Anarch!*, 276, 278.
29. Brown, *Civil Disobedience*, 112.
30. Comentário feito em um encontro do Partido Conservador, em Thanet, 20 de agosto, em Gilbert, *Companion*, 5:2:180-81, n3.
31. Fischer, *Life of Gandhi*, 277-78.
32. Ibid., 276.
33. Brown, *Prisoner of Hope*, 238-39.
34. Brown, *Civil Disobedience*, 113.
35. Fischer, *Life of Gandhi*, 275.
36. Brown, *Civil Disobedience*, 114.
37. Chaudhuri, *Great Anarch!*, 280.
38. Gandhi, *Collected Works*, 49:34.
39. Ibid., 49:108.
40. Ibid., 49:8.
41. Desai, *Bliss It Was*, 27.
42. Brown, *Civil Disobedience*, 127.
43. Ibid., 135.
44. Citado em ibid., 138.
45. Chaudhuri, *Great Anarch!*, 280.
46. Ibid., 278.
47. Brown, *Civil Disobedience*, 124.
48. Citado em Fischer, *Life of Gandhi*, 277.
49. Editorial do *Young India*, 10 de abril de 1930, em Gandhi, *Collected Works*, 49:61, 62.

50. Citado em Brown, *Prisoner of Hope*, 245.

51. Citado em Brown, *Civil Disobedience*, 147.

52. Gilbert, *Companion*, 5:2:136.

53. Comentário feito em um encontro do Partido Conservador, em Thanet, 20 de agosto, ibid., 5:2:180-81, n2.

54. Ibid., 5:2:180.

55. Moon, *British Conquest*, 1045.

56. Moore, *Crisis of Unity*, 115.

57. Moon, *British Conquest*, 1044.

58. Roberts, *Holy Fox*, 35.

59. Gilbert, *Companion*, 5:2:180-81, n3.

18. Mesas-redondas e faquires nus: 1930-1931

1. Charmley, *Lord Lloyd*, 173.

2. Gilbert, *Companion*, 5:2:199.

3. Carta de 23 de setembro de 1930, ibid., 5:2:185.

4. Ibid., 5:2:185-86.

5. Ibid., 5:2:186.

6. Ibid., 5:2:187, 183, 201.

7. Moore, *Crisis of Unity*, 143.

8. Ibid., 159.

9. Churchill, *Complete Speeches*, 5:4934.

10. Ibid., 5:4935.

11. Ibid., 5:4936.

12. Ibid., 5:4937.

13. Ibid., 5:4938.

14. Gilbert, *Companion*, 5:232-33, n2.

15. Citado em Charmley, *Lord Lloyd*, 172.

16. Gilbert, *Companion*, 5:2:231.

17. Taylor, *Origins of Second World War*, 154.

18. Arnold, *Gandhi*, 151.

19. Brown, *Civil Disobedience*, 175.

20. Citado em Payne, *Gandhi*, 404.

21. Brown, *Prisoner of Hope*, 248.

22. Payne, *Gandhi*, 404.

23. Ver Sarkar, "The Logic of Gandhian Nationalism: Civil Disobedience and the Gandhi-Irwin Pact (1930-31)", 1HR 3:1 (Julho, 1976), 114-46; 114.
24. Gandhi, *Collected Works*, 51:223.
25. Brown, *Civil Disobedience*, 188.
26. Gilbert, *Companion*, 5:2:243.
27. Telegrama de Baldwin, em 23 de janeiro de 1931, em Gilbert, *Prophet of Truth*, 380.
28. Churchill, *Complete Speeches*, 5:4950, 4951, 4952.
29. Ibid., 5:4950.
30. Ibid., 5:4955, 4956.
31. Ibid., 5:4956.
32. Gilbert, *Companion*, 5:2:252.
33. Ibid., 5:2:252-53, n1.
34. Ibid., 5:2:250.
35. Ibid., 5:2:257.
36. Churchill, *Complete Speeches*, 5:4971.
37. Gilbert, *Companion*, 5:2:253-54.
38. Ibid., 5:2:258.
39. Ibid., 5:2:258-59.
40. Gilbert, *Prophet of Truth*, 388.
41. Gilbert, *Companion*, 5:2:269.
42. Gilbert, *Prophet of Truth*, 391.
43. Churchill, *Complete Speeches*, 5:4985.
44. Para exemplo, ver Geoffrey Dawson para lorde Irwin, 5 de março, em Gilbert, *Companion*, 5:2:291, que sugere que Baldwin estava prestes a renunciar.
45. Gilbert, *Prophet of Truth*, 394.
46. Ibid., 395.
47. Martin, *Battle*, 229.
48. Churchill, *Complete Speeches*, 5:4993.
49. Ibid., 5:4995.
50. Ibid., 5:4999.
51. Ibid.
52. Gilbert, *Companion*, 5:2:302.
53. Ibid., 5:2:303.

54. Martin, *Battle*, 229.
55. Churchill, *Complete Speeches*, 5:5004.
56. Gilbert, *Prophet of Truth*, 401-2.
57. Gilbert, *Companion*, 5:2:308 n1.

19. *Contra mundum*: 1931-1932

1. Hunt, *Gandhi in London*, 182.
2. Ibid., 179-80.
3. Baldwin, sem dúvida, queria que ele ficasse com o posto. Irwin, em particular, protestou severamente. E Churchill escreveu, mais tarde, que recusava a oferta. Porém, se os *tories* tivessem ganhado com uma margem estreita, ele teria sido fortemente pressionado para não aceitar. Ver Gilbert, *Prophet of Truth*, 322, 326.
4. Gandhi, *Collected Works*, 34:322.
5. Ibid., 51:221, 223.
6. Shirer, *Gandhi*, 126, 133.
7. Citado em Fisher, *Life of Gandhi*, 287.
8. Shirer, *Gandhi*, 58-59. As outras entrevistas concedidas à imprensa estão em Gandhi, *Collected Works*, 53:337-44.
9. Gandhi, *Collected Works*, 51:223.
10. Gilbert, *Prophet of Truth*, 413.
11. Churchill, *Complete Speeches*, 5:5061.
12. Ibid.
13. Gandhi, *Collected Works*, 53:352.
14. Roberts, *Holy Fox*, 41.
15. Hunt, *Gandhi in London*, 182.
16. Muggeridge, *Green Stick*, 110, 189-190.
17. Hunt, *Gandhi in London*, 183.
18. Obituário do *Times* de 31 de janeiro de 1948, citado em Hunt, *Gandhi in London*, 183.
19. Templewood, *Nine Troubled Years*, 63; carta a Willingdon, 19 de novembro de 1931, citada em Brown, *Prisoner of Hope*, 257.
20. Os detalhes, igualmente entediantes, são encontrados em Moore, *Crisis of Unity*.
21. Novamente, os detalhes estão em ibid., 220-21.

22. Shirer, *Gandhi*, 194.
23. Chaudhury, *Gandhi and Contemporaries*, 41.
24. Citado em Hunt, *Gandhi in London*, 185.
25. Shirer, *Gandhi*, 194.
26. Gandhi, *Collected Works*, 53:466.
27. Ao abandonar o padrão ouro, sem consultar o governo indiano, o governo também manteve a rupia equiparada ao novo e mais baixo valor da libra esterlina. Moore, *Crisis of Unity*, 215.
28. Hunt, *Gandhi in London*, 183.
29. Ibid., 186.
30. Churchill, *Complete Speeches*, 5:5114-15.
31. Ibid., 5:5061.
32. Gilbert, *Companion*, 5:2:381.
33. Churchill, *Complete Speeches*, 5:5119, 5122.
34. Gilbert, *Companion*, 5:2:380, n1. Eles eram Caim, Demóstenes, Hannibal, Cícero, Vercingétorix (o líder gaulês derrotado por Julio Cesar), El Cid, rei Harald, Maria I da Escócia, George III, Maria Antonieta, Metternich, Napoleão, general Ludendorff e Robert E. Lee.
35. Hunt, *Gandhi in London*, 208.
36. Gandhi, *Collected Works*, 54:87.
37. Ibid., 54:329.
38. Shirer, *Gandhi*, 150.
39. Citado em Brown, *Prisoner of Hope*, 255.
40. Moore, *Crisis of Unity*, 246-47; Brown, *Prisoner of Hope*, 261.
41. Moore, *Crisis of Unity*, 248.
42. Gandhi, *Collected Works*, 54:343-46.
43. Payne, *Gandhi*, 434; Moore, *Crisis of Unity*, 250.
44. Gilbert, *Prophet of Truth*, 421-23.
45. Carta de 5 de janeiro, em Gilbert, *Companion*, 5:2:391.
46. Ibid., 5:2:397.
47. Moore, *Crisis of Unity*, 251.
48. Lorde Lloyd para Baldwin, 3 de março de 1931, em Gilbert, *Companion*, 5:2:292-93.
49. Shirer, *Gandhi*, 166.
50. Artigo para o *Daily Mail* de 5 de fevereiro de 1931, em Gilbert, *Companion*, 5:2:258-59, n1.

51. Gilbert, *Prophet of Truth*, 413.

52. Churchill, *Complete Speeches*, 5:5028.

53. Gilbert, *Companion*, 5:3:308, n1.

54. Ibid., 5:2:436.

55. Churchill, *Complete Speeches*, 5:4971, 4973.

20. Última trincheira: 1932-1935

1. Payne, *Gandhi*, 434.

2. Moore, *Crisis of Unity*, 262-63.

3. Gandhi, *Collected Works*, 25:479.

4. Citado em Jaffrelot, *Ambedkar*, 58.

5. Moore, *Crisis of Unity*, 265.

6. Gandhi, *Collected Works*, 56.

7. Payne, *Gandhi*, 440.

8. Declaração à imprensa, em 16 de setembro de 1932, em Gandhi, *Collected Works*, 57:40.

9. Carta de 9 de setembro de 1932, ibid., 57:9.

10. Ibid., 57:30.

11. Descrito em uma carta para Mirabehn, 15 de setembro de 1932, ibid., 57:34.

12. Payne, *Gandhi*, 442.

13. Jaffrelot, *Ambedkar*, argumenta que a teoria de Ambedkar antecipa as teorias antropológicas de casta de Louis Dumont e outros.

14. Ambedkar, *Essential Writings*.

15. Citado em Jaffrelot, *Ambedkar*, 66.

16. Citado em Chaudhury, *Gandhi and Contemporaries*, 43.

17. Citado em Brown, *Prisoner of Hope*, 267.

18. Moore, *Crisis of Unity*, 265.

19. Brown, *Prisoner of Hope*, 270.

20. Payne, *Gandhi*, 457.

21. Citado em Brown, *Prisoner of Hope*, 275.

22. Gilbert, *Prophet of Truth*, 437-38.

23. Gilbert, *Companion*, 5:2:448, 447.

24. Charmley, *Lord Lloyd*, 182.

25. Ver carta de 1º de julho para Sir John Simon, em Gilbert, *Companion*, 5:2:450.

26. Carta para lorde Sydenham, 7 de janeiro, ibid., 5:2:513.
27. Citado em Charmley, *Lord Lloyd*, 183.
28. Gilbert, *Companion*, 5:2:532; Charmley, *Lord Lloyd*, 185.
29. Gilbert, *Prophet of Truth*, 474.
30. Discurso de 27 de junho de 1932, em Gilbert, *Companion*, 5:2:449, n1.
31. Gilbert, *Prophet of Truth*, 456.
32. Discurso em Epping, 23 de fevereiro de 1933, em Churchill, *Complete Speeches*, 5:5224.
33. Gilbert, *Companion*, 5:2:621.
34. A frase está em Charmley, *End of Glory*, 157.
35. Gilbert, *Prophet of Truth*, 472.
36. Gilbert, *Companion*, 5:2:567.
37. O comentário está em um discurso de 30 de janeiro de 1931, em Churchill, *Complete Speeches*, 5:4968.
38. Gilbert, *Companion*, 5:2:579.
39. Slade para Churchill, 10 de setembro de 1934, ibid., 5:2:868.
40. Ibid., 5:2:918-19.
41. Gilbert, *Prophet of Truth*, 600.
42. Discurso de 20 de fevereiro de 1935, em Churchill, *Complete Speeches*, 5:5497.
43. Citado em Gilbert, *Prophet of Truth*, 615.
44. Ibid., 617.
45. Ross, *Emissary*, 20, 29.
46. Birla, *Shadow of Mahatma*, xv.
47. Ibid., ix.
48. Ibid., 189-90.
49. Ibid., 191.
50. Manchester, *Visions of Glory*, 883.

21. Contra a corrente: 1936-1938

1. Gilbert, *Prophet of Truth*, 619.
2. Chaudhuri, *Great Anarch!*, 437-38.
3. Ibid., 439, 445, 437.
4. Gilbert, *Prophet of Truth*, 399.
5. Tendulkar, *Mahatma*, 5:271.

6. Brown, *Modern India*, 279, 286.

7. Ibid., 287.

8. Arnold, *Gandhi*, 185.

9. Payne, *Gandhi*, 467.

10. Gandhi, *Collected Works*, 70:296.

11. Brown, *Prisoner of Hope*, 300.

12. Ibid., 301.

13. Green, *Gandhi*, 342.

14. Ver carta para o filho de Harilal, Manu, de 6 de junho de 1935, em Gandhi, *Collected Works*, 67:139.

15. Kalarthi, *Ba and Bapu*, 90-91.

16. Gandhi, *Collected Works*, 69:77-78.

17. Green, *Gandhi*, 343.

18. Citado em Payne, *Gandhi*, 473.

19. Por exemplo, Lala Lajpat Rai. Ver Ali, *Emergence of Pakistan*, 25.

20. Citado em Wolpert, *Jinnah*, 71.

21. Ver Ahmed, *Jinnah, Pakistan*, 71-72.

22. Ali, *Emergence of Pakistan*, 25.

23. Citado em Ahmed, *Jinnah, Pakistan*, 74.

24. Golwakar, *We or our Nationhood Defined* (1938), citado em ibid., 67.

25. Citado em ibid., 74.

26. Wolpert, *Jinnah*, 152.

27. Brown, *Modern India*, 296.

28. Brown, *Prisoner of Hope*, 295; Ali, *Emergence of Pakistan*, 27-28.

29. Talbot, *Provincial Politics*; Ali, *Emergence of Pakistan*, 29.

30. Nehru, *Toward Freedom*, 365.

31. Brown, *Modern India*, 296.

32. Gandhi, *Collected Works*, 73:136; Wolpert, *Jinnah*, 160.

33. Wolpert, *Jinnah*, 163.

34. Ali, *Emergence of Pakistan*, 31.

35. A chegada de Chamberlain não foi o primeiro evento público transmitido pela nova e primitiva televisão — a honra pertenceu à coroação do novo rei George VI.

36. Roberts, *Eminent Churchillians*, 20.

37. Taylor, *Origins*, 292.

38. Gilbert, *Prophet of Truth*, 990.

39. "Foi um triunfo para tudo o que havia de melhor e mais esclarecido na vida britânica", escreveu o historiador Alan Taylor, com certa dose de ironia, "um triunfo para aqueles que pregaram igualdade e justiça entre os povos", inclusive para os 3 milhões de alemães dos Sudetos, que haviam vivido, até então, sob o domínio tcheco. Taylor, *Origins*, 184.
40. Gilbert, *Prophet of Truth*, 990, 981.
41. Churchill, *While England Slept*, 218.
42. Gilbert, *Prophet of Truth*, 1011-12.
43. Taylor, *Origins*, 76, 285.
44. Citado em Lukacs, *Duel*, 39.
45. Gilbert, *Wilderness Years*, 141.
46. Ibid., 111.
47. Por exemplo, Charmley, *End of Glory*, e Charmley, *Churchill's Grand Alliance*, com frequência.
48. Citado em Roberts, *Eminent Churchillians*, 141-42.
49. Segundo John Charmley, se o governo "não autorizou de fato" que Desmond Morton vazasse tais estimativas da Força Aérea germânica para Churchill, "os ministros não achavam ruim que ele as tivesse". *End of Glory*, 292.
50. Gilbert, *Prophet of Truth*, 918-19.
51. Hyde, *Baldwin*, 352.
52. Taylor, *Origins*, 132.
53. Roberts, *Holy Fox*, 47-48.
54. Ibid.
55. Taylor, *Origins*, 184.
56. Manchester, *Alone*, 101.
57. Gilbert, *Prophet of Truth*, 680.
58. Por exemplo, o discurso de 12 de março de 1931, Churchill, *Complete Speeches*, 5:4995.
59. Gilbert, *Companion*, 5:3:704-5.
60. Citado em Gilbert, *Wilderness Years*, 111.
61. Gilbert, *Prophet of Truth*, 561-62.
62. Ibid., 441, 561.
63. Ibid., 977.
64. Gilbert, *Wilderness Years*, 116.
65. Ibid., 77.

66. Citado em Gilbert, *Prophet of Truth*, 1001-2.
67. Citado em Churchill, *His Father's Son*, 105
68. Gilbert, *Prophet of Truth*, 610-11
69. Pearson, *Private Lives*, 230.
70. Charmley, *End of Glory*, 300-1.
71. Churchill, *His Father's Son*, 103-4.
72. Manchester, *Alone*, 385.
73. Churchill, *His Father's Son*, 448.
74. Charmley, *End of Glory*, 300.
75. Gilbert, *Prophet of Truth*, 603.
76. Citado em Gilbert, *Wilderness Years*, 152.
77. Gilbert, *Prophet of Truth*, 700.
78. Gilbert, *Companion*, 5:3:658.
79. Ibid., 5:3:730-31.
80. Gilbert, *Wilderness Years*, 157.
81. Dutton, *Anthony Eden*, 29.
82. Gilbert, *Prophet of Truth*, 905.

22. À beira da escuridão: 1938-1939

1. Taylor, *Origins*, 153.
2. Roberts, *Holy Fox*, 447.
3. Colvin, *Chamberlain Cabinet*, 146-47.
4. Gilbert, *Prophet of Truth*, 993.
5. Ibid., 999-1001.
6. Nicholson, *Diary*.
7. Gandhi, *Collected Works*, 74:79; Payne, *Gandhi*, 482.
8. Bose, *Collected Works*, 9:92.
9. Chaudhury, *Gandhi and Contemporaries*, 277.
10. Chaudhuri, *Great Anarch!*, 502-3.
11. Por exemplo, seu discurso, "Índia e Rússia", 22 de fevereiro, 1942, Nehru, *Independence*, 213-14.
12. Carta de 12 de fevereiro, 1935, Bose, *Collected Works*, 8:91.
13. S. Das, *Subhas*, 307, 345.
14. Bose, *Collected Works*, 2:347, 351.
15. Chaudhury, *Gandhi and Contemporaries*, 282.

16. Bose, *Collected Works*, 8:3-30.

17. O mesmo rancor se reflete nas memórias de Nirad Chaudhuri, escritas cinquenta anos após o evento: Chaudhuri, *Great Anarch!*, 458-70.

18. Citado em ibid., 507.

19. Ibid., 507-8.

20. Chaudhury, *Gandhi and Contemporaries*, 284.

21. Ibid.

22. Chaudhuri, *Great Anarch!*, 510.

23. Citado em Chaudhury, *Gandhi and Contemporaries*, 284.

24. Chaudhuri, *Great Anarch!*, 515.

25. Carta de 24 de outubro, 1940, citada por Chaudhury, *Gandhi and Contemporaries*, 286.

26. Gandhi, *Collected Works*, 74:34.

27. Brown, *Prisoner of Hope*, 292-94.

28. Green, *Gandhi*, 345.

29. Churchill, *Gathering Storm*, 342-43.

30. Citado em Clovis, *Chamberlain Cabinet*, 191.

31. Taylor, *Origins*, 197-98.

32. Gilbert, *Companion*, 5:3:1411-12, 1488.

33. Gilbert, *Prophet of Truth*, 1064-65.

34. Ibid., 1085.

35. Ibid., 1053.

36. A frase é de lorde Wolmer, na carta do dia 7 de julho, 1939, Gilbert, *Companion*, 5:3:1554.

37. Charmley, *End of Glory*, 364.

38. Citado em Gilbert, *Prophet of Truth*, 1108.

39. Citado em ibid., 1063.

40. Ibid., 1103.

41. Manchester, *Alone*, 519.

42. Gilbert, *Prophet of Truth*, 1064-65.

43. Churchill, *Gathering Storm*, 406.

44. Colvin, *Chamberlain Cabinet*, 252.

45. Churchill, *Gathering Storm*, 408.

46. Citado em Gilbert, *Prophet of Truth*, 1112.

47. Manchester, *Alone*, 543.

48. Gilbert, *Prophet of Truth*, 1113; Churchill, *Gathering Storm*, 410.

23. Rota de colisão: 1939-1940

1. Glendevon, *Viceroy at Bay*, 71-72.
2. Ibid., 73.
3. Ibid., 134. O Comitê de Trabalho do Congresso declarara sua oposição à participação da Índia em qualquer guerra futura desde maio e o fez novamente em agosto de 1939. Veja Ahmad, *Indian Response*, 3.
4. Por exemplo, ibid., 4, e a discussão em Moon, *British Conquest*, 1086.
5. De acordo com Payne, *Gandhi*, 482. Veja também Parekh, *Colonialism*, para a crítica de Gandhi à civilização ocidental, esp. 82-84.
6. Gandhi, *Collected Works*, 75:241-242.
7. Citado em Fisher, *Life of Gandhi*, 350.
8. Ibid., 350.
9. Gandhi, *Collected Works*, 76:156.
10. Ibid., 78:344.
11. Fisher, *Life of Gandhi*, 348.
12. Ibid.
13. A citação completa, gravada por uma testemunha ocular, é: "Mate Gandhi. E caso isso não os reduza à submissão, mate uma dúzia de líderes do congresso; e se isso não for o suficiente, mate uns 200 até que a ordem seja estabelecida." Roberts, *Holy Fox*, 72.
14. Churchill, *Blood, Sweat, and Tears*, 314.
15. "How to Combat Hitlerism", 18 de junho de 1940, em Gandhi, *Collected Works*, 78:343.
16. Chaudhuri, *Great Anarch!*, 534-35.
17. Gandhi, *Collected Works*, 76:311-12.
18. Ibid., 76:327.
19. Nehru, *Toward Freedom*, 408.
20. Citado em Brown, *Prisoner of Hope*, 270.
21. Citado em Chaudhuri, *Great Anarch!*, 555-56.
22. Gandhi, *Collected Works*, 76:355.
23. Brown, *Modern India*, 299-300.
24. Ibid., 242.
25. Carta de 11 de outubro de 1937, em Gilbert, *Companion*, 5:3:789.
26. Glendevon, *Viceroy at Bay*, 144, 148.
27. Gandhi, *Collected Works*, 76:12, 58.
28. Brown, *Prisoner of Hope*, 314, 325.

29. Citado em Ali, *Emergence of Pakistan*, 35.

30. Ibid.

31. A Liga condenava a agressão nazista, mas advertia que qualquer coope-ração muçulmana dependia de "justiça e jogo honesto" para os muçul-manos, incluindo a ausência de concessões constitucionais aos hindus. Moon, *British Conquest*, 1087. Apesar de tudo, na mente de Jinnah o verdadeiro inimigo não eram os alemães ou mesmo os britânicos, mas o Congresso Nacional Indiano.

32. Gandhi, *Collected Works*, 76:312.

33. Ibid., 77:241-42, 295.

34. Citado em Chaudhury, *Gandhi and Contemporaries*, 283.

35. Citado em Wolpert, *Jinnah*, 174-75.

36. Gandhi, *Collected Works*, 78:78-81.

37. Ibid., 78: 403-4.

24. De Narvik a Bardoli: abr. 1940-dez. 1941

1. Citado em Cross, *Samuel Hoare*, 172.

2. Churchill, *Gathering Storm*, 461.

3. Como apontado por Lukacs, *Duel*, 29.

4. Colville, *Fringes of Power*, 113.

5. Ibid., 122, 123.

6. Citado em Lukacs, *Duel*, 32.

7. Colville, *Fringes of Power*, 124.

8. Lukacs, *Duel*, 33.

9. Amery, *Diaries*, 3: 358-60.

10. Churchill, *Blood, Sweat, and Tears*, 269.

11. Amery, *Diaries*, 3: 365.

12. Ibid., 3:368-69.

13. Lukacs, *Duel*, 34.

14. Citado em Roberts, *Eminent Churchillians*, 141.

15. Charmley, *End of Glory*, 394.

16. Colville, *Fringes of Power*, 142-43.

17. Essas citações são provenientes das notas de reunião de Halifax, citadas em Manchester, *Alone*, 669. A versão dos eventos do dia 9 foi retirada de Colville, *Fringes of Power*, 142-43, que nos diz que ele recebeu o re-

lato do próprio Churchill. Outras versões existem, incluindo a própria de Churchill em *Gathering Storm* (que aponta incorretamente a data da reunião no dia 10 de maio). O relato de Colville parece ser o mais preciso, bem como o mais plausível.

18. Lukacs, *Duel*, 6-7.
19. Colville, *Fringes of Power*, 142; Lukacs, *Duel*, 34.
20. Churchill, *Blood, Sweat, and Tears*, 292.
21. Discurso de 14 de julho de 1940, em W. S. Churchill, ed., *Never Give In*, 235.
22. Ibid., 346, 360.
23. Colville, *Fringes of Power*, 267.
24. A frase é de Dangerfield, *Strange Death*, citada em Louis, *In the Name of God*, 58n3.
25. Gilbert, *Finest Hour*, 80-81; Churchill, *Blood, Sweat, and Tears*, 348.
26. Isso ocorreu em 12 de abril: Colville, *Fringes of Power*, 117.
27. Ibid., 234.
28. Louis, *In the Name of God*, 172.
29. Amery, *Diaries*, 3:76; Louis, *In the Name of God*, 172.
30. Colville, *Fringes of Power*, 236.
31. Isso ocorreu em 26 de julho: Gilbert, *Finest Hour*, 682; Colville, *Fringes of Power*, 236.
32. Roberts, *Eminent Churchillians*, 170.
33. Citado em Gilbert, 480.
34. Citado em Callahan, *Retreat From Empire*, 38.
35. Gandhi, *Collected Works*, 79:104.
36. A discussão entre eles é resumida na carta de Linlithgow, posteriormente enviada a Gandhi, com data de 30 de setembro, em Gandhi, *Collected Works*, 79:474-75.
37. Brown, *Prisoner of Hope*, 329.
38. Entrevista à editora da *Spectator*, Evelyn Wrench, dezembro de 1941, em Gandhi, *Collected Works*, 81:348
39. Brown, *Prisoner of Hope*, 330.
40. Ibid., 331.
41. Ibid., 332.
42. Ibid.
43. Gandhi, *Collected Works*, 81:372.

44. Ibid., 81:356, 363.
45. Ibid., 81:374.
46. Ibid., 81:376.

25. Debacle: 1941-1942

1. Churchill, *Grand Alliance*, 620.
2. Ibid., 611, 620.
3. Herman, *To Rule the Waves*, 536.
4. Colville, *Fringes of Power*, 480.
5. Louis, *In the Name of God*, 145-46.
6. Louis, *Imperialism at Bay*, 125-26.
7. Ibid., 130.
8. Colville, *Fringes of Power*, 530.
9. W. S. Churchill, *Never Give In*, 307-8.
10. Ver Chaudhuri, *Great Anarch!*, 566-69.
11. Ahmad, *Indian Response*, 28-31.
12. Gandhi, *Collected Works*, 80:197-98.
13. Bayly e Harper, *Forgotten Armies*, 192.
14. Chaudhuri, *Great Anarch!*, 590.
15. Bayly e Harper, *Forgotten Armies*, 119.
16. Ibid., 120.
17. Ibid., 122.
18. Ver Capítulo 11.
19. Bayly e Harper, *Forgotten Armies*, 130.
20. Moran, *Churchill at War*, 17-18; Gilbert, *Road to Victory*, 30-31.
21. Gilbert, *Road to Victory*, 5, 37.
22. Ibid., 5, 37, 54.
23. Bayly e Harper, *Forgotten Armies*, 132.
24. W. S. Churchill, *Never Give In*, 330.
25. Bayly e Harper, *Forgotten Armies*, 147.
26. Ibid., 146.
27. Brooke, *War Diaries*, 256.
28. Bayly e Harper, *Forgotten Armies*, 181.
29. Gandhi, *Collected Works*, 81:454.
30. Ibid., 82:6.

31. Ibid., 82:28.
32. Das, *Subhas*, 236.
33. O melhor relato testemunhal é Hartog, *Sign of Tiger*.
34. Das, *Subhas*, 248.
35. Bayly e Harper, *Forgotten Armies*, 256.
36. Ibid., 207.
37. Moon, *British Conquest*, 1102.
38. Moore, *Cripps*, 56; Moon, *British Conquest*, 1104.
39. Gilbert, *Road to Victory*, 55, 57.
40. Moon, *British Conquest*, 1102; Moore, *Cripps*, 62.
41. Citado em Thorne, *Allies of a Kind*, 242.
42. Citado em Churchill, *Hinge of Fate*, 185.
43. Thorne, *Allies of a Kind*, 242-43.
44. Moran, *Churchill at War*, 36.
45. Cadogan, *Diaries*, 432-33.
46. Gilbert, *Road to Victory*, 54.
47. Harvey, *War Diaries*, 94; Gilbert, *Road to Victory*, 55.
48. Moore, *Cripps*, 74.
49. Ibid.
50. Gilbert, *Road to Victory*, 84-85.
51. Moon, *British Conquest*, 1109; Bayly e Harper, *Forgotten Armies*, 245.

26. Deixem a Índia: 1942

1. Chaudhuri, *Great Anarch!*, 694.
2. Citado em Brooke, *War Diaries*, 285.
3. Entre eles estava Sapru. Brown, *Prisoner of Hope*, 335.
4. Gilbert, *Road to Victory*, 88.
5. Brown, *Prisoner of Hope*, 336.
6. Citado em ibid.
7. Editorial *Young India*, 29 de dezembro de 1920, em Gandhi, *Collected Works*, 22:153.
8. Brown, *Prisoner of Hope*, 322.
9. 28 de maio de 1942. Gandhi, *Collected Works*, 82:338.
10. Entrevista de 14 de junho, em ibid., 82:378.

11. Ibid., 81:231.

12. Citado em Payne, *Gandhi*, 493.

13. Gandhi, *Collected Works*, 82:376.

14. Ibid. 378.

15. Ibid., 378; Payne, *Gandhi*, 494.

16. Brown, *Prisoner of Hope*, 338.

17. Gandhi, *Collected Works*, 82:197, 199.

18. Payne, *Gandhi*, 495.

19. Fischer, *Life of Gandhi*, 386.

20. Ibid., 385.

21. Gandhi, *Collected Works*, 83:205. Existiam, na verdade, duas mensagens: uma das nove da manhã e outra de algum momento durante o dia.

22. Chaudhuri, *Great Anarch!*, 703.

23. Brown, *Prisoner of Hope*, 340.

24. Bayly e Harper, *Forgotten Armies*, 248-49.

25. Amery, *Diaries*, 2:877.

26. Brown, *Prisoner of Hope*, 340.

27. Bayly e Harper, *Forgotten Armies*, 245.

28. Brown, *Modern India*, 309.

29. Bayly e Harper, *Forgotten Armies*, 191; Mollo, *Indian Army*, 162.

30. Das, *Subhas*, 572.

31. Bayly e Harper, *Forgotten Armies*, 74-75.

32. Telegrama de 7 de abril de 1941, em Gilbert, *Finest Hour*, 1047n2.

33. Churchill, *Hinge of Fate*, 178.

34. Gilbert, *Road to Victory*, 90.

35. Citado em ibid., 88.

36. Arquivos de gravações, Public Record Office, Londres, 245.4, 48/9, citados em Thorne, *Allies of a Kind*.

37. Gilbert, *Road to Victory*, 123.

38. Moran, *Churchill at War*, 84.

39. Gilbert, *Road to Victory*, 209-10.

40. Churchill, *Complete Speeches*, 6:6676-77.

41. Bayly e Harper, *Forgotten Armies*, 250.

42. Gilbert, *Road to Victory*, 105.

43. Bayly e Harper, *Forgotten Armies*, 272.

27. Confrontação: 1943

1. Gandhi, *Collected Works*, 83:211.
2. Ibid., 83:215.
3. Ibid., 83:275.
4. Ibid., 83:275.
5. Ibid., 83:281.
6. Fischer, *Life of Gandhi*, 390.
7. Moran, *Churchill at War*, 61.
8. Tendulkar, *Mahatma*, 3:113.
9. Chartwell Papers 20/106/74; Gilbert, *Road to Victory*, 343.
10. Chartwell Papers 20/106/91.
11. Moran, *Churchill at War*, 106.
12. Chartwell Papers 20/107/5.
13. Chartwell Papers 20/107/6.
14. Thorne, *Allies of a Kind*, 360.
15. Fischer, *Life of Gandhi*, 390.
16. Gilbert, *Road to Victory*, 348.
17. Brown, *Prisoner of Hope*, 342.
18. Chartwell Papers 20/107/21.
19. Isso ocorreu em 25 de fevereiro: Chartwell Papers 20/107/26.
20. Gilbert, *Road to Victory*, 350.
21. Gandhi, *Collectéd Works*, 83:293-94.
22. Fischer, *Life of Gandhi*, 391.
23. Gilbert, *Road to Victory*, 350.
24. Churchill, *Hinge of Fate*, 641-42.
25. Chaudhuri, *Great Anarch!*, 706-7.
26. Bayly e Harper, *Forgotten Armies*, 282-84, 288.
27. Thorne, *Allies of a Kind*, 355.
28. Wavell, *Viceroy's Journal*, 3.
29. Louis, *In the Name of God*, 172, 173.
30. Bayly e Harper, *Forgotten Armies*, 291.
31. Wavell, *Viceroy's Journal*, 14, 23, 25.
32. Bayly e Harper, *Forgotten Armies*, 295-96.
33. Louis, *In the Name of God*, 174.
34. Moon, *British Conquest*, 1131.

35. Wavell, *Viceroy's Journal*, 33.
36. Ibid., 23.

28. Triunfo e tragédia: 1943-1945

1. Hartog, *Sign of Tiger*, 108-11. Bose não viajou sozinho. Seu devotado discípulo Abid Hassan veio junto, dormiu na cama acima da dele e entreteve a tripulação do submarino com suas imitações de "chefões nazistas", como Goebbels e Göring.
2. Ibid., 63-64. Bose recepcionou os 2 mil legionários em fevereiro de 1943. O somatório final, de acordo com Hartog (que se uniu à corporação como conselheiro alemão em 1944), alcançou 4 mil. Fontes britânicas reduzem o número a 3100, com 300 a 400 alemães (66).
3. Relatório da Inteligência Militar Alemã, em Ganpuley, *Netaji in Germany*, Apêndice, 183. Sobre Hitler e *Lives of the Bengal Lancers*, ver Hauner, *India in the Axis Strategy*, 33.
4. Bose, *Collected Works*, 8:429.
5. Bayly e Harper, *Forgotten Armies*, 322.
6. Green, *Gandhi*, 363.
7. Citado em Das, *Subhas*, 279-80.
8. Ibid., 249.
9. Por exemplo, Bayly e Harper, *Forgotten Armies*, 233-34, 258-59.
10. Thorne, *Allies of a Kind*, 359.
11. Brooke, *War Diaries*, 1:504.
12. Lamb, *War Leader*, 247; Louis, *Imperialism at Bay*, 283.
13. Lamb, *War Leader*, 248-49.
14. Wavell, *Viceroy's Journal*, 40.
15. Voigt, *Second World War*, 230.
16. Bayly e Harper, *Forgotten Armies*, 372.
17. Churchill, *Closing the Ring*, 486.
18. Allen, *Burma*, 237.
19. Bayly e Harper, *Forgotten Armies*, 381.
20. Churchill, *Closing the Ring*, 488.
21. Bayly e Harper, *Forgotten Armies*, 388, 390.
22. Voigt, *Second World War*, 232.
23. Bayly e Harper, *Forgotten Armies*, 393.

24. Brown, *Prisoner of Hope*, 343.
25. Wavell, *Viceroy's Journal*, 70.
26. Gilbert, *Road to Victory*, 351n1.
27. Telegrama datado de 27 de maio, em Gilbert, *Road to Victory*, 351n1.
28. Payne, *Gandhi*, 498.
29. Ibid., 502.
30. Ibid., 504.
31. Carta de 9 de março de 1944, em Gandhi, *Collected Works*, 84:25.
32. Brown, *Prisoner of Hope*, 343.
33. Payne, *Gandhi*, 505.
34. Wavell, *Viceroy's Journal*, 74-75.
35. Voigt, *Second World War*, 242-43, 208.
36. Brown, *Prisoner of Hope*, 345.
37. Wavell, *Viceroy's Journal*, 79.
38. Citado em Prabhu e Rao, *Mind of Mahatma*, 68.
39. Brown, *Prisoner of Hope*, 349.
40. Ali, *Emergence of Pakistan*, 46-47.
41. Wavell, *Viceroy's Journal*, 91.
42. Lamb, *Churchill as War Leader*, 205.
43. Thorne, *Allies of a Kind*, 475.
44. Ibid., 507.
45. Moran, *Churchill at War*, 281.
46. Charmley, *End of Glory*, 587-88.
47. Moran, *Churchill at War*, 278.
48. Ibid., 278-79.
49. Carta datada de 1º de fevereiro de 1945, em Gilbert, *Road to Victory*, 1166.
50. Louis, *In the Name of God*, 174-75.
51. Moon, *British Conquest*, 1136.
52. Louis, *In the Name of God*, 177-78.
53. Ibid., 171-72.
54. Wavell, *Viceroy's Journal*, 135.
55. Ibid., 136.
56. Ibid., 135-36.
57. Churchill, *Complete Speeches*, 7:7154-55.
58. Moran, *Churchill at War*, 305, 306.

59. Colville, *Fringes of Power*, 600.
60. Thorne, *Allies of a Kind*, 641.
61. Bayly e Harper, *Forgotten Armies*, 294.
62. Citado em Allen, *Burma*, 633-34.
63. Brown, *Prisoner of Hope*, 355.
64. Wavell, *Viceroy's Journal*, 144-45.
65. Ibid.
66. Ibid., 147.
67. Ibid., 155.
68. Gandhi, *Collected Works*, 87:234.
69. Ibid., 87:153.
70. Ibid., 87:153-54.

29. Caminhe sozinho: 1945-1947

1. Manchester, *Visions of Glory*, 27.
2. Moore, *Escape from Empire*, 25.
3. Ibid., 28-29.
4. Louis, *In the Name of God*, 165-166.
5. Colville, *Fringes of Power*, 606.
6. Chandos, *Memoirs*, 328-29.
7. Bayly e Harper, *Forgotten Armies*, 364-65.
8. Moran, *Churchill at War*, 351-352.
9. Colville, *Fringes of Power*, 611.
10. Moore, *Escape from Empire*, 3.
11. Wavell, *Viceroy' Journal*, 159.
12. Mansergh, *Transfer of Power*, 6:60.
13. Wavell, *Viceroy's Journal*, 168.
14. Moran, *Churchill at War*, 351.
15. Chaudhuri, *Great Anarch!*, 755-794.
16. Entrevista a um jornal britânico não citado, 28 de outubro de 1946, em Gandhi, *Collected Works*, 92:421-422.
17. Ibid., 92:8.
18. Ibid., 87:315.
19. Ibid., 87:359.
20. Ibid., 96:64.

21. Ibid., 87:300.
22. Mahajan, *Independence*, 73.
23. Wavell recebeu a notícia da morte de Bose em 21 de setembro (*Viceroy's Journal*, 174). Ele, contudo, permaneceu cético e esperou confirmações posteriores. Alguns, ainda hoje, aguardam essas confirmações.
24. Gopal, *Nehru*, 1:308.
25. Bayly e Harper, *Forgotten Armies*, 448.
26. Ahmad, *Indian Response*, 119.
27. Wavell, *Viceroy's Journal*, 187, 188.
28. Mahajan, *Independence*, 88, 94-95.
29. Mansergh, *Transfer of Power*, 6:1079.
30. Hyde, *Baldwin*, 353.
31. Citado em Gopal, *Nehru*, 1:306.
32. Citado em Ahmed, *Jinnah*, 114.
33. Wavell, *Viceroy's Journal*, 236.
34. Ibid., 299.
35. Moon, *British Conquest*, 1147.
36. Ali, *Emergence of Pakistan*, 60.
37. Ibid., 57, 62.
38. Wavell, *Viceroy's Journal*, 298.
39. Ibid., 314-315.
40. Citado em Ali, *Emergence of Pakistan*, 66.
41. Culpa muito bem argumentada por Moore, *Escape from Empire*, em trechos diversos.
42. Como notado por Arnold, *Gandhi*, 211-12.
43. Ali, *Emergence of Pakistan*, 69.
44. Chaudhuri, *Great Anarch!*, 811.
45. Wavell, *Viceroy's Journal*, 336.
46. Relatado em *Hindustani Times*, 27 de setembro, in: Gandhi, *Collected Works*, 92:246.
47. Ibid., 92:329.
48. Ibid., 92:344, 345, 355.
49. Ibid., 92:358, 375.
50. Payne, *Gandhi*, 521.
51. Bose, *My Days*, 63, 84, 85.

52. Moon, *British Conquest*, 1158.

53. Gandhi, *Collected Works*, 92:382.

54. Wavell, *Viceroy's Journal*, 344-45, 401-02.

55. Isso ocorreu em setembro. Ver Mansergh, *Transfer of Power*, 8:454-62.

56. Wavell, *Viceroy's Journal*, 345.

57. A carta de Attlee data de 8 de janeiro de 1947. Ver Mansergh, *Transfer of Power*, 9:490-91.

58. Citado em Roberts, *Eminent Churchillians*, 108.

59. Churchill, *Complete Speeches*, 8:7386.

60. Ibid., 8:7444-48.

30. Morte no jardim: 1947-1948

1. Roberts, *Eminent Churchillians*, 80.

2. Mosley, *Last Days of Raj*, 90.

3. Manserg, *Transfer of Power*, 10:8.

4. Payne, *Gandhi*, 526.

5. Manserg, *Transfer of Power*, 10:47.

6. Citado em Roberts, *Eminent Churchillians*, 82.

7. Ibid., 85.

8. Moore, *Escape from Empire*, do capítulo 4 adiante; Roberts, *Eminent Churchillians*, 91.

9. Manserg, *Transfer of Power*, 10:84; Roberts, *Eminent Churchillians*, 82.

10. Mosley, *Last Days of Raj*, 96.

11. 1º de abril de 1947, encontro religioso in: Gandhi, *Collected Works*, 94:217.

12. Johnson, *Modern Times*, 474.

13. Ver, por exemplo, Jalal, *Sole Spokesman*.

14. Citado em Mosley, *Last Days of Raj*, 91, 110.

15. Moore, *Escape from Empire*, 206

16. Cópias de algumas cartas ainda estão em Chartwell Papers 43 A-B e 44.

17. A íntegra da conversa está registrada em Manserg, *Transfer of Power*, 10:513.

18. Wolpert, *Jinnah*.

19. Pyarelal, *Early Phase*, 215, 217.

20. Se o plano não tivesse sido assinado, o vice-rei confessou a seu assessor, "Dickie Mountbatten teria afundado e poderia fazer as malas". Mosley, *Last Days of Raj*, 127.

21. Citado em ibid., 133.

22. Roberts, *Eminent Churchillians*, 90.

23. Payne, *Gandhi*, 531.

24. Pyarelal, *Early Phase*, 215.

25. Gandhi, *Collected Works*, 96:186, 196.

26. Ibid., 96:182.

27. Payne, *Gandhi*, 533.

28. Bose, *My Days*, 255.

29. Citado em Wolpert, *Nehru*, 408.

30. Karaka, *Betrayal in India*, 52-53.

31. Wolpert, *Nehru*, 409-10.

32. Manubehn Gandhi, *Miracle of Calcutta*, 66.

33. Chaudhuri, *Great Anarch!*, 842.

34. Citado em Wolpert, *Nehru*, 411-12.

35. Payne, *Gandhi*, 548.

36. Masson, *Edwina*, 206-7.

37. Chaudhuri, *Great Anarch!*, 527.

38. Ali, *Emergence of Pakistan*, 259.

39. Chaudhuri, *Great Anarch!*, 834.

40. Roberts, *Eminent Churchillians*, 94.

41. Citado em ibid., 106.

42. Como assinala Andrew Roberts, sabe-se agora que as tropas indianas invadiram a Caxemira muito antes de qualquer tribo atravessar a fronteira (104).

43. Churchill, *Complete Speeches*, 8:7525-26.

44. Discurso de 5 de outubro de 1943, in Gandhi, *Collected Works*, 97:6.

45. Gandhi, *Collected Works*, 97:7. A frase "um invisível e mais glorioso Império de corações" é uma tradução de Pyarelal e infinitamente superior a "imperceptível mando dos corações" do *Collected Works*.

46. Ibid.

47. Citado em Wolpert, *Nehru*, 418-21.

48. Citado em Green, *Gandhi*, 384.

49. Gandhi, *Collected Works*, 98:36.

50. Ibid., 98:219.
51. Payne, *Gandhi*, 555-56.
52. Gandhi, *Collected Works*, 98:227.
53. Manubehn Gandhi, *Last Glimpses*, 179.
54. Green, *Gandhi*, 381.
55. Srivastava, *Five Stormy Years*, 190.
56. Chaudhuri, *Great Anarch!*, 503.
57. Ghosh, *Murder Trial*, 67.
58. Gandhi, *Collected Works*, 98:206.
59. Pyarelal, *Early Phase*, 215.
60. Manubehn Gandhi, *Last Glimpses*, 218.
61. Pyarelal, *Early Phase*, 756.
62. Manubehn Gandhi, *Last Glimpses*, 297-98.
63. Payne, *Gandhi*, 631.
64. Pyarelal, *Early Phase*, 767.
65. Bourke-White, *Halfway to Freedom*, 232.
66. Gandhi, *Collected Works*, 98:36.
67. Chaudhuri, *Great Anarch!*, 874, 879.
68. Ibid., 876.
69. Birla, *In the Shadow of Mahatma*, 325-26.
70. Citado em Green, *Gandhi*, 365.
71. Fischer, *Life of Gandhi*, 14.
72. Payne, *Gandhi*, 597.
73. Brown, *Modern India*, 337.
74. Payne, *Gandhi*, 599.

31. O crepúsculo do leão: 1948-1965

1. Fischer, *Life of Gandhi*, 18-19.
2. Discurso de 28 de outubro de 1948, Churchill, *Complete Speeches*, 7:7722.
3. Ibid., 7:7588.
4. Seu discurso sobre os "Estados Unidos da Europa" foi feito em Zurique, em 19 de setembro: ibid., 7:7379-82. Sobre os vínculos com o Plano Marshall, ver Gilbert, *Never Dispair*, 337.
5. Churchill, *Diaries*, 179.

6. Ibid., 309.
7. Churchill fez essa admissão em setembro de 1957. Gilbert, *Never Despair*, 1250.
8. Ibid., 333.
9. Ibid., 334.
10. Ziegler, *Mountbatten*, 461.
11. Para esse assunto, ver Roberts, *Eminent Churchillians*, 127, 129-31.
12. Ibid., 7:7721-21.
13. Churchill, *Complete Speeches*, 7:7671-72.
14. Ibid., 7:7721-22.
15. Churchill, *Memories and Adventures*, 59.
16. Bourke-White, *Halfway to Freedom*, 232.
17. Williams e Ramsden, *Ruling Britannia*, 419-20.
18. Churchill contou aos filhos sobre o estranho encontro, alguns dias depois. Seu filho, Randolph, exortou-o a escrevê-lo: Churchill ficou relutante, mas, por fim, consentiu; trancou o relato em sua caixa de madeira até a morte. Publicado pela primeira vez no *Sunday Telegraph*, um ano depois de seu funeral, em 1966, o escrito também aparece no volume final da obra de Martin Gilbert (*Never Despair*, 364-72) e em uma versão encadernada, editada por Richard Langworth, sob o título dado por Randolph: *The Dream* (Washington, D.C.: Churchill Centre, 2005).
19. W. S. Churchill, *Never Give In*, 446.
20. Churchill, *Memories and Adventures*, 72-73.
21. Roberts, *Eminent Churchillians*, 253; Williams e Ramsden, *Ruling Britannia*, 431.
22. Roberts, *Eminent Churchillians*, 252.
23. Citado em Pearson, *Private Lives*, 389.
24. Churchill, *Memories and Adventures*, 60-61, 62-63.
25. Isso foi em junho de 1945: Moran, *Churchill at War*, 335.
26. Moran, *Churchill at War*, 335-56.
27. W. S. Churchill, *Never Give In*, 479.
28. Clark, *Other Half*, 128.
29. Pearson, *Private Lives*, 370.
30. Moran, *Churchill at War*, 555.
31. Ibid., 653.
32. Churchill, *Complete Speeches*, 8:8607-9.

33. Moran, *Churchill at War*, 614.

34. W. S. Churchill, *Never Give In*, 498.

35. Citado em Pearson, *Private Lives*, 373.

36. Moran, *Churchill at War*, 621.

37. Em 10 de janeiro de 1952. Ibid., 386.

38. Ibid., 619.

39. Morris, *Farewell the Trumpets*, 531.

40. Lloyd, *British Empire*, 344.

41. Moran, *Churchill at War*, 819; Roberts, *Eminent Churchillians*, 219.

42. Moran, *Churchill at War*, 785.

43. Ibid., 840-41.

44. Levin, *Run It Down*, 408.

45. Moran, *Churchill at War*, 670.

46. Ibid., 394, 479.

Conclusão: Triunfo e tragédia

1. Luce, *In Spite of the Gods*, 8.

BIBLIOGRAFIA

Addison, David. *Churchill: The Unexpected Hero*. Oxford: Oxford University Press, 2005.

Ahmad, Manzoor. *Indian Response to the Second World War*. Nova Délhi: Intellectual Publishing House, 1987.

Ahmed, Akbar. *Jinnah, Pakistan, and Islamic Identity*. Londres: Routledge, 1997.

Ali, C. M. *The Emergence of Pakistan*. Nova York: Columbia University Press, 1967.

Allen, Charles. *The Search for the Buddha: The Man Who Discovered India's Lost Religion*. Nova York: Carroll & Graf, 2002.

Allen, Louis. *Burma: The Longest War, 1941-1945*. Londres: J. M. Dent & Sons, 1985.

Ambedkar, B. R. *The Essential Writings of B. R. Ambedkar*. Nova York: Oxford University Press, 2004.

Amery, Leo. *The Leo Amery Diaries*. Org. John Barnes e David Nicholson. Londres: Hutchinson, 1980.

Arnold, David. *Gandhi*. Londres: Longmans, 2001.

Asquith, H. H. *Letters to Venetia Stanley*. Org. Michael Brock. Oxford: Oxford University Press, 1982.

Atkins, J. B. *Incidents and Reflections*. Londres: Christophers, 1947.

Bahadur, Sir Sayyid Ahmed Khan. *The causes of Indian Revolt*. 1858; Lahore: Book House, 1970.

Basham, A. L. *The Wonder That Was India*. Nova Délhi: Rupa, 1981.

Basu, Mriral Kumar. *Rift and Reunion: Contradictions in the Congress, 1908-1981*. Calcutá: K. P. Bagchi & Co., 1990.

Bayly, Christopher e Tim Harper. *Forgotten Armies: The Fall of British Asia, 1941-1945*. Cambridge, Mass.: Belknap Press, 2005.

Beloff, Max. *Imperial Sunset*. vol. 1, *British Liberal Empire, 1897-1921*. Nova York: Alfred A Knopf, 1970.

Ben-Moshe, Tuvia. *Churchill: Strategy and History*. Boulder, Colo.: Harvester Wheatsheaf, 1992.

Bennett, George, org. *The Concept of Empire: Burke to Attlee, 1774-1947*. 2ª ed. 1953; Londres: Adam e C. Bleck, 1967.

Best, Geoffrey. *Churchill and War*. Londres: Hambledon & London Press, 2005.

Birkenhead, Earl of. *Halifax: The Life of Lord Halifax*. Boston: Houghton Mifflin, 1966.

Birla, Ganshayam Das. *In the Shadow of the Mahatma*. Mumbai: Orient Longman, 1953.

Blavatsky, Helena P. *Isis Unveiled: A Master-Key to the Mysteries of Ancient and Modern Science and Theology*, vol. 2, *Theology*. Nova York, 1877.

Blunt, Wilfred S. *My Diaries: Being a Personal Narrative of Events*, vol. 2, 1900-1914. Nova York: Alfred A Knopf, 1922.

Bonham Carter, Violet. *Winston Churchill: an Intimate Portrait*. Nova York: Harcourt Brace, 1965.

Bose, Nirmal Kumar. *My Days with Gandhi*; 1953; Nova Délhi: Orient Longman, 1974.

Bose, Subhas Chandra. *Netaji: Collected Works*. Nova York: Oxford University Press, 1997.

Bourke-White, Margaret. *Halfway to Freedom*. Nova York: Simon & Schuster, 1949.

Brooke, Alan. *War Diaries 1939-1945: Field Marshall Lord Alanbrooke*. Londres: Weidenfeld & Nicolson, 2001.

Brown, Judith M. *Gandhi's Rise to Power: Indian Politics, 1915-1922*. Cambridge: Cambridge University Press, 1974.

_____. *Gandhi and Civil Disobedience: The Mahatma in Indian Politics, 1928-1934*. Cambridge: Cambridge University Press, 1977.

_____. *Modern India: The Origins of an Asian Democracy*. Nova York: Oxford University Press, 1985.

_____. *Gandhi: Prisoner of Hope*. New Haven, Conn.: Yale University Press, 1991.

Bruehl, Wayne. *The Crisis of the Raj*. Hanover, N. H.: University Press of New England, 1986.

Buchanan, Daniel. *The Development of Capitalist Enterprise in India*. Nova York: Columbia University Press, 1934.

Busch, Briton Cooper. *Britain, India, and the Arabs, 1914-1921*. Berkeley and Los Angeles: University of California Press, 1971.

Cadogan, Alexander. *The Diaries of Sir Alexander Cadogan, 1938-1945*. David Dilks org. Nova York: G. P. Putnam, 1972.

Cain, Peter J. *Hobson and Imperialism: Radicalism, New Liberalism, and Finance, 1887-1938*. Oxford: Oxford University Press, 2002.

Callahan, Raymond. *Churchill: Retreat from Empire*. Nova York: SR Books, 1984.

Catherwood, Christopher. *Churchill's Folly: How Winston Churchill Created Modern Iraq*. Nova York: Carroll & Graf, 2005.

Chandos, Viscount (Oliver Lyttetlon). *The Memoirs of Lord Chandos*. Londres: Bodley Head, 1962.

Charmley, John. *Lord Lloyd and the Decline of the British Empire*. Nova York: St. Martin's Press, 1987.

_____. *Churchill: The End of Glory: A Political Biography*. Nova York: Harcourt Brace Jovanovich, 1993.

_____. *Churchill's Grand Alliance*. Nova York: Harcourt Brace, 1995.

Chartwell Papers, Churchill Archive Centre, Churchill College, Cambridge.

Chaudhuri, Nirad. *The continent of Circe: An Essay on Peoples of India*. Mumbai: Jaico, 1970.

_____. *Autobiography of an Unknown Indian*. Londres: Hogarth Press, 1988.

_____. *Thy Hand, Great Anarch! India 1921-1952*. Boston: Addison--Wesley Longman, 1989.

Chaudhury, P. C. Roy. *Gandhi and his Contemporaries*. Nova Délhi: Sterling, 1972.

Chunder, Bholanauth. *Travels of a Hindoo to Various Parts of Bengal and Upper India*. Londres: Trubner, 1869.

Churchill, Randolph Henry Spencer. *Speeches of Lord Randolph Churchill, with a Sketch of His Life*. Henry W. Lucy org. Londres: George Routledge & Sons, 1885.

Churchill, Randolph S. *Winston S. Churchill*, vol. 1, *Youth: 1874-1900*. Boston: Houghton Mifflin, 1967.

_____. *Winston S. Churchill*, vol. 2, *Young Statesman: 1901-1911*. Boston: Houghton Mifflin, 1967.

_____. *Winston S. Churchill: Companion*, vol. 1, partes 1 e 2. Boston: Houghton Mifflin, 1967.

_____. *Winston S. Churchill: Companion*, vol. 2, partes 1 a 3. Boston: Houghton Mifflin, 1969.

Churchill, Winston S. *The Story of the Malakand Field Force* (1898), in: *Frontiers and Wars*. Londres: Eyre and Spottiswoode, 1962.

_____. *Savrola*. Nova York: Longmans Green, 1899.

_____. *London to Ladysmith via Pretoria* (1900). In: *Frontiers and Wars*. Londres: Eyre and Spottiswoode, 1962.

_____. *Lord Randolph Churchill*. Londres: Macmillan, 1906, 2 vols.

_____. *The World Crisis*. Nova York: Scribner's, 1923.

_____. *My Early Life: A Roving Commission*. Nova York: Scribner's, 1930.

_____. *Amid These Storms*. Nova York: Scribner's, 1932.

_____. *Painting as a Pastime* (1942). Nova York: Cornerstone Library, 1965.

_____. *Great Contemporaries*. 1937; Londres: Fontana, 1959.

_____. *While England Slept: A Survey of World Affairs, 1932-1938*. Nova York: Putnam, 1938.

_____. *Blood, Sweat, and Tears*. Nova York: G. P. Putnam, 1941.

_____. *The Second World War*, vol. 1, *The Gathering Storm*. Boston: Houghton Mifflin, 1948.

_____. *The Second World War*, vol. 3, *The Grand Alliance*. Boston: Houghton Mifflin, 1950.

_____. *The Second World War*, vol. 4, *The Hinge of Fate*. Boston: Houghton Mifflin, 1951.

_____. *The Second World War*, vol. 5, *Closing the Ring*. Boston: Houghton Mifflin, 1951.

_____. *Frontiers and Wars*. Londres: Eyre and Spottiswoode, 1962.

_____. *Churchill: Taken From the Diaries of Lord Moran*. Boston: Houghton Mifflin, 1966.

_____. *Young Winston's Wars: The Original Dispatches of Winston S. Churchill*. Frederick Wood (org.) Nova York: Viking, 1972.

_____. *Liberalism and the Social Problem: A Collection of Early Speeches as a Member of Parliament*. Bristol: Hamlyn, 1974.

_____. *His Complete Speeches, 1897-1963,* ed. Robert Rhodes James. 8 vols. Londres: Chelsea House, 1974.

_____. *Memories and Adventures.* Londres: Weidenfeld & Nicolson, 1989.

_____. *His Father's Son: The Life of Randolph Churchill.* Londres: Weidenfeld & Nicolson, 1996.

_____. *Never Give In!: The Best of Winston Churchill's Speeches.* Nova York: Hyperion, 2003.

Clark, Kenneth. *The Other Half: A Self-Portrait.* Londres: John Murray, 1977.

Clayton, Anthony. *The British Empire as Superpower, 1919-1939.* Londres: Macmillan, 1986.

Collett, Nigel. *The Butcher of Amritsar: General Reginald Dyer.* Londres: Hambledon & London, 2007.

Collier, Richard. *The Sound of Fury: An Account of the Indian Munity.* Londres: Collins, 1963.

Colonial Office Records, Londres.

Colville, John. *The Fringes of Power: 10 Downing Street Diaries, 1939-1955.* Nova York: W. W. Norton & Co., 1985.

Colvin, Ian. *The Chamberlain Cabinet: How Meetings in 10 Downing Street, 1937-1939, Led to the Second World War — Told for the First Time from the Cabinet Papers.* Nova York: Taplinger, 1971.

Cranston, Sylvia. *HPB: The Extraordinary Life and Influence of Helena Blavatsky, Founder of the Modern Theosophical Movement.* Nova York: G. P. Putnam, 1993.

Cross, J. A. *Sir Samuel Hoare: A Political Biography.* Londres: Jonathan Cape, 1977.

Curtis, Lionel. *The Commonwealth of Nations.* Londres: Macmillan, 1916.

Curzon, Lord. *A Viceroy's India: Leaves from Lord Curzon's Notebook.* Peter King org. Londres: Sedwick & Jackson, 1984.

d'Este, Carlo. *Warlord.* Nova York: Harper Collins, 2008.

Dalrymple, William. *White Mughals: Love and Betrayal in Eighteenth Century India.* Nova York: Harper Collins, 2002.

Dangerfield, George. *The Strange Death of Liberal England, 1910-1914.* Nova York: Capricorn Books, 1961.

Das, Hari Hara. *Subhas Chandra Bose and the Indian National Movement.* Nova Délhi: Sterling, 1983.

Datta, V. N. *Madan Lal Dhingra and the Revolutionary Movement.* Nova Délhi: Vikas, 1978.

Desai, Narayan. *Bliss It Was to Be Young with Gandhi: Childhood Reminiscences.* Mumbai: Bharatiya Vidya Bhavan, 1988.

Devanesen, Chandran D. S. *The Making of the Mahatma.* Nova Délhi: Orient Longman, 1969.

Dilks, David. *Curzon in India.* Nova Délhi: Taplinger, 1969.

Doniger, Wendy (org.) *The Laws of Manu.* Harmondsworth: Penguin, 1991.

Duberly, Mrs. H. *Suppresion of Munity 1857-1858.* 1859; Nova Délhi: Sirjana Press, 1974.

Dubois, J. A. *Hindu Manners, Customs, Ceremonies.* H. Beauchamp (org.) 3ª ed. 1906; Délhi: Oxford University Press, 1978.

Dufferin, Marchioness of. *Our Viceregal Life in India: Selections from My Journal, 1884-1888.* Londres: John Murray, 1890.

Dutton, David. *Anthony Eden: A Life and Reputation.* Londres: Arnold, 1996.

Edwards, Michael. *Battles of the Indian Munity.* Nova York: Macmillan, 1963.

Farwell, Byron. *The Great Anglo-Boer War.* Nova York: W. W. Norton & Co., 1976.

_____. *Armies of the Raj: From Munity to Independence, 1858-1947.* Nova York: W.W. Norton & Co., 1989.

Feith, Douglas. "Palestine and Zionism, 1904-1922". In: James W. Muller, *Churchill as Peacemaker.* Cambridge: Woodrow Wilson Center Press e Cambridge University Press, 1997.

Ferguson, Niall. *Empire: The Rise and Demise of the British World Order.* Nova York: Basic Books, 2002.

Fischer, Louis. *The Life of Mahatma Gandhi.* 1950; Nova York: Collier, 1962.

Foster, R. F. *Lord Randolph Churchill: A Political Life.* Oxford: Oxford University Press, 1981.

Freeden, Michael. "Eugenics and Progressive Thought", *Historical Journal* 22, nº 3 (1979), 645-71.

Fromkin, David. *A Peace to End All Peace: The Fall of the Ottoman Empire and the Creation of the Modern Middle East.* Nova York: Avon Books, 1990.

Fuller, C. J. (org.) *Caste Today.* Délhi: Oxford University Press, 1996.

Gandhi, Manubehn. *Miracle of Calcutta.* Ahmedabad: Navajivan Publishing, 1959.

_____. *Last Glimpses of Bapu.* Agra: Shiva Lai Agarwala & Co., 1962.

Gandhi, Mohandas K. *Satyagraha in South Africa.* Ahmedabad: Navajivan Publishing, 1928.

_____. *Gandhi: Autobiografia — Minha vida e minhas experiências com a Verdade*. São Paulo: Palas Athena, 2007.

_____. *Selected Writings of Mahatma Gandhi*. Ronald Duncan (org.) Boston: Beacon, 1951.

_____. *The Collected Works of Mahatma Gandhi*. 100 vols. Nova Délhi: Ministry of Information and Broadcasting, Government of India, 2000.

_____. *Hind Swaraj and Other Writings*. Anthony J. Parel (org.) Cambridge: Cambridge University Press, 1997.

_____. Gandhi, Mohandas K. e Romain Rolland. *Correspondance, extraits du Journal et texts divers*. Paris: A. Mizhel, 1969.

Ganpuley, N. G. *Netaji in Germany: A Little Known Chapter*. Mumbai: Bharatiya Vidya Bhavan, 1959.

Ghorye, G. S. *Caste and Class in India*. 5ª ed. Mumbai: Prakashan, 1969.

Ghosh, T. *The Gandhi Murder Trial*. Nova York: Asia Publishing House, 1975.

Gibbon, Edward. *The Decline and Fall of the Roman Empire*. 1779-89; Harmondsworth: Penguin, 1977.

Gilbert, Martin. *Winston S. Churchill: Companion*, vol. 3, partes 1-2. Boston: Houghton Mifflin, 1973.

_____. *Winston S. Churchill: Companion*, vol. 4, partes 1-3. Boston: Houghton Mifflin, 1977.

_____. *Winston S. Churchill*, vol. 5. *Prophet of Truth, 1922-1939*. Londres: William Heinemann, 1979

_____. *Winston S. Churchill: Companion*, vol. 5, partes 1-2. Boston: Houghton Mifflin, 1981.

_____. *Winston S. Churchill: The Wilderness Years*. Londres: Macmillan, 1981.

_____. *Winston S. Churchill*, vol. 6. *Finest Hour, 1939-1941*. Londres: William Heinemann, 1983.

_____. *Winston S. Churchill*, vol. 7. *Road to Victory, 1941-1945*. Londres: William Heinemann, 1986.

_____. *Winston S. Churchill*, vol. 8. *Never Despair, 1945-1965*. Londres: William Heinemann, 1988.

Glendevon, John. *Viceroy at Bay: Lord Linlithgow in India, 1936-1943*. Londres: Collins, 1971.

Golwalkar, Madhav Sadashiv. *We or Our Nationhood Defined*. Nagpur: Bharat Prakashan, 1938.

Gopal, Sarvepalli. *Jawaharlal Nehru: A Biography*. Nova York: Oxford University Press, 1989.

Gosh, Suresh Chandra. *Dalhousie in India, 1848-1856*. Nova Délhi: Munshiran Manoharlal, 1973.

Green, Martin. *Tolstoy and Gandhi, Men of Peace: A Biography*. Nova York: Basic Books, 1963.

_____. *The Origins of Nonviolence: Tolstoy and Gandhi in Their Historical Settings*. University Park: Pennsylvania State University Press, 1986.

_____. *Gandhi: Voice of a New Age Revolution*. Harrisburg, Pa.: Continuum, 1993.

Haldane, A. L. *The Insurrection in Mesopotamia, 1920*. 1922; Nashville, Tenn.: Battery Press, 2005.

Hardiman, David. *Feeding the Baniya Peasants and Usurers in Western India*. Nova Délhi: Oxford University Press, 1996.

Hartog, Rudolf. *The Sign of the Tiger: Subhas Chandra Bose and His Indian Legion in Germany, 1941-1945*. Nova Délhi: Rupa & Co., 2002.

Harvey, Oliver. *War Diaries of Oliver Harvey, 1941-1945*. John Harvey org. Londres: Collins, 1978.

Hasan, Mushirul. *Nationalism and Communal Politics in India, 1885-1930*. Nova Délhi: Manohar, 1991.

Hauner, Milan. *India in Axis Strategy: Germany, Japan, and Indian Nationalists in the Second World War*. Stuttgart: Klett-Cotta, 1981.

Heathcote, T. A. *The Military in British India*. Manchester: Manchester University Press, 1995.

Herman, A. L. *Community, Nonviolence, and Peace*. Nova York: SUNNY Press, 1999.

_____. *Influences: How Ancient Hinduism Dramatically Changed Early Christianity*. Steven Points, Wis.: Cornerstone Press, 2004.

Herman, Arthur. *The Idea of Decline in Western History*. Nova York: Free Press, 1997.

_____. *To Rule the Waves: How the British Navy Shaped the Modern World*. Nova York: Harper Collins, 2004.

Hirschmann, Edwin. *"White Munity": The Ilbert Bill Crisis in India and the Genesis of the Indian National Congress*. Nova Délhi: Heritage, 1980.

Hodson, W. S. R. *Twelve Years of a Soldier's Life in India*. George Hodson (org.) 1859; Lahore: Wajidalis, 1983.

Holmes, Richard. *In the Footsteps of Churchill*. Nova York: Basic Books, 2005.

Hopkirk, Peter. *The Great Game: The Struggle of Empire in Central Asia*. Nova York: Kodansha, 1994.

Hunt, James D. *Gandhi and the Nonconformists: Encounters in South Africa*. South Asia Books, 1986.

_____. *Gandhi in London*. Nova Délhi: Promilla, 1993.

_____. *An American Looks at Gandhi: Essays in Satyagraha, Civil Rights, and Peace*. Nova Délhi: Prlomilla, 2005.

Hyde, H. Montgomery. *Baldwin: The Unexpected Prime Minister*. Londres: Hart-Davis MacGibbon, 1973.

India Office Library, British Library, Londres.

Iyer, Rhagavan N. *The Moral and Political Thought of Mahatma Gandhi*. Oxford: Oxford University Press, 1973.

Jablonsky, David. *Churchill, the Great Game, and Total War*. Portland, Ore.: Frank Cass, 1991.

Jaffrelot, Christopher. *Dr. Ambedkar and Untouchability: Analysing and Fighting Caste*. Nova Délhi: Permanent Black, 2006.

Jalal, Atesha. *The Sole Spokesman: Jinnah, the Muslin League, and the Demand for Pakistan*. Cambridge: Cambridge University Press, 1985.

James, Robert Rhodes. *Lord Randolph Churchill*. Londres: Weidenfeld & Nicholson, 1959.

Jasonoff, Maya. *Edge of Empire: Lives, Cultures, and Conquest in the East, 1750-1850*. Nova York: Alfred A. Knopf, 2005.

Johar, S. S. *The Heritage of Amritsar*. Délhi: Sundeep Prakashan, 1978.

Johnson, A. C. *Viscount Halifax: A Biography*. Nova York: Ives Washburn, 1941.

Johnson, Paul. *Modern Times: The World from the Twenties to the Eighties*. Nova York: Harper & Row, 1985.

Kalarthi, Mukulbhai. *Ba and Bapu*. trad. Gurdial Mallik. Ahmedabad: Navajivan, 1962.

Karaka, D. F. *Betrayal in India*. Londres: Victor Gollancz, 1950.

Kaye, Sir John. *History of the Sepoy War in India 1857-1858*. Londres: W. H. Allen, 1880.

Keegan, John. *The First World War*. Nova York: Alfred A. Knopf, 1999.

Keer, Dhananjay. *Mahatma Gandhi: Political Saint and Unarmed Prophet*. Mumbai: Popular Prakashan, 1973.

Keraly, Abraham. *Gem in the Lotus: The Seeding of Indian Civilization*. Londres: Weidenfeld & Nicolson, 2004.

Kopf, David. *British Orientalism and the Bengal Renaissance*. Berkley e Los Angeles: University of California Press, 1969.

Krishnadas. *Seven Months with Mahatma Gandhi*. Ahmedabad: Navajivan, 1951.

Lamb, Richard. *Churchill as War Leader*. Londres: Carroll & Graf, 1993.

Lannoy, Richard. *The Speaking Tree: A Study of Indian Culture and Society*. Oxford: Oxford University Press, 1971.

Levin, Bernard. *Run It Down the Flagpole: Britain in the Sixties*. Nova York: Atheneum, 1971.

Lloyd, Trevor O. *The British Empire 1558-1983*. Oxford: Oxford University Press, 1984.

Louis, William Roger. *Imperialism at Bay: The United States and the Decolonization of the British Empire, 1941-1945*. Nova York: Oxford University Press, 1978.

_____. *In the Name of God, Go!: Leo Amery and the British Empire in the Age of Churchill*. Nova York: W. W. Norton & Co., 1992.

Low, D. A. *Britain and Indian Nationalism*. Cambridge: Cambridge University Press, 1997.

Luce, Edward. *In Spite of the Gods: The Strange Rice of Modern India*. Nova York: Doubleday, 2007.

Lukacs, John. *The Duel: 10 May-31 July 1940, the Eighty-Day Struggle Between Churchill and Hitler*. Boston: Houghton Mifflin, 1941.

Macaulay, Thomas B. *Macaulay: Prose and Poetry*. G. M. Young (org.) Cambridge, Mass.: Harvard University Press, 1967.

Mahajan, Sucheta. *Independence and Partition: The Erosion of Colonial Power in India*. Nova Délhi: Penguin, 1989.

Manchester, William. *The Last Lion: Winston Spencer Churchill: Visions of Glory, 1874-1932*. Boston: Little, Brown, 1983.

_____. *The Last Lion: Winston Spencer Churchill: Alone, 1932-1940*. Boston: Little, Brown, 1989.

Mansergh, Nicholas. *The Transfer of Power, 1942-1947*. 12 vols. Londres: Her Majesty's Stationary Office, 1970-1983.

Marsh, Edward. *A Number of People: A Book of Reminiscences*. Nova York: Harper & Brothers, 1939.

Martin, Briton. *New India 1885: British Official Policy and the Emergence of the Indian National Congress*. Berkeley e Los Angeles: University of California Press, 1969.

Martin, Hugh. *Battle: The Life Story of Winston S. Churchill, Prime Minister*. Londres: Gollancz, 1940.

Masson, Madeleine. *Edwina: The Biography of the Countess Mountbatten of Burma*. Londres: Robert Hale, 1958.

Masterman, Lucy. *C. F. G. Masterman: A Biography*. Londres: Frank Cass, 1968.

Mathias, Peter. *The First Industrial Nation: An Economic History of Britain*. 2ª ed. Londres: Methuen, 1983.

Mathur, L. P. *Lord Ripon's Administration in India, 1880-1884*. Nova Délhi: S. Chand, 1972.

Mayo, Katherine. *Mother India*. Londres: Jonathan Cape, 1927.

McLane, J. R. *Indian Nationalism and the Early Congress*. Princeton, N.J.: Princeton University Press, 1977.

Meer, Fatima. *Apprenticeship of a Mahatma: A Biography of M. K. Gandhi*. Nova Délhi: Gandhi Hinsdustani Sahitya Sabha, 1997.

Milburn, Frank. *Polo: The Emperor or Games*. Nova York: Alfred A. Knopf, 1994.

Mill, James. *History of British India*. Chicago: University of Chicago Press, 1975.

Minault, Gail. *The Khilafat Movement: Religions Symbolism and Political Mobilization in India*. Nova York: Columbia University Press, 1982.

Mollo, Boris. *The Indian Army*. Poole: Blandford Press, 1981.

Montagu, Edwin. *An Indian Diary*. Londres: William Heinemann, 1930.

Montgomery-Massingberd, Hugh. *Blenheim Revisited: The Spencer-Churchills and Their Palace*. Londres: Bodley Head, 1985.

Moon, Sir Penderel. *The British Conquest and Dominion of India*. Londres: Duckworth, 1989.

Moore, R. J. *The Crisis of Indian Unity, 1919-1940*. Oxford: Clarendon Press, 1974.

_____. *Churchill, Cripps, and India, 1939-1945*. Oxford: Clarendon Press, 1979.

_____. *Escape form Empire: The Attlee Government and the India Problem*. Oxford: Clarendon Press, 1983.

Moorhouse, Geoffrey. *India Britannica*. Londres: Grenada, 1984.

Moran, Lord. *Churchill at War, 1940-1945*. Londres: Carroll & Graf, 2002.

Morgan, Ted. *Churchill: Young Man in a Hurry, 1874-1915*. Nova York: Simon & Schuster, 1982.

Morris, James. *Farewell the Trumpets: An Imperial Retreat*. Nova York: Harcourt Brace Jovanovich, 1978.

Mosley, Leonard. *The Last Days of the British Raj*. Londres: Weidenfeld & Nicolson, 1964.

Mosse, George. *The Image of Man: The Creation of Modern Masculinity*. Oxford: Oxford University Press, 1996.

Muggeridge, Malcolm. *Chronicles of Wasted Time*. vol. 1, *The Green Stick*. Londres: Collins, 1972.

Muller, James W. *Churchill as Peacemaker*. Cambridge: Woodrow Wilson Center Press e Cambridge University Press, 1997.

Naipaul, V. S. *India: A Wounded Civilization*. Nova York: Vintage, 1976.

Nanda, B. R. *The Nehrus: Motilal and Jawaharlal*. Nova York: John Day, 1963.

Nehru, Jawaharlal. *Toward Freedom: The Autobiograpy of Jawaharlal Nehru*. Nova York: John Day, 1942.

_____. *Independence and After: A Collection of Speeches, 1946-1949*. Nova Délhi: Karol Bagh, 1951.

Nicholson, Harold. *Diaries and Letters*, vol. 2, *The War Years, 1935-1939*. Nova York: Atheneum, 1967.

Olivelle, Patrick. *Upanishads*. Nova York: Oxford University Press, 1996.

Parekh, Bhikhu. *Colonialism, Tradition, and Reform: An Analysis of Gandhi's Political Discourse*. Nova Délhi: Sage Publications, 1999.

Payne, Robert. *The Life and Death of Mahatma Gandhi*. Nova York: E. P. Dutton, 1969.

Pearson, John. *The Privates Lives of Winston Churchill*. Nova York: Simon & Schuster, 1991.

Pollock, John C. *The Way to Glory: The Life of Havelock of Lucknow*. Londres: John Murray, 1957.

Prabhu, R. K.; U. R. Rao (orgs.). *The Mind Mahatma Gandhi*. 3ª ed. Ahmedabad: Navajivan Publishing, 1968.

Prasad, Rajendra. *Mahatma Gandhi and Bihar: Some Reminiscences*. Nova York: Hafner, 1949.

Pyarelal, Nayar. *Mahatma Gandhi, The Early Phase*, vol. 1. Ahmedabad: Navajivan, 1965.

_____. *Mahatma Gandhi, The Last Phase*, vol. 1. Ahmedabad: Navajivan, 1956.

Rao, P. Kodanda. *The Right Honourable V. S. Srinivasa Sastri: A Political Biography*. Mumbai, 1963.

Raymond, E. T. *Uncensored Celebrities*. Nova York: Henry Holt, 1919.

Reade, Winwood. *The Martyrdom of Man*. Nova York: Dutton, 1931.

Roberts, Andrew. *The Holy Fox: A Biography of Lord Halifax*. Londres: Weidenfield & Nicolson, 1991.

Roberts, Andrew. *Eminent Churchillians*. Nova York: Simon & Schuster, 1995.

Roberts, J. M. *The Pelican History of the World*. Nova York: Viking/Penguin, 1976.

Rolland, Romain. *Mahatma Gandhi*. Nova York: Century, 1924.

Ross, Alan. *The Emissary: G. D. Birla, Gandhi, and Independence*. Londres: Collins Havill, 1986.

Sandys, Celia. *Churchill: Wanted Dead or Alive*. Nova York: Carroll & Graf. 1999.

Sarkar, Sumit. "The Logic of Gandhi Nationalism: Civil Disobedience and the Gandhi-Irwin Pact (1930-1931)". *Indian Historical Review* 3:1 (julho de 1976), 114-146.

Sastri, V. S. S. *Letters of the Right Honourable V. S. Srinivasa Sastri*. T. N. Jagadisan (org.). Mumbai: Asia, 1963.

Schulberg, Lucille. *Historic India*. Nova York: Time-Life Books, 1968.

Shulman, David Dean. *The King and the Clown in South Asian Myth and Poetry*. Princeton, N. J.: Princeton University Press, 1983.

Shepherd, W. G. *A Personal Narrative of the Outbreak and Massacre at Cawnpore, During the Sepoy Revolt of 1857*. 1879; Nova Délhi: Academic Books, 1980.

Shirer, William L. *Gandhi: A Memoir*. Nova York: Simon & Schuster, 1979.

Slade, Madeleine. *The Spirit's Pilgrimage*. 1960; Nova York: Coward--McCann, 1978.

Spear, Percival. *The Nabobs: A Study of the Social Life of the English in Eighteenth-Century India*. Londres: Oxford University Press, 1963.

_____. *A History of India*, vol. 2, Harmondsworth: Penguin, 1973.

Srivastava, Harindra. *Five Stormy Year: Savarkar in London, June 1906 to June 1911*. Nova Délhi: Allied Publishers, 1983.

Steel, Nigel e Peter Hart. *Defeat at Galípoli*. Basingstoke: Macmillan, 1994.

Stokes, Eric. *The Peasant Armed: The Indian Revolt of 1857*. Oxford: Clarendon Press, 1986.

Streets, Heather. *Martial Races: The Military, Race, and Masculinity in British Imperial Culture*. Manchester: Manchester University Press, 2004.

Swan, Maureen. *Gandhi: The South African Experience*. Johanesburgo: Ravan Press, 1982.

Talbot, Ian. *Provincial Politics and the Pakistan Movement: The Growth of the Muslim League in North-West and North-East India, 1937-1947*. Nova York: Oxford University Press, 1989.

Taylor, A. J. P. *The Origins of the Second World War*. Greenwich: Fawcett, 1966.

Templewood, Viscount. *Nine Troubled Years*. Londres: Collins, 1954.

Tendulkar, D. G. *Mahatma: Life of Mohandas Karamchand Gandhi*. Amedabad: Navajivan, 1960.

Thomson, Mowbray. *The Story of Cawnpore*. Londres: Richard Bentley, 1859.

Thorne, Christopher. *Allies of a King: The United States, Britain, and the War against Japan, 1941-1945*. Oxford: Oxford University Press, 1978.

Tolstoy, Leo. *Complete Works*. Nova York: Thomas Crowell, 1891.

Trevelyan, G. O. *Cawnpore*. Londres, 1886.

Voigt, Johannes. *India in the Second World War*. Nova Délhi: Arnold-Heinemann, 1987.

Walkowitz, Judith R. *City of Dreadful Delight: Narratives of Sexual Danger in Late-Victorian London*. Chicago: University of Chicago Press, 1992.

Wallin, Jeffrey. *By Ships Alone: Churchill and the Dardanelles*. Durham, N. C.: Carolina Academic Press, 1981.

Ward, Andrew. *Our Bones Are Scattered: The Cawnpore Massacres and the Indian Munity of 1857*. Nova York: Henry Holt, 1996.

Wasti, Syed Razi. *Lord Minto and the Indian Nationalist Movement 1905 to 1910*. 1964; Lahore: Peoples's Publishing, 1976.

Wavell, Archibald Percival. *Wavell: The Viceroy's Journal*. Londres: Oxford University Press, 1973.

Weber, Thomas. *On the Salt March*. Nova York: Harper Collins, 1998.

Williams, Glyn e John Ramsden. *Ruling Britannia: Political History of Britain, 1688-1988*. Londres: Addison-Wesley Longman, 1990.

Wolpert, Stanley. *India*. Englewood Cliffs, N. J.: Prentice-Hall, 1965.

_____. *Morley and India 1906-1910*. Berkeley e Los Angeles: University of California Press, 1967.

_____. *Jinnah of Pakistan*. Délhi: Oxford University Press, 1984.

_____. *Nehru: A Tryst with Destiny*. Nova York: Oxford University Press, 1996.

Ziegler, Philip. *Mountbatten: The Official Biography*. Nova York: Alfred A. Knopf, 1985.

ÍNDICE

GANDHI E CHURCHILL

Nova Zelândia, 31, 526
    como colônia britânica, 518
    Galípoli, 241, 243
    Preferência Imperial (mercado comum), 165

O

O médico e o monstro (Stevenson), 326
O reino de Deus está em vós (Tolstói), 154, 182, 200
O'Dwyer, Michael, 273n, 277, 277n, 278, 288, 292, 506, 506n
Oldfield, Josiah, 96
Onassis, Aristóteles, 670
Orissa, Índia, 457, 467
Orwell, George, 44, 44n, 285, 535n
Oudh, reinado de, 82

P

Pacto de Poona, 430-432
palácio de Blenheim, 29-30, 35, 37, 167, 185, 435, 672
Palestina, 345, 517, 667
    Declaração de Balfour, 306, 306n, 518n, 716n35
    tropas britânicas na, 308
Palipurta, Índia, 76
Pandit, Ram Sandara, 181-182
Panipat, Índia, 77, 79
Pankhurst, Emmeline, 179
Pankhurst, Emmeline, 179, 198
Paquistão
    Churchill e, 626, 632
    Commonwealth britânica e, 632
    formação do, 409, 618, 627-633, 656, 675
    guerras pela Caxemira, 640, 640n, 652n, 675

Missão Ministerial de 1946, 514-615
nome do, 456
separação de um Estado muçulmano, 450, 542
Parikh, Narhari, 374n
Parnell, Charles Stewart, 32
pársis, 52, 84, 89, 190, 296, 297, 459
    apoio a Gandhi, 52, 65
    como elite letrada, 86, 137, 296
    Congresso Nacional Indiano e, 61
    em Mumbai, 52, 296, 313, 382
    Gandhi e, 106, 133, 137-138, 376, 653
    independência indiana e, 390, 615
    liderança e poder, 52, 53, 61, 84-85, 377, 459
    na África do Sul, 106, 133, 137
    protestos ao Black Act, 174n
    Torres do Silêncio, 52, 66
    zoroastrismo, 52, 586
Partido Bharatiya Janata, 637n
Partido Conservador (Tory), 51, 65, 166, 265, 282, 287, 321-324, 337-339, 342, 344, 360, 361, 394, 396-406, 413, 416-418, 422, 436, 437, 443, 513, 604, 605, 660-661
    acordos de livre-comércio, 30-31, 66, 167
    Anthony Eden como primeiro-ministro, 666
    Anthony Eden e, 474, 476, 485, 486, 513, 520, 536, 574, 595-596, 604, 661, 665-666, 667, 667n, 672, 677

Este livro foi composto na tipografia Minion Pro,
em corpo 11/15, e impresso em
papel off-white no Sistema Cameron da
Divisão Gráfica da Distribuidora Record.